南通市

通州年鉴 2019

TONGZHOU YEARBOOK

中共南通市通州区委员会
南通市通州区人民政府 主办
南通市通州区地方志编纂委员会办公室 编

方志出版社
Publishing House of Local Records

图书在版编目（CIP）数据

通州年鉴. 2019 / 南通市通州区地方志编纂委员会办公室编. —北京：方志出版社，2019. 10
ISBN 978-7-5144-3938-0

Ⅰ. ①通… Ⅱ. ①南… Ⅲ. ①通州区（南通）—2019—年鉴 Ⅳ. ①Z525.34

中国版本图书馆CIP数据核字（2019）第273800号

通州年鉴（2019）

编　　者：南通市通州区地方志编纂委员会办公室
责任编辑：范　静
出 版 者：方 志 出 版 社
地址　北京市朝阳区潘家园东里9号（国家方志馆4层）
邮编　100021
网址　http://www.fzph.org
发　　行：方志出版社发行中心
电话（010）67110500
经　　销：各地新华书店
印　　刷：南京顺和印刷有限责任公司
开　　本：889 × 1194　1/16
印　　张：19.75
字　　数：660千字
版　　次：2019年10月第1版　2019年10月第1次印刷
印　　数：0001 ~ 1200册
ISBN　978-7-5144-3938-0　定价：198.00元

泛舟南山湖（姜国生 摄）

各类主审

（排名以篇目先后为序）

沙　宁	徐建国	印晓飞	张俊铭	沈洪清	曹顾涌	周宇春
丁　莉	吴　昊	姜卫国	徐　亮	曹莉萍	冯　刚	何新华
邱天擎	施晓灵	曹江梅	汤轶男	卫　清	黄春燕	易卫东
季　良	于　红	顾　斌	朱向陌	朱朝霞	张晓飞	谢国志
李　忠	赵建峰	江　毅	邵　菊	曹　忠	葛红玲	顾　霞
严少标	吴益祥	张晓燕	蒋玉芝	徐　飞	冯　楠	卫志云
王晓燕	许　君	陈泉江	赵莉玲	吕　英	陈建芳	曹　建
姜兆军	傅小兵	朱　峰	杨　慧	朱　俊	金志峰	王端炜
李玲飞	潘培新	张国强	周　峰	于　燕	陶建忠	邢晓波
冒建锋	严卫华	胡劲武	宋长俊	吴汉余	李焱明	曹昆昆
魏佳喜	季　鹏	兰　迪	陆鑫鑫	刘　琴	周治平	黄晨希
焦　龙	高亚军	宗成玉	顾凯洲	邵　军	顾李梅	昝武华
丁　峰	单晓宇	徐　静	卢林玲	姜　健	黄　魏	季红兵
曹星宇	庄建新	何俊杰	朱尚岩	钱　航	陈青松	吴雪华
周国均	戴中华	顾圣亮	任小平	蔡玉新	单晓琛	姚　峰
张黎明	张新建	张贺林	陈　杰	季拥军	季海云	王　莹
周　冲	丁明新	丁　华	姜小剑	张　毅	曹　玮	卞晓娟
黄雪忠	余　燕	陈晓红	顾亚明	葛　昊	张晓橙	钱　亮
陈　熹	吴卫荣	刘淑芬	纪建峰	徐美云	张国民	许建春

保密专审：蒋建伟

编辑说明 BIANJISHUOMING

一、《通州年鉴》以马克思列宁主义、毛泽东思想、邓小平理论、“三个代表”重要思想、科学发展观、习近平新时代中国特色社会主义思想为指导，坚持辩证唯物主义和历史唯物主义的立场、观点和方法，求真务实，全面客观记述，资政存史育人。

二、《通州年鉴》是中共南通市通州区委员会、南通市通州区人民政府主办，南通市通州区地方志编纂委员会办公室编纂的综合性地方年鉴。自1997年起逐年出版。编纂出版《通州年鉴》旨在全面系统地记述南通市通州区政治、经济、文化、社会、生态等各方面基本面貌和发展情况，为各界人士了解通州、宣传通州、建设通州提供新颖、翔实、准确的地情资料和人文信息。

三、《通州年鉴（2019）》采用分类编辑法设置篇目，篇目下设分目，分目下设条目，条目为记述的基本形式。全书设特载、大事记、通州概览、中共南通市通州区委、通州区人民代表大会、通州区人民政府、政协通州区委员会、纪检监察、民主党派·工商联、群众团体、军事、法治、农业、工业、建筑业、邮政·通信、商贸·旅游、对外经济贸易、园区开发、金融、经济综合管理、教育、科学技术、文化·体育、城乡建设、卫生、社会生活、生态环境、镇·街道概况、人物、荣誉栏和附录。组织机构和领导人员名录，区委、区政府重要会议报告，文件选编，重要文件目录索引，统计资料纳入“附录”中。

四、本年鉴收录时限为2018年1月1日至12月31日，个别事件（物）适当追溯或下延，以求向读者展现其始末原委。列目介绍人物分领导人物和先进人物。“领导人物”收录2018年新进入区委、区人大、区政府、区政协班子的领导人员。“先进人物”收录2018年在经济建设和社会进步发展过程中做出突出贡献，受到中共中央、国务院及国家部委、省委、省政府、省军区表彰的先进模范人物，省级部门表彰的“杰”“佳”人物，南通市及通州区领导机关号召学习的先进人物，全国性以上比赛第一、二、三名获得者。荣誉栏收录2018年4月至2019年3月受到南通市委、市政府、军分区以上领导机关表彰的先进集体和先进模范人物。

五、本年鉴刊用的文稿由通州区各部门、各镇（区、园、街道）政府和有关企事业单位提供，由专人撰写，经领导审阅，事实、数据都经反复核对。撰稿人姓名加括号列在条目或分目之后（连续数个条目为同一作者撰稿，其姓名列在最后一个条目末），各单位主要审稿人姓名按分目顺序统一列在各类主审人员中。统计资料由通州区统计局提供。

六、本年鉴使用的各类数据，因一些镇和部门统计范围和口径不同稍有差别，凡属全区性数据，以区统计局（或《通州统计年鉴》）提供和公布的为准，统计局未作统计的数据，以主管部门提供的为准。

七、本年鉴设总目、目录、目录索引和英文简目，便于读者检索。

曹　顶

曹顶（1514–1557），明代通州余西场人，盐民出身。因生下来发间有三个发旋，便以“顶”为名。有膂力，胆略过人，曾受雇作船工运盐。后于通州城内一切面店干活。嘉靖三十二年，愤于倭寇骚扰掳掠，毅然应募入伍。随即去江上参加阻击，火烧倭船，大败倭寇，首立战功。翌年四月，倭寇3000多人侵犯通州。顶率部众500人在城下筑栅御倭，并伺机反击，不断杀伤敌人，艰苦坚持20多日，大批援兵终于到达，解除通州之围。每次与倭接战，他总是奋勇当先，即使负伤数十处也战斗不息。每有斩获，论功时他都让给别人。嘉靖三十六年四月，他提刀跃马，穷追猛打溃逃的倭寇，一直跑在最前面。至单家店（今平潮镇北街头），因天雨路滑，加之激战半天，人困马乏，战马失蹄，将他掀落于堑壕之中，不幸被倭寇所害。噩耗传至城中，人人痛哭流涕，为之在城南关王庙前营葬，并建“曹公祠”，以表示对这位抗倭英雄的纪念。其战死所在地建有“曹公亭”。亭前有联一副：“遗像千秋，雄心直欲歼全虏；危亭一间，毅魄犹应恋此乡。”

2019 年 1 月 6 日，中国共产党南通市通州区第十二届委员会第七次全体会议在区行政中心举行

（中国通州网 · 陈啸天 / 摄）

中共南通市通州区委书记陈永红出席会议并讲话　　（陈啸天 / 摄）

2019 年 1 月 24 日上午，通州区第十六届人民代表大会第三次会议在区行政中心举行

（中国通州网）

通州区委副书记、区长凌屹代表区人民政府向大会作《南通市通州区人民政府工作报告》

（中国通州网）

2019 年 1 月 22—25 日，中国人民政治协商会议南通市通州区第十三届委员会第三次会议在区行政中心举行，图为 1 月 25 日政协南通市通州区第十三届委员会第三次会议现场

（中国通州网 · 陈啸天 / 摄）

2018 年 11 月 20 日上午，南通市委书记陆志鹏在通州区二甲镇通运桥村公共服务中心等地调研

（中国通州网 · 陈啸天 / 摄）

2018 年 1 月 8 日下午，参加南通市十五届人大二次会议的通州区代表团，认真审议了市政府工作报告。市委书记、市人大常委会主任陆志鹏在通州代表团与人大代表们一起审议 （中国通州网 · 陈啸天 / 摄）

2018 年 2 月 14 日上午，通州区委书记陈永红，区委副书记、区长凌屹等领导亲切慰问了部分单位包括南通供电公司通州营业部、区垃圾处置中心等一线在岗职工，感谢他们“舍小家顾大家”，并向他们致以新春问候和诚挚祝福 （中国通州网）

2018 年 2 月 23 日下午，全区机关作风建设大会召开，通州区委书记陈永红出席会议并讲话 （中国通州网 · 陈啸天 / 摄）

2018 年 2 月 27 日 下午，通州区召开全区公安工作会议，深入贯彻中央、省市区政法工作会议、全国公安厅局长会议以及全省、全市公安工作会议精神，研究部署今年公安工作。图为会议召开前，陈永红亲切慰问区公安干警先进个人，并合影留念

（中国通州网 · 陈啸天 / 摄）

2018 年 3 月 21 日上午，南通市委书记陆志鹏到通州区调研党的基层组织建设工作。图为陆志鹏在兴仁镇徐庄村公共服务中心调研

（中国通州网 · 陈啸天 / 摄）

2018 年 3 月 28 日上午，通州区委书记陈永红率队深入川姜镇双桥村、三合口村整治现场，现场督察推进川姜地区生态环境整治。图为陈永红在川姜镇三合口村与村民亲切交流、倾听诉求

（中国通州网 · 陈啸天 / 摄）

2018 年 4 月 11 日下午，通州区委书记陈永红率区水利、国土、农发等相关部门工作人员深入石港、刘桥片区，调研高标准农田建设项目推进情况。图为陈永红在刘桥镇徐园村调研高标准农田建设情况　（中国通州网・陈啸天 / 摄）

2018 年 4 月 11—20 日，通州区领导干部推动高质量发展专题研修班在苏州举办。图为 18 日下午，区委书记陈永红与研修班学员座谈
（中国通州网・陈啸天 / 摄）

2018 年 4 月 20 日下午，通州区委书记陈永红率区住建、水利、环保、城管、“263”办等部门工作人员，到南通高新区现场督办中央、省环保督察交办和市交办突出环境问题整改工作，推进污染防治攻坚任务落实。图为陈永红在天运印染厂了解整治情况
（中国通州网・陈啸天 / 摄）

2018 年 4 月 28 日下午，通州区召开一季度重点工作点评会，总结分析一季度相关工作完成情况，动员部署下一阶段工作

（中国通州网 · 陈啸天 / 摄）

2018 年 6 月 11 日下午，常熟理工学院校党委书记朱士中一行到通州区，就进一步深化校地交流、产学研合作进行考察，区委书记陈永红接待了考察组一行

（中国通州网）

2018 年 12 月 8 日上午，通州区召开“聚焦四大定位，助推高质量发展”献计献策活动成果汇报会

（中国通州网）

2018 年 7 月 9 日下午，通州区委书记陈永红率区发改、环保、城管、水利等部门负责同志深入二甲镇、张芝山镇、兴仁镇和兴东街道，现场推进交办问题的整改落实
（中国通州网）

2018 年 11 月 27 日，通州区委副书记、区长凌屹参加 2018 香港媒体高层人士看南通 · 通州行媒体见面会
（中国通州网）

2018 年 1 月 6 日下午，通州区召开招商引资和项目建设誓师大会

（中国通州网）

2018 年 1 月 12 日，通州区举行一季度项目联合开工活动，未来岛硬科技产业园等 48 个项目联合开工。区委书记陈永红，区委副书记、代区长凌屹出席活动

（中国通州网・陈啸天/摄）

四方冷链是国内综合优势领先的冷链装备制造企业和快速发展的特种集装箱制造企业，图为 2018 年 1 月 25 日下午工人在车床前打磨法兰零件

（中国通州网・徐艳梅 / 摄）

2018 年 2 月 5 日下午，区委书记陈永红率队深入特种设备企业、在建重点项目、人员密集场所等地，检查安全生产工作。图为陈永红一行在二甲镇袁灶燃气有限公司进行安全生产检查 （中国通州网 · 陈啸天 / 摄）

2018 年 2 月 9 日下午，通州区召开 2017 年度全区经济发展贡献百强企业表彰大会。图为区委书记陈永红为相关百强企业颁奖 （中国通州网 · 陈啸天 / 摄）

春节前夕，区委书记陈永红，区委副书记、区长凌屹等区领导走访慰问了通州区部分高层次“双创”人才和企业。图为陈永红在听取通州区部分高层次“双创”人才工作汇报 （中国通州网 · 陈啸天 / 摄）

2018 年 2 月 26—27 日，通州区举行产业项目现场促进活动，通州区委书记陈永红，区委副书记、区长凌屹率队深入各重大产业项目建设现场，图为陈永红、凌屹等领导在恒科新材料二期项目现场察看项目进展情况

（中国通州网 · 陈啸天 / 摄）

2018 年 5 月 28 日上午，区委书记陈永红率队深入南通高新区、锡通科技产业园、石港科技产业园，现场推进二季度新开工重大项目建设。图为陈永红一行在锡通科技产业园查看未来岛机器人项目建设情况

（中国通州网 · 陈啸天 / 摄）

南通高新区逐渐形成汽车零部件和新能源汽车产业、新一代信息技术产业“一主一新”两大特色产业。图为总投资逾24亿元的深南电路项目建设场景　　（中国通州网）

投资10亿元的南山湖风情水街项目，是集零售、餐饮、娱乐、办公、酒店于一体的滨水生态型文化旅游商业综合体。图为建设现场　　（中国通州网·卑多敏/摄）

南通家纺城微供市场　　（卑多敏/摄）

2018 年 3 月 8 日下午，通州区在区文博中心举行纪念“三八”国际劳动妇女节 108 周年大会暨首届“美丽女性”评选颁奖活动。区委书记陈永红等领导共同启动活动水晶球（中国通州网 · 陈啸天 / 摄）

2018 年 3 月 12 日上午，通州区委书记陈永红率队深入通州区部分学校和医疗机构，就教育、卫生工作进行专题调研。图为陈永红在江苏省西亭高级中学调研（中国通州网 · 陈啸天 / 摄）

2018 年 6 月 20 日下午，通州区委书记陈永红率队深入平潮、刘桥、石港等地，调研部分学校、医院运行和管理情况（中国通州网）

2018 年 7 月 29 日，通州区委书记陈永红，区委副书记、区长凌屹等区四套班子领导，走访慰问南通军分区、区人武部以及驻通部队和武警部队官兵等。图为陈永红在通州消防大队给战士们送上八一的祝福

（中国通州网・陈啸天 / 摄）

2018 年 7 月 18 日 18 时，沪通长江大桥 28 号主墩墩顶成功架设全球首台 1800 吨架梁吊机　　（中国通州网 · 袁博 / 摄）

2018 年 7 月 21 日上午，通州区气象台发布台风黄色预警信号，22 日中午台风登陆，区公路管理站和区养护单位协同配合，筑牢公路通行安全的“钢铁防线”
（中国通州网）

2018 年 8 月 2 日下午，通州区委书记陈永红率发改、安监、消防等部门负责同志到重点生产企业、人员密集场所、重大在建项目等地，就夏季高温汛期的安全生产工作进行检查　　（中国通州网 · 陈啸天 / 摄）

通州城区为民路以前称作人民路，是改革开放前城区最大的一条街道　（中国通州网·黄为人/摄）

为民路新貌。四通八达的路网疏通了城市脉络　（中国通州网·卑多敏/摄）

平潮镇境内，沪通铁路南通西站工程推进顺利。作为沪通铁路、通苏嘉城际以及盐通客专的共用站，南通西站承担着未来南通铁路客运重要的集散功能。整个站区规划用地约 525 亩

（中国通州网 · 卑多敏 施晨飞 / 摄）

通州区大力推进四层及以上配工业电梯的高标准厂房建设，图为落户石港科技产业园的江苏海阔置业有限公司开发的高标准厂房

（中国通州网 · 卑多敏 郭杰 徐玉婷 / 摄）

社会主义新农村

（包志彬 / 摄）

租用公共自行车出行成为越来越多市民的选择，平均每天借还车约 4000 辆次
（中国通州网 · 卑多敏 张延 / 摄）

金沙街道万顷良田进行泡田整地，为水稻插秧奠定基础，通州区坚持把高标准农田建设作为“三农”工作的“龙头工程”，2018 年通州区规划建设高标准农田 3.41 万亩　（中国通州网 · 卑多敏 / 摄）

法制园地　（马海英 / 摄）

花园村信息服务平台
（马海英 / 摄）

紧急出警
（捷飞 / 摄）

聚热发电平台　　（包志彬 / 摄）

童年记忆　（王卫国 / 摄）

美丽新家园　（王缙江 / 摄）

2018年1月，南山湖小学主体工程验收一次性通过。南山湖小学位于城东新区南山湖畔，总投资约1.26亿元，占地约75亩，规划配置8轨48个班级，可容纳2160名学生

（中国通州网）

2018年1月29日上午，通州区委书记陈永红率区教育、民政等部门工作人员现场查看部分学校、敬老院运行情况。图为陈永红在十总小学食堂询问学生用餐等情况

（中国通州网·陈啸天/摄）

2018年2月7日上午，区委书记陈永红，区委副书记、区长凌屹等区四套班子领导入社区、下乡村，走访慰问企业退休特困人员、困难职工、建国前入党老党员以及“中国好人”等。图为陈永红到金新街道师范桥新村退休特困人员家中慰问

（中国通州网·陈啸天/摄）

2018 年 4 月 29 日，以“乐跑开沙岛，生活更美好”为主题的跨江半程马拉松在开沙岛省级旅游度假区开跑

（卑多敏 / 摄）

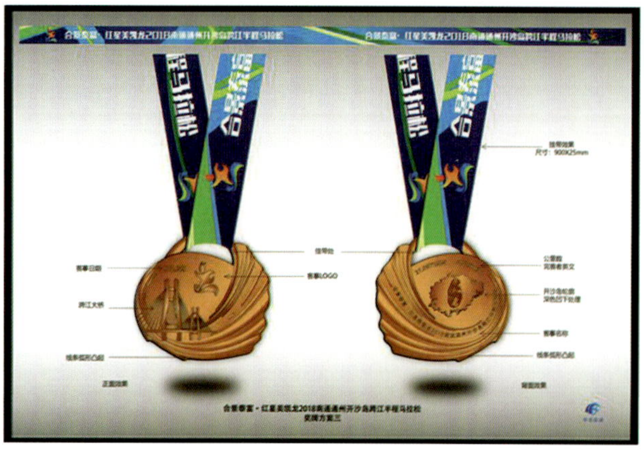

“开马”完赛奖牌设计图，奖牌取型于长江波涛，正面为东沙大桥，背面为开沙岛版图，正反面均印有赛事标识。奖牌吊绳为蓝绿相间，展现了开沙岛“江蓝岛绿”的自然风情 （中国通州网）

2018 年 4 月 13 日上午，2018 年中国乒乓球协会会员联赛（江苏南通开沙岛站）在开沙岛中国乒乓球通州训练基地开赛，此次开沙岛站比赛是会员联赛首次落户通州

（中国通州网）

2018 年 5 月 24 日下午，通州区委书记陈永红率区发改、财政、住建等部门负责人，调研生态环境、民生基础设施、社会事业等部分重点工程实施推进情况，图为陈永红等人察看八角亭河整治情况　　（中国通州网）

2018 年 7 月 16 日下午，区委书记陈永红带领区农委、住建、交运、水利等部门负责同志前往二甲、东社等地，现场督查推进农村环境长效管理及改厕工作。图为陈永红一行在二甲镇污水处理厂了解污水处理情况
（中国通州网 · 陈啸天 / 摄）

2018 年 8 月 12 日上午，2018 年通州区“全民健身月”启动仪式暨“公仆杯”健身三项赛在区体育馆举行。图为区委书记陈永红为获得拔河一等奖的队伍颁奖
（中国通州网 · 陈啸天 / 摄）

通州区着力美化人居环境，实施村居小游园建设等惠民工程，2018年，全区217个行政村共建成236个小游园。图为二甲镇坨墩村小游园

（中国通州网 · 卑多敏 张红梅 张燕 / 摄）

平潮镇境内，锡通过江通道北接线工程进展顺利。锡通过江通道公路接线工程是江苏省规划“五纵九横五联”高速公路网和沪通铁路大桥的重要组成部分，其中，总投资41.3亿元的北接线工程全长22.333公里，70%在平潮

（中国通州网）

2018年通州区共种植水稻38万亩，其中505、9108品种占到70%，图为收割水稻现场

（中国通州网 · 徐艳梅 / 摄）

秋游　　（牢多敏 / 摄）

绿博园的孩子们　　（张峰 / 摄）

通州区少年儿童再掀《习近平讲故事》诵读热潮
（通州区委宣传部）

2018年9月30日，全国第五个“烈士纪念日”，通州区在烈士陵园举行公祭烈士活动
（中国通州网・陈啸天/摄）

2018年10月22日晚，现代通剧《瓦匠女人》作为新创舞台剧目亮相“2018紫金文化艺术节”，献演南京紫金大戏院，以瓦匠女人的故事展现出坚韧不拔的南通精神
（中国通州网・张松年/摄）

2018 年 10 月 24 日上午，区委书记陈永红到区文广新局调研　　（中国通州网 · 陈啸天 / 摄）

大年初一上午（2019 年 2 月 12 日），由通州区委宣传部、区文广新局主办，通州歌舞团、南通市通剧团承办的“新春文化大舞台”系列活动——正月正迎新春演唱会精彩举行，数百市民驻足观看，享受了这道文化“大餐”

（中国通州网）

蒸窖糕　　（高飞 / 摄）

儿童剧《青铜葵花》在南京荔枝大剧院首演　　（通州区文明办）

通州风土人情　　（高飞 / 摄）

通州风土人情　　（高飞 / 摄）

2018年3月12上午，通州区委书记陈永红、区人大常委会主任陈斌、区政协主席陈艳梅等区领导到位于西亭镇的生态廊道（四期）工程一标段绿化现场，与部分区级机关干部及西亭镇干部群众200多人一起参加义务植树活动
（中国通州网·陈啸天/摄）

2018年3月31日，通州市民期待已久的鲜花小镇正式开门迎客。鲜花小镇是通州区实施的重点旅游项目之一，属于进鲜港乡村旅游集聚区的龙头项目，总投资约20亿元，占地约5000亩
（中国通州网）

2018年4月9日下午，通州区举行农村生态环境综合整治现场会暨村、社区党组织书记工作讲坛。图为区委书记陈永红在川姜地区生态环境整治现场察看
（中国通州网·陈啸天/摄）

2018 年 7 月 25 日上午，通州区召开高新区环境提升工程动员大会。区委书记陈永红要求，统一思想，压实责任，攻坚克难，全面打响高新区环境提升工程攻坚战

（中国通州网 · 陈啸天 / 摄）

通州区着力打造城市绿洲、宜居之城，2018 年完成了通州高级中学小游园、竖石河公园等景观绿化工程，新增造林 1.3 万亩、城区公共绿地 27.2 万平方米，人均公园绿化面积超过 12.26 平方米。图为新建成的竖石河公园

（中国通州网 · 牢多敏 张红梅 / 摄）

2018年10月25日，南通市第29届菊花展进行开幕前评审，通州区参展景点“江海圆梦”喜获布展金奖，另外，通州区精品展台“小镇新事”获得展台银奖

（中国通州网）

落户开沙岛旅游度假区的南通洲际梦幻岛项目，正在种植花木。该项目总投资20亿元，总用地面积1400亩

（中国通州网）

石港镇充分利用特色文化资源，依托老建筑，积极开发老街、渔湾水道等，力争建成南通乃至长三角地区乡村生态旅游的特色景区。图为渔湾水道景区鸟瞰

（中国通州网）

美丽通州 （包志彬 / 摄）

鲜花小镇 （包志彬 / 摄）

通州区第四届“文明百佳

一、十佳敬业奉献之星

陈　利　陈　静　张慎银　单菊琴　范　阳

王旭柱　曹　彬　王　磊　明金圣　王建高

二、十佳孝老爱亲之星

顾二琴　顾云福　郭　锐　蒋永富　刘永法

陆维林　赵　彤　沈卫芳　朱锦英　殷松茂

三、十佳见义勇为之星

李功敢　马烨楠　陈怀远　曹清华　董国芬　胡晓峰　王　勇

张杰杰　吴小芳　龙爱妮　叶海霞　马钰华　朱冯炜

四、十佳诚实守信之星

胡小龙　陈　健　黄杰枫　张海泉

王建勇　钱俊华　严　俊　居富军

中国供销集团南通供销产业发展有限公司　江苏兴贸电器有限公司

五、十佳助人为乐之星

袁丹钰　黄　勇　陆瑞祥　李爱云　马美芹

卜爱军　刘东梁　宋维均　季　进　曹炳忠

精神文明先进典型名单

六、十佳慈善之星

邱少波　周继忠　蔡银华　朱炳明　白丽娟

张慎建　朱高乐　曹　钰　郁光龙　许戎容

七、十佳师德之星

周尔飞　周汉平　张　艳　曹小燕　邢　霞

王金星　朱建国　巫艳秋　顾晓红　钱菊梅

八、十佳医德之星

李晓浩　王为群　刘　岳　张先锋　王国军

顾栋华　杨晓卫　张建超　姜晓清　陈　飞

九、十佳志愿服务之星

夏　华　顾蓉蓉　吴铃铃　周舒静

顾玉平　胡　舒　吴莹莹　季栋强

通州邮政爱心志愿帮扶小分队　通州区图书馆美诗文吟诵社

十、十佳美德少年之星

杨　宸　朱　晋　蒋语黄　孙　畅　吴静涵

贾诗韵　潘季宇　王　玺　曹　乾　刘天一

南通市国土资源局通州分局　通州区民政局　通州区住房和城乡建设局　南通市规划局通州分局　通州区交通运输局　通州区水利局　联合监制　　南通市测绘院有限公司　编制　　湖南地图出版社　出版

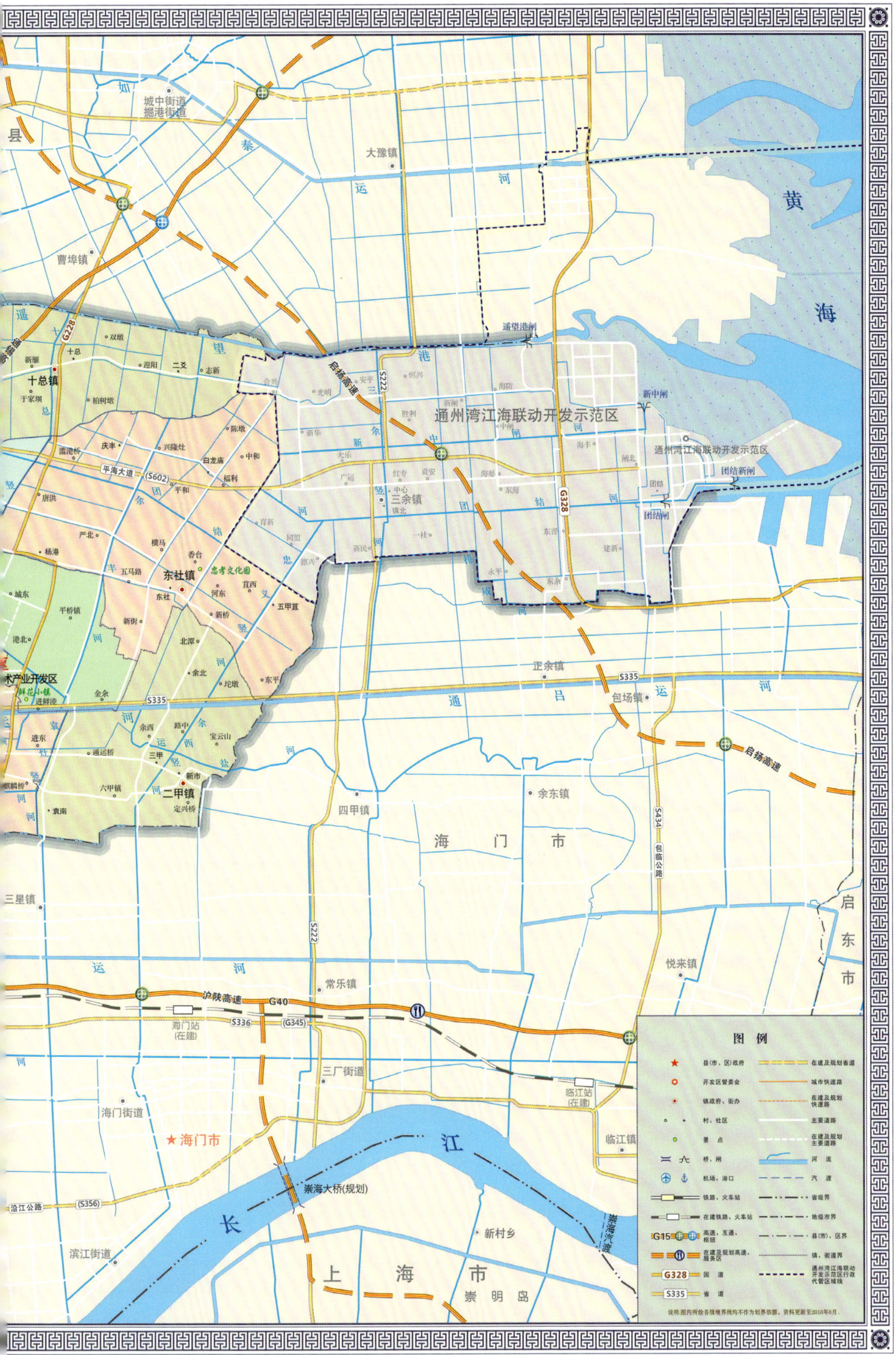

审图号：苏F（2018）14号　统一书号：125530 · 384　2018年8月编制

通州区城区图

南通市国土资源局通州分局　通州区民政局　通州区住房和城乡建设局　南通市规划局通州分局　通州区交通运输局　通州区水利局　联合监制　　南通市测绘院有限公司　编制　　湖南地图出版社　出版

审图号：苏F（2018）15号　统一书号：125530・385　2018年8月编制

总　　目

Main Contents

目　录

Contents

特　载

大　事　记

通　州　概　览

经济体制改革

国民经济和社会发展

招商引资

资本运作

精神文明创建活动

中共南通市通州区委

综　述

重要会议

重大决策

调查研究

组织工作

宣传工作

统一战线工作

农村工作

政法工作

机构编制工作

机关党的建设

老干部工作

对台(湾)工作

党史工作

党校工作

信息工作

督查工作

党内法规工作

通州区人民代表大会

综　述

重要会议

重要工作

通州区人民政府

综　述

重要会议

重大活动

外事工作

侨务工作

民族宗教工作

信访工作

接待工作

电子政务工作

地方志工作

档案工作

行政审批工作

公共资源交易管理工作

机关事务管理工作

政协通州区委员会

综　述

重要会议

重要工作

纪检监察

综　述

主要工作

民主党派·工商联

民主同盟南通市通州区支部

民主建国会南通市通州区支部

民主促进会南通市通州区支部

农工党民主党南通市通州支部

九三学社南通市通州区委员会

区工商业联合会

群 众 团 体

区总工会

共青团南通市通州区委员会

区妇女联合会

区科学技术协会

区文学艺术界联合会

区哲学社会科学界联合会

证 券

经济综合管理

计划与投资

财 政

税务管理

国土资源管理

物价管理

市场监督管理

统 计

审 计

安全生产监督管理

消防安全管理

教　育

综　述

学前教育

初等教育

中等教育

职业技术教育

高等教育

社区教育

教师队伍

教育研究

依法治教

教育督导

科学技术

综　述

科技活动

水　利

供　电

卫　生

综　述

卫生改革

农村卫生

预防保健

妇幼卫生

卫生执法

医院管理

医教科研

爱国卫生

社会生活

人　口

人民生活

计划生育

人　事

劳动就业

社会保障

民　政

老龄工作

住房公积金管理

生态环境

环境管理

环境监测

生态文明建设

镇·街道概况

金沙街道

金新街道

兴东街道

先锋街道

西亭镇

二甲镇

东社镇

十总镇

石港镇

刘桥镇

平潮镇

五接镇

兴仁镇

张芝山镇

川姜镇

人　物

领导人物

先进人物

荣誉栏

附　录

组织机构和领导人员名录

区委、区政府重要会议报告

文件选编

重要文件目录索引

统计资料

索　引

特　　　载

Special Record

编　辑　黄丽娟

数字通州

2018年主要指标

辖区总面积　1525.74平方公里
年末户籍人口　125.70万人
地区生产总值　1269亿元，增长7.8%
　第一产业增加值　58.35亿元，下降0.3%
　第二产业增加值　622.47亿元，增长6.9%
　第三产业增加值　588.18亿元，增长9.6%
按户籍人口计，人均地区生产总值　11.11万元
农林牧渔业总产值（现价）　103.46亿元，增长1.3%
　粮食产量　49.36万吨，下降2.4%
　棉花产量　0.04万吨，下降26.3%
　油料产量　4.26万吨，下降14.1%
农业机械总动力　48.22万千瓦，下降5.4%
规模工业总产值　下降1.68.5%
建筑业总产值　1683.62亿元，增长8.5%
社会消费品零售总额　405.04亿元，增长9.5%
出口总额　31.01亿美元，增长0.6%
财政总收入
　一般公共预算收入　69.01亿元，下降1.5%
年末各项存款余额　1564.29亿元，增长3.1%
年末各项贷款余额　1011.45亿元，增长17.1%
城镇居民人均可支配收入　48138元，增长8.5%
农村居民人均可支配收入　23830元，增长9.3%

通州的一天

一、每天创造的财富
　地区生产总值　34767万元
　一般公共预算收入　1979万元
二、每天主要产品产量
　粮食　1352吨
　棉花　0.97吨
　油料　117吨
　肉类　114吨
　淡水产品　90.7吨
　生猪出栏数　1097头
　小麦粉　1848吨
　纱　393吨
　布　182.47万米
　服装　41.12万件
三、每天消费量
　全社会用电量　1630万千瓦时
　社会消费品零售总额　11097万元
　农村居民每人生活消费支出　47元
　城镇居民每日生活消费支出　73元
四、每天其他经济活动
　旅客运输量　10795人次
　货物运输量　39068吨

荣誉通州

12月,通州区被中国曲艺家协会授予"中国曲艺之乡"称号

6月,通州区被全国普及法律常识办公室评为全国法治县(市、区)创建活动先进单位

9月,通州区被中国纺织工业联合会表彰为2017—2018年度纺织行业"创新示范集群"

6月,通州区被江苏省国土资源厅评为2017年度江苏省国土资源节约集约利用进步奖

8月,通州区被中共江苏省委、省人民政府评为江苏省2016—2017年度法治县(市、区)创建工作先进单位

媒体聚焦通州(选辑)

通州区石港镇着力改善农村人居环境

素有"凤凰古镇"美称的石港镇镇域面积110平方公里,总人口6.8万人,境内河道全长212公里,标准农路184条225.9公里,过境公路47.75公里,日平均生活垃圾收集量达30吨……

一组组数据昭示着农村环境整治任务面广量大、复杂繁琐,然而这并没让石港镇广大干群退却,事实上,这里环境长效管理层层有人抓,事事有人管,人人肩上有担子,个个身上有指标。现在,无论在农村腹地还是繁华的镇区,道路宽阔整洁,河流清澈见底,两岸护坡植被生机盎然。一面面农村文化墙内容清新扑面,文化广场知识丰富,群众活动中心建设如火如荼……

健全高效管理机制。近年来,石港镇全面推进农村环境"五位一体"长效管理,紧紧围绕改善镇村环境面貌,提高居民生活质量目标,结合实际,按照因地制宜、突出重点、分类指导的总体要求,制定了《石港镇农村环境"五位一体"长效管理考核细则》,明确了总体要求、工作任务、时间安排、机制保障及考评奖惩标准,全镇上下拧成一股绳,形成了党政领导亲自抓、分管领导重点抓、职能部门共同抓,项目组具体抓的高效管理机制。同时健全工作机制,合理利用管理经费,深入开展巡查考核工作,有效保障了全镇农村环境长效管理工作有序高效开展。

营造浓厚宣传氛围。该镇围绕宣传发动群众转变生产、生活观念,认真做好宣传文章。通过微信公众号、农村广播等媒体,结合走帮服、河长制等工作大力宣传、引导群众积极参与农村环境整治和长效管理。全镇15个村(居)各自建立一支宣传队、设立一个宣传栏、发放一封倡议书、悬挂一批宣传标语、开展一次科普讲座,提高农民群众对环境管理必要性、重要性、紧迫性认识。同时,通过引导村(居)制定环境卫生《村规民约》、在醒目位置树立环境长效管理公示牌等形式,积极开展环境卫生星级户评比活动,实行月评季奖。多形式、多渠道的宣传让群众对项目的知晓率达到100%,营造出了全社会共同参与整治的良好氛围。

加大资金投入力度。为确保农村环境长效管理各项工作落到实处,取得实效,镇财政通过上级各类以奖代补和镇自筹等资金形式,2017年全年投入800余万元作为农村环境长效管理专项资金。所有经费确保专款专用。其中用于市场化运作服务费用共计480万元;农村公共设施维护费23万元;投资160多万元用于农村垃圾池和过境公路垃圾堆放点提升扩建工程;为解决垃圾收集清运,投资88万元,购置机械化作业工具;投资58万元,对集镇设施提档升质,包括公厕改造、墙面美化、桥梁刷新等;同时还投资34万元,更新农村保洁设备,购置90辆电瓶保洁三轮车,用于农村道路保洁。

创新环境整治模式。多次组织镇村干部外出学习参观,借鉴外地经验,积极探索"政府购买服务、管干有效分离"农村环境卫生长效保洁的市场化服务新模式,农村环境长效管理成效显著。近年来逐步推行保洁市场化运作新机制。通过政府购买服务的方式,将农村道路养护、河道保洁、绿化管护和垃圾处理整体打包,明确保洁服务范围、标准、经费等内容。引进市场竞争机制,采用竞争性谈判方式,将农村环境管理业务外包给专业保洁公司。坚持管理与美化"双管齐下",快速启动农村河道整治三年行动计划,通过政府采购,择优选择两家有资质的专业保洁公司对全镇116条三四级河道进行"市场化、专业化"长效管理,成功打造了以马道横河、通如界河、五窑中心横河、渔湾水道等为主的景观河。同时,邀请南京农林设计院完成护城河景观设计,全面启动2.5公里护城河两岸风貌提升工程,力争在"十三五"期间将护城河打造成集地域特色与时代活力相交融的休闲滨河长廊。

整治一片、规范一片、带动一片,石港镇的环境整治长效管理推动了农村环境由清洁、干净到绚丽、大美的跨越。富含历史人文底蕴的千年古镇——石港,正以她独特的风韵撰写"十三五"壮丽诗篇。

(《新华日报》2018年3月24日第6版)

壮士断腕治污染　创新转型补短板

通州：高质量发展迈上新“通途”

1月16日上午，在自家阳台上，一边打太极拳锻炼，一边欣赏烟雨南山湖美景，南通市通州区刚刚退休的何云涛老师，心里有说不出的惬意。

让何老师更开心的是，一旁的收音机里正在直播通州区两会好声音：围绕南通高质量发展走在全省前列新要求，通州区将全力打造立足扬子江城市群、服务上海大都市、具有区域影响力的“产业腹地、创新智谷、城市绿洲、幸福家园”。

“把‘城市绿洲’写入《政府工作报告》，这在通州是头一回。”通州区委书记陈永红说，处于多重国家和区域战略交汇点上的通州，必须壮士断腕祛污点为亮点、创新转型变短板为样板，在发展理念、产业结构、增长动力等多方面转向领跑，迈上从高速度增长向高质量发展转型的新“通途”。

企业不消灭污染，污染就消灭企业

“害人多年的化工毒瘤，这次终于铲除了，真是大快人心啊！”当地村民刘国平激动地对记者说。寒冬时分，通灵桥两侧林立的化工厂全部拆除，大片土地将生态修复建绿地，村民们忍不住放起了鞭炮。

刘国平口中的“毒瘤”，就是通州区通灵桥化工片区。几个月前，这里开展的除毒祛污“持久战”，演变为一场震天动地的“攻坚战”。“11家企业长年排污，行人掩鼻，居家闭窗，群众举报不断，多个部门组织拆除，但少数业主拒不配合，一直‘拿不下’。”通州区环保局局长陶洋告诉记者，去年因该区域环境整治滞后，通州被中央环保督察组点名通报批评，包括主要领导在内的一批干部受到党纪处分，成为影响江苏形象的环保污点。

“要祛除这个压得通州人抬不起头来的黑点，必须壮士断腕啃下这块硬骨头！”通州区区长凌屹介绍，区里组织近千人以雷霆之势，现场实行联合执法与强制拆除，结果仅两天时间，一举将抗拒执法的钉子户拔掉，其余几家企业也全部拆除。

以通灵桥为主战场，一场环保风暴战在全区打响。天上飞着无人机，水上开着监察艇，夜间、节假日不定期突击检查。先后有34家化工印染企业、29家砖瓦窑企业以及25家钢丝绳企业的污染工段被关停，立案214件，27人被刑事拘留。

“企业不消灭污染，污染就会消灭企业，可真不是说着玩的。”恒发印花公司环保负责人虞卫宏感慨道，东盛印染因为违法偷排，抗拒执法，结果厂房被强拆，老板也被抓了，在圈内引发极大震动。“为了企业，也为了自己的饭碗，我一定会守住环保关。”

环保风暴带来碧水蓝天。区环境监测站最新监测结果显示，一直在Ⅳ类徘徊的通吕运河通灵桥段断面水质已提升为Ⅲ类，全区PM2.5平均浓度41微克/立方米，比上年下降8.9%；空气优良天数比例75.4%，比上年上升1.2%。

产业转型从内到外“绿”起来

通州区环保局监察室主任朱菊红感慨，这几年环保部门肩上的责任越来越重，去年区环保局处理环境信访就达2231件。怎么减少投诉？朱菊红认为，关键在于产业结构。去年，南通对环境问题多发的“三河三行业”开展重点整治，通州是唯一“三河三行业”全占的县（市）区。

“环境整治不能头痛医头、脚痛医脚，要在产业结构上挖病因、想对策。通灵桥环保事件的最大教训就是，产业层次偏低、转型步伐太慢。”陈永红说，“必须将绿水青山就是金山银山的理念贯彻到产业发展中，坚决拒绝‘带毒’‘沾灰’的GDP，让通州产业从内到外绿起来。”

1月12日，总投资33亿元的未来岛硬科技产业园项目在锡通科技产业园打下第一桩。当天，通州共有48个项目联合开工，总投资超210亿元，涉及电子信息、先进制造、新材料等多个领域。新项目在为通州经济注入新动能的同时，也改变着通州的产业图景。通州区发改委主任龚卫介绍，去年共签约项目340个，亿元和千万美元以上新兴产业项目占比达七成。“通州正聚力打造电子信息、智能装备、汽车及零部件三大地标性产业，全区六大主力平台都已形成‘一主一新’产业定位。”2017年通州新兴产业占比达39%，预计实现地区生产总值1180亿元，同比增长8%。

“与宝钢、太钢等行业巨头同场竞争，我们脱颖而出！”翻看工信部3000万元奖励资金入账的记录，江苏甬金金属科技有限公司总经理助理单朝晖喜上眉梢。在2017年全国工业转型升级重点新材料产业链技术能力提升项目招标中，甬金金属击败多家行业巨头，中标超薄精密不锈钢带项目。

生态优先，打造宜居“城市绿洲”

11月18日，在通州区金沙街道鲜花小镇，记者看到，上个月种下的郁金香已经冒出了嫩芽。“到了春光明媚的3月，300万株郁金香和5000棵樱花将同时开放，给人们呈现一片花海。”鲜花小镇项目总经理周晓霞说。

“环境建设既要重视环保监测的‘国标’，更要看重群众认可的‘民标’，通州将为群众提供更多优质生态产品，不断增加群众的环境获得感。”陈永红介绍，该区将生态文明建设列为全区三个百分制考核项目之一，与重点经济工作、精神文明建设同等考核。今年起三年内再投入64亿元，实施11类100项生态文明重点工程，点线面结合，打造具有区域影响力的城市绿洲。

打造城市绿洲，通州已绘就一幅绿色蓝图。依托“一区一岛两园”，打造生态亮点：在南通主城区增长边界以外的二甲、东社等街镇，大力发展现代农业、休闲旅游，建设中心城市生态涵养区、休闲旅游首选区；在长江溯江而上江苏第一岛开沙岛，严控开发强度，建设原生态体育旅游休闲岛；在进鲜港湿地公园和先锋绿博园，建设城市“绿肺”和省级森林公园。此外，在沿河景观带和沿南通主城、通州城区重点建设生态走廊，营造靓丽风景线；在全区广大集镇全面提升环境，扩大绿色覆盖面。

建设城市绿洲，并不只有政府在行动。在先锋街道，印染企业主周健连续几年每年投入一个亿，将世界各地的奇花异草买回家乡，建起一座汇集8000多种植物的绿博园。绿博园从2016年开园至今，入园游客已突破150万人次。“今后我将把企业创造的利润全部用于生态和慈善。”周健说，他正规划在沙岛上建设一座洲际梦幻岛，打造世界最大的植物温室综合体，“与其让钱作为数字存在银行，不如把它转化成绿色财富传承给社会。”

(《新华日报》2018年3月26日第1版 陈 明 徐 超 贲 腾)

高效率服务 高技术创新 高密度融合

通州：高质量发展迸发新优势

不驰于空想，不骛于虚声。过去的一年，南通市通州区交出喜人答卷：经济总量持续攀升，地区生产总值1180亿元，同比增长8%；一般公共预算收入70.1亿元，同口径增长5.8%。

地处“一带一路”和长江经济带等多重国家战略机遇交汇区的通州，围绕高质量发展要求，正抢抓全省实施“1+3”重点功能区战略机遇，在南通聚力深化“北大门”建设、推动高质量发展进程中，立足扬子江城市群、服务大上海都市圈，加快形成全面开放新格局。

高效率服务
全省首创“五联审批”模式

4月初，省政府公布简政放权创业创新环境评价结果，南通市通州区从全省13个设区市、96个县(市)区中脱颖而出，综合排名列全省第二。这是该区第二年获得此项殊荣。

经济社会高质量发展，离不开高效的政务服务。通州顺应“互联网+”、大数据时代要求，推动政府管理服务与互联网融合，不断提升政府治理能力和服务水平，为高质量发展营造高质量营商环境。

2015年底，通州启动相对集中行政许可权改革试点工作，组建行政审批局，实行“一枚印章管审批”。该局与涉改的13个部门有效建立审批合作共同体，在全省率先推出施工图纸“网上联审”、企业设立“证照联办”、技术评估“并行联审”、现场踏勘“一车联动”、项目竣工“联合验收”等“五联审批”方式，实现“一窗受理、合并审查、集约审批、一站办结”的审批模式。该模式受到中央编办、省审改办的批示点赞，并作为经验在全省推广。

去年10月底，江苏鸿泰公司航耀机械项目在通州区行政审批局申办施工许可证，整个办理环节缩减至12个，办理时限只用了12.5个工作日，比省平均水平缩短14个工作日。航耀机械项目代办人员徐浩兵说：“是政府的高效服务，让我们的项目可以早开工、早建设。”

为有效破解土地要素瓶颈带来的建设项目审批环节多、流程繁、周期长、效能低等问题，通州还创新性推出模拟审批服务，在南通率先出台《通州重点建设项目模拟审批服务试行办法》，高效利用投资项目土地出让前的“真空期”，推动产业项目尽快开工建设。所谓模拟审批服务，即项目未供地前，由申请单位按现行重点建设项目审批流程要求准备报批资料，各审批部门视同该主体已取得土地，并按现行审批要求对报送资料进行实质性批前审查，出具模拟审批意见。去年，通州行政审批局会同国土、规划等相关部门共同为12个镇区园的54个项目提供模拟审批服务，涉及重大工业项目、服务业、民生等多个领域。

“根据你单位上报的有关信息，我们进行跟踪了解，现将进展情况反馈给您，恳请您督促相关人员及项目业主于8日前来我局办理施工许可证等手续。”这是通州行政审批局工作人员通过挂号信形式发给一镇区园主要领导的一封“项目建设服务函”。

去年以来，通州在“五联审批”的基础上进一步推出亿元项目全程跟踪服务新机制，采取提前沟通、无缝对接等形式，对项目建设进度实时跟踪、时时提醒，全面深化实施项目审批全流程，目前共计发放项目建设服务函75份。

通州区行政审批局副局长葛振军说：“这种‘挂图’方式，可对项目推进情况实行完整动态监测和全过程监督管理，及时掌握全区重点项目进展动态信息。每半个月形成重点项目进度表后，将上报区委、区政府领导提供参考决策。”

高平台创新
为高质量发展打造新引擎

3月20日，全国印刷机械标准化技术委员会金属印刷设备工作组在江苏华宇印涂设备集团有限公司正式成立，这是通州正式成立的第二家全国专业标准化技术机构。

金属印刷设备工作组成立后，将承担组织金属印刷领域的标准体系研究、国家标准和行业标准的制定与宣传贯彻、与国际标准和国外先进标准的接轨等行业内标准化引领工作。目前，全区获批全国性专业标准化技术机构6个，总数全市领先。

标准化是推动科技进步，增强自主创新能力，提升产品和产业核心竞争力的重要抓手和途径。自2015年以来，通州根据省政府实施“标准化+”行动计划要求，以“标准”引领企业转型升级，让更多的通州企业通过实施“标准化+”战略推动技术标准创新，抢占行业“话语权”，助力“通州制造”迈向中高端。

近两年来，“通州制造”以其独特优势征服了各个标委会。江苏金太阳纺织、南通供销产业发展、南通桑德森蓝环保科技等多个重大项目获得标委会“青睐”，成为“通州标准”，并且已取得了明显的经济效益和环境效益。目前，该区已有32家企业参与了115项国家标准和行业标准的制定，三年来，有13家企业获得南通市政府的标准化专项奖励资金221万元。

科技创新是高质量发展的重要引擎，也是提升区域发展质量的关键。

去年底，位于南通高新区的江苏甬金金属科技有限公司接到国家工信部通知，他们申报的重点新材料产业链技术能力提升项目被列入2017年工业转型升级（中国制造2025）部门预算资金重点项目安排计划，南通仅此一家。该项目将由江苏甬金和扬州诚德钢管、南京理工大学联合体共同完成，项目总投资预算1.2亿元，分三年实施，重点方向为超薄精密不锈钢带。

今年1月，该企业针对这个项目，在北京组织召开了专家评价会，就产品、设备、生产工艺征求专家意见建议。专家组组长、中国工程院副院长干勇在看完公司所带的样品后认为，江苏甬金在精密不锈钢板带的生产工艺方面，已经达到国际领先水平。

去年，江苏甬金金属在钢材等原材料上涨的情况下，逆势上扬，完成销售35.53亿元，税收3300多万元，同比增长了145%。今年，企业的订单已排到6月，全年有望实现销售50亿元。

南通江海电容器股份有限公司由生产传统的铝电解电容器，快速进军新能源汽车和新能源市场。今年1月，公司投入1800万美元新建“变频器用电容器项目”。“这是我们的第二个智能车间，相比第一个，生产线更高端、设施更先进，在智能化生产方面将会有很大的提升，生产效率能够翻番。”公司工业产品副总监张洪兵介绍说。智能车间的投用将使江海电容器发展如虎添翼，新项目将抢占国际国内中高端工业类电容器市场，一半以上的产品出口国外，预计新增年销售1亿元、利税2600万元。

科技创新引领产业转型。去年，通州新认定国家级高新技术企业47家，高新技术产业、新兴产业产值占比分别提高1.3个百分点和2.7个百分点，服务业增加值占比提高1.5个百分点。

高密度融合
集聚资源借力发展

深化“北大门”建设，推动高质量发展。围绕南通提出的增强以江海组合港、航空港、信息港“三港”为支撑的开放门户功能的目标定位，通州积极响应，全力推进天生港区横港沙作业区建设，实施横港沙新世界码头泊位提升及后方陆域仓储建设。

3月30日，通州横港沙新世界码头3#、4#泊位改造工程正式开工，这是通州对接服务上海的重要基础性工程。竣工后，整个天生港区在2020年以及2030年的吞吐量分别达到8200万吨和1亿吨。

南通兴东国际机场是国家一类开放口岸，已开通30多条国内外航线。去年，南通机场年货邮吞吐量达5万吨，相较2011年翻了三番。

2016年底，南通兴东国际机场和上海浦东国际机场货运站有限公司合资组建南通沪通空港物流发展有限公司，承接上海机场货运溢出，打造长三角北翼第一航空物流基地。空港物流副总经理章株峰说：“在南通海关支持下实现南通和上海两地海关双向互认，‘卡班运输’新业务也开通了，打通两地航空货运的陆路通道，彻底搅活南通航空货运市场。”

为放大“沪通合作效应”，南通机场正在积极实施扩建工程和跟进配套服务设施，快件监管中心、保税物流中心（B型区）等功能平台、机场货运区二期正有序推进，整项扩建工程完成后，将可实现500万的旅客吞吐量；二期货库将扩容1.5万平方米，年设计货邮吞吐量超过20万吨。

通州将招引上海方向项目、承接上海产业转移作为深耕高质量发展战略的首要砝码。今年1—3月，通州签约上海方向项目11个，其中内资项目9个，投资16亿元；外资项目2个，投资1.65亿美元。

通州按照“政府主导、互利共赢、共同发展”的原则，借鉴和吸收各地先进经验，着力推进本地与上海间的园区合作共建，主动接受上海辐射，积极承载产业转移。

上月，锡通科技产业园招商队赴上海未来岛高新技术产业园开展招商考察活动，拜访“澳中众创”“艾佩达”“达科电子”等重大项目。

地处上海普陀区的未来岛高新技术产业园是上海三大高新技术园区之一，现有入驻企业370多家，重点培育和发展高新电器、先进制造、尖端电子三大支柱产业。去年初，未来岛产业园与锡通科技产业园签约，合作共建锡通未来岛硬科技产业园，重点打造智能制造示范园、新能源示范园、新材料示范园3个产业园，引进APW（艾佩达）智能集成机柜制造等项目。上海未来岛高新技术产业园区党委书记、董事长钱世嵘表示，该项目旨在加强长三角经济圈互通互联、缓解上海土地资源匮乏、带动锡通园区乃至整个“北上海地区”的产业结构调整。

（《新华日报》2018年4月25日第T07版）

通州“组合拳”推进水环境综合整治

近年来,南通市通州区牢牢秉持“绿水青山就是金山银山”理念,围绕切实解决好群众身边的突出环境问题,大力推进绿色发展,深化“263”专项行动、“河长制”工作,强力推进水环境综合整治,成效明显,宜居、活水、清水为特色的“水韵通州”城市水环境特色品牌闪耀江海大地。

科学规划　夯实治水基础　依据《通州区城市总体规划》及通州水环境发展现状及需求,先后编制了《通州市城市排水工程规划》(2012—2030)、《通州市城市排水工程规划(防洪排涝篇)》(2012—2030)、《通州城区水系专项规划》(2012—2030)、《通州区村庄生活污水治理专项规划》等专项规划。先后建成城区闸站远程控制系统、城区排水GIS综合管理系统、城区内河水质在线监测系统、通州区镇级污水处理厂远程监控系统等基础性平台建设。系列规划及系统平台建设为全区水环境建设管理工作提供了全面的排水设施、水利设施、水环境治理等方面的科学依据。

重拳出击　整治黑臭水体　“推进城镇黑臭河道治理,采取因河制宜、因断面制宜的原则,开展城区水环境综合整治”,《通州区水环境质量达标攻坚专项行动工作方案》如期出台,全面贯彻落实“263”专项行动要求,深入推进“三河三行业”整治,着力解决水环境污染突出问题。行动方案吹响了通州水环境治理的号角,也为城区水环境治理列出了时间表。2018年全面实施通州的母亲河——运盐河治理工程,方案的提出让沿河而居的百姓欢欣鼓舞。消除水体黑臭仅是第一步,在完成五一河等黑臭水体的整治的基础上,相继开展城区八角亭河水体及西头总港综合整治工作,通过增绿扩绿、生态修复,把河道建成景观长廊、亲水绿道。根据统一部署,近期进一步深入排除出城区六条城区黑臭水体列入整治计划。通州,2019年将实现消灭城市黑臭水体目标。

源头把控　截污纳管治理　城区黑臭水体表面在河道,根子在岸上,通州始终坚持“源头治理、控源截污”的原则,对城区重点区域、排水大户、五小行业等加强截污纳管治理,并结合市政道路建设、老旧小区改造、城镇污水收集管网建设等时机,加快推进城区及各镇区园街道的雨污水管网建设。2017年初通州启动的城区河道排污口、污染源排查工作让城区120余处各类排污口“原形毕露”,雨污水管网建设快马加鞭,截至目前,全区污水管网总长约455公里,其中城区228.75公里,建制镇建成区226公里。随着管网覆盖率的不断提升,城区污水收集骨干网络日趋完善。针对根据全区污水管网建设实际情况,全年计划再新增、改造配套管网不低于25公里的建设目标,目前各项目正积极推进中。

以城带乡　治污提质增效　日处理污水规模4.8万吨的益民污水处理厂迁扩建工程运行平稳,出水指标达一级A标准。今年通州将首次利用PPP建设模式将益民水处理二分厂提标改造、14个镇级污水处理厂(站)改扩建及配套管网工程、200个村(集居点)污水治理工程等工程“组团”打包纳入全区污水治理PPP项目,目前已完成存量资产评估、环评均已进入编制评审阶段。此外,通州还将“以城带乡”,加强全区17座镇级污水处理厂(站)的运行监管,完成镇级污水处理信息监管系统建设,实现远程可控。至目前,全区污水处理总设计能力达11.95万吨/日。全区223个行政村中有105个行政村建成投运村庄小型污水处理设施114个,累计处理能力0.5万吨/日。

生态治理　实现长效管理　通州以打造“水韵通州”城市景观为抓手,不断探索、创新水系治理方式,采取亲水活水、贯通河道、内源治理、生态治理、长效管理等措施,有计划、分年度针对城区河道实施建设与管理。据统计,通州城区2017年引排水231万立方米,城区活水强度大幅度提升。“问渠那得清如许,为有源头活水来”是最好的诠释。通州南山湖景区,集绿色、生态、运动、亲水于一体,不但增强了城市的蓄水功能,有效防止暴雨内涝,同时对周边水系进行生态清淤、湿地修复措施,水环境质态明显提升,成为通州区居民亲水、休闲、水上运动的极佳场所。同时启动水质自动监测系统,利用自动在线监测仪器对城区河道水质进行无人值守自动监控,并利用现代信息技术进行数据采集、传输和存储分析等,及时准确地掌握水质动态和变化趋势,达到预防污染、水质预警。

(《新华日报》2018年5月12日第8版　陆　明　王建林)

以“融合党建”推动高质量发展(治理者说)

中共江苏省南通市通州区委书记　陈永红

党的十九大报告强调:“推进伟大工程,要结合伟大斗争、伟大事业、伟大梦想的实践来进行”。对于基层党建工作来说,尤其需要将党建工作融入中心工作、业务工作。近年来,江苏南通市通州区着力探索党的建设与经济社会发展同谋划、同部署、同考核的“融合党建”新路径,积极构建二者统筹推进的新机制,以高质量党建推动高质量发展不断迈上新台阶。

基层处于改革发展第一线,任务重、压力大,有的单位和部门在不同程度上存在着党建与发展“一手软、一手硬”,政治与业务“两张皮”的问题。把党的政治建设摆在首位,把发展作为第一要务,把握好两者之间相互依托、相互促进的辩证关系,是治理者必须面对的时代考题。我们坚持压实责任促融合,以“区委—基层党委(党组)—党员领导干部—党支部”四级联动党建工作责任制，汇聚管党治党工作合力。区委明确“三必”要求，即重大会议必提党建要求、基层调研必看党建工作、工作督查必查党建内容。基层党委（党组）书记实行党建项目与产业项目双领办、双推进、双考评，既干好“第一要务”又干好“最大政绩”。党员领导干部建立抓党建“一岗双责”职责任务、问题整改、创新创优“三个清单”。党支部书记分领域制定工作指南，层层压实管党责任。在此机制基础上，还注重发挥考核的“指挥棒”作用，连续三年实施党建与发展“双百分考核”，把党建考核成绩作为综合考评系数，努力放大党建的乘数效应。

向中心聚焦、为大局聚力是党建工作的重要着力点。从南通市通州区看，当前正处于全面深化改革、加快创新发展重要时期，以党的建设推动经济社会发展任务更为繁重。我们突出党的组织、党建载体、党建资源“三融入”，切实把党建优势转化为发展优势、党建活力转化为发展活力。今年，全区举办“四问通州干部大讲坛”，围绕党建与发展等主题，晒工作、比思路、亮业绩，引导领导干部解放思想、追赶超越，一大批党员干部在招商引资、项目建设等任务中冲锋在前、示范表率。在农村，我们从严选派驻村“第一书记”，举办“村党组织书记工作讲坛”，把农村基层组织建成脱贫致富的战斗堡垒。在城市社区，创新街道党建联席会、社区党建共治会、网格党建理事会“三会共治”工作模式，选聘驻区单位党组织负责人作为社区党组织“兼职委员”。在国企、学校、“两新”组织，分类制定党建工作标准流程。做好党建工作，不是简单地一刀切，而是根据基层党组织的功能定位分类施策、精准发力。

应当看到，实现高质量发展，把每条战线、每个领域、每个环节的党建工作都抓具体、抓深入，基层工作仍然需要系统谋划、持久发力。深化“融合党建”理念，以更大力度推动管党治党由“被动抓”向“主动抓”转变、服务发展由“围绕型”向“融入型”转变，把党的全面领导在经济社会发展各领域、全过程坚持好、加强好，我们定能实现党建与发展融合并进、互促共赢，在优化服务中凝聚党心民心、汇聚民意民力。

（《人民日报》2018 年 5 月 15 日第 5 版）

涵养德性，莫如美育

——从“童声里的中国”到“童”字系列美育活动的启示

近日，江苏，一台音乐儿童剧《青铜葵花》进入了最后排演阶段，这部打磨了将近一年的儿童剧，预计在“六一”前夕登陆南京的舞台。《青铜葵花》由儿童文学作家曹文轩的同名代表作改编而来，剧目突出孩子视角，生动塑造了富有童趣的艺术形象，传递了“苦难中的美丽、挫折中的成长”的内容主题。这让人联想到前两年颇受欢迎的《田梦儿》——一部以江苏省美德少年为原型创作的音乐儿童剧，自2015年首演以来，在江苏、上海一带巡演600多场，观众达60万人次。这两部剧有着相近的气质，但主要共同点是：它们都是江苏省“童声里的中国”这棵大树上结下的果子。

“童声里的中国”是江苏省南通市通州区文艺工作者于2006年倡议开展的一项新童谣创作推广活动，旨在通过少儿艺术的创作推广，引导青少年在艺术审美中陶冶情操，健康成长。这个活动从童谣起步，逐渐囊括童歌、童诗、儿童剧等多种艺术形式。在江苏省文明委悉心培育下，如今，“童声里的中国”已成功举办8届，积累了12年的经验，发展成一个以江苏为圆心、向全国辐射影响力的少年儿童思想教育与艺术培养品牌。

扎根时代，扎根儿童，扎根艺术

“童声里的中国”每一两年举办一届，每届都有一个鲜明主题，其主题一方面紧扣时代脉搏，融进社会主义核心价值观，一方面力求贴近儿童生活，获得儿童共鸣。比如，第二届的主题是“祖国献您一首诗”，因为活动在2008—2009年举办，适逢新中国60华诞。最近一届的主题则是“童心向党，幸福成长”，是为党的十九大胜利召开献礼。

围绕这些主题，“童声里的中国”致力于作品的创作与推广。据统计，8届活动一共收到来自全国各地的30多万首童谣、童诗、童歌，其中不少作品充满时代气息，富含童真童趣，散发着向上向善的精神力量。值得一提的是活动还推出了20多部各类题材的优秀之作，包括音乐儿童剧《田梦儿》《青铜葵花》，励志儿童电影《鹰笛·雪莲》《三袋米》，动漫影视《孔小如》《青蛙王子》等。此外，先后举办了8300多场优秀歌谣传唱、高雅剧目进校园与传统文化精品展等公益活动。

重视创作，追求精品，以创作带动更多人参与活动，进而扩大影响，以精品传递思想，感染读者，进而锻造品牌，这是“童声里的中国”的成功之处。江苏省《少年诗刊》主编、“童声里的中国”评委金本阅读了大量参赛作品，他认为其中的优秀之作常常具备三个特点：一是扎根于时代，作品应时代而生，为时代留影，实现中国梦、走进“新时代”等时代强音在作品中都有艺术地展现；二是扎根于儿童，参赛作品中很大一部分是学生自己的作品，自己写自己，情由己出，充满生活的味道，另一部分作品虽由教师等成人作者写成，但因为常常同少年儿童在一起，也写得真实生动；三是扎根于艺术，由于活动坚持比较严苛的艺术标准，获奖作品整体上体现了较高的艺术性，涌现了不少让人过目难忘的精品佳作。

重视问题研究与建设创作基地

如何在多元的社会环境下，把握少年儿童的心理特征，捕捉少年儿童的兴趣点与注意力，为他们提供健康向上的精神食粮，帮助他们远离不良的社会风气？这是创办“童声里的中国”的出发点，也是其一直致力研究的根本问题。

相当长一个时期以来，儿歌的发展

处于滞后状态，真正适合孩子传唱的好儿歌太少，经典的儿歌已经慢慢被成人化、流行化的歌曲所替代，校园里甚至还出现了一些被篡改的灰色童谣。这对孩子的成长产生了不利的影响。南通市通州区委书记陈永红说，正是因为想改变这个状况，他们尝试着创办了“童声里的中国”。

因为有问题导向，“童声里的中国”在重视创作之外，对研究工作也投入了大量精力。从第一届至今，先后举办了《新童谣高端研讨会》《国粹京剧艺术家黄孝慈主题讲座》等10多场专题讲座、研讨会以及“童谣童诗的创作与传播”实践研究。每届活动结束前，都会邀集儿童教育专家与学校老师，结合当届活动的实际情况，总结与探索少年儿童的成长特点与教育规律。

2014年11月，“童声里的中国”少儿艺术创研活动基地宣告成立，5000多平方米的场馆以及政府落实人员编制，为活动提供了支持与保障。基地由成果展览馆与音乐、文学、电影、少先队四大创研活动中心组成，关乎少年儿童“育美德”“长才艺”的各种创作、研究、展演、培训工作，很多就在基地里完成。

“小地方办了大事情”

“这是小地方办了大事情。”儿童文学评论家樊发稼如是说。

“小地方”当然是指南通市通州区，在全国地图上来看，那就是偏僻一隅；“大事情”则是指少年儿童的道德教育与艺术培养，这确乎是一桩关乎民族未来的大事。

“大事情”的另一层意思应该是指，“童声里的中国”虽然从小地方起步，但是锲而不舍，功不唐捐，社会影响越来越大，发挥的作用也越来越明显。历届获奖作品被汇编出版，不仅登上了江苏省内学校的书桌，而且被送到全国多个老少边穷地区，使那里的孩子得以分享优质的精神食粮。

谈到“童声里的中国”，中央广播电视总台少儿频道主持人鞠萍说：“立德树人是少年儿童教育与培养的根本方向，立德树人首先不是育知识，更不是‘育分数’，而是培养学生良好的道德品质与行为习惯。这一点正是‘童声里的中国’的着力之处。”教育部基础教育课程改革工作小组专家、教材审查委员成尚荣认为，“童声里的中国”的一条重要经验，是用孩子喜爱的活动与方式培育社会主义核心价值观，引导孩子在艺术审美中陶冶情操，涵养品行，健康成长为担当民族复兴大任的时代新人。

当前，少年儿童因年龄尚小，又处在多元价值观的碰撞中，容易产生困惑与迷茫。因此，少年儿童的培养关键，首先在于帮助他们进行价值筛选和价值引领。而这一切需要以少年儿童喜闻乐见的方式进行，才易于被接受认可，才能取得实际效果。这也正是“童声里的中国”的主旨所在，“童声”里有真善美，有家国情怀，有中国的文化自信和少年力量，“童声里的中国”为教育与培养少年儿童做出了有益实践。

引导孩子欣赏美、追求美、创造美

在“童声里的中国”的基础上，江苏省推广经验，近两年又相继创办“童心里的诗篇”“童真里的色彩”与“童话里的世界”。“童心里的诗篇”已举办两届，孩子们创作选送了8万余首诗篇；“童真里的色彩”发挥绘画艺术对孩子的滋养作用；“童话里的世界”侧重以故事感染孩子，传播“爱家园、爱和平、爱自然，敢于有梦、勇于追梦、勤于圆梦”的精神。

这些活动与“童声里的中国”各有侧重，又相互配合，形成江苏省少年儿童思想道德建设与文化艺术培养的“童”字系列美育活动。诗歌、童谣、戏剧等艺术是陪伴孩子们快乐成长的精神食粮，也是美育的重要形式和有效载体。那些充满时代气息、体现童真童趣、催人向上向善的优秀作品，往往能够启迪心智、陶冶情操，甚至可以影响孩子的一生。“我们精心建设‘童’字品牌，就是想让孩子从小在心中播下社会主义核心价值观的种子。”江苏省委常委、宣传部部长王燕文说。

正如蔡元培先生所言：“涵养德性，则莫如提倡美育。”纵观“童”字系列活动，其本质正是在孩子中广泛开展美育实践，在引导孩子欣赏美、追求美、创造美的过程中，达到“以美育人、化美育德”的目的。这是一条行之有效的实践经验，必将带给人们启发与思考。

（《人民日报》2018年05月24日第24版　张　健）

通州打造绿色水韵交融宜居城

6月的通州城处处绿意扑面、鸟语花香。城市乡村道路两侧绿树如茵；海棠、白玉兰、紫樱相映成趣，形成一条条景观长廊；运盐河公园、枫园景色怡人，游人络绎不绝；农田村舍间，树木挺拔青翠，一座座“绿色银行”正在生成……

这几年，南通市通州区的城市建设从追求高速度向追求高质量转变，努力提升城市发展理念，推进集约开发、精细管理，一座具有区域影响力的“城市绿洲”呼之欲出。通州区住建局局长丁亚军说：“我们秉承‘绿水青山就是金山银山’的理念，深入贯彻区委、区政府生态文明建设工作部署，打造‘水清水洁、岸绿景美’的城市名片，让我们的城市更精致、生活更宜居。”今年，由该局牵头的城建重点项目共46项，总投资超11亿元。

通州突出生态优先、坚持绿色发展，坚持“宜绿则绿、见缝插绿”，推进“三城同创”和“绿满通州”，高起点规划、高品质打造生态园林城市，近年新增城市“绿肺”150万平方米。先后建成运盐河公园、霞中公园等4个区级公园和五一公园、玉兰园、枫园等10个特色小游园。

今年以来，通州境内多项增“绿”工程强势推进。投资3750万元，涉及施工通道、排水和绿化，总绿化面积约47万平方米的通吕运河通灵桥地区两侧绿化工程正高歌猛进……在这里，百姓亲眼目睹绿色由点到片，由片到面不断扩大，不断融合，绿色渐渐浸染着这座城市。

一堵白垣，镂出一方花窗，透窗而望，碧竹森森，假山嶙峋。位于城东新区的玉兰园。园内的玉兰品种繁多，有广玉兰、红玉兰、黄玉兰等，在这里，通州市民一饱繁花似锦。海棠被选为通州城区道路树种之一。城区希望路一路海棠花绽放。在通州，海棠的种植并不仅限于道路，她们弥漫着公园，“海棠园”里有垂丝海棠，还有西府海棠、八棱海棠、贴梗海棠等众多品种，让前来赏玩的人们目不暇接，流连忘返。

通州在城市建设中注重“绿色通道”建设，新建道路实施绿化同步配套完善。相继完成湘江北路、金霞路等23条新建改造市政道路和十五总港、十七总港等11条整治河道的配套景观绿化工程；完成实施城区60多处街旁节点及零星地块的增绿补绿工程，新建苗圃式绿地8处。

数据见证着通州住建人挥洒的汗水：近两年来，城区新增绿化面积150万平方米，道路及河道绿化率92%，城区绿化覆盖率44.41%，人均公园绿地面积11.31平方米，基本实现“300米内见绿地，500米内有游园”的建设目标。

在不断增绿的同时，通州大力推进污水治理。通州住建局以打造“水韵通州”城市景观为抓手，探索创新水系治理方式，采取亲水活水、贯通河道、内源治理等措施，有计划、分年度实施城区河道生态治理工程。通州依据《通州区城市总体规划》及通州水环境发展现状及需求，先后编制《通州区城市排水工程规划》（2012—2030）、《通州区城市排水工程规划（防洪排涝篇）》（2012—2030）、《通州城区水系专项规划》（2012—2030）、《通州区村庄生活污水治理专项规划》等专项规划。建成城区闸站远程控制系统、城区排水GIS综合管理系统、城区内河水质在线监测系统、通州区镇级污水处理厂远程监控系统等基础性平台建设。系列规划及系统平台建设为全区水环境建设管理提供全面的排水设施、水利设施、水环境治理等方面的科学依据。

近年来，通州恢复城区河道面积57万平方米。位于通州城区25.6万平方米水域的南山湖周边水系的生态治理正稳步推进，包括河道清淤、建造生态滤墙和污泥干化系统等，预计明年初竣工。工程负责人季丽华说：“我们通过水生植物削减氨氮、总磷、总氮的进入，从而减小南山湖爆发蓝绿藻的机率。”

疏浚整治十三总沟、十三总港等城区河道3.3公里；实施十五总港、运盐河、唐灶港等6条河道综合整治；淤土方约3万立方米、新建护岸2600米。唐灶港、中心竖河等4条河道采用先进的生态疏浚技术；金沙横河、南十五总港、南山湖连接沟、中心横河等10条河道采用先进的水生态修复治理技术。河道自然功能得到恢复，河道水质得以净化，滨水景观显著提升。

黑臭水体表面在河道，根子在岸上。通州区住建局始终坚持“源头治理、控源截污”的原则，对城区重点区域、排水大户、五小行业等加强了截污纳管治理，并结合市政道路建设、老旧小区改造、城镇污水收集管网建设等时机，加快推进城区及各镇区园街道的雨污水管网建设。曾被列为“黑臭水体”的城区八角亭河4月初完成主体工艺施工，新建的生态滤池正在调试运行。生态滤池的使用，将最大程度减少水中污泥以及颗粒物。截止到目前，全区污水管网总长约454.75公里，其中城区228.75公里，建制镇建成区226公里。随着管网覆盖率的不断提升，排水设施地理信息系统也在不断完善，进一步提升数字化排污管理水平。

由通州区住建局承建的首个城镇污水治理PPP项目，总投资约12.4亿元，建设期为三年，预计今年8月开工建设，涵盖区域内的4个街道和11个镇。局给排水管理科科长蔡忠说：“这项工程将重点加强对镇村一级污水处理基础设施的建设，改变镇区污水处理各自为战的现状，实现市政基础设施的共建共享，提高污水处理系统整体的运行效率。”日处理污水规模4.8万吨的益民污水处理厂迁扩建工程运行平稳，出水指标达一级A标准。益民水处理二分厂提标改造、14个镇级污水处理厂（站）改扩建及配套管网工程、200个村（集居点）污水治理工程等工程“组团”打包纳入全区污水治理PPP项目，目前已完成存量资产评估、环评均已进入编制评审阶段。

通州“以城带乡”，加强全区17座镇级污水处理厂（站）的运行监管，完成镇级污水处理信息监管系统建设，实现远程可控。全区污水处理总设计能力达11.95万吨/天。223个行政村中有105个行政村建成投运村庄小型污水处理设施114个，累计处理能力0.5万吨/日。

坚守生态底线，持续增绿提质，推动绿色发展，是通州城市发展的最强音。一座水韵金沙、生态宜居的幸福之城，在江海大地崛起。

（《新华日报》2018年6月23日第18版　徐志宏　曹学军）

在思想再解放中激发追赶超越新动力

通州“四问”，问出赶超的“！”

以什么样的精神状态担负新使命？以什么样的工作实践开创新境界？以什么样的能力素质实现新作为？以什么样的作风形象展现新气象？通州区在“解放思想、追赶超越，推动高质量发展”大讨论中，向全区干部抛出4个问号。区委书记陈永红说，“问题就是导向，通州要通过‘四问’，问出思路办法，问出昂扬斗志，把问号变成争当‘一个龙头三个先锋’的感叹号。”

向前跑，一分钟也不能懈怠

有晨跑习惯的陈永红，每天跑步时总会问自己同一个问题——“今天在不在状态，有没有懈怠？”他说，作为通州广大党员干部的领跑者，他一分钟都不能懈怠。

民营经济活跃的通州，曾是南通“第一县”，一时风光无限。然而，村村点火、户户冒烟的发展模式造成产业低端、布局分散，难以适应经济新常态。这几年，在南通全市项目建设和“四个全面”综合考核中，通州一次都没能站上领奖台，看着兄弟县（市）区一次次扛旗夺杯，昔日

“领头羊”无比落寞。

年初召开的通州区委全会明确:围绕高质量发展走在全省前列要求,打造立足扬子江城市群、具有区域影响力的产业腹地、创新智谷、城市绿洲、幸福家园。

通州彻底改变“党委政府干事,人大政协说事”格局,四套班子领导成员不分一线二线,全部与乡镇挂钩,年度考核与联系乡镇的月度、季度、年度考核以及分管工作在全区的排名挂钩。

“肯动脑筋,不可能也能成为可能!”兴仁镇党委书记沈新宇走上“四问通州干部大讲坛”,分享了他的经历。四方冷链集团要新上一个20亿元的科技项目,200亩的用地需求兴仁无法满足,眼看着项目要飞走,沈新宇创新提出以飞地经济的方式,将项目落在南通高新区。

基层干部也在奋力向前。土地零散、产业薄弱的穷村怎么翻身?远离城镇的纯农业村如何致富?通州开办村(社区)党组织书记工作讲坛,10名有办法、有实绩的基层党组织书记上台分享发展招数,242个村(社区)的书记和“第一书记”现场聆听,激起一场比拼热潮。

人人向前、个个争先,一季度,在南通各县(市)区经济排名中,通州地区生产总值增速同比前移4位,一般公共预算收入增速前移3位,规模工业增加值增速前移2位,服务业增加值增速前移4位,产业项目考核排名首次进入前4名。

壮士断腕,在减法中做加法 经济数据上来了,成色怎么样?

三年间,通州规模以上工业企业净减12家,而临近的海安、如东则分别增加46家、41家。通州制造业的贡献率已从2015年的51.4%下滑至42.6%,税收年均减少4.2%,就业人口年均下降0.2%……

这么多规上企业为何消失?通州区发改委副主任张国强解释说,大多是因为环境问题被通州主动关停。仅去年,就有34家化工印染企业、29家砖瓦窑企业以及25家钢丝绳企业的污染工段被关停。今年,通州又对61家“散乱污”企业强制断电。

“去年通灵桥区域环境整治滞后,通州被中央环保督察组点名通报批评。”通州区区长凌屹说,环境整治力度不够,说到底是认识不到位,是“GDP情结”在作怪。通灵桥事件让通州警醒,守卫碧水蓝天,必须壮士断腕,坚决砍掉有污染的GDP。

通州迅速组织千人工作队,将通灵桥区域11家工厂全部拆除,今年3月又打响川姜地区环境整治“百日行动”,强力整治盘踞川姜镇周边、每天流转数百吨家纺下脚料的“垃圾村”,12家责任部门、5家保障部门协同参战,以雷霆之势清运工业废料5.1万余吨、清理垃圾堆放点1388处、拆除违章建筑1180户。存在30余年的顽疾彻底解决,周边群众拍手称快。

落后产能不断退出,新动能也在加速注入。近3年,通州累计实施亿元以上项目237个,一季度完成工业应税销售288.7亿元,同比增长30.7%,增幅南通第一;工业百强企业中84家实现正增长,其中,21家实现翻番;工业企业景气指数、企业家信心指数均攀至3年最高点,进入相对景气区间。

三大地标产业,支撑高质量发展

走进新江海动力电子有限公司,两条并行的生产线引起记者注意:一条生产铝电解电容,一条生产薄膜电容。不远处,总投资30亿元的超级电容项目正抓紧建设。企业负责人郑军告诉记者,“铝电解电容是成熟产品,已做到全国第一;薄膜电容是5年后的主力产品,正赶超国际一流水平;超级电容是企业布局未来的战略产品。”

以新江海动力为代表的电子信息产业,以及智能装备、汽车零部件产业,是通州正聚力打造的三大地标性产业。目前,电子信息产业正着力集聚壮大半导体芯片和线路板等产业板块;智能装备产业加快培育高端数码打印、工业自动化、冷链装备等产业板块;汽车零部件产业重点发展汽车配件、汽车电子以及新能源汽车等产业板块,全力引进整车制造企业。

“三大地标产业的规模都已达到百亿级,其中汽车零部件产业突破200亿元。”陈永红说,三大产业集聚深南电路、展华电子、创斯达、东源电器、雄邦压铸等一批重点企业,一季度应税销售增幅分别达20.67%、53.65%、31%。

“通州可用于产业项目建设的土地仅剩6000亩左右,粗放式发展走不通,必须精打细算。”凌屹告诉记者,除了环保门槛外,通州还设立项目准入的另一道门槛,即平均投资强度不得低于300万元/亩,亩均税收力争超过15万元。

居民人均可支配收入增速南通第一、一般公共预算收入回升33.8个百分点、万元产值能耗下降15.0%、高新技术产业产值增长15.0%……一季度,通州高质量发展终于拉出大阳线。陈永红表示,通州正面临多重国家发展战略的叠加机遇,通州将抢抓机遇、全力奔跑,在高质量发展之路上不断追赶超越。

(《新华日报》2017年7月15日第1版 陈 明 徐 超)

上级领导视察通州

【省考核组到通州考核法治创建情况】 1月23日上午，江苏省司法厅副厅长张亦军率省法治创建考核组到通州，对通州区法治创建工作情况进行考核。区委书记陈永红接待考核组一行。陈永红表示，今后将全面深化法治通州建设各项工作，不断满足人民群众对民主、法治、公平、正义日益增长的需要，全力争创“省法治建设示范区”。省考核组通过听取汇报、查阅资料、实地走访等，考核通州区法治创建情况。在区市场监督管理局，张亦军一行查看信息化监管指挥中心（内含远程视频监控、市场信息监管两大平台）、消费纠纷调解中心、综合检验检测中心。随后，省考核组还前往金新街道碧堂庙社区、区人民检察院实地考察法治创建工作。

张亦军充分肯定通州区省法治区创建工作取得的成绩，认为通州在队伍建设、法制宣传、提升司法公信力等方面的创新之举，为全省法治创建工作提供有益借鉴，并希望通州再接再厉，力争法治创建工作再上新台阶。

【省社科联领导调研通州区社科理论工作】 3月20日下午，江苏省社科联党组副书记、副主席汪兴国率队到通州区专题调研社科理论工作。

调研中，通州区理论战线的部分代表结合工作实际，围绕“如何加强和改进县级理论工作，为地方经济社会发展提供精神动力和智力支持”主题，畅所欲言，各抒己见。汪兴国对通州区社科理论工作表示肯定。他希望通州区社科理论工作者在学术理论建设上不放松，始终站在理论创新的前沿；要发挥智库功能，贴近区委区政府中心工作、贴近基层一线，推出重要理论成果；要加强自身建设，坚持主旋律，认真学习掌握习近平新时代中国特色社会主义经济思想，为服务地方经济社会发展提供理论支持。

【陆志鹏到通州调研党的基层组织建设情况】 3月21日上午，市委书记陆志鹏到通州区，就党的基层组织建设工作开展调研。陆志鹏强调，要进一步突出政治功能，提高服务水平，把基层党组织建设成为坚强战斗堡垒，引领和保障基层各项事业健康发展。陆志鹏一行到兴仁镇徐庄村公共服务中心，察看村党建领航服务站，听取基层党组织建设情况汇报。在村便民服务大厅，陆志鹏与村党总支书记、普通党员深入交流，详细了解村集体经济发展、群众生产生活、健康服务、民风民俗、生态环境、综合治理等方面情况。陆志鹏肯定了徐庄村党总支的做法，勉励党总支一班人切实发挥好政治引领作用，履行好“一轴四轮”主要职责，以实打实的工作争取实打实的效果。

陆志鹏指出，党的基层组织是确保党的路线方针政策和决策部署贯彻落实的基础。要突出政治功能，旗帜鲜明强化政治引领。要提高服务水平，紧贴群众需求。要深化“融合党建”，在服务发展中凝心聚力、在改革创新中整体提升。要严格组织生活，认真执行“三会一课”制度，推进党的基层组织设置和活动方式创新。要关心关爱基层党组织书记，保障政治和生活待遇，努力建设高素质基层带头人队伍。

【姜永华到通州区调研政法工作】 3月22日，南通市委常委、政法委书记姜永华率调研组到通州区调研政法工作。姜永华一行先后深入五接镇、平潮镇、兴东街道等地的综治中心、司法所、派出所调研，详细了解综合治理、信访接待、矛盾调处、网格化管理等工作情况。姜永华一行对通州区夯实基层法治服务体系的做法表示肯定，要求相关部门持续加大基层综治中心建设和管理，为群众提供更好的服务。

座谈会上，姜永华对通州区政法工作给予高度评价，认为通州区高度重视政法工作，行动迅速、措施扎实、极具特色，好经验、好做法值得在全市推广。他希望通州区找准工作定位，保持良好的工作状态和优良的工作作风，大力整合资源，提高服务水平。要进一步完善考核奖罚办法，聚焦重点难点的破解，强化督察指导，层层压实责任，注重工作实效，为通州经济社会发展保驾护航，为人民群众创造和谐稳定的社会环境。

【徐惠民到通州调研产业项目发展情况】 5月15日，南通市委副书记、代市长徐惠民率队到通州，深入园区、企业，调研产业发展、项目建设等情况。他强调，要紧紧围绕省委赋予南通的新定位、新使命，按照市委的部署要求，坚持抓项目促发展，着力推动产业转型升级，为全市争当“一个龙头、三个先锋”多做贡献。

徐惠民首先来到位于滨江新区的江苏恒科新材料有限公司，走进厂区，了解生产、销售情况及发展规模等，他对企业注重科技创新，致力研发生产新材料，迈向产业中高端的做法给予肯定。在恒科新材料二期项目现场，徐惠民听取了项目发展规划、建设进展等情况介绍。随后，到江海智汇园参观，徐惠民对园区的功能配套建设予以肯定，希望园区围绕主导产业、新兴产业发展，加快搭建功能平台，集聚创新资源，汇聚双创人才，打造区域经济转型升级的创新极核。徐惠民走进江苏景瑞现代农业产业园生产基地，仔细询问产销模式、带动就业等情况，充分肯定企业促进农民增收致富取得的成效。

【赵闻斌到通州调研通联农资社会化服务工作】 6月15日，南通市副市长赵闻斌到通州区调研通联农资社会化服务工作。赵闻斌一行首先来到通联农资三余配送中心，详细了解配送中心仓储面积、配送范围等。随后又来到东社镇五甲苴居现代农业示范基地，现场参观了植保无人机的施肥作业，该示范基地目前由区供销总社和通联农资共同实施。最后，赵闻斌一行来到通联农资物流园，了解信息化建设以及示范基地建设等情况，并实地参观了烘干中心。赵闻斌对通联农资的社会化服务工作表示肯定，他希望企业今后在农业社会化服务过程中，更加注重精准施肥、精准用药、精准服务，同时进一步拉长产业链，充分发挥示范和带头作用，引领行业积极健康向上发展。

【全国总工会基层工作部到通州区调研】 6月29日，全国总工会基层工作部到通州区调研工会工作。调研组一行先后前往通州建总和通州邮政，就企业职代会制度规范化建设、职工代表培训等情况进行详细了解。调研组一行对两家企业的工会工作表示肯定,希望能进一步加大基层工会组织规范化建设力度,不断完善基层工会组织的体制机制,进一步提高基层工会组织的吸引力、凝聚力、战斗力。

【沈建芬到通州调研“两减”工作】 7月11日下午,省“263”办公室工作一组组长沈建芬一行到通州区调研“两减”(减少煤炭消费总量、减少落后化工产能)工作。

调研组一行实地察看了通吕运河“一河两岸”生态绿化工程,听取了相关情况介绍。沈建芬充分肯定了通州区“263”专项行动取得的成效,认为通州区高标准开展“两减”工作,成效显著。希望通州区进一步凝聚共识,继续加大推进力度,强化跟踪督查,形成齐抓共管合力,有力推动生态文明建设迈上新台阶。

【杜万华调研象屿公司】 7月14日下午,最高院咨询委员会副主任、中国法官协会副会长杜万华一行到通州区,实地调研南通明德重工破产审理、南通象屿海洋装备有限公司接盘运营情况,对通州区破产审判工作予以肯定。

座谈会上,凌屹简要介绍了通州区经济社会发展情况并表示,将以此次最高院领导调研为契机,全面推进法治通州建设,创新工作举措,强化工作落实,为通州经济社会高质量发展提供坚强的法治保障。在听取了区人民法院院长、企业负责人、资产管理人有关情况汇报后,杜万华表示,一年时间,从“明德重工”破产清算到南通象屿恢复生产活力,其经验值得认真总结、深入剖析、积极推广。他强调,破产重整案件的审理,对我国在当前经济新常态下开展供给侧结构性改革、调整产业结构具有重要意义。要解放思想,积极探索企业破产重整的多条路子,针对企业“病因”对症下药,坚持市场化、法治化、专业化三者结合,“救活”企业、保住产能;要立足当前、着眼长远,准确把握世界经济发展形势,将优质企业的拯救纳入现在的工作计划,充分运用市场机制、经济手段、法治方法,助推经济转向高质量发展。

【黄仕亮到通州调研新的社会阶层人士统战工作】 7月26日上午,江苏省委统战部副部长黄仕亮一行调研通州区新的社会阶层人士统战工作实践创新情况。黄仕亮一行听取通州区新的社会阶层人士统战工作实践创新的情况汇报,并实地了解了家纺城实践创新的具体做法。黄仕亮对通州区新的社会阶层人士统战工作给予肯定,他表示,要加强新的社会阶层人士的教育引导,注重党建引领,搭建平台载体,打造新的社会阶层人士统战工作特色品牌。

【桂德祥到通州开展专题调研座谈】 9月14日上午,江苏省工商联巡视员桂德祥率调研组到通州区,就“江苏民营企业国际化暨推动境外商会建设”进行专题调研座谈。通州区副区长陈伟平对调研组的到来表示欢迎,他说省工商联具有广泛的对外联络资源和优势,期盼省工商联给予通州更多的关心和帮助,促进通州外向型经济发展和民营企业“走出去”。区工商联和相关职能部门,要主动与省工商联对接,努力为通州民营企业高质量国际化发展提供优质的服务。桂德祥表示,当前民营企业向国际化经营转型已成为不可逆转的发展趋势。他希望有关企业强化主体意识,积极转型升级,发挥最大优势提升自身的核心竞争力;各级政府、相关部门要多给予关心、支持,整合资源,为民营企业成功“走出去”、开创海外市场保驾护航。

【张兆江到通州调研经济薄弱村发展情况】 9月13日上午,南通市委副书记张兆江到通州区调研经济薄弱村发展工作,详细了解建档立卡低收入户精准脱贫情况。他强调,打赢精准脱贫攻坚战,高水平建设全面小康社会,村集体要主动担当、积极作为,通过加快土地流转、适度规模经营和社会化服务联盟建设,推动农民和村集体“双增收”。张兆江指出,产业兴旺、生态宜居、乡风文明、治理有效、生活富裕是有机统一的整体。各地要因地制宜、统筹推进,走出具有自身特色的乡村振兴路子。各地各相关部门要高度聚焦建档立卡低收入户,精准扶贫、精准施策,全力以赴打赢精准脱贫攻坚战。

【易军到通州区调研建筑产业工人职业培训工作】 11月20日,住建部副部长易军率队到通州区调研。易军一行实地参观通州建校,在随后的座谈会上,通州建校、南通大学、江苏建筑职业技术学院、江苏城乡建设职业学院的负责人,分别就建筑产业工人培训、建筑业农民工职业化研究成果、建筑职教集团产教融合、建筑业劳务用工调研等情况进行交流。易军对通州区建筑产业的发展给予充分肯定,他说,加快新时期建筑产业工人队伍培育,势在必行,也迫在眉睫。通州乃至南通的建筑工人职业培训有很多值得推广的经验,他希望通过此次调研,探索出一套实用型的产业工人培育模式,加快建筑业工人知识化、专业化、技能化的队伍建设,实现我国从“建筑大国”向“建筑强国”的转变。

【陆志鹏到通州调研民营经济高质量发展】 11月20日,南通市委书记陆志鹏到通州区调研。他强调,民营经济是稳定经济的重要基础,是推动经济社会持续健康发展的重要力量。要不折不扣落实好习近平总书记在民营企业座谈会上的重要讲话精神和省委、省政府决策部署,从民营经济发展实际需要出发,精准制定落实相关政策举措,努力为民营经济发展创造更好条件和宽松环境,着力推动民营经济高质量发展,为全市高质量发展走在前列提供有力支撑。陆志鹏强调,通州民营经济具有良好的发展基础,要充分把握现有条件和优势,以即将召开的全市民营经济高质量发展大会为契机,研究制定务实管用、便于操作的政策举措,加大对民营企业的扶持服务力度,构建更好的市场环境、营商环境、政策环境和法治环境,着力推动民营经济高质量发展。

【杨卫东到通州调研市场监管工作】 11月27日下午,江苏省市场监管局党组副书记、副局长杨卫东等一行到通州调研。调研组先实地考察区市场监管局兴仁分局及辖区企业四方冷链装备股份有限公司,了解分局标准化建设情况和服务辖区企业相关情况等。随后又参观了区市场监管局综检中心、信息化指挥中心的运作。调研组肯定通州区信息化平台利用“互联网+”方式实现食品远程监控的做法和成效，认为通州市场监管工作理念新、模式新、管理新、手段新，监管手段创新，监管措施具体扎实，对全省监管行业有示范引领作用，值得学习借鉴。

【孙春雷到通州调研科协工作】 12月12日，江苏省科协党组书记、副主席孙春雷到南通市调研科协工作，对通州区科协工作予以充分肯定。孙春雷一行先后来到南通紫罗兰家纺科技有限公司、南通高新区小学和景瑞农业产业园，实地了解企业科协阵地建设、青少年科技教育、科普教育等。在调研汇报会上，孙春雷先后听取了市科协、通州区科协、如皋市科协、海门市科协等相关亮点工作汇报及明年谋划等，他充分肯定各县市区科协工作有特色、有实效。孙春雷强调，各级科协要高度关注中心工作和社会热点，找准切入点，精心谋划明年工作，充分发挥科协在经济发展中的作用，为南通高质量发展多做贡献。省科协将认真研究此次调研的意见和建议，吸纳到明年工作计划中，力求科协工作有新进步、新突破。

知名人士考察通州

【上海科学院代表到通州考察重点产业】 1月31日，经团区委驻沪青年人才工作站对接，上海科学院副院长韩华、上海科学院科技发展处教授级高工楼志斌、上海科学院科技发展处项目主管张锋一行人到通州进行重点产业考察。

考察团参观位于南通海森特重工有限公司、南通高新区科技新城和南通江海海洋工程产业研究院，专家们一致表示通州的科研行业潜力十足，十分愿意加强两地科研人才的交流与合作。在随后的座谈会上，区委常委、组织部部长、统战部部长沈旭东介绍了通州区的投资环境和人才政策，他表示，良好的投资环境和完善的人才扶持政策让通州充满了吸引力，他希望通州区能同上海达成更多的产业合作，希望上海的科研人才多多入驻通州，加快科研成果的转化，共同促进沪通两地的发展和联系。

【中国商飞公司到通州考察】 5月16日，中国商用飞机有限责任公司副总经理周新民一行到通州区考察，双方就相关产业项目合作进行深入交流。座谈中，凌屹对周新民一行的到来表示欢迎。他指出，通州处于多重国家战略叠加、上海产业转移、南通重点发展机遇区域，在加快推进家纺、建筑、船舶海工等传统支柱产业转型发展的同时，聚焦发展汽车零配件、电子信息两大地标性产业，经济基础扎实、区位优势凸显，发展机遇良好、潜力巨大。中国商飞公司是在国内外具有重要影响力的现代化航空企业，双方有良好的合作基础，热忱欢迎中国商飞公司凭借产业、人才等方面的优势，进一步加强与通州区的交流，寻求更广泛的合作，推动共同发展。周新民表示，十年来商飞公司砥砺奋进，快速成长，走出了一条中国民机产业创新发展之路。大型客机制造覆盖产业门类多、商机无限，希望双方多沟通交流，希望通州多关心、支持中国的大飞机事业，共同搭建良好的合作平台。

【朱士中到通州区考察】 6月11日下午，常熟理工学院校党委书记朱士中一行到通州区，就进一步深化校地交流、产学研合作进行考察。区委书记陈永红接待考察组一行。陈永红简要介绍通州经济发展现状和未来的产业发展规划。希望校地双方在前期交流、合作的基础上，紧贴通州产业发展需求，开展人才、科研等多方位的深度合作，努力推动共同发展。朱士中表示，通州的发展给他留下深刻印象，前景广阔。常熟与通州一江之隔，人缘相亲、产业相近。期待双方在纺织、汽车等产业发展、企业人才培育上实现更多合作，推进校地融合，实现共赢。

【中国曲协调研组专家到通州调研曲艺发展工作】 11月7日—8日，中国曲协调研组专家调研通州区“中国曲艺之乡”创建工作。7日，在通州区实验小学蕊春大剧院，中国曲协副主席闫淑平与副区长樊小燕为“少儿曲艺创研基地”授牌。专家们还先后考察全国曲艺小剧场艺术指导委员会通州基地、东社忠孝文化园等地，观看通州区曲艺进校园优秀原创作品汇报演出、通州区群众性曲艺作品展示等。当晚，调研组还前往通州高级中学，观看通州区优秀原创获奖曲艺作品展演，进一步感受通州曲艺浓厚氛围，对通州区“中国曲艺之乡”创建工作进行评估。8日，在通州区“中国曲艺之乡”创建工作调研座谈会上，樊小燕介绍了通州区“中国曲艺之乡”创建工作情况。专家们对通州区曲艺发展情况表示高度肯定。

【沈昌祥一行到通州调研】 12月8日，中国工程院院士沈昌祥率队到通州区调研电子信息技术产业发展情况。区委副书记、区长凌屹接待沈昌祥一行。凌屹简要介绍通州区电子信息技术产业发展情况。沈昌祥等专家结合当前国际形势，从宏观角度分析了新一代电子信息技术产业发展的未来前景，并建议通州区提前谋划、差异发展，以战略性规划为引领，不断提升优质项目招引的针对性，努力夯实产业发展之基；同时，要加强高端人才资源储备，切实推进产学研深度融合，为产业发展提供高层次、全方位的智力支撑。

大事记

Record of Major Events

编辑 陈菊

1月

4日 总投资5亿元的东盛包装材料项目正式签约落户二甲镇，注册资本1亿元。

6日 中国共产党南通市通州区第十二届委员会第五次全体会议在区行政中心举行。出席会议的区委委员39名，候补委员6名。区纪委委员和有关方面负责人列席会议。区委书记陈永红代表区委常委会作工作报告。

△ “东源杯·多彩南通州”全国摄影作品展颁奖暨中国摄影报“走进南通州”影友联谊会在通州文博中心举行。

9日 南通空港产业园跨境电商成功打通上海机场出境新通道。

12日 通州区举行一季度项目联合开工活动。未来岛硬科技产业园、中科建、铭海运动用品等48个项目联合开工，总投资超210亿元，涉及电子信息、先进制造、新材料等多个领域。

16日 通州区第十六届人民代表大会第二次会议在区行政中心开幕。凌屹代表区人民政府向大会作工作报告。

17日 宜家配件集团项目签约落户南通高新区，项目总投资8500万美元，注册资本3000万美元，拟用地110亩，其中一期用地90亩。

20日 通州区监察委员会正式挂牌。

25日 通州区召开区委法律顾问聘任会议，为受聘的5名法律顾问和10名法律专家库成员颁发聘书。

30日 通州区召开水利工作暨河长制工作会议，全面总结农村河道整治三年行动的成绩和经验，动员全区上下再掀水利建设新高潮。

31日 通州区召开全区重点单位党风政风行风集中评议会议，邀请部分区党代表、人大代表、政协委员、镇村干部代表、企业和市民代表等对66家重点单位开展集中质询评议，当场公布评议结果。

2月

2日 中组部组织二局副局长刘文一行到通州区调研大学生村干部创业及党建工作。刘文一行先后到南通菜菜电子商务有限公司、南通四建集团有限公司了解情况，充分肯定通州区大学生村干部利用现代科技推动高效农业发展的做法，赞赏并勉励企业进一步加强党建工作，发挥好组织、保障、凝聚和服务作用。

11日 通州区召开“三农”暨扶贫工作会议，部署2018年乡村振兴和脱贫攻坚工作。

△ 全区党建工作会议召开。

23日 通州召开全区机关作风建设大会，与会人员观看机关作风建设专题片。

27日 陕西省汉中市镇巴县委常委、副县长董双田率代表团到通州区进行为期5天的文化旅游产业发展情况调研。

28日 通州区第十届江海民俗文化节暨古沙灯谜节的元宵联欢大戏——《通江达海　州立潮头——奋进2018!》大型歌舞演出在区体育中心隆重举行。陕西省汉中市镇巴县文工团的演员们受邀参加此次大联欢活动，带来陕南民歌《薅秧歌》《巴山酒歌》。

3月

1日 区总工会组织召开劳模企业家“以商引商”恳谈会，全区20多位全国及省市级劳模企业家参加会议，为全区招商引资和项目建设建言献策。

3日 全区市场监管工作会议通报2017年市场监管工作成果。

5日 通州区召开川姜地区生态环境整治大会战誓师大会，对川姜环境整治“百日会战”进行工作部署，加快解决长期以来困扰和影响川姜地区绿色生态和科学发展的突出环境问题。

7日 江苏省环保厅公布首批江苏省生态文明建设示范乡镇(街道)、村(社区)名单，通州区十总镇、二甲镇、东社镇、十总镇二窎社区入选。

8日 通州区在区文博中心举行纪念“三八”国际劳动妇女节108周年大会暨首届“美丽女性”评选颁奖活动。共80位“美丽女性”受表彰。

△ 国科实业南通产研基地在南通高新区举行开工仪式，项目总投资20亿元，一期占地310亩。

14日 区环保局成立全区第二次全国污染源普查办公室，全面启动污染源普查工作。

20日 全国印刷机械标准化技术委员会金属印刷设备工作组在江苏华宇印涂设备集团有限公司正式成立，这是通州区正式成立的第二家全国专业标准化技术机构。

21日 南通市委书记陆志鹏来到通州区兴仁镇徐庄村公共服务中心，就党的基层组织建设工作开展调研。

22日 由工业和信息化部科技司指导、中国航空综合技术研究所主办的2018年产业集群区域品牌经验交流活动（第一期）在通州区南通家纺城举行。

△ 南通市人大常委会组织的全市生态环境保护工作视察组到通州区视察生态环保工作。

29日 汉中市镇巴县委常委、组织部长姚建洲带队到通州区进行为期两天的考察，对接组织工作对口帮扶协作等事宜。

31日 通州区鲜花小镇一期正式开门迎客，总投资约20亿元，占地约5000亩，分两期开发。

4月

4日 通州区举办第四期区级机关党组织“书记沙龙”，主题是“深入开展‘三比三争’活动，着力汇聚通州发展合力”。

8日 通州区举办民兵应急连点验大会。全区各条战线的100名基干民兵接受点验，进行编组呼点、身份核查以及国防形势教育，全体民兵进行集体宣誓。

9日 通州区举行农村生态环境综合整治现场会暨村、社区党组织书记工作讲坛。

10日 通州区启动省级粮食生产全程机械化示范区创建。

12日 镇巴县委副书记、县长叶稳太率领的镇巴县党政代表团到通州区进行为期两天的考察。

16日 刘桥镇在秀水园举行第二十二届风筝节。

21日 全国红军小学建设工程理事会在南通理治红军小学举行江苏省红军小学“恩来班”授牌暨优秀教师、少先队员表彰颁奖仪式。

23日 通州区第七届“古沙读书节”开幕式暨全民阅读进校园“致敬经典”专场朗诵会在通州高级中学举行。、

△ 国家生态环境部固体废物与化学品管理技术中心、财政部预算评审中心调研组一行到通州区调研废弃电器电子产品处理基金项目绩效评价工作。

27日 通州区举行“绿盾2018”环境执法亮剑行动启动仪式，动员全区上下向污染宣战，依法严厉打击环境违法行为，打好污染防治攻坚战。

29日 第二届南通通州体育旅游“梦幻之春”主体活动——合景泰富·红星美凯龙2018南通通州开沙岛跨江半程马拉松在开沙岛省级旅游度假区开跑。国内10多个省市和来自马来西亚、澳大利亚、南非等国家的近5000名路跑爱好者参加半程和迷你两个组别的比赛。

△ 滨江新区在通州乒乓球训练基地国球迎宾馆举行“梦幻之春”招商推介会。共有4个项目成功签约，涉及现代物流、生态农业旅游、食用油加工储运等行业领域，总投资近40亿元。

5月

4日 通州区举行“解放思想、追赶超越，推动高质量发展”大讨论动员会暨第一期“四问通州干部大讲坛”。

7日 通州区在上海举行科技人才暨智能装备产业招商推介会，16个项目达成合作意向。

10日 全区农村集体产权制度改革工作动员会召开，启动农村集体产权制度改革工作。

14日 生态环境部“清废行动2018”固废督查组到通州，对通州区25个固废堆放点下发问题确认单，要求各堆放点在规定期限内整改到位。

15日 南通市委副书记、代市长徐惠民率队到通州，深入滨江新区江苏恒科新材料有限公司，高新区丽智电子（南通）有限公司、江海智汇园，东社镇江苏景瑞现代农业产业园等地调研产业发展、项目建设等情况。

18日 南通市暨通州区第三十届科普宣传周在鲜花小镇举行启动仪式。现场发布通州区首届优秀科普作品征集令，启动通州区首届青少年科技创新政府奖评选活动。

19日 由区委宣传部、区文联等九家单位联合主办的南通市第十三届“五月风”系列活动暨第八届“通州艺苑”文学艺术展示周活动在金新街道金乐佳苑启动。

20日 通州区残疾人运动员顾小飞在全国残疾人举重锦标赛80公斤级比赛中以233公斤的成绩再次夺冠，第八次夺得全国冠军。

23日 通州区召开川姜大会战总结暨全区生态环境提升推进会，总结川姜地区生态环境整治经验，部署下阶段全区生态环境提升工作，动员全区上下齐心协力攻坚污染防治。

25日 生态环境部水源地环境保护专项行动督查组深入通州区通吕运河金沙备用水源地，开展饮用水备用水源地环境保护专项督查。

31日 通州老区职教助学扶贫基地在通州中专揭牌。

△ 通州区庆“六一”第九轮“慈善助孤”暨“女童保护”公益行动启动仪式在区实验小学举行。

6月

8日 南通高新区人工智能及芯片产业专题招商会在江海智汇园举行。6个项目进行现场签约，涉及芯片制造、智慧城市、VR系统等领域。

12日 江苏省第十九届运动会群众项目门球比赛在通州区体育中心举行，全省13个地市代表队共127人参加比赛。

△ 南通洲际绿博园荣膺国家AAAA级旅游景区，成为通州首家国家AAAA级景区。

14日 通州区在高新区科技新城举办“创二代”年轻企业家“传承与创新”专题研讨班，45名来自全区各个行业、各个企业的“创二代”年轻企业家代表参加学习。

21日 全省文化馆女干部才艺展示颁奖仪式暨惠民专场演出在通州区文博中心举行。

27日 全国水生态文明城市建设试点技术评估组到通州区，开展水生态文明建设情况调研。

28日 通州区举行纪念建党97周

年大会暨第二期村(社区)党组织书记工作讲坛。此期讲坛主题为“提升基层组织力,推动乡村大振兴”。

29日 顺丰南通智慧电商产业园落户通州区,项目计划总投资约10亿元,占地约185亩,建设辐射华东的顺丰速运分拨中心智能处理中心、智能仓储基地。

7月

5—6日 江苏省水利厅副厅长张劲松率督察组现场督查考核通州区上半年河长制工作情况。

8日 “南山湖·水街杯”2018通州羽毛球俱乐部联赛在区体育中心开赛,全区共21家俱乐部、500余名羽毛球爱好者参赛。

11日 通州区召开纪念区关工委成立25周年暨加强关工委组织建设推进会。

13日 “万名学子看南通”大学生暑期社会实践活动出征暨“团聚云”平台发布仪式在区文博中心举行。

14日 最高院咨询委员会副主任、中国法官协会副会长杜万华一行到通州区,实地调研南通明德重工破产审理、南通象屿海洋装备有限公司接盘运营情况,对通州区破产审判工作予以肯定。

19日 全区食品安全宣传周活动在区文博中心启动,主题为“尚德守法,食品安全让生活更美好”。

20日 国家税务总局南通市通州区税务局挂牌成立,原南通市通州区国家税务局、南通市通州地方税务局正式合并。

8月

1日 江苏省委第三巡视组巡视南通市通州区工作动员会召开。

3日 中国共产党南通市通州区第十二届委员会第六次全体会议在区行政中心举行。全会深入学习贯彻习近平新时代中国特色社会主义思想,落实省委十三届四次全会和市委十二届六次全会部署要求,总结上半年工作,研究安排下一阶段工作,动员全区上下解放思想、追赶超越、争当先锋,推动高质量发展走在全市前列,加快建设“强富美高”新通州。

6日 第十九届全国中学生乒乓球锦标赛在中国乒乓球通州训练基地开赛。北京、上海、辽宁、湖南等21个省、自治区、直辖市的91个代表队,700余名运动员参赛。

9日 第六届“创业江苏”科技创业大赛电子信息行业赛启动仪式在江海智汇园举行。大赛设地方赛、海外赛、行业赛和总决赛四个环节,参赛项目按团队组、初创企业组和成长企业组进行比赛,涉及互联网、新能源及节能环保、生物医药、先进制造、电子信息、新材料6个技术领域。

12日 通州区“全民健身月”启动仪式暨“公仆杯”健身三项赛在区体育馆举行。

17日 通州区举行红十字会博爱助学款发放活动,共资助学生35名,发放博爱助学款16.7万元。其中,大学新生28名,跟踪奖励往届学生7人。

△ 通州区召开学习贯彻习近平新时代中国特色社会主义思想理论研讨会。会议对通州区第四届哲学社会科学优秀成果获奖项目和通州区学习贯彻党的十九大精神征文活动优秀论文获奖者进行表彰。

22日 全区第四次全国经济普查暨单位清查动员会在区行政中心召开,研究和部署推动经济普查下阶段各项任务。

23日 通州区举行2018年第一批慈善助学金发放仪式,帮助品学兼优的贫困学子圆梦大学。50名贫困大学生受助,共发放慈善助学金36.4万元。

9月

3日 通州区“迈进新时代幸福舞起来”第八届群众广场舞决赛在石港镇文博大舞台举行。

6日 “奋进新时代,高歌新通州”第23届“通州之夜”广场文艺晚会金沙街道专场在通州万达广场上演。

8日 通州区举行庆祝第三十四个教师节暨第四届“通州好老师”事迹展示活动。

12日 通州区人大预算联网监督综合查询系统正式开通。区人大常委会可对全区64家一级预算单位、192家二级预算单位预算执行情况进行实时查询和动态监测。

13日 南通市委副书记张兆江到通州区调研经济薄弱村发展工作,详细了解建档立卡低收入户精准脱贫情况。

17日 “弘扬忠孝文化、聚焦‘精忠报国’、培育时代新人”座谈会在通州区举行。会议宣读命名通州区忠孝文化园为“江苏省国防教育示范基地”的决定并授牌,表彰2017年度国防教育创新工作获奖个人。

21日 通州区第九届社会科学普及宣传周活动启动。活动内容包括广场咨询、金沙市民讲坛、理论研讨、社科知识基层行、社科普及基地建设、改革开放40周年书画摄影作品展、百场社科文艺进社区、社科知识竞答等。

△ 通州区在深圳举办新一代电子信息产业推介会。40余位来自珠三角地区的客商、知名人士、专家学者参加活动。

26日 通州区召开第十一批科技镇长团到任工作会议。区委常委、组织部部长、统战部部长沈旭东对第十一批科技镇长团10名同志的到来表示欢迎。来自北京大学、上海交通大学、常熟理工学院等知名高校、科研院所的专家和骨干,分别到通州区职能部门和各镇(区、园、街道)挂职工作。

28日 张謇杯·2018中国国际家用纺织产品设计大赛颁奖盛典暨第十一届中国(川姜)家纺画稿交易会在南通家纺城开幕,共有65家单位参展,2万余幅画稿参加交易。

29日 通州区以“产业腹地·创新通州”为主题,举办院士专家通州行活动。

10月

10日 儿童剧《青铜葵花》在通巡演启动仪式在金郊初中举行,拉开全省公益巡演的序幕。

12日 第八届“吃在通州”美食文化节在城区江海明珠广场拉开帷幕,本届美食节由区服务业商会主办,活动时间至10月20日。

△ 通州区首届影视金融论坛在江海智汇园举行。会上,由上海工商联文化金融专业委员会和江苏(通州)国际影视文化金融产业试验区共同发起的"东方影视金融联合会"正式成立。

19日 南通市暨通州区全民终身学习活动周启动仪式在东社镇忠孝文化园举行,活动周的主题是"推动全民终身学习,服务南通高质量发展"。

21日 农工党南通市委"健康服务同心行——名医工作室"揭牌仪式在通州区第八人民医院举行。

22日 现代通剧《瓦匠女人》作为新创舞台剧目亮相"2018紫金文化艺术节",献演南京紫金大戏院。该剧由通州本土作家黎化编剧,区文化产业引导资金资助,区委宣传部、区文广新局出品,南通市通剧团、通州歌舞团演出,以南通话讲南通的故事,以瓦匠女人的故事展现出坚韧不拔的南通精神。

25日 南通市第29届菊花展进行开幕前评审,通州区参展景点"江海圆梦"喜获布展金奖,通州区精品展台"小镇新事"获得展台银奖。

25日—26日 长江三角洲十三县(市、区)政协工作研讨会第四十四次会议在通州区召开。

28日 童声里的中国·2018江苏省青少年音乐"小茉莉花奖"声乐大赛颁奖音乐会在通州区"童声里的中国"少儿艺术创研活动基地举行。此次比赛共决出金奖13名,银奖24名,铜奖33名,通州区小选手摘得1金1银3铜。

11月

2日 南通市新的社会阶层人士统战工作交流会在通州区召开。

6日 通州区召开中小学校党建工作会议。

8日 通州区新闻工作者庆祝第十九个中国记者节,区广播电视台举行庆祝活动。

12日 "十三五"国家重点研发计划——"环境和生活方式对我国心脑血管等慢性病的健康影响"启动仪式在通州区举行。

13日 通州区在恒科新材料有限公司码头举行2018年度港口突发事故应急演练,消防大队、卫计委、安监局、环保局、通州人保公司等单位共同参与演练,全面检验通州区相关部门应对突发安全事故的应急救援水平。

20日 住建部副部长易军率队到通州区调研建筑产业工人职业培训工作,对通州区建筑产业的发展给予充分肯定。

27日 2018香港媒体高层人士看南通·通州行媒体见面会在区行政中心举行。《香港商报》、香港中通社、《南华早报》等10家香港主流媒体高层走进通州,集中采访改革开放40年来通州的发展变化。

30日 通州区在江海智汇园举行第三届创新创业大赛。本次大赛的产业方向为新一代信息技术产业,50多家团队和企业报名参赛。

12月

2日 通州区举办人才+金融对接会暨首届金融产品创新大赛。全区48家银行、创投、保险等机构和小贷公司以及20家人才企业参加活动。

6日 南通市委常委、政法委书记姜永华率队到通州区,调研扫黑除恶专项斗争工作情况。

8日 中国工程院院士沈昌祥率队到通州区调研电子信息技术产业发展情况。

△ 通州区召开"聚焦四大定位,助推高质量发展"献计献策活动成果汇报会。

14日 《通州历史文化概览》一书举行首发座谈会。该书记述通州各镇和园区的建制改革,常住人群的迁徙变化,名人和名人故居,独具特色的民俗民风,非物质文化中的传统工艺等。

19日 通州区举办南通州首届"法治沙龙"启动仪式暨"环保与法"主题论坛。活动旨在探讨和研究破解环境污染难题的方法,帮助企业防控发展中的环境法律风险,加快推动通州经济高质量发展。

△ 通州区举行产业高质量发展引导基金管理公司签约仪式。基金主要投向为我区优先发展的新能源、生物医药、新材料、智能装备制造、电子信息、航空产业等重点领域。

29日 通州区举行社会各界迎新年暨庆祝改革开放40周年座谈会。

通州概览

Survey of Tongzhou

编 辑 黄丽娟

地理位置

【概 况】 南通市通州区位于长江三角洲北翼。南起北纬31°52′的张芝山镇竖积洪村,北至北纬32°15′的刘桥镇米三桥村,南北间最大直线距离50公里;西起东经120°41′的五接开沙岛,东至东经121°25′的南通滨海园区北侧,东西间最大直线距离85公里。东临黄海,海岸线长15.97公里;西部地区南濒长江,江岸线长10.77公里;西南与崇川区相接,东南与海门市为邻,北与如东县毗连,西北与如皋市接壤;总面积1525.74平方公里,其中陆地面积1351.50平方公里、江海水域174.24平方公里。全区横宽纵窄,土地平坦,耕层深厚,适耕性强。地势西北部较高,东南部和沿江、近海垦区较低。高程一般在3.80~4.50米,近海最低处为2.20米。交通便捷,新长铁路(支线)和宁通、盐通、通启高速公路穿境而过,通扬、通吕、通启运河和九圩港、遥望港、新江海河等大型骨干河道纵横交错,南端连接苏通长江公路大桥。建设中的沪通铁路长江大桥将把通州融入上海一小时经济圈。南通兴东国际机场位于兴东街道,已开通南通至北京、天津、广州、沈阳、深圳、青岛、厦门、武汉、成都、大连、温州、郑州、南京、长沙、重庆、南昌、昆明、福州、兰州、泉州、海口、贵阳、南宁、桂林、台湾和韩国首尔、济州岛,日本大阪、名古屋,泰国曼谷等城市航线。

行政区划

【政区沿革】 通州境域,初为长江口海域中的沙洲,南北朝中期出水。南北朝后有人定居,煮盐为业。唐为盐亭场,设防务机构。唐末沙洲涨接大陆,即凿河运盐,开通至扬州的航道,并筑坝圩、培土壤、植麦黍,逐步改变单一从事盐业生产的局面。五代初称静海镇。后周显德五年(958)设通州,因东北有大海通辽海诸夷、西南有长江连吴越楚蜀、内运渠道达齐鲁燕冀,故而得名。静海镇改称县,隶属通州。

宋仁宗天圣元年(1023)改通州为崇州,又名崇川,属淮南东路;明道二年(1033)仍称通州;徽宗政和七年(1117)改为静海郡,不久复名通州,属扬州。元世祖至元十五年(1278)升为通州路;至元二十一年复为通州,属扬州路,隶江北淮东道廉访司。

明洪武元年(1368年)废静海县,通州直管静海本土,领海门、崇明两县,属扬州府;洪武九年(1376)划崇明县归苏州府,通州仅领海门一县。嘉靖年间(1522—1566),通州除州城外,分6乡6场。清顺治二年(1645)属江南省扬州府;康熙六年(1667)起属江苏省扬州府;康熙十一年(1672),因江岸坍没,海门废县为乡,并入通州。

清雍正二年(1724),通州升为直隶州;宣统元年(1909),设3市区、10镇区、8乡区;宣统二年(1910),市区、镇区改为市,乡区改为乡。

中华民国元年(1912)5月,废州,改称南通县,属江苏省;全县仍设13市、8乡,民国9年(1920)增设三余乡。民国18年(1929),市乡合并为18个区,区下设镇、乡、闾、邻;民国23年(1934)又并为13个区,区下设镇、乡、保、甲。

1949年2月2日,南通县全境解放,原县城及港闸等地划出另置南通市,实行城乡分治。南通县政府移驻金沙镇,隶属南通行政公署管辖。同年10月,全县设12个区159个乡。1956年2月和1957年10月两次并区并乡后,全县为8个区47个乡和3个县属镇、2个区属镇。1958年3月,撤销区建制,设通海、通中、通东、通北、通西5个片。1958年成立38个人民公社,实行政社合一,公社下设大队,大队下设生产队;后公社范围逐步调小,至1982年全县有61个公社、5个县属镇。1961年9月,恢复8个区建制;1966年增设十总区。

1983年,实行市管县体制,隶属南通市管辖。同年,政社分设,公社改为乡,大队改为村,生产队改为村民小组,年末,全县为9个区、60个乡、5个县属镇、1个海洋渔业公司。1984年5月,实行镇管村体制,全县设14个镇、43个乡,以后各乡先后改建为镇。1987年2月,撤销区委、区公所,按原行政区域设9个区工委和指导组。1991年1月,陈桥、幸福、秦灶、新开3乡1镇和小海镇的6个村划归南通市区后,县境面积为1637平方公里,人口145万有余。1992年末,全县为17个镇、32个乡、1个海洋渔港管理委员会、36个居民委员会、884个村。

1993年2月，南通县撤销改设通州市。

1996年4月机构改革中，9个区工委、指导组撤销。2000年全市行政区划再次调整，原49个乡镇撤并为26个。2001年4月，观音山、小海、竹行3镇和市良种场、种畜场划归南通市区，通州市行政区域内的南通农场（省属）和东方红农场（省属）也划入南通市区范围。2002年末，全市辖23个建制镇，3个街道办事处，376个行政村，52个社区，5个农场。2005年，新设北兴桥、三门闸、五接、李港、海晏5个社区居民委员会，全市有23个建制镇，4个街道办事处，376个行政村，57个社区，5个农场，总面积1351平方公里，总人口126.25万人。2006年，石港镇金庄村并入金庄社区，刘桥镇凤仙村并入刘桥社区；三余镇设立五甲苴社区。年末，全市有23个建制镇，4个街道办事处，374个行政村，58个社区，5个农场。总面积1351平方公里，总人口125.64万人。2007年2月，经省政府批准，北兴桥镇、海晏镇与三余镇合并设立新的三余镇；新联镇与刘桥镇合并设立新的刘桥镇。同年，撤销石港镇石西村和渔湾村，设立渔湾、石西社区居民委员会。年末，全市共设20个建制镇，4个街道办事处，372个行政村，60个社区，5个农场。2008年2月3日，经省政府批准，川港镇与姜灶镇合并设立川姜镇。同时，原川港镇所辖八字桥、安东、南兴、大成、保通、通海、竖积洪、培德村整建制划归张芝山镇管辖；原姜灶镇所辖董家埭、利民、周照港、正场、民平村整建制划归先锋镇管辖。2月21日，全市进行村（社区）合并调整，原376个行政村、58个社区合并调整为207个行政村、63个社区。12月，撤销三余镇团结社区居民委员会，建立滨海工业区团结社区居民委员会。年末，全市共设19个建制镇，1个省级经济开发区，4个街道办事处，207个行政村，63个社区，5个农场。总面积1525.74平方公里，其中陆地面积1351.50平方公里。年末，耕地面积7.35万公顷，户籍总人口124.27万人。2009年3月和4月，苏通大桥工业区、通州滨海工业区分别更名为“苏通大桥科技产业园”和“通州滨海新区”。

2009年7月2日，撤销通州市，设立南通市通州区。年末，全区共设19个建制镇，1个省级经济开发区，4个街道办事处，207个行政村，63个社区，5个农场。耕地面积7.06万公顷，户籍总人口124.16万人。2010年末，全区耕地面积7.02万公顷，户籍总人口124.64万人。2011年9月30日，经省人民政府批准，通州经济技术开发区更名为“南通高新技术产业开发区”。年末，全区设19个镇，1个高新技术产业开发区，4个街道办事处，207个行政村，63个社区，5个农场。耕地面积7.02万公顷，户籍总人口125.25万人。2012年3月20日，南通市人民政府决定（通政发〔2012〕31号），通州滨海新区、三余镇由南通滨海园区代管，行政区域仍隶属通州区。年末，全区设19个镇，1个高新技术产业开发区，4个街道办事处，207个村，63个社区，5个农场，户籍总人口125.73万人。2013年1月10日，区人民政府批准，南通高新技术产业开发区增设碧华、金霞社区；4月15日，二甲镇余西社区居民委员会更名为余西村民委员会。12月，国务院批准南通高新技术产业开发区升级为国家高新技术产业开发区。锡通科技产业园、通州滨江新区、中国南通家纺城、南通空港产业园、石港科技产业园初具规模。年末，全区设19个镇，1个国家高新技术产业开发区，4个街道办事处，208个行政村，64个社区，5个农场。户籍总人口126.27万人。2014年4月9日，区人民政府批准，金沙镇增设天霞、天熹、天晖、天虹社区。年末，全区设19个镇，1个国家高新技术产业开发区，4个街道办事处，208个行政村，68个社区，5个农场。户籍总人口126.27万人。

2015年2月24日，江苏省人民政府批准，撤销金沙镇，以原金沙镇东市等14个社区和进鲜港等9个行政村区域，设立金沙街道办事处。以原金沙镇金南等10个社区和三姓街等10个行政村区域和原先锋镇利民等3个行政村，二甲镇进东、麒麟桥村，川姜镇双池头等6个行政村区域，设立金新街道办事处。撤销先锋镇，以原先锋镇三圩头等8个行政村区域，设立先锋街道办事处。撤销兴东镇，以原兴东镇行政区域设立兴东街道办事处。撤销平潮镇、平东镇，原平潮镇行政区域与原平东镇行政区域合并，设立新的平潮镇。撤销十总镇、骑岸镇，原骑岸镇行政区域与原十总镇行政区域合并，设立新的十总镇。撤销东社镇、五甲镇，原五甲镇行政区域与原东社镇行政区域合并，设立新的东社镇。撤销兴仁镇、四安镇，原兴仁镇行政区域与原四安镇徐家桥等6个行政村和酒店社区合并，设立新的兴仁镇。原四安镇九总渡、龙坝村划归西亭镇管辖。年末，全区设4个街道办事处，12个镇，1个国家级高新技术产业开发区，208个行政村，68个社区居民委员会，5个农场。户籍总人口126.59万人。

【现行区划】 2018年末，全区设4个街道办事处，12个镇，1个国家级高新技术产业开发区，208个行政村，68个社区居民委员会，5个农场。户籍总人口125.70万人。（曹晓亮）

气　候

【概　况】 2018年通州区气候特点：与常年相比（1981—2010年，以下同），年平均气温偏高，高温日数12天（日最高气温≥35.0℃，以下同），比上年少12天，降水总量正常，日照正常。年平均气温16.6℃，比常年高1.0℃，比上年低0.1℃。年极端最高气温37.3℃（5月16日），比上年低1.7℃；年极端最低气温-7.0℃（1月13日），比上年低2.4℃。年降水总量1265.7毫米，比常年多164.8毫米。年日照时数2072.9小时，比常年多156.8小时。

冬季（2017年12月至2018年2月） 季平均气温4.0℃，比常年同期低0.4℃，季极端最低气温为-7.0℃（1月13日）。季降水量134.8毫米，与常年同期相近，但各月分布不均，其中12月比常年偏少近7成，2月比常年偏多近4成。季日照时数417.1小时，与常年同期相近，其中1月比常年偏少近2成。

春季（2018年3—5月） 季平均气温16.1℃，比常年同期高2.0℃，其中3、4月平均气温较常年均显著偏高，季极端最低气温-1.8℃（3月9日），季极端最高气温37.3℃（5月16日）。季降水量347.4毫米，比常年同期偏多近5成，其中5月比常年偏少近1.3倍。季日照时数539.5小时，与常年同期相近，但各月分布不均，其中4月比常年偏多近3成，5月比常年偏少近2成。

夏季（2018年6—8月） 季平均气温27.4℃，比常年同期高1.2℃，季极端最高气温36.6℃（6月26日、7月25日）。季降水量378.5毫米，比常年同期偏少近3成，其中6月比常年偏少近1倍。季日照时数695.2小时，比常年同期偏多近3成，6—8月均比常年同期偏多近3成。

秋季（2018年9—11月） 季平均气温18.3℃，比常年同期高0.6℃，季极端最高气温33.4℃（9月3日），季极端最低气温4.6℃（11月23日）。季降水量312.9毫米，比常年同期偏多近4成，且各月分布不均，其中9月和11月比常年偏多近8成，10月比常年偏少近6成。季日照时数503.0小时，与常年同期相近，其中10月比常年偏多近2成。

【重要天气和主要灾情】 梅雨 本年度通州区6月22日起入梅（平均入梅日为6月20日），略晚，7月9日出梅（平均出梅日为7月13日），偏早，梅长18天，偏短（常年24天）。梅期降水量114.1毫米，比常年（243.1毫米）偏少近5成，高温日1天。

台风 全年共有7个台风影响通州区，与常年相比正常。其中7月21—23日受台风"安比"影响，通州区出现大到暴雨和6～9级的东到东北大风，据不完全统计，有1180亩玉米倒伏，6户群众房屋受损，70亩塑料大棚有损坏；8月16—17日受台风"温比亚"影响，通州区出现暴雨、局部大暴雨和8—10级的偏东大风，大部分乡镇树木出现倒伏，造成交通堵塞，部分地区树木被连根拔起造成道路损毁，部分电线杆、广告牌被吹翻。

大到暴雪 1月24日夜里至26日通州区普降大到暴雪；1月27—28日通州区普降大雪。

暴雨 全年通州区出现5次区域性暴雨过程，其中2次达到区域性大暴雨过程。其中5月25日通州本站降水量为152.9毫米，破5月份日雨量记录。

大风 全年通州本站出现7级以上大风5次，8级以上大风2次。

强对流（强雷电、雷暴大风） 全年通州区出现17次区域性强对流过程。

高温 全年通州本站点共出现35℃以上高温日12天，比常年明显偏多（常年平均8.1天），5月15日为2018年的首个高温日。

雾 全年通州区出现雾日35天，其中11月24日至12月3日连续出现区域性浓雾和强浓雾天气，雾情最严重时能见度均不足50米，对交通运输和公众出行造成极大不便。 （周 琦）

2018年通州区主要气象要素情况表

表1

指 标	全年	1月	2月	3月	4月	5月	6月	7月	8月	9月	10月	11月	12月
平均气温(℃)	16.6	2.6	4.1	11.0	16.4	20.9	24.8	28.5	28.8	24.7	17.2	13.0	6.8
距平(℃)	1.0	-0.5	-0.6	2.5	2.2	1.2	1.1	0.8	1.5	1.4	-0.7	1.2	0.5
异常情况	偏高	正常	正常	显著偏高	显著偏高	偏高	偏高	正常	偏高	偏高	正常	正常	正常
降水量(mm)	1265.7	78.3	47.6	79.1	73.2	195.1	12.0	211.8	154.7	191.9	24.2	96.8	101.0
距平(%)	15	44	-2	-2	8	128	-99	17	2	79	-57	82	215
异常情况	正常	偏多	正常	正常	正常	异常偏多	异常偏少	正常	正常	显著偏多	显著偏少	异常偏多	异常偏多
日照时数	2072.9	97.4	153.7	170.2	217.8	151.5	200.1	238.9	256.2	174.2	206.8	122.0	84.1
距平(小时)	156.8	-32.2	30.0	23.8	54.2	-35.7	55.2	54.3	50.3	2.5	39.4	-23.4	-61.6
异常情况	正常	偏少	正常	正常	偏多	正常	偏多	偏多	偏多	正常	偏多	正常	偏少

经济体制改革

【概　况】 2018年，通州区重点推进供给侧结构性改革、"放管服"改革、金融改革创新、经济发达镇行政管理体制改革试点、跨境电商改革试点，有序有力推进地区发展。

【供给侧结构性改革】 2018年根据省、市要求，通州区对长江沿岸重点规划区域内的化工企业进行整治，出台了《2018年通州区化工行业整治方案》，组织行业专家和法律专家，制定一企一策整治处置方案，关停丰力肥料、杰达助剂两家化工企业。另外，结合中央环保督查回头看，对有环境问题举报的南通聚合化工厂实施了关闭，并完成了"两断三清"。关闭拆除了25家钢丝绳污染工段，污泥、废酸清理转运完毕。淘汰印染产能4000万米，关闭印染企业12家，超额完成任务。

【"放管服"改革】 按照"减时间、减环节、减材料"三减原则，将一般工业项目从立项到施工许可由24个环节精简为11个环节，申请材料通过内部共享等方式压缩到原来的47%左右，全流程一般工业建设项目施工许可证，做到办理时间不超过40个工作日、80%在30个工作日内完成、50%在20个工作日内完成。推行审批服务新机制，推行出台《通州区重点建设项目模拟审批试行办法》，推行项目帮办代办制，一次性告知投资者审批服务事项，并指导其同步准备各类申报材料，力促项目早开工、早投产、早见效。创新审批服务新模式，设立“联合评价”窗口，研发“多评合一网络平台”，对投资项目的可研报告、节能评估、环境影响评价和安全评价等事项，实行“统一咨询、统一收件、同步评估、统一发件”。积极探索“互联网+政务服务”模式，自主研发了“通州区建设工程施工图联合审查信息平台”，将施工图设计、抗震设计专项、防雷设计等实行联合审查，采用统一进驻、一窗受理、并联审查、限时办结的审查方式，图审初审时限由过去的90个工作日以上缩短至首审7个工作日以内，成为南通地区第一家推行“互联网+审图”模式的县（市、区）。并联审批、一窗受理。整合优化各环节的业务办理流程，将质量监督备案、安全监督备案、施工许可并联审批，一窗集中收件，并对外告知公示；将监理合同备案、施工合同备案，实行并联办理，一窗集中收件，并对外告知公示。推行“不见面”审批，政务服务管理平台与省政务网、省投资项目在线审批监管平台实现了对接，通过政务服务管理平台可直接引用备案批文、环评批复等证照，企业申报人员可以自行在网上申报立项、合同备案、施工许可等，自行打印备案证等。

【金融改革创新】 通州区财政出资与南通农商行合作设立通农银贷款周转池，与中新力合合作设立转贷基金，开展中小微企业“过桥”转贷业务。2018年共为71户企业开展转贷业务84笔，转贷金额3.67亿元，有效解决小微企业转贷难、转贷贵的问题。通州区金融办联合区教育局、人行通州支行将防范和处置非法集资等金融知识编入小学课程，并在全区45所小学全部开展教学活动，推进金融知识纳入国民教育小学体系试点工作，普及金融知识抓早抓小，通州区成为南通市首个将金融知识引入校园的地区；此外，区政府金融办还发布《关于做好全区涉嫌非法集资风险专项排查活动的通知》，并联合区市场监督管理局、城市管理局，运用行政手段现场检查各类广告1545条，查处、清理各类广告资讯信息3281个（其中网站2783家、短信132条、手机APP43个、户外广告、张贴物74个、微博、微信自媒体92个、传单、各类印刷品157种），拆除户外涉嫌非法集资广告24处，关闭一家涉嫌非法集资企业的网站和切断其手机APP支付功能。

【经济发达镇行政管理体制改革试点】 8月，江苏省委、省政府正式批复《南通市通州区川姜镇行政管理体制改革方案》。强化领导机制，建立3个工作小组，1个改革试点工作领导小组，1个外聘专家小组，1个信息化技术小组，邀请南通大学行政管理学院专家作为顾问团队。梳理下放权限，按照“先做加法、后做减法”“先易后难、由少到多”的原则，完成首批赋权清单的梳理并上报。优化岗位配备，构建“1+2+N”党政组织架构，采取竞争上岗方式，把有限编制资源向服务群众前沿、向“窗口”部门倾斜。成立新志浩集团，实施实体化运作，参与政府工程建设，有效激发市场活力，消除政府债务，实现政府资产效益最大化。打造审批执法“三大平台”。即：“前台+后台”运行顺畅的工作平台、“线上+线下”虚实一体的服务平台和“全能型+智能型”综合监管和执法体系。建立“六个一”基层治理体系，即综合协调“一中枢”、便民服务“一窗口”、综合执法“一队伍”、基层治理“一张网”、日常管理“一中心”、群众参与“一平台”，切实提高基层政府治理能力。创新社会治理，针对外来人口现状，以网格化治理为手段，推进“智网工程”建设、“监管平台”建设、以“社区为平台、社团为载体、社工为支撑”的“三社联动”建设，建立“六个一”基层治理体系，切实提高基层政府治理能力。

【跨境电商试点】 自2016年首批跨境电商出口物品试单成功以来，空港产业园采取多种措施，积极推进南通跨境电商改革试点发展。2018年累计通关30万单，总货值约1380万美元（折合人民币9507.28万元），同比增长为81%。截至年底，已建成5200平方米的跨境监管仓库和配备海关查验全套分拣设备，为稳定和快速发展跨境电商业务、为企业便利通关提供保障。通过招商引资，引进了38家电商企业，13家物流企业，合计备案商品1389种，主要为纺织、服装、日常百货等产品。拓宽通关渠道，相继打通苏州邮办转关出口、南通机场辅仓直接出口以及上海浦东机场海关转关出口三条通道，为企业提供了更多的物流渠道和出口通道的选择。制定扶持政策，每年制定跨境电商扶持政策、具体政策兑现细则，并落实到实际工作中，为南通跨境电商发展提供强有力的支撑。

（顾晓磊）

国民经济和社会发展

【综　合】 2018年，初步核算通州区实现地区生产总值1269亿元，按可比价计算，比上年（下同）增长7.8%。按常住人口、户籍人口计算的人均地区生产总值分别为11.11万元和10.08万元，按当年人民币兑美元平均汇率折算分别是1.68万美元和1.52万美元。分产业看，第一产业增加值58.35亿元，下降0.3%；第二产业增加值622.47亿元，增长6.9%；第三产业增加值588.18亿元，增长9.6%。

三次产业结构比例由上年的5.0:49.1:45.9调整为4.6:49.0:46.4，第三产业增加值占地区生产总值的比重提高0.5个百分点。实现高新技术产业产值1038.10亿元，增长7.2%；实现新兴产业产值607.00亿元，增长6.7%。

2018年，全区城乡就业形势稳定，全年城镇新增就业人数9698人，比上年增加503人；新增转移农村劳动力人数3900人，比上年增加311人。年末城镇登记失业率为1.74%。江海圆梦谷获评省级创业孵化示范基地。全年新增私营企业3828户，注册资本258.56亿元；新注册个体工商户11319户，注册资金14.17亿元。民营规模工业总产值占全部规模工业总产值的比重为67.8%，民营经济入库税金占全部税收比重为79.25%。新增1件中国驰名商标，驰名商标总数达18件。地理标志证明商标、制定国际标准领域双双实现零突破，获得全国首张“纺织业质量管理提升认证”证书。

【人口、人民生活和社会保障】 2018年末，全区户籍人口125.70万人，比上年下降2.88‰。全年出生8889人，出生率7.06‰，出生婴儿性别比（以女性为1）为

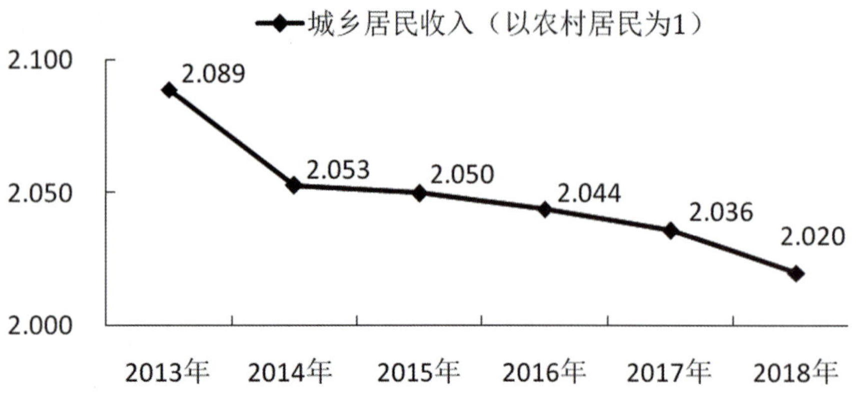

图1 2013—2018年城乡居民收入比

1.02∶1；死亡人口11627人，死亡率9.24‰；自然增长率-2.18‰。

根据城乡一体化住户抽样调查，全年全区居民人均可支配收入37425元，增长9.5%。按常住地分，城镇居民人均可支配收入48138元，增加3771元，增长8.5%。农村居民人均可支配收入23830元，增加2036元，增长9.3%。城乡居民收入比(以农村居民为1)为2.02∶1。

2018年，全区居民人均消费支出22575元，增长7.9%。其中，人均食品烟酒消费支出6529元，增长7.1%；人均衣着消费支出1416元，增长8.6%；人均居住消费支出3977元，增长10.6%；人均生活用品及服务消费支出1300元，增长17.6%；人均交通通信消费支出3623元，增长16.7%；人均教育文化娱乐消费支出3411元，下降11.5%；人均医疗保健支出1473元，增长17.4%；人均其他用品和服务消费支出846元，增长38.1%。

2018年，全区城镇职工基本养老保险参保人数15.73万人，参加城乡居民基本养老保险人数20.50万人，参加失业保险人数11.2万人，年末全区领取失业保险金人数2786人，参加工伤保险人数14.02万人，参加城乡基本医疗保险人数95.57万人，参加生育保险人数12.43万人。

2018年，城乡低保标准分别达每人每月660元、640元，分别比上年提高20元和40元。农村五保对象供养标准提高至每人每年9804元，比上年提高804元。城市“三无”人员集中供养标准提高至每人每月1660元，比上年提高130元，分散供养标准提高至每人每月1660元，比上年提高130元。集中和散居孤儿基本生活养育标准分别提至每人每年25200元、15600元，比上年提高1584元和1296元。全年发放各类生活救助款22332.25万元(含重残11346.04万元及困境未成年人分类保障95.61万元)，为20953人次病患支付医疗救助金4682.31万元。区慈善基金会全年募集善款867.07万元，发放善款929.33万元。全年累计成立登记社会组织30家。全区共有律师事务所60家(含公职律师管理机构54家)，律师99名，基层法律服务工作者108名。2018年，全区省脱贫标准脱贫率100%，市脱贫标准脱贫率91.27%。

【农林牧渔业】 2018年，全区农林牧渔业现价总产值增长1.3%。全区粮食播种面积为113.40万亩，下降3.5%，综合亩产435公斤，增长1.2%，总产49.36万吨，下降2.4%，油料播种面积19.47万亩，下降14.7%，综合亩产219公斤，增长0.7%，总产4.26万吨，下降14.1%；棉花播种面积0.41万亩，下降37.2%，亩产87公斤，增长17.4%；总产0.04万吨，下降26.3%。全区水产品产量33110吨，下降4.4%。其中，淡水养殖产量27870吨，下降5.1%；内河捕捞产量5240吨，下降0.4%。

2018年，全区农业机械总动力48.22万瓦，农业综合机械化水平达83%。农业机械总投入9963万元，其中：农民投入农业机械购置4347万元。农机化经营总收入45551万元，其中跨区作业收入8929万元。粮食产地烘干能力达82%。全区新扩建规模以上农业项目261个，竣工项目265个。新增设施农业面积1.01万亩，累计设施农业面积达21.19万亩，建成各类农业园区9个，省级菜篮子工程万亩蔬菜基地2个，省级“一村一品一店”示范村4个，省级休闲

2018年通州区居民人均消费支出情况表

表2

消费类型	人均消费支出(元)	占人均消费总支出比重(%)	比上年增长(%)
食品烟酒	6529	28.9	7.1
衣着	1416	6.3	8.6
居住	3977	17.6	10.6
生活用品及服务	1300	5.8	17.6
交通通信	3623	16.0	16.7
教育文化娱乐	3411	15.1	-11.5
医疗保健	1473	6.5	17.4
其他用品和服务	846	3.8	38.1

2018年通州区主要农产品产量情况表

表3

产品名称	计量单位	产量	比上年增长(%)
粮食	万吨	49.36	-2.4
油料	万吨	4.26	-14.1
棉花	万吨	0.04	-26.3
水产品	万吨	3.31	-4.4

2018年通州区规模以上工业主要工业产品产量情况表

表4

指标名称	计量单位	产量	比上年增长(%)
纱	吨	143296	6.3
布	万米	66602	5.1
服装	万件	15008	2.0
家具	件	2411871	9.1
化学纤维	吨	401415	0.6
商品混凝土	立方米	1923100	18.3
民用钢质船舶	载重吨	445203	-2.0
电动机	千瓦	982214	19.1
电子元件	万只	273830	3.6
电工仪器仪表	台	219153	14.6

农业精品示范村3个，全区获省级三化示范村16个，省级绿化示范村5个，被推荐为省级"三化"示范县。建成农业物联网示范点5个。全区15个镇(街道)217个村(居)全面完成清产核资任务，确认资产总额23.4亿元(其中：经营性资产10.1亿元)，负债总额7.7亿元，所有者权益总额15.7亿元。

2018年，新增千亿斤粮食项目建成高标准农田1.42万亩，总投资2130万元，新建泵站14座、各类防渗渠道22公里。全年共疏浚等级河道45条(段)，清淤土方41万立方米，整治沟塘209个，土方56万立方米，新建农桥14座。打造6个"水美村庄"。

【工业和建筑业】 2018年，全区规模以上工业企业总产值增长9.1%。其中，纺织服装业增长9.5%；机械业增长8.9%；轻工食品业增长14.2%；化工医药业下降7.0%；电子信息业增长5.6%；冶金业增长6.1%；建材业增长20.5%；船舶业增长27.3%；电力能源业增长12.0%。

2018年，规模以上工业企业主营业务收入增长8.2%；利润总额增长8.6%；财务费用下降17.8%；平均资产负债率48.2%，上升0.9个百分点。

2018年，去产能工作有序推进。全区民用钢质船舶产量下降2.0%，高新、新兴产业产品产量不断增长，电工仪器仪表产量增长14.6%，电子元件产量增长3.6%。新增省级示范智能车间2家，累计建成省级示范智能车间6家，新增市级示范智能车间5家，累计建成市级示范智能车间11家。通过国家级两化融合贯标评定企业9家，创建省级两化融合贯标试点企业7家，新认定省级工业设计中心1家，认定省级服务型制造示范企业2家。

2018年，建筑业增加值104.12亿元，按可比价计算，增长5.8%。建筑业总产值增长9.0%；房屋施工面积17095.37万平方米，增长13.7%；房屋竣工面积5060.28万平方米，增长21.2%。

【固定资产投资】 2018年，固定资产投资额增长8.2%。其中，第一产业下降67.4%，第二、第三产业分别增长8.4%、8.8%。三次产业投资结构比例由上年的0.4∶54.8∶44.8调整为0.1∶54.9∶45.0。基础设施投资下降26.4%，占投资总额的7.3%，房地产开发投资增长86.2%。全区各类在建房屋施工面积563.81万平方米，增长29.1%；各类房屋新开工面积234.88万平方米，增长48.0%；各类房屋竣工面积57.81万平方米，下降38.7%。重点技改项目145个，5000万元以上项目24个。

【服务业】 2018年，全区社会消费品零售总额增长9.5%。其中，批发和零售业零售额增长9.6%；住宿和餐饮业零售额增长7.3%。2018年，全区规模以上服务业企业营业收入增长6.9%。2018年，全区各类房屋(含安置房)销售面积168.84万平方米，下降3.9%，其中，住宅销售面积153.56万平方米，下降0.2%。年末，全区商品房待售面积83.85万平方米，下降10.2%，比上年末减少9.53万平方米。

2018年末，全区拥有省级旅游度假区1家，国家AAAA级景区1家，国家AAA级景区2家，国家AA级景区2家，省五星级乡村旅游区1家，省四星级乡村旅游区2家，省三星级乡村旅游区4家，全国工业旅游示范点1家，省工业旅游区(点)3家。全年实现旅游总收入59.39亿元，增长16.9%，接待旅游总人数441.75万人次，增长14.8%。

【对外经济】 2018年，全区实现进出口总额37.71亿美元，增长7.6%。其中，出

2018年通州区限额以上批发零售业主要类别零售额情况表

表5

商品类别	零售额(亿元)	比上年增长(%)
粮油、食品类	6.69	11.3
烟酒类	4.05	14.1
服装、鞋帽、针纺织品类	13.48	22.2
金银珠宝类	1.27	7.0
日用品类	2.11	-3.8
家用电器和音像器材类	4.60	-1.5
文化办公用品类	0.88	2.9
石油及制品类	22.33	25.2
汽车类	2.36	-8.1

2018年通州区出口贸易方式及出口地分类情况表

表6

名称	总量(万美元)	比上年增长(%)
出口总额	310141	0.6
#三资企业	115913	-5.3
私营企业	191779	4.5
#一般贸易	246411	8.5
加工贸易	45099	-2.4
#机电产品	96236	4.3
高新技术产品	4924	52.3
农产品	1320	-5.1
#船舶	151	-98.6
#亚洲	135226	2.7
#东盟	35516	-0.4
日本	33430	5.7
欧洲	42816	-10.5
#欧盟	34765	-9.9
北美洲	99455	15.0
#美国	95644	15.2
拉丁美洲	14968	-3.8

口总额31.01亿美元,增长0.6%;进口总额6.69亿美元,增长58.4%。全年贸易顺差24.31亿美元,比上年缩小2.29亿美元。

2018年,实际到账外资3.17亿美元,新批外商投资项目40个。全区境外投资注册新设立企业5家,境外中方协议投资总额1042万美元,下降82.3%。

2018年,新签对外承包劳务合同额4617万美元,增长180.3%;完成对外承包劳务营业额4394万美元,增长31.7%;新派劳务人员706人,增长64.6%;年末在外劳务人员275人,增长53.6%。

【交通运输、邮政电信和电力业】 2018年,全区公路客运总量394万人次,下降6.9%;公路货运总量1264万吨,下降4.1%;水路货运量162万吨,增长3.7%。2018年末,全区公路总里程3591公里,其中高速公路88公里、一级公路274公里、二级公路342公里、三级公路201公里、四级公路2686公里,桥梁1354座、47707延米。全区镇村公交开通率达100%。新开通公交线路1条,清洁能源公交车占比39%,完成320个智能公交站牌更新。

2018年末,全区汽车保有量27.0万辆,增长20.4%,私家车拥有量24.78万辆,增长10.4%。

2018年,完成邮政业务收入2.73亿元,增长23.5%;收寄国际、国内函件44.48万件,下降20.0%;国际、国内包件1128.74万件,增长30.0%;投送特快专递69.32万件,增长8.8%;发送各类报刊杂志2178.03万份,增长20.5%;年末邮政储蓄余额152.20亿元,增长4.1%。

2018年末,全区本地固定电话用户20.95万户,移动电话用户125.09万户,其中,4G手机用户86.74万户。固定宽带接入用户40.12万户。

2018年,全社会用电量59.54亿千瓦时,增长4.7%。第一产业用电量0.69亿千瓦时,增长3.9%;第二产业用电量41.6亿千瓦时,增长2.3%,其中,工业用电量40.66亿千瓦时,增长1.9%;第三产业用电量6.25亿千瓦时,增长15.2%。城乡居民生活用电量11亿千瓦时,增长8.8%。

【财政和金融】 2018年,实现一般公共预算收入69.01亿元,下降1.5%,其中,税收收入55.83亿元,增长11.7%。税收收入中:增值税25.66亿元,增长16.9%;企业所得税(40%部分)8.06亿元,增长24.4%;个人所得税(40%部分)2.44亿元,下降23.3%;城市维护建设税3.16亿元,增长19.1%;房产税3.78亿元,增长79.6%;土地增值税3.86亿元,增长46.0%。

2018年,一般公共预算支出105.0亿元,增长14.7%。其中,用于教育、科学技术、社会保障与就业、医疗卫生、农林牧、住房保障等民生方面的财政支出为83.74亿元,占一般公共预算支出的79.8%。

2018年,全区金融机构本外币存款余额1564.29亿元,比年初增加47.42亿元,增长3.1%。其中:储蓄存款余额880.40亿元,比年初增加30.92亿元,增长3.6%。本外币贷款余额1011.45亿元,比年初增加147.53亿元,增长17.1%。其中,短期贷款余额393.78亿元,增长17.7%;中长期贷款余额551.31亿元,增长12.5%。

【科学技术和教育】 2018年,全区认定高新技术企业102家,16项科技成果获南通市科技进步奖。2018年末,全区共有高新技术企业199家,省级企业院士工作站7家,省级重点企业研发机构13家,国家级科技企业孵化器1家、国家级众创空间1家,省级众创空间1家,省级科技企业孵化器2家,省级科技企业加速器1家,省级科技创业孵化链条试点单位1家,省级科技产业园5家,省级众创集聚区1个,省级众创社区1个,省级工程技术研究中心62家。2018年,研发投入占GDP比重为2.68%。

2018年,全区新改扩建中小学5所,新建幼儿园6所。拥有幼儿园68所、小学43所、初中25所、高中4所、职业学校1所、特殊学校1所、乒乓球学校1所。幼儿园在托幼儿26582人,小学在校学生52961人,初中在校学生23233人,高中在校学生9256人,各类中等职业教育在校学生3359人,特殊学校在校学生301人。全区幼儿园入园率97.85%,小学入学率100%,小学毕业率100%,初中毕业生升学率99.75%，毕业率100%。全区专任教师高一级学历占分比分别为：高中研究生率11.14%、初中本科率98.92%、职中本科率100%、小学本科率86.98%和幼儿园大专率97.3%，2018年全社会教育投入经费22.73亿元，增长10.9%。新增省优质幼儿园3所，省优质园占比达到66.2%，首批认定新优质学校5所。

【文化、卫生和体育】 2018年末，全区共有档案馆2个，共保存档案22.34万卷、41.11万件，其中向社会开放档案13.66万卷，区档案馆馆藏档案数字化副本共1525万页。全年查档利用7628余人次，调卷10157卷(件)，出具档案证明7056份。全区拥有广播电视台1个，有线电视用户31.26万户，数字电视用户27.39万户。2018年末，共有表演团体2个、剧场1个、公共图书馆1个、文化馆1个、文化站15个。推进“十百千万”文化惠民工程，全年共组织开展“古沙舞台周周演”“欢乐江海行”送戏下乡等120场精品文艺演出，举办1300场文体活动，培训1.2万名基层文艺爱好者。城乡社区综合性文化服务中心实现全覆盖。

2018年末，全区共有医疗卫生机构450个，其中，医院、镇卫生院和社区卫生服务中心共43个，社区卫生服务站和村卫生室255个。全区执业医师和执业助理医师2625人，注册护士2626人。全区拥有医疗标准床位6440张。全年诊疗病人527.63万人次，出院病人17.59万人次。建立居民电子健康档案96.21万份。

2018年，成功举办江苏省第十九届运动会群众项目门球比赛、2018南通·通州第二届体育旅游梦幻之春系列赛事活动、全民健身月启动仪式暨健身三项赛以及全国乒乓球后备人才基地决赛、全国中学生乒乓球锦标赛、中国乒乓球俱乐部比赛乙B总决赛、青少年儿童乒乓球冠军赛等国家、省、市级比赛近20场；组织各类单项比赛及太极拳、棋类、木兰拳等全民健身培训，参加活动20余万人次。2018年末，全区共有社会体育指导员4812人。其中，一级指导员38人，二级指导员1045人，三级指导员3729人。培养三级裁判员250人，晋升二级裁判员82人，一级裁判员5人。全年在南通市级以上比赛中共获奖牌63枚。

【城乡发展、生态环境和应急管理】 2018年，全区新增绿地面积140.03公顷(建成区)，城市绿化覆盖率43.44%；日转供水能力55万吨，水质综合指标合格率100%；燃气普及率、用水普及率均达100%。全年新增道路照明灯1627盏，新增城市照明总功率227.78千瓦。

2018年，全面开展“三行业”整治工作，完成27家钢丝绳企业关停、拆除污染工段任务，全部完成“三废”处置任务；关停化工生产企业3家；完成12家印染企业的关停工作。完成10台10蒸吨/小时以上、35蒸吨/小时及以下燃煤锅炉的淘汰或实施清洁能源替代。实施大气污染防治重点工程项目75个，组织实施13个水污染防止重点工程。全年细颗粒物(PM2.5)日均值40微克/立方米，空气质量优良天数比例为78.1%。地表水功能区达标率100%，城镇污水集中收集处理率92.86%，城乡生活垃圾无害化处理率100%、城市建筑垃圾资源化利用率90.05%。规模以上工业万元产值能耗呈下降趋势，2018年万元产值能耗0.0432吨标准煤，下降13.9%。

2018年，平均气温为16.6℃，比上年下降0.1℃。全年发布各类气象预警54次，启动重大气象灾害应急响应7次。

2018年，全区工商贸生产安全事故死亡人数共21人。发生交通事故872起，死亡198人，受伤935人。发生火灾595起，死亡0人，受伤0人，直接财产损失900万元。

(注：1.2018年数据为初步统计数。部分数据因四舍五入的原因，存在着与分项合计不等的情况。

2.地区生产总值及其分类项目增长速度按可比价计算，为实际增长速度；其他指标除特别说明外，按现价计算，为名义增长速度。

3.高新技术产业产值根据江苏省科技厅和江苏省统计局联合下发的《关于发布〈江苏省高新技术产业统计分类目录〉(2016修订)的通知》(苏科高发〔2017〕29号)进行统计，包括航空航天制造业、电子计算机及办公设备制造业、电子及通讯设备制造业、医药制造业、仪器仪表制造业、智能装备制造业、新材料制造业和新能源制造业。

4.新兴产业包括新能源产业、新材料产业、生物技术和新医药产业、智能装备产业、节能环保产业和海洋工程装备产业。

5.2012年四季度起，国家统计局实施了城乡一体化住户调查改革，统一了城乡居民收入名称、分类和统计标准，在全国统一选取了16万户城乡居民家庭，直接开展调查。在此基础上，计算了城乡可比的新口径全体居民人均可支配收入以及分城乡居民人均可支配收入。耐用消费品拥有量为城乡一体化改革后的调查数据，与以前年份不可比。

6.规模以上工业统计范围为年主营业务收入2000万元及以上的工业企业。

7.建筑业统计范围为有资质的建筑业企业。

8.固定资产投资统计范围为计划总投资500万元及以上建设项目，房地产投资统计范围为房地产开发经营企业。

9.社会消费品零售总额统计中限额以上单位是指年主营业务收入2000万元及以上的批发业企业(单位)、500万元及以上的零售业企业(单位)、200万元及以上的住宿和餐饮业企业(单位)。

10.规模以上服务业统计范围为年营业收入1000万元及以上，或年末从业人员50人及以上的交通运输、仓储和邮政业，信息传输、软件和信息技术服务业，租赁和商务服务业，科学研究和技术服务业，水利、环境和公共设施管理业，教育，卫生和社会工作；以及物业管理、房地产中介服务、房地产租赁经营和其他房地产业法人单位。营业收入500万元及以上，或年末从业人员50人及以上的居民服务、修理和其他服务业，文化、体育和娱乐业法人单位。

11.行政审批、人社、民政、农业、水利、旅游、交通、财政、科技、教育、文化、体育、住建、环保等相关内容不包含原三余镇数据。)

数据来源：城镇新增就业、登记失业率、社会保障数据来自人力资源和社会保障局；私营企业数据来自行政审批局；医疗保障数据来自医疗保障局；最低生活保障等数据来自民政局；户籍人口、民用汽车、交通事故数据来自公安局;城乡居民收支等数据来自通州调查队;律师等数据来自司法局;农业机械、设施农业数据来自农业农村局;河道整治等数据来自水利局;旅游数据、艺术表演团体、公共图书馆、文化馆等数据来自文化广电和旅游局;货物进出口、外商直接投资、对外直接投资、对外劳务合作等数据来自商务局;公路运输数据来自交通运输局;邮政业务数据来自邮政公司;电话用户、移动互联网等数据来自电信、移动、联通公司;用电量数据来自供电公司;财政数据来自财政局;金融信贷数据来自人民银行;科技数据来自科学技术局;专利数据来自市场监督管理局;教育数据、体育数据来自教育体育局;档案数据来自档案馆;广播电视数据来自电视台和广电网络公司;医疗卫生数据来自卫生健康委员会;建城区绿地率、城市污水处理、城建数据来自住房和城乡建设局;环境监测数据来自环境保护局;淘汰落后产能数据来自发展和改革委员会;气温、气象数据来自气象局;生产安全数据来自应急管理局;火灾数据来自消防大队;其他数据均来自统计局。

(张国峰)

招商引资

【概　况】 2018年,在通州区委、区政府的坚强领导下,全区上下紧紧围绕资源优势和产业布局,夯实招商基础,创新招商思路,转变招商策略,通州区招商引资工作实现新突破。是年,全区累计签约亿元以上内资项目136个,千万美元以上外资项目29个,其中,10亿元以上内资项目12个,3000万美元以上外资项目18个。累计完成注册亿元及千万美元以上项目150个,千万美元以上外资项目27个,其中,10亿元以上内资项目8个,3000万美元以上外资项目15个。

(杨海容)

资本运作

【概　况】 通州区以服务实体经济为核心,提升直接融资比重为重点,强化组织推进、加大政策扶持、提升服务水平,资本市场工作取得新成绩。制定了《通州区产业基金构建方案》,全面实施《通州区推进企业股改挂牌上市和并购重组三年行动计划》,出台《关于加快企业股改上市的若干意见》,深入开展企业金融服务"家家到"活动,上市挂牌后备企业资源库不断充实,全区拟挂牌上市企业超50家。当年新增上市挂牌入轨企业4家、成功挂牌四板企业17家,1家企业通过省证监局IPO辅导验收。至此,全区共有上市公司8家,新三板挂牌企业9家,四板挂牌企业30家,在轨运作上市挂牌企业9家,有力助推了通州区经济社会高质量发展。

(刘永华)

精神文明创建活动

【概　况】 2018年,通州区精神文明建设工作深入学习贯彻习近平新时代中国特色社会主义思想,以培育和践行社会主义核心价值观为根本,坚持服从中心,服务大局,不断提高文明城市长效管理水平,深入实施公民道德建设工程,深化群众性精神文明创建,推进志愿服务制度化建设,做强未成年人思想道德建设品牌,为全区高质量发展提供坚强有力的思想保证和精神支撑。

【文明城市】 2018年,通州区深入推进文明城市长效管理,修订完善相关长效管理考核办法,建立健全"日巡查、周例会、月通报、季点评、年考核"等有效机制,落细落实各项工作措施,将责任层层落实、压力层层传导。坚持以长效办日巡查、区领导实地督查和纪委定期督办相结合,加强对各镇区园街道、各职能部门督查指导和检查考核力度,稳步提升城市文明程度。深入开展文明城市创建"五大行动",针对"僵尸车""小广告""脏乱差"等突出问题开展专项整治,通过抓典型、出政策、出实招,形成行之有效的整改方案,促进了工作的有效落实。倾力打造文明城市长效管理专场文艺演出100余场,切实提升文明城市创建的知晓率、参与率和满意率。

【公民道德素养】 2018年,通州区积极开展"我推荐我评议身边好人"活动,引导动员群众参与身边好人线索推荐达20余万条。朱鑫涛先后当选江苏好人和中国好人,中国好人张锋的事迹在中国文明网"好人365"栏目展示。持续开展"文明百佳"精神文明先进典型评选表彰活动,区级媒体开设专题专栏,集中宣传先进典型的感人事迹。深化道德讲堂活动,推进城乡社区、村镇、单位有效覆盖,南通四建道德讲堂活动成为全省道德高地建设现场会示范观摩点。开展"我家这40年"家庭故事征集活动,反映普通群众、普通家庭在改革开放大潮中的生活变迁和奋斗故事。开展"文明风尚润万家"家庭美德故事征集展示系列活动,挖掘通州传统文化和良好家风家训,传播向上向善的正能量。

【诚信建设】 2018年,通州区广泛开展诚信"六创一建"活动(即创建诚信邻里、诚信街区、诚信市场、诚信企业、诚信门店、诚信电商,建设诚信通州),通过各类媒体持续刊播信用政策法规、信用知识和典型案例,弘扬诚信精神,倡导以信笃行、以诚兴业的传统美德。培育一批市、区诚信经营、诚信邻里示范点,被南通市命名表彰诚信街区2条、诚信市场2家、诚信企业27家、诚信门店12家、诚信电商5家、诚信邻里5个。四方冷链作为诚信企业代表接受省文明办组织的"德美江苏"全国网络媒体江苏行集中采访。充分发挥"红黑榜"发布制度的监督警示作用,扩大"红黑榜"发布范围,提高发布质量,全年共曝光失信被执行人123人。

【基础性创建】 2018年,通州区对2015—2016年度区级以上精神文明先进典型进行常态化考核,增强各级文明单位创建意识。深化农村精神文明建设,以民风建设和环境整治为重点,开展美丽乡村、美丽农家创建活动,全区评选10家美丽乡村示范村(标兵村)和100户美丽农家;开展"星级文明户"创评活动,全区"星级文明户"369695户,占总户数80.86%。深化文明单位创建,开展"弘扬时代新风,文明单位在行动"主题活动和文明服务示范班组、文明服务明星评

通州区开展“志愿江海20年 不忘初心再启程”志愿服务集中活动 （曹佳丽 摄）

选活动。广泛开展文明社区创建达标工作，不断美化小区环境，提升市民素质。坚持“六个好”的标准，把文明校园创建贯穿学校教育教学管理的全过程，把学校建设成为涵育中华文化的家园、滋养文明风尚的沃土。

【志愿服务】 2018年，通州区持续开展“志愿服务365行动”，组织开展“风尚通州 温暖新春”“志愿江海20年 不忘初心再启程”志愿服务集中活动。推进志愿服务标准化站点建设，在镇区园街道的便民服务中心和村（社区）公共服务中心，在公共文化场馆、公园广场、景区景点、窗口单位等公共场所设立有统一标识、有基本设施和全年有志愿者的志愿服务站点，为开展广覆盖的志愿服务创造良好的条件。2018年底，全区注册志愿者超过13.5万人，占城镇常住人口的18.79%，活跃度为87.79%，人均时长28.28小时。全年累计开展志愿活动上万次，覆盖人群达30万人（次）。王平被评为省优秀志愿者、市最美志愿者，萤火虫志愿者协会、金沙小学五（2）雷锋中队、阳光爱心车队被评为市最佳服务组织，“幸福来敲门”志愿服务项目被评为市最佳服务项目。

【新人培育】 2018年，通州区继续推进“八礼四仪”养成教育“五进”活动，开展“文明礼仪进万家”活动100余场。举办“有爱相伴，一路向远”成长仪式示范观摩活动、《习近平讲故事》分享会，承办市“我们的节日·清明节”经典诵读比赛。深化未成年人先进典型评选学习活动，金郊初中朱天玺同学荣获江苏省首批“新时代好少年”称号。精心打造音乐儿童剧《青铜葵花》，作为唯一入选的儿童剧参加江苏省紫金文化艺术节的展演，荣获新创剧目“特别奖”。举办2018江苏省青少年音乐“小茉莉花奖”声乐大赛、“童心追梦”青少年管乐专场交响音乐会、朱辉师生小提琴音乐会。注重未成年人心理健康教育，积极开展热线咨询、网上交流、面询指导、辅导讲座等心理健康教育服务，开设心理健康和家庭教育讲座120多场。推进未成年人心理健康智能云平台互联互通建设，全区112300余名中小学生参与心理健康普测。 （龚晓梅）

儿童剧《青铜葵花》在南京荔枝大剧院首演 （区文明办 供图）

中共南通市通州区委

Nantong Tongzhou District Committee of CPC

编辑 陈菊

综 述

【概 况】 2018年,通州区委把学习贯彻习近平新时代中国特色社会主义思想作为统领一切工作的总纲,认真落实中央和省委、市委的部署要求,全力以赴攻项目、抓改革、优生态、惠民生、防风险,“产业腹地、创新智谷、城市绿洲、幸福家园”四大定位新格局全面展开,高质量发展实现良好开局。全年实现地区生产总值1269亿元,比上年(下同)增长7.8%;一般公共预算收入69.01亿元,税收收入增长11.7%;固定资产投资增长8.2%,工业应税销售增长15.3%;城乡居民人均可支配收入分别增长8.5%和9.3%,综合实力跃居全国百强区第22位,苏中、苏北第一。

深入解放思想,前进方向更加明确坚定。以解放思想大讨论为背景,以全面提升领导和管理水平为目标,精心组织开展“大学习大调研大讨论”,号召区领导带头深入研究“四大定位”建设、激发干部队伍活力等重点课题,并把相关研究成果落实到具体实践中,为做好全年工作和推动后续发展提供支撑。区委十二届六次全会以“解放思想、追赶超越,推动高质量发展”为主题,明确学赶目标,全面部署“四大定位”建设,高质量发展的路径不断明晰。四季度开始,区委坚持问题导向、目标导向,分层次、多领域开展“聚焦四大定位,助推高质量发展”献计献策系列活动,在全区上下营造同心同德、共谋发展的浓厚氛围,进一步凝聚发展共识、厘清了工作思路。

狠抓攻坚突破,发展举措更加精准务实。紧盯项目建设短板,以打好翻身仗为目标,严格落实区领导全挂钩、任务书交办、模拟核查等新的工作机制,恒科新材料二期、展华电子、未来岛产业园等14个重大项目开工建设,亿元以上产业项目竣工率达69.1%,项目建设考核跻身全市第一方阵。以向环境问题宣战的气魄,打好污染防治攻坚战,全面开展污染源大排查,实施重点行业、重点流域、重点区域污染专项整治,中央环保督察交办问题全部整改到位,环境质量持续向好。深化“1+1+N”工作模式,主动打响川姜环境综合整治大会战,有效解决了困扰多年的环境难点问题,得到群众认可和点赞。精准实施脱贫攻坚三年行动计划,建档立卡低收入户脱贫率达91.3%。建立政府债务风险评估和预警交流机制,政府性债务规模、债务率实现双下降。深入推进改革创新,不见面审批(服务)、经济发达镇行政管理体制改革等重点任务取得新突破;新认定高新技术企业103家、引进“双创”人才58名,总数均为全市第一,发展动力持续增强。

关注群众期盼,社会大局更加和谐稳定。坚持主动作为、量力而行,积极回应群众呼声,扎实办好民生实事,民生投入占财政支出的比重达79.7%。针对城市建设突出短板,改造老旧小区6个,建成城区停车场22个,稳步推进高新区环境提升工程,顺利通过全国文明城市年度考评。推进教育优质均衡发展,新增省优质幼儿园3所,初中标准化达标率96%,增加普通高中招生计划640个,创成全国中小学校责任督学督导创新区、国家农村职业教育和成人教育示范区。优化整合医疗资源,区级独立“指挥型”急救中心投入运行,建成全区首家公立护理院,获评全国基层中医药工作先进单位。扎实推进“十百千万”文化惠民工程,更多原创文艺精品登上全省全国舞台,荣获“中国曲艺之乡”称号。落实好综治、法治、信访责任制,抓好安全生产、食药安全等各项工作,获评全国法治县(市、区)创建活动先进单位,公众安全感测评全省第一。

提升党建质量,担当作为更加主动自觉。扎实开展“组织力提升年”活动,积极探索以“融合党建”推动高质量发展的新路径,相关经验在《人民日报》宣传推广。严格落实意识形态工作责任制,把牢意识形态领导权,连续三年获评“全省基层党员冬训工作示范区”。鼓励改革创新、倡导务实作为,举办“四问通州干部大讲坛”和“村(社区)党组织书记工作讲坛”,开展“创新奖”“特别贡献奖”评选,党员干部使命担当、比学赶超的精气神持续提振。积极配合做好省委巡视通州相关工作,切实抓好中央、省委巡视反馈意见整改,高频率、全覆盖开展监督巡察,“两个责任”进一步压实。巩固拓展作风建设成果,认真开展形式主义、官僚主义排查整治,党风政风展现新气象。支持人大、政协履职尽责,人武、统战、群团、老干部、关心下一代等工作取得新进展。 (黄乐乐)

重要会议

【区委十二届五次全体会议】 1月6日，中共南通市通州区委十二届五次全体会议在区行政中心召开。全会高举习近平新时代中国特色社会主义思想伟大旗帜，认真贯彻中共十九大精神和中央经济工作会议精神，深入落实习近平总书记视察江苏重要讲话精神，按照省委十三届三次全会、市委十二届五次全会部署要求，动员全区各级党组织和广大党员干部群众，不忘初心、牢记使命，扎实推进"两聚一高"新实践，加快建设"强富美高"新通州。区委书记陈永红代表区委常委会作工作报告。报告中，陈永红回顾总结2017年工作。他说，全区上下按照中央和省市决策部署，坚持稳中求进工作总基调，围绕"四个全面"抓落实、"两聚一高"争标兵，全区各项事业取得新进展。具体表现为：经济质态持续改善，城乡品质加快提升，民生福祉日益增进，党的建设全面加强。在实际工作中，着重把握三个方面：坚持把好方向、统揽全局，发展定力不断增强；坚持深化改革、扩大开放，发展动力不断提升；坚持优化作风、提升效能，发展合力不断凝聚。会议指出，学习贯彻中共十九大精神，是当前和今后一个时期的首要政治任务，重中之重是高举习近平新时代中国特色社会主义思想伟大旗帜，准确把握思想精髓和核心要义，进一步增强"四个意识"，增强贯彻落实党的十九大决策部署的自觉性和坚定性。要与深入落实习近平总书记视察江苏重要讲话精神结合起来，适应社会主要矛盾变化，紧扣高质量发展要求，深刻理解"强富美高"新内涵，加快拓展"两聚一高"新实践，努力当好南通经济中心建设排头兵、交通枢纽建设主阵地、创新之都建设主力军、花园城市建设先行军，全面展现新时代通州发展的新气象新作为。会议强调，2018年是贯彻中共十九大精神的开局之年，是改革开放40周年，也是决胜全面小康社会、实施"十三五"规划承前启后的关键一年。全区工作的指导思想是：高举习近平新时代中国特色社会主义思想伟大旗帜，深入贯彻落实中共十九大精神和中央经济工作会议精神，按照省委和市委全会部署要求，坚持稳中求进工作总基调，围绕高质量发展新要求，统筹做好稳增长、促改革、调结构、惠民生、防风险各项工作，扎实推进高水平全面建成小康社会，积极进行基本现代化新探索，着力打造立足扬子江城市群、服务上海大都市、具有区域影响力的产业腹地、创新智谷、城市绿洲、幸福家园，把"强富美高"新通州建设不断推向前进。会议要求，2018年要着重抓好四个方面工作。一要突出项目建设，打造具有区域影响力的产业腹地。深入开展"招商质量提升年"和"项目建设提速年"活动，构建招商引资新格局，完善项目推进新机制，培育特色产业新地标，拓展开发开放新空间，不断提升实体经济竞争力，让产业成为通州发展最有力的支撑。二要突出动能转换，打造具有区域影响力的创新智谷。围绕产业高端发展需求，以高新区、锡通园为主阵地，提升创新资源的集聚、整合、利用能力，集聚各类高端人才，提高创新平台建设水平，发挥企业创新主体作用，促进创新成果转化应用，让创新成为通州转型最鲜明的特质。三要突出生态优先，打造具有区域影响力的城市绿洲。牢固树立绿水青山就是金山银山的理念，优化城市发展布局，提升城市内涵品质，构建"点线面"生态格局，加强生态治理与保护，让绿色成为通州城市最靓丽的底色。四要突出共建共享，打造具有区域影响力的幸福家园。以造福人民为最大政绩，实施乡村振兴战略，推进富民惠民工程，提升公共服务水平，增强人民群众安全感，让幸福成为通州人民最真切的感受。会议强调，要认真落实新时代党的建设总要求，深化全面从严治党，压实管党治党责任。强化党的政治建设，牢牢把握正确方向；强化干部队伍建设，锻造过硬中坚力量；强化基层组织建设，筑牢坚强战斗堡垒；强化党风廉政建设，永葆清正廉洁本色；强化执政能力建设，全面提高领导水平，为新时代各项事业发展提供坚强保证。会议号召，全区上下要更加紧密地团结在以习近平同志为核心的党中央周围，在省委和市委的坚强领导下，开拓进取、真抓实干，为决胜全面建成小康社会、加快建设"强富美高"新通州而努力奋斗。与会人员围绕工作报告，分组进行讨论。全会审议通过《中共南通市通州区第十二届委员会第五次全体会议决议》。区纪委委员、有关方面负责人列席会议。

【全区文明表彰大会】 2月11日，通州区召开文明表彰大会，对过去一年为通州经济社会发展做出突出贡献的单位和个人进行表彰。区委书记陈永红出席会议并讲话。会议充分肯定过去一年各条战线取得的突出成绩，向受到表彰的先进集体和个人表示祝贺。会议要求全区广大干部群众更加自觉地以先进为榜样，以更加昂扬的斗志迎接新的挑战，以更加饱满的精神谋划新的发展，在高水平全面建成小康社会、实现经济社会跨越发展的过程中把先进典型展示的时代精神转化为自身的强大动力和自觉行动。会议强调，一要坚持高点定位、高标要求。各部门各单位要主动融入全区发展大局，更加自觉地把工作放到全局工作中来思考、谋划、推进，努力站得再高一点、看得再远一点、想得再早一点、干得再快一点，牢牢把握发展主动权，抢占发展制高点。二要坚持改革创新、全面突破。进一步提升发展的"精气神"，做到困难面前敢于作为、考验面前敢于负责、大事面前敢于担当，打破定势、突破常规，用改革的办法探索新路，用创新的举措化解制约，努力将各种"不可能"变为"可能"。三要坚持狠抓落实、埋头苦干。进一步明晰工作的着力点，倡导一线工作法、问题工作法、示范工作法，一级做给一级看、一级带着一级干。把精力聚焦到区委、区政府决策部署上，立说立行、真抓实干，深入推广"1+1+N"工作机制，汇聚攻坚合力，解决实际问题。四要坚持抢抓当前、只争朝夕。今年各项工作头绪多、任务重、标准高、要求严，全区上下要迅速进入紧张状态，"早"字为先，"快"字为重，"紧"字为要，对重点工程、重点项目集中人力、精力、物力一干到底、干出成绩。区委副书记、区长凌屹主持会议。区委副书记虞越嵩宣读表彰决定。区四套班子领导参加会议。

【全区党建工作会议】 2月11日，全区党建工作会议召开。区委书记陈永红出席会议并讲话。会议指出，中共十九大明确新时代党的建设总要求，对新形势下加强党的建设作出了新的重大部署，这些任务和要求是做好新时期党建工作的基本遵循。全区各级党组织要深入贯彻落实十九大精神，更加自觉地承担起管党治党责任，全面推进党的政治建设、思想建设、组织建设、作风建设、纪律建设，把制度建设贯穿其中，深入推进反腐败斗争，推动全区党建工作持续走在全市前列。会议强调，做好2018年党建工作：一要强化理论武装，夯实思想建党的强健根基。二要着眼强基固本，筑牢坚实有力的组织保障。三要狠抓责任落实，营造从严治党的浓厚氛围。四要突出凝心聚力，巩固和衷共济的战斗堡垒。在党建工作的新征程上，各级党组织必须适应从严治党的新常态，树立“在党言党、在党为党、在党爱党”的理念，把党建工作摆在全局工作的重要位置，强化责任落实，形成工作合力，打造特色亮点，奋力开拓全区党建工作新局面。区委副书记、区长凌屹主持会议。

【全区“三农”暨扶贫工作会议】 2月11日，通州区召开“三农”暨扶贫工作会议，部署2018年乡村振兴和脱贫攻坚工作。区委书记陈永红出席会议并讲话。会议指出，实施乡村振兴战略，是中共中央着眼于全面建成小康社会、全面建设社会主义现代化国家作出的重大战略决策。要认真贯彻上级部署要求，紧密结合通州实际，坚持因地制宜、循序渐进，着力补短板、创特色，谱写好乡村振兴的“通州篇章”。会议强调，要加快产业转型升级，夯实乡村振兴之基。要加快城乡均衡发展，塑造乡村振兴之美。要加快强村富民步伐，壮大乡村振兴之本。要加快农村综合改革，激活乡村振兴之源。会议强调，“三农”和扶贫工作既是抓经济，也是抓民生；既是本职工作，也是政治责任。全区上下要紧紧围绕各项目标任务，进一步加强组织领导，齐抓共管，上下联动，凝聚狠抓落实强大合力，确保各项工作落地见效。区委副书记、区长凌屹主持会议。

【全区机关作风建设大会】 2月23日，全区机关作风建设大会召开，区委书记陈永红出席会议并讲话。会议强调：一要讲规矩，做到头脑清醒有定力。各级党组织和广大党员干部，特别是领导干部要切实增强核心意识、通州意识、中心意识，高度重视、统筹抓好区委区政府各项重点工作，不可偏废；严格执行组织纪律、请示报告纪律、工作纪律，规定的动作，必须不折不扣、认认真真完成，绝不允许走过场，搞形式主义；牢牢守住廉洁这根底线，管住自己的嘴、手、腿，时刻把党纪国法当成规范自身行为的“框框”，千万不能行差踏错、以身试法。二要重人品，做到修身养德树正气。各级党员领导干部要为人正派，做到品德高尚、言行正直、胸襟坦荡，以良好的形象影响和带动广大干部群众干事业、谋发展；要处事公道，严格按政策、制度、程序办事，杜绝暗箱操作、私下解决，让权力在阳光下运行；要忠诚老实，对党忠诚、对事业忠诚，敢讲实话，言行一致，真抓实干。三要强本领，做到苦练内功提素质。党员干部要增强管理的本领，科学制定目标，善于精细管理，做到统筹兼顾，难点工作攻坚抓、重点工作重点抓、特色工作创新抓，具体任务当先则先、当快则快、当紧则紧；增强专业的本领，围绕自身业务开展学习实践，做到干一行、钻一行、精一行；增强沟通的本领，镇(区、园、街道)、部门要加强相互之间的沟通对接联系，突出重点、直奔主题，有效避免信息不对称、工作有盲区的问题。四要勇担当，做到主动作为干事业。聚焦中心，始终把抓招商抓项目作为各项工作的头版头条，咬定项目不放松，积极主动参与招商、服务项目；强化执行，以“明知山有虎、偏向虎山行”的胆魄和“跟我冲”“跟我干”的担当，以良好的执行力，抓实抓好今年各项难点工作，把更多的不可能变成可能；履职尽责，加强谋划策划，明确重点工作，集中突破，形成亮点，同时高度重视并毫不松懈地抓好党的建设，以强大的组织保障推动各项工作取得新的业绩。五要强化机制保障，推动作风建设常态化、长效化。形成科学的考核机制，创新干部业绩评价机制，完善干部考核办法，形成科学合理的绩效考核体系，解决干与不干、干多干少、干好干坏一个样的问题。形成有效的监督机制，进一步完善机关作风评议办法，坚持开门评议，自觉接受人民群众的监督，完善“大督查”机制，对督查中发现的问题要跟踪问效，及时通报整改。形成严肃的问责机制，坚持有责必问、问责必严，切实彰显作风建设制度的权威性和严肃性。区委副书记、区长凌屹主持会议。区委副书记虞越嵩对2017年全区机关作风建设情况进行点评。区四套班子领导参加会议。

【全区政法和信访维稳工作会议】 2月27日，通州区召开政法和信访维稳工作会议。区委书记陈永红出席会议并讲话。会议强调：要准确把握政法工作新方位，要全面落实政法工作新任务，要牢固树立政法队伍新形象，要始终坚持党对政法和信访工作的绝对领导，加大对政法和信访工作的支持力度，着力解决人手少、任务重的问题，为维护社会和谐稳定提供强有力的组织保障。全区各部门都要找准位置、认清职责、发挥作用，完善部门之间协调配合及结对共建等机制，促进政法信访齐抓共管。各镇(区、园、街道)各部门要按照“属地管理”和“谁主管、谁负责”原则，切实承担起维稳责任，抓好矛盾排查化解，严格落实领导包案，确保社会大局总体稳定。区委常委、常务副区长成小红主持会议。区委常委、政法委书记李学义作政法和信访工作报告。副区长杨彬宣读2017年度政法和信访维稳工作表彰决定。

【全区宣传思想文化工作会议】 3月9日，通州区召开宣传思想文化工作会议。区委书记陈永红对全区宣传思想文化工作作出批示，要求全区宣传思想文化战线持续深入学习贯彻习近平新时代中国特色社会主义思想和中共十九大精神，牢固树立“四个意识”、始终坚定“四个自信”，奋力谱写新时代宣传思想文化事业新篇章。陈永红在批示中强调，2017年，全区宣传思想文化战线围绕中心，服务大局，主动作为，积极开拓，各项工作取得新进展，创造新亮点，特别是紧紧围绕学习宣传贯彻习近平新时代中国特色社会主义思想和中共十九大精神这根主线，做了大量工作，为通州全面发展营造良好思想舆论氛围。区委常委、宣传部长胡卫东出席会议并讲话。会议要求，2018年宣传思想文化工作要着力实施党的理论创新成果宣传阐释工程，打牢保持高度一致的思想根基；着力实施社会主义核心价值观强基铸魂工程，滋润人的素养，规范人们的言行；着力实施新闻舆论工作创新创优工程，营造奋发向上的主流舆论氛围；着力实施文化事业产业提质增效工程，壮大通州文化发展力量；着力实施文明城市城乡共建工程，切实提升市民文明素质和社会文明程度；着力实施网络阵地清源固本工程，推动互联网释放“最大正能量”。会议要求宣传思想文化战线上的全体同志，对党绝对忠诚，提高履职能力，践行求真务实，落实全面从严治党，做好全区宣传思想文化工作。副区长樊小燕主持会议。

【全区统战工作会议】 3月9日，通州区召开统战工作会议，区委常委、组织部长、统战部长沈旭东出席会议并讲话。会议认为，2017年全区统战系统以学习贯彻党的十九大精神为主线，以“凝心聚力建小康”主题活动为抓手，始终着眼全局，高点定位，认真贯彻落实中央和省、市、区委关于统一战线的决策部署，各领域统战工作取得明显成效。会议强调，全区统战工作要以“大统战”思维，强化政治站位，突出问题导向，注重系统提升，建体系、强基础、补短板、创特色，推动全区统一战线各领域工作创新发展，为决胜全面建成小康社会、加快建设“强富美高”新通州作出新的更大贡献。

【全区纪念建党97周年大会暨第二期村(社区)党组织书记工作讲坛】 6月28日，通州区举行纪念建党97周年大会暨第二期村(社区)党组织书记工作讲坛。区委书记陈永红作讲话，并为与会人员上了一堂深刻而又生动的党课。会议表彰一批“五位一体”工作先进个人、优秀党小组长、党员中心户(群众示范户)。会议充分肯定近年来全区党建工作取得的成效，认为各级党组织和广大党员积极投身群众路线教育实践活动、“三严三实”专题教育、“两学一做”学习教育等生动实践，党员队伍素质持续提升，基层基础建设不断夯实，在推动改革发展稳定中发挥战斗堡垒和先锋模范作用，涌现出一批“中国好人”“最美共产党员”，展现新时期全区各级党组织和广大党员“不忘初心、牢记使命”的责任担当和行动自觉。陈永红围绕“不忘初心、牢记使命”这一主题，对“中国共产党的初心和使命是什么”“怎样才能不忘初心、牢记使命”“‘不忘初心、牢记使命’如何在农村实践”三个问题进行系统阐述。会议指出，为中国人民谋幸福，为中华民族谋复兴，就是中国共产党人的初心和使命。“不忘初心，牢记使命”，就是要始终坚定理想信念，一步一个脚印地向着美好未来和最高理想前进；始终坚持为民宗旨，不断带领人民创造更加幸福美好的生活；始终弘扬奋斗精神，永葆干事创业的热情和活力；始终保持优良作风，努力开创各项事业的新局面。会议强调，要坚持以人民为中心的价值追求。情系民众，顺应民意，敬畏民心，始终把群众满意度作为出发点和落脚点，真正成为群众的贴心人。要坚持改革创新的实践路径。紧扣“项目建设”主旋律，增强“科技创新”驱动力，打好“污染防治”攻坚战，抓住“民生幸福”关键点，切实将通州打造成具有区域影响力的产业腹地、创新智谷、城市绿洲、幸福家园。要坚持实干担当的公仆情怀。要有乐于担当的情怀，敢于担当的魄力，善于担当的本领，自觉把工作当作事业去追求，在严格约束下开拓进取。要坚持清正廉洁的政治本色。强化敬畏意识，强化组织观念，强化用权规范，强化清廉自觉，努力赢得人民群众的信赖和支持。会议强调，将“乡村振兴”与“不忘初心、牢记使命”有机结合，关键在提升村党组织的组织力。要在加强政治领导中提升组织力。把“基层组织建设”作为推动全区工作的有力抓手，村党组织要认真落实好各项重点任务，以党的建设贯穿、保障、引领基层治理。要在带领群众致富中提升组织力。充分发挥村党组织的领导核心作用，找准选对富民增收的产业路子，抓紧做好农村集体产权制度改革工作，有针对性地开展基础设施建设，深化村庄环境整治。要在锻造过硬队伍中提升组织力。抓好村党组织带头人队伍建设，把深入学习廉洁自律准则、纪律处分条例、问责条例等作为必修课。区委将研究建立村干部收入正常增长机制，让实干者得实惠。区委副书记、区长凌屹主持活动。区委副书记虞越嵩宣读表彰决定。区四套班子领导参加活动。

【区委第十二届六次全体会议】 8月3日，中国共产党南通市通州区第十二届委员会第六次全体会议在区行政中心举行。会议深入学习贯彻习近平新时代中国特色社会主义思想，落实省委十三届四次全会和市委十二届六次全会部署要求，总结上半年工作，研究安排下一阶段工作，动员全区上下解放思想、追赶超越、争当先锋，推动高质量发展走在全市前列，加快建设“强富美高”新通州。区委常委会主持会议。区委书记陈永红代表区委常委会讲话。会议充分肯定2018年以来区委的各项工作。全会认为，区委以习近平新时代中国特色社会主义思想为指导，按照省委、市委部署要求，紧紧围绕“产业腹地、创新智谷、城市绿洲、幸福家园”四大发展定位，在项目突破中提升经济发展质态，在生态攻坚中提升城乡环境品质，在强村富民中提升共建共享水平，在管党治党中提升干事创业能力，扎实做好稳增长、促改革、调结构、惠民生、防风险各项工作，迈向高质量发展起步良好，新一轮追赶超越全面起势。会议指出，要按照省委赋予南通“一个龙头、三个先锋”的新定位、新使命，以解放思想为先导，以追赶超越为抓手，以争当先锋为追求，对标高质量发展监测评价指标体系，坚决破除等待观望、路径依赖思想，紧盯“全面发展学江阴、产业发展学吴江、城乡发展学宜兴”目标追求，努力打造具有区域影响力的“产业腹地、创新智谷、城市绿洲、幸福家园”，推动高质量发展走在全市前列。会议要求，当前及今后一段时期，要按照高质量发展要求，着重抓好四个方面工作。一是以高质量项目为支撑，深入推进产业腹地建设。深入开展“招商质量提升年”和“项目建设提速年”活动，全面提高招商水平，紧盯重点产业板块，扎实推进产业链招商，优化招商工作机制，提升招商实效；高效推进项目建设，严格执行项目任务书制度，强化项目推进全流程跟踪服务，确保在全市产业项目综合考核中继续保持领先；着力优化发展环境，持续深化“放管服”改革，提升项目审批时效,积极探索存量土地、闲置资产盘活路径,帮助企业解决融资问题。二是以高效益产出为导向,深入推进创新智谷建设。加快构建适应产业发展的创新体系,突出企业创新主体,加大高新技术企业扶持力度,引导企业加大研发投入,加大企业技改支持力度,鼓励企业发明创造;提升创新平台效益,坚持分类施策,全面提升创新平台运营水平,提高运营效率,构建多元化金融支撑体系;集聚各类创新人才,积极落实“21条”人才政策,精心组织招才引智活动,围绕产业需求,打造高技能专业人才队伍。三是以高品质环境为保障,深入推进城市绿洲建设。优化城市发展布局,主动对接南通城市总体规划修编,加强城市片区发展研究,扎实推进高新区环境提升工程和运盐河城区段综合整治,不断优化人居环境;全力消除环境痛点,坚决打好污染防治攻坚战,深化“263”专项行动,加快推进“散乱污”及“三行业”企业综合整治;夯实生态发展基础,全力推进生态环境提升工程,启动东部生态涵养区建设,加大环保基础设施投入,探索城乡水务一体化改革,推进新一轮厕所革命。四是以高水平民生为根本,深入推进幸福家园建设。加快乡村振兴步伐,创新村集体经济发展路径,加快高标准农田建设,实施农业品牌建设战略,发展适度规模经营,培育一批农业专家,带动农村发展;切实办好民生实事,聚焦“不平衡、不充分”环节,进一步在教育、医疗、养老、创业保障等方面“补短补缺补软”,精准推进阳光扶贫工程,完善病残孤老等重点群体兜底救助政策;打造法治安民环境,提高依法行政水平,加强社会矛盾防范化解管控,深入推进扫黑除恶专项斗争,切实提升安全生产、食药安全、公共卫生等重点领域实战应急能力,确保全区社会大局和谐稳定。会议强调,要认真落实新时代党的建设总要求,深入推进融合党建,切实把各领域党建工作抓具体、抓深入,推动党的建设质量整体提升。要狠抓政治建设,推动党员干部增强“四个意识”、坚定“四个自信”;狠抓强基固本,深入开展组织力和党建质量“双提升”行动,扩大党的组织覆盖和工作覆盖;狠抓队伍锻造,贯彻落实新时代党的组织路线,精准落实“三项机制”,健全完善崇尚实干、敢于负责、加油鼓劲的正向激励体系;狠抓正风肃纪,刚性落实“两个责任”,深入开展作风问题专项治理,用好监督执纪“四种形态”,不断巩固反腐败斗争的高压态势。与会人员围绕陈永红同志讲话,分组进行讨论。会议审议并通过《中国共产党南通市通州区第十二届委员会第六次全体会议决议》。区纪委委员和有关方面负责人列席会议。

【全区生态环境保护大会暨环境提升攻坚推进会】 9月26日,通州区召开生态环境保护大会暨环境提升攻坚推进会。区委书记陈永红出席会议并讲话。会议强调,要以习近平生态文明思想为指引,全面贯彻落实全国、省、市生态环境保护大会精神,坚持系统思维,抓好“五个结合”,举全区之力、集全区之智,坚决打好污染防治攻坚战。会议指出,近年来,全区生态环保工作面临前所未有的压力,各级各部门直面问题,迎难而上,主动作为,取得阶段性成效。但也要清醒地看到,当前我区生态环境保护工作仍处于负重前行、爬坡过坎的“攻坚期”,还存在亟待解决的矛盾和问题。全区上下必须充分认识生态环境保护工作的极端重要性和极其紧迫性,工作一刻也不能松、力度一丝也不能减,要立足当前、着眼长远,坚持系统思维,遵循客观规律,以“敢教日月换新天”的奋斗精神,全力以赴打好污染防治攻坚战,使全区生态环境得到较大改善,让人民群众有更多的获得感。会议强调,推进生态环境保护提升工作,要重点抓好“五个结合”。一要注重城市管理与农村治理结合,推动全域水平整体提升。坚持全域治理,强化城乡联动,做到同步整治、同步提升。对城市而言,要将生态环境提升与城市品质提升、城市精细化管理相结合,建立健全文明城市建设常态化和长效化管理机制,深入开展环境治理,实现城郊一体、统筹管理;对农村而言,要不断加强农村环境“五位一体”长效管理的制度化和常态化,重点治理村庄生活污水,加强农业面源污染和畜禽养殖污染治理。二要注重治水治气与治土结合,推动环境质量全面好转。水、气、土污染防治要统筹兼顾、整体施策、多措并举,从单独控制个别污染物向多种污染物协同控制转变。治水方面,提高污水管网的覆盖率和污水收集率,发挥三级河长作用,全面统抓分管河道治理,重点治理黑臭水体,确保河道水质持续改善、稳定提升;治气方面,做好“控”“调”“治”三篇文章,严控扬尘污染,调整能源结构,加强废气治理;治土方面,持续深化“清废行动”,实现固体废物减量化排放、无害化处理、资源化利用。三要注重点线面结合,推动治理体系不断完善。“点”即突出环境问题整改,对上抓好中央和省市交办的问题整改,高标准推进问题销号,对下重视群众反映的环境问题的治理,能够解决的,要马上解决,用实际行动取信于民。“线”即钢丝绳、印染、化工三行业整治,要加快行业转型或转移步伐,引导有条件的企业发展循环产业,对治理改造后仍不能达标的企业,要痛下决心,该转移的转移,该关停的关停。“面”即面上环境问题排查,全面排查污染源,摸清环境底数,据此推进问题解决,逐步实现问题“清零”。四要注重强化监管与严格执法结合,推动依法治污形成震慑。实现监管常态化,构建“横向到边、纵向到底”的常态化环境监管网络,确保环境问题一旦发现,第一时间处置到位;实现执法标准化,对危害环境安全的违法行为,顶格处罚、按日计罚,到期不达标的一律依法关停,通过“严处一批、移送一批、曝光一批”等形式,促进企业自律守法。五要注重组织推进与舆论引导结合,推动全员参与全民共建。区四套班子领导要深入挂钩镇(区、园、街道)一线了解情况,把准症结,解决问题;区各相关部门要注重衔接、协调配合,加强统筹;各镇(区、园、街道)党政“一把手”要对辖区生态环境质量负总责;各村、社区书记要及时发现、制止、消除各类环境隐患,配合开展好环境问题整治工作。要全方位、多角度深入宣传生态环境保护的重大战略意义,宣传政策法规,报道先进典型,曝光反面事例,形成强大的舆论声势。做好宣传教育工作的同时,鼓励引导广大群众自觉关注生态,主动投身环保,在全社会形成“以崇尚环保为荣,以破坏生态为耻”的良好氛围。会议号召,全区上下要全力做好生态环境保护这篇大文章,总结过去的经验教训,明确发展思路和发展战略，做到回望来时路、走好未来路。要坚持生态优先、绿色发展，不犹豫、不纠结、不抱怨，不言难、不畏惧、不放手，合力打好打赢污染防治这场攻坚战。要始终坚定方向、咬定目标、选定路径、铁定决心、一抓到底，全力打赢“蓝天、碧水、净土”三大保卫战，努力践行“绿水青山就是金山银山”的科学论断，不辜负通州人民的期盼。区委副书记、区长凌屹出席会议并专题部署全区生态环境提升工作。区委副书记虞越嵩主持会议并就贯彻落实好会议精神提出相关要求。南通高新区管委会主任周跃华、区四套班子领导出席会议。（邓志强）

【全区组织工作会议】 10月19日，通州区召开组织工作会议，深入学习贯彻习近平总书记在全国组织工作会议上的重要讲话精神，总结成绩、分析形势、部署工作。区委书记陈永红出席会议并讲话。会议充分肯定全区党的建设和组织工作取得的成绩。会议指出，要贯彻新思想，坚定践行新时代党的组织路线。牢牢把握新时代组织工作的行动指南，对标新思想定位导航，找准推进工作的正确方向、改革创新的思路举措、解决难题的路径方法，推动全面从严治党不断向纵深发展；牢牢把握新时代组织工作的根本目标，为坚持和加强党的全面领导、坚持和发展中国特色社会主义提供坚强组织保证，确保党的组织路线始终为政治路线服务；牢牢把握新时代组织工作的重点任务，切实加强党的组织体系建设，建立健全干部工作体系，确立人才引领发展的战略地位。会议强调，要对标新要求，全面总结党的建设和组织工作。近年来，全区坚定不移推动全面从严治党向纵深发展，严格履行管党治党政治责任，统筹抓好选干部配班子、抓基层打基础、建队伍聚人才等各项工作，党的建设和组织工作取得了新成效，政治建设更加严格规范，基层党建更加务实高效，选人用人更加精准科学，干部队伍更加实干担当，人才保障更加坚强有力。肯定成绩的同时，也要清醒认识到我区党的建设和组织工作在理论武装、选人用人等方面的薄弱环节，高度重视，采取有力措施，切实加以解决。会议要求，要展现新作为，为推动高质量发展提供坚强组织保证。坚持以党的政治建设为统领，着力构建推动高质量发展的良好政治生态，增强政治意识，严肃政治生活，强化政治自觉。坚持以提升政治功能和组织力为重点，筑牢推动高质量发展的坚强战斗堡垒，以标准化建设促规范，以特色化建设促提升，以制度化建设促落实。坚持以忠诚干净担当为标尺，着力锻造推动高质量发展的执政骨干队伍，在知事识人上下实功，在因事择人上出实招，在增强本领上用实劲，在严管厚爱上求实效。坚持以选育管用为抓手，着力培养推动高质量发展的可靠后备力量，强化共识，综合施策，明晰职责，努力为年轻干部加快成长、脱颖而出搭建平台、创设条件。坚持以创新智谷建设为目标，着力集聚推动高质量发展的创新创业人才，在推进齐抓共管上聚合力，在推动产才融合上抓提升，在优化人才生态上求突破。

会议要求，要担负新使命，从严压实管党治党重大政治责任。党委(党组)要强化主体责任，正确处理好党的建设和中心工作的关系，严格落实督查、点评、述职、考核制度，放大党建的“乘数效应”。党组织书记要压实第一责任人责任，强化责任担当，建立“书记抓、抓书记”的工作机制，全面深化党建工作问题清单、任务清单、责任清单，倒逼各级党组织书记增强政治自觉。组织部门要争当管党治党模范部门，切实加强自身建设，组织干部要努力成为模范、表率，坚持更高标准、更严要求，切实增强专业能力、专业精神，以实际行动回报党和人民的信任。区委常委、组织部长、统战部长沈旭东主持会议。区领导虞越嵩、韩菊芳、胡卫东、徐林锋参加会议。

重大决策

【“1+4”工作体系构建】 2018年，通州区委以解放思想大讨论为背景，以全面提升领导和管理水平为目标，精心组织开展“大学习大调研大讨论”，号召区领导带头深入研究“四大定位”建设、激发干部队伍活力等重点课题，并把相关研究成果落实到具体实践中，为做好全年工作和推动后续发展提供了支撑。在区委十二届六次全会上，以“解放思想、追赶超越，推动高质量发展”为主题，明确“全面发展学江阴、产业发展学吴江、城乡发展学宜兴”的目标追求。在四季度，坚持问题导向、目标导向，分层次、多领域开展“聚焦四大定位，助推高质量发展”献计献策系列活动，在全区上下营造同心同德、共谋发展的浓厚氛围，为通州的高质量发展凝聚共识，提供思路。在区委十二届七次全会上提出全力构建“1+4”工作体系，坚定不移加强党的全面领导，坚定不移加快建设彰显高质量发展新要求、立足扬子江城市群、具有区域影响力的产业腹地、创新智谷、城市绿洲、幸福家园。（宋 洋）

【考核机制创新创优】 2018年，区委、区政府创新创优区四套班子领导、区级机关部门和镇(区、园、街道)考核办法，提高综合绩效考核科学性、合理性，有效推进重点工作任务落实，全面提升全区经济社会高质量发展水平。增强综合绩效考核实效性，对镇(区、园、街道)重点从全面小康建设和全面深化改革、全面推进依法治区、全面从严治党等4个方面进行考核，增强区四套班子领导、区级部门与镇(区、园、街道)考核关联性，引入“乘数效应”，以“夺红旗、亮黄牌”活动有效提高争先进位积极性；对区级机关部门的考核突出“共性+个性”特点，提高作风效能建设考核权重，有效推动平时工作主动性。同时，为充分调动各镇(区、园、街道)和区级机关各部门在推进全区重点、难点、焦点工作中敢于担当责任、勇于攻坚克难的积极性，鼓励全区上下为通州发展改革稳定大局做出突出贡献，区委、区政府设立“特别贡献奖”，奖励在重特大项目、经济发展贡献、重点工作保障上做出特别贡献的镇(区、园、街道)和在区委、区政府明确的重点工作、重大项目、重大资金、重大政策、重要创建、重大活动等方面为全区发展改革稳定大局做出特别贡献的区级机关部门。是年，共有15个镇(区、园、街道)和18个区级机关部门获得“特别贡献奖”。紧扣区委、区政府重大决策部署和年度重点工作安排，设立“创新奖”，奖励善于攻坚、敢于创新、勇于担当，在提质、扩量、增效、惠民上取得重大突破的区级机关

部门。是年,共有40个区级机关部门获得“创新奖”。(孙淑慧)

【“走帮服”活动】 2018年,区委把“走帮服”活动作为全方位、多层次推动工作融合的制度平台,与解决突出环境问题、信访问题化解稳控、抓好安全生产相结合,以“三结合”推进“三重点”,实现“三突破”,更好发挥“走帮服”对全局工作的推动作用。积极探索创新活动开展机制,区级层面,建立定期巡查机制、市区镇三级会商会办的问题解决机制、督查问责机制等一系列行之有效的活动机制;部门层面,各相关部门结合本职工作,创新个性化的推进机制。全年共有240余篇微信息被省江苏大走访微信公众号录用,录用率居全省各县(市、区)前列。全年全区共开展“双访”活动213次,收集群众反映各类问题诉求744个,化解612个,问题化解率82%;累计走访企业6000余家,排查安全隐患5809条,完成整改5743条,整改率99%,全区安全生产形势持续稳定好转。(杭志勇)

调查研究

【概　况】 2018年,通州区委办公室(研究室)紧紧围绕全区经济社会发展大局,认真开展调查研究工作,全力攻坚重大课题,充分发挥参谋助手作用。先后组织开展“大学习、大调研、大讨论”活动、“聚焦四大定位,助推高质量发展”献计献策活动。配合区领导深入一线、下到基层,开展广泛细致的调查研究,形成《进一步强化宗旨意识,做到讲政治、顾大局、懂规矩、识大体》《优化体制机制,增强机关活力》《通州区高质量发展追赶超越目标定位研究》等调研文章50余篇,为区委主要领导科学决策提供重要依据,部分建议转化为推动全区高质量发展的工作措施。联合镇(区、园、街道)、部门开展专题调研活动,完成《实施乡村振兴战略推进城乡融合发展》《建立“四考”体系,进一步提升全区干部能力水平和精气神》等调研文章近百篇。办公室内部也积极结合全区发展方向形成十余篇调研报告,其中《通州打造具有区域影响力的产业腹地研究》《关于我区打造创新智谷的调研报告》《提升我区干部队伍执行力研究》《关于我区学前教育情况的调查报告》4篇在2018年度经济与社会发展重点应用课题研究中获奖。(宋　洋)

组织工作

【概　况】 2018年,全区组织系统深入学习领会习近平总书记关于党的建设和组织工作的重要思想,认真践行新时代党的建设总要求和组织路线,各项工作稳中求进、创新发展,为加快建设“强富美高”新通州提供坚强组织保证。

党的政治建设不断加强。在全市率先举办旗帜鲜明讲政治、领导干部学习贯彻中共十九大精神专题培训班,分层分类抓好党员、干部、人才教育培训,引导广大党员干部树牢“四个意识”,坚定“四个自信”,坚决做到“两个维护”。在全市率先探索区管党员领导干部任前政治体检,通州区作为唯一县(市、区)在全市党员领导干部任前政治体检动员部署会作大会交流发言。以组织生活“双纪实”推动基本制度基本规范落实落地,“我们的主题党日”互看互比互学系列活动累计推介137个典型案例,吸引20余万人次投票关注,组织生活从“有形”走向“有效”。

基层组织建设坚强有力。深化实施“组织力提升年”活动,统筹抓好农村、城市基层、机关、“两新”组织等各领域党建工作。在全市率先探索“融合党建”新路径,通州经验在全市组织部长会议推介,《人民日报》专文介绍通州区以“融合党建”推动高质量发展的经验做法,并配发评论《关键在“融”》,产生广泛影响。建立基层党建季度巡查观摩制度,通过查短板、学先进、比作为、促提升,全面提升基层党建工作质量。定期举办村(社区)党组织书记工作讲坛,引领基层党组织书记真抓实干、比学赶超。深入开展寻找“老支书精神”活动,省委组织部在通州区举行“老支书纪念铭座”县(市、区)首发仪式。创新设立区级机关8大党建联创区,定期举办“书记沙龙”,推进“三比三争”,开展“惠民助企服务品牌”创建活动,凝聚起党员干部服务大局促发展的强大合力。通州区获评省首批党员电教制片重点县(市、区),微电影《民警朱达》荣获省、市党员教育优秀电视片,并在全国推广。

干部队伍建设从严从实。坚持“凡提四必”,严防“带病提拔”,结合机构改革开展领导班子和领导干部综合研判,推广使用《党政领导干部德才绩综合分析研判表》,着力调优配强班子、选准用好干部。创新实施“优秀年轻干部一线选育工程”,面向全国重点院校公开选调16名紧缺专业优秀青年人才,动态保持100名优秀年轻干部在农村社区、信访维稳、招商引资、外地园区等一线挂职锻炼,选派8名优秀年轻干部挂职镇(街道)党(工)委委员,营造年轻干部“从一线来、到一线磨、在一线用”的良好氛围。在全省率先构建能上能下、容错纠错、鼓励激励“三项机制”,实施改革创新容错项目风险备案制,荣获全国基层党建创新优秀案例,通州区在市委召开的全市组织工作会议作经验介绍。精心打造“四问通州干部大讲坛”,全区党员干部实干担当、比学赶超蔚然成风,《新华日报》头版两次专题推介。

人才队伍建设提质增效。成功举办2018高层次创新创业人才洽谈会,发布全省首张县级人才环境地图,营造惜才爱才的浓厚氛围。赴北京、上海、深圳等地推介人才政策、招引双创人才,聘任35名“招才引智大使”,驻长三角、京津冀、珠三角招商联络处及镇(区、园、街道)人才工作站引才成效凸显。深入实施重点人才工程,入选省“双创计划”17人,创新、创业类人才入选数全市第一,省“双创团队”连续两年取得突破;13人入选市“江海英才计划”,居全市前列;组织区“510英才计划”评审,资助28名创新创业人才。完善“人才+金融”工作机制,深化“拨投保贷贴”产业金融扶持链,出台人才项目贷款贴息管理办法,通州区在全省开发区人才工作交流会作经验介绍,《“人才+金融”点燃企业发展新引擎》入选江苏人才工作改革创新案例。

【“四问”通州干部大讲坛】 围绕“以什么样的精神状态担负新使命、以什么样的工作实践开创新境界、以什么样的能力素质实现新作为、以什么样的作风形象展现新气象”主题举办“四问通州干部大讲坛”。坚持实干为先、实绩为重，每期从全区各条战线、各个领域中择优遴选10名干部走上讲坛，交流经验、接受检阅，先后有30名干部上台讲述自己担当作为、履职奉献的故事，在区内外引起强烈反响。为把讲坛的场内效应向农村社区、机关学校等更大范围拓展延伸，下发《关于深化讲坛效应，进一步激发干部担当作为、推动工作创先争优的通知》，引导全区广大干部见贤思齐、追赶超越、干事创业。《新华日报》两次头版介绍通州做法，20多家中央、省市级主流媒体广泛关注报道。

【党政领导干部德才绩综合分析研判】 加强领导班子和领导干部综合分析研判，创新设计并使用《通州区党政领导干部德才绩综合分析研判表》，组织全区副科职干部填写分管工作考核排名、工作实绩清单、反映个人特质的典型事例、存在不足及自我评鉴，引导干部全方位、多角度客观“认识”自己。同时，结合年度考察考核，通过实地调研、个别谈话、民主测评、民意调查等多种渠道、多个层面广泛听取意见，采集信息，更加准确地掌握干部德才表现、专业特长、气质特点，为调优配强班子、选准用好干部提供有力依据。相关做法得到省、市委组织部充分肯定。

【干部选拔任用流程“图表手册”】 把选人用人各项制度要求列成责任清单，进一步细化为流程图和任务表，以程序标准化引领选人用人规范化。列出图表清单推动任务可视化，整合梳理《党政领导干部选拔任用工作条例》《党委（党组）讨论决定干部任免事项守则》《关于防止干部“带病提拔”的意见》等制度性文件，图表式梳理干部选拔任用流程的5个环节38个步骤，对相关台账资料进行归类和规范，切实把将干部选任的基础工作做细做实。全程留痕管理推动责任具体化，通过“一事一记”抓好过程控制，“一批一档”抓好痕迹管理，“一卷一审”抓好责任追究，强化对干部选拔全流程的事中监管和事后把关。

【改革创新项目容错备案制度】 为鼓励创新、允许试错、宽容失误，将“容错纠错”机制引入区级机关“创新奖”评选办法，具体设置“容错备案、项目跟踪、容错申请、调查核实、认定反馈”五道程序，经研究同意予以容错的，明确“三个不受影响”，即项目的最终申报及评选不受影响，参评单位的年度目标责任制考核及党风廉政责任制考核不受影响，相关干部提拔任用、职务职称晋升及个人评优评先不受影响。在梳理72个申报项目基础上，重点指导“国有企业集团市场化进程中的投融资风险”“城市管理突出问题综合治理中的矛盾冲突”等6个项目实施容错备案。改革创新项目容错备案制度的建立，对“容错纠错”机制的深入推进起到积极的促进作用。

【人才生态体系】 建立党委联系服务专家制度，制定《关于进一步加强党委联系服务专家工作的实施意见》，促进党员领导干部与人才结对子、交朋友。完善“人才+金融”工作机制，制定《南通市通州区人才项目贷款贴息管理办法》，缓解人才企业资金压力，《“人才+金融”点燃企业发展新引擎》入选江苏人才工作改革创新案例。突出产才融合，紧盯三大支柱产业以及三大地标产业引才聚才，发布全省首张县级人才环境地图，全区落户省外创新创业项目83个。持续放大省、市、区三级人才计划“叠加效应”，17人入选省“双创计划”，创新、创业类人才入选数居全市第一。13人入选市“江海英才计划”，居全市前列。28位高层次创新创业人才获区“510英才计划”资助，资助总金额3330万元。

【发展党员“双推双育”机制】 针对党员发展后备力量不足、常态教育不够等问题，探索施行党员发展“双推双育”机制。在综合分析全区党员队伍结构基础上，通过统筹区级工会、团委、妇联等群团组织资源，在青年农民、产业工人、高知群体和非公企业、社会组织等重点群体和领域中，实行由基层群团组织向上级群团组织推荐、区级群团组织向区委组织部统筹推优的“双推”制度。区委组织部根据全区党员队伍建设实际向基层党委（工委）反馈推荐，纳入入党积极分子队伍，由党组织和群团组织通过“集中培训+在线教育”形式持续开展日常教育。2018年，首批52名群团推优对象被列为基层党组织入党积极分子，进行重点培养。

【“我们的主题党日”互看互比互学】 在规范主题党日“4+X”基本内容的基础上，充分发挥示范案例带动作用，以16个镇（区园街道）和8个机关党建联创区为单位，每月各选择至少一个基层党组织，精心设计活动内容，组织基层党组织书记、党务工作者、党员群众代表等对支部“主题党日”进行现场观摩。同时，每月在“南通州组工”微信公众号集中展示“主题党日”优秀案例，组织党员群众在线投票。至12月底，累计展示6期137个基层党组织的“主题党日”案例，关注参与活动人数超20万人次，形成一批形式新颖、效果显著的优秀案例，基层支部组织生活形式更活、质量更好。

【基层党建季度巡查观摩制度】 建立基层党建季度巡查观摩制度，每季度末月下旬，根据区委部署，区委组织部随机抽取部分基层党组织，采取座谈交流、实地查看、查阅资料、个别访谈等方式开展基层党建工作检查。由区委书记带队、各镇（区、园、街道）党（工）委书记参加，选取2个镇（区、园、街道）的党建工作示范点进行现场观摩，并召开党建工作推进会议，现场向被抽查的党委（党组）反馈检查情况，督促整改落实到位。通过“查学比促”四步走（查，查问题、查短板；学，学经验、学典型；比，比作为、比成效；促，促落实、促提升），帮助基层总结经验，查找存在问题，补齐工作短板，督促推动基层党委（党组）严抓党建、抓好党建。

【党员电教制片成效显著】 围绕上级要求，立足通州实际，以办好《时代先锋》电视专栏为载体，按照“思想精深、艺术精湛、制作精良”标准，高起点确定主题，高标准撰写脚本，高水平审定片子，努力打造主题鲜明、内容丰富、通俗易懂的党员电教片，达到教育人、感召人、引领人的目标。全年共制作15部电教片，其中微电影2部、微视频2部、微党课1部、公益广告片1部、专题片9部。在选送市委组织部参评的8部党员电教片中有4部分别获一、二、三等奖；在选送省委组织部参评的3部党员电教片中有2部分别获一三等奖；微电影《民警朱达》相继荣获全省、全市政法系统微电影大赛一等奖，并参加全国政法系统微电影大赛，同时被中央党校《党员新视野》选用在全国推广，通州成功获评全省首批党员电教制片重点县(市、区)。 （望　悦）

宣传工作

【概　况】 2018年，通州宣传思想文化战线深入学习贯彻习近平新时代中国特色社会主义思想，认真贯彻全国、全省宣传思想工作会议精神，紧紧围绕区委、区政府中心工作和重大部署，坚持内聚力量、外树形象，唱响主旋律，打好主动仗，为打造彰显高质量发展新要求、立足扬子江城市群、具有区域影响力的产业腹地、创新智谷、城市绿洲和幸福家园提供有力的思想保证、舆论支持、精神动力和文化条件。

理论武装扎实有效。突出区委理论中心组学习示范带动作用，健全区委中心组学习制度，建立导学、督学、助学机制，围绕习近平新时代中国特色社会主义思想、中共十九大精神、解放思想大讨论等方面内容组织学习交流活动20次。创新开展基层党员干部冬训活动，通州区连续三年获评“全省冬训工作先进集体”，西亭镇获评“全省冬训工作示范乡(镇、街道)，冬训特色项目“家乡学堂迎归雁”获评“省冬训创新项目”。成立以区委书记为团长，区委常委、区级部门负责人、党校骨干教师等33人为成员的“区委宣讲团”，由241名大学生村官和社区干部组成的“村居理论宣讲团”以及由280名退休老干部、道德模范、农村种养能手、致富先锋、乡土能人等组成的“百姓名嘴”宣讲团。围绕贯彻习近平新时代中国特色社会主义思想、中共十九大、十九届二中、三中全会精神，以及省市区委全会精神等内容，精心开展党的创新理论进企业、进机关、进校园、进军营、进工地、进卫计、进镇村(居)、进网络“八进”活动，共开展“八进”宣讲2800多场，受众达万人次。紧扣中央和省市委理论研究主线，紧贴通州经济社会发展中重大理论与现实问题，开展重点应用课题研究，1项成果获省应用研究精品工程二等奖，2个研究课题获南通市热点课题研究立项。开展第四届哲学社会科学优秀成果评奖，收到申报参评成果107项，同时推荐30项社科成果参加市第十四届社科评奖。深入开展“解放思想、追赶超越、争当先锋，推动高质量发展”大讨论活动，努力把中共十九大提出的新思想、新观点、新论断转化为推动工作的新思路、新方法、新举措。

舆论引导持续壮大。紧紧围绕“学习贯彻党的十九大精神”“庆祝改革开放40周年”“招商引资项目建设”“生态环境综合整治”等主题，开设专题专栏，深入报道通州高质量发展的生动实践，提振全区人民的发展信心。积极协调发改委、经信委、环保局等热点民生部门，推动全区新闻发布会工作有序开展，全年共组织新闻发布会15场。继续做好安全生产大宣讲活动，全区围绕“全民消防护佑乡村振兴”主题，共开展宣讲628场，受众人数6万余人次。中央电视台《新闻直播间》《午夜新闻》《消费主张》《中国财经报道》等多个栏目对通州的亮点特色进行宣传报道。《新华每日电讯》头版、《人民日报》《光明日报》、中央人民广播电台、《新华日报》、江苏卫视等国家级、省级主流媒体纷纷关注通州。全年累计发布通州正面宣传报道5000多条。组织习近平新时代中国特色社会主义思想网络知识竞赛，开展通州十大优秀新媒体作品评选展示，推出“通州·芳华40年”1+N主题网络宣传、“40印纪·幸福通州”分享展示等系列网络文化活动。积极有效引导网上舆论，着力完善网络舆情预警、研判、引导、应急处置体制机制，建立网络政务舆情回应交办督办制度，制定《通州区党员干部网络行为规范(试行)》，引领党员干部构建良好舆论生态。深入开展“风清气正2018”净网专项行动和扫黄打非专项行动，营造清朗社会环境。

精神文明建设稳步提升。继续强化“日巡查、周例会、月通报、季点评”考核机制，促进各项工作的落细、落小、落实。围绕长效管理中的“僵尸车”“小广告”“脏乱差”等突出问题，组织开展2018年度通州区文明城市创建“五大行动”。继续开展“文明城市长效管理示范小区”评选活动，发动广大市民支持参与文明城市长效管理。以居民小区、农贸市场、商业大街、交通路口(段)等为重点，积极推动漂流书屋、楼道文化墙等体现城市品味的文化载体建设。突出城乡共建，加强对各镇区园街道的督查指导和检查考核，农村社会文明程度实现新提升。积极培育弘扬社会主义核心价值观，成功举办全省“弘扬优秀传统文化、聚焦‘精忠报国’、培育时代新人”座谈会，忠孝文化园获评“江苏省国防教育示范基地”。南通市主流媒体集中采访报道通商优秀代表——耿裕华、俞建辉、黄杰以及通州工匠代

通州区委承办“弘扬优秀传统文化、聚焦‘精忠报国’、培育时代新人”座谈会
（宣传部 供图）

表——张卫国先进事迹。持续开展“文明百佳”“我推荐我评议身边好人”等先进典型评选表彰活动，朱鑫涛当选“中国好人”，王平获评江苏省优秀志愿者。深入推进商务诚信“五创一建”和诚信邻里建设，共命名通州区首届诚信街区2条、诚信市场5家、诚信企业73家、企业诚信电商11家。大力推进志愿服务制度化、规范化、常态化，相继开展“风尚通州　温暖新春”“志愿江海20年　不忘初心再启程”“关爱残疾人”等志愿服务集中活动，帮助困难群众2000余人次。广泛开展“我的中国梦”主题教育实践活动，精心组织“我们的节日”“七彩的夏日”“缤纷的冬日”等道德实践活动，成功承办南通市“我们的节日·清明节”经典诵读比赛，朱天玺同学荣获江苏省首批“新时代好少年”称号。深化拓展“八礼四仪”养成教育，推动“八礼四仪”养成教育进社区、进家庭、进乡村学校少年宫、进社会实践基地、进文博场馆。不断放大“童声里的中国”品牌影响，由“童声基地”承制的音乐儿童剧《青铜葵花》获2018紫金文化艺术新创剧目“特别奖”，承办江苏青少年音乐“小茉莉花奖”声乐大赛，参赛选手数量、质量均创新高。

大文化强区效应突显。着力推进“十百千万”文化惠民工程，241个村级综合性文化服务中心建设达到全覆盖，组织精品文艺演出120场，举办各类文体活动1300场，培训基层文艺爱好者超1.2万名。“通江达海　州立潮头——奋进2018贺新春全区群众大联欢”“文化下乡大巡游”、舞台艺术精品惠民展演、“通州艺苑”文学艺术展示周活动、通州之夜广场文艺晚会、“濠滨夏夜”通州专场、业余文艺团队调演等一系列文化惠民活动，受到广大群众热烈欢迎。承办第二届“通州杯”全国小剧场新作展演，中国曲协评审专家给予高度肯定。坚持文艺精品创作培养机制，一大批优秀作品在国家级、省级大赛获奖。说唱《散花》、小品《半夜鸡叫》、歌舞《踏青》剧组参加中央电视台“梦想微剧场”节目录制。小戏《审舅舅》获第四届梁祝戏剧节·小型剧目展演一等奖，入选“首届中国相声小品大赛”决赛，获第十三届江苏省“五星工程奖”金奖，入选中国·桐乡小戏艺术邀请展。小品《缘来如此》参加全国公安系统相声小品大赛，获得二等奖。通剧大戏《瓦匠女人》入选江苏紫金文化艺术节新创舞台剧目展演及全国优秀现实题材舞台艺术作品展演。首次将文化产业发展工作列入区委、区政府的经济考核范畴，并专门成立考核领导小组，各镇（区、园、街道）明确专人分管文化产业达标考核工作。至年底，新增文化产业亿元项目4个，新落户企业15家，新增投资10亿元。成功举办2018影视金融通州论坛。

通州区委宣传部开展“家乡学堂迎归雁”活动　（宣传部 供图）

【“家乡学堂迎归雁”活动】　2月11日，区委宣传部以基层党员干部冬训为载体，特别邀请150名通州籍回乡大学生开展“家乡学堂迎归雁”活动，以“大学习、大参观、大讨论、大宣誓”形式，邀请大学生听党课，参观家乡的发展变化。活动安排“理论名嘴”宣讲习近平新时代中国特色社会主义思想和中共十九大报告，组织大学生参观感受家乡正发生的日新月异新气象，开展大讨论、大宣誓，激励大学生拥抱新时代，放飞青春梦，增强对家乡的认同感。此次活动取得良好的社会效应，作为冬训特色项目获评省冬训创新项目。

【网络政务舆情交督办制度】　为深入践行网上群众路线，区委网信办联合有关部门制定印发网络政务舆情回应交办督办制度。该制度梳理需回应交办的7类网上政务舆情，明确回应责任、主体、流程及有关要求，建立起快速反应和协调联动机制，网络舆情工作的规范化、制度化进一步得到增强。

【“弘扬优秀传统文化、聚焦‘精忠报国’、培育时代新人”座谈会】　9月17日，“弘扬忠孝文化、聚焦‘精忠报国’、培育时代新人”座谈会在通州区召开。座谈会上，通州青少年向全国发出“争做时代新人”倡议，宣读命名忠孝文化园为“江苏省国防教育示范基地”的决定，表彰2017年度国防教育创新工作获奖个人。原南京军区政委方祖岐上将，原南京军区司令员朱文泉上将，原南京军区副政委兰保景中将，原江苏省委副书记顾浩，原福建省军区政委陆凤彬少将等应邀出席座谈会。

【《青铜葵花》获省“特别奖”】　10月27日，由通州区倾力打造的大型儿童剧《青铜葵花》获“2018江苏紫金文化艺术节”新创剧目“特别奖”，且是唯一获此奖项的儿童剧。《青铜葵花》是“童声里的中国”少儿艺术创研活动基地继《田梦儿》获省“五个一工程奖”之后打造的思想性、艺术性、观赏性高度融合的少儿艺术精品，自10月10日在通州启动以来，已经跨越南通、启东、海安、如东、盐城、建湖等多个市县，演出100多场，观众12万

青铜葵花(剧照)　　　　　　　　　　　　　　　　　　　　(宣传部 供图)

余人。巡演所到之处,受到当地学生、老师、家长和社会各界的一致好评。

(邵丹丹)

统一战线工作

【概　况】 2018年,通州区委统战部以"大统战"思维和改革创新精神,不断建体系、强基础、补短板、创特色,系统提升全区统战工作质效,为推动通州高质量发展贡献智慧和力量。

着力构建大统战工作格局。强化党管统战责任,不断健全和完善区委统一战线工作领导小组运行机制,以"大统战""大视野",大力推进统战工作与党政部门、群团组织、社会团体、基层工作相融合,横向加强部门协同,纵向延伸工作触角,有效形成由区委统一领导、统战部牵头协调、有关方面各负其责的统战工作新局面。区委常委会多次专题研究统战领域重点工作。全区党建工作会议,将统战工作与组织、宣传、纪检工作一并进行部署安排。召开全区统战工作会议,安排部署年度工作,明确重点项目。将统战工作纳入全区"四个全面"综合考核,推动各级党组织落实统战工作主体责任,齐抓共管、形成合力。坚持以服务发展为第一要务,多部门联动,开展民营企业大走访大调研,形成多篇有质量的调研报告,为区委、区政府决策提供参考。以维护稳定为第一责任,联合公安、司法、安监、消防等相关部门,妥善调解民族纠纷,组织开展宗教场所安全督查,协调民族宗教工作领导小组成员单位部署"1116"专项行动,严厉打击基督教非法传教活动,维护社会和谐稳定。加强统战理论宣讲,组织"构建大统战工作格局"推进活动,省委统战部副部长瞿超莅临指导授课,对通州区以"大统战"思维推进实践创新工作所取得的成果给予充分肯定。

民主政治建设深入推进。以项目为牵引,实施民主党派基层组织建设创新工程,提升民主党派建言献策、参政议政、社会服务能力。以纪念改革开放40周年和中共中央发布"五一口号"70周年为契机,深入开展"我与通州共成长"系列主题实践活动,增强党派成员"四个意识",坚定"四个自信"。围绕全区高质量发展四大定位,拟定44个调研招标课题,动员民主党派和知联会、新联会、统战系统单位、各镇(区、园、街道)深入开展针对性调查研究,共取得46个调研成果,择优向市委统战部报送理论研究文章2篇。推动党派成员履职尽责,通过市区两级人大、政协全会,积极参政议政、建言献策,共提交各类意见建议127条,多篇提案被市区两级政协评为优秀,并列为大会发言材料。继续加强"一党派一特色"建设,着力打造"九三专家工作站""健康服务同心行""励志教育进校园""扶残助残工作站"等一批特色服务品牌惠及民生。10月,农工党南通市委"名医工作室"在区第八人民医院挂牌。《以主题实践活动为抓手,打造知联会社会服务特色品牌》入选省委统战部《党外知识分子联谊会工作案例》。

实践创新探索成效突显。贯彻省市新阶层统战工作会议部署要求,制定《关于加强新阶层人士统战工作实施意见》、新阶层人士统战工作"重点工作实施方案(2018—2022年)"和"培训计划(2018—2020年)",加强新阶层人士统战工作制度化、规范化建设。落实新阶层工作"20字方针",区委常委与新阶层重点代表人士建立"一对一"挂钩联系。组织23家成员单位召开专题联席会议,出台联席会议《工作规则》、成员单位《工作职责》,推动工作融合。重视新阶层人士政治安排,推荐92名新阶层代表人士担任市、区两级人大代表和政协委员,其中人大代表49名,政协委员43名,3名代表担任特约监督员。引导新阶层代表人士履职尽责,组织新联会成员赴南京、浙江等地实地考察学习,举办"解放思想、追赶超越,推动农业高质量发展"沙龙分享会,开展调研走访活动,完成《实施乡村振兴战略,推进城乡融合发展》课题调研任务。围绕新阶层统战工作社会化,大力推进南通家纺城、开心田园生态农场、领读者讲师团和清心律师服务团等7个示范基地建设,重点打造南通家纺城自由职业者联盟新亮点。省委统战部副部长黄仕亮一行专题调研时给予充分肯定。全市新阶层人士统战工作交流会在通州区召开,并组织实地参观。相关经验做法在《中国统一战线》《挚友》上发表。该项目以《"四轮趋动",打造家纺城自由职业者联盟新样板》为题申报省委统战部实践创新案例。

【合作共事】 2018年,全区共有民盟、民建、民进、农工党、九三学社5个民主党派基层组织,共有民主党派成员201名。民盟通州支部围绕实施"星火教育助推行动计划",深入推进"名师进校园"活动。民建通州支部启动"思源工程",成立"中发置业助学基金",修建"树君缘"园林,推动孤困学生救助。民进通州支部深化"童声书屋"项目,举办"纯美文学进校园”“精品剧目进校园”等特色活动。农工党通州支部4项调研成果在农工党江苏省委中标，3个项目获奖，并常态化开展“送医下乡”活动。九三学社通州区委深化“合格社员”主题活动，组织实施“青蓝工程”，建立3个“九三专家工作站”。同时，积极响应“东西援建”号召，通州九三组织社员企业在陕西镇巴县创办2家社区工厂，成为东西部援助率先落地的实体项目，并设立九三专家工作站，九三学社中央副主席、九三学社北京市委主委刘忠范和陕西省副省长魏增军莅临揭牌。民进中央主席蔡达峰高度评价民进通州支部少儿文化艺术成果，并发来贺信，民进通州支部再次被评为民进全国宣传思想工作先进集体。民盟、民建也相继开展希望小学捐赠和爱心支教活动，助力镇巴教育。

【经济统战】 着眼民营企业家新老交替、代际传承问题，以“传承与奋进”为主题，率先在全市举办“创二代”年轻企业家专题研讨班，通过组织专题讲座、会员沙龙、座谈交流、形象展示等形式，加强年轻一代教育引导。坚持政府部门与企业挂钩联系制度，通过加强与发改委、市场监管局、税务局、总工会和有关金融机构联系协作，努力为企业做好服务。指导工商联加强商会组织建设，成立通州黑龙江商会和通州齐鲁商会，搭建企业家交流合作平台。围绕民营企业转型升级，组织“激发和保护企业家精神”研讨交流，强基础、求突破，提振民营企业发展信心。坚持典型引路，创办《州立潮头》期刊，宣传先进典型，展示通州企业家风采。推荐省光彩事业促进会五届一次理事会理事人选，申报“苏商典型案例”，参与江苏发展大会苏中片区座谈研讨。动员在外企业家回乡考察投资兴业，举办“商会企业家新春联谊会”，邀请佛山商会、南京商会、苏州商会企业家回乡考察，赴苏南、上海、浙江等地实地走访在外企业家，为招商引资牵线搭桥。引导非公经济人士参与精准扶贫、捐资助学、义务献血等公益慈善活动，主动回报社会，累计各类捐款捐物超1000万元。

【党外干部队伍建设】 分析研判党外干部队伍现状，加强与党外干部所在单位党组织的联系沟通，开展机关中层职位和事业单位相似正副股级职位上任职的党外干部情况摸底，联合区委组织部走访调研党外干部现实表现，书面考察党外干部思想、工作和学习情况。推动党外干部实职安排，全年新提拔3名党外干部到领导岗位上任职，2名党外干部晋升正科职。动员党外干部响应高质量发展大讨论要求，开展“我为通州高质量发展献一策”活动，分类推动建言献策。选调党外干部到招商一线实践锻炼，统筹安排党外干部参加各类培训班20批38人次，多措并举，全面提高党外干部能力素养。

【民族宗教】 加强民族宗教工作体制机制建设，召开民族宗教工作研判会，大力推进民族宗教领域重点难点问题。突出宗教法规宣传教育，推动新修订的《宗教事务条例》学习宣讲。强化宗教场所安全监管，实施宗教活动场所安全隐患排查。协调“1116”专项行动，组织专门力量，全面开展督查整治。重视农村宗教工作，弘扬国学传承、慈善互助、孝道文化等优秀传统，鼓励宗教界人士参与扶贫济困行动，累计各类捐款捐物近百万元。

【海外统战】 重视香港通州同乡会建设，通过“通州老乡”微信平台，保持经常性联系，持续加深情感。协调动员香港通州同乡会会员，出席香港南通同乡会成立13周年暨香港南通同乡会青年会成立庆典。赴深圳举行香港通州同乡会“乡亲乡情，携手同行”联谊活动，畅叙乡情、增进友情的同时，鼓励海外成功人士回乡考察投资。强化“命运共同体”意识，联合区教育局，选送3名优秀中学生代表赴港参加学习交流活动，增进年轻一代互信互访。实施“暖心”工程，联合区委台办、区侨联，对台胞台属、侨胞侨眷等统战成员开展走访慰问，做好排忧解难工作。加强海外联系，利用春节、清明、中秋等重要节日，及时向海外侨胞、港澳同胞邮寄新年贺卡，捎去家乡的问候，做好返乡探亲海外侨胞接待走访，举办中秋联谊活动，争取广泛认同和支持。

【统战信息宣传】 2018年，区委统战部整合统战系统各单位机关干部、民主党派成员和基层统战力量，组建统战信息宣传工作队伍；建立信息宣传工作微信群，及时通报统战信息宣传工作动态，把握主攻方向和工作要点；出台统战信息宣传工作奖励办法，有力推进信息宣传；择优向市委统战部报送理论创新材料2篇，向省委统战部申报实践创新项目1个，报送各类统战信息58条，统战宣传稿件近500篇，在《中国统一战线》上发表5篇、《新华日报》7篇、《挚友》2篇、江苏统一战线微信公众号3篇、江苏统一战线网站1篇、南通统一战线网站22篇，更新通州统一战线网站信息381条，省委统战部《快报》录用1条、《每日汇报》录用1篇。连续多年被中央统战部评为统一战线宣传先进单位，喻迎春被评为中国统一战线宣传工作先进标兵，杨平被评为中国统一战线宣传工作先进个人。 （杨　平）

农村工作

【概　况】 2018年，通州区认真贯彻落实中央和省市区关于实施乡村振兴战略的决策部署，紧密结合通州实际，按照“产业兴旺、生态宜居、乡风文明、治理有效、生活富裕”的总要求，大力实施富民强村、农村改革创新、脱贫致富奔小康、农业产业化发展及美丽宜居乡村建设等重点工程，乡村振兴工作实现良好开局。农村居民人均可支配收入23830元，比上年增长9.3%。

【现代农业发展】 全区新建扩建规模以上农业项目261个，投资额25.6亿元，其中新增投资千万元以上农产品加工项目16个。建成十总优质水稻和东社设施蔬菜2个现代农业标准园。龙头企业引领联合发展。农产品加工集中区通过省级监测复评，银河面粉通过国家级龙头企业监测复评。南通双和、盛夏农业江苏股权交易中心“农业板”挂牌。建成农业产业化联合体3家，嘉安出口蔬菜、双和畜禽产业联合体获省级示范联合体。一二三产业融合发展加快。建成国家AAAA级景区1家、省级“一村一品一店”示范村4个、省级休闲农业精品村2个。“三个全覆盖”试点有序推进。十总镇建成4个服务联盟组织,在东社、二甲等7个镇开展区级试点村建设。推进新型合作农场建设,15个村成立农地股份专业合作社。农村基础设施持续夯实。新建高标准农田3.32万亩,土地流转率达56.3%。扎实推进粮食生产全程机械化创建,加快薄弱环节装备技术推广。

【农民专业合作组织建设】 规范农民合作社名录库建设,全区76家合作社进入农民合作社名录库,农民合作社工商年报率达90.4%。创建通州区田梦粮食种植专业合作社等7家合作社培训示范教育基地。通州区国信孔雀养殖专业合作社、南通广和农产品销售农民专业合作联社成功申报国家级示范社,创建南通复成农机专业合作社等6家省级示范社、15家市级示范社。继续推进合作社改革创新,对兴仁镇李家楼村等4个村进行综合社改革创建,积极探索联合社、劳务等新型富民合作社,成立3家联合社和1家劳务合作社。

【农村集体“三资”管理】 贯彻落实省、市《关于全面开展农村集体资产清产核资工作的通知》精神,对农村集体经济组织集体所有的经营性、非经营性和资源性资产,开展全面清查,核实家底。制定《通州区农村集体资产清产核资工作实施方案》,统一部署,明确工作目标、清查内容、清查方法、时间进度等,确保工作有序推进。组织全区开展财务互查活动,对存在问题的单位发放整改通知书,限期做好整改工作。全面开展农村集体“三资”管理“阳光行动”,全区217个村全面完成三资管理“阳光行动”试点工作。全面推广“村务卡”制度,全区217个村全部办理“村务卡”,实现“村务卡”全覆盖。开展村级财务管理会计核算改革试点,选择东社镇作为试点镇整建制开展试点,按照“会计委托代理服务中心”模式,以镇为单位开展村级财务管理会计核算“第三方代理”试点。

【村级集体经济发展】 围绕“村村集体经济收入达40万元,村均达100万元以上”的工作目标,指导各村根据各自实际制定发展经济的方案。重点引导实施高标准农田建设,推进土地规模流转,实现集体土地面积升溢,发展适度规模经营,增加集体土地租赁和流转服务收入,形成相对稳定的村集体收入。努力盘活村集体资产,用活村集体资源增加收入。规范村级财务管理,加强财务会审机制,强化村级增收节支,定期进行村会计培训、财务互查。全区217个村,村村达到40万元以上,村均达105万元。

【农村土地承包管理】 完成农村承包土地经营权确权登记颁证工作,全区14个镇(街道)175个村,6032个组,22.37万户获得确权登记颁证,签订合同21.3万份(占应确权农户的95.22%),发放证书21.3万本(占应确权农户数的95.22%)。土地确权测绘成果通过第三方检测,175个村全部通过区级验收;5月上旬,高分通过省级验收;9月,土地确权登记数据成果汇交到农业农村部。按照国家、省归档要求,完成确权登记重要档案资料的收集整理工作,做到“一户一档、一组一图、一村一簿”,实现电子查阅、入馆管理。“确权登记工作”零问题通过南通市“乡村振兴”专项审计。积极推进土地依法有序流转,新增用于新型规模经营主体的土地流转面积2.18万亩。调处土地承包纠纷315次,受理仲裁3起,未发生群体性上访事件,有效维护农村社会稳定。

【农业保险】 稳步推进种植业保险,完成五大传统种植业保险1852.06万元,保险面积为74.29万亩,基本做到应保尽保。全力推进高效农业保险,完成高效农业保险2778.92万元,高效农业占比达60.0%。扎实推进稻麦附加险,提升种植业保障水平,全年完成稻麦附加险94.32万元,比上年增加27.46万元,增长41.1%,提升粮食生产新型经营主体的抗风险能力。全力稳定种养植大户的抗风险能力,蔬菜大棚保险面积从49924亩减少到36192亩,山羊保险从9026头减少到5800头,蛋鸭保险保持3500只,池塘淡水鱼保险面积提高到873.8亩。健全组织网络,举办全区查勘人员名录库人员培训班,提高农险人员素质,278名查勘人员进入名录库。因地制宜开展新险种的试点,下发《关于开展农村土地流转履约保证保险实施办法(试行)》,为农民和农业新型经营主体提供双重风险保障。加强农业保险对扶贫工作的支持,全区建档立卡贫困户参加农业保险自缴保费7.12万元,通过一折通全额返还给贫困户。

【精准扶贫】 推进经济薄弱村扶持项目建设,制定13个市级经济薄弱村扶持项目建设实施方案。召开经济薄弱村项目论证会,对经济薄弱村项目建设的可行性进行论证,检查、督办项目建设进展情况。落实好扶贫惠民政策,先后为低收入农户免除居民基本医疗保险和大病保险359.94万元,为全区建档立卡低收入人口购买意外伤害、重大疾病等商业保险143.26万元,免除一事一议筹资筹劳10.13万元,改善129户建档立卡低收入农户住房条件,免除127名低收入家庭高中段学生学杂费,提高低保、五保户的保障水平,农村居民最低生活保障提高至每人每月640元。组织全区6184名党员干部以“一帮一”或“多帮一”的方式与一般贫困户进行结对。积极推广“阳光扶贫”手机APP,扎实抓好全区结对帮扶工作,使帮扶工作全程留痕、清晰可见。2018年,通州区91.27%的建档立卡低收入农户实现脱贫,经济薄弱村扶持项目加紧实施,精准扶贫工作取得实质性成效。

【产权市场建设】 认真贯彻落实省《关于农村集体资产资源流转全部进场交易的通知》精神,各镇(区、园、街道)农村集体资产资源流转交易全部纳入平台管理,建立集体资产资源管理台账。推进产权抵押融资配套政策,出台《南通市通州区农村土地承包经营权抵押贷款办法(试行)》文件。2018年,全区累计完成交易1398笔,成交总额4.92亿元。其中,土地流转交易743笔,累计面积5.09万亩,交易额3.74亿元;集体资产交易498笔,交易额2705.02万元。(陈妍池)

政法工作

【概　况】 2018年,通州政法和信访维稳战线通过推进“责任落实强化、基层基础夯实、信访维稳攻坚、立体防控升级、公众安全亮剑、特殊人群管控、服务发展保障、执法行为规范、群众满意度提升、政法铁军锻造”十大工程，实现打造“和谐通州、法治通州、平安通州”三大名片的目标，各项工作取得新突破。全区公众安全感测评全省县(市、区)排名第一，继续荣获省平安县(市、区)称号，被省委省政府、全国普法办公室分别表彰为全省、全国法治县(市、区)创建先进单位，被市委市政府表彰为2018年度政法工作考核优胜单位。全省社区矫正修复工作现场会在通州召开，社区矫正“4326”损害修复工程得到省司法厅、司法部肯定，“双向融合、六方联动、多元共治”的矛盾多元化解经验初步形成，经验材料入选全国“枫桥经验”汇编。

【维稳保障】 深入开展排查研判，全年共排查各类信访矛盾隐患4981起，及时处置4762起，有效避免矛盾激化、问题上行。开展积案化解攻坚和“无访”镇村创建，区领导包案292件，带案下访146件，市级以上信访交办件化解率达94.2%，位列全市第二，7个镇(区、园、街道)及183个村(居、社区)分别被评为无访镇、无访村。依法处理信访违法行为，有效维护良好的信访秩序。制定《进京越级访处置工作流程》，加大领导包案、协调、会办、督办力度，确保各级“两会”、省委巡视组驻通、中非合作论坛、进博会等敏感节点全区社会安全稳定。

【服务发展】 健全完善重大项目、重点企业服务联络机制。规范市场交易秩序，审结商事案件1181件，破获污染和破坏环境资源案件22起，对涉环保类执行案件开设“绿色通道”。加大破坏市场经济秩序犯罪打击力度，提起起诉此类犯罪61件116人。依法实施企业破产，审结破产案件2件，平稳妥善处理蛟龙重工企业破产并圆满完成职工分流，结清明德重工外包工人工资，解决居梦莱职工分流资金缺口问题。依法保护知识产权，办结各类知识产权案件501件。打击严重刑事犯罪和多发性侵财犯罪，破获“盗抢骗”案件594起、食药品类案件26起。开展“法企同行”活动，走访企业838家，提供有效法律建议680多个，发出风险提示104条。

【综治平安建设】 推进大数据指挥中心建设，全面完成350兆系统“模改数”，升级改造警用地理信息系统，实现警情、警力、警车上图定位运行。深化立体化、信息化治安防控体系，制定《全区智能感知体系建设三年规划》，布建感知设备3700余处，试点家纺城智能感知体系样板区和城区两个智能小区，主城区全面推行进攻型巡防新模式。全力推进扫黑除恶专项斗争，政法机关紧密配合，摧毁涉黑涉恶犯罪集团6个，受理审查起诉涉黑涉恶九类案件72件182人，工作绩效在全市名列前茅。加强网格化服务管理，三级网格中心与同级综治中心一体挂牌实体运行。

【法治建设】 全面组织推动，促进各级党政主要负责人认真履行法治建设第一责任，积极落实本部门本单位法治建设工作责任。强化重点工作，全面落实党委政府法律顾问制度，深入开展“七五”普法活动，健全完善普法责任机制，加快推进“四大板块”创建，新建法治文化示范阵地省级1个，市级6个。着力创新创优，在全省县级率先建立行政执法检察监督新机制、律师调解工作新机制，三级公共法律服务体系标准化建设被列为国家级试点。

（王文茹）

机构编制工作

【概　况】 2018年，通州区委编办统筹推进各类机构改革和行政体制改革，深化事业单位分类改革，严格控制和优化配置机构编制资源，不断提高事业单位登记管理服务水平。全区设置行政机构86家，事业单位415家。核定行政编制3550名，事业编制14420名。在编行政人员3389人，事业单位在编人员13902人。根据《关于调整区机构编制委员会机构和组成人员的通知》(通办发〔2018〕100号)精神，区机构编制委员会更名为区委机构编制委员会，下设办公室，负责日常工作。

【川姜镇行政体制改革试点】 8月，《南通市通州区川姜镇行政管理体制改革方案》获省级批复。改革试点中，以区政府名义向川姜镇直接赋权行政审批事项32项、行政处罚权项265项。统筹川姜镇原有行政事业编制等各类资源，将资源配置和管理服务重心向便民服务中心、综合执法局、社会管理服务中心“三大平台”倾斜，形成“前台+后台、网格+网络、全能型+智能型”工作体系，增强川姜镇管理服务能力和效率。聚焦“镇村治理一张网”建设，基本完成网格划分，实现网格地理信息数字化。

【营商环境优化】 贯彻落实上级关于优化营商环境的要求，牵头做好全区营商环境指标督查工作，放大“不见面审批(服务)”改革效应，努力营造稳定、公平、透明、可预期的营商环境。进一步细化分解任务，着力解决营商环境推进过程中的短板问题，督促责任部门积极培育案例，做好全省营商环境评价准备工作，力争通州区评价工作继续保持全市领先。创新改革举措，在“三证照”办理中全面推行“三多三服务”模式，即：开办企业领域实行“多窗口合一集成服务”，不动产登记领域实行“多站点布局下沉服务”，投资建设项目审批领域实行“多部门融合联动服务”，推动“证照办理”3550目标常态化。区委编办被南通市评为“放管服”改革工作突出贡献集体，记集体三等功。

【重点领域改革】 做好权力清单动态调整工作，完善权力清单管理制度和动态调整机制，及时提醒相关部门与政务服务网实现无缝对接。推动高新区“放管服”改革试点，赋权南通高新区行使的市、区两级经济管理权限共39项，促进涉企投资审批一层级、扁平化。持续深化综合行政执法体制改革，针对综合行政执法改革后出现的新情况、新问题，会同法制办，研究起草综合行政执法协作配合意见，顺利完成通州区城市体制改革职能调整衔接落实各项工作。全力推进“证照分离”改革，在南通高新区推行“证照分离”改革试点工作，指导协调涉改部门对区级拥有的33项审批事项采取事中事后监管、备案管理、告知承诺等五类管理方式,简化办事流程,公开办事程序,提高审批的透明度和可预期性。

【党政机构改革】 吃透政策精神,学深悟透改革的任务、路径、目标及要求,为备战改革奠定思想和政策基础。全面梳理全区机关事业单位的职能配置、机构设置、编制核定及人员配备情况,专题调研涉及改革的部门,摸清各部门各方面反映的意见建议,为科学制定机构改革方案打下坚实基础。对照中共中央印发的《深化党和国家机构改革方案》中相关部门和单位的改革内容,就有关职能调整,机构撤并、编制整合等问题,对各部门各单位的改革情况进行深入剖析,提前谋划、初步提出符合改革方向、助力改革发展的意见建议。

【事业单位分类改革】 开展承担行政职能的事业单位改革,按照简政放权和推行政府权力清单制度的有关要求,对重点行业、重点部门承担行政职能的事业单位开展调研,结合权力清单、责任清单,对承担行政职能事业单位进行系统梳理、摸清底数、逐项清理,汇总形成目录。推进公益类事业单位撤并整合工作,将设置分散、任务萎缩、公益属性不强的事业单位予以整合归并,重新配置职能。继续推进农委、住建所属事业单位整合撤并工作,出台相关文件,优化配置,不断增强社会公益服务功能。

【机构编制督查】 拟订全区有重大机构编制调整事项部门跟踪问效的调研计划,对发改委、金融办、招商局等部门职能履行、机构运行、人员到位等情况开展跟踪问效。继续深化"三责联审"工作,先后对兴仁镇、金沙街道、先锋街道、兴东街道、石港镇等进行机构编制责任审核。结合巡视、巡察和审计等发现的问题,建立健全机构编制问题整改台账,积极推动整改到位。积极配合市委编办完成通州区主要领导"三责联审"工作中机构编制责任审核工作。

【事业单位登记监管】 推进事业单位信用等级评价工作,对316家面向社会提供公益服务的事业单位开展网上测评,加强结果运用,将评价结果通过互联网面向社会公示,不断加强事业单位诚信体系建设。借助事业单位监管与服务云平台,开展事业单位"双随机一公开"抽查工作。开展事业单位代表人培训班,不断增强事业单位法定代表人的法治意识、责任意识、学习意识和创新意识。

【编制服务】 及时受理招商局、商务局等部门的机构编制申请,进一步充实招商人员力量。健全和完善基层环境保护机构设置,实现基层环保机构全覆盖。设立120急救指挥中心,探索公办幼儿园人员编制备案制管理,为区域医疗联合体建设提供编制保障。着力理顺空港产业园体制机制。 (曹铮珍)

机关党的建设

【概　况】 2018年,通州区委区级机关工委按照"服务中心、建设队伍"根本职责和核心任务,坚持把推动全区经济社会高质量发展,加快建设"强富美高"新通州作为一切工作的出发点,深入开展"三比三争"主题活动,做优做强"惠民助企"服务品牌,持续推进"五型"机关党组织建设,落实全面从严治党各项要求,推动机关党建工作与经济社会发展互促共赢,不断提升机关党建质量和科学化水平。通州机关工委被省级机关工委表彰为2018年度市、县(市、区)机关党建信息工作二等奖。9月8日和11月25日,《南通日报》头版分别以《通州"联创区"模式推进融合党建》和《通州"书记沙龙"破难点展亮点》为题报道通州机关围绕全区工作大局,注重服务功能发挥,推动高质量发展的经验做法。

注重学习强引导,提高服务高质量发展新水平。组织机关党员深入学习贯彻习近平新时代中国特色社会主义思想和中共十九大精神。深入推进区级机关"两学一做"学习教育常态化制度化。结合学习贯彻区委十二届五次、六次全会精神,指导机关部门单位围绕工作任务开展专题学习。在区级机关组织开展"学习十九大,争创新业绩"主题征文比赛,推荐近百篇优秀征文被江苏机关党建网录用。着眼提升思想政治素质、政策理论水平和业务工作能力,切实加强机关党员干部教育培训工作。3月,在区委党校举办三期区级机关党员轮训班,区级机关近300名普通党员分批参加为期3天的培训。5月,在上海交通大学举办机关党务干部全面从严治党专题研修班,有力提高机关党务工作者的业务水平和综合素养。组织机关党员干部开展政治理论、党纪法规、工作艺术、心理健康、先进地区经验等课程的学习,为全区经济社会发展提供精神动力和智力支持。以机关党建联创区为单位,每季度召开一次工作例会,组织学习上级有关文件及会议精神,交流季度党建特色亮点工作,通报党建目标任务进展情况,查找党建工作中存在的问题不足,研究改进工作的具体措施。

创建载体强服务,激发服务高质量发展新动能。4月初,以"比党性争先进、比作为争贡献、比效能争一流"为主要内容下发《关于深入开展"三比三争"主题活动的实施方案》的通知,并召开"三比三争"活动动员会议。结合"进一步解放思想,激励新时代新担当新作为"专题讨论,深入推进"三比三争"活动,着力解决机关党员干部在政治坚定性、能力适应性、行为先进性等方面存在的问题,动员和引导机关党员干部讲规矩、重人品,强本领、勇担当。以"惠民助企"为重点,指导机关党组织认真总结近年来品牌创建成果,从服务中心、服务大局、促进高质量发展的角度,拓展深化机关服务品牌创建活动。7—8月,举办"惠民助企我争先、先锋就在我身边"主题演讲比赛,注重讲"身边人、身边事",突出"惠民助企"重点,通过讲述区级机关优秀党员干部个体或群体爱岗敬业、为民服务、勇于担当的先进事迹,动员机关党员干部激发新动能,争做新贡献,为积极融入全区发展大局、凝聚发展动力营造良好环境。

优化机制强基础,提供服务高质量发展的新保障。充分发挥机关党组织"书记沙龙"活动这一共建载体、展示窗口的作用,坚持每期突出一个主题,为机关党组织搭建沟通交流平台。7月,以"强化服务理念,倾心惠民助企"为主题,在区国税局举办第五期机关党组织"书记沙龙"暨服务型机关党组织建设工作推进会,部署推进服务型机关党组织建设相关工作。11月,以“推进机关部门‘双提升’行动,更好服务高质量发展”为主题,在区财政局举办第六期机关党组织“书记沙龙”。9—10月,会同区委组织部,采取查阅资料、实地走访、座谈交流、个别访谈等方式,对8个机关党组织的党建工作情况进行随机抽查。通过抽查,发现部分机关党组织党建工作存在的一些薄弱环节并有针对性地提出整改意见。以机关党建联创区为单位,每月选择一个基层支部,组织机关基层党组织书记、党务工作者、党员群众代表等对机关党支部开展“不忘初心、牢记使命”等主题党日活动进行现场观摩,实现以一带多、以点带面,推动“主题党日”活动常抓常新,进一步激发组织生活活力,放大组织生活成效。

【机关党务干部全面从严治党专题研修班】 5月28日至6月1日,在上海复旦大学举办区级机关党务干部全面从严治党专题研修班。培训内容包括习近平新时代中国特色社会主义思想与基本方略、中共十九大精神解读、新发展理念与建设现代化经济体系、机关基层党建工作创新、机关党建效能和党员教育工作等。区级机关各部门各单位党务干部近60人参加培训。

【党员干部进社区服务活动】 2018年,全区19个城市社区开展志愿服务活动422次,区级机关、事业单位近3000名党员干部参加活动124918人(次),赢得社区党组织和群众的好评。（吴　凤）

老干部工作

【概　况】 2018年,通州区认真贯彻中央和省市区委关于老干部工作的决策部署,老干部工作取得新进展。

注重思想政治引领,离退休干部“两个维护”更加坚定。始终把政治建设摆在首位,举办中共十九大精神、习近平新时代中国特色社会主义思想专题培训班;开设离退休干部“流动党校”,聘任10名老同志担任离退休干部党建指导员、理论宣讲员,围绕基层离退休干部党建和老干部学习需求开展订单式宣讲;运用微信群等新媒体平台,通过“线上+线下”方式发布学习资料;通过党课、培训、座谈等多种形式,引导广大离退休干部用新思想新理念武装头脑。

实施“六有一提升”工程,离退休干部党的建设更加扎实。在全市率先研究出台离退休干部党建工作要点,率先召开离退休干部党建工作推进会,率先制定“四个全面”离退休干部党建考核细则,健全考核制度,优化措施办法。构建“党工委—镇(区、园、街道)党总支—基层党支部—特色党小组”四个层级工作运行机制,各镇(区、园、街道)普遍成立离退休干部党总支,30个村(社区)建立“夕阳红”离退休干部党支部,五接镇离退休干部党总支获“全国优秀学习型组织”称号。全面落实离退休干部党组织活动经费和书记工作补贴;建立离退休干部党组织书记轮训机制,每年举办2期培训班,提升工作水平。

开展正能量活动,离退休干部优势作用得到持续发挥。精心组织“金夕助力”正能量品牌创建活动,引导离退休干部聚焦中心工作,聚智经济转型,聚力精准扶贫。老干部积极参与生态环境整治大会战;200余名老干部参与招商引资、项目建设等重点工作,参与引进2个亿元项目;400多名退休干部党员重返社区“一线岗位”服务社会民生;兴东街道老干部策划筹建文天祥纪念馆作为爱国主义教育基地,市委相关领导作了专门批示;离休干部葛凤行捐资10万元成立爱心基金;“党的创新理论传习所”被命名为市创新理论传播基地。围绕“走进新时代·共助新发展”“我看改革开放新成就”等主题,组织召开多层面座谈、研讨会105场次;举办“乡村振兴战略”等10余场宣讲活动;以书画摄影、图片展等形式,讴歌改革开放成就。

做实做细服务管理工作,离退休干部的获得感幸福感不断增强。精准回应“后双高期”离休干部的所期所盼,明确服务举措,高质量推进离休干部看病就医“三有一落实”工作。坚持完善走访慰问制度,做到重大节日期间普遍走访与常态化走访相结合,不断增强离退休干部的组织归属感。注重搭建老同志“学乐养为”活动平台,充分利用老干部活动中心、老干部大学等资源,满足老同志学理论、看变化、保健康的多样化需求。

践行核心价值理念,工作部门自身建设切实加强。坚持把政治建设放在首位,深入践行老干部工作核心价值理念,扎实推进“两学一做”学习教育常态化制度化,组织工作人员多批次参加省市老干部工作培训,提升政治素养和业务能力。建立挂钩联系“12345”制度,局机关工作人员下基层单位50余次,帮助解决老干部实际困难10余件。

【离休干部看病就医“三有一落实”工作启动】 以中央、省市文件精神为指导,多次征求离退休干部、相关部门的意见,出台《南通市通州区离休干部看病就医“三有一落实”工作实施意见》,区财政局优先安排专项工作经费,明确8家医院落实离休干部看病就医绿色通道,建立23个家庭医生服务团队,整合优质医疗资源,拓展医疗服务内容,让离休干部享有优质高效的医疗服务体系。（陈雪连）

对台(湾)工作

【概　况】 2018年,通州区委台办坚持“和平统一、一国两制”方针,巩固和发展两岸关系和平发展的基础,造福两岸同胞,推进祖国统一。

积极对台招商,提高招商实效。全年共组织2批14人次因公赴台经贸考察招商,效果显著:展华电子南通项目一期10万平方米厂房正在建设之中;仁宝集团全资子公司丽智电子南通有限公司贴片式电阻、陶瓷二极管、塑封二极管顺利投产运营;金山压铸、瑞振压铸落户南通高新区。企业商务考察洽谈团组14批28人次。

加强交流交往,营造招商氛围。邀请5批80余人次台商到通州区考察。2月5日,展华电子总经理室处长黄教议、沛鸿健康养生管理(南通)有限公司总经理陈平眺及多位高管应邀出席南通台协会换届会。5月18日,2018台商产业转型升级峰会在南通召开,区委台办牵头联络具体事宜,共签约台资项目两个,总投资高达8600万美元,邀请重点台商13人。5月19日,海基会副会长高孔廉一行8人参观考察位于先锋街道的绿博园。7月13日,台湾财团法人采苑艺术文教基金会董事长林世勋一行39人赴通州绿博园考察。7月24日,台湾新北市家长联合会刘梦萍理事长等一行34人莅临区实验小学进行教育交流。11月,上海首届进博会期间邀请在通台商参加。

处理来信来访,维护社会稳定。妥善处理曹墨青祖坟上访件及葛学礼祖宅纠纷上访件;积极联系相关部门,帮助解决台胞张洛瑄入学问题。

探索宣传新模式,拓展对台宣传新局面。5月,南通台商峰会期间,台湾《旺报》专题报道南通的经济发展,区委台办借此契机安排专人与《通州日报》记者共同撰写近2000字的文章,在《旺报》7月4日A14版专题介绍近年来通州区建设发展变化及人文风情。 (张伟光)

通州区中层干部能力素质提升培训班 (黄春燕 摄)

党史工作

【概　况】 2018年,通州区党史工作落实全国党史工作会议及省、市党史工作部署,认真履行以史鉴今、资政育人职责,积极做好党史资料征编和宣传教育、党史纪念活动等工作。深化社会主义革命和建设时期党史研究,为区党史"三卷本"编写作准备。收集整理《中共南通市通州区委执政纪事》(1993—2017),形成初稿,编写《南通市通州区革命老区发展史》等。组织参与庆祝改革开放四十周年活动。补充审核南通市通州区革命遗址和纪念设施材料。以保护和利用好革命遗址及纪念设施。加大红色资源宣传推介力度,配合区委组织部向南通市申报中共江北特委纪念园实境教学课堂项目。利用全区党员干部组织培训之机,先后为全区入党积极分子和区体育局、移动公司等干部职工,在区党史学习教育基地作通州地方革命史讲解5次,听讲人数达500余人。

【《南通市通州区革命老区发展史》编写完成】 2018年,继续编写通州老区发展史,多易其稿,共计22万字,记述年限为20世纪20年代至2017年,全面总结了通州老区人民在中国共产党的领导下,开展革命和社会主义建设所取得的伟大成就,并展望通州发展的美好未来。8月,该书稿通过中共党史出版社审稿。 (杨王军)

党校工作

【概　况】 2018年,通州区委党校坚持"党校姓党"原则,坚守"用学术讲政治",履行教学宣讲、科研资政职责。全年共举办14期七类主体班、9期其他班次、9期联办班、1期委托培训班。在市级以上报刊发表文章和调研报告26篇,其中省级以上刊物22篇,参编著作2本。

【流动党校】 全年共举办二甲镇年轻干部能力提升培训班、通州供电营业部党员轮训学员班、江苏华电通州热电有限公司党员轮训班等9期联办班。教学内容包括习近平新时代中国特色社会主义思想、党史党章党规党纪、全面从严治党等专题,听众达1000多人次。组织教师赴机关、镇区园街道及企业、社区、建筑工地等地开展习近平新时代中国特色社会主义思想和党的十九大精神宣讲近20场次,听众近2000人次。

【课题评奖】 2018年,区委党校获省委党校立项课题1项;市社科联立项课题1项,已顺利结项;南通市委党校立项课题3项,已顺利结项;区级立项课题6项。在省市区各类社科评奖中,学校教师取得丰硕成果:获2017年度区法学研究课题评选二等奖1项,三等奖1项;区第四届哲学社会科学优秀成果奖一等奖1项,二等奖2项,三等奖3项;2018年度区经济与社会发展重点应用课题研究评选二等奖2项,三等奖4项;"我为高质量发展献一策"优秀意见建议奖2项。

【课题协作】 2018年,区委党校以成立课题组、与相关部门单位联合开展课题研究等形式,群策群力、集体攻关,探索"校外联手合作、校内集体协作"的课题协作模式。完成区委交办的促进房地产业发展、壮大建筑业发展、增强宗旨意识和优化体制机制等重点调研课题4项。其中,关于建筑业的调查研究获区委领导批示。同时,学校还围绕机关党建、党风廉政等课题,与区相关部门合作开展调查研究。 (杨　曼)

2018年区委党校在省级以上刊物发表的科研成果一览表

表7

姓　名	成果题目	发表刊物名称期号	备注
胡永洲	习近平新时代中国特色社会主义思想的鲜明特性	南通日报　2018.1.3	
胡永洲	强化担当修养　提升履职能力	方圆　2018.4	
胡永洲	新时代推进国有企业党建工作创新的思考	苏东论坛　2018.1	
胡永洲　张洁云	推进城镇社区党建与依法治理融合发展的思考	福州党校学报　2018.3	
张洁云	新形势下优化基层党内政治生态问题探究	中共云南省委党校学报　2017.5	
张洁云	新时代全面净化党内政治生态的路径	党政干部论坛　2018.9	
张洁云	乡村振兴背景下南通乡村治理的困境与出路	江南论坛　2018.9	
张　梅	通州接轨上海培育养老服务产业的思考	苏东论坛　2018.1	
杨　曼	强培主体　推进科技创新占领新高地	中国经济出版社　2017.12	参编
杨　曼	我国社会主要矛盾转化的理论实践依据及其政策导向	前进　2018.2	
杨　曼	习近平新时代中国特色社会主义思想的人民情怀特点研究	天津市社会主义学院学报　2018.1	
杨　曼	现代民俗学的视野与方向	商务印书馆　2018.4	参编
杨　曼	习近平以人民为中心的发展思想研究	中共桂林市委党校学报　2018.3	
杨　玲	筑牢党的建设新的伟大工程,将全面从严治党引向深处	吉林省社会主义学院学报　2017.4	
杨　玲	把政治建设摆在党的建设首位的理论和现实意义	山东干部函授大学学报　2018.9	
赵秦卫	中国协商民主的内涵、特点和作用	山东青年　2018.6	
张洋洋	南通通州对接上海文化创意产业发展的若干思考	上海市经济管理干部学院学报　2018.2	
王梦琪　张洋洋	文化强国背景下法治文化建设路径探析	中共南昌市委党校学报　2018.2	
王梦琪	论“四个伟大”所诠释的新时代中国共产党的历史使命	吉林省社会主义学院学报　2018.2	
于　盈	南通国际家纺城微供市场SWOT分析思考	市场周刊　2017.7	
于　盈	通州区当前农村法治宣传面临的困境及对策	楚天法治　2018.7	
倪林峰	为夺取反腐败斗争压倒性胜利而不懈奋斗	苏东论坛　2017.4	

信息工作

【概　况】 2018年,通州区信息工作紧紧围绕“上报省市信息”和“服务同级党委”两个重点,坚持解放思想、更新观念,提高服务质量与效率。通过制定《信息工作制度》并将信息工作纳入《2018年区级机关部门“强执行抓落实”督察考核办法》等措施,将信息压力下移,构建更强的信息搜集网络,取得积极成果。

【上报省市信息】 2018年,通州区省市信息上报工作紧紧围绕经济和社会发展中的大事要事,围绕人民群众关注的热点难点,通过强化“三个度”,推动工作深入开展。加大信息挖掘力度。紧贴中心工作,主动加强与基层信息员的沟通交流,及时掌握第一手资料、最新发展情况,积极报送动态类信息。《南通市通州区关心下一代工作获吕秀莲主任肯定》等信息被省委《快报》采用。把握信息报送准度。深入研究每月信息采用情况通报,推敲已录用信息、兄弟县市报送信息的内容及特点,结合本区工作,有针对性地进行组稿和报送。针对当前国家部门及各地民营企业优惠政策,报送《工信部等多部门及广东、上海、浙江等省、市近期支持民营企业举措亮点分析》等。提升信息思想高度。增强主动服务和超前服务意识,通过关注领导活动、学习领导讲话,及时把握领导的关注点和兴奋点,积极换位思考,力争信息工作与大局共振、与领导合拍。报送的《基层热议习近平主席在全国工会上的讲话》《外媒关注中国在南海大阅兵》等均被采用。至11月,累计上报信息1400余条,采用208余条,其中《南通市通州区反映医联体改革中医疗首诊制度存在六个不足》《南京大学爆发教授外流潮》《光伏新一轮大考限规模降补贴政策硬着陆或面临洗牌》3条信息获得省委主要领导批示。

【服务同级党委】 全年共编辑《要情快递》240期250余篇内部材料,其中《上半年我区非法集资专项整治工作推进情况》《我区外贸企业发展现状、存在困难及相关建议》《我区装配式基地建设情况、存在问题及相关建议》获区政府领导批示。制定《重要紧急信息报送流程及要求》,把重要紧急信息报送工作提升到严守政治纪律和政治规矩的高度,坚持快报事实、续报进展,多头核实、多点查证,及时报送区级各类涉稳信息,维护社会大局的和谐稳定。全年紧急信息获区委主要领导批示5件次,办公室主要领导批示41件次。　　(朱晓庆)

督 查 工 作

【概　况】 2018年，区委督查室紧紧围绕区委中心工作和决策部署，提高督查水平，突出重点落实，突显督查成效，推动党委决策的全面落实。

【决策督查】 围绕区委重大决策和重要部署，按照区委十二届五次全会精神，对全区重点工作目标任务分解立项，对100项重点工作实行定期跟踪督查，共编制《通州督查专报》共13期，其中，督查专报8期，专题专报5期。为区委领导科学指导区内工作发挥作用。对十二届六次全会议定事项中的16项推进落实类工作进行阶段性跟踪督查，督促党委阶段性工作的落实。对招商引资工作、为民办实事工程、信访积案问题化解等42件书记交办事项进行定期跟进和督查上报。同时，对环保督查“回头看”、项目建设情况、安全生产工作等重点事项开展多轮实地督查，持续推进工作落实。以督查促落实、以实事谋实效，共办理市领导批件16件，其他查办件3件；办理“区委书记信箱”来信89件，办结率为100%；承办政协提案31件，回复率、满意率均为100%。

【督查考核】 出台新督查考核办法，根据细则对列入综合绩效考核的区级机关各部门进行考核，结果统一报区考核办。本着“操作简便、实用高效”原则，启动开发区本级督查督办系统，所有办理事项统一界面交办，系统汇总信息采用表格式、图解式两种方式汇总统计，可随时阅览相关事件办理情况。采用动态督查方式，制订动态月度督查计划，分类确定各项重点工作的督查频次，综合反馈督查情况，编发督查专报、通报。同时，进行版面创新，专报版面更多以直观清晰的表格形式呈现。以“发现问题—分析原因—提出建议—协调解决”为主要方式，对领导关注事项及阶段性重点工作开展督查，过程中对相关问题提出有针对性的督查建议，供领导决策和部门参考，实地督查中主动沟通相关部门，协调多部门合力解决问题。（丁　亮）

党内法规工作

【概　况】 2018年，区委办法规科紧紧把握党内法规制度建设新形势、新任务，全面贯彻落实党中央和省市区委党内法规制度建设部署。规范高效抓好党内法规制度建设着力点，配套出台党内规范性文件31件，大力推动党内法规制度执行落地。认真组织全省党内法规工作培训班电视电话会议，做好全区70余家单位部门党内法规工作人员培训工作。积极开展党内法规理论研究，撰写的党内法规理论文章获省三等奖1个、市三等奖2个。扎实做好法律顾问工作，通过征求党内规范性文件制发意见，列席区委全委会议等区委层面会议，参加法律法规培训等多种形式，积极发挥法律顾问和法律专家库有效作用。切实强化党内法规制度建设的组织保障，建立健全领导体制和工作机制，加强队伍建设，全区党内法规制度建设有力有序有效推进。（吴永淮）

通州特色农产品选介

通州盘香豇

通州盘香豇是通州农家屋前屋后种植的一种矮生型豇豆，长的就象盘起来的圈圈，所以叫盘香豇。通州的自然气候条件特别适合盘香豇的生长，虽然产量低，但其豆粒饱满，有豆香味，且入口绵糯，口感好，比笔直如尺的豇豆好吃，深受通州人的喜爱。

通州区人民代表大会

Tongzhou District People's Congress

编 辑 马 钰

综 述

【概 况】 2018年，区人大常委会共召开常委会会议8次，主任会议15次，听取和审议“一府两院”专项工作报告30项，作出决议、决定和审议意见16项，依法任免国家机关工作人员34人次，办理议案1件、建议284件，备案司法案件161件，编发《人大研究》6期，接待群众来访6批次、40人次，受理群众来信48件。常委会听取、审议“十三五”规划纲要实施情况中期评估、计划和预算执行情况、财政决算、审计、重大项目建设、科技孵化器运行等报告，促进社会平稳健康发展和经济提质增效。听取、审议现代农业建设情况、高标准农田建设、村级集体经济发展、医药卫生体制改革、预防和打击网络新型违法犯罪情况的报告，在区镇两级全面推行民生实事项目代表票决制工作。听取、审议年度环境质量状况和环保目标完成情况、2018—2020年通州区突出环境问题清单等报告。听取、审议法检“两院”上半年工作和司法体制改革推进情况、人民陪审员工作开展情况的报告。听取、审议区政府关于议案办理情况的报告和建议、批评、意见的报告，采取交办、督查、通报、背对背抽查、满意度测评、办理成效绩效评估等方式，督促议案建议办理，切实解决民生问题。突出重点，打造工作特色，把“服务发展、改善民生、优化生态、促进法治”四项工作作为支持和参与经济社会工作的着力点，努力实现“在全区发展大局中有作为，在全市人大系统中有地位”目标。

重要会议

【区第十六届人大第二次会议】 1月15—19日，区第十六届人大常委会第二次会议在区行政中心举行。出席会议的区人大代表应到386人，实到369人，因事因病请假17人。区委、区政府、区政协以及区有关部门负责人列席会议。会议先后听取区人民政府代区长凌屹所作的通州区人民政府工作报告、区人大常委会主任陈斌所作的通州区人大常委会工作报告、区人民法院院长陈炎所作的通州区人民法院工作报告、区人民检察院检察长黄凯东所作的通州区人民检察院工作报告，审查《通州区2017年国民经济和社会发展计划执行情况与2018年国民经济和社会发展计划（草案）》、《通州区2017年财政预算执行情况和2018年财政预算（草案）》，经过审议，通过以上报告，并作出相应决议。会议期间，曹红军等代表联合提出的《关于高质量推进产业项目建设的议案》被列为大会议案，交由区人民政府办理，并授权区人大常委会对区人民政府办理情况进行跟踪督办。代表们在会议期间提出的277件建议、批评和意见，由区人大常委会在会后分别交区人民政府和有关部门研究办理，并要求在大会闭会后的6个月内办理完毕并答复代表。

【区第十六届人大常委会第十至第十七次会议】 1月19日，区第十六届人大常委会第十次会议在区行政中心举行。会议听取和审议区人民政府副区长陈伟平受区长凌屹委托提请的人事任免议案，听取和审议区监察委员会主任韩菊芳提请的人事任免议案，以电子表决的形式，免去包良均南通市通州区监察局局长职务、黄春玉南通市通州区经济和信息化委员会主任职务、秦瑞作南通市通州区服务业发展局局长职务；决定任命包良均、张刘华为南通市通州区监察委员会副主任，张为民、王强、张徐华为南通市通州区监察委员会委员。会议审议了张刘华的辞呈，通过了关于同意张刘华辞去南通市通州区人民代表大会常务委员会委员职务的决定。区人大常委会主任陈斌为被任命人员颁发任命书。会议任命的人员进行了集体宪法宣誓。会议审议了区人大常委会2017年度三项重点工作总结情况的报告。

2月12日，区第十六届人大常委会第十一次会议在区行政中心举行。会议听取和审议区人大常委会副主任顾祖林所作的区人大常委会2018年工作要点（草案）等材料起草情况的说明，审议了区人大常委会2018年工作要点（草案）、2018年监督工作计划（草案）、2018年专题调研计划（草案）、2018年度四项重点工作实施意见（草案），以电子表决形式通过上述草案。会议审议同意区人民政府关于农民增收工作等8个常委会审议意见整改落实情况的报告。

3月28日，区第十六届人大常委会第十二次会议在区行政中心举行。会议听取区人大常委会副主任葛涛所作的关于检查《中华人民共和国环境保护法》贯彻实施情况的方案(草案)起草情况的说明,以电子表决形式通过该方案。听取区人大常委会办公室主任张建平所作的关于"一府两院"专项工作报告审议意见形成和办理落实暂行办法(草案)起草情况的说明,以电子表决形式通过该暂行办法。听取和审议区人大常委会主任陈斌所作的关于提请任命丁俊荣职务的议案、区人民法院副院长施为民受院长陈炎委托所作的关于提请任命杜开林等人职务的报告,以电子表决形式,任命丁俊荣为南通市通州区人大常委会环境资源城乡建设工作委员会主任;杜开林为南通市通州区人民法院副院长、审判委员会委员、审判员;陈宗林、喻峰新为南通市通州区人民法院副院长。区人大常委会主任陈斌颁发任命书。会议举办第一期人大讲坛。

5月29—30日,区第十六届人大常委会第十三次会议在区行政中心举行,分现场考察和召开会议两个阶段进行。会议听取区人民政府副区长王任所作的关于科技孵化器运行情况的报告、区人民政府副区长曹建新所作的关于现代农业建设情况的报告;听取区人民检察院检察长黄凯东所作的关于推进行政执法检察监督工作情况的报告,以电子表决形式,通过区人大常委会关于加强行政执法检察监督工作的决议;听取区人大常委会办公室主任张建平所作的关于对政府部门开展工作评议的方案(草案)起草情况的说明,以电子表决形式通过该方案;听取和审议区人民检察院检察长黄凯东所作的关于提请免去王益锋等人职务的报告,以电子表决形式,免去王益锋南通市通州区人民检察院检察委员会委员职务,免去崔建新、张中、曹茂林、倪跃进南通市通州区人民检察院检察员职务;听取和审议保定市公安局竞秀区分局提交的关于对陶云峰采取强制措施的报告,以电子表决形式,通过区人大常委会关于同意对陶云峰采取刑事拘留措施的批复。会议举办第二期人大讲坛。

7月25日,区第十六届人大常委会第十四次会议在区行政中心举行。会议听取和审议区人民政府常务副区长成小红所作的关于2018年上半年国民经济和社会发展计划执行情况与下半年工作打算的报告;听取和审议区人民政府关于2018年上半年财政预算执行情况和下半年工作打算的报告、关于2017年区级预算执行和其他财政收支审计情况的报告;听取和审议区人民政府关于2017年区级财政决算(草案)的报告,以电子表决形式,通过区人大常委会关于批准区人民政府2017年财政决算的决议;听取和审议区人民政府副区长曹建新所作的关于通州区2017年度环境质量状况和环保年度目标完成情况的报告;听取和审议区人大常委会关于讨论、决定重大事项的规定(草案)及说明,以电子表决的形式,通过了区人大常委会关于讨论、决定重大事项的规定;听取和审议区人大常委会主任陈斌所作的关于提请任免张永琪等同志职务的议案,以电子表决形式,免去于燕通州区人大常委会南通高新技术产业开发区工作委员会主任职务、吴伯军通州区人大常委会教科文卫工作委员会副主任职务,任命张永琪为通州区人大常委会南通高新技术产业开发区工作委员会主任、谢冬梅为通州区人大常委会南通高新技术产业开发区工作委员会副主任,区人大常委会主任陈斌颁发任命书;听取和审议关于吴伯军、叶佳佳请求辞去区人大常委会委员职务的报告,以电子表决形式,通过了区人大常委会关于同意吴伯军、叶佳佳辞去南通市通州区人民代表大会常务委员会委员职务的决定。

9月27日,区第十六届人大常委会第十五次会议在区行政中心举行。会议听取和审议区人民政府常务副区长成小红所作的关于南通市通州区国民经济和社会发展第十三个五年规划纲要实施情况的中期评估报告、关于高质量推进产业项目建设的议案办理情况的报告、关于区十六届人大二次会议代表建议办理情况的报告,对议案办理情况进行了满意度测评,测评结果为满意;听取和审议区人大常委会主任陈斌所作的关于检查《中华人民共和国环境保护法》贯彻实施情况的报告;听取区人大常委会副主任朱卫民所作的关于政府民生实事项目人大代表票决制的实施办法(草案)的说明,以电子表决形式,通过区人大常委会关于政府民生实事项目人大代表票决制的实施办法;听取和审议区人民检察院检察长黄凯东所作的关于提请免去朱尉职务的报告,以电子表决形式,免去朱尉南通市通州区人民检察院检察员职务;听取和审议关于李卫华辞去区人大代表职务的辞职报告,以电子表决形式,通过区人大常委会关于同意李卫华辞去南通市通州区人民代表大会代表职务的决定。会议举办第三期人大讲坛。

10月22日,区第十六届人大常委会第十六次会议在区行政中心举行。会议听取和审议关于高建华辞去区人大代表职务的辞职报告,以电子表决形式,通过区人大常委会关于同意高建华辞去南通市通州区人民代表大会代表职务的决定。

11月30日,区第十六届人大常委会第十七次会议在区行政中心举行。会议听取区人民政府常务副区长成小红所作的关于2017年区级预算执行和其他财政收支审计中发现主要问题整改情况的报告;听取区财政局局长周鉴代表区政府所作的关于2018年财政预算调整方案(草案)的报告,以电子表决形式,通过关于批准南通市通州区人民政府调整2018年财政收支预算的决议;听取区人民政府副区长樊小燕所作的关于深化医药卫生体制改革情况的报告;听取区民政局、安监局、文广新局、农发局、规划分局5家受评部门主要负责人所作的评议整改情况报告,并开展满意度测评,区安监局、文广新局、农发局、规划分局测评结果为满意,区民政局测评结果为基本满意;听取金沙、兴东、先锋等街道人大工委主要负责人的述职报告;听取区人大常委会副主任顾祖林所作的关于召开南通市通州区第十六届人民代表大会第三次会议筹备工作的报告,以电子表决形式,通过关于召开南通市通州区第十六届人民代表大会第三次会议的决定;听取区人民检察院检察长黄凯东所作的关于提请鲍春红等人职务任免的报告,以电子表决形式,免去王晓春、王益锋、尹志泉、汤东浩、张乃华、张徐华、陈慧华、季恺成、倪子昊、徐锋、郭建新、葛健南通市通州区人民检察院检察员职务,任命鲍春红为南通市通州区人民检察院检察员,区人大常委会主任陈斌为颁发任命书;审议区人民政府关于科技孵化器运行情况和现代农业建设情况审议意见研究处理情况的报告，对两个审议建议研究处理情况开展满意度测评，测评结果均为满意。会议举办第四期人大讲坛。

【区第十六届人大常委会第16次至第30次主任会议】 1月30日，区第十六届人大常委会第16次主任会议在区行政中心举行。会议研究通过区人大常委会专家咨询费用管理办法；听取并通过区政府关于环保年度目标报告的审议意见的研究处理情况报告。

2月8日，区第十六届人大常委会第17次主任会议在区行政中心举行。会议研究通过2018年度区人大代表小组闭会期间活动的建议内容、通州区人大工作创新评选暂行办法。

3月27日，区第十六届人大常委会第18次主任会议在区行政中心举行。会议听取区人民政府关于区十六届人大二次会议议案办理方案的报告；听取区文广新局关于文化惠民实事工程实施情况的报告；研究通过区人大常委会关于区人大代表和常委会组成人员履职考评的暂行办法；研究通过关于召开区人大常委会与“一府两院”负责人联席会议的方案。

4月25日，区第十六届人大常委会第19次主任会议在区行政中心举行。会议听取区委农工办关于村级集体经济发展情况的报告；研究通过区十六届人大二次会议代表建议督办方案。

5月22日，区第十六届人大常委会第20次主任会议在区行政中心举行。会议听取区住建局代表区人民政府所作的关于物业管理工作情况的报告。

6月1日，区第十六届人大常委会第21次主任会议在区行政中心举行。会议研究通过通州区人大常委会预算联网监督工作实施方案。

6月26日，区第十六届人大常委会第22次主任会议在区行政中心举行。会议听取区人民政府常务副区长成小红所作的关于项目建设情况的报告；研究通过区人大常委会关于科技孵化器运行情况报告的审议意见、关于现代农业建设情况报告的审议意见。

7月20日，区第十六届人大常委会第23次主任会议在区行政中心举行。会议分别听取区人民法院院长陈炎和区人民检察院检察长黄凯东所作的关于上半年工作和推进司法体制改革情况的报告；听取区公安局关于预防和打击网络新型违法犯罪情况的报告；研究通过区人大常委会关于开展“关注民生，代表在行动”主题活动的方案和环保专题询问工作方案；听取关于区政府2015—2017年部分为民办实事项目调整情况的报告。

8月20日，区第十六届人大常委会第24次主任会议在区行政中心举行。会议听取南通市国土资源局通州分局关于不动产登记工作情况的报告；研究通过区人大常委会关于2018年上半年国民经济和社会发展计划执行情况与下半年工作打算报告的审议意见、关于2018年上半年财政预算执行情况和下半年工作打算报告的审议意见、关于环保年度报告和专题询问的审议意见。

9月20日，区第十六届人大常委会第25次主任会议在区行政中心举行。会议听取区农业资源开发局关于高标准农田建设情况的报告；听取评议调研组对区民政局、安监局、文广新局、农资局、通州规划分局进行工作评议的调研报告；听取“关注民生，代表在行动”主题月活动开展情况。

10月19日，区第十六届人大常委会第26次主任会议在区行政中心举行。会议听取区政府关于区十六届人大二次会议部分代表建议二次办理情况的报告；研究通过区人大常委会关于开展2018年度基层人大工作考核的意见；研究通过南通市通州区人大志编纂工作实施方案；研究通过南通市通州区人大常委会工作评议办法；研究通过区人大常委会关于“十三五”规划纲要实施情况中期评估报告的审议意见、关于议案办理情况报告的审议意见。

10月22日，区第十六届人大常委会第27次主任会议在区行政中心举行。会议听取关于高建华辞去区人大代表职务的报告。

11月20日，区第十六届人大常委会第28次主任会议在区行政中心举行。会议听取区司法局关于人民陪审员工作开展情况的报告；研究通过区人大常委会满意度测评暂行办法。

12月10日，区第十六届人大常委会第29次主任会议在区行政中心举行。研究关于增补区人大代表和人大常委会组成人员等相关事宜。

12月20日，区第十六届人大常委会第30次主任会议在区行政中心举行。会议听取区规划分局关于通州区东南片区规划的报告；研究通过2018年度基层人大工作先进单位和先进个人以及星级家站表彰方案、2018年度区人大代表优秀建议和办理建议先进单位及个人表彰方案；研究区人大常委会关于2017年区级财政预算执行和其他财政收支审计中发现主要问题整改情况报告的审议意见，同意印发区人民政府办理；听取2018年度区人大工作创新项目评选结果，确定2018年度人大机关优秀创新项目和镇街人大优秀创新项目。

重要工作

【民生实事项目人大代表票决制】 2018年，区人大常委会在区镇两级全面推行政府民生实事项目代表票决制工作，变“为民作主”为“让民作主”，督促政府以务实行动、扎实成效兑现对人民群众的庄严承诺，努力实现政府治理和社会参与、群众自治的良性互动。

【创新人民陪审员管理模式】 2018年，区人大常委会积极探索和完善“人民陪审员管理模式”，实现与《人民陪审员法》无缝对接，监督指导搭建平台保障人民陪审员参审机会。通过组织培训、规范制度、塑造典型、加强监督，不断提升人民陪审员参审能力，提高参审实效。人民陪审员管理创新工作“通州模式”得到国家、省、市司法部门高度认可，获中国管理科学院“年度管理创新奖”。

【对政府部门开展工作评议】 2018年，区人大常委会首次以“评议+询问”形式，对区民政局、安监局、文广新局、农发局和规划分局进行工作评议，并对被评部门整改工作开展满意度测评，力促机关部门牢记责任使命，主动担当作为。

【开展执法检查】 2018年，区人大常委会首次以“执法检查+询问”的形式，与各镇街人大联动开展《环境保护法》执法检查，检验“一府一委两院”及机关部门的工作，推动落实污染防治主体责任和监管责任。

【代表联络机构建设】 2018年，区人大常委会坚持完善代表联系群众制度，继续推动人大代表之家和人大代表联络站的提标升级，开展代表联络机构星级创建活动，发挥星级家站的示范引领作用，带动全区代表联络机构建设工作再上新台阶。全区已建成五星级代表联络机构28个、四星级代表联络机构22个。积极推进网上代表联络站建设，发挥代表在了解民情、反映民意、集中民智方面的积极作用。 （张晓立）

通州特色农产品选介

石港“鰝虾”

通州区石港镇，有一种延续了百年的特色海鲜，当地老百姓们称之为“鰝(hào)虾”，鲜香独特，肉质紧实，堪称绝味，实为餐桌上一道古韵美馔。

“鰝虾”原本是石港古代渔民用盐水煮虾的保鲜方法。当时因为没有制冷设备，渔民捕了大量的金钩虾，就在船上用盐水氽制而成，特殊的海虾鲜美滋味达到登峰造极的程度，而这美味唯独在石港一直保留至今。“鰝虾”的工序并不复杂，将速冻的金钩虾解冻后煮开，再倒入食盐稍许搅拌即可。

其实，“鰝虾”是介于煮虾和虾米之间的又一别具风格的制品。氽煮、白灼之虾食时，虾肉白而细嫩；而干虾米的虾肉紧韧异常，应用前要先用黄酒温水将之浸泡，其味才鲜香。“鰝虾”即是采用的氽煮法，但烹制时间略长，且重氽一至两次者称“二鰝”“三鰝”。新鲜出锅的“鰝虾”色泽诱人，香味扑鼻，肉质紧实，嚼劲十足，冷却后食用不仅味鲜且有干香，尤以脑膏肥满时的风味更为独特。“鰝虾”成菜后，虾肉紧韧，富有弹性，咸中透鲜，虾香沁人。除了本地的人爱吃，不少外地食客也会慕名前来。

通州区人民政府

Tongzhou District People's Government

编 辑 张晓芹

综 述

【概 况】 2018年，通州区坚持稳中求进工作总基调，扎实推进"产业腹地、创新智谷、城市绿洲、幸福家园"四大定位建设，较好地完成全年目标任务，"三大攻坚战"开局良好，高质量发展迈出坚实步伐。全年实现地区生产总值1269亿元，比上年（下同）增长7.8%；一般公共预算收入69.01亿元，其中税收收入增长11.7%；城乡居民人均可支配收入分别达48138元、23830元，分别增长8.5%、9.3%；综合实力跃居全国百强区第22位，苏中苏北第一。

发展环境不断优化。坚持减税费、降成本、优服务多措并举，设立产业发展引导基金，完善企业挂钩联系制度，全年兑付各类扶持资金3亿元。精心组织政银企对接活动，新增制造业贷款占比提高5个百分点，帮助企业融资12.6亿元。实施股改上市三年行动计划，优化奖励扶持政策，后备梯队不断壮大，在轨及上市企业总数全市领先，双和食品、盛夏农业登陆省股权交易中心"农业板"。

产业层次逐步升级。积极培育先进制造业，新一代信息技术、智能装备、汽车及零部件三大特色产业产值占比达33%。现代家纺等传统产业稳步发展，成功举办中国家纺质量大会，3家企业入选国家重点跟踪培育自主品牌。实施建筑业高质量发展扶持新政，施工产值超1800亿元，新增特级资质企业1家、国优奖2项。服务业增加值占GDP比重达46.4%。社会消费品零售总额407亿元，增幅全市领先。南通家纺城微供市场入选省电子商务特色产业园（街）区，科技新城获评省服务外包示范区，省级农村电子商务示范村总数全市领先。鲜花小镇一期建成开放，洲际绿博园创成通州区首家国家AAAA级景区。以乡村振兴战略为引领，大力发展高效特色农业，新增高标准农田2200公顷，创成省市级示范家庭农场12家，新增省市级农业产业化龙头企业3家，培育省级"一村一品一店"示范村4个、市级休闲农业精品景点8个，骑岸大方柿通过国家地理标志商标审核。通州区被确定为2018年省粮食全程机械化示范县（市、区）建设。

企业质效稳步提升。强化梯度培育，新增规模工业企业65家、50亿级企业1家，2家企业获评省"隐形冠军"。全年实现工业应税销售1195亿元，增长15.3%。支持企业技术更新、装备升级，新增国家级"两化融合"贯标评定企业9家、省市级示范智能车间7家。探索工业企业资源利用绩效评价，退出落后产能，淘汰印染、化工等行业低端低效企业234家。质量强区稳步推进，设立区政府质量奖，新成立全国专业标准化工作组3个，中国驰名商标、省市质量奖总数均列全市第一。

项目招引成效明显。构建"1+1+3+N"组织架构，强化领导挂钩和资源统筹，组建京津冀、珠三角、长三角三大联络处。紧扣园区"一主一新"产业定位，组织系列产业推介活动，招商组织水平不断提高。围绕产业导向、环保要求和产投效益，严把准入门槛。新引进亿元以上项目165个，总投资590亿元，其中10亿元以上项目15个。宜家精密部件等优质项目成功注册，新签项目注册率达77%。

项目推进扎实有力。实行任务书交办制度，定期调度、动态督查，跑出项目建设"加速度"。新开工亿元以上项目94个，其中四方节能科技、未来岛产业园、展华电子、达成包装等10亿元以上项目14个。24个省市重大项目完成投资150亿元，超时序13个百分点，总投资123亿元的恒科二期项目土建加快推进、设备同步调试。亿元以上产业项目竣工率达69.1%，丽智电子、鸿劲二期等项目顺利达产，新增长点破茧而出。

项目保障不断加强。落实模拟审批、并联审批、代办帮办等机制，一般工业建设项目审批环节、时限分别压缩45.8%和40%。强化用地保障，新增土地规划流量指标1333.33公顷，出让工业用地323.07公顷，争取点供、独立选址指标45.73公顷。盘活存量闲置土地257.6公顷，获评省国土资源节约集约利用综合评价考核进步奖。加强能源要素协调，天然气覆盖范围不断扩大，供电"业扩报装"服务全省领先。

各项改革有序推进。不见面审批（服务）事项占比达96.8%，简政放权创业创新环境评价全省第二，建成全市首个便民政务自助服务区。高新区全链审批工作、川姜镇经济发达镇行政管理体制改革稳步推进。调优区镇财政分配体制，统筹发展能力得到提升。国有公司法人治理结构不断完善，市场化转型加快推进。清理盘活国有存量资产，强化政府投资项目财政承受能力论证，有效防控政府性债务风险。深化投融资体制、金融创新等改革，组建南通中投融资担保公司，获评省金融生态优秀县。农村集体产权制度改革稳步推进，完成村（居）集体资产清产核资。

创新能力不断增强。全社会研发投入占比达2.68%，万人发明专利拥有量29.7件。南通高新区通过国家知识产权试点园区验收，江海圆梦谷获评省级创业示范基地。企业创新主体地位更加凸显，新认定高新技术企业103家，总数达200家，蝉联全市第一；新增省级企业研发机构13家、国家知识产权示范企业2家，海星电子建成全区首家国家级企业技术中心。全省首发县级人才环境导航地图，新引进高层次“双创”人才58名，总数全市领先。入选省“双创计划”17名，省“双创团队”连续两年实现突破，“人才+金融”模式获评全省人才工作改革创新案例。

开放合作持续深化。着力打造高水平开发开放平台，南通高新区在国家高新区综合排名中晋升2位。新批千万美元以上外资项目16个，实际到账外资3.17亿美元。对外贸易难中求进，进出口总额增长3.2%，南通家纺城获批国家级家纺外贸转型升级基地。扎实推进跨境贸易电子商务试点，监管场所通过南京海关验收，“9610”模式出口货值增长80.6%。丰富接轨上海内涵，在项目招引、园区共建、智力合作等方面取得积极进展。

功能布局更加优化。积极对接南通2035版城市总规修编，开展城区远景规划和重点片区规划研究。实施区域供电、燃气、污水等专项规划修编，城市发展整体性、协调性不断增强。稳步推进高新区环境提升工程，老城区拆迁扫尾成效明显，银河新区动迁全面展开。长江北路、机场大道高架、工农路北延建成通车，G345东绕城北段、金川大道等道路加快建设，骨干路网更趋完善。沪通铁路、盐通高铁等工程顺利实施，全力保障轨道交通1、2号线建设，迎接高铁、地铁“双铁”时代。

建管水平持续提高。打造“点线面”结合的绿色空间，实施竖石河公园、通灵桥片区生态绿化等工程，新增造林866.67公顷、城区公共绿地27.2万平方米。加快改善城市品质，完成“八整治八提升”项目46个，改造提升老旧小区6个。新建金东新城回车场，优化新辟公交线路6条，改造城区停车场22个，群众出行更加便捷。疏导治理流动摊点，美食广场交付运营，市容与繁荣相得益彰。推进城乡垃圾分类处理和资源化利用，城区生活垃圾分类设施覆盖率达53.6%。实施省“四好农村路”示范区创建工程，提档升级农路64.5公里，新建、改造农桥103座。开展“厕所革命”，新建城区公厕8座，完成省定农村户厕改造任务2600座。通州区被评为省级“三优”示范县（区）。

生态环境质量好转。实行领导包案督办制度，认真抓好中央环保督察“回头看”反馈问题整改。主动打响川姜地区环境综合整治大会战，树立农村环境整治新样板。加强大气污染防治，优良天数比例达78.1%，超额完成市下达目标。持续开展“清废行动”，建立固废管理长效机制，土壤风险管控力度不断加大。启动水务一体化改革，完成平潮污水处理厂提标改造，新建污水管网22.2公里、村庄小型污水处理设施40个。强化“河长制”“断面长制”工作，全面消除市考以上断面劣Ⅴ类水体，创建省“水美村庄”6个。建立生态环境损害赔偿磋商机制，企业主体责任得到强化。坚持“铁腕治污”，全年立案查处282件。西亭镇、金沙街道入选省生态文明建设示范镇。

社会保障更为有力。以创业促就业，扶持创业2610人，新增城镇就业近万人，城镇登记失业率1.74%。开展“互联网+人社”服务，在全省率先实现基层社保卡便民服务终端全覆盖、村民缴费不出村。推进社保提标扩面，城乡居民医保补助标准和报销比例进一步提高，企业职工养老保险净增人数全市第一。探索基本照护保险试点。加大住房保障力度，改造农村危房163户，新开工棚改安置房3556套，超额完成省级保障性安居工程任务。出台困难精神障碍患者救助等制度，社会救助精准度不断提高。扎实开展健康扶贫和“阳光扶贫”监管工作，建档立卡低收入人口脱贫率达91.3%。

社会事业协调发展。扩大优质教育资源供给，通州中专二期主体完工，南山湖小学、银河小学建成启用，新增幼儿园6所，创成省优质园3所。推进义务教育学校标准化建设，深化教育领域改革，普通高中增加招生计划640个，创成全国中小学校责任督学挂牌督导创新区。健全医疗卫生服务体系，区级独立指挥型急救中心投入运行，通过“全国基层中医药工作先进单位”复核。完善养老服务体系，建成标准化居家养老服务站45家。文体事业蓬勃发展，基层综合性文化服务中心全覆盖，更多原创文艺精品登上全省全国舞台，荣获“中国曲艺之乡”称号。大力涵育文明新风，顺利通过国家卫生城市复审和全国文明城市年度考评，石港镇创成国家级卫生镇。

社会大局和谐稳定。深化领导包案、项目管理、专班化解，一批信访积案和突出问题得到解决。三级公共法律服务体系标准化建设列入国家试点，获评全国法治县（市）区创建先进单位。推行网格化治理，实施“雪亮工程”，开展扫黑除恶专项斗争，社会公众安全感测评全省第一。狠抓基层安监队伍建设，强化企业安全风险辨识管控和隐患排查治理，安全生产形势总体稳定。食品药品监管信息化惠民工程获省表彰。国防动员、双拥共建等工作不断加强，实现省双拥模范城“八连冠”。（马　丹）

重要会议

【区政府全体（扩大）会议暨廉政工作会议】 2018年，通州区人民政府召开全体（扩大）会议暨廉政工作会议1次。8月10日，区政府全体（扩大）会议暨廉政工作会议举行。区委副书记、区长凌屹强调，要以高质量发展为引领，更有针对性地抓系统谋划、抓重点突出、抓薄弱环节，构筑追赶超越的新优势。坚持破立结合优生态，抓住产业结构调整这个“源头”，抓住基础设施提升这个“短板”，抓住突出问题治理这个“关键”，推动生态环境根本性好转；坚持引培并重抓项目，要把亩产论英雄作为发展的新逻辑，贯穿于项目招引落地、转化发展的全过程，聚焦重大项目招引，力推企业做大做强，全力稳定企业运行，最大限度地提升产业发展的质量优势；坚持精建细管提品质，围绕"人文、生态、宜居"，在规划建设上花更多心思，在精细管理上下更多功夫，在城乡融合上有更多探索，加快建设功能完善、宜居宜业的精美通州；坚持积极稳妥惠民生，聚焦"保基本、补短板、兜底线"，把有限的资源优先用在群众需求最迫切的领域，同时要积极引入社会力量参与，满足群众多元化、高层次的民生需求；坚持标本兼治防风险，要提升政治站位，从严从实从细开展工作，有效防控金融领域、安全领域、社会领域风险。凌屹指出，把全面从严治党新要求落实到全面从严治政之中，既是一项政治任务，也是在新时代实现追赶超越的根本保障。通州要以省委巡视为契机，认真落实全面从严治党新要求，把纪律和规矩挺在前面，把作风和效能贯穿政府工作始终，讲政治、讲规矩，重法治、重服务，抓预防、抓关键，奋力推进经济社会发展高质量、上台阶。（马　丹）

【区政府常务会议】 2018年，区政府共召开常务会议18次，发会议纪要18期。1月6日，召开第17次区政府常务会议，原则同意通州区生态环境保护工作责任规定（试行）、通州区贯彻落实省环保督察反馈意见整改措施、通州区印染行业及钢丝绳行业整治方案、关于调整通州区机关事业单位住房（租金）补贴比例的意见、通州区政府重点项目配套征迁安置专项资金使用管理办法、通州区沿江水域船舶治理奖补方案。1月9日，召开第18次区政府常务会议，原则同意通州区2018年政府工作报告（讨论稿）、2017年财政预算执行情况和2018年财政预算（草案）的报告（送审稿）、2017年国民经济和社会发展计划执行情况与2018年国民经济和社会发展计划（草案）的报告（送审稿）、通州区2018年水利建设与管理意见、关于在政府投资工程建设领域构建阳光防范体系的实施意见，研究关于通州华电热电有限公司收购原通州美亚供热管网相关问题、关于原通州美亚厂区供热管网改造问题。1月27日，召开第19次区政府常务会议，学习习近平总书记主持召开的中央全面深化改革领导小组第二次会议关于安全生产工作重要精神、李克强总理批示精神、全国安全生产电视电话会议精神、南通市委市政府关于推进安全生产领域改革发展的实施意见，原则同意通州区特色田园乡村建设实施方案、关于下达通州区2018—2020年城镇园林绿化建设任务的通知、关于进一步加强政府投资项目集中代建工作的实施意见、通州区2018年规模农业项目建设综合考评意见、通州区政府与南通沿海开发集团有限公司关于合作开发南通火车西站片区事宜、通州区川姜镇行政管理体制改革方案。2月12日，召开第20次区政府常务会议，原则同意通州区深入推进"263"专项行动打好污染防治攻坚战行动方案、通州区污染防治攻坚考核办法、2018年通州区城建大会战立功竞赛活动方案、关于建立区政府法律顾问制度的方案、2018年通州区发展村级集体经济考核奖励办法，书面学习中华人民共和国文物保护法（2017年修正本）。2月26日，召开第21次区政府常务会议，学习传达中央、省、市纪委全会精神，集体学习《对"两减六治三提升"专项行动中工作不力、作风不实问题实施问责的暂行规定》，原则同意关于进一步加强金融工作的意见、关于加快企业股改上市的若干意见。3月22日，召开第22次区政府常务会议，原则同意通州区财政局（国资办）关于区国资中心与中投保合作成立担保公司的请示。3月31日，召开第23次区政府常务会议，学习传达市政府全体（扩大）会议精神、区人大常委会与"一府两院"负责同志联席会议精神，听取一季度全区信访维稳情况汇报、当前全区安全生产工作情况汇报，原则同意关于实施乡村振兴战略推动新时代"三农"高质量发展的意见、通州区工业企业资源利用绩效综合评价办法、关于利用综合标准依法依规推动落后产能退出的实施意见、通州区推进企业股改挂牌上市和并购重组三年行动计划（2018—2020）、实验幼儿园金桥分园扩建及绿化提升工程、通州区安全生产各专业委员会及其组成人员方案、2018年农村一事一议财政奖补资金计划安排方案、通州区困难家庭精神障碍患者医疗救助实施办法、区政府关于通扬线航道整治工程（通州段）的资金承诺函。5月2日，召开第24次区政府常务会议，传达学习习近平总书记近期关于安全生产的重要批示精神并听取当前全区安全生产工作情况汇报、省环保厅集中约谈会议精神并听取1—4月通州区水环境质量状况汇报，听取通州区污染防治攻坚战一季度考核情况分析，原则同意2018年全区招商引资考核方案、关于通州区产业基金构建方案、关于在全区继续开展创建"无访"村（居）、"无访"镇（区、园、街道）活动的实施方案和关于在全区继续开展信访积案、突出信访问题化解项目化管理的实施意见、关于缴纳横港沙采砂吹填工程长江河道砂石资源费的请示。5月5日，召开第25次区政府常务会议，传达《省政府办公厅关于进一步做好有关投资项目融资规范工作的通知》精神，原则同意2018年度全区产业项目建设综合考评办法和区级机关部门产业项目建设考核办法、2018年跨境电子商务扶持政策、2018年金融工作年度（季度）考核奖励办法、通州区秸秆综合利用和禁烧禁抛工作考核办法、鑫汇集团南山培训中心项目投资方案，听取关于区政府法律顾问选聘工作的汇报。5月26日，召开第26次区政府常务会议，原则同意关于提高城乡居民社会养老保险基础养老金标准的建议方案、通州区院前急救体系建设方案、关于2018年政府专项资金收支预算建议方案、通州区第三次土地调查工作实施方案，传达学习关于六起生态环境损害责任追究典型问题的通报以及习近平总书记在全国生态环境保护大会上的讲话精神。7月2日，召开第27次区政府常务会议，学习传达《中共中央国务院关于全面加强生态环境保护坚决打好污染防治攻坚战的意见》精神，听取中央环保督察"回头看"整改工作情况汇报，研究全区扫黑除恶专项斗争工作推进情况，原则同意通州区加强和创新城乡社区网格化服务管理的实施意见、关于对2015—2017年部分为民办实事项目进行调整的情况汇报、关于2018年区管国有企业财务预算方案的报告、通州云游堂殡葬综合体建设项目、关于加强基层安全生产监管机构建设的若干意见、关于落实通州中专二期建设配套设施设备及供电改造经费的请示、通州区智慧卫生项目Ⅱ期实施方案、关于申请开沙岛海事VST观察站建设专项资金的请示、关于南通象屿海洋装备有限责任公司扶持奖励的请示、关于完善通州区工业企业应税销售稳增长激励政策的建议。7月28日，召开第28次区政府常务会议，听取当前全区信访维稳情况汇报、当前全区安全生产工作情况汇报，原则同意通州区政府质量奖管理办法、通州区河长制工作2018年度区级考核细则、通州区政府投资建设项目审计监督办法、关于加强基层环境保护机构建设的方案、南通鑫汇控股集团有限公司申请发行公司债券的请示、关于追加2018年度耕地占补平衡和建设用地复垦任务指标及提高补助资金标准的请示、关于协调南山湖1号综合楼开业运营时间的请示。8月29日，召开第29次区政府常务会议，学习传达《中共中央国务院关于防范化解地方政府隐性债务风险的意见》精神，原则同意通州区区级征迁安置专项资金包干使用结算办法、关于加强生猪养殖管理优化生态环境实施意见、通州区覆盖拉网式农村综合整治项目长效管理暂行规定、关于进一步完善集体土地上多层及多层以上农村居民住宅用地审批和不动产登记的通知、关于完善南通跨境电商监管中心资金使用方案的请示、通州区建筑资源再生利用中心建设及运行方案、通州区环卫体制改革实施方案、关于请求安排通州区医疗机构增支所需经费的请示、关于进一步推进建筑业高质量发展的实施意见、通州区区级政府投资项目代建资金结算暂行办法、关于南通鑫汇控股集团有限公司入股南通港集团相关事宜的请示。9月27日，召开第30次区政府常务会议，听取通州区债务风险防范化解情况、2018年全区越级进京及信访积案化解情况通报、关于省水污染防治强化督查通州区有关情况的汇报，集体学习《江苏省党政领导干部安全生产责任制规定实施细则》《信访工作责任制实施办法》和《〈信访工作责任制实施办法〉追责问责典型案例剖析》，原则同意通州区固体废物管理暂行规定、关于通州区水环境区域生态补偿、重点河流考核暂行办法、关于推进安全生产领域改革发展的实施意见、关于深入推进全区农村集体产权制度改革的实施意见、通州区镇村污水治理实施方案（2018—2020）、高新区城市环境提升工程拆迁推进方案、生活垃圾末端处置项目合作方案。10月30日，召开第31次区政府常务会议，听取当前全区安全生产工作情况汇报、关于赋予川姜镇部分区级行政权力的汇报，原则同意通州区实施农村户厕改造提升工程三年行动计划、通州区区级政府投资建设项目财政承受能力评估论证暂行办法、通州区打赢打好脱贫攻坚战三年行动计划、关于发展新型合作农场推进村级集体规模经营的指导意见（试行）、关于深入推进审批服务便民化的实施方案、南通高新技术产业开发区全链审批赋权清单（第一批）、通州区公安机关警务辅助人员管理办法、南通云游堂殡仪有限公司与金沙殡仪馆整合方案。11月24日，召开第32次区政府常务会议，原则同意十二届市委第五轮环保专项市县联动巡察通州区问题整改方案，研究南通高新区关于引进长江项目的请示。12月3日，召开第33次区政府常务会议，学习传达全国危险化学品安全生产专题视频会议精神，听取通州区扶贫工作情况汇报，原则同意关于调整完善区镇财政管理体制的通知、关于印发通州区棚户区改造范围和界定标准的通知、2019年度通州区城建重点工程计划库、通州区国有企业违规经营投资责任追究办法、通州区区管企业负责人履职待遇、业务支出管理暂行办法、关于新建高新区城西派出所暨区公安局执法办案基地、食药环大队并重建交警大队开发区中队、事故处理中队的请示、关于深入推进全区公共安全视频监控建设联网应用的建议方案、区政府与中广核环保产业有限公司战略合作框架协议、关于加快推进银河新区环境建设的请示、关于调整2019年度城乡居民基本医疗保险有关政策的方案。12月12日，召开第34次区政府常务会议，听取通州区债务风险防范化解情况，原则同意2019年区民生实事项目、通州区内河港口和船舶污染物接收、转运及处置设施建设方案和通州区船舶污染物接收、转运、处置监管联单制度及联合监管制度、通州区粮食购销公司改制方案、通州区2017年冬季退役士兵安置实施方案、通州区基本照护保险实施办法（试行）。

【区长办公会议】 2018年，区政府共召开区长办公会议17次，发会议纪要17期。1月27日，召开第1次区长办公会议，原则同意关于提高政府专职消防队员工资待遇的报告、通州区第三人民医院委托管理合同。2月12日，召开第2次区长办公会议，研究关于请求安排通州区六院迁建工程经费的请示，原则同意通州区二甲人民医院委托管理协议、关于政府工程施工单位请求支付工程款的请示、关于支付因业主原因无法如期竣工项目部分工程款的请示和关于通州美食广场工程款支付的请示、关于解除城区污水处理尾水排江排口及沿线管道项目设计咨询合同的请示。2月13日，召开第3次区长办公会议，专题研究关于支付通州二建部分工程款的请示。2月26日，召开第4次区长办公会议，原则同意通州区非法集资举报奖励暂行办法，专题研究融通集团与南通於城建材科技有限公司合作投资建设新型墙体材料项目的请示。3月31日，召开第5次区长办公会议，原则同意通州中专与富士康集团下一步合作办学方案、加强区管国有企业人员招聘和任免工作的意见、通州区川姜镇CR2018-004地块合作框架协议、关于组建南通锡通控股集团有限公司（暂定名）方案的请示、通州区惠通热电有限公司部分职工就业安置方案。4月23日，召开第6次区长办公会议，原则同意2018年全区主要经济指标任务分解。5月2日，召开第7次区长办公会议，原则同意通州区中央环保督察整改自查自纠及迎接省专项督察工作方案。5月5日，召开第8次区长办公会议，原则同意设立通州区青少年科技创新政府奖、通州区体育中心运营方案、关于投资建设银河新区供电管沟的方案。5月26日，召开第9次区长办公会议，原则同意关于通州区公共照明电费实行区、镇两级结算的请示。6月9日，召开第10次区长办公会议，原则同意关于支付格雷特重工吹填围垦成陆地块费用的请示、关于申请恒力房地产南通有限公司R2012-077、2013-017地块开工的请示、关于开展农村土地流转履约保证保险的实施意见（试行）、通州区2018年创建江苏省“四好农村路”示范区实施方案。7月2日，召开第11次区长办公会议，原则同意关于工业企业基础设施配套补助镇(区、园)的请示、电动自行车消防安全综合治理实施方案。7月28日，召开第12次区长办公会议，原则同意关于江苏恒科新材料有限公司补助的请示。8月29日，召开第13次区长办公会议，原则同意通州区南美白对虾养殖整治拆棚激励奖补方案、通州区冶金等工贸行业企业安全生产标准化样板地区建设实施方案、通州区2018年农村危房改造工作实施方案。9月27日，召开第14次区长办公会议，原则同意通州区政务信息资源共享管理办法、关于南通空港投资发展有限公司股权结构调整及变更的请示。10月30日，召开第15次区长办公会议，原则同意关于落实下岗失业转业志愿兵(士官)生活困难补助有关问题的请示、关于申请政务信息资源整合共享项目建设经费的请示、通州区电子政务工程建设项目管理暂行办法。12月12日，召开第16次区长办公会议，原则同意关于解决部分事业单位退休人员要求发放提租补贴信访问题的建议方案。12月16日，召开第17次区长办公会议，专题研究深化水务体制改革、推进全区水务一体化进程相关事宜。

（顾　鹏　马　丹　陈　洁）

重大活动

【为民办实事工程】 2018年，在广泛征求社会各界建议意见的基础上，确定十方面政府为民办实事工程。一是教育发展方面。华山幼儿园投用；通州中专二期7栋建筑主体完工；东社学校扩建工程主体完工；金沙幼儿园主体建筑封顶；院士廷幼儿园完成配建，待移交；尚德路幼儿园进场施工；金东新城初中、小学和幼儿园标底编制完成进入用地手续办理阶段；刘桥镇南幼儿园施工图设计完成，办理规划许可等手续；新坝小学扩建主体工程施工图设计完成，操场建设完工。电子白板及计算机招标完成；高考考点升级改造完成，4个中考考点升级改造完成3个，另1个实施之中。11所学校校舍消险改造完工。家纺城小学等学校运动场地改造进入施工阶段。15所学校运动场地开放工程发布施工招标公告。金北学校异地新建项目进行建设方案论证；10所学校绿化美化工程完工。二是医疗卫生方面。为全区约15万名老年人进行免费体检；为2.5万名农村妇女进行“两癌”筛查；为4500对新婚对象进行婚前医学检查；为6500名新生儿进行疾病筛查(听力、苯丙酮尿症、甲低)；为符合政策的计划怀孕夫妇提供孕前检查及优生指导，目标人群2850对。三是生态治理方面。实施农村河道疏浚工程，疏浚整治乡级河道4条(段)4.85公里，土方4.6万立方米；疏浚整治村级河道及村庄河塘涉及84个行政村，土方80万立方米。对通灵桥区域遗留地块场地做好调查和风险评估，适时组织生态修复。继续实施南山湖周边水系水生态综合治理工程；实施西头总港(运盐河—古盐路)综合整治工程。完成益民污水处理厂二分厂提标扩容及扩建工程征地批复、技术方案设计等工作，正在施工招标。四是人居环境方面。对城区6个老小区组团进行改造，内容包括雨污分流、停车位建设、化粪池更换、场地浇筑、绿化补栽、水管改造等。实施通吕运河两侧生态绿化工程，进行土方造型、排水及绿化建设。实施高速一环绿化景观廊道增补工程，新增绿化面积17.33公顷。实施金霞路周边环境整治工程。在城区新建二类以上公厕2座，每座公厕占地面积约110平方米；开工建设平潮垃圾转运站项目，完成设备采购。五是交通出行方面。新建农村公路64.5公里。完成县乡道维修5公里、县道危桥改造2座。完成金东新城停车场建设；更新公交车辆21辆。六是社会保障方面。整合城镇居民医保和新农合制度，实现覆盖范围、筹资政策、保障待遇、医保目录、定点管理、基金管理“六统一”的城乡居民基本医疗保险制度；实施社会保障涉企“五险”信息系统与南通市级大系统并轨，实现政策、待遇标准、业务管理、信息系统的全面统一。提升30个村、15个居标准化居家养老服务中心。建设“残疾人之家”，按照省“七有”规范化建设标准，建设6家残疾人综合服务机构。七是创业就业方面。落实城镇失业人员再就业3000人，新增扶持创业1200人，城乡新成长劳动力技能培训1300人。八是文化体育方面。实施“十百千万”文化惠民工程，完善67个基层综合文化服务中心，组织100场精品文艺演出，举办1000场文体活动，培训10000名基层文艺爱好者。完成老体育馆加固、维修工程施工图审查。九是公共安全方面。区公共安全应急联动指挥中心暨社会治理大数据指挥服务中心主体施工实施。“雪亮工程”建设方案经区政府常务会议讨论通过，进入工程前期准备。铺设天然气管道43.1公里；天然气应急储备站进行选址。十是法治惠民方面。15个镇(区园街道)法治文化阵地扩面提档完成，区法治宣传教育中心建设中。建设邮政便民服务站点，新建200个村(居)邮站，实现村(居)邮站规范化建设全覆盖。

（马　丹）

【项目建设】 2018年，通州区紧盯打好项目建设“翻身仗”总目标，深入开展“招商质量提升年”和“项目建设提速年”活动，聚精会神抓招商、齐心协力攻项目，项目建设呈现“投入加快、量质并举、重点突破”的良好态势，全年新开工亿元产业项目94个，其中10亿元以上重特大项目14个，位列南通考核第一方阵。

【与南通大学签订合作协议】 11月7日，南通大学—通州区政府正式签订全面合作协议，校地双方预计在人才培养、科技创新、产学研合作等领域展开合作，8个产学研合作项目现场签约。

【上海创新创业环境推介说明会】 7月25日，通州区在上海举行创新创业环境推介说明会，来自上海、浙江、江苏等区域有意向投资、落户通州创新创业的企业负责人和高校专家教授等嘉宾应邀出席。共有15个项目达成合作意向，其中，纳德拉导轨、吉芮医疗器械、佳纯模具等8个项目现场签约。10位在沪成功人士获招才引智大使聘书。（瞿　娟）

【公共资源交易“一体化平台”对接】 3月1日起，通州区正式启用南通市公共资源交易电子信息化系统，顺利完成新老平台对接整合，进一步理顺交易管理体制，积极有序推进政务服务和公共资源交易一体化管理,促进“管理体制一体化、信息平台一体化、制度规则一体化、运行机制一体化”。

【公共资源交易改革】 2018年,通州区进一步深化公共资源交易领域改革,通过构建“清单+预约+容缺+扩权”服务新机制,强化服务中心意识,实现重大项目招投标周期平均提升15天;扩大招标人自主权,在全面使用信用分的基础上积极推进房屋建筑领域“评定分离”,全年共有47万平方米安置房施工项目招标采用“评定分离”,有力支持了实力强、信誉好的企业更好地参与竞争,各方面反响较好。

【国有担保公司成立】 11月1日,中国投融资担保股份有限公司与通州区国资中心战略合作项目——南通中投融资担保有限责任公司揭牌成立,注册资金10.2亿元,其中中投保集团占股49%,区国资中心占股51%。南通中投融资担保有限责任公司经省经信委批准正式运营,为通州区中小企业和国有企业提供融资担保支持,缓解企业融资难、融资贵问题。

【资本运作】 2018年,通州区新增上市挂牌入轨企业4家、成功挂牌四板企业16家,2家企业通过省证监局IPO辅导验收。全区共有上市公司8家、新三板挂牌企业9家、四板挂牌企业29家、在轨运作上市挂牌企业9家,助推全区经济社会发展。

【金融机构增至23家】 2018年,通州区积极引进银行业金融机构。平安银行进驻通州区,通州区的银行业金融机构达到23家,涵盖国有大行、股份制银行、城商行、政策性银行、农商行等各类银行业金融机构。 (孙连文)

【青少年科技创新政府奖设立】 2018年,通州区设立青少年科技创新政府奖。该奖项每两年评选一次,分为小学组、初中组、高中组(含中等职业学校),共分政府奖、政府提名奖和优秀组织学校“摇篮奖”等3个奖项。

【中国家纺质量大会系列活动】 9月27—29日,中国家纺质量大会暨纺织行业(家纺)质量提升工作交流会在通州区成功举行。会议由中国家用纺织品行业协会、南通市人民政府、江苏省质量技术监督局联合主办,通州区人民政府承办。大会共分家纺重点企业质量提升座谈会、张謇杯·2018中国国际家用纺织产品设计大赛颁奖盛典暨第十一届中国(川姜)家纺画稿交易会开幕式等5场主体会议。会议吸引来自全国重点家纺企业、科研院所、检测机构的150多位企业家和专家,共同为南通纺织业高质量发展把脉问诊,激活企业质量提升的信心和干劲,助力打造“南通智造”高地。

【质量强区创佳绩】 2018年,首次设立区政府质量奖,新增南通市质量标兵企业7家、江苏省质量信用AA企业3家、江苏省质量信用AAA企业1家,紫罗兰家纺获评江苏省质量奖并取得全国首张“纺织业质量管理提升认证”证书。全区标准化工作组达到6个,入选南通市2018企业标准“领跑者”企业2家,世发船舶机械成为全区首个、全市第二个主导制定国际标准的企业。驰名商标总量达到18件,位居全省第四;骑岸大方柿通过国家地理标志商标审核,实现通州区在该领域零的突破。 (金 飞)

【菊花展取得一金一银】 10月下旬,南通市第29届菊花展在南通市唐闸公园举办,通州区布展的室外菊花造景艺术景点获得金奖,精品菊展台获得银奖,区住建局获布展工作组织奖。

【流动摊贩管理】 2018年,通州区有序推进流动摊点占道经营整治行动,依法管理流动摊点12223次、店外占道经营6617次、乱堆乱放3253次;美食广场建成运营,安置疏解原市民广场步行街小商品经营户137户、下沉式广场排档经营户15户和文化馆疏导区烧烤经营户9户,解决多年的违建,赢得群众点赞。

【交通惠民提升工程】 2018年,通州区实施省“四好农村路”示范区创建工程,提档升级农路64.5公里,完成农村公路生命安全防护工程280公里;推进“全域公交”品牌创建,完成320个智能公交站牌更新,优化新辟公交线路6条;更新公交车21辆,其中新增新能源公交车15辆,清洁能源公交车占比达57%。

【全国卫生城市复审通过】 2018年,通州区顺利通过国家卫生城市复审和全国文明城市年度考评,在南通市组织的文明城市长效管理4个季度的考核中,2次第一,2次第二,市城管系统月度考核中持续保持第一。

【建筑业高质量发展】 2018年,通州区制定《关于进一步推进全区建筑业高质量发展的实施意见》,建筑业总产值突破1800亿元。南通四建、通州建总2家企业入围“2018年度中国企业500强”,10家企业入围2017年度江苏省建筑业“百强企业”。通州二建晋升特级资质,新增国优奖2项,3家企业入围省级建筑产业现代化示范基地。 (张中伟)

【“绿盾2018”环保执法】 2018年,通州区开展“绿盾2018”环境执法亮剑行动,实施七大专项执法活动。全年立案处罚280余件,处罚金额是上年的3.37倍,执法力度显著提升。运用新环保法及配套办法查处环境违法案件29件,其中涉嫌刑事犯罪移送公安8起、刑事拘留30人,限产停产13起、查封扣押12起、行政拘留5人,对环境违法行为起到了强大的威慑作用。区环境监察大队作为环境执法大练兵先进集体被推荐到生态环境部参加部级评选。

【环境信访“百日攻坚行动”】 9月中旬至12月底,全区开展环境信访化解百日攻坚专项行动,对信访积案进行全面梳理排查,同时以镇(区、园、街道)、村(居)为单位,收集群众身边的、反映强烈的突出环境问题,梳理出潜在问题清单。按照“清单管理、突出重点、挂图作战”思路化解越级信访108件,解决了一批难点、热点环境信访问题。

【川姜生态环境整治】 2018年,通州区成立以区委、区政府主要领导为总指挥、各相关部门和单位主要负责人为成员的川姜生态环境整治指挥部,建立

"1+1+N"工作推进机制，确定"12+5"工作部门，实行挂图作战。共清运工业废料4.7万余吨，清理工业堆放点1367处近13万平方米，拆除违章建筑1161户。大会战期间拍摄的《我的家在川姜》微电影在全省"263"微电影评比中获一等奖。

【镇级环境保护机构建立】 2018年，通州区在所有镇（区、园、街道）设立的镇级环境保护办公室正式运行，配备人员不少于6人，属地派出所一名副所长兼任环保办副主任。同时对全区环境监管网格化管理加强检查考核，构建起"全面覆盖、层层履职、网格到底、责任到人"的环境监管体系。

【农村集体产权制度改革】 2018年，通州区稳步推进农村集体产权制度改革。全区15个镇（区、园、街道）的217个村（居）全面完成清产核资任务，试点镇（五接镇）和试点村（兴仁镇徐庄村、张芝山镇天星村）全面完成农村集体产权制度改革任务。经过清产核资，确认资产总额23.4亿元（其中：经营性资产10.1亿元），负债总额7.7亿元，所有者权益总额15.7亿元。集体土地总面积10.07公顷。

【"三个全覆盖"试点镇建设】 2018年，通州区"三个全覆盖"试点镇——十总镇建成4个服务联盟组织，其中于家坝家庭农场服务联盟成为市级典型，开展劳力调配、农资采购、统一植保等服务，统一采购有机肥1350吨、麦种13750公斤，为联盟成员节约了成本。

【农业环境污染治理】 2018年，通州区强势推进畜禽养殖场（户）污染治理，对663家关停（清理）生猪养殖场（户）完成评估，313家养殖户与当地政府签订关停协议。加大畜禽养殖粪污治理，规模生猪养殖场治理率达到97%，非规模养殖场治理率达到86%，建立粪污社会化服务组织3个。集中全力强势推进南美白对虾养殖污染整治，全区82个南美白对虾养殖场（户）全部关停或转产转型，涉及总面积545.23公顷，整治进度位居南通市第一。（胡益军）

【第二届体育旅游"梦幻之春"活动】 4月10日—5月6日，第二届南通通州体育旅游"梦幻之春"系列活动在滨江新区开沙岛举行。活动设置2018南通通州开沙岛跨江半程马拉松、中国乒乓球协会会员（开沙岛站）联赛、户外露营拓展赛、洲际梦幻岛风筝大赛、高尔夫体验赛、长江信鸽大赛、国学大赛、垂钓大赛等项目。

【通过全国基层中医药工作先进单位复审】 8月初，通州区接受全国基层中医药先进单位复审。12月26日，国家中医药管理局办公室（国中医药办医政函〔2018〕270号）发文确认通州区达到标准，继续列为全国基层中医药工作先进单位。（张雪兵）

外事工作

【概　况】 2018年，通州区外事侨务办公室按照地方外事"为中央整体外交服务，为地方经济建设服务"的根本宗旨，充分发挥自身职能作用，积极开拓外事工作新领域，努力为通州经济和社会建设服务。

【出国（境）管理】 2018年，区外侨办继续严格执行年度出访计划，严格控制因公出国（境）团组数量和规模，落实事前公示、事后公开和出访报告报送制度。同时，对2017年之前的党政干部因公出国团组（2016年9批20人次、2017年5批14人次）进行自查。至年底，共审批出国（境）团组24批60人次，其中党政干部出访12批32人次。

【对外交流】 2018年，区外侨办积极为区领导和机关、企业因公出国（境）工作提供优质服务。主要出访有：通州区委书记陈永红率领的赴日本、韩国经贸团；区政协主席陈艳梅率领的赴美国、墨西哥友好交流团；区委常委、政法委书记李学义率领的赴南非、尼日利亚友好访问团；区委常委、副区长王任率领的赴日本招商团。通过组团出访，增强对外友好交流，促进通州对外开放，推进招商引资、项目落户工作，提高通州及企业在国际上的知名度和影响力。

【友好交往】 2018年，区外侨办加强对外联络，拓宽交流渠道，积极开展各种形式的对外友好交往。4月，美国驻沪使领馆商务领事一行到南通四建考察，重点了解绿色施工新技术的应用，双方将合力推动在绿色建筑施工方面的交流合作。12月，瑞士希能维尔德市与通州区正式签署缔结国际友好城市关系协议。

【外事服务】 为助推通州区传统产业转型升级，使通州区企业能"走得出，走得顺，请得进"，区外侨办对企业因公出国（境）及邀请客商到华敞开渠道，在简化手续、优化服务、加强管理等方面采取一系列措施。2018年共审批企业邀请客商入境118人次，为通州区外向型经济的健康发展提供有力保证。同时区外侨办积极做好APEC商务卡申办工作，为企业申请APEC商务旅行卡27张，其中颁发10张，总计办理244张。

【涉外管理】 针对涉外事件政治性、政策性强的特点，坚持"统一领导、归口管理、分级负责、协调配合"的原则，按照南通市和通州区应急管理的最新要求，重新编制《通州区涉外突发事件应急预案》，进一步建立健全涉外突发事件应急机制，更好地做好涉外事件的预警和防范，科学指导协调有关部门及时妥善处理各类涉外突发事件。（徐　娟）

侨务工作

【概　况】 2018年，通州区外侨办充分发挥侨务工作在经济建设和社会发展中的独特优势，紧扣区委、区政府的中心工作，认真做好护侨暖侨、以侨引侨工作。

【侨务引智】 服务全区"双招双引"工作，充分整合外侨资源优势，借助南通江海博览会、"海外高层次人才南通行"等主题活动，为通州区招商引资、招才引智巧搭平台。5月，区外侨办邀请参加2018"海外知名侨商南通行"的知名侨商、侨领与园区、企业深入对接洽谈，寻求合作机会。在通州区华侨的牵线搭桥下，经过多次考察洽谈，区外侨办成功引进人才项目“江苏一度环境科技有限责任公司”，并全力保障和服务好公司落户的各项事宜。

【为侨服务】 大力推行涉侨事项“不见面”审批，不断改进行政审批服务方式，全面提升办理涉侨事项的便利化程度。2018年，区外侨办编制的涉侨事项办事指南在江苏政务服务网上公开，所有事项均实现在线办理。为提高“不见面审批”的知晓度，区外侨办通过微信、网络等多种渠道鼓励引导申请人从网络进行申报，阐明“不见面审批”的共赢优势，有效降低群众的办事成本，进一步提升服务效率。

【维护侨益】 当好侨胞“娘家人”，切实维护侨胞合法权益。坚持以法护侨，主动耐心接待，提高为侨服务质量，做侨的知情人、贴心人和代言人。2018年共接受华人、华侨及归侨、侨眷来信来访5批次，调处有关建房、生活困难、子女就学、迁坟祭祖等诸多事项，办理“三侨”子女享受中、高考优惠政策7人。全年接待华人、华侨3批8人次，接待海外社团2批5人次，积极宣传党的侨务方针政策，宣传侨法，宣传通州，促进侨胞反哺家乡。 （徐　娟）

民族宗教工作

【概　况】 2018年，通州区民族宗教事务局围绕建设“强富美高”新通州，扎实开展工作，保持民宗领域和谐稳定。全区有回族、藏族、苗族、侗族、维吾尔族等36个少数民族共计9993人，其中常住少数民族3987人，流动少数民族6006人。全区佛教、道教、伊斯兰教、基督教、天主教五大宗教齐全，有31处宗教活动场所，74名教职人员，信教群众约2万人。

【民族服务】 2018年，全区新增吸纳少数民族就业人员30余名，增加少数民族人员收入60余万元，协调解决20多名外来少数民族儿童的上学问题，妥善处理2起涉及民族之间的矛盾与纠纷。筹措慰问金3万元，慰问少数民族困难家庭80余户、慰问宗教界代表人士6人。在高考、中考前夕，严格执行国家民族政策，在审核把关的基础上为符合条件的考生更改民族成份，做到符合条件的一次性办结。

【教风建设】 紧扣教风建设，夯实宗教工作基础，组织宗教界人士集中学习习近平新时代中国特色社会主义思想和十九大精神，深刻领会思想内涵、坚定政治立场。国庆节期间，组织各宗教场所负责人和部分信众在南山寺广场举行庆国庆升国旗仪式，并组织教职人员和信教群众在各自宗教活动场所举行升国旗活动，进一步激发宗教界人士爱国热情。深入开展《宗教事务条例》大宣讲活动，引导宗教界人士和信教群众学法、懂法、用法、守法，正确认识国法与教规的关系。

【宗教文化】 积极开展“宗教慈善周”活动，通过狼山大圣爱心基金会帮助2名贫困大学新生解决四年的学杂费；各场所号召信众帮助贫困学生30多人，累计捐款近10万元；江心寺组织信众开展爱心接龙活动，向患重症的孔美兰居士捐款13万元；普昭寺莲华助学慈善会被省佛教协会授予“2018年江苏佛教慈心奖”。中秋节、重阳节前夕，宗教界开展慰问孤寡老人、留守儿童活动，向他们送去节日问候。弘扬传统国学文化，慈云寺举办第二届孝道文化节，江心寺举办第三届孝道文化节，各场所开展讲经说法交流活动，提升信徒自身修为，传承发展优秀传统文化。

【宗教场所建设】 抓好项目管理，推动场所建设提挡升级，重点做好与有关镇、部门的对接协调，加强建筑施工过程中的安全检查等。南山寺藏经楼装修扫尾，先锋灵峰寺顺利封顶，张芝山天主堂主体工程完工，二甲香光寺觉正纪念馆建成对外开放、正觉塔开工建设，西亭西禅寺天王殿破土动工，石港江海禅寺整体重建，五接镇江心寺藏经楼装修等一批重点工程有序推进。做好宗教场所建设用地规划调整，推进贞洁院整体拆迁重建、老南山寺部分拆除、白衣庵改造、排河观拆迁选址等。

【宗教场所安全生产】 2018年，区民宗局持续强化安全监督，与各场所签订落实安全生产主体责任承诺书。全年共开展五项专项检查活动：为期3个月的宗教活动场所“除隐患防事故保安全”专项行动、春节前后重点场所安全生产隐患排查、宗教活动场所燃气安全专项整治、夏季安全生产大检查行动、文明城市创建宗教场所环境与安全整治工作，排查安全隐患40多处，有效保证宗教领域安全稳定。区民宗局联合消防部门开展两轮消防安全知识培训，进一步增强宗教教职人员消防意识和提高消防技能。

【基督教管理】 妥善处理金沙教堂换届矛盾，成立教堂换届工作领导小组，积极争取市基督教两会的支持，安排优秀教职人员负责管理。大力培养和引进教职人员，选送2人到金陵神学院进修，考察2名副牧师按立牧师，将教会传道工作纳入市基督教两会统筹安排，引导通州区基督教健康发展。 （曹海军）

信访工作

【概　况】 2018年，通州区信访系统坚持问题导向、需求导向和创优导向，突出基层基础、源头预警、程序规范、综合协调和考核引领五项重点，狠抓信访积案化解和进京越级访控减两个关键，着力打造“阳光信访”“责任信访”“法治信访”，切实维护群众合法权益，为建设“强富美高”新通州营造和谐稳定的社会环境。在南通市信访工作绩效考核中，通州区被评为先进单位。

【信访总量】 2018年，全区共受理信访总量3888件（次），其中受理人民来信2732件；接待群众来访1156批6219人次。全年共发生越级上访150批684人次，其中进京上访登记49批58人次，赴省上访86批133人次，到市集访15批493人次。共接待复查申请人508人次，办理信访复查案件127件。其中立案受理12件，经审核不予受理67件，纠正并发回原承办单位重新办理45件，经协调信访人撤回申请3件，信访复查复核件全部录入“阳光信访”信息系统。

【领导轮值制度】 协调安排区领导接待群众来访轮值，畅通和规范群众诉求表达、利益协调、权益保障渠道，方便群众及时就地反映诉求。按照"事要解决"的要求，突出高位推动，落实信访工作"一把手"责任，以区级领导全员接访为引领，采取带案下访、定点接访、预约接访、视频接访等方式，把大批信访群众吸附在基层，把信访问题解决在属地，有力推动信访形势的持续好转。2018年，区领导共接待信访群众215批622人次，化解信访问题132件，交办相关部门办理148件；开展下访活动125批次，带案下访146件，妥善解决群众合理诉求34件。

【联动化解机制】 通过认真研究信访工作规律，不断提高处理信访问题的政策水平和科学化水平，形成大信访格局下"信访主动、诉调联动、援助拉动、依法促动"的"四动"工作法。同时，依托法院、法律援助、人民调解等部门入驻区人民来访接待中心，实现来访群众"一站式接待、一条龙处理"工作模式。绝大多数群众的诉求都能在政府主导的联动化解机制内解决，避免矛盾激化、问题上行。2018年，引导信访群众进入诉讼等法定途径178件次；实现应援尽援信访事项100余件，帮助受援群众挽回拖欠工资等400余万元。

【信访积案化解】 根据国家和省市统一部署和工作要求，结合通州区实际，制定下发《关于在全区继续开展信访积案化解项目化管理的实施意见》，明确任务目标、人员组成、完成时限等相关具体事项，完善奖惩措施，规范奖励资金的使用。2018年，全区共交办突出信访问题、信访积案292件，化解206件，化解率70.6%；交办市级以上交办件142件，化解130件，化解率91.5%，有效实现全区信访突出问题"存量"的削减。（季　亮）

接待工作

【概　况】 2018年，区接待办圆满完成省委第三巡视组巡视通州工作保障任务。接待青海省海南州、陕西省汉中市、江西省上饶市、山东省东营市以及淮安市、徐州沛县、启东市等省内外党政代表团的参观考察活动。成功保障江苏省"弘扬忠孝文化、聚焦精忠报国、培育时代新人"座谈会、江苏省社区矫正教育管理工作现场推进会、南通市政协主席工作会议、南通市工商联座谈会、南通大学—通州区校地合作洽谈会、院士专家通州行、高层次人才洽谈会、沪上汇报策询会等大型会议的接待工作。参与策划实施南通高质量发展环境说明会、中国家纺质量大会、首届产业集群区域品牌建设经验交流会、第二届南通通州体育旅游"梦幻之春"等大型活动。

【公务接待】 2018年，区接待办共完成接待任务183批2945人次。其中，保障中央机关和省部级领导到通调研5批95人次；省外宾客51批692人次；省内宾客34批363人次；省市级机关调研检查73批815人次；20人以上团队22批980人次。（蒋何鑫）

电子政务工作

【概　况】 2018年，通州区电子政务工作取得长足发展，政府网站集约化顺利完成，12345服务效能不断提升，智能化平台项目建设稳步推进，政务信息化工作持续深化。

【政府网站建设全省领先】 4月，在全省政府网站考核测评中，通州政府网站测评得分居全省区级政府网站第一。以政府网站为政府信息公开的第一平台，完善信息发布机制，强化内容审核机制，信息量质并举，2018年总发布量9025条。围绕区委、区政府决策部署，拓展解读领域，丰富解读形式，全年发布解读信息42条。坚持"数据多跑路，群众少跑腿"，85%的审批事项实现"一网通办"。全年开展调查征集23次，在线访谈13期，开设专题专栏12个。做好南通市人民政府网站内容保障工作，全年被录用稿件402条。依托南通市级统一技术平台建设完成政府网站区级集约化建设。

【"12345"在线建设】 "12345"热线平台主渠道地位日益凸显，服务渠道不断向网络和移动端延伸。构建全媒体受理渠道，实现来电诉求"一号答"。2018年受理各类诉求80031件。其中，热线受理75769件，全媒体受理1700件，省转办件855件，南通转办件1707件。日均业务量219件，接通率93.45%，办结率100%，回访率100%，满意率96.33%。与区广播电视台加强合作，全年共编发"民生直通车"专栏46期。组织开展"市民开放日"活动，邀请市民代表、政风行风监督员"零距离"体验。制定"12345"市民服务热线平台绩效评估标准，切实提高诉求办理质效。

【政务信息资源共享启运】 2018年，出台《通州区政务信息资源共享管理办法》和《通州区电子政务工程建设项目管理暂行办法》，明确数据采集、传输、存储、使用、共享、开放等环节安全保障的措施、责任主体和具体要求；组织开展政务数据资源归集工作，对目录中所有无条件共享、有条件共享的数据资源，以及政务服务"一网通办"所涉及的数据资源，加强"一站式"归集共享管理，实现全区政务信息资源"一网一库一平台"。编制区信息资源整合共享建设方案，稳步推进数据共享交换体系建设。

【智能化协同办公平台建设】 5月，启动区智能化协同办公平台政府采购。7月，组织全区智能化协同办公平台开发实施工作，探索移动办公、即时通讯等应用，优化办文办事流程，提高机关办公效能，实现公文、邮件、短信、即时通讯、电子公章等主要功能。12月底，实现PC端与移动端的无缝衔接，公文、邮件、即时消息的同步推送，顺利完成从"无纸化办公"到"智能化办公"的平滑过渡。

【电子政务网络与政务云平台建设】 定期检查网络运行情况，对行政中心内部网络、UPS及部分网络设备进行更新、升级，提高网络运行质量；做好网络报修服务和记录，按照与各维保公司签订的合同要求，督促各维保单位做好系统定期巡检，形成相关台账资料；与各单位签订设备托管协议，确保服务器设备托管的规范化、制度化。做好区政务云平台、区协同办公平台、行权系统、综合电子监察平台及镇区园便民服务中心综合管理系统等业务应用系统维保工作。对政务云平台及物理服务器的病毒库进行更新,加强对服务器安全漏洞的防范,保障各应用系统使用安全。(季 璟)

地方志工作

【概 况】 2018年,通州区认真贯彻落实《江苏省地方志工作条例》和《江苏省贯彻〈全国地方志事业发展规划纲要(2015—2020年)〉实施方案》,地方志事业发展态势良好。出版发行《通州年鉴(2018)》,全书设篇目32个,分目207个,条目1000个,随文图片101幅,计84.7万字;首次采用全铜板彩色印刷,内页文字竖排三列,并微调部分篇目。

【两部志鉴获省级荣誉】 1月,江苏省地方志书优秀成果名单揭晓,《通州市志(1993—2009)》获江苏省地方志书综合优秀二等奖及篇目设计类单项优秀,受到江苏省政府办公厅通报表扬。《通州市志(1993—2009)》为《南通县志》的续志,记述时限上起1993年1月,下限断至2009年7月通州撤市设区。全志33篇、196章、777节,资料翔实丰富,篇目科学合理,系统记载通州市人文历史、地理环境、政治经济、社会文化等内容,是一部存史资政、惠今泽后的地方历史文献。5月,省地方志办公室下发《关于表彰2017年(版)全省综合年鉴优秀类目和条目的决定》,《通州年鉴(2017)》"建筑业"获优秀类目。《通州年鉴》从1997年创刊以来,每年编印一卷,秉持与时俱进、常编常新的工作理念,全面、系统、翔实地记载通州区政治、经济、文化、社会等方面基本面貌及发展情况。(雨 辰)

档案工作

【概 况】 2018年,区档案局馆立稳档案安全管理之基,把握档案信息化建设新特点,圆满完成全年各项目标任务。

【提高档案干部队伍素质】 组织档案人员继续教育培训、机关数字档案室系统应用培训、基层财政系统以及农民专业合作社档案业务培训等,组织档案人员参加全省首届档案职业技能大赛,2人入围决赛,1人获得省档案技术能手称号,组织优秀档案人员参加档案高级研修班,不断提升全区档案人员业务水平和能力。

【服务社会经济发展】 深入南通海星电子、南通江海电容器等民营企业,南通鑫汇集团等国营企业,指导企业建立健全档案管理工作体系。指导南通青园蔬菜、南通加成优质水稻等农民专业合作社,档案工作通过省二星级规范测评。完成江苏恒科新材料等5个省级以上重大建设项目,雄邦压铸、进鲜港鲜花小镇等19个市级重大建设项目档案管理登记工作。指导225省道改线工程通州段公路工程项目、南通江海电容器股份有限公司LED用固体高分子电容器技术改造项目、中盾能源有限公司油气输送管道项目等项目建设单位,建立科学的档案管理秩序,为项目顺利通过验收保驾护航。区档案馆接收卫计系统生育档案2388件、民政系统2017年度婚姻档案11995件进馆,数字化转换形成235314页的全文扫描页。赴余西古镇开展"百村万户"口述历史采集工作,持续优化档案资源体系建设,构建具有通州地方特色的档案资源库。区档案馆全年查档利用7420人次,调卷9831卷,出具档案证明6730份,推进档案利用服务体系建设,探索远程查档新方式,为路途遥远、查档不便的群众解决难题,打造档案馆优质服务窗口。

【深化档案信息化建设】 深化档案安全体系建设,印发《档案信息化建设安全保密指导意见》和《关于进一步加强档案安全保管的通知》,在全区开展档案安全专项检查工作,从档案实体保管环境、档案信息化安全措施方面,全面梳理涉密档案和非涉密档案管控。全区档案管理工作岗位安全承诺制度实现全覆盖。区档案馆不断提升数字档案馆系统建设安全标准,加强涉密档案信息物理隔离工作,对馆藏文书档案数据目录和数字化全文信息进行逐条涉密筛选鉴定。依托电子政务网,跟紧电子政务建设步伐,搭建统一的集中式虚拟档案室系统,加大档案馆与区、镇机关档案室的共享度,档案室系统在全区70多家机关单位推广应用。

【农村土地承包经营权确权登记颁证档案工作通过省级验收】 2018年,通州区农村土地承包经营权确权登记颁证档案工作顺利通过省级验收,得分位居南通各县(市、区)第一。区档案局继续推进农村土地承包经营权确权登记颁证档案后续工作,175个行政村的23万卷土地确权档案全部入库排架。在通过省级验收的基础上,推动镇、村两级归档范围内的土地确权档案规范化整理。

【档案宣传活动】 2018年,区档案局充分发挥馆藏老照片的历史价值,与区委宣传部、区文联、区老干部局等单位共同开展"幸福通州"——纪念改革开放40周年摄影图片展、纪念改革开放40周年全区老干部摄影展等专题展览。在"6·9"国际档案日活动期间,邀请群众进馆体验查档服务。

【数字档案馆系统升级改造】 6月,区档案局向区政府申请档案信息安全保护专项经费88.8万元,用于部署升级改造数字档案馆系统。升级工程通过添置独立服务器、存储设备、数据容灾设备等设施,实现数字档案馆系统在完全物理隔离网络环境下的应用,将档案安全管理机制落实到位。年底,完成对项目的网络改造和数据迁移等工作,系统进入测试运行阶段。(韩亚楠)

行政审批工作

【概 况】 2018年,通州区行政审批局(政务服务中心)以推进行政审批制度改革为动力,以改善审批服务环境为目标,不断优化"不见面审批"举措,实施"政务服务一张网"向镇村延伸工程,着力打通服务群众的"最后一公里",纵深推进"放管服"改革。积极创新工作机制,完善审批流程,优化营商环境,推行"3550"改革实现常态化、普遍化。中心各窗口全年共受理并办理各类行政审批、许可、服务事项199.29万件。其中工行办件量为

10.03万件、财政局办件量为3030件、不动产交易中心办件量为6.97万件、规划分局办件量为498件、建管局办件量为127件、白蚁防治站办件量为587件、城管局办件量为1658件、税务局办件量为105.1万件、交通运输局办件量为1.14万件、农委办件量为682件、公安局（治安）办件量为10.72万件、公安局（出入境）办件量3.35万件、消防大队办件量为425件、水利局办件量为34件、烟草局办件量为1779件、民政局办件量为1749件、公积金中心办件量为3.24万件、人社局（就业中心）办件量为6.25万件、人社局（医保中心）办件量为15.8万件、人社局（人才中心）办件量为7315件、人社局（企保中心）办件量为10.86万件、人社局办件量为5150件、审图中心办件量为200件、移动公司办件量为2495件、公交公司办件量为3925件、电信公司办件量为2369件、自来水公司办件量为5.66万件、华润燃气办件量为6.33万件、农村产权交易中心办件量为878件、有线电视办件量为5531件、城乡居民医保中心办件量为6.93万件、审批局办件量为3.07万件。

【模拟审批制度完善】 2018年，区行政审批局（政务服务中心）推行模拟审批服务内部流转单制度，将用地预审意见、立项环评意见、规划审查意见等7个主要模拟审查节点意见列入流转单中，细化完善模拟过程，模拟审批成效得到提升。

【营商环境优化】 2018年，区行政审批局（政务服务中心）在依法依规、保证质量的前提下，大胆创新，进一步优化提升全区营商环境。简化企业设立手续，立项环节前、后置进行全面融合，施工许可并联审批。通过一系列的改革创新，一般工业项目从立项到施工许可由24个环节精简为13个环节，申请材料通过内部共享等方式压缩到原来的47%左右。在全省简政放权创业创新环境评价中，通州区连续两年列全省第二，被表彰为先进地区。

【互联网+政务服务平台建设】 2018年，区行政审批局（政务服务中心）建好区级政务服务网，牵头各职能部门对审批事项和公共服务事项进行全面梳理，对原有的公共服务指南、流程图等进行核对及优化，给群众便捷办事提供“明白纸”。借助省政务服务网平台，搭建“我的通州”网上政务服务模块，在全区范围内实现政务服务和便民服务网上办理。全区行政审批事项、不见面审批事项910项，见一次面审批事项30项，不见面审批事项和行政审批事项的占比为96.8%。

【“一张网”向基层延伸】 2018年，区行政审批局（政务服务中心）科学拟定“一张网”向基层延伸工作方案，制定基层“一张网”上网事项目录，确定各项政务（公共）服务事项的办件流程、办理时限、审批程序、工作标准等，按既定计划推进“一张网”向基层延伸工作的落实，实现行政权力事项、办件信息库、法人信息库、电子证照库、物流信息等数据的全面对接。全区建有15个乡镇（街道）便民服务中心和243个村居公共服务中心（服务室），根据方便群众生产生活的目标，设置民政残联、社会事务等窗口，平均50多项服务事项，统一纳入代办、转报、协办服务范围。

【服务重点工作】 2018年，区行政审批局（政务服务中心）以项目建设为中心，全力服务项目考核工作，出色完成重点项目建筑工程施工许可证发放工作。积极完成区政府推进安置房建设手续完善工作。规范新建商品房预售标准，对商品房预售许可证核发过程中的精装修工程着重把控，严格监管。把精装修施工许可和精装修的材料备案作为预售许可的前置条件，并主动与城管、住建、物价等部门互通信息，相互配合，形成联动监管机制，为新建商品房质量建设提供支撑。 （苏晓容）

公共资源交易管理工作

【概　况】 2018年，区公管办提升工作效能，全力打造“依法透明、廉洁高效”阳光交易环境，推动全区公共资源交易高质量发展。全区共完成交易项目6223项，交易额34.62亿元，节约财政资金5.76亿元，节约率14.3%。其中：区级平台完成交易项目3712项，交易额32.92亿元，节约资金5.56亿元，节约率14.4%；镇级平台完成交易项目2511项，交易额1.78亿元，节约资金0.21亿元，节约率10.4%。

【公共资源交易“一体化平台”对接】 3月1日起，通州区正式启用南通市公共资源交易电子信息化系统，顺利完成新老平台对接整合，进一步理顺交易管理体制，积极有序推进政务服务和公共资源交易一体化管理，促进“管理体制一体化、信息平台一体化、制度规则一体化、运行机制一体化”。

通州区公共资源交易管理办公室举办业务培训 （范雪波 摄）

【“清单+预约+容缺+扩权”服务新机制】 2018年,区公管办通过清单式预约服务,采取主动对接、提前介入、上门服务等方式,提供业务指导和支持,尽量缩短项目招标的前期准备时间。对程序相对复杂的政府重点工程和重大项目开辟绿色通道,根据项目实际情况,灵活运用招标方式,为项目早开工、早见效赢得时间。扩大招标人自主权,在全面使用信用积分的基础上积极推进房屋建筑领域“评定分离”,全年共有47万平方米安置房施工项目招标采用“评定分离”。

【中介机构管理】 2018年,区公管办完善通州区政府投资项目招标代理机构名录库,坚持问题导向,落实、完善问题清单和服务清单,按照《通州区招标代理机构名录库诚信管理办法》和《江苏省工程建设项目招标代理机构动态考评管理办法》,完善《通州区招标代理问题清单和服务清单》,对招标代理机构开展“一标一评”考核工作,强化考评结果运用,规范招标代理执业行为、提升工作质量、效率和服务水平;优化招标代理选择方式,扩大招标人的代理机构选择权,实行优胜劣汰。全年清退招标代理机构1家,失信计次11次。

【评标专家管理】 2018年,区公管办进一步完善专家抽取、使用、考核机制,提高评标专家道德水平和业务能力;学习贯彻省政府120号令《江苏省国有资金投资工程建设项目招标投标管理办法》,积极使用资深专家评审处理质疑投诉;组织学习监察法,提高评委履职尽责的纪律意识和规矩意识;完善评委费发放方式,进一步提高评标效率。全年对3批共计11名评委因业务不精、责任心不强、纪律意识不强等原因导致评标错误和违规现象的问题进行严肃处理。

(姜敏敏)

机关事务管理工作

【概　况】 2018年,区机关事务管理局把提高服务保障水平作为机关事务管理工作的出发点和落脚点,扎实推进各项后勤服务保障工作高效开展。

【资产管理】 2018年,区机关事务管理局统筹协调资产管理。开展办公用房清理整改“回头看”,全面落实党政机关办公用房清理整改工作,不断加强办公用房长效管理;合理调配办公用房,安排落实新组建的区监察委、发改委、金融办等单位的办公用房,做好区有关部门和单位的办公用房或房产调配的交接完善工作;扎实维护大楼日常运作,日常做好电设备、用水设备、用气设备以及门窗、门锁、空调等检查调试保养以及场地、通道地面瓷砖维修、石块维修更换、行政中心部分房顶渗漏修补工作、部分办公室墙面平整、刮灰、粉刷等,确保机关设备设施的正常使用。

【公务用车管理】 2018年,区机关事务管理局不断完善制度,强化监督,切实加强公务用车各项管理。推进公车制度改革,全年较好地完成企事业单位公务用车制度改革任务,对处置的52辆公车组织公开拍卖,成交150余万元,溢价近100万元;规范公务用车秩序,重大节假日严格落实车辆封存报备制度,严格执行车辆使用申请审批手续,全年公务用车6695台次,行程678027万公里,租用社会车辆2303次,未发生安全责任事故;抓好信息平台建设,制定公务用车管理平台与省“一张网”建设的具体方案,有序推进公务用车信息平台建设。

评标专家评标　　(范雪波 摄)

【公共机构节能管理】 2018年,区机关事务管理局通过创建示范典型,树立引领示范,扎实推进全区公共机构节能工作。开展以“节能降耗、保卫蓝天”为主题的节能宣传周、“全国低碳日”等活动,充分发挥公共机构在引领全社会节能、在建设“强富美高·新通州”中的表率和示范作用。通过以市民中心为载体的国家级节约型公共机构节能示范单位的成功创建为契机,逐步建立健全资源制度、能源统计及标准体系、量化管理体系,努力开创全区节能工作新局面。

【机关经费管理】 2018年,区机关事务管理局认真做好30家机关单位的预算编制、预算执行、经费结报、经费分析、报表编制等工作。定期向各单位公布经费预算的收支及执行情况,加强财务网站建设,增加、扩充有关功能,提供工资、费用支出明细、预算指标、项目支出明细、个人就餐卡消费明细等数据。严格执行财务制度,遵守财经纪律,认真落实好政府采购制度、重大支出申报制度,切实加强财务管理工作,为机关各单位的正常运转提供财务保障。

【机关安全管理】 2018年,区机关事务管理局以安全管理系统化为重点,优化管理措施,转变服务理念,不断加强对行政中心各方面的安全要求。定期组织安全检查,及时发现、排查安全隐患;认真落实门卫制度,全年接待来访登记5000余人次,检查登记无通行证车辆12000余辆,阻止外来推销人员200余人次;认真审核换发车辆通行证,做好内、外部车辆分流工作;加强安全、消防监控管理,提升保安队员职业资格证书持证率,对设施设备存在问题及时进行整改,更换行政中心灭火器、水龙带;做好上访人员的劝说、疏导、接转工作,维持好机关日常工作秩序。

【机关后勤管理】 2018年,区机关事务管理局通过规范服务方式,不断提升后勤管理标准,强化后勤保障力度。落实卫生保洁制度,明确保洁工作标准,对办公楼室内外卫生进行督促检查。通过修剪、杀虫、保暖等方式,加强一馆三中心区域内绿化管理和养护。加强食堂硬件建设,对大餐厅的餐桌、餐椅进行更换。提高菜品质量,开展伙食质量满意度评价,全年服务就餐人员20余万人次。以做好区"两会"、高洽会会务服务保障为核心,进一步提高会场布置要求,提升服务标准,规范服务流程,全年共保障会议1200多场次,大型会议10余场,与会人员总计7万余人次。（何少华）

通州特色农产品选介

通州茗荷

在通州农村里的一些阴凉湿润的地方,长着这么一种植物,笔直的干,叶子像极了包粽子用的粽叶,但却没那么结实,底下长了很多紫红色的一个一个的"怪家伙",一般的外地人不知道是什么东西?

其实这就是茗荷,俗称芽荷,片片清香,丝丝爽口。又称蘘荷、野姜、嘉草等等,姜科姜属多年生草本植物,有红色和白色之分,其嫩茎、嫩芽和花轴芳香微甘,具有食、药两用价值,能增进食欲,帮助消化,具有清热解毒、防癌抗癌的效果,素有"亚洲人参"之美誉。

姜科植物从果实到根都有着浓烈的香气,适合用作肉食去腥的调味料,这个大家族有姜、豆蔻、砂仁、山柰、姜黄等众多明星。茗荷虽然也有着特殊的香气,但并不浓烈,作为家族的异类,不在调料圈打拼,而混入了蔬菜界。茗荷一年四季都可食之,吃法也多种多样。春季可采其刚出土的嫩芽凉拌或热炒,鲜香可口。夏秋季可采其红色花轴热炒或与辣椒制成泡菜,也可凉拌、烩汤、油炸、酱腌、盐渍,风味独特。冬季其地下根茎肥美味鲜,煎炒炖烧皆可。

政协通州区委员会

Tongzhou District Committee of CPPCC

编　辑　杨王军

综　述

【概　况】 2018年,区政协紧扣全区中心工作,把握团结和民主两大主题,深入开展"政协工作提升年"活动,坚持围绕中心、服务大局,组织动员各党派团体、全体政协委员和社会各界人士,倾注智慧力量,主动履职尽责,勇于担当作为,为推动通州经济社会高质量发展作出积极贡献。

重要会议

【区政协十三届二次全体会议】 1月15—18日,区政协十三届第二次全体会议在区行政中心举行。会议学习讨论区委书记陈永红代表中共通州区委在开幕会上所作的讲话。会议赞同区人民政府代区长凌屹所作的《政府工作报告》,赞同"两院"工作报告及其他报告。会议审议通过区政协主席陈艳梅代表区政协十三届常务委员会所作的报告和副主席张勤所作的提案工作情况报告。区政协副主席季平、顾建军、李均华、吴建均,秘书长陈益明参加会议。

【区政协十三届五次至十次常委会议】 1月4日,区政协召开十三届五次常委会议。会议通报区政协十三届二次会议筹备工作情况,讨论并协商通过有关人事任免决定、调整增补政协委员名单、区政协十三届二次会议委员讨论组召集人建议名单。区政协主席、党组书记陈艳梅主持会议。

1月16日,区政协召开十三届六次常委会议。会议听取区委常委、组织部长、统战部部长沈旭东所作的关于候选人提名情况说明,讨论并协商通过候选人名单、区政协十三届二次会议选举办法(草案)和选举相关事宜、区政协十三届二次会议决议(草案)。区政协主席、党组书记陈艳梅主持会议。

3月30日,区政协召开十三届七次常委会议。会议传达学习全国"两会"精神;讨论并协商通过区政协关于人事任免决定和区政协委员联络组负责人调整名单;听取《区政协委员履职考核细则(试行)》和《区政协委员联络组工作考核细则(试行)》起草说明并协商通过两个考核细则;听取关于暂停白坚区政协第十三届委员职务情况通报,同意暂停白坚政协委员职务。区政协副主席顾建军主持会议。

7月6日,区政协召开十三届八次常委会议。会议听取并同意区政协调研组关于推进环保法治建设、解决突出环境问题、加强环保基础建设方面调研报告3篇;听取区政协《关于"加强治理保护,提升生态环境质量"的建议案(草案)》情况说明;讨论并协商通过《关于"加强治理保护,提升生态环境质量"的建议案》。区政府副区长曹建新出席会议并讲话,区政协副主席李均华主持会议。

9月28日,区政协召开十三届九次常委会议。会议听取区政协对区司法局、农委、卫计委、南通市规划局通州分局工作民主评议的情况说明;讨论并协商通过区政协委员对区司法局、农委、卫计委、南通市规划局通州分局工作的民主评议意见;被评议部门主要负责人作表态发言。区政协主席、党组书记陈艳梅和区委常委、常务副区长成小红出席会议并讲话,区政协副主席顾建军主持会议。

12月25日,区政协召开十三届十次常委会议。会议听取区委常委、常务副区长成小红所作的区人民政府关于办理区政协十三届二次会议以来提案的情况通报;通报区政协十三届三次会议筹备工作情况,讨论并协商通过关于召开区政协十三届三次会议的决定;讨论并通过提交区政协十三届三次会议审议的"两个工作报告"。区政协主席、党组书记陈艳梅出席会议并讲话,区政协副主席张勤主持会议。

重要工作

【围绕中心开展工作】 2018年,区政协坚持围绕高质量发展开展协商议政,为全区追赶超越、争当先锋献计出力。开展"坚持高质量发展,增强实体经济竞争力"主席会议课题协商和"弘扬通州企业家精神,更好发挥企业家作用"课题季度协商。组织开展项目建设视察活动,政协领导带头参加招商引资和项目建设,获得有效信息118条,洽谈项目66个。政协领导加强对挂钩联系镇工作调研指导,5个挂钩联系镇(街道)在季度考核中共获得红旗19面。组织对区司法局、农委、卫计委、市规划局通州分局等部门工作开展民主评议，探索实施“3113民主评工作法”，提出评议意见405条，以推动部门转作风、提效能。立足提高区域核心竞争力，推进政协常委会关于“构建创新生态体系，推动区域经济转型升级”建议案落实。开展知识产权保护专题视察，参与省、市政协“深化‘放管服’改革，建设一流营商环境”联动调研。围绕打造“创新智谷”开展专题研究，提出五方面16条建议得到采纳。发动委员通过提案等形式助推“创新智谷”建设，全年交办深化改革、技术创新、人才开发等方面提案35件。围绕城乡建设中“重建轻管”等问题，开展“统筹推进建设管理，有效提升城市品质”季度协商，区相关部门积极研究采纳相关意见建议。围绕“实施乡村振兴战略，推进城乡融合发展”课题，组织重点协商，区委、区政府在制定《通州区乡村振兴十项重点工程实施方案》时，充分吸纳调研成果。对东南片区概念性规划、城市基础设施建设、绿化提升、小区物业管理等热点问题组织开展视察调研，为提升城市功能品质发挥积极作用。

【参政为民】 2018年，区政协常委会把环境治理保护作为民主监督重点，构建“多层面、全流程、高密度”监督模式。围绕“加强治理保护，提升生态环境质量”常委会议重点协商课题，就环保法治建设、环境突出问题整治、环保基础设施建设3个子课题深入调研，为生态文明建设把脉问诊。对涉及环境治理保护“一号提案”等重点提案，由区领导牵头，深入一线督办。对川姜地区环境整治和全区散乱污企业、黑臭水体等重点环境整治工作，组织委员开展现场视察。牵头组织“两代表一委员”开展“三河三行业”整治专项督察，政协领导包案督办，专委会负责人驻点推进。组织专项督察活动58次，小分队明察暗访108次。市政协在通州召开全市政协系统加强和改进民主监督工作学习研讨会，推广通州经验做法。围绕民生建设，主席会议开展专题视察，组织委员看项目、听情况、找问题、提建议，推动民生实事落到实处。围绕高中教育、职业教育、健康通州等开展专题视察，为教育、卫生事业发展建净言、献良策。开展“推进医养结合，提升养老服务水平”主席会议协商，推进问题解决。围绕“补短板、强弱项”，组织开展安全生产、停车场建设、“四好农村路”建设、智慧菜场建设等开展专项视察活动。全年立案交办提案329件，涉及民生方面110件。围绕“实施精准扶贫，打好决胜全面建成小康社会攻坚战”重点课题开展季度协商，组织发动广大委员和机关干部参加阳光扶贫，各党派团体充分发挥界别优势，开展扶贫济困活动。九三学社通州区委在陕西镇巴开办九三学社专家工作站和通州镇巴协作社区工厂，民盟通州支部实施“星火教育助推行动计划”。

【促进团结民主】 2018年，认真落实开展统一战线工作职责要求，有效凝聚党派团体和社会各界力量。探索“专委会与党派合作、委员与界别参与”联动模式，提高参政议政实效。主席会议成员定期走访党派团体，在谋划课题、调研成果转化时，均邀请党派团体参与，密切合作，合力推动。积极参与省政协“构建长三角共建共享创新资源共同体”课题调研、“长三角区域污染防治协作机制落实情况”联动民主监督，密切配合市政协组织的各类协商调研活动，为区域经济高质量发展献计献策。加强区政协基层组织间合作交流，发挥专委会基础作用、界别特色作用和联络组纽带作用。围绕全区经济社会发展战略重点，组织到先进地区调研、交流，成功承办长三角十三县(市、区)政协工作研讨会，促进工作提升。加强与民族宗教人士沟通联系。支持张謇研究会、政协联谊会、政协书画摄影联谊会开展活动，举办迎新年座谈会，增强社会各界认同感和获得感。

【政协自身建设】 2018年，坚持把加强队伍建设作为推动政协工作发展动力之源，深入实施“强基固本提质工程”，履职活力不断增强。强化组织网络建设，调整优化委员联络组配置，完善基层组织建设，健全政协委室挂钩联系委员联络组和界别委员制度，开发建设“智慧政协”平台，按照“六有”标准，推进“委员之家”全覆盖。充分发挥政协委员在界别群众中代表作用和本职岗位模范作用，委员朱鑫涛入选“中国好人”。突出能力提升，加强教育培训，先后组织政协委员、政协工作者到延安干部学院接受红色教育，到浙江大学参加集中培训。举办专题讲座、政情通报会、委员发言大会等活动，搭建好咨政建言平台，增强委员履职能力。制定出台委员履职和委员联络组工作“双百分”考核细则，细化“委员作业”清单，严格管理委员。认真开展谈心谈话，对履职不力委员进行约谈，形成有效约束激励机制。全面加强政协系统党的建设，扎实开展党风廉政建设，引导委员强责任、转作风、严纪律、提效能。严格规范机关管理，完善工作机制，研究制定效能督查办法，打造政治、思想、作风、能力过硬的干部队伍。 (孙崇兰)

纪检监察

Discipline Inspection and Supervision

编辑 马钰

综述

【概况】 2018年，全区各级纪检监察组织深入学习贯彻党的十九大精神，深化国家监察体制改革，全面履行党章赋予的职责，科学运用监察法赋予的调查措施，实现监督检查持续增强、审查调查坚定有力的良好局面，为全区经济社会发展提供坚强的纪律保障。自觉践行“两个维护”，加强对党的路线、方针、政策和决议执行情况的监督检查，进一步深化“十百千万”廉洁宣教工程，探索“1+2”纪律教育模式，督促党员干部明法纪、守规矩。扎实推进监察体制改革，稳步实现监察工作全覆盖，按时序推动监察工作向镇(区、园、街道)拓展延伸。分解落实党风廉政建设和反腐败工作任务，制定出台督查考核办法，完善“月度督查、季度通报、年终考核”的督查考核机制，严格落实党内问责制度，推动“两个责任”落地生根。加大对“四风”和违反中央八项规定问题的查处力度，全力助推打赢“三大攻坚战”，扎实推进扫黑除恶专项斗争，组织开展作风建设“好制度”评选活动，坚持常态化明查暗访。保持党风廉政建设和反腐败高压态势，坚持无禁区、全覆盖、零容忍，查处违纪违法案件，加强对典型案例的剖析力度，发挥案件查办的治本作用。深化政治巡察，充分发挥利剑作用。深入推进“打铁必须自身硬”专项行动，严格执行纪检监察干部“六条禁令”，排查风险点1780多个，制定和落实相应防范措施2000多条，开展谈心谈话64人次。

2月11日，区纪委举行三次全会 (李小烽 摄)

【区纪委十二届三次全体(扩大)会议】 2月11日上午，中共南通市通州区第十二届纪律检查委员会举行第三次全体(扩大)会议。会议深入贯彻党的十九大精神，认真落实中央纪委二次全会和省、市纪委三次全会部署，研究部署2018年全区党风廉政建设和反腐败工作。

区委书记陈永红出席全会并讲话，要求认真学习领会习近平总书记重要讲话精神，切实增强全面从严治党的政治自觉；持之以恒深化全面从严治党，筑牢高质量发展的政治保障；进一步严肃党内政治生活，始终做信念坚定、党性坚强的模范。区委常委、区纪委书记、区监委主任韩菊芳作题为《忠诚履行职责使命，推动全面从严治党，为建设“强富美高”新通州提供纪律保障》的工作报告。报告总结了2017年全区党风廉政建设和反腐败工作并对2018年工作任务进行研究部署。全会要求全面落实党的十九大战略部署，深入贯彻习近平总书记对江苏工作的重要指示精神，增强“四个意识”，坚定“四个自信”，忠实履行党章和宪法赋予的职责，坚持思想建党、纪律强党、制度治党同向发力，深化监察体制改革，持之以恒正风肃纪，深入推进反腐败斗争，进一步强化不敢腐的震慑、扎牢不能腐的笼子、增强不想腐的自觉，推进全面从严治党向纵深发展，进一步营造风清气正的政治生态，着力打造一支忠诚干净担当的纪检监察干部队伍。出席会议的有区纪委委员15人，列席会议的有区监委委员，区委巡察组组长、副组长，各镇(区、园、街道)纪委(纪工委)书记，区纪委各派驻纪检组组长，区委各部委办、区各委办局、区各群众团体、垂直管理部门(单位)、区各直属单位、区管企事业单位纪检负责人，区纪委监委各室(中心)主任。

主要工作

【压紧压实“两个责任”】 制定《2018年全区落实党风廉政建设责任制督查考核办法》，将考核内容细化为117项具体指标，实行清单式管理、扣分制考核，不断完善“月度督查、季度通报、年终考核”的督查考核机制，常态化、规范化、程序化开展监督检查，构建区、部门和镇(区、园、街道)、基层单位和村(社区)三级责任体系。全年共发现并督促整改具体问题1335个，发放反馈单240份。严格落实党内问责制度，全年共对13个党组织、51名党员干部实施党内问责，进一步推动“两个责任”落地生根。

【开展“五大专项治理”】 2018年，区纪委对全区74家单位近2年发文数量、印制费用、会议次数、会议费用等进行调研，全区文件会议数量同比明显下降。开展违规租用社会车辆专项治理，发现未登记候车时间及里程数、租车价格超平台标准、长期租用同一车辆等数十个问题，督促相关部门建章立制，形成长效管理。开展隐蔽场所吃喝专项治理，牵头组织区市场监管、公安、住建、消防等部门成立2个督查组，对全区隐蔽吃喝场所进行拉网式排查，发现并整改疑似问题场所5个。开展扶贫领域腐败和作风问题专项治理，下发《通报》2期，点名曝光27家单位42个问题。开展“三重一大”事项决策机制执行情况专项治理，91家单位上报“三重一大”决策事项3052件。对全区重大项目开展区级监督，各单位申报项目250个，自主立项监督75个。

【整治教育领域突出问题】 2018年，区纪委根据上级部署要求，推进校外培训机构专项治理，明确专项整治行动的重点、措施、进度及分工，联合区教育局商讨并制订校外培训机构专项治理工作计划表，通过倒排时序，细化工作要求，确保专项治理工作高质效、全覆盖推进。重点对专项行动中补证补照的机构进行严格核查，依纪依法严肃追究责任，及时通报曝光典型案例。

【对重点专项工作开展监督】 2018年，区纪委根据中央、省、市工作要求，对全区重点工作开展专项监督。加强对区财政部门债务风险防范工作的监督指导，建立健全监测、评估和预警机制，制定相关应急处置预案。设计比对软件，发现重复发放尊老金和向死亡户继续发放低保金、五保金、残疾人两项补助等问题线索186条，立案查处直接责任人、分管领导20人；不定期组织扶贫“回头看”，实地走访脱贫户。针对污染防治领域加强环境问题线索查处，对每个信访举报问题进行深入排查，问责53人，通报9家单位。

【加强作风建设督查】 2018年，区纪委选优配强监督员队伍，公开选聘区党风政风监督员16人，组织开展业务培训，首创监督实效评估机制和季度工作交流机制，通过“看实绩、比成效”，打造素质过硬、能力过硬的监督员队伍。开展作风建设自查自纠专项行动，要求各单位对本地区、本系统、本单位在公务接待、办公用房、通信补贴、会议管理等领域存在的“四风”问题，逐项、逐笔核实排查。成立3个检查组，按照专项行动中明确的主要内容对全区18家单位开展重点督查，并选择3家下属单位实施延伸检查。组织开展作风建设“好制度”评选活动，继续推进优秀效能服务品牌创建，坚持常态化明查暗访，严格进行责任追究。

【驰而不息纠“四风”】 2018年，区纪委围绕“明查重点突出、暗访不留死角”工作思路，协调区公安、财政、税务等部门，充分发挥职能作用，深入区直机关单位和各镇(区、园、街道)，采取“不定时间、不设路线、不打招呼，人员交叉互查、联合检查、集中督查、分片排查”等方式，对重要时间节点、重点领域的薄弱环节和突出问题深挖细查，坚持全覆盖、零容忍、无禁区。全年共受理群众举报64件，巡察发现问题149个，立案查处165人，通报曝光52人。

【开展质询评议】 2018年，全区召开党风政风行风评议大会，对部分重点单位履行“两个责任”情况进行现场公开质询和测评亮分，对相关责任主体履责情况进行质询提问。组织区纪委中层以上干部审阅下级党组织及其主要负责人、纪检监察组织书面报告上年度履行主体责任、第一责任人责任及监督责任情况，协助区委召开全区全面从严治党主体责任述职会议，听取下级党组织主要负责人

通州区召开行风评议大会 (陈姗姗 摄)

现场述职。各部门和镇(区、园、街道)每季度至少召开一次会议,专题听取班子成员、下级党组织及其主要负责人履责情况汇报,主要领导点评,会议记录限期报区纪委备案,并列入责任制考核内容。

【廉政约谈“常态化”】 2018年,区纪委制定《关于对领导干部廉政约谈的实施办法(试行)》,对领导干部进行定期廉政约谈。围绕党内政治生活、履行党风廉政建设主体责任、“一岗双责”落实情况、廉洁自律、廉政风险点排查与防范、机关作风建设等方面,针对日常监督和巡察中发现的问题,对19名镇(街道)党政“一把手”实施廉政约谈;围绕落实主体责任以及遵守政治纪律、政治规矩情况,派驻纪检监察组对被监督单位领导班子成员开展廉政谈话275人次。把好选人用人政治关、品行关、作风关、廉洁关,会同组织部门对全区104名新任(调整)的领导干部进行集体任前廉政谈话和审查。

【有序推进监审分设】 2018年,区纪委严格按照省、市纪委部署,创新方式方法,制定《通州区纪委监委监督检查与审查调查部门分设工作方案》,明确区纪委监委共设11个纪检监察室,第一、二、三、五纪检监察室为审查调查室,第七纪检监察室承担追逃追赃和信息技术保障职能,第四、六、八、九、十、十一纪检监察室为监督检查室。制定《监督检查工作规范》《审查调查工作规范》和《机关有关内设机构工作协作配合指导意见》,明确部门间业务衔接流程和内部监督制约机制,以规范化制度促进各职能室履职尽责,逐步形成既相互协调又相互制约的工作机制。

【设立监察员办公室】 2018年,区纪委积极推动监察工作向乡镇拓展延伸,打通监察全覆盖的“最后一公里”。撤销镇(区、园、街道)行政监察机构,由区监委向全区镇(区、园、街道)综合派出5个监察员办公室,区纪委监委第六、第八至第十一纪检监察室具体承担派出监察员办公室的职责,分别增挂南通市通州区监察委员会第一至五监察员办公室牌子。每个监察员办公室联系3~4个镇(区、园、街道),监察对象3700余人。将镇(区、园、街道)原行政监察机构人员、编制整合到纪(工)委,纪(工)委书记及其他至少1名具有公务员身份的专职干部兼任监察员。监察员办公室与镇(区、园、街道)纪(工)委联合开展对党员、监察对象的日常监督工作,统筹使用镇(区、园、街道)纪检监察力量,组织实施交叉监督形成工作合力。

【安全高效办理留置案件】 2018年,区纪委按照能试尽试原则,充分运用《监察法》赋予的调查措施,累计开具各类调查措施文书459份,采取技术调查措施45批次;科学配置人力资源组成内审组、外调组,充分发挥人员特长和优势,体现“1+1>2”的效果;实行一案一授权和进点封闭办案,严防跑风漏气、以案谋私。7月10日至12月8日期间,区纪委监委办理留置案件4个。

【深化“十百千万”廉洁宣教工程】 2018年,区纪委深入推进“十百千万”廉洁宣教工程,将廉洁教育触角延伸到基层。全年组织全区各部门上廉政专题党课计划301场,受教育干部群众超3万人次。探索实施“1+2”(“1”指“学堂”,“2”指“岗位”和“家庭”)纪律教育模式,把政治纪律、组织纪律、群众纪律、工作纪律、廉洁纪律和生活纪律教育的触角延伸到工作岗位和每个家庭,通过“学堂讲纪、岗位正纪、家庭护纪”,不断拓展“十百千万”内涵、持续夯实“干部清正”基础。

【打造“三清示范区”】 2018年,区纪委把“三清”示范区创建工作列入各地各部门党风廉政建设两个责任制年终考核内容,制定《2018年度“三清示范区”创建工作安排表》,明确工作目标、细化工作措施、把握时间节点,稳步有序推进创建工作。在全区培育“廉润通州”母品牌,各地、各部门选取典型,集中打造一批“三清”特色子品牌,在区级“廉润通州”母品牌示范引领下,全区共培育“三清”子品牌68个。全年先后有12家部门、单位创建“三清”品牌,在《通州日报》、“通视新闻”“清廉通州”微信微博头条刊发和播放。

【深化政治巡察】 2018年,区纪委坚持问题导向,组织开展3轮巡察和1轮“回头看”,涉及9个部门、1个园区、3个镇(街道)及60个村(社区),移送问题线索189条,立案查处84人。制定“一村一策”巡察工作方案,选择经济体量大、信访集中、群众反映强烈且处理问题矛盾不得力、软弱涣散的村(社区)进行巡察。采取个别谈话、召开座谈会、查阅账册资料、现场查看、明查暗访、走访退休干部、服务对象、低保户和危房改造户等方式,与群众面对面交谈。区纪委主要领导对被巡察的镇、街道党政“一把手”进行廉政约谈,督促自查自纠。对南通高新区

通州区召开警示教育大会 (陈姗姗 摄)

区纪委召开第一轮巡察工作动员会　　（陈姗姗 摄）

展开环保专项市县联动巡察。做好省委第三巡视组巡视期间协调服务工作，制定省委巡视反馈意见整改措施，明确时限、落实到人。

【完善信访举报机制】 2018年，区纪委创新信访举报宣传方式，从节点宣传、下访宣传及媒体宣传入手，由点到面开展丰富多样的信访举报宣传活动。及时提炼分析信访举报中的重点、亮点和特色工作并形成信息，宣传纪检监察信访举报工作，引导群众积极参与反腐倡廉事业。规范信访件流转工作，编制完整的信访件办理流程图，明确信访件流转、办理、反馈要求，不断完善信访件闭环流转。完善健全“信、访、网、电、短信、QQ”等“六位一体”信访举报受理机制，拓宽举报信息收集范围，实施群众举报绿色邮件，受理信访举报616件，比上年增长23.7%。

【化解疑难信访问题】 2018年，区纪委针对去京赴省越级访及其他重复访等疑难复杂信访问题，从查办问题、解决诉求、责任追究入手，做好化解处置工作。实行问题线索与群众诉求分离处置，重点查办群众反映的涉及党员干部违法违纪的问题线索，通过分类处置疑难复杂信访问题，转立案8件，对21名党员干部党纪政务立案，对9名党员干部进行提醒、诫勉谈话。实行多部门联动合作机制，将越级访情况列入全区作风效能建设考核内容，对疑难复杂信访问题实行领导直接包案、所在辖区党政主要领导落实维稳、信访承办人员直接负责的包案化解和责任追究机制。

【提升案件审理质效】 2018年，区纪委将产品质量ISO9001认证手段引入案件审理环节，通过打造规范化流程，制定具体标准和操作规范。完善审前会商制度，加强审中证据把关，集中开展审后评议；注重常态化监管，通过推行留痕操作，实施闭环管理，推行主办负责、后续到位、保障执行有效等常态化监管措施，形成责任明晰、衔接紧密、追溯有据的管理链条。全年开展案件会商467次，提出暂缓立案25件，纠正定性偏差案件3件，自行审理案件185件，协助审理案件252件。

【创新“12345”模式】 2018年，区纪委建立健全纪检监察工作制度，立足纪律审查实践经验和派驻工作实际，采取“12345”模式强化“派”的权威和“驻”的优势。“1”是明确一个扎口管理职能科室，由第四纪检监察室统筹协调派驻纪检监察组的日常工作。“2”是明确两位纪委领导，负责联系指导所分管的派驻纪检监察组及协作组的监督执纪工作。“3”是明确三项监督重点，列席驻在部门重大活动，督促驻在部门党委（党组）履行好“主体责任”；把群众反映强烈的为官不为、慢作为、懒作为列为监督重点；坚持抓早抓小、动辄则咎，触犯纪律及时处理。“4”是优化资源配置，成立4个纪检监察协作组，在管理过程中采取联系协作机制，提高工作效率。“5”是制定5项具体实施办法，研究出台《派驻纪检监察组工作规定（试行）》《派驻纪检监察组执纪审查工作实施办法（试行）》等一系列管理规范，规范派驻纪检监察组履职尽责。

【组织业务学习培训】 2018年，区纪委以科室为单位，将纪委人员与转隶人员进行混编，每周固定一个半小时交流研讨业务，推进纪法贯通、法法衔接；开展业务“大讲坛”，紧扣纪检监察工作重点，针对干部队伍知识结构实际情况，安排纪委业务骨干宣讲执纪审查，检察院转隶业务骨干宣讲职务案件查办，开展纪法衔接专题培训会议2轮，培训人员360多人（次）；组织全区纪检监察干部参加省纪委深化监察体制改革大讲堂，参加培训11期共760余人次。

（王　梁）

民主党派·工商联

Democratic Parties·Association of Industry and Commerce

编辑 马 钰

民主同盟南通市通州区支部

【概　况】 2018年,支部共有盟员31名,其中,教育系统20人,机关乡镇9人,退休2人。中高级职称27人。2人为区政协委员,1人为区政协常委,1人为市政协委员。葛红玲任支部主委,纪永明任副主委,张剑平任组织委员,丁宏林任青年委员,韩小国任宣传委员。育才中学景行楼三楼建有"盟员之家"。是年,支部被民盟南通市委评为"盟务工作优秀基层组织""组织建设工作特色基层组织"。葛红玲、韩小国被民盟南通市委评为"盟务工作先进个人"。

【参政成果】 2018年,支部参与区政协组织的"实施乡村振兴战略,推进城乡融合发展"课题调研,调研报告被区委研究室《调查与研究》录用,被社科联评为"经济与社会发展重点应用课题研究成果"二等奖。韩小国参与民盟南通市委承接的"打造特色田园乡村,助推我市乡村振兴战略"的课题调研考察,并撰写《特色田园乡村助推乡村振兴调研报告》,《文旅融合背景下推动南通国有旅游集团高质量发展的建议》被民盟南通市委作为集体提案报市政协十二届三次全会大会,《南通通州旅游高质量发展的问题与思考》在《通州社科论坛》发表。丁宏林的《提升通州招商引资实效性研究》参加政协十三届三次全会大会作书面交流。

【双岗建功】 2018年,支部盟员立足本职岗位,取得累累硕果。周卫平当选南通市医学会检验分会第一届青年委员会委员,为南通市级立项课题《妊娠合并甲减不同孕周干预对妊娠结果的影响》和南通市妇幼健康专科联盟科研课题《单中心孕妇铁缺乏现状及干预效果研究》申报人。韩小国入选南通市旅游局专家库成员,参与南通五洲森林湿地郊野公园规划评审,参与策划组织民盟市委2018年新盟员培训班活动。顾昊迪获2018"中国·太原'一带一路'"国际民歌邀请赛"最佳歌手奖",演出作品《老街坊》入围第十届中国曲艺牡丹奖并获表演奖,论文《十九大环境下群众文化的"自觉"路径分析》发表在《中国文艺家》,《通俗歌曲演唱特征及方法》发表于《赤子》。陆海锋获江苏省信息化教学大赛二等奖,南通市信息化教学大赛一等奖。朱丽强《高中数学概念的预设策略分析》获省"五·四"杯论文比赛一等奖。刘桂枝被聘为"中国美丽乡村·万峰林峰会"系列活动主讲教师,参加南通市高三高考一模和三模考试命题,主持省院规划十二五重点课题《文化价值背景下高中物理延展式学习研究》,论文《高中物理延展式学教学设计探究——以静摩擦力教学为例》《基于物理实验　优化概念教学》在省级刊物发表。纪永明主持"苏科版初中生物学教学资源库建设课堂实录"项目。

【社会服务】 2018年,支部组织盟员中的骨干教师,先后到二窎中学、杨港初中、十总中学等地送教下乡,送课到校,向品学兼优的贫困学生赠送学习用品。先后到甘肃天祝、贵州毕节、黔西南州、陕西镇巴等地"义务支教""同心助学",通州高中张剑平、育才中学纪永明和季晓燕分别就高一地理《洋流及洋流的分布规律》、七年级生物《开花和结果》和八年级英语《unit 6 Section A I'm going to study computer science》的课堂教学作精心准备,来自镇巴中学和全县13所初中的100多位老师参加听评课交流,对三位老师的课给予高度评价。联系新华书店、区图书馆等单位,为贵州毕节市七星关区青场中学筹得图书577本,捐款1600元。6月1日,联合区文化馆在家纺城小学举办新通州人才艺大赛。6月2日,和区委统战部、教育局、文广新局、无党派知识分子联谊会联合主办"学两山文化,绘大美通城"师生书画、摄影获奖作品展。　　(葛红玲)

民主建国会南通市通州区支部

【概　况】 2018年,中国民主建国会南通市通州区支部共有会员29名,主要由经济界人士组成。其中,女会员9名,市人大代表3名,市政协委员1名,区政协委员12名。

【参政议政】 2018年,在市、区级"两会"上,支部人大代表和政协委员积极建言献策,共提交集体提案1件,个人提案和建议18件。其中,《抓住机遇,积极作为,推进通州农产品接轨上海》被区政协列为大会书面发言材料。吴建均的《关于加快粮食烘干能力建设的建议》被评为市政协优秀提案,《关于深化南通—汉中农业协作的建议》被列为市政协集体提案。顾霞的《关于对通州区精准扶贫工作的建议》被列为通州区政协重点提案,该提案和蒋超撰写的《关于增强我区民营经济新活力的建议》以及支部集体提案《加快国家生态工业示范园区建设,推进通州产业高端绿色低碳发展》一并被评为区政协优秀提案。

【社会服务】 1月29日,支部副主委顾霞带领部分支部会员,对金沙镇城东村建国前老党员、低保户、残疾人、尿毒症及肺癌患者等10户困难户进行入户走访春节慰问活动,送去价值4000元的慰问品。2月6日,支部会员、区政协委员、紫金财产保险股份有限公司通州支公司总经理胡文荣与顾霞前往东社镇腾冲家庭农场看望慰问场主李林冲,送去1万元慰问金。2月7日,胡文荣看望慰问了金沙街道10户贫困户,并送去生活用品等慰问物资。11月4日—8日,顾霞等一行6人赴汉中市镇巴县调研精准扶贫、精准脱贫工作以及通州区结对帮扶工作开展情况,并对该县部分学校进行教育资助扶贫。胡文荣出资3万元,向简池镇李塘村鹤鸣希望小学进行爱心捐赠,并与李塘村签订结对帮扶协议。

(薛金萍)

2月10日,民进南通市通州区支部召开会员大会 (刘永新 摄)

民主促进会南通市通州区支部

【概　况】 2018年,民主促进会南通市通州区支部共有会员41名,其中3人为新增会员。会员主要分布在教育文化出版界。支部增补从晓、王国华为副主委,王春建、管维新为支部委员。参加民进南通市委会"我与改革开放40周年"主题征文活动和区委统战部"同心·共绘"——纪念改革开放40周年图片展,选送7篇应征作品及相关图文资料。通过"牵手"微信公众号即时报道支部活动信息。举办"不忘初心,同心同行"主题教育学习活动,新老会员到淮安、盐城红色"实境课堂"接受革命传统教育。支部走访会员企业,开展"我为会员企业发展添把柴"活动。民进南通市委以支部张锋为典型,派员参加民进省委"身边的典型"事迹演讲报告会。《民主》杂志2018年第4期、第10期先后发表张锋《故事里的中国,中国的故事》、严少标《老松新篁大江风,戏剧书法写葵花》。是年,支部被评为"民进全国宣传思想工作先进集体""南通民进先进基层组织",张锋荣获"2018年度南通民进优秀会务干部"称号,王国华、刘永新、管维新、陈学光、张锋、邢锦明等获评优秀会员。

【提高参政议政水平】 2018年,支部报送的集体提案《关于放大"童声里的中国"品牌影响力的建议》被评为区政协优秀提案。金艳全程参与对文广新局的评议工作,并代表支部作点评发言。社情民意信息《江苏体育类中职对口高考政策应该回归"初心"》报送民进省委。向区委统战部报送《意识形态领域统战工作的难点和对策》等7个课题报告。组织会员参加区委统战部和民进市委的"五一"口号发布70周年征文活动,报送征文12篇。召开参政议政建言献策专题会,拟定主题重点调研,为支部及个人参加市、区"两会"做好充分准备,集体提案《坚决打赢污染防治攻坚战,不断提升人民群众获得感》在区政协第十三届委员会第三次会议上交流。张锋被吸收为民进中央文化艺术工作委员会委员,入选2018年第四届"南通市十大杰出青年"。

【构建社会服务支部模式】 2月,在兴东街道举办"春联万家"送春联活动。持续与亭西小学开展欢庆"六一"活动,为孩子们配送120本少儿版《习近平讲故事》。会员捐赠5400余元,帮助9名家境贫寒的在校生圆一个"微心愿",助力他们学习与成长,《团结报》以《"牵手"过六一》为题进行图文报道。在亭西小学开展"课堂打磨精品"教学展示研讨暨"讲好张謇故事,弘扬张謇精神"励志教育活动。在平潮中学开展教育调研活动。在石港镇四港村理论创新传习所组织"习近平讲故事"分享会。"童声里的中国"志愿者走进新疆。王剑华、姜唯一、陈学光和宋建峰等会员到海安李堡镇参与"走帮服"主题活动。张锋担任制片人的音乐儿童剧《青铜葵花》荣获2018紫金文化艺术节新创剧目"特别奖",省内外巡演逾百场。7月15日,会员、蓝印花布非遗传人曹晓峰带着"中国蓝"走进央视一套《我有传家宝》栏目。会员陈学光作品参加江苏省书法协会主办的"纪念改革开放40周年'凤凰职教杯'书法篆刻作品展"。会员任卫兵、郝贵良到陕西汉中镇巴县开展对口教育扶贫。会员姜唯一参加南通、盐城民进书画笔会,作品《祈》

荣获第三届南通市美术作品大展金奖(第一名)。（王国华）

农工党民主党南通市通州支部

【概　况】 2018年,农工民主党南通市通州支部共提出提案和建议15件,其中集体提案2件、个人提案11件、建议2条,内容涉及经济建设、社会事业、城市管理、生态环境等方面。完成省委农工党交办的《基层医疗精准扶贫现状分析与对策思考》《乡村振兴战略背景下宜居宜业乡村规范建设的对策建议》等4个课题调研报告;在乡村振兴联合调研征文中,《农村河塘问题分析与整治建议》《深入开展村庄环境整治,建设美丽宜居新农村》等3篇征文获三等奖。建立信息宣传骨干队伍,定期培训交流,运用调查、座谈等形式,走基层、下村组、进农户,察实情、建真言、献良策,在市级以上媒体发表文章50多篇,其中《提倡家庭常备灾时应急包》等18篇稿件被《人民日报》《人民政协报》《团结报》和《前进论坛》等国家级报刊录用。组织党员参加有奖征文、有奖知识竞赛、观看影片等"同心向党"主题活动,吴益祥《在"五一口号"的旗帜下砥砺前行》于4月17日在《新华日报》刊登。宋张平荣获南通市首届医师奖,陈云娟承办的"朱某延误危急患者救治"案例被评为江苏省二等奖、南通市一等奖。组织开展"农工党员进镇村,健康服务同心行""中医同心"活动,充分发挥人才资源优势,有效缓解乡村医疗资源不足的难题,实现城市名医与农村百姓有效对接。筹备"名医工作室",在区第八人民医院举办揭牌仪式,市委相关领导参加活动。是年,支部被农工党南通市委授予党务工作先进基层组织一等奖、社情民意信息工作先进集体等荣誉称号。（陈云娟）

九三学社南通市通州区委员会

【概　况】 2018年,九三学社南通市通州区委员会(以下简称"社区委")有医疗卫生、农业经济、综合、建筑、科技教育、直属支社6个,社员82名,其中女社员27名,退休社员16名。社员中:高级职称49人,占社员总数的60%;区政协委员22人,区人大代表1人,其中,1人为区政协副主席,3人为区政协常委,1人为人大常委;南通市政协委员3人,南通市人大代表1人。

【打造"五好"基层组织】 2018年,社区委按照《九三学社南通市委员会基层组织工作大纲(试行)》要求,致力于打造"五好"基层组织。严格执行主委会月度例会制度,总结上月工作完成情况,谋划下月工作计划,研究和决策社内重大事项并及时向全体社员公布《主委会议纪要》。出台通州九三《社员履职考核办法》,量化细化社员履职情况,激励社员争先创优,年底组织考核评比。依据《新社员发展规程》,严格组织发展程序,确保新发展社员的质量,依据《基层组织工作大纲》,开展支社达标创建,组织支社主委述职,推动支社工作规范化。

【深化"社员合格、支社达标、区委创优"活动】 2018年,社区委"社员合格、支社达标、区委创优"主题教育实践活动进入深化阶段,社区委通过开展一系列活动,全面提升社员综合素质。一方面,以"走近社员"形式,展示先进典型风采,鼓励社员争做"四讲四有"(讲政治、有信念,讲规矩、有纪律,讲道德、有品行,讲奉献、有作为)合格社员。组织年度社员演讲比赛,6名社员代表在年度总结大会上作交流发言;组织到社员工作单位考察建设项目;集中学习考察以韩振新为代表的优秀中医院九三群体;举办"走近社员孙志忠"专题活动,组织观看"四问"通州干部大讲坛四个演讲视频。另一方面,组织优秀社员事迹采编,发布盛瑞琴、蔡志兵、邱少波、孙志忠、季彩群等一批社员人物通讯,其中《学无止境,不待扬鞭自奋蹄——记九三学社社员、南通市通州区人民医院原口腔科主任盛瑞琴》被《江苏九三》社讯录用,另一篇人物通讯在《南通九三》发表。

【参政成果】 2018年,在区"两会"上,社区委共提交区政协提案87件(其中党派集体提案12件)、人大代表建议18件。集体提案《关于加强治理保护,提升生态环境质量的建议》被列为2018年区政协"1号提案",提案《关于进一步加强我区食品安全管理的建议》《关于加强基层卫生人才队伍建设的建议》被列为区重点督办提案,1件党派集体提案和6件个人提案被评为政协优秀提案,2件建议被评为区人大代表优秀建议,7名社员被评为优秀政协委员,邱少波被评为优秀政协工作者,喻健被评为优秀社情民意和信息工作者。在市"两会"上,通州九三社员中的政协委员和人大代表共提交政协提案10件,人大建议1件。季平在市政协年度履职考核中获得九三学社界别委员最高分,在市政协会上共提出提案5件,其中《关于提高我市机构养老水平的建议》被评为优秀提案,在市政协召开的《提高保障和改善民生水平,顺应群众美好期盼》建言献策会上作专题发言,代表南通九三在市政协常委会十二届七次会议上作《提升检验检测服务能力,助推制造业高质量发展》发言,八次会议上代表通州政协作《加强市区联动,扎实推进环保基础设施建设》发言,在市政协医联体建设专题协商座谈会上作《关于提高基层医生技术水平的建议》的发言。政协二次大会期间,市政协展览了其履职事迹并在随后的《南通政协》杂志刊登。

【课题调研】 2018年,社区委调研课题立项10个并转化成提案形式,在政协通州区第十三届委员会第三次会议提交。组织申报省市、区课题,获批5项,完成区政协指定课题"强化生态文明,推进环保法治建设"调研任务;参与区政协"加强治理保护,提升环境质量"常委会建议案的形成;完成区政协"推进医养结合,提升养老服务水平"课题调研;完成区委统战部"民主党派基层组织建设创新实践与思考"课题调研;完成省九三招标中标"加强弱势人群法律援助"课题调研,按时提交调研报告并转化成省市区三级提案。

【社会服务工作】 2018年,社区委与家纺城管委会合作举办"为企业保驾护航,促进经济社会和谐发展"大型法律政策咨询服务主题活动。召开部分企业家和政协委员座谈会,收集社情民意,为企业提供政策咨询和服务支持。在国际科学与和平周期间举办专题讲座，邀请深圳易名天下国学院老师倪可主讲《曾国藩修身立命智慧》、社员张剑枫主讲《个人所得税最新政策解读》。组织社员中的企业家到通州对口扶贫的陕西镇巴县进行考察，鼓励、帮助社员彭小刚在镇巴县开办社区工厂，与镇巴共同探索开设社区工厂解决脱贫问题新路子，助推精准脱贫工作，这是通州在镇巴开设的第一家社区工厂。6月13日，九三中央副主席刘忠汉和陕西省政府副省长魏振军共同为九三专家工作站通州镇巴协作工厂揭牌，另有两家社区工厂正在筹建中。10月15日，《通州日报》头版刊发长篇通讯《通镇携手开新局，情深几许—九三学社通州区委员会服务社会结出“甜蜜果”》进行专题报道。是年，社区委撰写并上报社情民意信息55条，其中九三学社中央录用1条、江苏省委录用10条。社员丁俊荣受邀参加社省委特约信息员座谈会，并作交流发言。

【社员风采】 2018年，社区委社员们在各自工作领域中大放光彩。其中：季小军受邀作电子商务专题讲座，帮助南通互联智造智能工业有限公司获得天使投资，帮扶南通睿博电子有限公司在镇巴建设两家社区工厂，引进机器人自动化项目落户南通高新区；微电影《我的家在川姜》获省“263”故事视频版一等奖，邱少波被评为市九三社务工作先进个人；季彩群荣获通州区首届“美丽女性”称号；何忠锋被评为江苏省教育科研先进个人，主持的江苏省前瞻性课程改革项目完成开题论证，1篇文章被人大复印资料全文转载，1篇文章获省“五四杯”二等奖；王红梅牵头引进签约落地项目3个，获评区政府三星招商能手，被评为“最美女性”；李红军获评研究员级高级工程师，并入选江苏省高级职称评审专家库，为单位创得中国安装优秀奖一项、省优工程一项，获得上海建筑工程QC成果一等奖；孙志忠申报发明专利1项，开发新产品5项，技术攻关5项，8项产品通过国家权威检测机构产品型式试验，被表彰为科技工作先进个人，受聘为中电联（EPTC）电力知识产权与技术转移专家工作委员会委员；潘荣主持省年度公共资源重点研究课题《公共资源交易存在问题研究》；张剑枫为200余户纳税人提供各类涉税服务，接受免费咨询近千次，汇算清缴纳税审核增加入库各税费金约500余万元；王建华撰写的《通州区检验检测体系化建设调研报告》在国家总局刊物发表；钱栋梁获评市九三社务工作先进个人、2017年度城建大会战立功竞赛先进个人；任洪清在江苏省22届神经外科会议大会交流论文，当选第七届南通市神经外科委员会副主任委员；邵晓东被聘为南通市医学会心血管病分会第七届委员会委员，2篇学术论文被国家级刊物录用；刘岳进行中医经典方药推广工作，所在科室成功申报省首批中医经典病房；王雪美开设儿科内分泌诊疗专家门诊，填补通州区空白，2篇论文在国家核心期刊上发表；黄晓林牵头完成区政府网站集约化工作，被评为省九三宣传工作先进个人；向阳获得中国科学技术大学硕士研究生特招资格；何山被评为第三次全国农业普查省级先进个人；何婷婷参演的通剧《瓦匠女人》在各级展演获奖，被评为优秀演员；顾朝瑞为企业完成4项专利申请；张慎枢为社会作糖尿病专题讲座6次。

（张晓燕）

区工商业联合会

【概　况】 2018年，区工商联认真贯彻落实全市工商联工作会议部署和要求，围绕“两个健康”主题，充分发挥优势作用，推动民营经济高质量发展。7月，全市工商联工作推进会在通州召开；10月，接受全国“五好”县级工商联确认检查；全国工商联和省工商联先后到通州调研，对区工商联工作给予充分肯定和高度评价。是年，区工商联荣获中华工商时报社“构筑非公经济舆论阵地先进单位”称号。

【非公经济人士教育培训】 2018年，区工商联创办《州立潮头》会刊，在区工商联第十一届二次执委会议上举行首发仪式。会刊全年发行4期，宣传19名通州优秀企业家代表。组织相关部门及全区有影响的企业家代表开展“激发和保护企业家精神”专题座谈会。

【履行社会责任】 2018年，区工商联鼓励引导会员企业热情参与对陕西省镇巴县实施精准扶贫、对口支援工作。区浙江商会、区东北联合商会等向镇巴县困难群众捐赠价值42万元的物资。南通海星电子股份有限公司、桑夏太阳能股份有限公司等向镇巴贫困学子定向捐款115万元。南通睿博电器有限公司在镇巴县泾洋街道和赤南镇投资建设2家太阳能电器社区工厂，促进解决当地就业问题。全年各商会组织和常执委企业累计捐款近1000万元。

【服务中心工作】 2018年，区工商联组织举办“商会企业家新春联谊座谈会”，

区工商联代表南通接受全国“五好”县级工商联确认检查　（区工商联 供图）

区工商联与区税务局合作打造"瞿税官党员工作室驻总商会分工作室"
(区税务局 供图)

邀请70多名通州籍在外企业家叙乡情、话发展,为全区经济发展献计献策,为招商引资牵线搭桥。组织南京市通州商会、郑州市南通商会、佛山市江苏商会到通州参观考察、对接洽谈。赴苏南、上海、浙江等地实地走访在外企业家,摸排对接项目信息。密切与区相关部门联系协作,与区税务局合作打造"瞿税官党员工作室驻总商会分工作室",为全区商会组织和会员企业提供税法咨询服务。组织女企业家开展"迎三八,话发展"座谈交流会,促进企业转型发展。深入走访常执委企业,面对面倾听企业心声,帮助解决实际困难。组织撰写《2017年度通州民营经济发展报告》《通州区建筑业发展报告》《通州智能装备制造业发展报告》等。

【商会组织建设】 2018年,区工商联制定出台《通州区工商联2018年"四好"商会建设工作实施意见》,广泛开展"四好"商会创建活动。召开商会秘书长例会、"四好"商会创建工作推进会,交流经验做法、研究下一步打算。组织商会会长、秘书长外出参观学习,先后与海安县、常州市武进区、苏州市吴江区等地工商联、商会组织交流学习。申报全国四好商会1家,省四好商会3家,市四好商会5家。指导区黑龙江商会和区齐鲁商会如期成立。推进上海市通州商会、区浙江商会、区粮油商会的换届筹备工作。指导区浙江商会、区东北联合商会、区装饰装修服务商会党支部开展"三会一课"、党员发展等支部活动。指导区东北联合商会党支部、浙江商会党支部组织党员和入党积极分子赴湖南韶山、陕西延安开展革命传统教育。指导区东北联合商会党支部连续7年开展无偿献血活动。指导区装饰装修服务商会开展"党建先进工作者"评选表彰工作,提升商会党员参与党建活动的积极性,增强商会党建凝聚力。

【搭建平台沟通交流】 2018年,区工商联加强商会工作业务指导。指导区浙江商会组织会员参展广交会,为参展企业提供展位服务;推动优质企业创建江苏版权示范单位,嘉宇斯公司成为全区唯一省级版权示范单位。指导区家纺商会成立标准化工作委员会,制定标准化委员会管理办法,开展团体标准试点的宣传和服务。指导区服务业商会餐饮分会举办第八届"吃在通州"美食文化节,打响通州特色美食和娱乐休闲品牌;指导餐饮分会开展餐饮企业服务人员培训,200名在职员工进行为期15天的系统培训。指导区服务业商会婚庆影视分会举办全区婚庆影视分会会员单位从业人员技能培训班,运用江苏省在岗职工职业技能培训的政策平台,免费为全区婚庆影视企业的从业人员进行培训。

【参政议政】 2018年,在区政协全会上,区工商联提交的《加快企业家队伍建设,培养创新转型引领者》的集体提案,被列为大会发言提案。承办《弘扬通州企业家精神,更好发挥企业家作用》政协季度协商调研课题,赴苏南、苏中加强调查研究,形成高质量的调研报告。主动申报统战部课题,在2017年度调研成果评选活动中,5篇调研成果获奖,其中,《切实采取有效措施,全力振兴实体经济》被评为一等奖。建立健全规模民营企业调研机制,完成2017年营业收入超5亿元的规模民营企业数据上报。开展民营企业劳动关系状况监测试点工作,按时完成相关数据采集。 (薛小军)

通州区黑龙江商会成立大会 (区工商联 供图)

群 众 团 体

Mass Organizations

编 辑 马 钰

区总工会

【概　况】 2018年,通州区总工会健全工会维权机制,加强工会组织建设,深化企业民主管理,团结带领全区广大职工积极投身"两聚一高"新实践。是年,区总工会"双百圆梦"工程获得全省职工创业创新富民增收示范项目成果奖,是南通唯一、全省10个县区级工会受表彰的项目;职代会制度规范化建设工作在全省职代会制度规范化建设推进现场会上作经验介绍;成功组建快递行业工会,在全市商圈工会现场观摩会暨工会组建工作推进会上作经验介绍。

【区工会第十五次代表大会召开】 3月27—28日,通州区工会第十五次代表大会在区行政中心召开。区委书记陈永红对会议召开作出批示,区委副书记、区长凌屹受区委书记陈永红委托,代表区四套班子向大会的召开表示祝贺。大会选举产生区总工会第十五届委员会和经费审查委员会,通过大会各项决议。

【第七届职工职业技能比武】 2018年,全区各行业系统共申报开展技能竞赛项目23项,报名参赛的企事业单位2850多家,参赛职工7.8万人次。区总工会会同区人社局,为选手现场办理职业技能等级证书,26人拿到中、高级等级证书。区市场监管局职工朱颖异、肖悦分获全省基层食品监管人员技能比赛南通选拔赛第一、第二名,并代表南通市参加全省技能比赛。南通亚振家具的白李华等3人和通州建总的李政,成功入选第45届世界技能大赛中国集训队。

【弘扬劳模工匠精神】 2018年,区总工会积极做好全国、省、市五一劳动奖状、奖章、工人先锋号等推荐评选工作,共推荐评选出全国五一劳动奖章1个、省五一劳动奖状1个、省工人先锋号2个、省五一劳动奖章1名、省五一荣誉奖章1名。举行庆"五一"颁奖大会暨职工文艺汇演。开展2018年"通州工匠"评选,8万多网友参与微信投票,评出于红伟、刘志锋、许世金、李政、吴旭、宋智锋、罗子杰、顾菁菁、曹海忠、葛明华10名工匠。启动"通州区劳模创新工作室党员先锋岗'双创'行动三年计划",建成区级劳模创新工作室党员先锋岗7家,市级劳模创新工作室2家,1家已申报省级示范性劳模创新工作室,组织5场劳模先进事迹和劳模精神"五进"活动。

【职工文化载体建设】 2018年,区总工会启动全区基层职工活动阵地建设三年行动计划,在全区范围内援建16个标准化篮球场地,动员各镇级总工会助力基层工会建设职工文化阵地。积极推进职工书屋建设,南通海星电子股份有限公司书屋获评全国工会职工书屋示范点。深入开展"创建学习型组织,争做知识型职工"和"创建五一文明班组(岗),争当文明职工"活动,通州特殊教育学校教师、市劳模吴爱琴获"全国好老师"称号,南通海星电子股份有限公司严俐华获"江苏省好青年"称号,南通亚振家具股份有限公司傅泽勋获评南通市"十大好青年"称号。广泛开展职工综合性足球、乒乓球、羽毛球等赛事,区职工足球队获全省运动会职工部青年组第三名,南通海星电子股份有限公司职工何建获全省运动会定向越野职工组第三名。金沙街道总工会牵头在本辖区组织百场惠民职工文艺演出。职工马佳唯在全市经典诵读比赛中获一等奖;南通江海电容器股份有限公司职工舞蹈队获全国排舞赛江苏赛区一等奖。与南通工人业余大学联合组织高升专、专升本两个学历等级的学历提升培训考试,参考人员达116人。

【开展帮困系列活动】 2018年,区总工会多次上门慰问、看望结对帮扶的东社镇苴西村、新桥村15个困难户,送去慰问金及生活用品。春节期间对全区特困职工进行全覆盖入户走访,共向特困职工78户、其他困难人员406户,送出慰问金及慰问品共计60多万元。暑期"四助"帮扶共救助273人,发放救助金53.5万元。

【关爱职工实事项目】 2018年,区总工会组织基层工会共建6家爱心母婴室,4家员工关爱角。南通江海电容器有限公司托管班获评"全国工会爱心托管班"。组织开展以"健康快乐与我同行"为主题的一线职工疗(休)养活动,近200名优秀的生产一线职工参加疗(休)养。举办女职工美丽课堂活动,近100名工会女工干部参加。持续开展免费体检活动,为近百名困难职工(含困难农民工)进行免费体检。会同区人社局、妇联开展“就业援助月”“春季招聘会”“架金桥送岗位”等活动,为下岗、失业、求职人员提供就业岗位8000多个,其中,为实现困难人员“家门口”稳定就业,有17家企业为近百名残疾人优先提供装配员、勤杂工等80多个就业机会。

【加强民主管理制度】 2018年,区总工会深入开展以“聚集富民、助力增收”为主题的工资集体协商春秋“要约月”行动,全区签订工资专项集体协议的企业达3784家,覆盖职工28万余人。开展第八次工资集体协商案例征集活动,培育选树17家集体协商典型,推动全区首家工资集体协商指导室(西亭工资集体协商指导室)规范化建设,圣夫岛家纺等三家单位荣获“南通市集体协商工作示范企业”称号。扎实开展职代会制度规范化建设达标竞赛活动,全区参创企业2600多家,参创率达70%。职代会制度规范化建设工作在全省职代会制度规范化建设推进会上进行展示,同时《坚持“四注重”落实“四确保”,深入推进职代会制度规范化建设》入选省厂务公开民主管理示范一书。

【推进群众性安全生产活动】 2018年,区总工会借助“安康杯”竞赛活动平台,广泛开展安全生产法治教育,参赛企业905家,参赛职工13.9万人,比上年度增长5%。专场举办劳动保护和职业病防治宣传活动。南通四建集团有限公司和通州建总集团有限公司获评全省安康杯竞赛优胜单位,江苏韩通船舶重工有限公司工会主席张华获评省安康杯竞赛先进个人。全年累计组建行业性社会群众监督检查组织38个,82%企业成立劳动保护监督检查委员会,在生产车间设立劳动保护监督检查员。参加职工伤亡事故调查9起,为职工争取经济利益1080.5万元。

【深化工会改革】 2018年,区总工会围绕“增强‘政治性、先进性、群众性’,克服‘机关化、行政化、贵族化、娱乐化’”目标,不断提升工会组织的引领力、凝聚力、服务力和创新力。区总工会改革方案经区委常委会研究同意并下发执行。新一届区总委员中,劳模、一线职工和基层工会工作者比例由原来的60%提高到70%左右;工会代表大会代表中,劳模、一线职工和基层工会工作者比例由75%提高到85%左右,工人代表比例由15%提高到25%左右。区总工会领导班子成员增加了1名挂职副主席、2名兼职副主席。 (刘 娜)

共青团南通市通州区委员会

【概 况】 2018年,团区委以加强团员青年的思想政治引领为重点,以夯实团的基层基础建设为目标,以完善团的工作机制为保障,不断深化共青团改革。召开共青团南通市通州区第十七届二次全会,组织开展“百名学子看通州”活动、“3·5”学雷锋广场志愿服务活动、“绿满通州城 共植幸福树”主题活动、城市对青年更友好之青年人才大走访活动,举办江海红领巾志愿者服务队大会、“缘聚通州·青春有你”联谊会、“远离伤害 健康成长”通州区中小学生自护情景剧大赛,跟镇巴团县委合作开展“镇通团团手拉手·青春扶贫暖童心”微心愿活动、镇巴青年电子商务培训,承办“万名学子看南通”大学生暑期社会实践活动,发布实施“团聚云平台”“聚焦通州高质量发展·争做新时代青年”系列活动等特色工作。

【思想引领】 2018年,团区委组织团员青年开展“学习十九大·青年在行动”“新时代青年跟党走”系列活动,定期组织青年座谈会、青年演讲比赛、青年风采展;5月,开展“通州好青年”评选活动,选树五类共计50名团结带动身边青年共同进步的“好青年”;6月,召开全区团干部大会;5月组织“学习雷锋、志愿服务”“两红两优”评选,6月组织“优秀少先队辅导员和优秀少先队员”评选、11月组织“青年岗位能手”评选;完善“通州青年”微信公众号设置,推出“聚焦通州高质量发展,争做新时代青年”系列青年说活动,推出12期通州优秀青年事迹。

【基础团建】 7月,出台《共青团南通市通州区委改革实施方案》,重点领域改革措施取得阶段性成效;8月,出台《通州区基础团务工作细则》和《通州区共青团组织条线工作集中整改落实专项实施方案》,组织基层团组织不断充实完善智慧团建系统,提高团干部管理、团员发展管理工作科学化水平;9月,以全区团支部书记“双述双评”为抓手,组织各条线团委书记、部分团支部书记代表在兴仁镇团委集中观摩学习;10月,启动共青团“推优入党”工作,经多轮申报筛选,推荐26名各行业高技能人才、先进模范代表、农村致富带富典型进入组织考察;11月,开展“不忘初心,牢记使命”系列主题教育活动,举办“聚焦高质量发展·争做新时代团干”团干部专题培训班。

【青年人才吸引工程】 2018年,团区委抓住通州籍在外青年人才这一群体,着

通籍学子驻京、驻深团工委成立揭牌 (团区委 供图)

力搭建在外青年人才服务平台，推动通州籍在外优秀人才返乡就业创业。6月，开发打造“团聚云”平台系统，“团聚才企”从原来依托于传统“线上QQ群微信群+线下寒暑假系列活动”升级为依托“团聚云”平台智慧实现，为吸引更多青年人才来通创新创业提供载体；7月，承办市“万名学子看南通”大学生暑期社会实践活动，动员各级团组织开展“百名学子看通州”活动20余次，为归乡学子提供200余个社会实践锻炼岗位，给在外学子回乡就业创业上好“预备课”；8月，开展“通州·映象”返乡学子摄影大赛，引导在外学子关注家乡变化、关心家乡发展；开展通州籍大学生寒假党政机关见习活动，共吸纳150多名大学生报名参与，除常规岗位见习外，还根据参与学子的专业需求联系多个企业岗位；新建立深圳、北京等地驻外团工委，建有线上QQ、微信群11个，对接在外学子1000多名。

上海产业研究院到通州调研参观　　（团区委 供图）

【青少年权益活动】 2018年，团区委调整区未成年人保护委员会成员单位组成人员，科学构建全区青少年权益保护工作机制。2月，组织返乡大学生开展进警体验暖冬行动，促进青年民警与青年大学生的沟通交流，鼓励传播做执法守法好青年的意识理念；6月，开展“远离伤害　健康成长”通州区中小学生自护情景剧大赛，加强青少年自护教育；7—8月，在官方微信公众号上开展10期青少年权益保护、普法宣传等系列推送，向全区青少年推送自我保护知识及中高考减压、自救自护等内容。

【希望工程】 2018年，团区委加大对贫困地区、贫困青少年帮扶和救助力度，扩大希望工程覆盖面。2月，结对兴东街道双楼村举办“走帮服”图书捐赠暨青年文明号贫困学子结对帮扶启动仪式；5月，开展“镇通团团手拉手，青春扶贫暖童心”微心愿活动，发动社会力量，捐赠物资价值十万余元，帮助镇巴1000多名贫困儿童实现心愿；6月，举办“与音乐牵手　随幸福成长”暨雅马哈乐器爱心捐赠活动，捐助金北学校价值10万元的雅马哈品牌音乐器材，打造“爱心音乐教室”。8—11月，开展为期三个月的镇巴青年电子商务技能培训，促进两地优势互补、合作共赢。

【以商引商】 2018年，团区委充分调动各级青联青商企业家、团组织服务大局的积极性，全力参与通州区招商引资工作。申报产业类首谈项目6个，认定有效项目信息3个。积极对接“北上广深”方向科技人才资源，邀请上海产业研究院到通州参观调研，为通州发展出谋划策。借助常态化运行的驻沪青年人才工作站，累计考察上海方向青年人才项目13个，多次拜访国内各高等学府、研究机构。跟踪服务已落户的青年创业项目江苏银兆新材料，促其入围2018年通州区“510英才计划”。　　（王　茜）

区妇女联合会

【概　况】 2018年，全区各级妇联坚持创新推动，突出妇儿需求，全年工作实现新发展。是年，区妇联被南通市妇联评为2018年度全市妇联工作先进集体，获评全市妇联系统改革创新项目一等奖、三等奖各一项。

【承办全市妇联基层组织建设改革创新工作推进会】 5月25日，全市妇联基层组织建设改革创新工作推进会在通州召开，各县（市、区）委组织部分管领导、妇联主席等100余人参会。省妇联联合课题暨项目推进组负责人、省妇联组织部部长苗宁一行及省内各市妇联组织部负

“镇通团团手拉手·青春扶贫暖童心”活动　　（团区委 供图）

责人莅临指导观摩。市委组织部部长张辉到会并讲话,市委组织部部务委员、市委“两新”工委副书记张莉主持会议。省妇联组织部副部长陈志玲,市妇联主席秦艳秋、副主席钮曦出席会议。区委组织部、区妇联、市委市级机关工委在会上作交流发言。

【首届“美丽女性”评选】 2018年,区妇联开展首届“美丽女性”评选活动,联合区纪委、区委组织部等10家单位组成评审委员会,对各牵头部门推荐的材料进行现场审核筛选和综合评定,确定80名“美丽女性”候选人,后通过网络投票方式从中产生10名“最美女性”。3月8日,举行通州区纪念“三八”国际劳动妇女节108周年大会暨首届“美丽女性”评选颁奖活动,80位受表彰“美丽女性”、市妇联主席秦艳秋、区委书记陈永红、区四套班子领导、全区镇(街道)和区直部门负责人等400余人参加活动。

【“基层组织深化”工程】 2018年,区妇联完成全区241个村妇联执委扩充工作,机关妇联改建率达80%;新增新业态新领域妇联45家,建有妇联团体会员6个,各级各类女性社会组织21个。建立镇妇联联席会议制度、轮值主席和执委“四个一”履职模式等工作制度,在全省率先成立三八红旗集体工作室,打造“姐妹微家”“家长学吧”“三八红旗手工作室”“老舅妈调解室”“巾帼创业就业导师站”五类女性微组织408个,“党建带妇建”通州模式在全市予以复制推广,《中国妇女报》头版进行报道。

【“女性素质提升”工程】 1月4—5日,在区委党校举办全区妇联干部培训班,4月3日,举办首届“智慧女性课堂”启动仪式暨男女平等专题讲座,4月23—27日,在浙江大学举办通州区女科级干部领导力提升培训班。2018年,区妇联举办各级各类培训班15批(次),参与人数990余人(次)。

【“公益微项目启跑”工程】 3月中旬,区妇联启动通州区首届妇女儿童家庭公益服务项目微创投活动,截至4月底,征集微创投项目20个。5月22日,区妇联邀请区民政局相关负责人、区纪委第一纪检组等召开项目推介评审会,10个项目入选。7月27日,邀请专家参加入选项目点评会,对入选的10个项目进行点评指导。

【召开执委(扩大)会议】 2月9日,召开通州区妇联十五届四次执委(扩大)会议,回顾总结2017年工作,研究部署2018年重点工作任务,对2017年度各类妇女工作先进集体和个人进行表彰,增(替)补执委22名。9月30日,召开通州区妇联十五届五次执委会议,选举出出席南通市妇女第十四次代表大会正式代表44名。

【妇女创业就业行动】 2018年,区妇联围绕“跨江融合,接轨上海”要求,完成有效招商信息3个。全年获评全国巾帼建功先进个人1名,省巾帼建功标兵1名,省级示范基地3个,南通市巾帼建功先进集体3个,南通市巾帼建功先进个人5名,南通市十大巾帼创业明星2名、提名奖1名。3月28日,承接南通市妇联为期3天的2018年家政服务“送教下乡”培训班。4月19日,举办“巾帼文明岗”争创岗负责人培训班。6月6日,区妇联、区女企协代表与上海市普陀区妇联、上海市女企业家交流研讨,共谋发展,深化对接上海工作。6月13日,区妇联、区女企协举行“转型升级　提质增效　推动高质量发展”女企业家座谈会。7月30—8月1日,区妇联举办为期3天的通州区农村妇女创业创新培训班。持续实施妇女小额担保贷款财政贴息政策。多形式组织女企协活动,实行会长轮值制度,全年组织联谊活动12场(次)。

【妇儿维权系列活动】 3月6日,区妇联、司法局联合多家单位开展“三八”维权周暨《反家庭暴力法》实施两周年广场宣传咨询活动。6月22日,承办南通市妇联“莲蓬细雨”普法基层行活动。7月18日,全国妇联权益部部长高莎薇到通州区调研农村妇女土地权益保障工作,江苏卫视专题报道兴仁镇优秀妇女维权案例。10月16日,区妇联主席卫志云一行在区人民法院开展妇女儿童维权工作调研,助推家事审判制度改革,共商合作契合点。

【家庭文明建设系列活动】 4月,区妇联在全区开展2018年度寻找千户“最美家庭”暨通州区首届“五好家庭”评选活动。5月15日,举办揭晓2018年度千户“最美家庭”暨首届“五好家庭”表彰活动,现场揭晓855户“最美家庭”,其中50户为通州区首届“五好家庭”。陈志遂等6户家庭被评为市级“五好家庭”,黄桂芝等6户家庭被评为市级“最美家庭”,地税局费婷婷家庭被评为省级“最美家庭”。7月,联合区文明办组织开展美丽农家评选活动,最终评出区级“美丽农家”100户。7月,组织开展“聊聊我家这40年”系列活动,8月31日组织“聊聊我家这40年”讲故事比赛。

【关爱特殊群体】 1月12日,区女企协组织“彩虹圆梦”爱心工程启动仪式暨“为梦护航·助跑未来”专场活动,女企业家代表将筹得的20000元捐款赠予全区20名贫困儿童代表,现场播放区女企协赠送500条冬被给陕西镇巴县贫困儿童的捐赠发放仪式。春节前夕,妇联主席卫志云一行,走访、慰问全国、省三八红旗手代表、农村贫困“两癌”妇女、家境困难基层妇联主席和“阳光扶贫”等对象。5月31日,区妇联联合区慈善总会开展第九轮“慈善助孤”,63名孤儿接受资金、书籍、食品等资助,共计8.82万元。启动通州区“女童保护”公益行动,下发《关于进一步加强女童保护工作的实施意见》,联合区关工委开展通州区“女童保护进基层”活动。（刘莉莉）

区科学技术协会

【概　况】 2018年,区科协认真贯彻中央、省市区委关于深化群团改革工作要求,积极履行“四服务一加强”工作职责,2月,在全区群团部门中率先制定印发《南通市通州区科协系统深化改革实施方案》。是年,被评为2018年全国科技活动周暨江苏省第三十届科普宣传周活动优秀组织单位、荣获第二十九届江苏省青少年科技创新大赛优秀组织奖。

【设立青少年科技创新政府奖】 2018年,区科协与有关部门将《通州区青少年科技创新政府奖评选办法(草案)》联合提交区长办公会讨论,区政府正式出台《通州区青少年科技创新政府奖实施方案(试行)》,明确青少年科技创新政府奖共设政府奖、政府提名奖和优秀组织学校“摇篮奖”3个奖项。

【“院士专家通州行”活动】 9月27日,区科协牵头举办2018“院士专家通州行”活动,400多人参加活动。中国科学院院士、中国微电子科学与技术专家、中国科学技术大学国家示范性微电子学院院长刘明作《集成电路技术发展趋势》的主题报告,15个科技人才项目现场集中签约。活动结束后,南京大学电子科学与工程学院院长、省电子学会院士工作委员会主任施毅等18名高层次专家教授分4个组深入企业,与企业进行现场科技交流互动,实现精准对接。

【首届优秀科普作品征集活动】 2018年,区科协联合区委宣传部、区教育局、区文联组织开展以“不忘初心,科技筑梦”为主题的首届优秀科普作品征集活动,共征集各类作品830件。经组织专家评审,105件作品入围,其中科普书法类11件、科普美术类11件、戏剧影视类21件、摄影类62件。

【举荐优秀科技工作者】 2018年,区科协认真做好南通市第九届优秀科技工作者和南通市青年科技奖(简称“两奖”)推荐工作,成立通州区临时评审专家组。全区共推荐10人参加“两奖”评选。袁宏亮获青年科技奖,刘奇、易红娟获评南通市优秀科技工作者。

【科普惠农工程】 2018年,区科协积极开展各类科普项目申报工作,国信孔雀繁育养殖基地、金沙御润家庭农场、金沙街道朝阳社区成功入围省级基层科普行动计划项目,分别获得奖补资金10万元。国信孔雀繁育养殖基地科普惠农服务站、东社镇庆丰居科普惠农服务站被评为省级科普惠农服务站。

【科普宣传】 5月,区科协承办南通市暨通州区第三十届科普宣传周活动,活动现场分7个版块,分别是:市、区30多家单位组织的科普咨询服务活动,精彩科普文艺汇演,科普灯谜有奖竞猜,流动科技馆巡展活动,10个主题科普展板展示活动,青少年科技创新成果展示,科普图书资料赠阅活动。发布首届通州区科普作品征集令,启动首届通州区青少年科技创新政府奖评选活动。市区100多名科普志愿者、1000多名群众参加活动。9月,与区委宣传部、区教育局、科技局联办2018年全国科普日活动,通过科学体验互动系列活动、无人机展演活动、科学教育成果展示、专家进校园科普报告会等形式,拓展校园科普品牌效应。

【组织建设】 2018年,区科协组织召开基层科协“4+1”组织建设现场推进会,观摩兴东街道科学技术协会第九次代表大会。出台《关于进一步加强全区企业科协组织建设的通知》,9月4日,全区企业科协组织建设现场推进会在紫罗兰家纺科技股份有限公司召开,镇(区、园、街道)科协主席、秘书长,企业科协秘书长、拟成立企业科协的公司负责人、紫罗兰公司科协会员共200多人参会。

【学会能力提升计划】 2018年,区科协印发《关于实施“提升学会服务科技创新能力计划”的意见》,11月,对社会信誉好、发展能力强、学术水平高、服务成效显著、内部管理规范的示范性学会进行表彰奖励,引导和带动区级学会整体上实现能力提升、水平提高和活力增强。

【举办干部能力提升培训班】 4月,在上海市科协业余干部学院举办“党建带科建”暨干部能力提升培训班,50多名科协干部和科技工作者参训。培训班采取专题讲座、现场教学、座谈交流等形式,有力提升全区科协系统干部的综合素质和履职能力。 (张丽敏)

区文学艺术界联合会

【概　况】 2018年,通州区文联积极搭建丰富载体,将高端活动平台、地方特色载体、文艺知名人士、各协会会员有机融合,不断壮大通州文艺力量。特邀著名儿童剧编剧薛梅,著名摄影家居杨、吴家林等做主题讲座。探索创新“三联融合”(与乡镇“联姻”、和部门“联合”、领协会“联动”)模式,使文联工作焕发新的生命活力。举办“文明乡镇·幸福家园”主题文艺创作大赛,带领文艺家深入生活、扎根人民。成立二甲镇文联、开沙岛文学艺术创作基地,扩大文艺服务“朋友圈”。广泛开展“童声里的中国”活动,做大做强“童声里的中国”特色品牌。6月,《中国艺术报》以《“小文联”做“大文章”》为题专题报道区文联工作经验。

【音乐儿童剧《青铜葵花》】 2018年,区文联将著名作家曹文轩原创小说《青铜葵花》改编成音乐儿童剧,这是继《田梦儿》之后的又一少儿文艺精品。5月29日,在南京成功首演,省委常委、宣传部

纪念改革开放40周年——“文明石港·幸福家园”征文、摄影大赛颁奖仪式
(区文联 供图)

江苏省青少年音乐“小茉莉花奖”声乐大赛颁奖音乐会在通州区举行 （区文联 供图）

部长王燕文,《青铜葵花》原著作者曹文轩观看演出并给予高度评价。10月6日,作为唯一入选的儿童剧参加2018江苏省紫金文化艺术节展演,荣获新创剧目“特别奖”。10月10日,在通州举办首场巡演启动仪式,拉开全省公益巡演序幕。

【“小茉莉花奖”声乐大赛】 2018年,江苏省青少年“小茉莉花奖”声乐大赛在通州举行,大赛历时三天,吸引了全省近500名选手参赛。通州区选手摘得一金一银三铜。省文联党组成员、副主席、书记处书记王建,省音乐家协会驻会副主席、秘书长徐宝亚,市委宣传部副部长、市文联主席王一鸣,区委副书记虞越嵩,区委常委、宣传部部长胡卫东,副区长樊小燕等领导出席颁奖音乐会并为获奖选手颁奖。

【“通州艺苑”文学艺术展示周活动】 2018年,南通市第十三届“五月风”暨第八届“通州艺苑”文学艺术展示周活动在金沙街道金乐佳苑小区启动。市委宣传部副部长、市文联主席王一鸣,区委常委、宣传部部长胡卫东,副区长樊小燕启动活动水晶球。“通州,向幸福出发”——纪念改革开放40周年专场文艺演出为展示周活动拉开帷幕。与此同时,纪念改革开放40周年——“幸福通州”文学、书画、摄影、楹联、诗词展开展,令观展群众流连忘返、交口称赞。该展览走村居、进企业、入校园,受益4万余人。

第八届“通州艺苑”文艺展示周活动专场文艺演出 （区文联 供图）

【张松年、李兵摄影作品展】 3月23日,由区文联牵头组织,在区行政中心举办“追梦的足迹——张松年、李兵摄影作品展”,130余幅作品参展,内容涉及山水、人文、舞台、花鸟等多个题材,风格不一,各具魅力,展示了摄影者独特的创作理念、审美视角和摄影技艺。

【青少年管乐专场交响音乐会举办】 7月10—11日,“童声里的中国”系列活动之童心追梦——青少年管乐专场交响音乐会分别在文博中心剧场和实验小学举办。来自通州实验小学蕊春管乐交响乐团和南通市群星青少年交响乐团的100余位“小乐手”演奏了《皇家大道拉丁幻想曲》《茉莉花》《贝多芬第五交响曲》《光荣的凯旋》等13首中外经典曲目,深情表达新时代少年对伟大祖国的赞颂和对美好未来的憧憬,为观众们呈现了一场精彩纷呈的音乐盛宴。

【南通书画名家走进东社大型采风创作活动】 2018年,南通书画名家走进东社大型采风创作活动在东社镇举行。王法、丘石、侯德剑等20名南通知名书画家挥毫泼墨,用纸笔反映东社镇改革开放四十年来的发展成就和美好愿景。福建省军区原政委陆凤彬参加活动。同时,举办“发现东社美”摄影大赛获奖作品颁奖仪式。此次摄影大赛共收到参赛作品近3000幅,评选出一等奖2名,二等奖6名,三等奖10名,获奖作品在现场进行展览。

【墨木凝芳——陈中林国画作品展】 9月29日上午,"墨木凝芳"——陈中林国画作品展在区美术馆开幕。这是通州区纪念改革开放40周年系列文化活动的重要组成部分,也是陈忠林回报家乡的一份厚礼。王法、侯德剑等知名书画家以及100余名书画爱好者参加活动。陈中林,1968年生于通州区五接镇,1989年毕业于苏州工艺美术学院绘画专业,擅长花鸟创作。此次展出的精品国画是陈中林先生近年来的部分新作,一笔一画、一景一物,都渗透着陈中林对书画艺术的深刻认知和对艺术生活的深刻向往。他将红木点缀花展间,体现出书画与古典家具的融合,"墨木凝芳"便由此而来。

"墨木凝芳"陈中林国画作品展开展 (区文联 供图)

【"兴文化·新使命"通州书画作品展】 12月14日,为纪念改革开放40周年,南通市各县(市、区)书画轮展"兴文化·新使命"通州书画作品展开幕式在南通市中心美术馆举行。此次活动共展出通州区59位书画家的84件作品,南通市书画名家沈启鹏、王法、张宴、丘石等与通州参展作者举行座谈,给予高度肯定。

【微旬刊《大文坊》全国文学通州创作基地揭牌】 12月29日,微旬刊《大文坊》全国文学通州创作基地揭牌仪式在区行政中心举行。这成为通州对外宣传的文化窗口,提升了通州的文化底蕴和艺术氛围,是把繁荣文学作为提升城市文化品位、带动文化产业发展的重要举措。

(邱永康)

2018年通州区文联会员部分发表、出版及获奖作品一览表

表8

类　别	项目名称	作　者	出版(展览、演出)情况	时间	主办单位	全国获奖	省(市)获奖	备注
儿童剧	《青铜葵花》	张　锋	全省公益巡演	2018年	江苏省委宣传部、江苏省文化厅		2018紫禁文化艺术节"特别奖"	
散文集	《我在晨风中等你》	曹荣琪	凤凰文艺出版社	2018年				出版
清名家词传	《故国千门难锁梦》	沈双建	江苏大学出版社	2018年				出版
清名家词传	《误人犹是说聪明》	沈双建	江苏大学出版社	2018年				出版
清名家词传	《人生若只如初见》	沈双建	江苏大学出版社	2018年				出版
清名家词传	《恋他芳草不多时》	沈双建	江苏大学出版社	2018年				出版
清名家词传	《燕子不来花自落》	沈双建	江苏大学出版社	2018年				出版
报告文学	《江海怒涛——新四军抗战在通州》	陆子森编著	团结出版社	2018年				出版
散文	《此情可待成追忆》	曹　焱	河南文学百花园全国征文大赛	2018年	《百花园》杂志社	二等奖		
诗歌	《很想去远方》	曹　焱	全国诗文大奖赛	2018年	《百花园》杂志社	佳作奖		
散文	《师心如水》	熊益军	江苏教育报	2018年	江苏省教育厅			发表
散文	《青藤书屋》	刘伯毅	国家电网报	2018年	中国电力总公司			发表
散文	《蓝印花布》	刘伯毅	《繁荣》报	2018年	江苏省文联			发表
散文	《人生比喻》	刘伯毅	《繁荣》报	2018年	江苏省文联			发表

续表8

类　别	项目名称	作　者	出版(展览、演出)情况	时间	主办单位	全国获奖	省(市)获奖	备注
诗词	《刺桐花》	汤俊峰	全国咏花诗词竞赛	2018年	《星星诗刊》、攀枝花市委宣传部、攀枝花市文联	二等奖		
诗词	《萤火虫志愿者》	汤俊峰	“雁塔杯”全国慈善诗词竞赛	2018年	西安市雁塔区慈善会、西安市雁塔区文学艺术界联合会	三等奖		
套曲	《正宫端正好》	汤俊峰	《军旅情》一书	2018年	中国文艺出版社出版			入选
诗词	《七绝·赞汾湖高新区》	陶汉清	第三届“柳亚子杯”全国诗词(歌)大赛	2018年	中华诗词学会、江苏省诗词协会	三等奖		
楹联	楹联作品	陶汉清	2019年“城门挂春联江苏开门红”活动	2018年	新华报业传媒集团、南通市委宣传部		入选	
版画	《天光下的劳作》	陈鹏刚	江苏省改革开放四十周年主题美术作品展	2018年	江苏省文联、江苏省美协		入选	
版画	《挡不住喜悦》	陈鹏刚	庆祝改革开放40周年群文美术书法优秀作品展	2018年	江苏省文联、江苏省美协		入选	
版画	《挡不住喜悦》	陈鹏刚	第五届丝绸之路国际艺术节“今日丝绸之路国际美术邀请展”	2018年	中华人民共和国文化和旅游部、陕西省人民政府	入选		
国画	《忻》	姜唯一	南通市美术大展	2018年	南通市委宣传部、南通市文联		南通市金奖	
油画	《金水滩》	华振明	南通市美术大展	2018年	南通市委宣传部、南通市文联		南通市铜奖	
国画	《青溪山居》	李　进	南通市美术大展	2018年	南通市委宣传部、南通市文联		南通市铜奖	
国画	《腾瑞》	瞿　鹏	南通市美术大展	2018年	南通市委宣传部、南通市文联		南通市铜奖	
漫画	《胎教》	邱志新	南通市美术大展	2018年	南通市委宣传部、南通市文联		南通市铜奖	
篆刻	篆刻作品	朱欢笑	江苏省第十一届新人展	2018年	江苏省书法家协会		入展	
书法	《行乐以书联》	陈学光	江苏省“凤凰职教杯”改革开放四十年书法篆刻展	2018年	凤凰职教、江苏省教育书法家协会		入展	
书法	王安石《同学一首别子固》	陈学光	第三届笔墨先锋全国硬笔书法大赛	2018年	中国硬笔书法江湖网	金奖		
书法	《郑燮诗四首》	陈学光	江苏省第二届七彩语文杯中小学教师正书大赛	2018年	《七彩语文》杂志社、江苏书法院		一等奖	
舞蹈	《心声》	季红梅	南通市首届社会舞蹈大赛	2018年	南通市文学艺术联合会、南通市舞蹈家协会		南通市银奖	
舞蹈	《我等你》	杨撼宇	南通市首届社会舞蹈大赛	2018年	南通市文学艺术联合会、南通市舞蹈家协会		南通市铜奖	
舞蹈	《迈进新时代》	杨撼宇	江苏省首届“迈进新时代·幸福舞起来”广场舞大赛	2018年	江苏省委宣传部、文明办、文化厅、体育局、文联		南通市二等奖	

续表8

类　别	项目名称	作　者	出版(展览、演出)情况	时间	主办单位	全国获奖	省(市)获奖	备注
舞蹈	《竹趣》	殷晓莉	南通市首届社会舞蹈大赛	2018年	南通市文学艺术联合会、南通市舞蹈家协会		南通市银奖	
舞蹈	《荷花盘子舞》	殷晓莉	江苏省首届“迈进新时代·幸福舞起来”广场舞大赛	2018年	江苏省委宣传部、文明办、文化厅、体育局、文联		南通市二等奖	
民歌	《老街坊》	顾吴迪	2018中国太原“一带一路”民歌邀请赛	2018年	中共太原市为宣传部、太原市文化局、太原市群众艺术馆	最佳歌手奖		
民歌	《老街坊》	顾吴迪	第十届中国曲艺牡丹奖	2018年	中国曲艺家协会	表演奖入围		
鼓曲	《老街坊》	顾吴迪	2018南通市小戏小品曲艺展演	2018年	南通市文广新局		二等奖	
鼓曲	《老街坊》	黎　化　张　杰　顾吴迪	第七届江苏曲艺芦花奖	2018年	南通市文联		节目奖	
小戏	《散花》	季新华、何婷婷等	中央电视台“一鸣惊人”栏目	2018年	中央电视台			录制
通剧	《踏青》	张莉领唱	中央电视台“一鸣惊人”栏目	2018年	中央电视台			录制
通剧	《审舅舅》	葛　豪　张　莉　葛维东等	“中国·宜兴·梁祝戏剧节”	2018年	中国田汉研究会、中国宜兴梁祝戏剧节组委会	金奖		
通剧	《审舅舅》	葛　豪　张　莉　葛维东等	江苏省五星工程奖	2018年	江苏省文化和旅游厅		金奖	
通剧	《审舅舅》	葛　豪　张　莉　葛维东等	中国相声小品大赛	2018年	中央广播电视总台央视大型节目中心	小品组第6名		
黄梅小戏	《桑树村头》	黎华创作,杨洁导演,张莉、葛维东等参演	“中华颂”全国戏曲邀请展暨深圳罗湖戏曲文化周活动	2018年	中国民间文艺家协会民间戏曲艺术委员会、中华颂全国小戏小品曲艺大展委员会	“最佳剧目”奖“优秀创作奖”“优秀导演奖”“优秀演员奖”		
通剧	《瓦匠女人》	黎华创作,钱荣泉作曲、何婷婷、葛豪等主演	2018江苏省紫金文化艺术节	2018年	江苏省委宣传部、江苏省文化厅			展演
小品	《缘来如此》	张山导演、杨洁参演	公安部全国小品相声大赛	2018年	公安部宣传局、全国公安文联	二等奖		
小品	《半夜鸡叫》	张　山　许　君等	中央电视台“梦想剧场”栏目组	2018年	中央电视台			录制
小品	《二嫂争媳》	许　君　李汉芳等	第十届中国曲艺牡丹奖全国曲艺大赛	2018年	中国曲艺家协会	节目奖		
摄影	《齐心栽培》、《顾庄之夜》	季晓玲	“花木大世界杯”摄影大赛	2018年	江苏省摄协		入选	
摄影	《虔心供养》	高　飞	中国摄影报“走进南通州”影友擂台赛	2018年	中国摄影报	三等奖		
摄影	《京枣飘香》、《虔心供养》	高　飞	第27届奥地利特伦伯超级摄影巡回展	2018年	国际影艺联盟、美国摄影学会	入选		
摄影	《姊妹》	高　飞	《大众摄影》杂志俱乐部联展	2018年	《大众摄影》杂志	入选		

续表8

类别	项目名称	作者	出版(展览、演出)情况	时间	主办单位	全国获奖	省(市)获奖	备注
摄影	《乡间童子戏》	高飞	第18届平遥国际摄影大展	2018年	中国摄影家协会指导、中共山西省委宣传部、山西省文化厅	入展		
摄影	《2018最美乡村医生》	张峰	“2018平安好医生‘最美乡村医生’公益摄影展”	2018年	中国摄影报	入展		
摄影	《王秀冲:让“麻风村”变成了“幸福院”》	张邦发	“2018平安好医生‘最美乡村医生’公益摄影展”	2018年	中国摄影报	入选		
摄影	《大林村竹海》	捷飞	“巍巍大别山,主峰在霍山”全国摄影作品展	2018年	中国摄影报、安徽霍山县旅游工会	入选		
摄影	《祭祀活动上的鱼灯队伍》	捷飞	“醉美金华”第二届全国摄影作品大展	2018年	中国摄影报.浙江金华市文联金华市旅游局	入选		
摄影	《老街的早晨》	捷飞	“国际慢城.闲静高淳”全国摄影作品大展	2018年	中国摄影报、江苏高淳国际慢城旅游管委会	入选		
摄影	《独轮倩影》	捷飞	《大众摄影》杂志	2018年	《大众摄影》杂志	入选		
摄影	《古城小夜店》	叶冬梅	《大众摄影》俱乐部联展	2018年	《大众摄影》杂志	入展		
摄影	《乡间童子戏》	高飞	第18届平遥国际摄影大展	2018年	中国摄影家协会指导、中共山西省委宣传部、山西省文化厅	入展		
摄影	《2018最美乡村医生》	张峰	“2018平安好医生‘最美乡村医生’公益摄影展”	2018年	中国摄影报	入展		
摄影	《王秀冲:让“麻风村”变成了“幸福院”》	张邦发	“2018平安好医生‘最美乡村医生’公益摄影展”	2018年	中国摄影报	入选		
摄影	《大林村竹海》	捷飞	“巍巍大别山,主峰在霍山”全国摄影作品展	2018年	中国摄影报、安徽霍山县旅游工会	入选		
摄影	《祭祀活动上的鱼灯队伍》	捷飞	“醉美金华”第二届全国摄影作品大展	2018年	中国摄影报.浙江金华市文联金华市旅游局	入选		
摄影	《老街的早晨》	捷飞	“国际慢城.闲静高淳”全国摄影作品大展	2018年	中国摄影报、江苏高淳国际慢城旅游管委会	入选		
摄影	《独轮倩影》	捷飞	《大众摄影》杂志	2018年	《大众摄影》杂志	入选		
摄影	《古城小夜店》	叶冬梅	《大众摄影》俱乐部联展	2018年	《大众摄影》杂志	入展		
摄影	《好一个水枪手》、《离弦之箭》	叶冬梅	南通市“119杯”消防公益摄影大赛	2018年	江苏省摄协、南通市委宣传部、市文联、市消防支队		优秀奖	
摄影	《“犬”力以赴》	宋协培	微信双周展	2018年	中国摄影家协会网	入选		
摄影	《挺住》	宋协培	第二十一季中国手机摄影达人秀作品	2018年	中国摄影家协会网	入选		
摄影	《升国旗》、《消防演练进寺院》	宋协培	南通市“119杯”消防公益摄影大赛	2018年	江苏省摄协、南通市委宣传部、市文联、市消防支队		优秀奖	
摄影	《传承》	卑多敏	“好医生好护士”摄影大赛	2018年	省卫计委、新华报业传媒集团、省摄影家协会		优秀奖	

续表8

类　别	项目名称	作　者	出版(展览、演出)情况	时间	主办单位	全国获奖	省(市)获奖	备注
摄影	《托起生命的希望》、《与死神的赛跑》	卑多敏	南通市"119杯"消防公益摄影大赛	2018年	江苏省摄协、南通市委宣传部、市文联、市消防支队		入围奖	
摄影	《人勤春来早》	卑多敏	"中国梦·劳动美·幸福路"纪念改革开放40周年江苏职工摄影大赛(展)	2018年	江苏省摄影家协会		优秀奖	
摄影	《普惠金融进菜场》	蒋海燕	全国金融系统纪念中国改革开放40周年摄影展	2018年	《大众摄影》杂志	入展		
摄影	《丝路印记·黄河》	蒋海燕	第二届影像丝绸之路——天水摄影双年展	2018年	《大众摄影》杂志	入展		
摄影	《祥云缭绕八宝镇》、《眺望仙境》、《调色盘》	蒋海燕	天境祁连·印象八宝全国摄影展	2018年	《大众摄影》杂志	入展		
摄影	《秋染奇墅湖》	蒋海燕	2018黟县乡村旅游摄影大展	2018年	中国摄影报	入选		
摄影	《塔吉克族风情》	蒋海燕	第二届中国民族影像志摄影大展	2018年	中国民族博物馆	入选		
摄影	《巍巍昆仑》	蒋海燕	"千灯杯"中国好风光全国摄影大展	2018年	《大众摄影》杂志	入展		
摄影	《手艺老人》	包志彬	江苏省信息通信行业第二届摄影大赛暨"移动杯"江苏省第二届手机摄影大赛	2018年	江苏省摄影家协会		优秀奖	
摄影	《白雪公主》	张松年	2018第三期《大众摄影》	2018年	《大众摄影》杂志	入选		
摄影	《建设者》	张松年	2018第七期《大众摄影》	2018年	《大众摄影》杂志	入选		
摄影	《五彩滩》	张松年	首届中国盐城沿海湿地国际摄影展	2018年	中国摄影报	入展		
摄影	《美丽家园》	刘　凯	2018"记住乡愁"中国(黟县)乡村旅游摄影大展	2018年	中国摄影报	入展		
摄影	《石桥流云》	刘　凯	2018"中原养生地,河南云台山"全国摄影大展	2018年	中国摄影报	入展		
摄影	《湖舟之韵》	刘　凯	"巍巍大别山,主峰在霍山"旅游风光全国摄影作品展	2018年	中国摄影报	入展		
摄影	《又是一年枫叶红》	曹　松	2018年第一期《大众摄影》杂志	2018年	《大众摄影》杂志	入选		
摄影	《卖气球的老大姐》	王银祥	美丽江苏——改革开放40周年辉煌成就摄影展	2018年	江苏省摄影家协会		优秀奖	
摄影	《看海》	秦金西	《改革在身边2018手机摄影大赛》征稿活动。	2018年	中国新闻社、浙江大学	三等奖		
影视	广播长消息《村里办起"传习所" 传递党的"好声音"》	严　冰　王云峰 王　皓　张雪松		2018年	中广联合会	三等奖		

续表8

类别	项目名称	作者	出版(展览、演出)情况	时间	主办单位	全国获奖	省(市)获奖	备注
影视	广播社教《孙春梅:演绎"QQ"农场的现代田园"创客"》	王皓 严冰 王云峰 张雪松		2018年	中广联合会	二等奖		
影视	广播短消息《〈撸起袖子加油干〉演唱视频走红网络》	严冰 王云峰 张雪松		2018年	中广联合会	二等奖		
影视	广播评论《"厕所革命":既要面子 更要里子》	王云峰 严冰 张雪松 杨婷婷		2018年	中广联合会上海经济区委员会	三等奖		
影视	广播剧:儿童剧《田梦儿》	王云峰 严冰 李果 张雪松	第十七届中国广播剧研究会专家奖	2018年	第十七届中国广播剧研究会	三等奖		
影视	广播长消息《"义举妈妈"实现爱子遗愿 120万抚恤全慈善助困》	严冰 王云峰 张雪松	江苏省新闻出版广电政府奖	2018年	江苏省新闻出版广电局		特别奖	
影视	少儿精品节目《童心向党 幸福成长》	李果 严冰 张雪松 高端	江苏广播电视少儿精品	2018年	江苏省新闻出版广电局		二等奖	
影视	播音作品《民警朱达》	张舒悦	江苏播音社教作品	2018年	江苏省新闻出版广电局		三等奖	
影视	播音作品《文天祥在通州》	张雪松	江苏播音文艺作品	2018年	江苏省新闻出版广电局		三等奖	

区哲学社会科学界联合会

【概　况】 2018年,区社科联积极开展理论研讨、成果评奖、应用研究、社科普及、队伍建设等工作,获省社科联系统"工作创新奖"。1项研究成果获2017年度江苏省社科联应用研究精品工程二等奖,1项研究成果获江苏省哲学社会科学界第十二届学术大会优秀论文三等奖,1项研究成果被省政府评为江苏省第十五届哲学社会科学优秀成果三等奖,5项研究成果被市政府分别评为南通市第十四届哲学社会科学优秀成果二、三等奖;2项研究课题获2018年度"江苏省社科应用精品工程"课题立项,2项研究课题获南通市社科联热点课题研究立项,并按时结项。与区委宣传部、区科协联合发出研究课题指南,确定立项不资助研究课题32个,经组织评审,对22项优秀应用研究成果给予表彰奖励。建立区社会科学普及工作联席会议制度,明确各成员单位社会科学普及工作职责,区政府副区长樊小燕任联席会议召集人。举办金沙市民讲坛第12、13期讲座活动,邀请山东省中华文化促进会委员会委员、干部政德教育学院客座教授孔令绍和江苏省委党校教授倪洪兰分别作"推动社会主义文化繁荣兴盛"和"心理健康与心理调适"专题讲座。推荐社科骨干参加市社科骨干(智库人才)南京大学专题研修班、全区宣传骨干浙江大学培训班,与区委宣传部联合举办基层宣讲员培训和《习近平中国特色社会主义思想》专题培训。

【二届二次理事会议】 1月25日,区社科联二届二次理事会议召开,会议听取和审议区社科联主席曹荣琪代表区社科联二届理事会所作工作报告,听取关于二届理事会部分理事调整的说明,调整部分社科联主席会成员,易卫东、薛小玉、姜华、顾圣亮通过选举当选社科联兼职副主席,孙连文当选社科联秘书长。

【省社科联调研通州区社科理论工作】 3月20日,江苏省社科联党组副书记、副

3月20日,省社科调研通州区社科理论工作　　(周嫒嫒 摄)

主席汪兴国率队到通州专题调研社科理论工作，区社科理论战线的部分代表结合工作实际，围绕“如何加强和改进县级理论工作，为地方经济社会发展提供精神动力和智力支持”主题作交流发言。汪兴国对通州社科理论工作表示肯定，并希望社科理论工作者始终站在理论创新的前沿，充分发挥智库功能，多出重要理论成果，为服务地方经济社会发展提供理论支持。

8月17日，通州召开学习习近平新时代中国特色社会主义思想理论研讨会
（区社科联 供图）

【学习贯彻习近平新时代中国特色社会主义思想理论研讨】 2018年，区社科联与区委宣传部联合开展“学习贯彻党的十九大精神”征文活动，共收到征文74篇，对20篇优秀论文给予表彰奖励。8月17日，召开学习贯彻习近平新时代中国特色社会主义思想理论研讨会，全国理论宣讲先进个人、南通市委宣传部副部长黄正平应邀出席，并作专题报告。

【区第四届哲学社会科学优秀成果评奖】 2018年，区社科联根据省、市哲学社会科学优秀成果评奖工作统一部署，完善《通州区哲学社会科学优秀成果奖励办法》，强化宣传发动，提高奖励标准，优化评奖程序，共收到申报成果114项，经初评、终评、公示，评出获奖成果35项，其中特等奖1项、一等奖5项、二等奖9项、三等奖20项。

【区第九届社会科学普及宣传周】 9月21日，在区图书馆举行以“谱写高质量发展新篇章，建设‘强富美高’新通州”为主题的区第九届社会科学普及宣传周启动仪式，来自全区各镇（区、园、街道）、区直各部门、各社科学会、各社科普及基地的180多名社科志愿者参加活动。仪式前，开展广场咨询和社科图片展览，区委党校、区社科联、发改委、司法局、统计局、人民银行等10多家单位的社科专家参加活动。启动仪式上，区领导向7家新申报命名的社科普及示范基地授牌和赠书。

9月21日，通州区第九届社会科学普及宣传周启动　（顾学锋 摄）

【社会科学普及示范基地申报】 2018年，根据《通州区社会科学普及示范基地创建与管理办法》有关要求，经单位申报、专家评估，新命名刘桥镇英雄村、石港镇四港村党的创新理论传习所、金新街道金南社区、西亭小学、十总镇骑岸社区、平潮镇吉坝村、张芝山镇张芝山社区7家单位为通州区社会科学普及示范基地，实现社科普及示范基地各镇区园街道全覆盖。（陈泉江）

区归侨侨眷联合会

【概　况】 2018年，区侨联秉承“以侨为本，为侨服务”宗旨，以“凝聚侨心、汇集侨智、发挥侨力、提升侨联”为重点，扎实做好侨界工作。9月，举办宣讲会，向全体统战委员、侨联委员、侨界政协委员和部分侨界代表集中传达中国侨联“十代会”精神，并就进一步宣传贯彻好会议精神进行安排部署。

【服务中心】 2018年，区侨联积极引导侨界人士关心支持家乡发展，通过电话、网络等通讯手段加强与海外侨胞、港澳同胞的联系交流，大力宣传推介通州。在侨界群众中开展“我为南通高质量发展献一计”活动。鼓励支持侨界艺体活跃份子参加社区活动。与《通州日报》合作开展“改革开放四十周年海外创业人物”专题报道。按照“侨界企业人士联谊会”章程开展相关活动，进一步聚集侨界资源、吸引侨商投资、服务侨资企业。推进侨界人大代表、政协委员和侨联组织参政议政能力建设，积极配合侨界人大代表、政协委员开展专题调研，组织召开侨界人大代表、政协委员座谈会，引导归侨侨眷有序开展政治参与，依法参与管理国家事务和社会事务，提高参政议政水平。

【爱侨护侨】 2018年，区侨联从组织特点出发，实现向全体涉侨人员，特别是老、弱、病、残、贫涉侨人群的服务延伸覆盖。建立老侨信息互通制度，通过关爱空巢老侨、组织老侨集体联谊、过逢十整生日、经常性电话问候、定期上门探望等方式，为老侨提供帮扶。开展“送温暖进侨界”活动，在中秋、春节等重大传统节日期间，上门走访慰问孤寡、患病、贫困的侨界群众，全年共走访慰问侨界群众60多人次。开展“亲情在侨联”活动，在为归侨侨眷和海外侨胞、港澳同胞生活困难、升学就业、寻亲访祖、房屋纠纷、法律援助、出国出境签证等方面做出不懈努力，积极为侨办好事、办实事。开展“侨帮侨”活动，通过侨企牵手、爱心结对等措施，关心和扶助生活困难的归侨侨眷。深入到镇村、社区和学校，向困难群众发放由澳大利亚魏基成夫妇捐赠的冬衣，将侨胞爱心传递给国内困难群众。开展“下基层、进侨户、送侨法”宣传月活动，组织侨法广场宣传日活动，发放宪法和侨法资料，接受群众咨询近20人次，通过张贴侨法、悬挂横幅、制作展板、发放资料等多种形式宣传侨法，全区共悬挂横幅16条，发放宣传资料500多份。做好依法行政和维权信访，把工作重心放到事先预防和化解上来，先后为侨胞及其眷属解决医疗保障、房屋拆迁、出境签证等涉侨事宜5起。

【凝聚侨心】 2018年，区侨联以“凝侨心、聚侨力”为着力点，创新活动载体，丰富活动内容，积极探索联谊新道路。以联络为重点，坚持“必访、必问、必记”制度，着力打造现代通讯信息交流平台，扩大建立侨友微信群、QQ群、电邮群，与海外侨界人士特别是重点代表人士保持经常性联系，做到问候不停，宣传不停，联谊不断。向海外侨胞、海外顾问等寄送贺年信(卡)200多封。做好侨胞来通接待，全年共接待海内外侨胞、港澳同胞7批30多人(次)。抓好常态联谊，相继开展“共话乡情发展”侨界迎春座谈聚会、“粽叶飘香过端午”主题联谊、参观忠孝文化园、“张謇故事”大型多媒体演讲会走进通州等形式多样的交流联谊活动。与扬中侨联结成友好单位，资源共享，长期协作。加强与美西中国和平统一促进会、美国德州理工大学中国留学生联谊会、加拿大华人华侨社团的联系，不断挖掘海外侨务资源的潜力和优势。随市侨联出访团走进美国，开展文化联谊，宣传通州发展。

【规范建设】 2018年，区侨联以“小机关、大舞台，小队伍、大作为”为理念，切实加强侨联机关建设和党员干部队伍建设。制定驻会人员岗位行为规范、工作岗位职责、服务承诺、责任清单等规章制度，开展电教警示、撰写家书、专项测试、阳光扶贫、走帮服、社区志愿服务等主题学习实践活动，进一步规范权力运行，确保侨联工作健康发展。组织侨联干部参加各类学习培训。做好老干部工作，开展“二对一”联系服务制度，做到遇到困难必访、重大节日必访、生病住院必访。深入了解基层侨联的工作情况和“侨之家”活动阵地运作情况，重点加强对城关镇社区侨联工作的指导，不断加强“五有”(有组织、有队伍、有阵地、有经费、有活动)基层侨联小组建设，进一步构建覆盖面更广、凝聚力更强的侨联组织网络。

(管　鹰)

区残疾人联合会

【概　况】 2018年，区残联聚焦贫困残疾人脱贫攻坚，打造残联服务品牌，加大群团改革，以加快残疾人小康进程为目标，着力改善残疾人服务供给，持续优化残疾人事业发展环境，不断夯实残疾人工作基础，圆满完成各项工作任务，连续四年获区“民生及社会建设工作先进集体”称号。

【第二十八次全国助残日活动】 4月25—5月25日，围绕“全面建成小康社会，残疾人一个也不能少”主题，开展丰富多彩的助残活动。首创通州爱心围棋考点，丰富残疾人精神文化业余生活；举办“红领巾助残”活动和回访活动，在学生中倡导扶残助残的良好社会风尚；举办2018年残疾人就业专场招聘会，搭建残疾人与用人单位的对接平台；组织助残组织和爱心企业定向捐赠，从生活上关爱残疾家庭。同时，镇区两级举办特教阳光体育运动会、“残疾人之家”服务对象免费义诊、贫困残疾人辅具适配工作和使用指导及检修活动、肢残青年励志教育主题活动、健残儿童联谊会、回访“残疾人爱心亭”、入户走访慰问困难残疾人等系列助残活动近30项。

【重点康复项目】 2018年，区残联为3648名残疾儿童和持证残疾人提供精准康复服务。健全残疾儿童康复救助制度，筛查转介201名儿童至定点机构参加康复训练。为1952名残疾人适配辅具和家庭无障碍改造器具2008件。实施白内障复明工程，为206名白内障患者提供免费手术。加大贫困及肇事肇祸精神残疾人救助力度，为1495名精神残疾人诊断病情，提供免费基本用药。开展“全国残疾预防日”宣传教育活动，印发残疾预防与康复科普宣传资料5000多份。

【为民办实事】 2018年，区残联按照“七有”标准全面完成7家“残疾人之家”新建任务，全区“残疾人之家”总数达20家，实现乡镇(街道)全覆盖，惠及残疾人330多名。强化劳动项目管理，面向社会公开征集辅助性就业劳动项目，建立区级项目库。出台奖励政策，激发企业为“残疾人之家”提供劳动项目的热情与积极性。《建立辅助性就业项目库，实行考核奖励，保障“残疾人之家”健康运行》作为全省残联系统2018年度创新创优项目被予以通报表扬。

【残疾人文体】 2018年，残疾人事业宣传报道年发稿量432篇，其中国家和省级媒体用稿158篇。区镇两级开展助残活动近30项。“中国通州”官网开设“残疾人服务”专栏，区广播电台开播残疾人专题节目，“南通通州残联”微信公众号推送信息112期121篇，其中被江苏省大走访公众号录用信息6篇。残疾人运动员顾小飞在第三届亚洲残疾人运动会80公斤级举重比赛中以226公斤的成绩获得冠军。在江苏省第十届残疾人运动会上，通州区残疾人运动员创6金4银的佳绩，金牌数列南通市各县（市、区）第一。

【残疾人就业】 2018年，区残联组织开展贫困残疾人实用技术培训和残疾人职业技能培训，开办各类培训班20期，受益人群达395人。举办“残疾人就业援助月”和“全国助残日”残疾人就业专场招聘会，40多家企业为260多名残疾人提供岗位320多个。完成残疾人就业保障金年审工作，审核用人单位588家，受益残疾人1247人。全年新增实名制培训220人，就业190人。

【残疾人权益维护】 2018年，区残联协调落实残疾人司法保护的相关规定，妥善处理残联主体责任的各类信访事项。建立残疾人法律援助对象信息沟通和跟踪机制，每月更新区法律援助中心的残疾人信息，对数据库中的重度残疾人实施法律援助免申请审批手续，直接进入法律援助。建立残疾人法律援助联系制度，实时沟通援助信息。全年共接待残疾人来信、来电、来访300多人次，未发生集体上访和越级上访事件，70名残疾人接受法律援助，涉及金额300余万元，为残疾人免收法律服务费用近30万元。

（季　洁）

区红十字会

【概　况】 2018年，区红十字会紧扣“三救三献（救灾、救护、救助、无偿献血、遗体器官捐献和造血干细胞捐献）”核心业务，依托理事单位的大力支持，凝聚力量，攻坚克难，积极为群众解困、主动替政府分忧。每月突出一个主题，组织党员干部进社区志愿服务、应急救护知识“五进”、为低收入户开展“五送”（送项目、送政策、送信息、送技能、送关爱）等活动。是年，被评为2018年度中国红十字博爱理事会优秀理事单位、江苏省养老照护志愿服务工作先进单位，荣获2018年度中国红十字会总会报刊宣传先进集体一等奖、2018年全国红十字防灾避险知识竞赛最佳组织一等奖。

【健康扶贫工作】 2018年，区红十字会开展“博爱在通州、人道万人捐”募捐活动，全年募集健康扶贫捐款105万元。每季度组织党员干部到结对帮扶的十总镇渡海亭村5户建档立卡低收入户家中开展走帮扶活动，全年累计给予帮扶款物6000余元。为两户帮扶家庭中有劳动能力的成员解决就业问题。赠送5户贫困户一批鸡苗，及时帮助他们解决在养殖过程中遇到的问题，定期了解他们的需求，引导帮扶家庭通过自身劳动脱贫。开展“大爱通州”红十字博爱助医、助学、助困系列活动，为1721户建档立卡低收入户发放救助金97万元。在《通州日报》和区红十字会网站对募集的捐款、拟救助对象以及救助款物发放情况进行公示，全程公开透明，增强社会公信力。开展对口支援活动，援助陕西镇巴贫困大学新生27名、贫困留守儿童14名，扶持资金达10万元；援助新疆伊宁县健康扶贫项目资金5万元；援助广西西林县物资2.95万元。

【应急救护培训】 2018年，区红十字会全力实施省市政府民生实事项目，全年举办公益性应急救护培训班100余期，培训初级救护员1300余人，普及培训1.08万余人。对学校教职工、幼儿园老师和保育员、营运客车司乘人员、环卫工人、涉外企业安全员开展初级救护员培训，首次将新录用公务员、新聘事业单位工作人员和特种作业人纳入普及培训对象。制定《应急救护师资工作职责》和《应急救护师资工作制度》，选派23名师资参加上级举办的初（复）训班，开展师资教学交流会4次，2人在2018年全省应急救护技能竞赛中分获个人第三名、第八名，并助力南通市代表队获得团体二等奖。王学锋被省总工会、省人力资源和社会保障厅、省红十字会分别授予“江苏省五一创新能手”“江苏省技术能手”“江苏省红十字应急救护能手”称号。由省红十字会资金支持建设的区红十字会应急救护培训基地建成并投入使用。组织红十字应急救护志愿者积极参与“全民消防护佑乡村振兴”大宣讲活动，区红十字会应急救护志愿服务队被评为江苏省2016—2018年度优秀红十字志愿服务组织。

【应急救援服务能力】 2018年，区红十字会加强备灾仓库管理，做好备灾物资储备工作，在现有50顶救灾帐篷的基础上，招标采购1000条价值9.85万元的棉被。拓展备灾资金筹集渠道，争取“红十

2018年博爱助学款发放活动　　（区红十字会 供图）

字人道救助基金”60万元。积极开展防灾知识普及,组织全区4万余名红十字会员、志愿者参加中国红十字会总会举办的全国红十字防灾避险知识竞赛,区红十字会和全区47家基层红十字会获得中国红十字会总会表彰。

【博爱家园项目品牌】 2018年,区红十字会继续做好金沙街道朝阳社区和平潮镇桃郚社区博爱家园项目试点工作,下拨经费3万元支持社区开展活动。建立社区红十字博爱服务平台、社区红十字应急救护培训中心和红十字志愿者活动室,将红十字便民服务融入社区公共服务。开展人道主义宣传、志愿者招募等活动。指导社区实施博爱家园项目服务。开展养老照护、志愿陪伴、邻里守望、救护培训、心理咨询等志愿服务活动近百场,受益群众5000余人次。

【红十字青少年品牌】 2018年,区红十字会组织开展争创南通市红十字达标学校活动,3所学校接受南通市级验收。11月22日,省红十字会副会长徐国林率全省学校红十字会工作推进会全体与会人员到通州中专现场观摩学校红十字青少年活动阵地和学校应急避险救护技能演练活动,对通州学校红十字会工作的规范开展表示肯定。全区37所学校创建成为南通市“红十字达标学校”、21所学校荣获江苏省“红十字示范学校”称号、1所学校被评为全国“红十字模范校”,数量位居南通市各县(市、区)首位。韬奋小学红十字会被评为2016—2018年度江苏省红十字会基层组织工作先进集体。

【养老照护服务品牌】 2018年,区红十字会创新服务模式和工作机制,将区红十字会党员干部进社区与红十字养老照护志愿服务工作相结合,在金新街道金南社区和金沙街道虹西社区分别组建红十字养老照护志愿服务队,开展养老照护志愿服务工作,联合区人民医院举办养老照护知识公益讲座。全年共组织开展养老照护知识普及培训7次,受众500多人次,开展养老照护志愿服务20次,受益居家养老家庭214户。

在平潮镇举办纪念世界红十字日志愿服务活动 (区红十字会 供图)

【志愿服务】 5月8日,市、区两级红十字会联合市委办公室、平潮镇举办纪念“5·8”世界红十字日暨“走帮服”宣传活动,红十字工作者及部分红十字志愿者进行现场宣誓、开展现场志愿服务活动,为26户困难家庭送上慰问物资。为纪念第19个世界急救日,联合区人民医院、高新区卫生所等单位,在金南社区开展交通安全“救”在身边主题宣传活动,通过发放宣传手册、现场义诊咨询、救护技能演示等多种形式,宣传应急救护知识。安排志愿者上门为行动不便的老人普及救护知识。

【招募爱心志愿者】 2018年,区红十字会利用电视、报纸、网络以及户外电子屏等媒体,大力宣传造血干细胞、遗体(器官)捐献的科普知识,招募造血干细胞捐献志愿者和遗体(器官)捐献志愿者,并制作宣传品进行发放。全年共采集造血干细胞志愿捐献者血样80人份。

(邵晓明)

区关心下一代工作委员会

【概　况】 2018年,全区关工委组织开展“传红色基因、共话新时代、放飞青春梦”教育实践活动和纪念改革开放四十周年宣传教育活动,加强校外教育辅导站和三好标兵竞赛评选活动建设,发挥“五老”优势,参与社会治理创新。全国关心下一代先进工作者、区青少年思想道德教育指导员陆子森编写《献歌十九大、逐梦催我行》的宣讲辅导材料。各镇区关工委组织开展学习知识竞赛、学习体会交流、知识问答、文艺演出等,宣传党的十九大精神。7月11日,召开纪念区关工委成立25周年暨加强关工委组织建设推进会。编撰《通州关工纪实》和《通州关工助理》。

【主题教育】 2018年,区关工委下发《关于在全区青少年中开展“传红色基因、共话新时代、放飞青春梦”主题教育活动的通知》,联合区教育局在五接镇召开全区“传红色基因、共话新时代、放飞青春梦”主题教育现场推进会。全区各关工委组织开展主题鲜明、内容丰富、形式多样的主题教育活动。全区498名主题教育宣讲员,编写宣讲材料547篇,宣讲627场次,41万多人次听讲。区青少年思想道德教育指导员陆子森的《传承红色基因、争做时代新人》宣讲稿获全省“传红色基因、共话新时代、放飞青春梦”优秀讲稿类一等奖,在全省主题教育征文活动中通州获一等奖1篇、三等奖1篇。在省阳光少年网“童心向党,争做新

区关工委、新四军研究会在十总中学邹韬奋塑像前进行红色基因教育
（区关工委 供图）

时代好少年”征文活动中，全区24篇征文获一等奖，50篇二等奖，3名老师被授予“优秀辅导老师”称号，区关工委获优秀组织奖。

【改革开放四十周年宣传教育】 2018年，区关工委设计“百场报告、百场国旗下讲话”“千人演讲、千场展演”“万人读书、万人征文、万名童眼看通州”纪念改革开放40周年“百千万”教育活动。全区“五老”编写宣讲材料150多篇，作专题报告120多场次，受教育青少年10万多人次。平潮镇关工委开展“国旗下讲话”教育活动，区关工委、教育局和新四军研究会创编的《三块银元话沧桑》情景剧，获南通市“传红色基因、共话新时代、放飞青春梦”演讲比赛第一名。全区11万多名中小学生参加主题读书活动，7.5万多名中小学生参加主题征文活动，撰写征文6万多篇，一千多个班级开展演讲。各地组织青少年学生参观开沙岛、沪通长江大桥等重点工程，举办纪念改革开放40周年的图片展、书画展、摄影展，组织“五老”文艺团队参加以“奋进新时代、高歌新通州”为主题的“通州之夜”广场文艺晚会。区关工委《打造主题教育“百千万”活动特色》的经验，在全省关工委“传红色基因，颂改革开放”专题现场交流会和全市第11期关工委干部培训班上进行交流。

【队伍建设】 2018年，区委对区关工委领导班子及其成员进行调整充实，召开区关工委成员全体会议，印发《关于进一步加强全区关工委组织建设和五老队伍建设的意见》。金新街道党工委印发《关于进一步加强村（社区）关工委组织建设和工作运行机制的意见》；刘桥镇党政办发文调整镇关工委成员，明确村民小组建立关工小组；二甲镇党委成立各村（社区）“夕阳红”离退休干部联建党支部，专职常务副书记兼关工委常务副主任，关工委工作纳入“四个全面”考核。全区77个区级机关部门，教育、民企、政法、农委、卫计委五大系统，镇（街道）、村（社区）、学校、120个规模以上民企建有关工委组织。全区1.3万多名五老参与关心下一代工作，有志愿者数千名。

【校外辅导站建设】 2018年，全区建有校外教育辅导总站、中心站、分站、家庭辅导站399个。221个中心辅导站建立“校站结合”机制，有在职教师509名、村官301名、“五老”2378名，其他志愿者2973人，共辅导青少年学生12.4万人次。全区建有电子阅览室253个，配置电脑1452台，全年开展活动1.53万多次，参加活动的青少年14.7万人次。举办全区校外辅导站工作培训班，组织参观南通市天生港小学少年法学苑、张芝山镇银洋河社区校外教育辅导站，银洋河社区、区实验中学、金沙街道关工委交流经验。东社镇关工委以校外辅导站为阵地，组织开展“忠孝润童心”传统文化教育，被省关工委授予“全省校外教育活动优秀特色活动品牌”。

【三好标兵竞赛评选】 2018年，区关工委着重抓好巩固发展三好标兵竞赛评选活动常态化建设，进一步深化“五心”教育，将学校课堂教育、社会实践教育、家风家规教育、先进模范人物学习结合起来，不断提高青少年学生的思想道德素

由区关工委、教育局和新四军研究会创编的《三块银元话沧桑》获南通市“传红色基因、共话新时代、放飞青春梦”演讲汇演第一名
（区关工委 供图）

金沙街道育才社区校外教育辅导站组织开展"七彩夏日未成年人"暑期活动
（包灵玉 摄）

质。2人被表彰为南通市十佳三好标兵，1人获南通市提名奖，13人获"南通市三好标兵"称号。区实验中学、平潮镇吉坝村被评为南通市三好标兵竞赛评选活动常态化建设先进单位。在2018年首批"新时代江苏好少年"评选活动中，金郊初中九(18)班朱天玺被授予全省"有爱有担当的好少年"称号。

【参与社会治理】 2018年，全区有法制教育报告团147个，五老法制教育报告员813人，举办法制报告330场次，受教育的青少年36.9万多人次。区司法局把青少年学生作为"七五"普法的重点对象，进一步完善学校、家庭、社会三位一体的青少年法制教育格局。区公安局调整充实法制副校长，为30所中小学校上法制课40多场次，参听学生1.8万多人次。局关工委常务副主任、原副局长马卫平被省关工委和省司法厅表彰为全省关工委百佳法治报告团成员和法治副校长。全区关工委共建立帮教小组323个，2970多名"五老"参加结对帮教工作，共帮教重点青少年502名，481人有较好转变，转化率达95.8%。全区各关工委组织"五老"帮助贫困学生解决就学困难，共筹集捐款301万元，资助贫困生5100多名。 （曹 建 赵美玉）

区老区开发促进会

【概　况】 2018年，区老促会认真做好老区开发和扶贫工作，加大产业化扶贫开发项目实施的精准程度和规范程度，项目单位自筹资金4222万元，银行贷款1940万元，年产值2.1亿元，上缴税收100万元，获净利润1100万元。项目单位新增职工101人，年人均工资2.12万元。项目载体带动农民7611户约3万人。帮扶贫困户、低收入户384户共981人，年人均增收3300元。其中，建档立卡贫困户144户中有117户脱贫，脱贫率达81%。

【精准扶贫】 2018年，区老促会坚持项目负责人要有扶贫意识、载体要有经济实力、周边要有一定数量的帮扶对象，共确定项目载体14个。将扶贫对象分为两类，即建档立卡贫困户和低保标准两倍以下的低收入户，由村审定后在村服务中心公示，报所在镇政府审核盖章确认，基金会办事处审核后，区农办逐户对照建档立卡名单，确定无误后签署会审意见，确保项目载体帮扶对象准确无误。年龄较轻、劳力较强的人给予安排就业；对从事种养殖业的适时进行技术培训，免费或低价提供种苗、化肥、农药、机械作业服务等；尽量安排贫困户多打工，适当提高打工报酬，比一般农户高20%左右；适当提供扶贫资金和慰问金。镇(街道)分会每季度至少一次到项目单位检查指导。继续做好通州中专2017年50名贫困家庭学生和2018年新招收50名贫困家庭学生的助学扶贫工作，每人每学年资助2000元。在通州中专建立老区职教扶贫基地。在通州高级中学试行为10名品学兼优的贫困学生给予每人每学年4000元资助的助学扶贫工作。

【百户万羽生态养殖扶贫工程】 2018年，区老促会以省农业产业化龙头企业——南通双和食品有限公司作为项目载体，以"三无一老"中有能力养鸡的农户作为帮扶对象，大力实施"百户万羽生态养殖扶贫工程"，以"一分五统"("一分"即分户养殖：采用贷款贴息的方式，在兴仁镇、西亭镇八个行政村的"建档立卡"贫困户和低收入户中选择有一定养殖经验和习惯、有鸡舍等设施、诚实勤劳社会信誉好的人群发展家庭养殖品牌草鸡，起步发展100户左右，每户100羽左右，共帮扶102户，赠送品牌苗鸡1.1万羽。"五统"即统一扶持：统一苗鸡供应，统一病疫防治，统一技术指导，统一组织收购，统一品牌销售)为主要帮扶措施。中国老区建设促进会主办的《中国老区建设》、新华网、《大江南北》杂志、南通电视台等多家媒体报道了通州"百户万羽生态养殖扶贫工程"的做法和成效。

【加强老区宣传】 2018年，区老促会与区委党史办联合开展通州区革命老区发展史编纂工作，制定工作方案、确定详细纲目、分章撰写审改，经数轮修改已基本定稿。开展"红刊进校园"活动，指导学校党支部对全年红刊学用活动作出安排部署，《大江南北》和《铁军》杂志对十总中学开展"红刊进校园"的做法和成效作了报道，9月，在老区宣传工作会议上重点推广十总中学开展"红刊进校园"活动的经验。是年，通州区荣获中国老区建设促进会老区宣传工作特等奖。

（姜兆军）

军 事

Military

编 辑 杨王军

中国人民解放军通州区人民武装部

【概 况】 2018年，通州区人民武装部坚定不移贯彻政治建军原则，认真落实习近平系列重要讲话精神，坚持依法治军打基础，从严治党正风气，抓好以军事斗争准备为主的各项工作落实。

【国防动员】 2月，与区政府联合召开国防动员任务部署会，联系武装工作常务副区长出席会议并讲话；4月，对全区15个镇（街道）逐一检查验收，抽点基干民兵1420人，到点率90%以上。以迎接军委国防动员部检查考评为契机，查找纠治虚假编兵问题，先后2次召开专武部长会议进行动员部署，部领导对每个单位采取检查验收方式，狠抓“二次整组”整改落实，民兵队伍编组质量进一步提升。是年，组织260人次专武干部、民兵营长和民兵骨干训练，组织民兵重点分队参加军分区战备拉动演练。

【安全管理】 牢固树立安全发展理念，从严执纪，严格按照条令条例和规章制度规范各项秩序。认真落实安全形势分析、安全隐患排查、定期与不定期检查等日常工作制度，注重加强干部职工队伍“八小时”以外管控。不断升级技防水平，财政投入3万余元，用于维修、购置安全设施器材，有效纠治安全隐患问题。

【兵员征集】 2018年，坚持“一季征兵、全年准备”，区政府出台《关于进一步加强征兵工作的意见》，对入伍大学生进行奖励，把征兵宣传工作做到街道、社区、企业和乡村，辖区适龄青年参军热情进一步提高，征兵“五率”考核排名连续3年位居全市前列。

【双拥共建】 2018年，牵头驻军单位和民兵预备役人员积极参与地方文明城市、双拥模范城创建和脱贫攻坚等活动。扎实推进“双百双建”活动，区政府和人武部领导深入挂钩联系村，拿出10万元帮助改善村办公条件和走访慰问贫困户，至年底，区人民武装部挂钩村全部实现脱贫。 （傅小兵）

中国人民武装警察部队通州中队

【概 况】 2018年，中国人民武装警察部队通州中队坚持依法从严治军，始终把国防教育和普法教育作为精神文明建设重要组成部分，立足于“打得赢，不变质”两个历史性课题，着眼适应高科技局部战争特点，围绕执勤、反恐和处置突发事件中心，依据《军队基层建设纲要》，按照“强班子，打基础，谋发展，保稳定”工作思路，以“打造全面过硬，争创先进中队”为奋斗目标，补短板、治弱项，狠抓经常性基础性工作落实，圆满完成固定目标执勤以及城市武装巡逻任务。扎实开展“传承红色基因，担当强军重任”主题教育活动。是年，1个班获嘉奖，1人立三等功，9人被评为“优秀士兵”，9人获嘉奖。

【军事训练】 从严、从难、从实战出发，开展岗位练兵活动。围绕“两个确保”奠定坚实基础，不断推出新举措，开展经常性军事训练，确保“军事训练八落实”落到实处，全面提高官兵军事技能。按照上级要求，创新训练方法，强化内部管理，提高训练质量。注重形势任务教育，面对当前世界恐怖势力不断扩大的新形势，牢固树立“居安思危”忧患意识和“积极预防、高效处置”指导思想，确保一旦发生恐怖事件，就能立即出动，高效处置。中队从兵力部署、力量使用、组织指挥、装备器材和保障措施等方面进行相应训练和准备，做到“拉得出、上得去、打得赢”，快速反应、高效处置，确保全区社会和谐稳定，人民安居乐业。

【执勤和处置突发事件】 2018年，始终以执勤和处置突发事件为中心，制定预案，明确职责。除完成固定目标看守任务外，主要担负武装押解、武装巡逻以及其他临时性任务，配合公安机关完成各项任务。主动与看守所搞好协作，研究制定执勤目标安全和处置突发事件行动预案，严密组织各项勤务训练，严格落实奖惩制度，做到依法执勤、文明执勤、正规执勤。应急战备，组织有序。落实好战备措施，做到人员、物资、装备始终处于良好战备状态，遇有紧急情况能快速反应，确保“拉得出，打得响，联得上”。

保持人员在职在位,成立反恐应急班,时刻准备“上一线、打头阵”。加强战备训练,提高应急反恐分队处置能力,在中秋和国庆节期间,完成战备、维稳常态备勤等任务。

【军地共建】 2018年,继续与共青团通州区委结成“四联”对子,形成思想工作联抓、公益事业联做、人才培养联手、文体活动联谊的良好氛围。将中队建成国防教育阵地,先后接待团体、单位人员参观10余次。帮助学校开展军事训练、国防教育30多次。开展扶贫帮困和“一帮一”献爱心活动,全年捐款捐物折合人民币5000多元、义务献血35人次。积极联系地方相关部门,组织电脑操作、烹饪等技术学习,培育军地两用人才,为官兵退伍再就业提供技术支撑,为地方经济社会发展输送有用人才。 (纪冬冬)

滨海园区公安边防大队

【概 况】 2018年,滨海园区公安边防大队以创建模范党组织活动为契机,结合“两学一做”精神内涵,不断拓宽党员民主渠道,严格落实党务公开制度,加强民主集中制建设。积极开展“两项重大教育”,提高官兵党性修养。因征地拆迁、劳资合同、民众对政府诉求和外来人员涌入等引发的矛盾纠纷和群体性事件不断增多,各级官兵攻坚困难,以“扫黑除恶”专项活动方案为指导,以清正廉洁、公平正义工作作风和为民分忧工作诚意为标准,主动深入走访,排查问题,化解纠纷,消除隐患,确保全国“两会”、上合峰会和上海进博会期间边防辖区社会安全稳定。是年,各级共处警1571起,受理刑事案件143起,破案15起,受理治安案件237起,查处189起,查处边防行政案件54起,消防案件36起,打击处理各类违法犯罪人员238名,走访群众1614户,清查登记流动人口1040人,组织巡逻清查107次,盘查人员942人次,车辆334辆次。检查危化品企业73家次,涉外企业6家次,排查整改各类安全隐患182处。检查船舶607艘次,渔船民1095人次,发现安全隐患233处,当场整改173处,下发责令限期改正通知书68份。

【社会管理】 2018年,紧扣边防工作岗位和实战需要,真正做到扎根基层,带领基层各所深入开展打击“盗抢骗”砺剑攻坚行动、“两会”安保、五项基础攻坚、百日打防管控、“净海风暴”、十九大边防安保等专项行动。定期分析评估警情形势、指导疑难纠纷化解方法,制定各类应急处突预案。始终把“群众满意不满意、高兴不高兴、答应不答应”作为衡量边防工作唯一标准,持续深化爱民固边战略,推动社会管理创新,为全力构建和谐警民关系提供动力源泉。区大队各级走访群众3000余户,慰问孤寡老人、特困家庭56人次,累计捐款捐物6500余元,开展各类法律宣传200余次,为群众做好事、办实事、解难事150余件。

【体制改革】 3月,中央印发《深化党和国家机构改革方案》,公安边防部队不再列武警部队序列,全部退出现役。公安边防部队转到地方后,成建制划归公安机关,并结合新组建国家移民管理局进行适当调整整合。现役编制全部划为人民警察编制。至年底,公安边防部队集体退出现役。 (昝小燕)

人民防空

【概 况】 2018年,通州区人民防空工作紧紧围绕全区重点和省、市民防局工作部署,较好地完成年度各项工作任务。根据“放管服”改革总要求,深入推进民防行政许可审批改革工作,及时清理和取消民防“非行政许可审批”事项。参加省、市民防局组织的行政执法人员业务培训,提高依法行政能力和服务水平。

【民防指挥通信建设】 结合人民防空指挥平台,打牢过硬指挥本领。根据市民防办年度计划和任务,每季度参加市民防办组织的指挥通信联调。6月,参加省第二批机动指挥所跨区域拉动训练,检验市、区民防指挥通信效果,达到省、市、区互联互通。对区民防专业队进行整组,专业队人数达400人,各组建单位按照要求结合各自任务开展训练和演练,专业队应急救援能力得到提高。结合省“9·18”防空警报试鸣日活动,组织在校学生进行防空防灾应急疏散演练,学校领导重视,组织严密,学生积极参与,达到预期效果。做好防空警报器的日常维护和管理,是年,城区新增固定警报器2台,完成全省统一组织的“9·18”防空警报试鸣工作。

【民防工程建设】 与区行政审批局协调沟通,为基层和服务对象提供优质服务,做好民防工程事中、事后监督和管理工作。全区民防工程建设继续呈现较好发展态势。夏季持续高温,利用民防工程,为小区居民提供纳凉避暑场所,在上年开设3处纳凉场所基础上,又利用民防工程开设2处纳凉场所,并配备桌椅、矿泉水等,受到居民欢迎。做好民防工程平时使用维护管理监督检查,发现问题和安全隐患,及时落实整改措施,民防工程使用率不断提高。

【民防宣传教育】 继续抓好在校学生民防知识教育工作,落实资金征订民防知识课本及民防应急手册,及时为各开课学校免费提供《民防知识》课本、光盘、人防教育图册和教具等。加强全社会民防宣传,利用“5·12”防灾减灾日、“9·18”防空警报试鸣日和科普宣传周等活动开展防空防灾知识宣传,发放《民防知识》课本及宣传资料1000余册,展示防灾减灾展板20余幅,提高全体市民和在校学生防空防灾意识和自救能力。 (朱 峰)

法　　治

Rule of Law

编　辑　杨王军

综合治理

【概　况】 2018年，通州区切实维护社会稳定，深入开展排查研判，持续推进积案化解，依法处理违法行为、强化长效督查工作。越级进京访控减成效明显，同比批次下降41.3%，人次下降30.4%。各级“两会”、省委巡视组驻通、中非合作论坛、进博会等敏感节点，实现零非访登记、无人员滞留、无极端事件发生的预定目标。全年破获污染和破坏环境资源案件22起，公诉破坏市场经济秩序犯罪49件102人，审结破产案件2件，办结各类知识产权案件402件，破获“盗抢骗”案件594起，食品药品类案件26起。全区公众安全感在省测中达99%，在全省106个县（市、区）中名列第一名，工作经验在《南通政法》刊登推广，并在全市政法重点工作下半年现场推进会作经验发言。

【“雪亮工程”】 紧盯构建“全覆盖、无死角”视频监控网络目标，将“雪亮工程”确定为全区为民办实事项目。区公安局组建视频专业队，统一负责“雪亮工程”规划建设，全面摸排全区视频监控基础建设情况，并与相关公司开展技术对接和方案研讨，形成《全区公共安全视频监控建设联网应用的建议方案》，整个工程投入4.24亿元。

【社区矫正】 深入推进特殊人群“回归工程”，进一步落实好刑满释放、社区矫正和戒毒等人员帮教衔接机制，健全政府、社会、家庭三位一体关怀帮扶体系，社区矫正教育管理工作经验得到司法部、省司法厅和省委政法委领导多次批示肯定。全省社区矫正教育管理现场会在通州区成功召开，区社区矫正中心在全市政法重点工作下半年现场会上设点观摩。

【扫黑除恶】 全区各级党委、政府及有关部门深入贯彻落实党中央、国务院决策部署，成立专项斗争领导小组，出台实施方案、完善宣传发动、线索摸排、协调办案、信息报送等工作制度，迅速形成有恶必除、有黑必打的高压态势。全年摧毁涉黑涉恶犯罪集团6个，受理审查起诉涉黑涉恶九类案件72件182人，工作绩效在全市名列前茅。

【网格化管理】 按“五统一”要求完成网格划分、人员和终端配备，三级网格中心与同级综治中心一体挂牌实体运行，利用网格排查化解突出问题，精准服务高质量发展。至11月底，全区人房关联（标准地址和实有人口关联百分比）1149172人，占总人口87%；保障对象和重点对象分别录入183051人和7122人；事件联动事件上报类31094件、平安稳定类28161件，实战效果初步显现。

【矛盾纠纷多元化解】 坚持并发展“枫桥经验”，推进矛盾纠纷多元化解，提炼总结形成全区1+10经验材料汇编，“双向融合、六方联动、多元共治”的多元化解经验得到中央综治办的认可和省委政法委副书记朱光远的批示肯定，并在《江苏政法》《南通政法》刊发，成功入选全国纪念毛泽东同志批示学习推广“枫桥经验”55周年暨习近平总书记指示发展“枫桥经验”15周年大会经验材料汇编。

（陈晓峰）

依法治区

【概　况】 2018年，全区落实中央、省市法治建设工作部署，全面推进依法治区。区委政法委围绕政法系统思想、制度、能力、作风“四大建设”，组织“不忘初心、牢记使命”主题教育、政法干警先进事迹报告会、政法讲坛等活动，实行执法规范化监督工程，建立政法机关联动办案机制，推进党风廉政、案件评查、队伍督察等工作。是年，通州区被表彰为江苏省法治县（市、区）创建工作先进单位和全国法治县（市、区）创建活动先进单位。

【组织领导】 2018年，围绕区第十二次党代会提出的“构筑法治建设高地”，坚持“三个纳入”，即：把法治建设纳入经济社会发展规划、党政目标管理综合绩效考核、领导班子领导干部考察考核。组织全区领导干部签订法治建设责任书，区委、区政府主要领导、分管领导亲自调研视察、协调推进法治建设相关重点工作，区委常委会、区政府常务会听取和研究法律顾问配备、行政审批简政放权、行政综合执法体制改革、行政执法检察监督等法治领域重要工作,区人大、区政协通过调研视察、指导督办、执法检查等形式助推依法治区。召开全区政法工作会议,出台法治通州建设年度工作要点、责任分解清单,推进法治型机关、“一镇一品”等创建,落实“月例会、季督查、半年评、年终考”工作机制等。

【依法行政】 2018年,全区重大事项依法决策,选聘法律顾问、建立法律顾问专家库,“三重一大”事项坚持法制审核、风险评估、集体讨论等决策程序,规范性文件及时报备审核。推进政务公开,加快“互联网+政务服务”平台建设,主动公开政务信息4万多条,行政权力实现网上公开透明运行。推进简政放权,加大“放管服”改革力度,完善不见面审批(服务)清单,健全“一站式”审批联动机制,不见面审批(服务)事项占比达96.8%,一般工业建设项目审批环节、时限分别压缩45.8%、40%,公布高新区首批全链审批赋权清单,“双随机一公开”工作位居全市前列。简政放权创业创新环境综合评价蝉联全省第二,区编办被市评为“放管服”改革工作突出贡献集体并记三等功。推进综合执法,完成农林农机、市监、城管、文体等领域综合执法体制改革任务,实行新领证执法人员考核上岗制度,市场监管“一个领域一支队伍”被国务院大督查列为典型经验。依法化解行政争议,建立行政诉讼出庭应诉报备登记制度,组织行政诉讼庭审观摩,强化民生领域行政执法监督。

【法治文化】 2018年,迎接“七五”普法中期考核,召开动员大会,分解任务,出台考核办法,围绕普法责任制落实,加强工作督查和提示催办。突出领导干部和公务员学法,落实领导干部任前法律考试、宪法宣誓等制度;开展“中心组”学法、“菜单式”选学、学法竞赛活动,对全区近千名领导干部举行宪法专题辅导,与武汉、成都等地高校联合举办法治培训班。开展各类普法活动,实施法治宣讲“百千工程”,开展“法企同行”“12·4”国家宪法日等普法活动,发挥各地各职能部门作用,把普法推向全民。创新普法载体,丰富普法形式,通过主流媒体、微博微信新媒体等开展宣传,通过法治文艺宣传创作等方式寓教于乐,2件法治文化作品在全国获奖(全市获奖作品5个)。提档升级法治文化阵地,弘扬法治理念和主题意识,将法治文化阵地建设列入政府为民办实事项目,财政投入百万元以上的宪法主题公园、法治宣传教育中心进入施工阶段,各镇(街道)积极推进“一镇一品”和村居(社区)办公阵地法治化建设,新建法治文化阵地20多个,新增法治文化示范阵地省级1个、市级6个。

【夯实基层基础】 2018年,开展“四大板块”创建活动,两次召开学校、医院、企业、市场等业务主管部门牵头会议,区委分管领导带队专题调研,牵头部门通过会议部署、典型培育、督查指导等方式提升创建质效,打造第二人民医院、特教学校、实验中学、供销产业园、金东新城农贸市场等示范点,心理健康服务工作模式在市政法现场会上得到好评。开展“三提升”专项活动,把群众满意率作为法治建设最终评判标准,召开全区专题会议2次,制定专项方案,开展模拟调查测评,对群众反馈问题开展集中整治和明察暗访、跟踪通报,并通过“025—12340”来电调查提醒、主流媒体“平安法治专栏”、印发“告广大市民的一封信”、组织学校“小手拉大手”宣传等系列举措,努力打通法治创建“最后一公里”,提升群众知晓度、参与度和认可度。开展诚信法治实践活动,落实省市部署的政法大数据业务系统等法治惠民实事项目,将社会主义核心价值观融入法治建设,推进商务诚信建设,命名首届诚信街区2条、诚信市场5家、诚信企业73家、诚信电商11家,对失信对象、失信行为加大曝光和惩戒力度,采取限制高消费、纳入失信被执行人名单、依法罚款、拘留直至追究刑事责任等措施。

【依法治区创新】 2018年,创新公共法律服务体系建设。围绕公共法律服务体系“一条主干”“四张网”,推进区镇村三级公共法律服务平台建设,做优做实矛盾纠纷调解、法治宣传教育、公益法律服务、特殊人群服务管理“四张网络”,抓好“线上线下”工作运行,被列入国家级标准化试点。行政执法检察监督机制创新。推动检察院回归监督主业,在全省率先由党委政府出台实施意见、人大常委会作出工作决议、政府和检察院联合印发监督办法,明确检察机关对行政执法机关的监督重点、情形、措施和方式,并成立行政执法检察监督工作领导小组,建立联席会议制度,召开新闻发布会。开展两轮专项监督,抽查重点行政执法部门400多个案件,并立案审查行政公益诉讼案件12件,发出诉前检察建议11件,被采纳7件。设立律调对接机制。在全省率先全面推进律师调解工作,选聘36名律师建立调解员库,设立14个律师调解工作室,以公益性为宗旨,以政府购买服务发放个案补贴为激励(1000元/个),开启由律师作为中立第三方主持调解的新机制。8月,举办律师调解工作启动仪式和培训活动。推动人民陪审员制度改革。开创“司法遴选管理、人大任命、法院使用”新模式,避免“陪而不审、审而不议”陪审专业户出现,并建立人民陪审员管理系统,让法院申请、系统自动指派、网上考核陪审员绩效等畅通便捷。该做法在司法部座谈会、全省相关会议上作介绍,并被最高法院写入向全国人大常委会工作汇报。区市场监管法治惠民平台入选首批全省优秀法治惠民实事提名项目,“2018市监创新孵化计划”得到国家、省主管部门肯定,并作为全国唯一县级局参加国家市监总局座谈会。 (沈典松 杨 慧)

法制工作

【规范性文件审查】 2018年,区政府法制办公室组织起草以及审核规范性文件1件,为《通州区政府投资建设项目审计监督办法》,经区政府颁布实施。

【行政复议】 2018年,区政府法制办加强行政复议工作,坚持案件集体会商制,健全行政复议机关与审判机关定期交流机制。为妥善化解各类行政争议,积极履行行政复议职责,推动行政复议工作规范化建设,努力发挥行政复议在化解行政争议中的主渠道作用。坚持依法受理、高效审理，规范办案程序、完善工作制度、创新工作方法，不断提高行政复议办案质量和工作效率。是年，区政府作为被告的行政复议案件95件，受理79件，维持35件，驳回17件，终止9件，撤销8件，确认违法5件。

【行政执法体制改革】 2018年，全区取消行政许可事项6项。第一批赋权给南通高新区事项39项。出台《通州区相关领域相对集中行政处罚权实施办法》《区政府关于加强综合行政执法协作配合的意见》，加强综合行政执法部门与相关行政管理部门协作配合，提高综合行政执法的执法效率和执法能力。（邱　晶）

公　安

【概　况】 2018年，区公安局围绕"打造服务型公安机关、构建实战型警务机制、建设过硬型职业警队"总目标，树牢"主动做、往前做"工作理念，弘扬"扛红旗、争第一"战斗精神，整体工作呈现良好发展势头，为推动通州高质量发展走在前列提供有力保障。全区公众安全感测评全省第一，区公安局岗位练兵比武竞赛全市第二，综合绩效考核全市第三。

【维稳安保】 2月27日至3月5日，全区启动全国"两会"战时工作机制；10月23日至11月10日，启动"进博会"战时工作机制，城中派出所"进博会"入沪通道智慧查控工作得到副市长陈旭赞誉；11月29日，圆满完成国家领导人到通考察等级警卫任务。全年启动重大安保联合指挥部16次236天，完成省委第三巡视组驻通巡视等重要安保任务39次。

【大数据指挥服务中心建设】 通州区大数据指挥服务中心总投资近5000万元。基础建设方面：8月底，完成350兆系统"模改数"工程；9月底，警用地理信息系统全面升级改造；10月29日，中心大楼建设开工。数据采集方面：全年累计采集供电用户、养老社会保险、供水用户等11类数据共计472万余条，由区局张维维工作室自行建库并制作简易查询和研判功能。实战应用方面：4月，开展全区公安机关"创模建模"大赛；5月19日，邀请华为公司专家作大数据建设专题讲座，为警务大数据实战应用提供智力保障。

【服务保障建设】 2018年，推进公安派出所服务窗口升级改造。8月，在城南、兴仁派出所率先建成户籍、身份证、出入境、车驾管、交通违法处理等"五合一"一站式综合服务窗口，城南派出所、兴仁派出所综合服务厅成为南通市样板。8月24日，全市公安机关深化文明窗口建设现场会在区公安局召开。深化"放管服"改革，全年在村级公共服务中心新增公安窗口15个，推行服务下延。完成通州公安"微警务"平台升级，11大类46个服务项目正式上线运行。完善重大项目、重点企业服务联络机制，围绕"双百工程"常态化开展"走访日""廉政日"活动，全年走访企业120余家，解决问题65件。持续优化执法服务，区公安局执法质量全省优秀，被命名为首批"全省公安机关执法办案管理中心示范点"。

【平安建设】 2018年，建立主城区动态联勤新机制，召开主城区社会面整体防控工作会议，部署实施城区联巡机制。全区刑事发案比上年（下同）下降2.6%。坚持对违法犯罪"零容忍"，全年破获刑事案件1535起，抓获刑事作案成员1947人，抓获逃犯148名，成功破获平西"1·22"故意杀人案、兴仁"5·29"杀人碎尸案、南通松诚有限公司涉嫌销售伪劣产品案等大要案件，连续19年实现命案全破，通讯网络诈骗案件破案数和抓获数分别上升26.7%、147.8%。开展扫黑除恶专项斗争，全区摧毁涉黑涉恶犯罪集团6个，破获涉黑涉恶案件92起，抓获涉黑涉恶犯罪嫌疑人261人，扫黑除恶工作绩效全市第二。"利剑斩污""川姜地区生态环境综合整治"等13个纳入市局考核的专项行动综合排名全市第三。严抓道路交通安全管理，重大交通事故数、亡人数分别下降13.5%、12.8%。深化危化品安全综合治理，排查列管各类危险品单位85家，查破涉枪涉爆涉刀案件16起。

【公安机关队伍建设】 2018年，做优局机关，出台《进一步加强和改进刑事侦查工作的意见》，升级改造合成作战中心，新建专业队6支，重组刑警队5支，同时推动12名机关警力下沉基层。做强派出所，13个农村派出所全部实现"所队合一"。做实警务室，14个警务室完成标准化改造，建成家纺城、科技产业园特色警务室和张芝山星河家园高标准警务室。深化思想政治建设，完善党建"融合式"发展机制，全局39个党支部换届改

区公安局全力保障川姜地区生态环境整治大会战　（区公安局 供图）

区公安局开展“百日大练兵”活动强化实战训练　　(区公安局 供图)

选,区行政审批中心公安窗口党支部获全市公安机关“基层党建示范点”。构建立体化宣传格局,微电影《民警朱达》获第三届平安江苏“三微大赛”微电影类一等奖,小品《缘来如此》获全国公安系统二等奖。深化能力素质建设,兴仁派出所被命名为“全市公安机关基层所队实践教学点”。深化“美丽警营”“书香警营”建设,建成公安大楼文化墙、开放式图书馆及警察工作室,平潮派出所获“全省基层警营文化示范点”。深化纪律作风建设,设立区局机关纪委,成立督导巡察办公室,选优19名正股职干部组建派驻专职纪检员队伍,全面提升监督管理成效。是年,有20个集体66人次获市级以上荣誉,涌现出全省公安机关法治专家徐锋、毛素龙,中国公安诗歌年度诗人瞿海燕,南通“最美警察”沈长华等先进典型。

【人口管理】 2018年,以推进户籍制度改革为契机,进一步优化人口管理和服务质态。全区常住人口总数为113.44万人,暂住人口登记数为18.6万人。受理户口变更1110次,办理身份证4.9万余人,办理临时身份证1.2万余人,接受群众咨询3800余次。推进户口登记管理专项清理工作,清理重户口及应销未销信息92条,发现假出生医学证明2例。推进异地身份证办理及二代身份证上门服务360余次,办理户口审核事项3120余份。新增流动人口62765人(注销43672人),新增登记出租房屋13466户(注销6880户),办理居住证15825张。

【出入境管理】 2018年,共受理出国(境)申请33902人次,比上年(下同)增长11%。其中去港澳15332人次,增长38%;去台湾1181人次,下降7%;出国17389人次,下降4%。临时到通境外人员6328人次,其中外国人4192人次,港澳居民235人次,台湾居民1874人次,华侨27人次。为境外人员共办理各类签证(注)、居留证件189人次。

【摧毁以陈某华为首的黑恶势力犯罪团伙】 2017年10月28日10时许,区公安局接到报案:报警人陈某于2017年10月23日晚与他人在金沙镇学林东苑11幢打牌,被同桌“陈老板”怀疑其“出老千”,后“陈老板”召集多人对其敲诈勒索,并逼迫其写下16万元欠条。区公安局对此立案侦查,后于2018年2月5日侦破该案,抓获以陈某华(男,32岁,东社镇人)为首的恶势力犯罪集团人员20余名。经查,2017年10月起,陈某华纠集多名社会闲散人员形成较为固定的犯罪集团,在金沙镇以及南通市以他人赌博过程中“出老千”诈骗为由或设局引诱他人在赌博过程中“出老千”,继而以暴力、威胁等手段先后对被害人季某、许某等人多次实施敲诈勒索犯罪,非法获利20余万元。

【通州首起“套路贷”敲诈勒索案】 2017年8月4日17时许,局公安局接到报案:被害人张某称自己的汽车被抵押贷款公司的人无故开走并索取高额“违约金”3万元。区公安局立案侦查,后于2018年8月3日抓获犯罪嫌疑人武某超(男,27岁,河南省新乡人),犯罪嫌疑人张某峰(男,24岁,如东县人)于8月7日投案自首。经查,2016年9月,犯罪嫌疑人张某峰、武某超共同出资,与上海明云融资租赁公司签订合同,为该公司寻找抵押汽车借款客户。2017年7月,张某峰、武某超合谋,虚构客户违约,私自将客户抵押汽车开走,敲诈受害人张某、陈某6万余元。

【平潮“1·22”故意杀人案】 1月22日凌晨1时40分,区公安局接到报案:平潮镇平西村29组刘某清家有两名女子身中数刀身亡。市、区两级公安机关迅速启动大要案件侦查预案,组成专案组开展侦查,并于1月22日将犯罪嫌疑人马某均(男,26岁,平潮镇人)抓获。经查,马某均与妻子刘某因感情不和,经法院协议离婚后心存怨恨,于1月22日凌晨1时许,持刀窜至平西村29组岳父刘某清家中,与岳母刘某丽、妻子刘某发生争执后,持刀将两人捅死。

【李某强等人盗版侵权案】 1月31日,区公安局接到报案:2017年8月至2018年1月,多人通过“乐尚视界”APP南通代理购买APP年卡,此APP可通过修改链接绕过腾讯等多家视频播放平台VIP身份认证,涉案价值10万余元。区公安局于2月1日立案侦查。因此案为全国首例“解析盗链”盗版侵权案件,被公安部列为挂牌督办案件。2月7日,抓获主要犯罪嫌疑人李某强(男,25岁,吉林省前郭尔罗斯蒙古族自治县人)。经查,2017年10月至2018年1月间,李某强、刘某等18名犯罪嫌疑人通过开发“酷视界”“乐尚视界”等APP软件,在未支付任何版权报酬情况下,盗播腾讯视频、爱奇艺等10余家视频网站内容,通过代理在多种网络渠道售卖年卡,非法获利10万余元,严重威胁视频行业版权保护体系。

【张芝山“3·19”污染环境案】 3月19日14时许，区公安局民警发现张芝山镇培德村新江海河边的南通依盛环境服务有限公司涉嫌向新江海河内倾倒工业废水，遂对该公司立案侦查。因此案涉及污染长江流域，且危害严重，被公安部列为督办案件。4月24日，抓获主要犯罪嫌疑人陆某(男，44岁，张芝山人)。经查，2018年以来，南通依盛环境服务有限公司负责人陆某伙同犯罪嫌疑人陈某某、袁某某等13人将南通维立科化工公司、南通江山农药化工股份公司、江苏欣隆药业股份公司、江苏尚楚环保科技公司产生的2300余吨危险废物直接倾倒至南通依盛环境服务公司旁的新江海河内，对周围环境造成损失达1600余万元。

【张芝山“5·13”持刀抢劫、强奸案】 5月13日19时许，区公安局接到报案：受害人周某某驾驶电瓶三轮车在川姜镇金太阳公司附近载客后，被犯罪嫌疑人(乘客)骗至张芝山镇银洋河村某拆迁房内。持刀威胁、强奸，并抢走人民币1800元、手机1部、三轮车1辆及银行卡等物品。区公安分局立即启动大要案件侦查机制。5月14日凌晨3时许，在南通市港闸区幸福乡某小区将犯罪嫌疑人刘某毛(男，25岁，河南省平顶山人)抓获。经审查，犯罪嫌疑人刘某毛因经济拮据预谋抢劫，后搭乘周某某电瓶三轮车，将周骗至张芝山镇银洋河村偏僻拆迁地，实施持刀抢劫并强奸。

【摧毁河南籍特大通讯网络诈骗团伙】 5月17日11时许，区公安局接到报案：5月12日，受害人姚某某在二甲镇袁南居家中，通过微信下载“财富岛”软件，后经“陈老师”(微信号z20174705)指导操作，被骗人民币95929元。区公安局立即成立专案组，后相继抓获犯罪嫌疑人陈某、黄某某、丁某等33名，并于10月13日抓获此案关键犯罪嫌疑人王某(男，37岁，河南省郑州市人，“财富岛”软件研发人)。经查，该团伙于2018年2月至6月间，在河南省洛阳市建立百耀商贸有限公司，通过王某研发的“财富岛”“汇通承兑”等软件诱惑受害人充值投资实施诈骗，至6月14日案发时，“财富岛”陈某等人诈骗集团共骗得赃款1092.1万元，“汇通承兑”魏某等人诈骗集团共骗得赃款342.24万元。　　(沈陵陵)

检　察

【概　况】 2018年，区人民检察院紧扣“产业腹地、创新智谷、城市绿洲、幸福家园”四大定位，狠抓品质公诉、体系监督、多维保护、过硬队伍工作重点，聚力推进检察均衡化、专业化、规范化、信息化建设，为服务保障地方高质量发展、加快建设“强富美高”新通州贡献积极作用。获全国检察宣传工作先进单位、南通市先进检察院等集体荣誉23项、个人荣誉44项。

【刑事检察】 2018年，区人民检察院积极投入平安通州建设，依法批捕各类刑事犯罪案件361件448人，提起公诉865件1182人。突出打击严重暴力犯罪和多发性侵财犯罪，依法批捕283人，提起公诉485人。从快妥善办理马某某贩卖毒品、脱逃案，陈某等29人特大跨省电信诈骗案，以及公安部挂牌督办的王某某组织卖淫案、王某诈骗案等一批大要案。积极参与社会治理法治化建设，针对极个别“老上访”不讲理、不信法、长期困扰基层，以涉嫌寻衅滋事罪批捕起诉，获法院判决支持。贯彻修改后刑事诉讼法，适用认罪认罚从宽制度和速裁程序，起诉案件112件137人。制定《扫黑除恶专项斗争实施方案》，成立领导小组和专门办案组织，建立有效工作机制。依法提起公诉恶势力犯罪集团案件5件41人，办理陈某某为首的涉恶犯罪集团案件，16名被告人被判处有期徒刑七年六个月至十个月不等刑罚。严把扫黑除恶法律政策界限，正确适用法律，立案监督、纠正漏捕2人，不批准逮捕20人，追诉漏犯4人、漏罪2起，建议公安机关撤回起诉1人，纠正侦查活动违法行为1件。针对制假售假、合同诈骗、非法吸收公众存款等破坏社会主义市场经济秩序犯罪，依法起诉61件116人。起诉涉案金额高达1.5亿余元的王某某等非法吸收公众存款案，并妥善做好受害群众释法说理工作。起诉涉农补贴、农业项目建设等领域职务犯罪案件11件15人。开展打击破坏环境资源犯罪专项行动，依法从快批捕5名向新江海河偷排废酸废碱的犯罪嫌疑人，立案监督的2名涉嫌污染环境罪被告人，被法院判处有期徒刑。开展环境资源领域公益诉讼，借力“12345”公众监督平台，拓展案源线索。办理环境资源类公益诉讼诉前程序案件16件，责令相关责任主体清理固体废物3900余吨、危险废物600余吨。针对工作中发现某镇存在垃圾随意倾倒的情况，及时派员调查，向3家单位发出行政公益诉讼诉前检察建议，督促其责令涉事主体处置垃圾800余吨。加

11月24日，起诉的陈某等29人特大跨省电信诈骗案开庭审理　　(顾　豪　摄)

大危害食品药品安全犯罪打击力度，依法起诉销售有毒有害食品、销售假药等犯罪案件15件33人，监督行政执法机关移送危害食品药品安全犯罪1件1人。与法院联合开展“食药”类案件集中起诉、宣判活动，增强打击犯罪威慑力和庭审法制教育效果。

【未成年人检察】 加强“陈静工作室”建设，依法办理侵害未成年人身心健康犯罪12件12人，对20名涉罪未成年人作出附条件不起诉决定，对27人进行心理测试及疏导。扎实开展“送法进校园”活动，积极参与校园周边安全执法检查，创作《我和影子的故事》法治情景剧，参加区第七届中小学生校园艺术节汇报表演。

【刑事诉讼监督】 2018年，区人民检察院对不构成犯罪、证据存疑、犯罪情节轻微或无逮捕必要的，决定不批捕65人、不起诉68人。开展“刑拘未提捕未移诉”案件和不捕案件专项监督，监督侦查机关立案4件4人，均被判处有期徒刑以上刑罚；监督撤案6件；书面纠正侦查活动违法21件，纠正漏捕4人、漏诉7人。加强刑事审判活动监督，对所有刑事案件提出量刑建议，一审量刑建议采纳率为98.7%，向港闸区法院发出再审检察建议1件，得到改判。两起监督案件被市人民检察院评为“全市检察机关2018年度法律监督典型案件”。

【刑事执行监督】 2018年，区人民检察院加强社区矫正法律监督，办理5件社区矫正交付执行违法案件，向原判决法院发出书面纠正意见，均予纠正。加强和规范羁押必要性审查，对10人变更强制措施，保障被羁押人合法权益。强化对指定居所监视居住执行监督，针对妨害犯罪嫌疑人正常生活休息行为，向市公安局崇川分局发出书面纠正意见，得到及时纠正。强化看守所监管活动监督，对服刑犯张某某破坏监管秩序案提起公诉。强化在押人员随身财物监督，为20多名在押人员追回随身财物1万余元。

【民事诉讼监督】 2018年，区人民检察院受理民事检察监督案件54件，发出再审检察建议获法院采纳并改判7件。保护弱势群体权益，为12名外来务工人员追索26万余元的工资款。加强内部联动，支持1名未成年人提起撤销监护权诉讼，获得法院判决支持。注重打击民事虚假诉讼，办理全市首例虚假诉讼刑事案件，3名当事人被法院以虚假诉讼罪判处刑罚。与区人民法院会签《关于加强和规范民事执行活动法律监督工作的意见》，监督民事执行案件5件。

【控申事项监督】 2018年，区人民检察院深化控告申诉反向审视工作机制，注重审查涉检信访、刑事申诉案件、举报线索中存在的违法违规行为，对侦查机关未按规定采取强制措施等问题，书面纠正违法2件次，该做法得到最高检推广。注重矛盾化解工作，受理群众信访129件，办结刑事申诉案件4件，邀请律师参与化解涉法涉诉信访8件。建立控告事项案件化办理机制，严把控告案件受理条件，规范办理程序，办结控告案件6件。

5月31日，区检察院赴姜灶中学开展检察开放日法治教育活动　（顾　豪　摄）

【检察改革】 2018年，区人民检察院以内设机构改革为契机，促使检察人员向办案一线倾斜，司法办案更趋“扁平化”，为依法履职提供坚强组织保障。制定相关文件，推行刑事案件“捕诉一体”，建立知识产权、未成年人刑事案件等4个办案团队，提升办案专业化建设。积极对接区监委，做好3起职务犯罪案件的提前介入、强制措施适用、提起公诉等工作，办理的地方首例监委移诉案件快捕快诉，获法院有罪判决支持。

【公益诉讼】 2018年，区人民检察院主动向区委、区人大专题报告公益诉讼和行政执法检察监督工作，区委、区人大常委会、区政府相继出台全面加强行政执法检察监督工作的实施意见、加强行政执法检察监督工作的决议、行政执法检察监督工作实施办法。畅通行政执法信息共享渠道，发出行政公益诉讼诉前检察建议17件，均予采纳。开展“保障千家万户舌尖上的安全”公益诉讼专项行动，以刑事附带民事公益诉讼起诉一起使用肠衣盐加工卤菜销售，侵害众多消费者权益的生产、销售不符合安全标准的食品案，被告人张某某被法院判决支付惩罚性赔偿款1.9万余元，并在市级以上媒体公开道歉。

【内部监督】 2018年，区人民检察院构建案件质量内控机制，依托案管大数据平台，实现办案全流程全自动监控，发布监督意见并获纠正276件。推行法律文书核阅制，核查问题得到检察官采纳12个，得到省检察院主要领导肯定。线上线下评查案件582件，对评查出的司法不规范问题每周通报，案件评查报告每季度向区人大常委会报备，倒逼提升办案质量。积极推进积案清理工作，加强常态排查，逐案建立台账，规范司法办案行为。　　（张　涛）

审　判

【概　况】 2018年，区人民法院全力服务发展大局，主动回应群众关切，努力破解执行难题，全面推进司法改革，持续加强队伍建设，各项工作取得新发展。全年受理各类案件19011件，同比增加664件，审执结17070件，同比增加1221件，审判质效继续名列全市法院前列。是年，被最高人民法院表彰为“司法宣传工作中做出突出贡献的人民法院”，知识产权庭被评为全省法院知识产权审判工作先进集体，执行工作三次被省高院通报表扬，全法院6个集体、17名个人受到市级以上表彰奖励，涌现出“全国知识产权审判工作先进个人”徐淑华、“江苏最美法官”李振男、“全省优秀人民法庭庭长”吴晓萍等先进典型。

区人民法院开庭审理16名被告人的南通首例恶势力犯罪集团案件（李　慧 摄）

【刑事审判】 全年受理各类刑事案件977件，审结895件，判处罪犯1121人。成立扫黑除恶专项斗争领导小组，设置审判团队，专门负责审理黑恶势力犯罪案件。加大对抢劫、聚众斗殴、寻衅滋事等危害人民群众生命安全的黑恶势力打击力度，努力提升人民群众安全感。建立与区扫黑除恶成员单位信息互通和交流机制，形成打击合力。审结涉黑涉恶案件67件，判处149人，其中4人被判处十年以上有期徒刑。审结涉及16名被告人的南通首例恶势力犯罪集团案件。保持对职务犯罪高压态势，积极推动反腐败斗争深入开展，审结区监察委员会成立后办理的首例职务犯罪案。严厉惩处金融犯罪和危害市场经济犯罪，审结葛某等非法吸收公众存款案，涉及集资参与人651名，涉案金额6000余万元。严厉打击电信诈骗犯罪，审结电信诈骗犯罪集团案件，被告人达29人。依法惩治虚假诉讼行为，审结南通地区首例虚假诉讼案件，中央电视台进行专题报道。

【民商审判】 全年受理民商案件10500件，审结9310件。依法保护妇女、儿童、老年人合法权益，倡导公序良俗，促进家庭和睦，审结婚姻家庭纠纷案件1780件，调解撤诉率达75.2%。依法审理企业、个人生产经营风险引发的拖欠工资等群体性纠纷262件，为职工追索劳动报酬1600余万元。调解农村土地租赁纠纷，引导农村土地规范流转，妥善化解十总、二甲等镇土地租赁纠纷56件，涉及基本农田346.67公顷。妥善审理民间借贷案件1412件，严格证据审查，对采取当扣利息等方式虚增借款本金的，依法不予支持，对损害人民群众利益涉“套路贷”线索，依法移送公安机关处理。强化对金融借款、小额贷款、票据、信用卡等案件审理，涉案标的7.5亿元。妥善审理涉及民营企业的公司纠纷案件47件，有效维护新形势下民营企业合法权益。加大知识产权保护力度，严惩侵权行为，保护企业创新，审结知识产权案件501件。联合区市场监督管理局开展法制讲座，协助省法院开展知识产权司法保护集中宣传活动，知识产权司法保护经验被《中国知识产权报》予以推介。

区人民法院领导带队在金新街道朝东圩村接待来访群众（李　慧 摄）

【执行工作】 全年共受理执行案件7309件，执结6634件，执行到位金额10.66亿元，执行综合指标位列全市基层法院第一。召开全区决胜“基本解决执行难”推进会，联合区公安局、检察院等20余家单位制定责任清单，彻底扭转单

区人民法院开展专项腾房行动 （李　慧 摄）

带头办理疑难复杂案件，起到示范引领作用。全年院庭长办理案件6244件，占全院结案总数36.6%。全面开展法官员额制改革，新选任员额法官4名，完善员额法官能上能下机制，初步形成以中青年法官为主、结构较为合理的专业法官队伍，员额法官人均结案289.3件。制定权力清单，规范院庭长审判监督管理权限，做到“放权不放任”。院庭长监督管理做到全程留痕，使监督管理更加公开透明。充分发挥专业法官会议职能作用，组成刑事、民事、商事、知识产权等专业法官会议，为法官办案提供参考意见，统一裁判尺度。注重加强案件评查工作，明确案件质量评查方法和要求，细化瑕疵、不合格案件评定标准，提高案件质量。 （李　慧）

兵作战局面。通过公安机关协助查找恶意逃债被执行人下落，限制出境74人。与金融、房产、公积金管理等部门建立合作机制，及时控制、划拨可执行财物2.28亿元。开展集中执行活动，执结案件106件，执行到位金额698万元。与人保通州支公司签订悬赏保险合作协议，全年发布悬赏执行案件37件，有效执行14件。加大对规避执行、抗拒执行的打击力度，司法拘留259人，搜查85次，向公安机关移送拒执罪线索4条，一名被执行人犯拒不执行判决、裁定罪，被依法追究刑事责任。切实规范执行行为，严格终本结案的程序标准和实质标准，共恢复执行案件1070件。全面落实执行指挥中心实体化运行，设置7个执行团队，分工明确、协作顺畅。规范网拍工作规则和流程，尝试对无形资产拍卖处置，1名被执行人的手机号以16.8万元被拍卖成交。全年网拍成交313件，成交金额8.3亿元。

【服务发展大局】 2018年，通过破产重整、和解手段，促进企业重生，推动“僵尸企业”退出市场。受理破产案件14件，通过破产清算，盘活闲置资产6785万元，释放闲置土地资源7.27公顷，分流职工3202人，清偿职工劳动债权1.6亿元，6家不具有经营价值企业被依法宣告破产而退出市场。破产审判工作中“清算式重整”资产处置方式得到最高院和省法院充分肯定并加以推广。坚持府院联动，妥善处理重大破产案件。在蛟龙重工、居梦莱等破产案件中，加强与区政府协同配合，实现有效衔接。蛟龙重工系列破产案件受理后，在1个月内完成8亿元资产接收，分流职工400余名，筹集企业所欠社保费用3200余万元。化解居梦莱破产案中职工分配资金缺口难题，职工债权受偿比例达98.8%。

【司法改革】 稳妥有序推进司法改革，按照“让审理者裁判，由裁判者负责”要求，实现法官办案终身负责制。院庭长

司法行政

【概　况】 2018年，区司法局紧扣打好三大攻坚战等中心工作，坚持服务大局，充分履职，司法行政工作取得明显成效。被评为全省司法行政系统信息工作先进集体，参与川姜环境综合整治大会战，获区特别贡献奖。

【公共法律服务】 2018年，开展“法企同行”活动，实地走访企业，帮助企业排查梳理经营管理、知识产权保护、投融资、

区人民法院在破产企业蛟龙重工职工分流工作现场为职工答疑解惑 （李　慧 摄）

环境保护、劳动用工、征地拆迁等方面法律风险。共走访帮服企业838家，向1300余家企业发放法律服务征询意见函、《防范企业法律风险服务手册》1800多份，提供有效法律建议680多个，发出风险提示104条。在连续3年成功举办支柱产业与法论坛基础上，继续举办“环保与法”论坛，为企业提供专业法律服务团进行面对面咨询、一对一体检，提升市场竞争力。公证改革全面实施。在南通地区率先施行备案制，招录备案制公证员和公证员助理各5名。公证处共办理各类公证业务2093件。法律援助全面覆盖。连续7年制作发放法律援助宣传年画，开展“法援在身边”立体宣传工程，进一步提升法律援助工作影响力。是年，法律援助中心共办理法律援助案件1500件，解答法律咨询人1.2万人次。

【矛盾纠纷调处】 2018年，认真总结多元调解经验，围绕“双向融合、六方联动、多元共治”主题，分析各部门矛盾纠纷多元化解工作经验、特色，形成通州调解经验模式，并入选全国“枫桥经验”会议材料汇编。探索矛盾纠纷多元化解新模式，创新律师调解工作，实行个案奖补，区政府每年投入30万元用于购买律师调解服务，提升调解工作专业化水平。全区三级调委会共受理矛盾纠纷12934起，调处成功12439起，调处成功率96.17%。区调处中心直接调处重大纠纷160起，涉赔金额3428.51万元。

【特殊人群管理】 2018年，新建成全省一流社区矫正中心，设立入矫管理、矫治服务、解矫社会保护3个工作区域，建立被害人保护协会、损害修复协商室等，对社区服刑人员实施派单式流转、全流程教育管理。全省社区矫正教育管理现场会在通州召开，创新开展社区矫正损害修复通州模式在全省推广。执法管理规范高效。推动社区矫正执法联席会议常态化，依据《关于进一步加强社区矫正工作衔接配合管理的意见》，加强部门之间沟通协调，定期与公安、检察、法院等部门召开联席会议，协同解决社区矫正工作疑点难点，探索矫正工作新方法、新模式。

【法治宣传教育】 2018年，全面贯彻落实“谁执法谁普法”“谁管理谁普法”“谁服务谁普法”责任制。连续3年将法治文化阵地建设申请列入政府为民办实事项目，新建设区级法治宣传教育中心，完成15个镇（区、园、街道）法治文化阵地建设扩面提档，进一步增强法治宣传教育感染力和渗透力。成功申报省级法治文化建设示范点1个、省级民主法治示范村（社区）7个、市级法治文化阵地示范点4个。通州区获“全国法治县市区创建活动先进单位”和“全省法治县市区创建工作先进单位”称号。　（王灵娟）

通州特色农产品选介

东社美味水果黄金瓜

东社镇黄金瓜种植已有180多年历史，清朝年间，每家每户的农民就在棉花地的空隙种植黄金瓜和牛角瓜（酱瓜）。1958年，土地实行归集体所有，以生产队为单位集体劳动，按工分计酬。东社镇周边菜农进行大面积种植黄金瓜，品种：绿皮芝麻梨、白色苹果、酱瓜等等，种植的瓜类除在农贸市场自销以外，大部分以水陆运输的方式到金沙、南通市区临时摆摊进行零售，酱瓜则通过渠道销往酱厂，有一部分酱瓜就地土法腌制，半成品则用甜面酱浸泡，由八鲜行向外批发或零售。

东社镇黄金瓜种植基地的黄金瓜不仅口感好，而且营养丰富，有保健养生功能，含有丰富的抗氧化成分，能抑制人体皮肤表层黑色素的生成与沉积，提高皮肤的抗晒能力，富含维生素和微量元素，能调理肠胃，促进消化液分泌，缓解人体在夏季容易出现的脾胃毛病。东社黄金瓜卖相好、甜度高，市场欢迎程度非常高，起到了示范推广，引领乡村振兴的作用。

农 业

Agriculture

编 辑 杨王军

现代高效农业

【概 况】 2018年,通州区现代高效农业发展迅速,各类农业项目、农业新型经营主体持续快速发展,为农民增收、农业增效提供基础保障。适应农业高效、优质发展的农业供给侧改革顺利推进。农业信息化建设成效显著,农业产品电商发展迅速,益农信息社实现全覆盖。

【项目农业建设】 2018年,通过政策激励、技术服务和招商引资,扩建、续建规模农业项目约260个,计划总投资约45亿元,至年底,实际投入量达33亿元,完成年度目标任务。全区新增各类设施农业面积673.33公顷,累计设施农业面积达14126.67公顷。建成十总优质水稻和东社设施蔬菜现代农业标准园2个,建设二甲、东社镇农产品加工集中区2个,申报市级休闲农业精品景点8个和省级"一村一品一店"示范村7个。新建改造池塘41.33公顷,新增水稻与小龙虾、乌龟等稻渔综合种养示范点3个、面积约28公顷,甲鱼工厂化养殖基地1个、面积1.2万平方米,南美白对虾工厂化循环水淡水生态养殖基地1个、面积8000平方米,泥鳅温室养殖基地1个、面积约1.33公顷,泥鳅池塘养殖基地1个、面积7公顷,进一步提升规模示范效应。

【新型农业经营主体建设】 2018年,新增家庭农场35家,获省级示范5家,市级示范家庭农场7家,新增区级示范家庭农场16家,累计发放财政补贴60万元。申报省级现代农业产业发展(家庭农场培育)项目11家,争取资金110万元,在农业部新农直报网站申报部省共建家庭农场项目(十总镇跃进家庭农场)1家。大力培育农产品电商,全区共有农产品电商83家,年交易额1.3亿元,其中新培育网上销售额100万元以上的农业电商示范企业5家。完成十总镇"三个全覆盖"试点镇建设,建成农业社会化服务联盟组织4个,其中于家坝家庭农场服务联盟作为市级典型,开展劳力调配、农资采购、统一植保等服务,统一采购有机肥1350吨、麦种1.38万公斤,为联盟成员节约成本。

【农业信息化建设】 2018年,在建成180个益农信息社基础上,又新建设28个点,实现全区益农信息社全覆盖。推进农产品电子商务发展,培育江苏本乡本土有限公司等优秀农产品电商企业,带动全区农产品网络销售,同时新发展物联网示范应用点5个,逐步实现农业生产信息化、智能化。

种 植 业

【概 况】 2018年,认真落实粮油生产各项关键技术措施,实现大面积增产增收。全区种植面积7.56万公顷,粮食平均单产6529.05公斤/公顷,总产49.36万吨,其中水稻平均单产9435公斤/公顷,小麦平均单产5730公斤/公顷,油菜平均单产3346.05公斤/公顷(单产全省前列)。全年续展认证"有机"农产品共计194个,新增建设种植业省级绿色优质农产品产地1.75万公顷。

【水稻绿色防控技术】 2018年,按照省植保植检站要求,全区新建水稻绿色防控示范基地1200公顷,其中核心示范区80公顷,由区田梦粮食种植专业合作社承建。在水稻生育期,区植保站技术人员对示范区进行全程跟踪技术指导,通过统筹运用水稻绿色防控技术,示范区水稻全年用药仅3次,比往年用药减少2~3次。在"南通好大米"展示品鉴活动上,全市21家单位参展,田梦粮食种植专业合作社首次参展的"缘粳粒"牌大米获银奖,该"缘粳粒"牌大米是核心示范区种植的水稻品种,由于农药减量控害做得到位,稻米绿色优质,食味口感甚佳,得到品鉴专家一致认可。

【植保科研创新】 2018年,区植保站连续(2015—2018年)第4次获省植保系统"十佳植保植检站"。完成单位实施的"水稻主要病害绿色防控技术集成与推广"课题获2016—2018年江苏省农业丰收奖二等奖、"稻纵卷叶螟精准防控技术集成推广与应用"课题获2017年度南通市农业科学技术推广奖三等奖。秉承植保科技创新研究的卵巢解剖技术用于防治水稻纵卷叶螟先进典型被区委组织部拍摄成电视宣传片在通州电视台《时代先锋》党建电视专栏节目播放。孙雪梅获“南通市第九届优秀科技工作者”称号。

【新型职业农民培育】 2018年，紧紧围绕乡村振兴总体目标，年初制定实施方案，主要面向专业大户、家庭农场主等农业生产经营者和从事具体农业生产的农业工人、雇员等，以及植保员、防疫员等农业服务人员，结合本地区优势主导产业以及农民实际需求，多层次、多渠道、多形式地开展农民教育培训，着力培养爱农业、有文化、懂技术、会经营的新型职业农民和农村实用技术人才。全年培训新型职业农民6062人。

养 殖 业

【概　况】 2018年，全区紧扣生猪养殖管理、重大动物疫病防控、畜牧业转型升级、畜禽养殖粪污治理及畜产品质量安全这条主线，以开展非洲猪瘟“联防联控”、畜牧业“三新技术”推广、生猪养殖场“两关两清”、重大动物疫病防控为抓手，全力推进畜牧业提档升级，压减生猪产能，提升农村环境质量。是年，区畜牧兽医站的“生猪适度规模高效健康养殖技术集成与推广”课题获南通市农业科学技术推广奖三等奖。

【畜牧生产】 2018年，全区畜牧生产受环保等多重因素影响，饲养量出现一定幅度下降，生猪年末存栏降至18.35万头，比上年（下同）下降28.2%；家禽栏存226.73万羽，下降20.1%；山羊栏存9.51万只，下降37.6%。

【畜牧生态健康养殖】 大力推进畜牧生态健康养殖，对创建省级畜牧生态健康养殖场补助1万元。2018年，兴仁建中生猪养殖场、石港三元生猪养殖场、张芝山镇亚峰畜禽养殖场创建省级示范场。全区畜牧生态健康养殖比重达到61.2%。大中型生猪规模养殖占比达76.1%。

【畜禽品种改良】 以生猪良补项目建设为抓手，大力推进生猪品种改良。2018年，通过区级财政补助，延续省级生猪良补项目实施，使用80毫升生猪良补精液3.62万瓶，近9000头能繁母猪通过使用良补精液开展人工授精，生产优质二元（或三元）杂交猪在18万头以上，新增养殖效益在1500万元左右。

【重大动物疫病防控】 根据全年督查抽查及免疫抗体检测，猪、羊、禽免疫密度均达到80%以上，免疫抗体合格率禽流感99%、猪瘟97.8%、猪口蹄疫98%、猪蓝耳94.8%、牛羊口蹄88.9%、小反刍兽疫96.8%。全区未发生重大动物疫病。

【非洲猪瘟防控】 2018年，开展非洲猪瘟“联防联控”，成立由分管区长为指挥长的防控非洲猪瘟应急指挥部，出台系列文件，明确防控要求，压实工作责任，强抓措施落实。全面开展排查、巡查，确保可疑疫点第一时间发现，第一时间处置。开展防控知识宣传，区农委印发《至生猪养殖场（户）一封信》4封，有效落实养殖主体防控责任。联合公安、市场监管等部门开展生猪贩运户、小刀手普法培训，规范从业行为。实行多部门联合防非“联防联控”，确保综合防控措施落实到位。全区未发生非洲猪瘟疫情。

【生猪养殖管理】 2018年，开展生猪养殖管理“百日整治”专项行动，大力推进畜禽养殖污染治理，对禁养区内、占用基本农田、占用河道及水利设施等生猪养殖场进行关停（清理）。全区列入关停（清理）范畴生猪养殖场（户）共计652家，至年末，关停（清理）507家，完成率达到78%，缩减生猪存栏6.5万头。

【畜禽养殖污染治理】 全区通过开展畜禽养殖粪污治理，农村环境得到明显改善。年末畜禽粪污综合利用率达到86.16%，规模养殖场粪污处理设施设备配套率达到94.25%。

【生猪屠宰行业管理】 2018年，金余生猪定点屠宰场建成，通过审核验收，取得南通市定点屠宰许可证和标志牌，于12月28日正式投入生产，有效缓解全区卖猪难、杀猪难局面。认真组织开展生猪私屠滥宰“扫雷”行动，取缔私屠滥宰点6个。与区市场监管局开展猪肉市场联合整治行动，有效保障上市肉品质量安全。

【动物卫生监督】 2018年，制定通州区动物卫生监督工作计划，并有序组织实施。开展检疫规范化建设，在全市率先实现动物产地检疫B证移动出证。加大对违法行为查处，全年立案查处违法检疫案件2起，结案2起，处罚金额2.38万元，处理违规防疫人员1名。做好动物诊疗专项整治行动，按照动物诊疗专项整治行动方案要求，对辖区内城市动物诊疗机构、宠物店进行清理整顿，并开展“双随机”检查。做好畜牧业投入品监管工作，积极组织开展“双随机”检查和日常检查。制订“瘦肉精”检测方案，开展兽药经营环节二维码可溯源管理，所有兽药经营企业实现数据上传，积极配合上级各项抽样检测，检测合格率100%。做好活禽交易市场监管工作，要求活禽交易市场全面落实“定期消毒、轮流休市”等综合防控措施，确保活禽交易市场不发生H7N9流感疫情，全年检查农贸市场11家次。切实加强防疫监督。对重大动物疫病计划强制免疫实行定期、不定期相结合检查，定期检查分春秋两次，实行地毯式逐镇检查，规范化开展防疫工作。切实加强病死猪无害化处理监管，在进一步完善制度的同时，切实加强监督检查，对养殖环节病死猪，发生批量死亡现象的，安排专人进行现场核实。通过开展泔水喂养猪专项整治、限制生猪流通、加强养殖场备案管理、生猪运输车辆备案管理、严格产地检疫等措施，有效控制猪瘟的发生和流行。

【蚕　桑】 2018年，全区共发蚕种4692张，比上年（下同）减发164张，减少3.4%，总产茧207.2吨，减产2.2吨，减少1.1%，减幅进一步收窄。受中美贸易冲突影响，茧价由春茧创历史新高的每公斤上茧55.8元，急剧下降至中秋茧42.6元、晚秋茧40元。蚕农每张蚕种茧款收入、亩桑茧款收入分别为2163元、5205元，分别减少65.8元、207元。桑园面积年末数为233公顷（实际投产面积200公顷左右),继续保持稳定。全区饲养的蚕品种为“菁松×皓月”2531张、“苏秀×春丰”2161张,特种用途蚕品种(细纤度蚕品种苏秀×春丰)饲养比例提高1.6个百分点。

林　业

【概　况】 2018年,通州区积极推进南通市创建国家森林城市工作,大力增加森林数量,提高森林质量,优化森林树种结构,全面打造完善的城乡森林生态系统,建设繁荣生态文化,营造先进生态理念,为建成“强富美高”新通州提供强有力生态保障。完成造林绿化面积853.33公顷,林木覆盖率达到25.54%。建成省级绿化示范村2个,省级三化示范村5个,南通市级森林城镇4个,市级森林村庄10个。

【国家森林城市创建】 全区深入推进国家森林城市创建活动,重点打造高速一环绿色通道增补工程、市级骨干河道景观提升工程、生态造林工程、珍贵树种培育工程、节点景观绿化工程五大工程。水岸林木绿化率达80%以上,等级道路绿化率达100%;新建更新及完善农田林网控制面积2666.67公顷;森林抚育面积3200公顷;建成省级绿化示范村、省级“三化”示范村、市级森林村庄17个,市级森林城镇4个,“三化”示范单位35家;珍贵用材树种成片造林466.67公顷,栽植珍贵用材树种48万株。大力推进“大地植绿”,深入开展“心中播绿”。发布创森信息和创森动态41条,在《南通日报》《通州日报》等媒体发布创森综合报道、专题报道6期,专版宣传1期,创森工作动态20余篇。户外悬挂创森宣传横幅50余条,在交通路口大型LED户外广告屏和城区公交车LED屏滚动播放创森宣传口号。组织开展通州实小校园菊花展、第22个世界“湿地日”主题宣传、全国第40个义务植树节等社会宣传活动。全面完成南通市创国家森林城市考核各项任务。

【南美白对虾养殖污染整治】 2018年,按照市政府《关于南美白对虾养殖污染整治的意见》(通政发〔2018〕12号)和“三个严禁”整治要求,紧紧围绕年度任务,以生态保护、绿色发展为目标,以规范行为、督查整治为重点,以明确责任、强化落实为抓手,通过动员部署、健全组织、调查摸底、制定方案、宣传引导、会议推动、全面整治、拆棚复垦等有效手段,扎实有序推进专项整治工作,取得阶段性成果。全区8个镇(街道)82家养殖场(户)全部退出养殖或转产转型,364口取水井、16台锅炉全部取缔到位。全区南美白对虾养殖污染专项整治工作圆满完成。 (潘培新)

高效植保机械 （原区农机局 供图）

农业机械化

【概　况】 2018年,区农机局以实施乡村振兴战略为统领,以高质量发展为目标,不断推进农机化事业高质量发展。是年,被评为南通市农业农村工作先进集体,6人在省、市农机行业竞赛比赛中获奖。

【粮食生产机械化创建】 2018年初,通州区通过省农机局竞争性评审立项进行省粮食全程机械化示范县建设,计划到2019年底粮食生产全程机械化水平达80%以上。通过加快薄弱环节装备技术推广、加快粮食生产全程机械化示范镇创建等措施,新增55.125千瓦以上大中型拖拉机53台、旋耕播种机55台、旋耕机128台、秸秆粉碎还田机12台、13.23千瓦以上自走式喷杆式喷雾机63台、动力喷雾机257台、水稻插秧机124台、秧盘播种成套设备5台、自走式秧田育秧播种机41台、全喂入联合收割机19台、半喂入联合收割机8台,完成年度建设任务。

【粮食生产“全托管”】 通过行政推动、政策引导、项目扶持等措施,加强粮食生产新型经营主体培育,加大推进粮食烘干中心(点)、农机库建设力度,补齐粮食生产全程机械化短板。是年,全区新增“全托管”经营主体115个,新增服务面积1793.33公顷,新建标准农机库4个,粮食烘干能力建设三年任务2年完成,新建及扩建粮食烘干中心(点)54个,粮食烘干机保有量达459台,粮食产地机械化烘干水平达82%。

【农机合作社规范化建设】 2018年,宣传《中华人民共和国农民专业合作社法》,指导农民多形式发展农机合作社,以农机大户、农机能手、农机经纪人为主体,引导其带领周边群众,改变传统经营方式,组建农机合作社,开展粮食生产“全托管”服务方式,增加自身作业收入。及时向合作社提供包括政策、技术、经营等方面信息,组织农机合作社技术人员参加各类技术培训班，大力提高农机合作社人员业务能力和技术水平，培养熟悉农机服务组织政策理论带头人、明白人，提高农机专业合作社自我管理。是年，全区新增省级农机合作社示范社2个、省级最美农机合作社1个、最美农机手1名。

【农机技术服务】 2018年，把抓好农机检修作为农机化三夏、三秋生产一项重要任务，农机推广、农机合作社建设、安全检验、教育培训等工作紧密结合，统筹部署，整体推进。组织技术人员深入技术力量薄弱乡村和农户，摸清需检修机具种类和数量，指导机手对参加春耕、夏收夏种、秋收秋种生产农机具状况进行全面检查、维修和保养。充分发挥农机专业合作社作用，积极开展集中检修服务，帮助农民解决农机检修工作中遇到的实际困难，严格把好检修质量关，保证农机具以良好技术状态投入生产作业。利用各类培训班，开展对农机驾驶操作人员、维修人员技能培训，向广大农户传授农机具日常维护保养和操作知识，提高农机手维护保养操作技能。发放跨区作业证273份，近200台次外地收割机参与小麦、水稻机收会战，为全区稻麦及时收割提供机械保障。

【秸秆机械化还田】 全区投入带秸秆切碎抛撒装置联合收割机2000余台次，50马力以上大中型拖拉机2600余台次。召开现场会及培训24场次，6000多人次参加观摩，发放秸秆还田宣传资料5.3万多份。夏季完成还田面积1.82万公顷，秋季完成还田面积1.74万公顷，超额完成目标任务。

【农机购置补贴】 2018年，明确政策导向，针对区主导农业急需发展的自走式喷杆喷雾机、育秧流水线、55.123千瓦以上拖拉机、乘坐式插秧机、动力喷雾机，区级财政给予作业奖励。高效贯彻上级政策，深入政策宣传，积极实施好农机购置补贴政策，保证国家强农惠农政策落到实处，促进全区农机装备结构优化、农机化作业能力和水平提升。全区实施财政补贴机具1009台，受益农户及组织849个，享受中央及省级财政购置补贴1248.33万元，引导农机手参加农机综合保险1898台。

【农业机械化科技示范基地建设】 2018年，建设市级设施蔬菜农机化科技示范基地设施蔬菜基地2家（南通哈谷农业科技有限公司、二甲镇宝云山村设施蔬菜基地），示范耕整地、育苗、播种、施肥、植保、喷滴灌、收获、运输、环境调控等机具，推进设施蔬菜生产全程机械化建设。

【农机技能人才队伍建设】 着力提升农机从业人员整体素质和技能水平，提高农机使用效益，加快建立有文化、懂技术、会操作、善经营的农机技能人才队伍，以促进农业机械化发展。以耕整地、种植、植保、收获、烘干、秸秆处理为重点环节，针对不同环节不同需要，突出知识技术传授、动手能力训练和岗位实践指导，切实做到学以致用。是年，职业技能鉴定获证奖补培训139人，拖拉机驾驶员培训34人，联合收割机驾驶员29人。获省农机系统职业技能培训课件评选比赛二等奖、第四届江苏技能状元大赛南通选拔赛二等奖和优胜奖。

【农机牌证管理】 2018年，检验手扶拖拉机运输机组365台（含登记上牌5台）、轮式拖拉机857台（含登记上牌100台），检验联合收割机675台（含注册上牌31台）。组织实施手扶拖拉机“三同时”管理3075台。组织驾驶许可考试核发拖拉机驾驶证19人、联合收割机驾驶证22人、增驾9人。登记上牌和安全检验数与上年同期相比，呈现稳中有进、质量提升态势。

【农机安全管理】 2018年，举办集中安全教育班16期，参训人数1500人，赠送“农机安全生产知识读本”和宣传资料3200余份，集中安全教育成效显著，组织交通违法满分学习考试64人。深化“平安农机”创建，开展“平安农机”示范户（社）评选活动，确认“平安农机”示范社3个、示范户29个。扩大农机安全监管工作宣传，农机安全监理信息被部、省采用172篇次，位居全市前列。参加省农机安全监理学术论文征集活动，3篇论文获省农机安全监理优秀论文奖。组织开展农机安全检查69次，参加检查350人次，排查治理隐患单位536个，排查一般隐患175起，整改率100%。加大“僵尸农机”报废清查和整治力度，责令停用和注销公告处置1432台。变型拖拉机检验165台，公告注销138台。注销驾驶证30人，并公告驾驶证作废。省农机监理所、淮安市农机监理所在通州开展农机安全隐患分级分类管理研究课题调研。

（于跃华）

秸秆还田　（原区农机局 供图）

农机安全教育 （原区农机局 供图）

农业资源开发

【概　况】 2018年，区农业资源开发局认真履行国家农业综合开发和高标准农田牵头成员单位职责，全区高标准农田覆盖率为89.77%。全面完成2016年项目，全区2016年高标准农田建设面积5253.33公顷。其中区农业资源开发局牵头完成国家高标准农田项目1000公顷项目（项目位于刘桥镇），市及区财政资金自建高标准农田2000公顷（项目位于二甲、五接、刘桥、平潮镇和金沙街道）。2017年项目主体工程完工。全区2017年高标准农田建设5320公顷，其中国家农业综合开发高标准农田项目1000公顷，两期新增千亿斤粮食项目3720公顷，省以上投资土地整理项目600公顷，以上项目追加投资工程完成80%，“两个1%”指标完成验收，占补平衡指标上交市级统筹55.87公顷，超额完成年度任务。

【高标准农田建设】 2018年，通州区把高标准农田建设作为“三农”工作龙头工程和实施乡村振兴战略富民强村重要基础加以推进。区农业资源开发局出台《高标准农田建设项目施工单位考核管理办法（试行）》和《高标准农田建设项目监理单位考核管理办法（试行）》，将年度工作任务，落实到部门、分解到镇、细化到村，通过下达项目建设任务书，将工作内容、实施要求、建设标准等明确到各责任单位。认真做好区级点评会准备。区领导点评会议、领导小组会议、组织现场调研等活动压实工作责任、解决突出问题。出台系列办法、文件、会议纪要等政策文件，完善项目管理要求、规范资金使用行为，加大对施工、监理单位考核力度。制定周上报、旬检查、月通报、季点评的工作制度，建立健全专业公司监理、质量第三方检测、群众监督员监督、纪检全程参与管理体系。重点打造“三个全覆盖”试点镇。是年，全区建设高标准农田2213.33公顷，其中千亿斤粮食946.67公顷完工，国家农业综合开发土地治理项目1000公顷完成60%，市区都市农业高标准农田项目266.67公顷，项目区最大连片平整面积达到73.2公顷，完成10%。“两个1%”指标实施完成，新建高标准农田土地流转率达到52.3%。

（蔡维熙）

工　业

Industry

编　辑　陈　菊

工业投入

【概　况】 2018年，通州区完成工业投入274亿元，比上年(下同)增长8.4%，占全社会固定资产投资54.9%。被南通市认定亿元以上新开工工业项目86个，居全市第4位，项目数目标完成率100%；完成投资额76亿元，居全市第1位，投资额目标完成率111.7%。旭浩数码项目、莱捷压铸项目、深南电路项目、雄邦压铸扩建项目、广东鸿图扩建项目、中航世科项目、国科实业项目7个项目列入省重点工业投资项目，均已全面开工建设。有26个项目列入南通市双百工程计划，计划总投资465亿元，所有项目均开工建设。运用“省+市+区”技改专项补贴政策，鼓励和引导企业加大技术改造，实施重点技术改造项目100个以上。组织江海电容器、帝诚华信、新天纺织、德尔福等4家企业申报2018年省工业企业技术改造综合奖补项目，获省补资金84万元；组织雄邦压铸、创斯达、欧利亚纺织等12家企业申报2017年度市区第二批工业企业技术改造项目，争取市级奖励资金1526万元；先后2次组织申报区级技术改造项目，共有45个项目确认补贴1214.88万元。创建智能车间7家，新世嘉纺织品(南通)有限公司“家纺全流程智能生产车间”、德尔福连接器系统(南通)有限公司“汽车线束连接器智能生产车间”等2家获评省级示范智能车间，广东鸿图南通压铸有限公司“压铸件总成制造智能车间”、江苏博沃汽车电子系统有限公司“电子零部件生产智能车间”、江苏石岛玻璃有限公司“制瓶智能车间”、江苏老裁缝家纺工业有限公司“被芯套件生产智能车间”、南通唐盛纺织有限公司“织造生产智能车间”5家获评市级智能车间。南通象屿综合技术改造项目、江华纺织高档无纺新材料自动化设备技术改造项目、恒科新材料年产10.5万吨超仿真功能性纤维项目等6个项目成功入选江苏省2018年第一批重点技术改造项目导向性计划。江苏恒科新材料有限公司的“年产15万吨差别化功能性、改性聚酯(PET)纤维技改项目”列入国家工信部2018年度工业企业技术改造升级第二批导向性计划。

【江海电容器项目通过验收】 5月，南通江海电容器股份有限公司的“LED照明用耐高温、长寿命、小型固态铝电解电容器项目”通过工信部验收评价。项目计划总投资8000万元，实际完成投资9134.31万元，其中设备购置5086.09万元，最终形成月产4000万只目标产品的生产能力，累计实现销售收入5.13亿元。该项目形成LED用固态铝电解电容器产品的技术标准和规范体系，主持国家标准制定2项，攻克行业关键技术、共性技术3项，申请专利8项，产品技术性能指标达到国际先进水平；通过江苏省经信委组织的专家组的科技成果鉴定，获2018年度湖南省科学技术奖二等奖，同时被认定为江苏省高新技术产品、江苏省两新产品。

【华存电子芯片设计项目入选“一条龙”计划】 10月，江苏华存电子科技有限公司存储主控芯片设计项目成功入选工业和信息化部2018年工业强基工程重点产品、工艺“一条龙”应用计划示范企业和示范项目名单。公司主要围绕eMMC嵌入式存储主控，SATA接口固态硬盘存储主控与PCIe接口固态硬盘存储主控等芯片技术进行研发，技术水平达到国际先进水平。研发产品40纳米工规级别嵌入式eMMC5.1存储控制器于2018年1月流片，成功打破国外厂商的行业垄断，成为第一颗国产自主研发的相关级别芯片。公司建立193项国家最需的存储器主控发明设计专利布署，包括团队自主设计发明的中国知产局受理专利与PCT国家专利申请182件，eMMC集成电路布图设计专有权1件，战略专利10项。

【超薄精密不锈钢带项目签约】 12月19日，江苏甬金金属科技有限公司承担的重点新材料产业链技术能力提升项目——超薄精密不锈钢带(钢管)项目，与工信部成功签订合同。项目计划总投资1.20亿元，获得补助资金2000万元，于2018年1月开始实施，利用三年的时间，系统研究热加工工艺、冷成形工艺和热处理工艺对显微组织和力学性能的影响，进而研究超薄精密不锈钢带(钢管)精密冷轧和穿管/热轧+冷轧(冷拔)的生产工艺，获得超薄精密不锈钢带(钢管)生产技术集成，形成量产能力，实现销售收入4.16亿元，新增利润

6793万元，申请发明专利7件，发表论文4篇。

【未来岛工业机器人开工建设】 3月18日，总投资10.5亿元的未来岛工业机器人项目正式破土动工，总建筑面积11.7万平方米，计划建设18栋工业厂房，主要打造机器人智能控制器、双臂工业机器人、3D视觉弧焊机器人等产品。该项目被列为2018年省级重大计划项目。

【蓝丝羽C2M智能吊挂生产线上线】 6月，江苏蓝丝羽家用纺织品有限公司在同行业中率先引入K3系统、特许经营模式、终端分销系统、内部局域网、OTO互动营销平台及生产智能化设备，总投资2200万元，建成八条吊挂线、三轨配套线，实现订单、采购、生产、入库、出库的闭环流程智能管理。订单准确度提高20%以上，库存周转率提升25%，生产效率提高约25%，降低能耗约36%。

（季小平）

技术创新

【概　况】 2018年，通州区新认定国家级企业技术中心1家，省级企业技术中心6家，市级企业技术中心4家，区级企业技术中心8家。累计拥有国家级企业技术中心1家，省级企业技术中心41家，市级企业技术中心24家，区级企业技术中心44家，各级企业技术中心质量和数量保持全市领先。（张俊铭）

工业组织

【概　况】 2018年，通州区工业组织突出"六大聚焦"，即聚焦稳运行提质效、聚焦项目建设、聚焦两化融合、聚焦智能改造、聚焦大企业培育、聚焦企业服务。1月，组织召开全区纳税百强表彰会；2月，做好春节后企业复工工作；3月，组织推进首季开门红；4月，组织申报南通市区扶持项目，兑现2017年大企业应税销售增长奖励；5月，分片召开推进重点企业大户关键指标会议，出台工业资源集约利用评价意见；6月，推进工业经济双过半；7月，召开上半年工业经济点评会；8月，部署战高温夺高产达时序；9月，组织张謇杯·2018中国国际家用纺织产品设计大赛颁奖盛典；10月，开展重点企业调研；11月，对标全年抓分析定措施快部署；12月，部署决胜全年满堂红工作。实现规模工业增加值比上年（下同）增长7%；实现规模工业产值2045.7亿元，增长9.2%；实现工业应税销售1195.9亿元，增长15.3%。141家企业应税销售超亿元，10家企业（集团）应税销售超10亿元，江苏甬金金属有限公司应税销售超50亿元。新开工制造业亿元项目86个，计划总投资273.6亿元。新竣工制造业亿元项目60个，竣工率61.2%。

【张謇杯家用纺织产品设计大赛】 5月，张謇杯2018中国国际家用纺织产品设计大赛启动，收到家纺企业、院校、独立设计师的341套（件）作品。赛事以"好设计、新需求"为主题，主张设计的本质要服务人们更多、更高的需求，展现出人文关怀的温情，为消费者提升生活品质。共评出18个产品获金银铜奖、30个优秀文化奖、4个文化奖。此外，获得产品设计奖铜奖及以上的作品作者或主创设计师，获得"中国家纺新锐设计师"称号。

【制造业创新发展转型升级】 海星电子成功申报国家级企业技术中心，全区拥有国家级企业技术中心1家、省级企业技术中心41家、市级企业技术中心20家、区级企业技术中心39家，各级企业技术中心数量保持全市领先。江海电容器的"LED照明用耐高温、长寿命、小型固态铝电解电容器项目"通过工信部验收评价，恒科新材料4个新产品新技术通过省经信委鉴定认证。加大智能车间创建工作力度，支持企业加大技改投入，新增省级示范智能车间2家，市级示范智能车间5家，累计建成省级示范智能车间6家、市级示范智能车间11家，总量位于全市前列。江海智汇园等3家企业被评为省小型微型企业创业创新示范基地。大力推进两化融合体系贯标，成功创建省级两化融合贯标试点企业7家，通过国家级两化融合贯标评定企业5家。南通乔德家纺有限公司、江苏唐盛纺织科技有限公司获认定江苏省服务型制造示范企业。江苏唐盛纺织科技有限公司、乔德（南通）纺织品有限公司被认定为省消费品工业"三品"示范企业，累计共3家。

【5位获"改革开放40年南通优秀民营企业家"称号】 12月11日，南通市委市政府在更俗剧院召开全市民营经济高质量发展大会，对5位改革开放40年南通优秀民营企业家进行表彰。南通江海电容器股份有限公司陈卫东、紫罗兰家纺科技股份有限公司陈永兵、江苏综艺集团昝圣达、南通四建集团有限公司耿裕华、四方科技集团股份有限公司黄杰获此殊荣。

【9个产品被认定为市首台套重大装备及关键部件】 经南通市经信委组织专家现场认定，南通凯迪自动机械有限公司的高精度智能化浸胶机生产线、江苏准信自动化科技股份有限公司的化成台、南通华新环保设备工程有限公司的调蓄池冲洗闸门、南通丰威机械有限公司的基于PLC控制系统的料斗混合机、江苏旭田环保机械有限公司的XTY-600W卧式再生资源液压打包机、南通华耐特石墨设备有限公司的SJQ-1石墨制甲醇汽化器、江苏蒙哥马利电梯有限公司的TKJ乘客电梯、沃太能源南通有限公司的大型工商业储能系统、南通弘峰机电有限公司菌渣生物好氧发酵系统成套设备9个产品被认定为市首台套重大装备及关键部件。全区共有获南通市和省认定的首台套重大装备及关键部件30多个，总体数量在南通处于领先。

【紫罗兰家纺获"纺织业质量管理提升认证"】 9月28日，中国家纺质量大会在通州举行，紫罗兰家纺科技股份有限公司荣获"纺织业质量管理提升认证"国内首张证书，董事长陈永兵作为家纺行业代表在会上做发言。紫罗兰家纺科技股份有限公司是一家集家纺面料、成品研发、市场销售、服务于一体的规模化股份制企业，在科技创新能力、研发水平、质量水平和市场占有率方面处于领先，先后获中国驰名商标、全国工业品牌培育示范企业等荣誉。

【“三行业”整治工作】 扎实推进钢丝绳、化工、印染整治。年初,对剩余25家钢丝绳企业下达污染工段限期拆除通知书,对其中的11家企业先后采取断电强制措施,所有企业污染工段全面停产。至5月,全区所有(共27家)钢丝绳企业关停、拆除污染工段任务全部完成,并通过市级验收;至10月中旬,25家企业全部完成“三废”处置任务,关停化工生产企业3家、印染企业11家。

【南通象屿首艘化学品船成功下水】 8月1日,南通象屿海洋装备有限责任公司打造的首艘化学品船——38800DWT双相不锈钢化学品船成功下水。该船是国内首条采用脱氮装置、满足国际海事组织(IMO)排放3要求的一类化学品船,共有32个独立的货舱,其中14个货仓可装载强酸强碱等一类化学品,新型三排舱设计为国内首创。

【印度纺织代表团访问通州】 8月25日,印度纺织工业协会会长拉赫蒂率领印度世纪纺织集织等7家重点骨干企业访问通州。印度纺织代表团先后参观考察江苏宝缦家纺、唐盛纺织、金太阳家纺、蓝丝羽家纺等企业,并与通州10多家重点家纺企业负责人进行深入交流,详细了解通州纺织企业棉花原料、纱线需求,寻求双方合作商机。　(张雨林)

民营经济

【概　况】 2018年,全区新增个体工商户11706户,比上年(下同)增长7.6%;新增私营企业注册资本189.9亿元,增长28.8%;个体工商户85183户,增长12.7%,私营企业达19986户,增长13%。规模以上民营工业实现增加值增长7.4%,完成产值增长9.6%,实现出口交货值增长3.4%;固定资产民间投资增长14.3%,比全区固定资产投资增幅高6.1个百分点。新增民营小规模纳税人4512户、民营一般纳税人1994户,完成全年目标任务的142.4%;民营经济入库税金77.86亿元,增长11.7%,占全部税收的比重达79.3%。　(张周滢)

电力运行

【概　况】 2018年,通州全社会累计用电59.54亿千瓦时,比上年(下同)增长4.7%,低于南通平均增幅3.51个百分点,总量位居南通市第二,增幅第八。其中,一产累计用电6903万千瓦时,增长3.9%;二产累计用电41.6亿千瓦时,增长2.3%;三产累计用电6.25亿千瓦时,增长15.2%;城乡居民生活用电11亿千瓦时,增长8.8%。

【工业用电】 全年工业累计用电40.66亿千瓦时,增长1.9%,工业用电总量居南通市第三,增幅第八。其中制造业累计用电38.75亿千瓦时,增长3.9%。工业用电占全社会用电的68.3%,低于同期1.88个百分点,工业用电占比列南通市第四。　(吴　勇)

建 筑 业

Architectural Industry

编辑 陈 菊

综 述

【概 况】 2018年,通州区建筑企业完成施工总产值1849.3亿元,比上年(下同)增长4.3%;上缴入库税收13.26亿元,增长36.8%。加快推进转型升级,以区政府名义出台《关于进一步推进全区建筑业高质量发展的实施意见》。通州二建晋升特级资质(增至6家),明恒建设、通州十建晋升一级资质,高资质企业数领跑全省。企业品牌进一步打响,荣获国优奖2项,南通四建、通州建总2家企业入围"中国企业500强",6家企业入围2017年度江苏省建筑业"百强企业"。区内建筑产业现代化基地建设初显成效,建筑企业信息化水平进一步提升,BIM技术得到进一步推广,互联网技术逐步应用。外埠市场开拓有力,全区省外完成建筑业施工总产值943亿元,占总量51%,首次超过省内市场。海外市场和基础设施领域取得一定进展,南通四建中标马来西亚丝绸公寓楼项目,通州建总中标南通地铁二号线,南通长城中标福建仙游人民医院项目。

【南通四建集团举办"转型升级与高质量发展论坛"】 10月27日下午,南通四建在集团本部祥云楼二楼会议大厅举办公司成立60周年纪念大会暨"转型升级与高质量发展论坛"。中国建筑行业、经济界的顶级专家、领导及南通所有特级资质企业、部分合作单位参会。

论坛上,南通四建集团董事长耿裕华首发新书《博观》并作《厚积60载,筑梦伟业长》发言,中国建筑业协会会长王铁宏作《建筑业转型升级未来已来》演讲,港珠澳大桥岛隧工程副总经理尹海卿作《港珠澳大桥岛隧工程技术创新及管理实践》演讲,清华大学经济管理学院教授、博导许宪春作《中美贸易战与中国新经济发展》演讲,复旦大学管理学院院长陆雄文、原国防大学副政委李殿仁中将、云南省建设投资控股集团有限公司董事长陈文山等分别讲述与南通四建的深厚感情,并作精彩致辞。全国人大常委会原副委员长、中国关心下一代工作委员会主任顾秀莲等嘉宾专程到贺。

【区建筑行业协会换届】 12月16日上午,区建筑行业协会第七届一次理事会暨第一会员大会在南通四建祥云楼二楼多媒体会议室举行。副区长刘学军、区建管局领导、各理事会员单位共计40余人参会。大会通过新修订的《南通市通州区建筑行业协会章程》,选举耿裕华为协会会长,俞国兵、张晓华、易杰祥、邵海荣、蒋根宝、顾邢徐、瞿羌军、邱少波等为协会副会长,并选举理事单位成员。

建筑施工

【概 况】 2018年,全区建筑企业完成施工总产值1849.3亿元,比上年(下同)增长4.3%;在建房屋施工面积1.78亿平方米,增长8.7%;新开工面积5950万平方米,增长13.2%;竣工面积5264万平方米,增长17.2%;计算劳动生产率平均人数43.6万人,增长5.1%。主要经济指标继续保持全省领先。

【2家企业上榜中国企业500强】 9月2日,中国企业联合会、中国企业家协会发布"中国企业500强"榜单,南通四建集团有限公司、通州建总集团有限公司两家建筑企业继续名列其中,且名次不断前移。其中,南通四建以营业收入568.63亿元,排名第285位;通州建总以营业收入346.13亿元,排名第459位。

【2家企业上榜中国承包商80强】 11月8日,由美国《工程新闻纪录》(简称ENR)和中国《建筑时报》联合举办的2018年"中国承包商80强和中国工程设计企业60强"排名在南昌揭晓,南通四建集团、通州建总2家企业上榜,分列12和26位。

【6家企业入围江苏百强建企】 全区有6家企业入围2017年度江苏省建筑业"百强企业"榜单。他们分别是:南通四建集团有限公司、通州建总集团有限公司、南通新华建筑集团有限公司入围综合实力类企业;南通承悦装饰集团有限公司入围建筑装饰类企业;南通扬子设备安装有限公司、江苏达海智能系统股份有限公司入围建筑安装类企业。

【2家企业获"进沪施工企业30强"】 8月14日,南通四建集团、通州建总荣获

“第14届(2017年度)上海市建筑施工企业综合实力排名30强企业”,其中南通四建排名第2位,通州建总排名11位。

工程质量

【概　况】 2018年,区建管局注重加强过程监管,推动企业提升质态,力促建筑工程争优夺杯。全年获“国优奖”2项、“中国安装之星”3项,获“白玉兰”、扬子杯等省级优质工程37项。

【获“国优奖”2项】 南通四建集团有限公司施工的宿迁恒力国际大酒店及新疆维吾尔自治区第六人民医院(传染病医院)综合病房楼2项工程荣获“国优奖”。

【获“中国安装之星”3项】 南通通博设备安装工程有限公司承建的国泰新天地广场机电安装工程,南通扬子设备安装有限公司承建的苏州市轨道交通4号线及支线工程车站机电安装及装修施工项目(SRT4-12-2标)和江苏瀚天智能科技股份有限公司承建的通州建总大厦智能化系统工程等3项工程喜获2017—2018年度(第二批)中国安装工程优质奖“中国安装之星”。

【3项工程获“白玉兰”奖】 南通四建集团有限公司施工的上海临港普洛斯国际物流园G地块物流仓库项目(G3、4仓库,2#门卫,围墙)G3、4仓库,风荷丽景尚城四期工程6#楼及通州建总集团有限公司施工的青浦世界外国语学校中学教学楼、综合楼等3项工程荣获“白玉兰”奖。

安全生产

【概　况】 2018年,区建管局严格落实安全生产主体责任,积极构建安全监管责任网络,开展企业安全生产主体责任巩固年活动、“保安全攻坚行动”“安全生产月”等活动。严格安全生产监管,定期召开安全生产形势分析会,深入开展专项整治和隐患排查治理。组织“安全生产月”活动,强化安全教育培训,举办多期三类人员继续教育培训、建筑施工安全资料和建筑施工易发事故防治安全生产标准等培训班,10058人参加培训。南通四建获上海市建设工程安全生产先进企业。

【2项工程获“全国施工安全生产标准化工地”称号】 12月6日,中国建筑业协会建筑安全分会在广州召开2018年年会,会上发布建设工程项目施工安全生产标准化工地名单。南通四建上海总部施工的元祖儿童育乐中心项目和新疆总部施工的天山区跃进街西棚户区改造阳光欣居5#楼及地下车库项目成功入选。检查考评中,两个项目安全方面的组织体系、标准化建设、人性化管理以及环境保护方面的做法得到专家、评委的认可,一致认为项目做法值得在全国范围内交流推广。

科技教育

【概　况】 2018年,全区建筑业创国家级QC成果28项、省级QC成果67项,省级工法9项,发明7项,实用新型专利30项。省级企业技术中心新增1家,累计达6家。新招聘大中专毕业生400人。拥有一、二级建造师6221人,总量位居全国前列。新获评中、高级职称760人。完成八大员、建筑特种作业人员等各类培训1.05万人次。

【“超大面积钢结构屋盖网架液压提升关键技术研究”获表彰】 12月26日,中国施工企业管理协会在北京召开2018年科学技术奖励大会。南通四建的“超大面积钢结构屋盖网架液压提升关键技术研究”成果荣获2017年度中国施工企业管理协会科学技术进步奖一等奖。

【“BIM”技术成果获省技术创新一等奖】 7月12日,江苏省安装行业协会在苏州召开安装行业BIM技术交流会。南通四建申报的“BIM技术在扬州金鹰新城市中心机电总包工程中的落地应用”作品荣获一等奖。

【南通四建获“黑龙江省BIM五十强企业”称号】 在黑龙江省第三届广联达BIM算量大赛企业赛上,南通四建东北总部BIM团队从121家参赛企业中脱颖而出,荣获企业组第二名的好成绩,并被授予黑龙江省BIM五十强企业。江苏省共3家企业入围。　(周　峰　秦沈平)

2018年通州区重点建筑企业完成指标情况一览表

表9

序号	单位名称	建筑业总产值(千元)	房屋建筑施工面积(平方米)	当年新开工面积(平方米)	计算劳动生产率平均人数(人)	10层以上建筑(幢)	资产总计(千元)	所有者权益合计(千元)	主营业务收入(千元)	主营业务税金及附加(千元)	管理费用(千元)	利润总额(千元)
1	南通四建集团有限公司	53719298	54422697	19464488	107841	1436	8098754	3512769	42554856	311371	944742	1125217
2	通州建总集团有限公司	31004587	43402470	13769315	76219	1263	4299449	1399450	20376624	87117	189500	869365
3	南通新华建筑集团有限公司	16315868	23147927	6738230	39527	889	4780923	2925775	16315868	48039	40819	601409
4	江苏通州四建集团有限公司	9962285	7495119	2076363	19053	364	1573913	1319341	7618550	18239	177699	536679
5	南通长城建设集团有限公司	10107373	13355312	4440488	42191	0	1332620	745550	2225958	6261	18245	70854

续表9

序号	单位名称	建筑业总产值(千元)	房屋建筑施工面积(平方米)	当年新开工面积(平方米)	计算劳动生产率平均人数(人)	10层以上建筑(幢)	资产总计(千元)	所有者权益合计(千元)	主营业务收入(千元)	主营业务税金及附加(千元)	管理费用(千元)	利润总额(千元)
6	江苏通州二建建设工程有限公司	11251925	16660205	5225821	22577	124	924151	585268	2569188	7964	30160	102964
7	南通永峰建筑安装工程有限公司	3248889	1807884	587225	7661	43	677906	170764	974666	43664	19493	29239
8	南通通博设备安装工程有限公司	2522159			8792	0	715138	167357	1892426	9491	12010	24529
9	华东建设安装有限公司	4812730			13382	0	1848656	983156	4700000	225689	207430	412005
10	南通扬子设备安装有限公司	3941916			5048	0	327674	288008	1206896	6067	54686	43959
11	南通承悦装饰集团有限公司	4482000			8526	0	1963181	1616765	4482000	18824	141349	704111
12	南通通西建筑装饰集团有限公司	1411780			457	0						
13	江苏通州十建建设工程有限公司	1391700	1335700	405000	5965	0	105812	101611	1391702	62063	165129	51744
14	江苏通州一建建设工程有限公司	903270	1163490	679490	3836	69	347338	202650	568770	16654	47777	21426
15	南通永安建设工程有限公司	1215865	1065848	888048	2043	0	229777	127624	247901	1336	3245	4238
16	南通宏亚建设工程有限公司	1250006	923006	476035	3823	119	476825	339003	1057502	7559	25911	79043
17	南通市江海公路工程有限公司	1020934			403	0	936948	477631	1018225	6184	14711	99862
18	南通金通市政工程有限公司	1010918			407	0	909857	420515	1007269	10769	5060	99812
19	江苏通州基础工程有限公司	671002			809	0	147874	102198	590482	2470	10333	23425
20	南通新华钢结构工程有限公司	1247303			587	0	419214	285917	1247303	7388	121110	35717
21	南通蓝天彩钢结构工程有限公司	200204			441	0	71365	44315	105121	633	3000	24861
22	江苏达海智能系统股份有限公司	388058			686	0	855012	704273	388058	26170	34947	46537

邮政·通信

Postal Service and Signal Communication

编 辑 陈 菊

邮 政

【概 况】 2018年，通州邮政分公司实现邮政业务总收入2.73亿元，比上年(下同)增长7.4%，其中邮务类收入9543万元，代理金融业务收入1.75亿元，快递包裹业务收入2409万元。实现收支差额8000万元。分公司先后获江苏省文明单位、青年文明号等荣誉称号，绿衣使者接力帮扶情暖“麻风村”获评省邮政系统“十佳服务新事”，爱心志愿帮扶小分队获评通州区第四届“十佳志愿服务之星”称号。

通州邮政分公司为“麻风村”老人们过生日 (张清泉 摄)

【普惠金融服务】 2018年，通州邮政大力发展渠道类业务，新增手机银行客户3.54万户，列全区第二；快捷绑卡新增3.21万户，完成率100.3%，列全区第一；聚合支付有效户结存2946户，列全区第一。开展“邮”民一家亲，文化进社区——通州邮政广场舞文艺会演活动7场。组织开展“桃李满天下、邮政谢师恩”“幸福夕阳红、欢乐在邮政”“粽情端午”“寻找达人妈妈”等特色活动15次，在网点层面开展活动500余场，形成社会共建、活动引流、资源促活的良好发展局面。分公司党委从党建结对共建单位华山社区党支部辐射至所在金新街道下辖的14个村，为村居民批量开办失地补偿卡1.85万张，形成代发资金超1亿元。

通州邮政分公司员工自编自演快板舞《十九大精神放光芒，“爱心邮政”美名扬》 (仇亚东 摄)

【渠道平台业务】 全年累计实现渠道平台业务收入1545万元，收入规模全区第二，增长7%，成为拉动总收入增长的第三极。农村市场布局加快。作为全省批销示范县，以批销和农产品进城为载体，

通州邮政打造华东区最大邮乐购加盟店 (仇亚东 摄)

开展节日营销、加盟店地推活动,全年实现批销额1069万元,农产品销售额218万元。以重点品牌为抓手,成功打造百万级大单,大富豪啤酒累计销量突破8万箱;分公司开通运营邮乐地方馆,建成华东区最大邮乐购加盟店,线上线下联动发展格局基本建立,全年代购订单突破6万笔。代办类业务提质。简易险保费规模突破440万元,实现车险业务保费1121万元。全年短信业务实现收入503万元,收入规模全区第一。

【快递包裹业务】 全年邮速业务量达348万件,增长15.4%,实现业务收入2409万元,市场占有率达7.5%。开展标快“提质增量”活动,利用大客户驻点、扫街扫店、进驻楼宇等方式,以投促揽,提升服务深度。以B2C项目为抓手,推进同城业务发展,形成收入95.18万元,较之上年同期翻番。国际业务突出产品、渠道、体制机制创新,实现业务收入575.64万元。包快业务遵循“集群壮包、邮路寻包、网点引包”的发展路径,对家纺产业集群深入摸排、走访,积极介入电商产业园、产业聚集地,进一步提升精细化管理水平及市场竞争力,引导包快业务形成经营专业化和体制市场化格局,新客户发展数及客户保有量持续保持全区第一,全年形成总收入1399.95万元,列全区第二。物流业务推进市场化运行机制,实现收入28.86万元。

【文化传媒业务】 深入推进文化传媒供给侧改革。集邮业务以新邮发行为基础,先后举办《戊戌年》《海棠花》《珠港澳大桥通车纪念》《改革开放四十周年》等新邮首发活动;推动邮品与地方文化相融合,巧抓通州地标性建筑南山寺藏经楼落成契机,成功开发个性化系列邮品,打开集邮进入宗教领域的突破口。全年集邮业务实现收入526万元。函件业务搭建广告传媒新平台,以政务市场、福利市场为切入点,推出交巡警罚款单、退休工人体检手册、法院约投等新增业务,积极推进电影票、蛋糕卡和礼品惠项目,实现收入706万元。发行业务以公益讲座进校园、带着邮票去旅行、“小小报童爱心义卖”、图书漂流等活动巩固校园市场,同时持续拓展商务市场,不断扩大在线订阅规模,形成收入737万元。 (仇亚东)

电　信

【概　况】 2018年,中国电信股份有限公司通州分公司紧扣发展、改革、创新三大主题,以问题为导向破解发展难题,以竞争为导向狠抓执行力,做好移动、宽带、新兴业务三大格局战,推进运营、渠道、网络三大变革,确保公司维持健康发展态势。是年,公司获省物价局2017—2018年度价格诚信单位。

【网络建设】 全年投资3000多万元建设“全光网通州”,继续实施光纤入户改造工程,并于5月底完成所有支局的全光改造工作,累计光改用户7.2万人,成为全区首个全光区县分公司。完成有源节点无源化改造991个,AG、C类ONU铜窄设备退网332台,全面具备千兆接入能力。在锡通高速北接线、长江北路双Y立交线、机场大道高架、盐通高铁,G345北延(东绕城)等线路完成迁改任务,共迁改杆路170多公里,建设配套管道64孔公里。建成FDD LTE室外基站787个,信号已实现室外全覆盖,室内分布系统在网150套,覆盖全区重要商务楼宇、交通枢纽等重要场景。

2018江海国际旅游节通信保障 (陈容芳 摄)

【品牌服务】 2018年，中国电信股份有限公司通州分公司全面取消手机流量漫游费。推出三大惠民举措：全网带宽普提，网龄叠加提速，免费百兆体验。500M、1000M极速宽带不断刷新用户上网体验，电信宽带用户平均速率已近100M。百人智慧家庭工程师团队全面下沉，与渠道网点结对成为共同体，共同为广大家庭用户提供"当日装、当日修"及千兆智能组网服务。大幅降低中小企业互联网专线接入资费，助力大众创业、万众创新，在全区率先推出更清晰的VOLTE语音通话业务。 （徐晓艳）

移动通信

【概　况】 2018年，中国移动通信集团江苏有限公司通州分公司紧紧围绕"深化国有企业改革"与"深化战略落地"两个核心，坚持"移动、家庭、政企、新业务"四轮齐驱，锻造"网络、业务、品质、管理、人才"五个领先，全力推进高质量发展。共有营业服务网点270家，服务个人客户超80万户、家庭宽度客户超20万人。

【网络建设】 精准无线规划建设，引入行业内外多种新型产品攻坚网络建设，推进城区及乡镇居民区、两美场景、综合体深度覆盖，建成4G基站超千站，4G网络深度覆盖率达99%。积极推进重点工业园区、重要企业网络预覆盖，快速布局"一根光缆进大楼"。积极争取投资专项资金资源，完成全网光改、农村排线、增厚加深覆盖，有线网络光纤覆盖率达99%。做好全网综合业务接入能力储备，提前布局5G点位，接入机房，全区互联网出口带宽达500G，实现10G带宽进园区企业、千兆带宽进家庭。

【信息化服务】 率先响应"中国制造2025"新要求，利用物联网、大数据、云计算等新技术优势，助力企业信息化升级转型。推出全国流量不限量、4G+高清语音通信等优势产品，进一步扩大服务与业务的双领先优势。利用移动互联网优势，开辟"党建云平台""学习强国"等专栏，推进党建工作。积极推进智慧城市建设，提供随时随地的无线网络接入，推出各行业云网。 （石玉峰）

联　通

【概　况】 中国联合网络通信有限公司通州区分公司继续推行互联网化运营模式转型和产业互联网能力创新，收入预算及利润完成均列全区前列，移动通信及家庭宽带用户实现较大规模增长。通州区分公司党支部被集团公司党委授予"先进基层党组织"称号。

【网络通信】 持续推进"沃超越"4G精品网络建设工程，4G物理站址共计445处，完成城东新区、江海智慧园、鲜花小镇等多处商业密集区的网络深度覆盖，重点规划校园、地铁、机场等场景网络建设。配合完成平潮高铁城、G345南通东绕城、新联枢纽等重要交通工程项目迁移近30处。助力完成国家教育考试标准化考点升级建设服务，圆满保障高考、中考等多次标准化考试，顺利完成开沙岛旅游节等重大活动的通信保障。 （冒建锋）

商贸·旅游

Commercial·Travel

编　辑　陈　菊

综　　述

【概　况】 2018年，通州区商贸流通秩序不断规范，商务领域食品安全和安全生产继续保持无责任事故，为全区消费品市场平稳增长打下坚实基础。是年，全区实现社会消费零售总额405.04亿元，比上年(下同)增长9.5%，总量和增幅均名列全市九县(市、区)第二。

【茧丝绸监管】 2018年，全区桑田种植面积3500亩，蚕农养殖户1917户。春、秋茧收购前后，重申蚕茧收购规定，切实维护茧农权益，未发生打“白条”、各类纠纷和违规经营行为。

【活猪储备监管】 做好南通市在通州的活猪储备监管，确保活猪储备的数量真实和质量完好。全区累计存有南通市活猪储备数继续保持在3300头，每头都能确保在70公斤以上。

【两老字号亮相中国老字号博览会】 12月7—9日，江苏省新中酿造有限公司的新中乳腐和南通西亭脆饼有限公司的西亭脆饼参加第二届·中国(江苏)老字号博览会。展览会期间，两家公司提供的1500多瓶乳腐和1000多袋脆饼销售一空。同时，“西亭”品牌还获得大会授予的“最受欢迎老字号”称号。　(凌　华)

西亭脆饼亮相中国老字号博览会　(刘　翔摄)

粮油贸易

【概　况】 2018年，全区3家国有粮食购销企业实现报表利润869.81万元，自2001年粮食系统改革改制以来，连续18年名列南通各县(市、区)粮食系统前茅。全区三级储备粮质量完好，数量真实，粮食仓储“一符四无”(账实相符；无鼠雀、无霉变、无虫害、无事故)合格率连续37年保持100%；全系统共投入维修资金1156.89万元，比上年增长40%，南通正场国家粮食储备库、江苏省刘桥粮食储备直属库、通州区骑岸粮食储备库分别投入317.5万元、667.21万元、162.8万元，国有资产增值851.9万元。全系统科学保粮率达95%，连续18年安全生产无事故。通州区粮食购销公司被省人力资源和社会保障厅、省粮食和物资储备局联合表彰为全省粮食系统先进集体，这是该公司继2011年获全省粮食系统先进集体后再次获此殊荣。

加大粮食政策宣传力度。《当前种粮大户发展瓶颈与对策》《粮食收购市场变化的应对之策及思考》《稻价下调幅度大　通州种粮大户应变快》等多篇新闻、信息、调查报告，先后被《新华日报》《粮油市场报》《粮食问题研究》《南通日报》及省两办内参录用。

【粮食收购】 通州区骑岸粮食储备库、江苏省刘桥粮食储备直属库成为国家小麦托市收购委托收储库点，获得2018年小麦托市收购资格。3家国有粮库克服重重困难，夏、秋两季共腾出有效仓容8

万吨服务粮食收购，全年共收购农民余粮6.4万吨，与上年基本持平，其中收购小麦3.8万吨，收购稻谷2.6万吨。是年，小麦托市收购首次进行呕吐毒素测试，各收购点都购买呕吐霉素检测仪，主动与种粮大户联系，上门取样检测，收购时坚持每笔化验，仓库内每满100吨检测一次呕吐霉素指标，满仓后再扦统样化验，确保呕吐毒素不超标。

【超标粮食处置】 2018年，全区最低收购价收购的小麦等级提高到“三等及以上”(往年是五等以上)，收购价格也首次下调，每公斤三等小麦最低收购价为2.3元，比上年下降0.06元。为确保粮食安全，严禁不符合食品安全标准的粮食进入口粮市场，最大限度减少粮农损失。4月底，区商务局、农业委员会、市场监督管理局联合出台《南通市通州区超标粮食处置办法(暂行)》。

【产业发展】 4月26—28日，在2018年南通农产品(上海)展示展销会上，江苏省银河面粉有限公司、南通天泰粮食种植专业合作社、通州粮满囤家庭农场、南通加成优质水稻专业合作社参展的小麦粉、挂面、大米、杂粮等被热销一空。8月底，在江苏省“科技兴农模范”赵亚夫的指点下，日本越光米在东社镇甜心草莓种植园试种成功并上市，实现水稻、草莓一年两作，这在南通地区尚属首创。11月27日，首届“南通好大米”评出10个获奖大米品种，南通天泰粮食种植专业合作社的“渔湾水乡”和通州区田梦粮食种植专业合作社的“缘粳粒”获得银奖。

【国企改革】 原通州区粮食购销公司改制成通州区粮食购销有限公司，由国有独资企业南通融通控股集团有限公司全额控股；南通正场国家粮食储备库、刘桥粮食储备直属库、骑岸粮食储备库分别改制成南通正场国家粮食储备库有限公司、刘桥粮食储备直属库有限公司、骑岸粮食储备库有限公司，为通州区粮食购销有限公司下属子公司；余西粮食管理所、金沙粮食管理所、石港粮油食品贸易公司无实际经营业务企业，进行工商注销，其国有资产转入新成立的通州区粮食购销有限公司。

南通正场国家粮食储备库夏粮收购现场　(凌　华摄)

【粮食产后服务中心】 全区共投入1400万元(其中省级以上财政补贴834万元，其余企业自筹)，分别建设南通正场国家粮食储备库、刘桥粮食储备直属库、骑岸粮食储备库、南通石港文山粮食种植专业合作社4个粮食产后服务中心，引进高水分周转钢板仓、移动式液压装仓机、除杂机、自动行走扒谷机等设施设备。至2018年底，已完成80%的工程量。

(凌　华)

供销合作贸易

【概　况】 2018年，通州区供销合作总社努力提升为农服务工作水平。全年提档升级综合服务社15家，领办、参办专业合作社4家，建办专业合作社联合社2家、乡镇经营服务体1个，升级改造基层社3家，形成安全、实惠、高效、便捷的“乡村流通服务体系”。区供销合作总社被南通市供销合作总社评为南通市供销合作社综合业绩考评一等奖。

【农超对接】 2018年，通州区供销合作总社积极开展农超对接，搭建对接桥梁，畅通农超对接渠道，推介通州农产品，提高农产品知名度和美誉度。组织多家知名企业参加2018南通农产品(上海)展示展销会暨农业项目推介会和省海峡两岸农产品展销会，并签订合作意向协议。

(张淑娟)

烟草专卖

【概　况】 2018年，通州区烟草专卖局(分公司)销售卷烟4.15万箱，比上年(下同)增长2%；实现销售额(含税)16.16亿元，增长8.1%；实现税利4.71亿元，增长8.3%。销售量、销售额、税利、利润四项主要经济指标增幅在南通六县(市、区)继续保持领先。局党支部获全省烟草系统先进党支部。

【烟草专卖管理】 创新市场监管方式，采取“监管错时制、领导跟班制、案情分析制”新举措；强化“专销合力”意识，在基层服务站建立站长负责制，专销一线人员合署办公、信息互通，协同开展市场集中整治，大要案查获数量稳步提升。全年共查获各类违法经营卷烟案件121起，其中1万元以上案件22起，5万元以上案件10起，50万元以上案件1起。加大打假破网力度，“2·16”案件深入推进，已办成符合国标的网络案件；“9·17”假烟案与南通市公安局、市烟草局先期成立的“8·16”特大假冒卷烟案实现并案，被公安部列入年度全国十大典型案例。

(宋长俊)

石油购销

【概　况】 2018年，通州辖区内共有104座成品油经营企业，其中汽柴油加油站

区商务局工作人员检查加油站油罐改造情况　　(凌　华 摄)

80座,柴油点21个,加油船3只。有14座位于城区,40座位于县(乡)道路,24座位于省(国)道路,2座位于高速公路。是年,全区正常经营的加油站(点)有77座,8座因拆迁歇业,其余19座未经营,新建3座;销售汽油13.7万吨,柴油6.9万吨(含宁启高速先锋服务区油品销量),分别比上年增长22.4%和-30%。

【环境治理】 区商务局会同环保、安监等部门,在摸清加油站地下油罐底数后,制动配合做好地下水环境防治工作,推动加油站更换地下油罐。全年改造更换双层油罐42座148只油罐;安排5个迁建点,已建成3座;协调中石油通达、中海油沿江公路项目建设,2018年已取得项目建设用地。　　(凌　华)

盐　业

【概　况】 2018年,通州区盐务局(江州盐业公司)盐品销售5072.1吨,其中食用盐销售4599.82吨(小包装食盐2571.27吨,大包装食盐2028.55吨),工业盐销售472.28吨;实现盐产品销售收入782.36万元,其中非盐销售收入291.95万元。5月8日,印发《通州区食盐监管体制改革工作会议纪要》,确定区市场监督管理局为区政府食盐质量安全监管及盐业行政主管部门。

【盐业案件查处】 全年共查获各类盐业违法案件22起,结案21起,查获违法盐产品43.1吨,没收违法盐产品7.01吨,处罚没款53790元。检查商超852家,农贸市场65家次。组织检查用盐企业、食品加工场所、餐饮及食堂等食盐安全情况,出动执法人员347人次。

【盐业宣传】 3月12日、16日,分别在通州文峰大世界开展《食盐专营办法》等宣传活动。5月15日即第二十五届"防治碘缺乏病日",在金沙大润发门前悬挂碘缺乏病防治知识宣传横幅,制作宣传展板2块,发放宣传资料800余份,接受现场咨询200余人。

【盐业违法案件】 当事人季某系通州区某食品批发部业主。1月1日,湖北广盐蓝天盐化有限公司租赁当事人仓库用于存贮食盐,并聘用当事人为"送货员",负责此地仓库管理及食盐配送。6月14日,当事人利用其"送货员"身份从该公司上海直销处以1200元/吨的价格购进10吨"蓝天三晶"精制碘盐。6月19日至7月19日,当事人以32~38元/箱的价格向乡村各食品经营户销售上述精制碘盐151箱,共计金额5106元,获利1482元。9月14日,区市场监督管理局依据《食盐专营办法》第二十六条、《中国人民共和国行政处罚法》第四条第二款及第五条规定,对当事人没收违法经营的食盐6.98吨、违法所得款1482元,罚款5万元。　　(吴汉余)

电 子 商 务

【概　况】 2018年,通州区共有注册登记的电子商务类企业256家,开展电商业务的网店1万多家,8万多人从事网上销售。是年,电子商务交易额超过5000万元的企业有南通中实纺织交易市场有限公司、南通智造链科技有限公司、南通国乐贸易有限公司等。12月,川姜镇志南村、磨框镇村获"江苏省农村电子商务示范村"称号,全区累计共有6家。

【家纺微供市场】 10月,南通家纺城微供市场被省商务厅认定为第二批江苏省乡镇电子商务特色产业园(街)区。该市场由南通家纺城2015年规划筹建,拥有微供商家550家。　　(凌　华)

旅　游　业

【概　况】 2018年,通州区以旅游高质量发展为目标,加快资源整合,突出旅游招商,推进项目建设,塑造旅游品牌,加快智慧旅游,完善基础设施,提升行业监管

风景怡人的南通鲜花小镇　　(彭常青 摄)

途居开沙岛房车露营地　（王海松 摄）

水平,旅游产业发展呈现快速增长的良好势态。南通鲜花小镇、洲际梦幻岛项目有序推进;南通洲际绿博园创成国家AAAA级旅游景区;南通绿洲皇冠度假村提档升级,创成省四星级乡村旅游区;途居开沙岛房车露营地实施标准化营运,获“长三角房车旅游标准化示范基地”和“江苏省房车露营地”两块旅游品牌。举办南通进鲜港鲜花小镇樱花郁金香观赏季、南通江海国际旅游节通州分会场连线转播、首届“长三角新媒体通州行”采风活动、开沙岛第二届体育旅游“梦幻之春”等特色品牌节庆。持续推进“厕所革命”、旅游标识标牌、旅游停车场等旅游配套建设工程,洲际绿博园、鲜花小镇、途居房车露营地、金土地生态农业园等景区开展旅游厕所提档升级和市级星级评定,洲际绿博园的“七星梦幻生态厕所”“游客中心西生态厕所”分别获评省级“最佳景观特色”厕所及“最具人文关怀”厕所。忠孝园提档升级,完成景区讲解词新编与升级。组织策划通州旅游口号征集活动,升级改版“通州微旅游”官微。常态化开展行业文明创建,旅游安全基础夯实,实现安全零事故。全年旅游总收入59.39亿元,比上年(下同)增长16.9%,接待旅游总人数441.75万人次,增长14.8%,实现接待上海游客达155.56万人次。

【南通洲际绿博园创成国家AAAA级旅游景区】 6月,洲际绿博园获评国家AAAA级旅游景区。南通洲际绿博园位于先锋街道,一期项目占地32万平方米,总投资3亿元,2012年6月开工建设。景区以汇聚全球珍奇植物为核心,是一处集植物展示、科普教育、主题摄影、生态休闲、餐饮娱乐、儿童娱乐、旅游购物等功能于一体的综合型主题园林式植物园,通过中国传统园林设计手法造景,具有“奇、多、美、聚”四大特色,有6000多种来自世界各地的珍奇植物十万余株,已建成热带水果馆、热带名花与雨林馆、沙生植物馆、花海梯田、木化石风情园、月亮湾嬉水沙滩、塞外稀树草原、紫薇园、樱花谷等20多个主题景观,水域和植被覆盖率达95%以上。

【途居开沙岛房车露营地创建两项旅游品牌】 5月,途居南通开沙岛露营地获评长三角房车旅游标准化示范营地及江苏省房车露营地。营地位于开沙岛省级旅游度假区内,由奇瑞控股集团投资,总规划面积1100亩,一期占地面积310亩,总投资2亿元,项目于2017年4月开工建设,入住房车122辆,木屋18套,树屋5栋,设有露营休闲区、帐篷酒店区、亲子活动区、森林探险区、户外烧烤区、水上游乐区等特色区域。

【南通绿洲皇冠度假村获评省四星级乡村旅游区】 12月,南通绿洲皇冠度假村提挡升级,获评省四星级乡村旅游区。绿洲皇冠度假村位于先锋街道,占地220亩,总投资6500万元,于2015年8月开工建设。景区秉持休闲农业与乡村旅游相融合的发展理念,建成园林式婚宴主题园区、蒙古文化风情园区、特色餐饮区、垂钓休闲区、生态养殖区、水上娱乐区等功能分区,是一处集休闲度假、娱乐婚庆、蒙古风情等功能于一体的特色园区,让游客享受餐饮、采摘、游乐、休闲一站式体验乐趣。

【南通江海国际旅游节通州分会场连线转播】 9月28日,南通江海国际旅游节通州分会场连线转播在南通洲际绿博园举办。活动旨在突出市县联动特色,依托南通江海旅游节平台,进一步展示推介“畅游通州”品牌特色。活动现场,吸引社会各界市民、长三角游客达4000余人次。

【首届长三角新媒体通州行采风活动】 11月29日,由人民网、新华网、中新网、中国日报网等40余家网络新媒体组成的记者团走进通州,深入洲际绿博园、开沙岛旅游度假区开展实地调研采风。活动举办旨在全面展示通州旅游发展成果,塑造独具特色的长三角新兴休闲旅游目的地形象。　（沈　英）

绿博园塞外稀树草原　（禾　子摄）

对外经济贸易

Foreign Economy and Trade

编　辑　陈　菊

对外贸易

【概　况】 2018年,全区有进出口实绩的企业925家,比上年(下同)增加37家;实现外贸进出口总值248.07亿元,增长4.4%。其中,出口204.24亿元,下降2.3%;进口43.83亿元,增长53.7%。全区进出口总额超5亿元企业6家,占全区进出口总额的20.1%;进出口总额1亿~5亿元企业43家,占全区进出口总额的32.9%。纺织品进出口总额92.7亿元,增长3.8%,其中出口下降3.1%;机电产品进出口总额78.4亿元,增长9.5%,其中出口增长1.1%。对美进出口总额增长13.1%,对"一带一路"沿线国家进出口总额增长1.0%。通过市场采购贸易方式出口11.9亿元,下降46.9%。跨境电商出口1.1亿元,增长85.4%。为9家企业申请到第28届华交会展位12个,为54家企业申请到第123届广交会展位109.5个,为56家企业申请到第124届广交会展位113.5个。帮助179家企业申请国家、省、市各级扶持资金。通州区国家外贸转型升级基地(家纺)再次获得商务部认定。

【跨境贸易电商开辟第三出境通道】 1月9日,南通跨境贸易电子商务通过"9610"模式,将一批货物利用海关监管车运抵上海浦东机场,成功转关出境,打通南通跨境贸易电子商务第三条出境通道。

【华夏公司获首张外国航空器内饰改装STC】 1月12日,南通华夏飞机工程技术股份有限公司CRJ200内饰改装项目获得中国民航局颁发的"补充型号合格证"(STC),这是中国民航局首次签发针对外国航空器内饰改装的STC。

利用外资

【概　况】 2018年,通州区外资实际到账3.17亿美元,比上年(下同)增长5.51%。新批外商投资项目40个,新批协议注册外资3.65亿美元,完成重大外资项目11个,其中,南通高新区的宜家精密部件(中国)有限公司到账3000万美元、上海展华电子(南通)有限公司到账1191万美元、南通国豪精密压铸有限公司(到账577万美元)、锡通园的南通市崧腾新型机械有限公司到账1170万美元、先锋镇的兴晔新材料(南通)有限公司到账800万美元。全区15个列入考核的镇(区、园、街道)中,11个完成外资到账目标任务,2个完成年度目标任务数的80%。

【外资企业年检】 2018年,全区共有558家外商投资企业参加年检,增加19家,其中,独资企业341家,占61.1%;合资企业202家,占36.2%;合作、合伙企业11家,占2.0%;股份制企业4家,占0.7%。在产业分布中,第一产业农业及农业种植业12家,占2.2%;第二产业制造业465家,占83.3%;第三产业产业81家,占14.5%。558家企业投资总额73.81亿美元,增加23.68亿美元,增幅47.2%;注册资本额40.55亿美元,增加6.62亿美元,增幅19.5%;实现销售(营业)收入234.48亿元,增加11.73亿元,增幅5.3%;纳税10.14亿元,同比增加1200万元,增幅1.2%。558家外资企业共解决2.97万人就业,减少2020人,减幅6.4%。

外经合作

【概　况】 2018年,通州区境外投资注册新设立企业5家,审查对外承包劳务合作项目15个,备案招收劳务人员717人。全年境外投资中方协议投资额1042万美元,下降82.3%;新签对外承包劳务合同额4617万美元,增长180.3%;完成对外承包劳务营业额4394万美元,增长31.7%;新派劳务人员706人,增长64.6%;年末在外劳务人员275人,增长53.6%。全年接受电话咨询300余次,协调解决各类外派劳务纠纷20余起。

【南通四建中标马来西亚近10亿元工程】 10月16日,南通四建马来西亚公司成功中标由新加坡群策环球控股集团投资建设的丝绸港珊瑚湾高级公寓项目。该项目由8栋12层公寓和4栋别墅组成,地点位于马来西亚沙巴州亚庇市。

通州建总集团施工人员在越南工地开工留影　　（通州建总集团 供图）

工期为38个月，工程造价约9.45亿元。该工程项目是马来西亚沙巴州亚庇市最大的建设项目。

【外经帮扶】 9月11—14日，区商务局组织本辖区9家对外承包和劳务合作企业负责人，赴陕西汉中镇巴县等地，开展对外劳务扶贫对接交流洽谈及新兴人力资源劳务市场开拓考察等系列活动，共同搭建两地对外经济合作交流平台。

【省工商联调研通州民营企业】 9月14日，省工商联巡视员桂德祥、副巡视员胡冬陵率调研组到通州，就“江苏民营企业国际化暨推动境外商会建设”进行专题调研座谈，了解通州民营企业走出去高质量发展难点等问题。南通四建、江苏综艺集团、江海电容器股份公司等8家重点“走出去”企业代表介绍近年来企业走出去情况。桂德祥希望通州有关企业强化主体意识，积极转型升级，发挥最大优势提升自身的核心竞争力；各级政府、相关部门要多给予关心、支持，整合资源，为民营企业成功“走出去”、开创海外市场保驾护航。

服务外包

【概　况】 2018年，通州区完成服务外包执行额1.08亿美元，比上年（下同）增长68%，其中离岸执行额0.48亿美元，增长56%，本科及以上从业人员达85%以上。

【国际认证企业新增4家】 2018年，全区4家企业获得中国国家认证认可监督管理委员会认定的国际资质认证，分别是江苏濠汉信息技术有限公司、江苏睿博信息科技股份有限公司获得信息安全管理体系认证，南通中实纺织交易市场有限公司、南通柯尼智能科技有限公司获得质量管理体系认证。

【科技新城服务外包获省示范】 12月12日，省商务厅新认定3家单位为省级服务外包示范区，南通高新技术产业开发区科技新城以第一名上榜，南通仅此一家。南通高新区科技新城成立于2013年2月，已建成服务外包产业载体约36万平方米，重点以江海圆梦谷、江海智汇园为中心，拥有各类服务外包企业150余家。

【姜昕调研通州服务贸易和外包】 3月14日，省商务厅副厅长姜昕一行调研通州服务贸易、服务外包发展情况。在听取区商务局局长金泽林、南通江海海洋工程产业研究院法人肖先刚的情况汇报后，姜昕一行参观江苏华存电子科技有限公司。姜昕对通州服务外包工作给予充分肯定，他表示，要继续抢抓机遇、加快发展，逐步形成资源整合、功能互补、优势叠加的整体效应，推动服务外包发展再上新台阶。　（凌　华）

江苏省工商联在通州召开民营企业走出去座谈会　　（钱　军摄）

园 区 开 发

Development Zone

编 辑 马 钰

南通高新技术产业开发区

【概 况】 2018年,南通高新区坚持稳中求进,围绕高质量发展新要求,较好完成全年目标任务。是年,在全国国家高新区排名中前移2名,列第46名。5月,被评为省"实施创新驱动发展战略、推进自主创新和发展高新技术产业成效明显的高新区"。通过"国家知识产权试点园区"验收,被国家人社部评为国家级专家服务基地。全年完成固定资产投资172.8亿元;规模工业产值555亿元,比上年(下同)增长14%;工业应税销售288亿元,增长18.3%;一般公共预算收入16.68亿元,增长26.7%。博鼎机械、旭浩数码、四方节能、嘉朗机械等重大项目开工建设,江海储能、深南电路等在建重大项目进展顺利。全年新开工工业项目27个,总投资超90亿元,投资完成额超20亿元;完成竣工项目20个。在南通市国家级开发园区项目考核中获2个第二,2个第三的成绩。建立健全公司内部运作管理机制,启动对外投资和合作业务;总公司获批AA+信用级别平台,大力拓展直接债务类融资,切实保障开发建设资金需求。12月,江苏省商务厅发文认定南通高新区科技新城为"江苏省服务外包示范区"。

【加快"一主一新"特色产业发展】 2018年,南通高新区狠抓重大项目招引,主攻重大龙头项目、精选亿元产业项目、重视科技人才项目,不断提升招商引资精准度和有效性。制订高新区产业项目落地综合评价意见,严格执行项目"五关"审核流程,从源头把控项目质量。总投资10亿元的晶与光电、总投资10亿元的晶品科技、总投资8亿元的吴通电子、总投资1亿美元的及成电子等一批重大项目签约落户,全年共签约亿元以上产业项目26个,总投资规模114亿元。注重以资本为纽带,成立总规模30亿元的产业母基金;积极与各类基金、资本和科创平台合作,推进鸿涛光电等一批与基金合作的项目落地。跟踪洽谈重大战略性产业项目,9.5平方公里的集成电路产业园正在编制规划中。

【国家级专家服务基地】 2018年,国家人力资源和社会保障部办公厅《关于确定2018年专家服务基层工作项目和基地的通知》(人社厅函〔2018〕117号)公布全国第四批20家国家级专家服务基地,南通高新区榜上有名,成为江苏省第三家、南通市第一家国家级专家服务基地。专家服务基地是联系各类专家为园区、企业提供智力服务的组织形式,是推进产业优化升级的重要支撑和提升企业核心竞争力的重要力量。

【江海圆梦谷获批省级创业孵化基地】 12月,南通高新区创业孵化示范基地"江海圆梦谷"被评定为省级创业示范基地。江海圆梦谷为国家级众创空间、国家级科技企业孵化器,自2014年6月开园以来,一直致力为企业孵化提供产学研合作、信息咨询、培训、融资、人力资源、科技项目申报等服务,在孵企业近40家。

【人工智能及芯片产业专题招商会】 6月8日下午,南通高新区人工智能及芯片产业专题招商会在江海智汇园举行。6个项目进行现场签约,涉及芯片制造、智慧城市、VR系统等领域。2018年,南通高新区围绕"一主一新"产业,先后落户以深南电路、丽智电子为龙头的上下游企业20余家,芯片设计、制造、测试、封装及线路板等产业链已蓄势而起,产值突破百亿元。活动邀请同济大学电子与信息工程学院副院长吴俊,华中科技大学数字制造装备与技术国家重点实验室教授、博士生导师吴豪解读产业现状,分享产业趋势。

【年轻干部高质量发展能力提升培训班】 6月下旬,南通高新区和通州区委党校联合举办南通高新区年轻干部高质量发展能力提升培训班。按照缺什么补什么的原则,培训采用区领导上党课,邀请机关、乡镇领导传授经验,请党校专家讲理论知识、与学员互动研讨,以及开展学员交流体会等形式。内容包括通州经济发展分析、党风廉政教育、招商经验交流、如何应对群体性事件等。

【环境提升工程】 2018年,南通高新区启动城市环境提升工程,涉及拆迁地块17个,主要范围为新世纪大道以西、通吕运河以北、银河路以南、竖石河以东区域，占地面积约88.13公顷，总建筑面积约84.5万平方米。

【宜家精密部件(中国)有限公司开工】 9月27日上午，宜家精密部件(中国)有限公司举行开工奠基仪式，正式启动工程建设。宜家精密部件(中国)有限公司总投资8500万美元，注册资本3000万美元，拟用地7.33公顷，其中一期用地6公顷，建成后将逐步吸纳员工600余人。宜家精密部件隶属于宜家工业，是宜家集团的重要组成部分。2012年宜家全亚洲首家生产制造工厂宜家工业落户南通高新区，一年内完成基建、设备安装和竣工投产。

【江苏华存发布国内自研第一颗嵌入式40纳米工规级存储芯片】 11月21日上午，由南通高新区和江苏华存电子科技有限公司主办的“2018中国存储芯片自主研发技术交流峰会”在南京举办。会上，江苏华存发布国内自研第一颗嵌入式40纳米工规级存储芯片HC5001及应用存储解决方案，成功实现国产率为零的突破，创下移动存储“中国芯”的里程碑。江苏华存于2017年9月落户南通高新区，是江苏省内第一家高阶存储控制芯片设计公司，已申请143项存储控制芯片专利，完成国家集成电路布图设计专有权申请。（崔亚文）

锡通科技产业园

【概　况】 2018年，锡通科技产业园狠抓招商引资、项目建设、生态建设、社会民生等重点工作，优化管理机制，强化责任担当，各项工作有序推进。全年实现一般公共预算收入1.94亿元，比上年(下同)增长40.3%，增幅排名全区前列；完成规模以上工业总产值33.5亿元，增长14%；实现工业应税销售77.8亿元，增长34%；实现服务业应税销售9.7亿元，增长61.3%；完成固定资产投资75.4亿元，增长27%。

【招商引资】 2018年，锡通科技产业园围绕优化招商机制、强化招商组织，不断加快项目集聚、拓展项目资源。坚持招商引资与招才引智并举，通过特聘代理制等方式，强化与优质企业、科研院所的战略合作，延伸招商触角，增强招商力量。坚持高端化、高质量的新业态取向，充分发挥项目引领支撑、辐射带动作用。先后引进苏州大华精密装备、佳纯精密模具、青蚨新材料、施依洛风机、德盛精密模具等一批高质量项目。全年累计签约项目28个，总投资达110亿元，其中签约亿元以上内资项目25个，千万美元以上项目3个；完成注册项目17个；注册外资实际到账5061万美元，总量位居全区前列。

【项目建设】 2018年，锡通科技产业园围绕完善项目推进机制，不断加速新旧动能转换和重大项目突破。坚持将项目推进具体事项明确到责任部门，逐个排定时序表，强化项目跟踪落实，以月保季，以季保年，确保项目签得好、落得快。兴耀机械、锦岸机械、艾佩达精密机械、豪佑自动化设备等智能装备项目加速推进；吉美装饰、海昌机械、英思创薄膜等新材料项目加速转化；华诺物流二期、金鼎龙家居仓储物流中心、韵达电子商务项目等服务业项目全面提升；新三亚建材、创业园二期实现竣工达产。全年新开工亿元产业项目17个，计划总投资54.5亿元，新开工重大项目3个，新竣工产业项目13个，其中工业项目10个，服务业项目3个，新转化达产项目2个。

【生态环保】 2018年，锡通科技产业园围绕“既要金山银山，更要绿水青山”的发展理念，成立打好污染防治攻坚指挥部，全面开展“263”污染防治攻坚战，拆除25家钢丝绳企业污染工段，规范处理污泥、磷渣、废酸约5000余吨。关停通启运河生态红线范围内2家印染企业。制定《锡通园河道整治三年行动实施方案》，启动建成区污染河道黑臭水体综合治理，全年共疏浚河道4.5公里；清理河道恶性水生物约10万多平方米；封堵26个一级河道排污口；定期开展张芝山竖河、银洋河、芝西中心横河、朝阳竖河清淤工作；启动西一环泵站工程；推进芝西中心横河东侧污水管网建设；打造庙东横河生态景观河道，切实改善河道生态环境。

【上海长宁区代表团到园区考察】 10月20日下午，上海长宁区副区长翁华建带领专家团队到访锡通园，重点考察锡通未来岛硬科技产业园项目，该项目一期占地13.33公顷，重点打造3个子产业园，即智能制造示范园、新能源示范园、新材料示范园，引进APW(艾佩达)智能集成机柜制造等项目。双方就促进沪通两地互通有无、优势互补展开深入探讨。

【三季度项目集中签约】 9月29日下午，锡通科技产业园三季度项目集中签约仪式成功举行，苏州大华、昆山德胜、上海精磊、上海佳纯、美事铭电机和宁波兴奥等6个亿元项目现场签约，项目均属智能装备制造产业，总投资达12.2亿

锡通科技产业园进行钢丝绳整治　（李永亮 摄）

锡通科技产业园三季度项目集中签约 （陈啸天 摄）

硕耀精密模具项目开工 （曹亮亮 摄）

元，其中苏州大华项目总投资5亿元，项目用地3公顷，主要为汽车、通信领域提供高品质的零部件和组装件，并增设产品展示中心，为客户提供全方位、可视化的综合解决方案。

【硕耀精密模具项目开工】 5月9日上午，硕耀精密模具项目开工仪式顺利举行。硕耀精密模具项目由江苏硕耀实业有限公司投资，总投资1.5亿元，占地2.8公顷，一期建筑面积约1.72万平方米，主要从事精密模具制造及注塑件加工。

（董鹏超 顾素素）

通州滨江新区

【概 况】 2018年，通州滨江新区有注册企业490家，有江苏恒科新材料有限公司、江苏韩通船舶重工有限公司、南通象屿海洋装备有限公司等规模以上企业25家。

【“活力滨江”青干班开班】 3月1日，滨江新区举办“活力滨江”青干班开班仪式暨班委支委竞选大会，116名年轻干部参加会议并选举产生班委支委。2018年，滨江新区为进一步培养青年干部适应新形势、新任务的要求，促进和推动青年干部快速、健康成长，努力打造一支思维敏捷、精力充沛、充满朝气的滨江主力军，决定成立“活力滨江”青干班。

【开沙岛成功入选长三角最具魅力旅游度假康养目的地】 11月9—10日，在安徽省黄山市徽州区豪生大酒店举办2018长三角慢生活旅游峰会暨第二届长三角慢生活旅游目的地联盟峰会及长三角最具魅力旅游度假名城系列评选颁奖典礼，开沙岛旅游度假区成功入选“长三角最具魅力旅游度假康养目的地”。此次评选范围为泛长三角（含上海、浙江、江苏三省市和安徽省沿长江各地市）区域，以推荐、自荐与组委会直选相结合的方式，由沪苏浙皖四省市权威专家组成的专家评审委员会以及全国10家主流媒体20位资深旅游记者组成的媒体评审团表决选出。2018年，滨江新区充分利用群岛自然资源，深度挖掘乡土人文资源，依托开沙三岛，加快推进开沙岛旅游度假区建设，江韵码头、荷花世界、江心禅寺等特色景点，环岛跑马、水上垂钓、风筝放飞等特色活动和马术俱乐部、高尔夫球场、房车露营地等休闲设施吸引了八方来客上岛观光旅游、休闲度假，使开沙岛成为户外运动的首选目的地。

【职工农民电子图书馆】 2018年，滨江新区新增职工农民电子图书馆，突破时间与空间限制，实现全员借阅。电子图书馆提供精品优质的数字资源阅读服务，拥有27个新闻频道、3万多本EPUB纯文本图书、云端3000种电子图书、160种主流报纸、1万集有声读物及音乐。

【滨江文学社成立】 7月6日，滨江文学社在五接镇便民服务中心三楼会议室成立。成立大会上，社员们纷纷登台亮相，朗读文学作品、创作书法作品。文学社的成立旨在繁荣和发展滨江文化，凝聚文学骨干，提升地方品位，打造滨江文化名片。

（马正祥）

通州滨江新区新增职工农民电子图书室馆 （马正祥 摄）

中国南通家纺城

【概　况】 2018年,南通家纺城以创新驱动、转型发展为目标,积极推进平台载体建设,搭建家纺研究院、快速维权中心、电子商务产业园、众创空间、微供市场等平台,形成家纺生产、面料研发、创意设计、电子商务、快递物流等全产业链。大力推进"1+3"产业转型模式,打造高端家纺并加快向创意设计、电子商务、智慧物流等新兴业态延伸,巩固集群优势和产业链优势,持续推动全链转型,努力成为全国行业先锋。年交易规模达600亿元以上,集聚家纺企业2800多家、各类经营户8000多家,其中规模以上企业88家,销售超亿元企业24家,拥有中国驰名商标6个(金太阳、蓝丝羽、梦之语、圣夫岛、宝缦、卧龙),江苏省著名商标19个、南通知名商标35个。

【微供市场】 2018年,南通家纺城微供市场实现交易量近100亿元,每日有70万个包裹发向全国。微供市场开辟基于新消费、新零售的全新B2B渠道。是年,南通家纺城先后被评为"江苏纺织服装营销新渠道示范单位""改革开放40周年中国领航创新产业集群""第二批江苏省乡镇电子商务特色产业园(街)区"。

(杨　燚)

南通空港产业园

【概　况】 2018年,南通空港产业园利用兴东街道现有区域,依托兴东国际机场平台,进一步明确"临空产业+跨境电商"的产业定位。重点发展飞机零部件生产,通用飞机制造、维修、改装、拆解,航空物流,通用航空运营保障等绿色高新产业。做大出口业务,重点骨干企业运行质态良好,1—10月,综艺集团纳税4.21亿元;顺丰(含汇海)实现销售10.2亿元,纳税1008.44万元;华夏(含尊翔)实现销售14216.9万元,纳税905.07万元。推进跨境电商试点工作,协调好商务、海关、国检、邮政速递等部门和企业,通过"9610"模式出口合计31万单,总货值1655万美元,增长80.63%。成功对接一批重特大项目,京东全球货运项目已牵头对接,东海航空分公司项目在洽谈中,中国商飞已正式开展飞机交付业务,全年在园区交付10架ARJ。总投资10亿元的顺丰智慧产业园项目已正式签约。

(兰　迪)

石港科技产业园

【概　况】 2018年,石港科技产业园按照"园区承载、招商带动、项目支撑"的发展思路,主攻重大项目招引、紧抓项目质量提升,发展动能加快集聚。新三能电容器、帕克医用材料、铭海运动用品等8个投资亿元以上项目开工建设,山剑防腐、通顺环保等7个项目竣工,梦吉妮家纺、万佛体育用品等5个项目转化达产,其中新三能电容器被认定为南通市重大项目。完成规模工业总产值116亿元,实现固定资产投资24.9亿元,比上年(下同)增长32.4%,其中工业投资15.8亿元,增长34.5%;工业应税销售40.8亿元,增长15.8%,累计完成工业项目投资75.3亿元。全年新申报高新技术企业6家,机械智能装备、高端纺织服装、新材料等"3+3"产业集聚发展。三达包装、弘峰新能源等14个投资亿元以上优质项目签约,其中5亿元以上项目6个,储备了远洋资本等一批10亿元以上项目,完成注册外资到账1043万美元。

【PC预制构件生产项目开工】 2月,南通现代建筑产业发展有限公司投资的PC预制构件生产项目在石港科技产业园开工建设。该项目总投资10亿元,占地23.33公顷,主要从事装配式建筑构件生产。项目分三期实施,一期项目总投资4亿元,占地6.67公顷,于年初开工,5月全面竣工,9月开始试生产。全面投产后,该项目将年生产装配式PC预制构件10~15万立方米,预计年产值3亿元。

【新三能电容器生产项目开工】 4月,南通新三能电容器有限公司投资的电容器生产项目在石港科技产业园开工建设。该项目总投资10亿元,占地面积约3.2万平方米,建筑面积约5.4万平方米,主要从事照明行业电容器生产。该项目竣工投产后,预计年产11亿只电容器,预计年产值5亿元。

【高档无纺布生产项目开工】 2月,南通通州江华纺织有限公司投资的高档无纺布生产项目在石港科技产业园开工建设。该项目总投资2亿元,占地面积2.9万平方米,建筑面积1.5万平方米,主要生产用于卫生材料、家庭护理、美容产品等高档无纺布材料。该项目车间主体已经全部竣工,即将投产。项目建成后,预计年产能4万吨,预计年产值1.6亿元。

(周广林)

金　　融

Banking

编　辑　黄丽娟

银　行　业

中国人民银行通州支行

【概　况】 2018年末,全区各项存款余额1564.29亿元,比年初增加47.42亿元;各项贷款余额1011.45亿元,比年初增加147.53亿元。通州区金融生态优秀县创建继续全省领先,金融生态综合评价列全省69个县(市、区)第六,连续五年综合排名挺进全省前十。

【货币政策】 2018年,中国人民银行通州支行强化货币政策引导和宣传,做好宏观政策解读,保持货币政策稳健中性。按季召开金融管理会议,不定期召开政银企恳谈会、专题汇报会、主题调研、案例分析等专题会议,确保政策传导舒畅。建立信贷投放、两权抵押、应收账款质押融资、金融统计等指标,每月跟踪分析。助推实体经济发展,出台《2018年金融工作奖励考核办法》《金融支持制造业发展意见》等指导性文件,与金融办、财政局组成考核组,按季对银行支持制造业、服务业、小微企业等进行考核通报,引导银行将资源向实体经济倾斜。推动两权抵押扩面,至年底,"两权抵押"贷款余额2.02亿元,同比增长43.26%。

【维护金融稳定】 2018年,通州支行进一步推进金融机构规范管理。修订《两管理两综合考核评价办法》,年内对1家被评为c档银行进行现场检查,提出整改要求。全年各银行报告重大事项120条,涉及机构迁址、系统维护、负责人变更、500万以上信贷风险等,为及时有效开展风险防控提供了依据。推动召开行业自律会议,维护辖区存贷款市场稳定。对金沙、兴仁、兴东地区旺季吸存进行检查,督促落实行业自律会议精神。积极参与打击非法集资,根据区打非办统一安排,组织各金融机构挂横幅、播标语,到城区和各乡镇的农贸市场、社区、公园进行宣传,用发生在身边的非法集资案例对城乡居民进行提醒教育,提高其对非法集资的认知。

【金融服务】 通州支行强化服务能力提升。多次协调推进,举办各类宣传活动,在南通6县(市、区)中率先启动移动支付便民示范工程,取得初步成效。优化营商环境。配合区政府优化营商环境"3550"工程,积极改进账户核准流程,缩短企业开户时间,为小微企业提供开户支持。建设标准化农村金融综合服务站。对216个农村金融综合服务站进行摸排,清理不动户97个,优化布局46个,标准化建设43个,基本满足农村居民的金融消费需求。推进硬币自循环,按时调查辖内法人机构及有关单位硬币自循环进展情况,因地制宜推进硬币自循环,夯实硬币自循环服务"最后一公里"基础。不定期开展纸币清分质量、设备配置情况检查,不断提升流通中人民币整洁度。加强残损币回收、假币查收,依托银警联络系统查收假币,全年共收缴假币16072张,计155.49万元,鉴定8笔,23张,金额2300元。

【金融宣传】 利用金融知识普及进学校、送戏下乡、车站、农村等平台,开展形式丰富的知识普及活动。开展"31·5""6·14""国家宪法日"征信主题宣传,到乡镇、社区为群众答疑解难,提高社会各界爱诚信、讲诚信、守诚信思想境界,营造良好的社会信用环境。组织交通银行、招商银行到江苏联院通州分院经贸系开展《现代征信学》授课,帮助大学生树立诚信意识。举办"诚信在我身边"征文。共收到征文230篇,评出特等奖1篇,一等奖1篇,二等奖4篇,三等奖4篇,优秀奖20篇。整合支行内部资源,举办金融知识讲座,与各业务部门合作开展金融知识进农村、金融知识讲坛、电视台金融时间等活动。

【外汇管理】 深化跨国公司外汇资金集中运营管理改革试点。2018年,2家企业集中资金5.46亿美元,借入外债3750万美元,境外放款1410万美元。支持"市场采购"贸易方式。市场采购贸易方式项下出口8.61亿美元,收汇5.41亿美元,收汇率为62.8%。遵循本币优先、贸易投资便利化原则,鼓励银行业务创新,积极推广跨境人民币简易结算流程。全区跨境人民币收付金额10.1亿元,同比增长83.3%,其中货物贸易结算占比68.3%。　(汪桂云)

中国工商银行股份有限公司南通通州支行

【概　况】 2018年，中国工商银行股份有限公司南通通州支行各项存款余额141.88亿元，比年初下降26.57亿元，其中储蓄存款时点余额88.72亿元，比年初增加4.43亿元；储蓄存款日均余额85.27亿，比年初增加0.98亿元；对公存款时点余额54.7亿元，较年初下降31.09亿元（含本外币、保证金），对公存款日均余额59.3亿元，比年初下降22.84亿元。各项贷款余额59.06亿元，比年初下降7.25亿，公司贷款余额48.35亿元，比年初下降8.23亿元；个人贷款余额10.65亿元，比年初增加0.8亿元。支行纪委始终参与全行各项重大决策全过程，确保违规违纪和安全生产事故零发生。 （费松石）

中国农业银行股份有限公司南通通州支行

【概　况】 2018年，中国农业银行股份有限公司南通通州支行各项存款余额突破200亿元，达到211.71亿元；各项贷款余额突破100亿元，达到101.09亿元，存贷款总量、增量均居四行第一。全年实现营业收入3.8亿元，拨备前利润3.09亿元。新增个人掌银活跃客户5.59万户、新增信用卡有效客户1.32万户；为区29个村上线三资平台，为28家学校上线缴费平台，缴费金额4517.85万元。完成了1个网点智能化改造和2个网点轻型化建设，在行式、离行式自助服务区达到32个，共有ATM、CRS等各类设备208台，构建了精密化、快捷化、电子化的服务网络。一年来未发生重大责任事故和案件。是年，支行继续保持江苏省文明单位称号，实现所有网点“文明单位”创建满堂红；被评为省农行创利先进行、南通市治安保卫先进集体和通州区综合绩效考核先进集体。有1人获评农总行五一劳动奖章，1人获评省农行先进个人，8人获评市农行先进个人和青年岗位能手。 （潘小红）

中国农业发展银行南通市通州支行

【概　况】 中国农业发展银行南通市通州支行是通州唯一一家农业政策性金融机构。2018年，该支行围绕“高水平履职服务、高质量领先发展”和“建设精品银行”三个目标，把进一步全面从严管党治行抓党建，进一步从严管理强合规作为全年工作的总要求。认真履行政策职能，切实保障国家粮食安全和着力支持乡村振兴战略，统筹推进全行各项工作稳步有序、扎实有效的开展。2018年末，各项存款余额20.44亿元，较年初增加5.70亿元；全年类放各类贷款8.77亿元，各项贷款余额为28.90亿元，较年初增加7.56亿元。当年到期贷款收回率100%，继续保持全年无不良贷款发生、无违规违纪和案件事故发生。是年，该支行被南通市分行评为先进集体。

（徐振华）

中国银行股份有限公司南通通州支行

【概　况】 2018年，中国银行股份有限公司南通通州支行以构建和谐企业、争创通州地区“客户首选综合金融服务供应商”为目标，抓为民服务实现服务领先，抓规范经营提升发展业绩，各项业务持续健康发展，绩效考核在南通中行辖内名列前茅。截至年末，支行本外币各项存款余额123.49亿元，本外币各项贷款余额81.35亿元，实现中间业务净收入4794万元，拨备前利润2.48亿元。

（季小蕊）

中国建设银行股份有限公司南通通州支行

【概　况】 2018年，中国建设银行股份有限公司南通通州支行把开展基层党建工作和业务经营发展深度融合，努力推动党务公开与行务公开，营造全行上下风清气正，和谐稳定的良好环境，各项业务得到较好的发展。支行党委被建行江苏省分行党委评为先进基层党组织，支行被建行江苏省分行评为2018年度县支行突出贡献先进单位，在2018年度人民银行对当地23家金融机构执行人行政策综合评价考核、执行外汇管理规定考核中，均被评定为A类银行。

【金融运行】 至年底，支行一般性存款余额157.22亿元，较年初新增10.23亿元，日均新增9.74亿元，当地四大国有商业银行（以下简称“当地四行”）列第一位。日均余额166.93亿元，当地四行列第二位，其中，对公存款日均余额59.19亿元，当地四行列第一位，个人存款年日均余额107.74亿元，当地四行列第二位。各项贷款日均余额80.44亿元，市场占比26.7%，当地四行列第二位。较年初新增5.7亿元，市场占比20.4%。全年实现安全运营，无事故、无案件。

中国建设银行南通通州支行举行旺季启动大会 （蒋海燕 摄）

【服务地方】 建行通州支行全力发展普惠金融,落地实施蓝海战略,紧密依托金融科技。至年底,支行普惠金融贷款余额5.94亿元,当年新增2.64亿元,其中对公惠普金融贷款新增2.16亿元;累计上线房源4512户、企业平台12户、签约95户、支付97户;签约党群、教育、宗教等服务平台共220家,撮合平台注册客户44家,同业合作平台签约1家。 (马莲娜)

交通银行股份有限公司南通通州支行

【概　况】 2018年,交通银行股份有限公司南通通州支行各项存款余额14.1亿元,其中对公存款10.3亿元,储蓄存款余额3.8亿元;各项贷款余额23.9亿元,其中对公贷款余额19.8亿元,个人贷款余额4.1亿元。国际业务稳步发展,实现国际业务结算1.2亿美元。 (郁园园)

江苏银行股份有限公司南通通州支行

【概　况】 2018年,江苏银行股份有限公司南通通州支行各项存款余额103.57亿元,其中对公存款时点余额72.80亿元,个人存款时点余额30.77亿元;各项贷款余额90.8亿元,增加21.9亿元,增长31.8%,其中法人贷款余额75.71亿元、个人贷款余额15.09亿元。是年,支行被南通分行评为先进集体。 (陈　阳)

中国邮政储蓄银行股份有限公司南通市通州区支行

【概　况】 2018年,中国邮政储蓄银行股份有限公司南通市通州区支行实现个人储蓄存款余额152.2亿元(其中自营31.33亿元),对公存款余额10.21亿元,个人贷款业务总余额18.22亿元。承担新农保、医保、社保等代发业务527.41万笔,合计金额22.88亿元;走访中小微企业近800家,投放贷款466户,合计金额5.03亿元,净增2.02亿元,在系统中排名前列。支行在金融机构信贷工作质量考评中荣获2018年度"货币信贷(金融稳定)先进集体",荣获中国邮政储蓄银行2017—2018年个人金融业务跨年度营销活动储蓄业务百强一级支行三等奖、南通市分行先进工会、南通市分行先进一级支行等荣誉。 (包甜甜)

邮储银行通州支行廉洁话剧演出 (张红燕 摄)

中信银行股份有限公司南通通州支行

【概　况】 2018年末,中信银行股份有限公司南通通州支行完成一般性存款余额38.05亿元,比年初(下同)增加14.94亿元,增长64.7%,其中对公存款34.01亿元,增加13.98亿元,增长69.9%。完成一般性贷款余额25.13亿元,和年初持平。 (谢仁贵)

招商银行股份有限公司南通通州支行

【概　况】 2018年,招商银行股份有限公司南通通州支行实现零售管户总资产超33亿元,各项存款总量超30亿元,贷款等融资总量超34亿元的良好经营业绩。获2018年征信工作先进集体、招商银行南通分行2018年度先进集体、招商银行南通分行服务明星机构等荣誉。 (王小龙)

上海浦东发展银行股份有限公司通州支行

【概　况】 2018年,上海浦东发展银行股份有限公司通州支行各项人民币存贷款保持稳定,年末存款余额15.94亿元,贷款余额20.95亿元。新增实体企业贷款约2亿元,新增制造业贷款约1.5亿元。为区内一家小型高新技术企业投放机构内首笔欧元贷款,可让客户结汇成人民币后使用,利率低至年息2.7%。推行个人金融业务,新增个人经营性及住房按揭贷款约1.5亿元。 (邵唯力)

中国民生银行股份有限公司南通家纺支行

【概　况】 2018年,中国民生银行股份有限公司南通家纺支行各项存款余额为19.63亿元,贷款余额16.52亿元,比上年新增8.8亿元,各项业务在南通市系统内名列前茅,并荣获中国民生银行通州支行2018年先进集体与南通分行2018年先进集体双项荣誉。

【金融业务】 2018年,积极调整客户结构和业务结构,在金融创新业务方面有所突破,拓展股票质押、同业通业务、交易银行业务。创新开展业务,适时推出"有线宝""新多利""安心存"等业务,补充活期、定期业务品类,使融资手段更加多元化,成本更加低廉,与国际化接轨。 (龚丽梅)

南通农村商业银行股份有限公司

【概　况】 2018年，南通农村商业银行股份有限公司完成增资扩股、新大楼搬迁等工作，并成为全省首家通过国家服务标准认证的农商行，取得保险兼业代理业务许可证，获得江省联社技能比赛团体三等奖等荣誉。各项存款余额508.33亿元，较年初净增2.65亿元；各项贷款余额361.01亿元，较年初净增22.18亿元，增幅6.55%；存贷款规模在通州区银行市场份额分别达24.5%和28.08%，稳居首位。五级不良贷款余额7.42亿元，较年初下降0.05亿元；不良贷款比例2.05%，较年初下降0.15个百分点；不良贷款现金清收4.56亿元；全年实现拨备前利润10.86亿元，同比净增2.85亿元，增幅35.6%；在加大核销和计提坏账损失准备的基础下，实现净利润3.61亿元，同比净增0.32亿元，增幅9.8%；拨备覆盖率182.15%，较年初提升20.92个百分点；贷款利息回收率94.23%，同比提升1.80个百分点；资本充足率15.8%，较年初提升3.54个百分点。提升网点硬件环境和服务软实力，49家支行顺利通过中国人民银行、质检总局和国家标准委联合发布的国家标准服务认证。在英国《银行家》杂志(The Banker)发布的“全球银行1000强”榜单中，位居第883位。

【改革提质】 积极探索资本化运作新路径，向12家法人单位增发股份4.2亿股，募集资金12.65亿元，注册资本达到19.37亿元，净资产达到59.26亿元，有效增强资本实力和抗风险能力。主动谋划专业化管理新模式，启动新一轮组织架构改革，打造专业化管理模式，提高组织运作效率。全力构建场景化融入新机制，研发上线金贝APP，打造“银行金融服务+生活服务电商”综合服务平台。至年末，金贝APP注册用户5844户，二类账户开设2781户，销售理财产品3146笔，募集资金突破5亿元。努力探索多元化发展新路子，稳步开展金融市场业务，至年末，金融市场业务实现净收入10.03亿元；与微众银行合作开展“微粒贷”“微车贷”业务，至年末，业务规模达30.55亿元，实现税后利息收入3.13亿元，收益率达16.3%。

【回归本源】 聚焦服务小微金融，至2018年末，全行小微贷款余额176.70亿元，较年初净增11.58亿元，增幅7.01%；小微贷款户数4070户，较年初净增565户；贷款加权平均利率、全口径小微企业不良贷款率均达到监管要求。大力支持乡村振兴，持续加大涉农贷款的投放力度。至年末，涉农贷款余额45.93亿元，较年初净增1.38亿元，实现了涉农贷款“两个不低于”目标；扎实开展“阳光信贷”普惠建档工作，电子化建档覆盖面达100%；与省农担签订全面战略合作协议，深化银担合作，年内落地用信0.17亿元。 (曹亚萍)

江苏张家港农村商业银行股份有限公司通州支行

【概　况】 江苏张家港农村商业银行股份有限公司是全国首家由农村信用社改制组建的地方性股份制商业银行，通州支行是该行成立的第一家异地支行，是跨区域发展的里程碑。2018年，通州支行完成各项存款余额11.09亿元，完成各项贷款余额8.89亿元。

(王炎冰)

江苏通州华商村镇银行股份有限公司

【概　况】 2018年，江苏通州华商村镇银行股份有限公司总资产达到10.16亿元，比年初增长0.71亿元。完成各项存款6.03亿元，比年初(下同)减少0.5亿元。完成各项贷款8.53亿元，增加1.34亿元。其中涉农贷款0.95亿元，农户和小微企业贷款7.50亿元，占比达87.9%。

(陈　丽)

南京银行股份有限公司通州支行

【概　况】 2018年末，南京银行股份有限公司通州支行各项存款37.64亿元。

南京银行通州支行融合党建活动　　(顾　全摄)

财产保险通州支公司空中救援演练　　(包建国 摄)

其中:个人存款4.41亿元;单位存款33.23亿元。单位及个人理财资金18.64亿元。各项贷款余额26.26亿元。其中:个人客户贷款1.77亿元,单位客户贷款24.50亿元。　(顾　全)

保　险

中国人民财产保险股份有限公司通州支公司

【概　况】 2018年,人保财险通州支公司实现保费收入2.44亿元,比上年增加1509万元,增长6.6%。下设营业网点13家,建成乡镇农网营销服务部11家,完成保费7000万元。是年,公司被评为集团总公司"青年文明号"、省级"优质服务窗口"。　(吴雨馨)

中国人寿保险股份有限公司通州支公司

【概　况】 2018年,中国人寿保险股份有限公司通州支公司实现保费收入5.47亿元,其中大病保险保费7541万元,首年期交保费收入6776.6万元。赔(给)付2.78亿元,长险首年标保3431.07万元,短险保费3429.35万元。公司通过"健康万里行""牵手国寿·共创未来"少儿绘画比赛等多种形式开展客户经营活动,参与人数超万人。公司以e化服务为重点,借助95519报案、微信报案、云助理报案三项非柜面理赔报案途径,大大缩短理赔时效,全年平均理赔时效为47.19天,共理赔10622人(次),理赔金额3180万元,客户满意度不断提升。是年,公司被江苏省计划生育协会和江苏省分公司联合授予2017年计划生育系列保险工作一等奖。　(秦　霞)

中国太平洋财产保险股份有限公司通州支公司

【概　况】 2018年,中国太平洋财产保险股份有限公司通州支公司实现保费收入2876万元,比上年增长356万元。其中车险保费2596万元,非车险保费280万元。严格遵守"三个一流"的宗旨,利用电话网络销售平台及微信缴费支付等渠道更加快捷方便的服务好客户。　(冒亚杰)

中国平安财产保险股份有限公司通州支公司

【概　况】 2018年,中国平安财产保险股份有限公司通州支公司实现保费超亿,保费达成10570万,比上年增加292万元,增长28%,其中车险1.01亿元,财产险117万,意外险331万。　(沈天罡)

证　券

华泰证券南通通州人民路营业部

【概　况】 2018年,华泰证券南通通州人民路营业部拥有稳定安全的交易系统,包括网上交易、电话委托、手机理财等多种平台,并建立具有咨询执业资格的理财师团队和针对客户不同理财需求提供的专业化投资理财解决方案。营业部经营范围包括证券经纪、证券投资咨询、证券承销与保荐、证券投资基金代销、证券资产管理、为期货公司提供中间介绍业务和一系列与证券交易、证券投资活动有关的投资顾问业务,为客户提供各项优质服务。是年,营业部代理沪深A股交易总量约2473亿元。(李建荣)

申万宏源证券南通建设路证券营业部

【概　况】 申万宏源证券集团股份有限公司经营范围包括证券经纪;证券投资咨询;与证券交易、证券投资活动有关的财务顾问;证券投资基金代销;为期货公司提供中间介绍业务;融资融券;代销金融产品;证券承销与保荐;证券资产管理。营业部拥有稳定、安全、齐备的通信网络和交易系统,专业的投资顾问团队,并提供短信提醒等特色增值服务。

(万　鹏)

经济综合管理

Economic Comprehensive Administration

编 辑 张晓芹

计划与投资

【2018年国民经济和社会发展计划执行情况】 2018年，通州区实现地区生产总值1269亿元，比上年（下同）增长7.8%；一般公共预算收入69.01亿元；全社会固定资产投资增长8.2%；综合实力跃居全国百强区第22位。

经济保持平稳增长，转型升级取得新成效。工业经济提质发展。实施“制造强区”战略，坚持降成本、优服务多措并举，全年兑付扶持资金3亿元。规模工业增加值、规模工业产值、工业应税销售分别增长8%、9.1%和15.3%，新增规模工业企业65家。地标产业规模扩大，新一代信息技术、智能装备、汽车及零部件三大产业产值占比33%。完成规模以上新兴产业产值520亿元，增长21%。企业创新取得进展，实施技改项目100个，新增国家级企业技术中心1家、省级6家，新增省、市级示范智能车间7家。建立工业企业资源利用绩效评价体系，促进低端低效企业改造提升。通过国家级两化融合贯标评定企业9家，创成省级两化融合贯标试点企业7家。江苏甬金获中国制造奖，江苏华存入选工信部存储器“一条龙”应用计划示范企业，紫罗兰纺织获江苏省质量奖，“新世嘉”获评中国驰名商标。现代服务业提速发展。完成服务业增加值587亿元，增长8.5%；社会消费品零售总额405.04亿元，增长9.5%。7家省、市级服务业集聚区营业收入增长15%。南通家纺城微供市场入选省电子商务特色产业园（街）。京东智慧物流园签约落地，新增省重点物流企业2家。全域旅游稳步推进，接待游客441.75万人次，实现旅游收入59.39亿元，分别增长14.8%和16.9%。进鲜港鲜花小镇一期建成开放，洲际绿博园创成国家AAAA级景区，途居开沙岛房车露营地创成“长三角房车旅游标准化示范营地”。现代农业巩固提升。新增高标准农田2200公顷，新（扩）建规模农业项目261个。建成省、市级现代农业产业园区9个。新建家庭农场35家，累计349家。十总镇“三个全覆盖”试点工作成效明显。新申报认证“三品”197个，骑岸大方柿成为国家地理标志农产品。现代建筑业亮点频现。完成施工产值超1800亿元，增长4.2%。通州二建晋升特级资质，明恒建设晋升一级资质，高资质建筑企业数跃居省前列。南通四建、通州建总入围“中国企业500强”和“中国民营企业500强”。新增“国优奖”2项。

投资质效明显提升，项目建设实现新进展。投资结构持续优化。三次产业投资结构由0.3∶54.9∶44.8优化至0.1∶53.4∶46.5，三产投资增长较快。产业项目投资质量提升，引进亿元以上项目165个，总投资590亿元。旭浩数码、莱捷压铸等项目列入省重点工业投资项目。重大项目推进有力。新开工亿元以上项目94个，其中，重大项目14个。亿元以上产业项目竣工率69.1%。5个项目列入省级重大项目计划，其中，四方冷链部分建成投产，南通机场航站楼主体基本建成，未来岛产业园项目主体封顶。23个项目列入市级重大项目计划，完成年度计划投资的141%。艾佩达精密制造、嘉朗精密机械等项目加快建设，深南电路一期、鸿图压铸、达成包装等项目投产运营。项目推进机制不断完善。建立区领导全挂钩和捆绑考核机制，落实项目建设任务书交办制度，推进“模拟审批”“模拟核查”。常态化实施项目建设“周会办、旬督查、月公布、季考核”机制，每10天察看一次项目现场，每15天召开一次“一对一”过堂会。土地要素保障持续优化。盘活存量闲置土地257.6公顷，新增土地规划流量指标1333.33公顷，出让工业用地323.07公顷，争取点供、独立选址指标45.73公顷。通州区获评省国土资源节约集约利用综合评价考核进步奖。

统筹发展有序推进，城乡面貌展现新气象。城市功能持续提升。积极对接南通市2035版城市总体规划修编。开展城区远景规划和重点片区研究，完成东南片区概念规划。“三城同创”深入推进，绿化美化水平提升。完成南山寺藏经阁周边、通州高级中学小游园、竖石河公园、中心横河东段等景观绿化工程建设。新增造林866.67公顷、城区公共绿地27.2万平方米。推进高新区环境提升工程。完成洋海线等4条交通道路及城区4条市政道路亮化工程，改造提升老旧小区6个。城市服务持续升级，完成南通市城市环境“微治理”整治项目46个，“2+3+N”网格化融合管理全面推进。改造城区停车场22个，生活垃圾分类工作推进有力,可回收物分拣中心建成使用。顺利通过全国文明城市年度考评和国家卫生城市复审。基础设施日趋完善。机场大道高架、G345东绕城北段等工程快速推进,全力保障轨道交通1、2号线建设,沪通铁路、锡通高速、宁启铁路二期等工程顺利实施。"四好农村路"加快建设,完成农村公路生命安全防护工程280公里。实施公交优化工程,更新公交车21辆,其中,新能源公交车15辆,优化新辟公交线路6条。乡村振兴战略大力实施。制定实施乡村振兴十项重点工程。完成东部生态涵养区建设规划。开展镇(区、园、街道)总体规划修编,推进川姜、刘桥、兴仁、平潮、十总、东社等6镇控规编制,259个村庄详细规划通过验收。完成平潮污水处理厂提标改造。新建、改造农桥103座,疏浚整治农村河道45条(段)。建成省"水美村庄"6个。特色田园乡村创建有序推进,石港睹史院村进入市级试点项目。

环境治理纵深推进,生态保护得到新改善。专项整治有力有效。扎实开展"263"专项行动,关停化工企业3家、印染企业11家,25家钢丝绳企业污染工段实施"两断三清";"散乱污"企业治理完成率100%;全面完成35蒸吨以下燃煤锅炉淘汰任务,累计淘汰燃煤锅炉820台。推进"三河"专项整治,拆除河道违建52处,整治入河排污口214处,清理航道垃圾33处。环境问题治理从严从速。中央环保督察交办24件问题全部完成,省环保督察交办整改任务完成91%,中央环保督察"回头看"交办问题完成率超时序。川姜地区环境综合整治大会战圆满收官。启动"绿盾2018"环境执法"亮剑行动",查处环境违法案件282件。环境面貌加快改善。空气质量比上年有所提升,优良天数比例78.1%,PM2.5浓度39.7微克/立方米。持续开展清废行动,建立固废管理长效机制。八角亭河、西头总港等黑臭水体完成整治。新建城镇污水管网22.2公里、村庄小型污水处理设施40个,建制镇污水处理设施覆盖率100%。推进农业面源污染防治,整治涉污养殖场507家。

改革开放持续扩大,经济发展增添新动力。重点改革有序推进。"互联网+政务服务"全力推进,不见面审批(服务)事项占比96.8%。深化相对集中行政许可权改革试点,一般工业项目审批环节、时限分别压缩45.8%和40%。川姜镇经济发达镇行政管理体制改革稳步推进。三大国有集团加快市场化转型运作,主营业务不断拓展。推进投融资体制、金融创新等改革,获评省金融生态优秀县。深化农村集体产权制度改革,全面完成村(居)集体资产清产核资。创新能力显著增强。全社会研发投入占GDP比重2.68%。完成高新技术产业产值1043亿元,增长7.5%。新增发明专利396件,万人发明专利拥有量29.7件。认定高新技术企业103家,总数达200家,蝉联全市第一。新增省级企业研发机构13家、国家知识产权示范企业2家。江海圆梦谷获评省级创业示范基地,科技新城成为省级服务外包示范区。新引进高层次"双创"人才58名,入选省"双创计划"17名,入选省"科技企业家"18名,入选市"江海英才"计划13名。开放水平不断提高。实际到账外资3.17亿美元,外贸进出口总值245亿元,服务外包执行额10853万美元,其中,离岸执行额4822万美元。扎实推进跨境贸易电子商务试点,"9610"模式出口货值增长80.6%。"跨江融合、接轨上海"全面深化,签约沪籍亿元以上产业项目35个,新增产学研合作项目22个,对沪农产品销售额达30亿元,重点景区景点接待上海游客155万人次。载体能级不断提升。南通高新区跃居全国高新区综合评价第46名。锡通科技产业园智能装备制造和新材料产业加快集聚。川姜镇连续五年被评为"淘宝镇",微供市场交易额超100亿元。高铁新城片区产业策划、概念性城市设计及概念景观设计形成初步成果。石港科技产业园顺利通过江苏省新型城镇化标准化示范项目验收。空港产业园跨境电商试点工作稳步推进。融资环境持续改善。金融机构年末贷款余额1011.45亿元,增长17.1%。通农银贷款周转资金池、中新力合江海转贷基金当年累计转贷额分别达1.5亿元和2.2亿元,"苏科贷"放贷总额2.4亿元。新增上市在轨企业3家,2家企业通过上市辅导验收,在轨运作及上市企业总数全市领先。

民生保障不断加强,社会事业呈现新局面。富民工作更加有力。落实国家、省、市富民工作新部署新要求,城镇居民人均可支配收入48138元、农村居民人均可支配收入23830元,分别增长8.5%和9.3%。做好教育发展、医疗卫生、生态治理、人居环境、交通出行、社会保障等民生实事项目。保障体系更加健全。新增城镇就业近万人,转移农村劳动力3900人,城镇登记失业率1.74%,控制在3%的年度预期目标内。深化医疗保险制度改革,城乡居民基本医疗保险参保率99%。城乡低保、五保标准进一步提高。保障性安居工程稳步推进,新开工棚改安置房3556套,改造农村危房163户。深化精准扶贫、阳光扶贫,突出健康扶贫,建档立卡低收入人口脱贫率91.3%。社会事业更加协调。教育事业优化发展,创成国家农村职业教育与成人教育示范区、全国中小学校责任督学挂牌督导创新区,新增幼儿园6所(其中公办幼儿园3所),新创省优质幼儿园3所,南山湖小学、银河小学建成启用,通州中专二期主体完工。卫生服务持续改善,区级独立指挥型急救中心投入运行,家庭医生重点人群签约率75.7%,建立居民电子健康档案96.2万份。新增国家级、省级卫生镇和省级健康镇各1家,建成省示范村卫生室15家。文体事业繁荣发展,新建图书分馆5个,建成村级综合性文化服务中心241个。组织"通州之夜""欢乐江海行"送戏下乡等精品文艺演出120场,举办文化活动1300场,一批原创小戏小品走上全省全国舞台。15个镇级法治文化阵地建设扩面提档。公共体育均等化服务水平提升,新建镇级体育公园2个,新审批开放游泳馆4个。成功创建苏中地区首个"中国体育之乡"。社会治理更加深入。平安通州建设迈上新台阶,智能感知体系进一步完善,试点建设智能小区2个,主城区全面推行进攻型巡防新模式。完善应急处突备勤机制,圆满完成各类重要安保维稳任务。法治通州建设深入推进,村居法律援助联络点全覆盖,三级公共法律服务体系标准化建设列为国家试点。压实安全生产责任,强化企业安全风险辨识管控和隐患排查治理。食品药品监管信息化惠民工程获省表彰,获评国家级、省级法治县市区创建活动先进单位,连续14年蝉联省平安区。

(邱卫君)

【固定资产投资】 2018年，通州区完成固定资产投资499亿元，比上年(下同)增长8.2%，居全市第五位，其中，工业投入增长8.4%，居全市第三位；服务业投资增长8.8%，居全市第四位。被南通市认定亿元以上新开工工业项目86个，居全市第4位，项目数目标完成率100%；完成投资额76亿元，居全市第1位，投资额目标完成率111.7%。旭浩数码项目、莱捷压铸项目、深南电路项目、雄邦压铸扩建项目、广东鸿图扩建项目、中航世科项目、国科实业项目等7个项目列入省重点工业投资项目，均已全面开工建设。26个项目列入南通市双百工程计划，计划总投资465亿元，所有项目均开工建设。运用"省+市+区"技改专项补贴政策，鼓励和引导企业加大技术改造，实施重点技术改造项目100个以上。组织江海电容器、帝诚华信、新天纺织、德尔福等4家企业申报2018年省工业企业技术改造综合奖补项目，获省补资金84万元；组织雄邦压铸、创斯达、欧利亚纺织等12家企业申报2017年度市区第二批工业企业技术改造项目，争取市级奖励资金1526万元；先后2次组织申报区级技术改造项目，共有45个项目确认补贴1214.88万元。创建智能车间7家，新世嘉纺织品(南通)有限公司"家纺全流程智能生产车间"、德尔福连接器系统(南通)有限公司"汽车线束连接器智能生产车间"2家获评省级示范智能车间，广东鸿图南通压铸有限公司"压铸件总成制造智能车间"、江苏博沃汽车电子系统有限公司"电子零部件生产智能车间"、江苏石岛玻璃有限公司"制瓶智能车间"、江苏老裁缝家纺工业有限公司"被芯套件生产智能车间"、南通唐盛纺织有限公司"织造生产智能车间"5家获评市级智能车间。南通象屿综合技术改造项目、江华纺织高档无纺新材料自动化设备技术改造项目、恒科新材料年产10.5万吨超仿真功能性纤维项目等6个项目成功入选江苏省2018年第一批重点技术改造项目导向性计划。江苏恒科新材料有限公司的"年产15万吨差别化功能性、改性聚酯(PET)纤维技改项目"列入国家工信部2018年度工业企业技术改造升级第二批导向性计划。

(曹俊彦)

【重大项目建设】 2018年，通州有恒科二期、未来岛工业机器人、京东电商产业园、四方冷链装备、南通机场航站楼5个项目列入省级重大项目计划，数量上超过历年。恒科二期全面建设，部分具备世界领先水平的加弹设备购置实施安装；四方冷链装备一期投产，二期进入加快建设阶段；南通机场航站楼、未来岛工业机器人项目主体建成。23个项目列入市级"双百工程"的重大项目计划，其中新开工项目12个，竣工项目11个，完成投资工作量超年度计划要求。嘉朗精密机械、展华电子等项目主体施工；生益特种覆铜板、新三能电容器等项目主体基本建成；江海超级电容器、雄邦压铸二期、达成包装、鸿图压铸二期等项目竣工或部分投产；进鲜港鲜花小镇、金东新城商业街等项目建成并部分投入运营。

(吴晓涛)

财　　政

【概　况】 2018年，通州区财政局面对严峻的财政收入形势，不断健全层级征管机制，加强凝聚征收合力，财税收入质量不断提升。全区完成一般公共预算收入69.01亿元，其中，税收收入完成55.8亿元，比上年(下同)增长11.7%，税占比80.9%，提高9.6个百分点。开发综合数据统计平台，排定工作推进清单，分解落实收入任务，强化税收控管举措，各镇(区、园、街道)通过税收协同共治入库税收8450万元(一般预算口径)。会同税务部门在全区范围内开展税源实地大排查，实行亩均税收动态评价，建立企业资源使用定期比对月报制度，完善税收统计分析系统，发现异常及时跟踪排查，最大限度堵塞征管漏洞。加大对建筑企业发展壮大激励政策的宣传指导力度，引导相关建筑企业拓展劳务、贸易业务，开辟增收路径，培植新兴税源，四家建筑集团纳税增加近1.6亿元。

【支出保障】 2018年，区财政局紧紧围绕通州区四大发展定位，积极履职施策，优化支出结构，充分发挥财政资金引导、保障作用，全力服务全区经济建设和各项社会事业健康发展。民生支出83.74亿元，占一般公共预算支出的79.8%。支持产业腹地建设。积极落实上级减税降费政策，进一步降低企业运行成本。安排重点交通、市政建设项目31项，总投资5.78亿元，用于完善交通布局，改善基础设施，优化人居环境，综合提升硬件设施服务经济发展水平。支持创新智谷建设。推行更具竞争力的人才引进、科技创新、金融协同政策，全年兑付各类扶持资金3亿元，帮助企业融资12.6亿元。向上争取企业扶持资金1.2亿元，扶持企业417家。以财政资金引导，鼓励企业与高等院校、科研院所开展产学研合作，加大研发设备投入、加快推进创新产业载体平台建设。支持城市绿洲建设。压缩一般支出，优先保障污染防治攻坚项目。环保专项资金支出1.68亿元，较上

7月27日，区财政局举办财政业务小讲堂　　(屠明萍 摄)

年增长185%，保障了畜禽养殖场关停、燃煤锅炉整治、环境监测监督能力建设、新能源车推广应用等20个环保项目的顺利推进。支持幸福家园建设。安排水利、支农支出14.2亿元，为实施乡村振兴战略提供保障；累计拨付社会保障、就业创业、社会救助、养老服务、医疗卫生等各类民生资金62.38亿元，各类人群保障标准稳步提高，富民惠民工程加快实施；总投资9.1亿元，支持实施教育、文化、体育、公共安全、法治惠民等民生实事项目。

【财政改革】 以建立现代财政制度、提升理财绩效为目标，创新工作举措，突出改革实效，各项财政改革工作全面稳步推进。新一轮区镇财政体制调整到位。按照事权与支出责任相匹配的原则，以明确划分的事权为前提，完成新一轮区镇财政体制调整，体制导向作用更加强化，镇级基本公共服务保障能力进一步增强。国库集中支付改革持续深化。全面调整财政托收业务支付模式，以信息技术为支撑，预算执行控制质效明显提升。在厘清区镇两级财政事权的基础上，调整镇级公务员工资和民政经费发放模式。坚持公平优先、兼顾效率，切实提高基层财政保障能力。积极推进新政府会计制度改革，为构建权责发生制政府综合财务报告制度打下基础。预算绩效管理提档扩面。大力实施绩效管理信息化、规范化建设，全年编制绩效目标327个，基本实现全覆盖，完成重点评价项目7个，评价资金5.7亿元，发现问题28个，提出建议32条。部门整体绩效评价试点、基层财政绩效评价联动工作进展顺利。绩效反馈公开得到初步落实。

【债务管控】 围绕经济社会发展稳定大局，进一步深化政府债务管理，积极稳妥防范化解地方政府性债务风险，牢牢守住不发生系统性风险的底线。实行债务预算管理。严格区分一般债务和专项债务，分别纳入一般公共预算和政府性基金预算管理。建立财政承受能力论证制度，政府投资项目资金来源控制不断强化。严格按年度债务预算落实资金，实行通州区地方政府债务收支情况随同预算公开机制。积极化解存量债务。全年向上争取债券总量23.4亿元，解决通州区在建公益性项目资金需求。在全市首批完成国企清产核资和解包还原工作，将具有稳定现金流的隐性债务合法合规地转化为企业经营性债务。强化流动性风险防控。建立风险评估和预警交流机制，实行债务风险定期会办制度，加大对镇（区、园、街道）和区级国有公司风险防控的考核力度，引导国有公司依法依规开展融资，推动到期债务有序周转，全力防范化解流动性债务风险。加快国有企业转型。大力度推进资源整合，41家企事业单位整体移交，环卫保洁、殡葬服务等一批政府特许经营资源注入集团公司。积极拓展经营业务，股权投资、房地产开发等市场化经营平稳起步，实现经营利润零突破。建立健全国资国企管理机制，企业法人治理结构等系列制度陆续出台，现代企业管理框架初步建成。组建南通中投保公司，为区内企业提供融资担保支持。

【监督管理】 以保障财政资金安全运行为底线，以优化财政管理手段为突破口，不断完善机制、创新举措，精细化、规范化理财水平全面提升。强化预算过程监管。按照预算编制从紧、预算执行从严、基础工作从实原则，预算规范性、科学性不断增强，严格控制“三公”经费。大力推进预算公开，62家区直部门单位预算在省平台全部公开，230家预算单位完成区级公开。扎实推进财政投资项目概算评审，2018年，投资评审中心共评审项目680个，审定资金56亿元，审减资金1.1亿元。清查盘活国有资产。组织开展区级国有资产清查盘活工作，累计清查全区277家区级行政事业单位房屋、土地资产1593.6万平方米。优化财会基础管理。深入推进“放管服”工作，对代理记账机构的审批事项采取网上办理的不见面审批方式；切实推进基层财政档案标准化管理，7家省“三星级”档案复查单位通过验收。加大监督检查力度。联合开展收入分配秩序检查、津补贴和福利发放行为自查自纠等专项检查，规范抓好各项制度执行；开展区拨土地租金以及都市生态农业项目专项检查，以查促管，大力整治基层不正之风。深化基层财政监管。深入推进乡镇财政资金就地就近监管工作，全区纳入监管项目969个、资金4.4亿元。加强“一折通”涉农补贴管理，全年通过“一折通”发放各类补贴2.9亿元。完善基层财政管理制度，强化“星级财政所”考评，统一规范基层财政基础工作，有效提升综合管理服务水平。（张彩艳）

税务管理

【概　况】 2018年，国地税征管体制改革平稳推进，新税务机构顺畅运转，各项工作取得明显成效。区局被区委、区政府表彰为年度区级机关综合绩效考核先进集体、项目建设工作先进集体、法治建设工作先进集体，并被评为创新奖三等奖。

【征管体制改革】 2018年，国地税征管体制改革启动，全区税务系统成立改革工作小组和9个专项组，研定改革组织实施工作方案，明确60大项214小项工作任务的时间表和责任人，挂图作战，对标推进，对单销号。7月20日，新税务机构正式挂牌成立；10月30日，15个内设机构、10个派出机构、2个事业单位及其职能、编制全部落实到位，6名干部正转副，66名城区干部下乡工作；社保费和非税收入征管职责划转工作稳定运行，86项政策业务顺利交接，21万名城乡居民养老、77万名城乡居民医疗参保对象、325个行政事业单位成功纳入税务征收。全系统顺利实现机构岗位职责、对内运转衔接、对外执法服务“三个平稳过渡”。区委区政府主要领导和分管领导先后3次批示肯定改革工作，区局成为唯一连续12个月获区评政务中心红旗窗口单位，系统九成以上干部在思想状况调查中为改革点赞，实现党政领导、纳税人和缴费人、税务干部“三个满意”。

【税收征管】 2018年，区税务局全年共组织各项收入130.61亿元，比上年（下同）增长13.9%，其中税收收入98.24亿元，增长10.1%，实现地方一般预算收入55.83亿元，增长10.8%；社保和非税收入32.37亿元，增长27.0%。执行各项减税政策，全年共落实税收优惠40.13亿元，增长29.0%，其中，办理出口退税

20.21亿元，增值税税率下调减税3亿元，先进制造业和现代服务业等行业留抵退税8446万元，落实节能环保、资源综合利用、高新技术企业税收优惠5.18亿元，小微企业减免税2.23亿元，个人所得税改革减税3925万元。

【依法治税】 2018年，区税务局持续推进法治税务建设，建立健全依法行政工作领导机构，认真落实学法制度和普法要求，组织法制讲堂活动2期，17名新进公务员均通过执法资格考试，新增2名公职律师通过省司法厅审批。加强税收执法督察、网上巡查、平台核查及抽查复审，落实整改44户次，查补税费金80万元，退税49万元，责任追究2人次。探索全税种管理机制，加强风险分类管理，全年发放税收风险提醒函489户次，完成高中风险应对任务1174户，合计入库税、滞、罚2.53亿元。推行线上风险管理，线上集体审议503户，电子账册采集95户，占比28%。注重事中事后管理，从16户申请注销登记企业中分析过滤出6户风险等级较高的发起应对，有效防范税源流失。推进“以地控税”升级，全面构建“智人地网”立体化税（费）治理新格局，房、土两税增长6474万元。加大清欠追征力度，实施发票控管38户，提起边控申请19户，申报破产企业税收债权9户，请求法院协助执行3户，查封拍卖资产1户，黑名单公告9户，全年清理入库欠税9121万元。积极应对行政争议，5件行政诉讼案件全部胜诉。大力推进协同共治，多渠道采集相关涉税信息42703条，产生税收超亿元；与13家乡镇综治办、8家二手车公司签订委托代征协议，做好日常监督检查。

【营商环境】 持续推进“一站式”“不见面”线上综合服务，电子税务局实现所有税费“一网、一页、一次申报、一次缴款”，办税事项“全程网上办”“最多跑一次”清单全面落实，1.6万户次纳税人享受邮寄发票便利。持续升级“体验式”“智能化”线下服务，优化简化“税务登记注销”等20多项改革标志性涉税事项流程，“一厅通办、一键咨询”“一套资料办、一事不二罚”等便民措施平稳落地，纳税人获得感明显增强。持续开展“主动化”“内生式”咨询宣传服务，以“税务易捷通”“瞿税官（党员）工作室”品牌建设为抓手，积极开展“三问三找”民营企业涉税需求征集活动，走访民营企业66户，举办座谈会2场，微信问卷调查100余户，收集各类涉税需求41条，当场解决32条，上报解决9条。2018年组织各类纳税人、扣缴人培训600余场逾3万人，接听特服号咨询电话2.5万次，发送涉税提示短信25万条，举办“两会代表话春风”“千户集团企业面对面”“办税服务大厅开放日”等大型宣传活动10余场，发放宣传册1.6万余份。持续扩大“税e融”“税易贷”“退税贷”等税银合作成果，帮助424户次中小企业获得税收信用贷款11.92亿元。

【干部队伍】 坚持以教育培训育人，借助“岗位大练兵、业务大比武”活动平台，积极推进人才强税战略实施，以业务融合培训为重点分层分批培训干部近30场次，2人分获全国办税技能竞赛暨第八届全国税法知识竞赛决赛团体一等奖、个人二等奖，并获“全国办税技能最佳能手”荣誉称号；4人闯入总局“四新”网络知识竞赛全省100强，并获优胜奖；6人通过国家统一法律职业资格考试，6人通过全国税务师职业资格考试。以正确导向用人，“三定”期间先后4次召开专题会议研究制定中层干部和一般人员配备实施方案，并按“人随事走、人岗相宜、规范操作、平稳过渡”原则及时落实到位。以数字人事管人，全面构建绩效管理、督查督办、数字人事“三位一体”的工作落实机制，强化考评结果在评先选优等方面的应用。 （成　云）

国土资源管理

【概　况】 2018年，南通市国土资源局通州分局立足“保护资源、节约集约、维护权益、改革创新”工作定位，保发展和护资源和谐共进，促节约和强执法同重并举，重改革和维权益同向发力，转作风和提效能齐抓共管，自然资源管理各项工作取得显著成效。

【土地资源保护】 逐级签订耕地保护责任状，将耕地保护目标任务纳入区政府对各镇（区、园、街道）年度目标责任考核内容，层层压实工作责任。聘请“三级两网”人员4566人，构建“网格化”责任机制。研究出台《关于进一步加强耕地占补平衡项目和建设用地复垦项目实施管理的通知》，2018年，实施耕地占补平衡项目新增耕地296.2公顷，实施建设用地复垦新增耕地368.53公顷。高新区作为第三批同一乡镇范围内村庄建设用地布局调整试点地区，完成项目规划和拆旧复垦验收工作，实施规模28.07公顷。

【保障地方发展】 完成土地规划修改面积66.67公顷，保障盐通铁路、轨道2号线，G40沪陕高速公路南通段扩容等一批重大基础设施规划空间。开展土地利用总体规划评估性修改，新增规划流量指标1333.33公顷，为全区经济转型升级、拓展发展空间提供更为充分的国土资源保障。向上争取各类计划指标335.8公顷。申请农转用、征收13个批次，2个单独选址项目，面积426公顷。全年供应成交各类建设用地188宗，面积616.27公顷，有力保障轨道交通一号线、恒科二期、象屿、智彩数码、万政、鸿盛等一批重点基础设施、民生工程和重大产业项目用地需求。

【节约集约土地】 树立“亩产论英雄”导向，持续提升节约集约利用水平。将《投资建设协议》纳入工业用地挂牌出让条件，严把企业用地关，避免土地资源流失和浪费。参与研究制定《通州区工业企业资源利用绩效综合评价办法（试行）》，采用税收“刚性评价”+科技创新、劳动用工、单位能耗、行业地位等“弹性评价”相结合的方法，区分项目优先类、鼓励类、限制类、低效类等进行差别化管理。为区发改委、区税务局等部门提供工业用地调查成果相关数据，满足政府及政府各部门对产业用地优化配置管理需求。通过收回、转让、重新开发建设等方式，处置闲置、用而不足土地55.93公顷。盘活供应存量国有建设用地113.07公顷。消化供应存量批而未供土地490公顷。加强建设用地批后监管，发出交地开竣工提醒函、催告函58份，推动项目早开工、早投产、早见效。2018年，全区建设高标准厂房面积约17.4万平方米。

节约集约利用综合评价考核比上年在全省排名提高31个名次，被评为江苏省国土资源节约集约利用综合评价考核进步奖县(市、区)，获13.33公顷城乡建设用地增减挂钩计划奖励。

【综合执法监察】 扎实推进卫片整改，整改率达94.6%。深化“互联网+国土资源管理”建设，进一步完善综合动态智能监管平台架构，充分发挥295个高清探头作用，推行执法任务派遣和违法信息网络推送报告制度，健全盲区固定点巡查网络签到，实行行政执法案件网络办案，人技同防有力控制新增违法用地。严格落实共同责任机制，向部门抄报告信息32件，对镇(区、园、街道)发函28件，有效制止新增违法用地发生。处理中央环保督察组交办单28个批次64件，全力配合区委区政府做好97家“散乱污”企业和“三行业”整治工作，对4家涉及危化品企业进行立案查处，大力开展“大棚房”清理整治，积极参与全区范围内197家涉及基本农田生猪养殖清理整顿工作，助力全区生态环境保护攻坚战。

【群众权益维护】 严格落实省政府93号令以及省人社厅《关于进一步做好被征地农民社会保障相关工作的通知》精神，认真执行《区政府办公室关于进一步做好被征地农民社会保障相关工作的通知》，征地程序、流程、环节从严把关，规定时间内拨付征地补偿款，做到被征地农民即征即保、应保尽保。持续优化不动产登记工作，2018年办理业务37753件，出具各类证书、证明30781件。按照“放管服”和“3550”改革目标要求，将30个工作日的业务时限进行第四次压缩，除继承、遗赠转移及批量申请的登记业务外，其他登记均在3个工作日内办结。继续深化“一窗受理、集成服务”模式，纵深推动“多点布局、全域通办”，开辟绿色通道，实行特事特办、急事急办，继续推行预约、上门等服务举措，坚持便民高效原则，提供查询、填单、制证自助服务，实现不动产登记与水、电、气过户等业务联动办理，为群众提供更有温度、更具实效、更加便捷的不动产登记服务。牵头起草《区政府办公室关于进一步完善集体土地上多层及多层以上农村居民住宅用地审批和不动产登记的通知》，完成农民拆迁安置楼首次登记7046套，受理入户登记988户，发放宅基地不动产权证594本。积极开展国土领域扫黑除恶专项斗争各项工作，切实维护群众生命财产安全。

1月15日，南通市省以上土地整治项目复审会在通州区举行　　（马江波 摄）

【基础业务】 2018年，共办理依申请政府信息公开236件。实现行政复议维持率100%、行政诉讼胜诉率100%、行政机关负责人出庭率100%工作目标。全年化解信访积案32起，接办12件国务院大督查信访件，群众反馈满意度较高。国土所建设成效突出，南通市基层国土所建设现场会在兴东国土所召开。坚持“两头带中间”推进办法，推进平潮国土所“法制国土”建设和刘桥国土所特色文化建设，努力形成“一所一品”。夯实国土基础业务，全国土地变更调查数据顺利通过省、部级核查。农村建设用地调查进入收官阶段。第三次国土调查完成施工和监理单位招标，逐步有序开展。

（范　萍）

物价管理

【概　况】 2018年，区发改委全面深入学习贯彻落实《中共中央国务院关于推进价格机制改革的若干意见》《中共江苏省委江苏省人民政府关于全面推进价格机制改革的实施意见》精神，按照省、市价格工作总体要求，紧紧围绕区委、区政府的中心工作，全面深化改革，坚持放管结合；加强宏观调控，稳定市场价格；深化价格改革，规范价格行为；清费治乱减负，构建和谐环境；坚持依法治价，严肃价格纪律。基本完成各项价格工作任务，为推动通州区各项事业高质量发展、建设“强富美高”新通州创造良好价费环境。

【价格监测】 2018年，定时监测城区第一集贸市场和石港农贸市场共计13大类110余规格(品种)主副食品价格，实行每5日一报，为上级部门和政府领导决策提供信息支撑。适当调整价格监测点布局，提高数据的区位代表性、可比性和准确性。全年共设立价市场主副食品价格监测调查点19个、生猪调查点10个，采集数据2.45万余条，上报监测分析和调研材料96篇。

【收费监管】 认真部署通州区2017年度收费统计工作，要求各收费单位准确上报各类数据及报表，确保数据准确，无缺项、漏项和逻辑错误。同时要求各单位认真执行事中事后监管的相关制度，强化日常收费情况变更和收费公示的动态管理，主动落实好各项收费政策。梳理和动态发布通州区政府制定的经营服务性收费项目和行政事业性收费项目清单。编制涉农价费目录清单，印刷公示表并发放至全区各镇、村居。2017年，全区收费总额为2.96亿元，其中行政性收费为1.95亿元，经营服务性收费1.01亿元。通过成本监审和调查、召开座谈会、集体审议等程序，出台非居民用气今冬明春季节性气价政策、燃气蒸汽价格政策、物业公共服务收费管理实施细则和等级收费标准、高污染企业差别水价政策、南山寺景区门票价格政策、基层医疗卫生机构医疗服务价格政策。调整通州区幼儿园收费管理政策。

【清费减负】 根据南通市政府办公室印发《关于开展涉企收费自查自纠工作的通知》(通政传发〔2018〕75号)要求,贯彻落实国家和省相继出台一系列减负措施,认真部署通州区清理规范涉企经营服务性收费工作,清查涉企行政事业性收费项目、政府定价的经营服务性收费项目及行政审批中介服务收费项目,清理规范涉企业收费,切实减轻企业负担。加强事中事后监管,开展公证处、公共资源交易中心、产权交易中心、法院、卫计委、疾控中心、区自来水公司和乡镇供水服务企业、部分医院和学校、测绘单位等收费情况跟踪督查,确保通州区涉企收费清单制度及时落实到位。2018年,共取消房产测绘配图资料费、案件信息复印(制)工本费、首次申领居民身份证工本费、机关事业单位工人技术登记岗位培训考核收费、劳动能力鉴定费、卫生监督防疫收费、法定培训收费、党校培训费、临时接电费、居民电力增容费10项收费项目,降低特种设备检验收费、电梯检验收费、国有产权交易服务费、防空地下室易地建设费4项,新增第二类疫苗预防接种服务费1项。开展清理转供电环节收费专项督查检查。8月,根据《省物价局关于清理规范电网和转供电环节收费有关事项的通知》要求,联合南通供电公司通州营业部,排查本地转供电主体,召开推进转供电收费清理工作会议,成立工作组,逐一进行上门走访和现场督查,发放清理转供电加价告知书,对各转供电主体进行政策宣传和行政指导,督促其自查自纠、完善相关制度、规范收费行为。对督查发现的转供电主体的违规行为责令限期整改,拒不整改的严格处罚,让国家降低一般工商业用电政策红利落到实处。

【价格检查】 2018年,区发改委物价检查分局组织开展城市供水、供气、供暖、电信领域价格重点检查,坚决督促落实党和政府惠民利企优惠政策。根据省物价局《关于组织开展社会化培训机构收费情况专项巡查的通知》文件精神,进一步整顿和规范通州区社会化培训机构,联合区教育局开展社会化培训机构收费情况专项巡查,特别是面向中小学、幼儿园学生举办的非学历文化教育类培训机构的收费行为,努力减轻学生和家长负担。及时受理和查处各类价格举报违法案件326件,积极为民排忧解难,维护消费者合法权益。其中,通过"12358"价格举报热线受理及"12345"政务热线转办的各类价格举报、价格咨询及投诉案件308件,通过国家发改委"12358"价格监管平台受理网络举报18件。针对存在的问题,检查分局通过约谈、提醒、警告、处罚等多种方式纠正各类价格违法问题,妥善处理各类价格纠纷、举报和投诉。为规范政府有关行为,推动通州经济转型升级持续健康发展,起草并向区政府办公室报送《区政府关于在市场体系建设中建立公平竞争审查制度的通知》,已印发执行。推荐3家单位参与评选并获"2016—2017年度江苏省价格诚信单位"命名表彰。加强节假日市场价格检查,提醒经营者守法经营,诚信经营,对哄抬价格、变相提价等不正当价格行为,予以坚决打击,维护广大消费者利益,保持社会和谐稳定。

【成本监审】 认真贯彻落实国家发展改革委《政府制定价格成本监审办法》(2017年8号令),按照省物价局《江苏省定价成本监审目录》(苏价本〔2018〕4号)所明确的监审范围,依法开展成本监审。严格执行成本监审程序规定,认真履行书面通知、资料初审、实地审核、意见告知、出具报告等程序。坚持成本监审集体审议制度,提高成本监审科学化、民主化、制度化水平。同时积极探索成本监审引入专业机构审核工作,初步制定工作规范、流程,适时开展通过专业机构进行成本监审,提升成本监审工作水平、效率和社会公信力。根据业务科室制定调价计划,开展华电燃气供热价格、华润配气价格和13家幼儿园保教费成本监审。根据南通市政府出租车同城同价的要求,积极配合市物价局开展出租车价格成本监审。

【农本调查】 以国家发展改革委印发的《农产品成本调查管理办法》(修订版)为统领,紧紧围绕党委、政府的中心工作和区域经济发展需要,积极拓宽农本调查领域。结合小麦、粳稻、油菜的成本预测,开展农民收益底线调查。在深入调查分析成本变化、价格走势、市场供求等情况的基础上,围绕促进农民稳步增收的目标,合理测算粳稻、油菜的亩均收益底线,提出收购保护价和补贴政策的建议;围绕发展优质高效农业,开展地方优势农产品成本收益调查。在上年开展葡萄、草莓产品成本收益调查的基础上,增设水芹农产品开展成本收益调查;为确保农产品成本调查质量,坚持到农户家收集资料,对调查户所做的记录进行甄别分析,去伪存真,使疑议数据明确化,确保每个数据的真实准确,并按时完成直报和年报任务。为政府制定农产品价格政策提供依据;积极开展调查研究,针对政府关注、群众关心的社会热点问题,主动加强涉及成本、涉及"三农"专题的调查研究。相继完成《通州"进鲜港"水芹种植成本效益比较优势调查报告》《通州区2018年油菜成本收益情况分析》《关于粳稻最低收购价格下调的调查情况》和《定价成本监审存在的问题及对策》等调研报告。

【平价商店】 继续推进平价商店长效管理,严格执行考核和进退考评机制,开展现场巡查和督查考核,重点部署辖区内节假日前后平价商店督查工作,实行明查暗访,增加督查频率,确保节日期间平价商店蔬菜等农副产品品种产销衔接,不缺不断。2018年,各平价商店销售平价农副产品金额总计1396.44万元,平均降幅32.3%。

【价格认定】 通州区价格认定中心按照国家、省、市关于加强价格认定工作质量管理的要求,立足价格认定公共服务职能,着力做好涉案、涉纪、涉税和涉政府事务价格认定,努力推进价格争议调处工作。按照《价格认定规定》《价格认定行为规范》《价格认定依据规则》要求做好涉案财产价格认定工作,为司法机关、行政执法机关及时、深入打击各类违法、犯罪活动,维护全区社会和谐稳定及市场经济秩序作出努力。2018年,通州区价格认定中心共完成纪检监察部门委托的价格认定事项3件，价格认定值为2.04万元；公安部门委托刑事案件价格认定287件，价格认定值为207.05万元；完成各类行政执法价格认定43件，价格认定值为3.01亿元；完成政府事务价格认定15件，价格认定值为4.37亿元。以省物价局、省地税局《关于加强存量房涉税价格认定工作的指导意见》为抓手，结合通州实际，加强与财政、地税等相关部门对接，进一步深化房地产领域计税价格认定，涉足股权转让及税务稽查领域的涉税价格认定事项，规范涉税价格认定个案、计税价格争议事项办理，服务地方财税增长，规范财税价格秩序，提升涉税认定工作质量。全年完成地税部门委托涉税不动产交易个案293件，价格认定值为10.54亿元。积极推进价格争议调解体系建设，完成价格争议调解16件，调解金额105.08万元。总计共完成各类价格认定及价格争议调解657件，标的总金额为17.95亿元。　(陈玲玲)

市场监督管理

【概　况】 2018年，区市场监督管理局紧扣区委区政府中心工作，围绕“内涵发展，追求卓越”市场监管新三年发展计划，稳步推进市场监管各项工作，取得明显成效，被区委区政府表彰为区级机关综合绩效考核先进集体、招商引资工作先进集体、文明城市长效管理工作先进集体、法治建设工作先进集体，获评区委区政府创新奖一等奖、特别贡献奖，全市质监工作综合优秀单位、质量管理与监督工作优秀单位、特种设备安全监察工作优秀单位、法制和行政执法工作优秀单位、高端纺织产业推进工作优秀单位、南通市普法先进集体。

【市场监管改革】 2018年，区市场监督管理局全面深化市场监管体制改革，组织实施食品药品信息化惠民工程二期建设，创新构建信息化监管标准化运行体系，制定实施“市监孵化计划”，创新推出网格化专业化监管“两化融合”“微市监互动”等监管新举措，市场监管的精准性和科学性显著提升，市场监管信息化水平在全省系统内处于领先地位，“六化”建设经验成果在全省、全国产生一定影响，是年，区市场监管管理指挥中心下发监管执法指令1321条，当场责令改正1079起，当场处罚124起，立案查处565起，通过信息化手段提供有效案源线索占全年案件总数32.2%。惠民工程获得江苏省优秀法治实事项目提名奖，被评为2018年南通市依法行政示范项目，并被江苏省市场监管局作为智慧监管典型案例推荐上报国家市场监管总局。4月，区市场监管局作为全国唯一县级局代表参加国家市场监管总局药监改革座谈会，交流改革创新经验。

【食品安全监管】 2018年，通州区深入推进国家级食品安全示范城市创建，获南通市“四个全面”食品安全考核第一。建成省级示范餐饮单位24家，市级示范餐饮单位5家，市级示范小作坊4家，区级示范餐饮单位26家。深入推进“食安通州”联创区建设，推动市场监管社会共治，登记民间厨师1006人，现场备案评估农家宴12082起，保障就餐人数188万余人次，组织30余场次2300余人次食品安全知识培训。农贸市场、监管部门、检测中心“三位一体”检测体系全面建成，完成食品(农产品)法检4849批次、快检70731批次。深入开展高温季节食品安全、食品生产、集体食堂、“无花肉”、网络食品等专项整治，为中高考、“梦幻之春”旅游节、“吃在通州”美食节等重大活动提供食品安全保障，保障群众就餐82.5万人次。部署食用农产品“一票通”试点，江苏景瑞农业科技发展有限公司、通州农批市场等9家经营单位被列入重点试点单位，推进食用农产品产地准出、市场准入有效衔接。认真贯彻落实《江苏省食品小作坊和食品摊贩管理条例》，累计登记小作坊101家，联合各镇(区园街道)食安办、城管等部门共同推进小摊贩经营区域划定、备案工作，建成启用通州美食城，推进食品摊贩长效管理。深化盐业监管体制改革，率先在全省将食盐纳入江苏省食品安全电子追溯平台，积极开展食盐市场专项治理，全年共办理食盐案件11起，实现通州区食盐监管体制改革工作的平稳过渡。

【药品医疗器械监管】 2018年，区市场监督管理局组织开展疫苗、中药饮片、医疗器械、执业药师“挂证”、化妆品等多项专项整治，全年检查药械生产经营企业使用单位1248家，有力保障药械妆市场秩序。加强零售企业GSP认证工作，完成28家次新办零售药店认证现场检查工作，公示发证25家。加强疫苗流通监管，对通州区疾病预防控制中心以及全区26个疫苗接种点进行专项检查，经核查，国家药监局通报的问题疫苗未流入通州。积极开展药械妆不良反应监测工作，全年审核上报药品不良反应报告1086例，器械不良事件报告537例，化妆品不良反应上报报告73份。开展“5·25”化妆品宣传日和安全用药宣传月等系列活动，承办江苏省安全用药宣传周暨南通市药品安全宣传月启动仪式，印发安全用药、化妆品知识宣传资料2.3万余份。

【特种设备安全监察】 2018年，区市场监督管理局规范特种设备档案管理模式，全面实施特种设备监管“一企一档”管理。开展特种设备应急演练活动2次，提高事故应急指挥、操作、救援和联动处置能力。深入推进电梯质量提升工程，全区6644台电梯100%安全责任主体确权，100%进入96333电梯应急救援平台，100%启用电梯维保3D二维码电子签到制度，现场检查电梯使用单位2000余家次、在用电梯3000余台次。全面推进气瓶安全综合整治，对全区气瓶充装单位、餐饮场所等用气单位开展高频次、高强度的专项检查，严格打击充装过期瓶、报废瓶、无码瓶的行为，共检查用气单位1577家次、气瓶充装单位100余家次，立案查处气瓶违法违规案件18起。组织开展涉危化品特种设备专项整治，检查涉危企业300余家次，发现隐患297条。开展简易升降设备、固定回旋式起重机等专项整治，检查简易升降设备使用单位258家，现场取缔15台非法简易升降设备。

【质量监督管理】 2018年，通州区出台《通州区政府质量奖管理办法》，4家企业参与评选首届区政府质量奖。开展“南通制造2025”——先进质量管理技术和方法第四期推广孵化公益活动，1家企业被评定江苏省质量信用AAA企业、3家企业被评定江苏省质量信用AA企业，7家企业被评为南通质量标兵企业，紫罗兰家纺获得全国首张“纺织业质量管理提升认证”证书并获得江苏省质量奖，全区连续三年有企业获得省、市质量奖。开展高端纺织业质量管理体系提升规范试点，创新推行“家纺质量合作社”，通州家纺质量提升经验在中国家纺质量大会上作经验交流。开展流通领域商品质量抽检308批次，不合格97批次。强化产品质量抽检后处置，对3家国抽、10家省抽、8家市抽、18家外省市移送不合格企业情况进行调查，督促企业整改。强化证后监管，开展认证认可检验检测全面质量监管专项整治工作，完成72家强制性认证重点企业、91家许可证企业、11家机动车安检机构、1家环境监测站巡查任务。根据三部门道路货运车辆检验检测改革政策要求，2家机动车安检机构签署“两检合一”改革政策落地承诺书。贯彻落实全市环境检测机构检测质量专项检查要求，组织本辖区内11家机动车安检机构开展自查。

【标准化建设】 2018年，通州区健全区级标准化工作协调机制，建立市场监管局、发改委、财政局等24个部门标准化工作联席会议制度。加大专业标准化技术机构建设力度，南通腾通包装机械有限公司筹建的“全国包装机械标委会腔室型真空包装机工作组”、江苏华宇印涂设备集团有限公司筹建的“全国印刷机械标委会金属印刷设备工作组”和江苏金太阳纺织科技有限公司筹建的“全国纺织品标准化技术委员会印染制品分技术委员会特殊整理棉印染布工作组”成立大会暨工作组首次年会顺利召开。加大“标准化+”工作力度，“区镇村三级公共法律服务标准化”成功申报列入国家标准委2018年度公共管理和社会服务标准化试点项目，石港镇新型城镇化标准化、供销产业集团“棉花电子交易服务标准化”、华宇印涂设备公司“金属薄板平板涂布机高新技术自主创新标准化”3个省级标准化试点项目通过验收，顺丰快递公司快递服务标准化试点项目列入2018年度省级标准化试点计划。积极推动企业参与行业标准化活动，13家企业参与10项国家标准和8项行业标准的制定，其中主导起草国家标准3项、团体标准7项，全区参与制定国家标准和行业标准的企业累计39家。世发船舶机械有限公司《船用气动速关控制装置》国际标准新工作项目提案在国际标准化组织船舶与海洋技术委员会(ISO/TC8)全会上获得通过，正式立项成为国际标准新工作项目，标志着通州标准走向国际取得重大突破。

【计量管理】 积极开展“5·20”世界计量日宣传活动，组织3场民生计量进社区、6场光明计量进学校、两场计量服务进医院、1场农贸市场诚信计量集体承诺、2场工业计量进企业活动。组织开展春节、春耕、五一、端午、中秋国庆定量包装商品计量监督检查，检查定量包装商品440个批次，抽样193个批次。组织开展重点用能单位能源计量监督检查，对辖区内4家重点用能单位的能源计量管理制度、能源计量器具的配备、管理和检定、能源计量数据的运用等进行全面检查。开展环境监测类计量器具监督检查，共检查55家单位的环境监测类计量器具194台件。全面完成农村医疗卫生机构和农贸市场计量器具两免费检定工作，共免费检定56家医疗卫生机构2200台血压计、43家农贸市场2990台电子秤。积极推动企业重点计量器具纳入全省重点管理计量器具监管信息系统，完成注册备案297家。培育省、市诚信计量示范单位19家。

【市场主体监管】 2018年，区市场监督管理局有序推进市场主体年报公示工作，辖区企业市场主体应年报21361户，实际年报18687户，年报率为87.5%。组织开展“双随机、一公开”抽查233次，跨部门联合抽查11次，共检查市场主体2091户，公示检查结果3714条。强化企业信用建设，完成363家市级“守重”企业信用复查，36家企业获评市级“守重”企业。至年底，全区共有国家级“守重”企业15家，省级“守重”企业47家，市级“守重”企业399家。联合区文明办等部门开展“五创一建”活动，评选出通州区级诚信街区2家、诚信市场5家、诚信企业73家、诚信门店21家、诚信电商11家，获评南通市级诚信街区2家、诚信企业24家、诚信门店9家、诚信电商5家。全面推行动产抵押不见面网上登记，为各类企业办理动产抵押登记115件，融资金额11.47亿元，切实帮助企业解决融资难的问题。强化网络市场监管，推动网络经营主体电子标识公开，360多户企业在网站公开“工商网监”电子标识。

【商标管理】 加强品牌培育，新世嘉纺织被认定为中国驰名商标1件，驰名商标总数达到18件。骑岸大方柿通过地理标志证明商标初审并公告，实现通州区地理标志证明商标零的突破。联合5家企业组队参加“品牌铸就企业”2018南通市商标知识竞赛活动，获二等奖。紫罗兰家纺、南通四建入选“我最喜爱的十大南通商标”。

【广告管理】 聚焦药品、食品(保健食品)、医疗、金融服务、房地产等重点行业和领域，强化重点广告内容监管，立案查处虚假违法广告76件，有效净化通州区广告市场环境。强化网络广告监测，严厉查处虚假违法互联网广告，共监测网企1085家，网店2126家。加强与金融办、通信管理等部门的协作，强化涉嫌非法集资广告资讯信息的排查整治，共检查企业网站2315家，户外金融广告2090条次，确保全区不发生系统性非法集资风险。

【稽查执法】 紧紧围绕“食品药品、产品质量、特种设备、百姓消费”四大安全，深入开展“啄木鸟行动”“霹雳行动”等一系列专项执法行动，重拳打击扰乱市场经济秩序和侵害消费者权益的各类违法违规行为，查处一批在全国、全省和全市范围内具有较大影响力、社会反映强烈的案件。2018年查办各类案件1664件，移送公安23起，采取强制措施34人。其中食品案件390件，标准计量案件273件，产品质量案件215件，化妆品案件121件，广告案件87件，特种设备案件101件，药品案件98件，证照及市场主体行为规范案件84件，商标案件50件，市场竞争秩序案件11件，商标标识、条码代码案件65件，医疗器械案件11件，其他案件8件。执法办案数量、质量始终保持全省首位，先后有3件案例入选全省市场监管系统优秀典型案例、6件案件入选市级优秀案例，查办的新反法实施以来全国首例商业贿赂案件被评为全国市场监管部门2018年查处不正当竞争行为典型案例。

【消费者权益保护】 2018年，通州区市场监管局投诉举报中心受理各类咨询、消费申(投)诉、举报信息共计5862件，比上年(下同)上升49%。其中，咨询求助信息为344件，占总量的6%，上升43%；申(投)诉信息为4110件，占总量的70%，上升67%；举报信息为1408件，占总量的24%，上升15%。各类咨询投诉举报的及时转办率100%、按时办结率99.99%、回访平均满意度95.2%。围绕"3·15"国际消费者权益保护日、食品安全宣传周、全国质量月、社科普及宣传周、"5·20"世界计量日、"12·4"法制宣传日、"12·5"国际志愿者日等特殊时间节点，大力开展消费知识宣传，着力营造消费宣传浓厚氛围。加大消费维权社会共治力度，探索消费维权轮值制，设立企业消费维权工作站32个，引入社会力量共同处理消费维权。深入开展放心消费创建活动，金新街道、通州区玉兰眼镜店实业有限公司、通州万达广场、南通金东新城市场管理有限公司4家单位分别被江苏省放心消费创建活动办公室表彰为放心消费创建先进区域、放心消费创建示范单位、放心消费创建品牌集聚区示范单位、放心消费创建先进单位，南通西亭脆饼有限公司、江苏蓝丝羽家用纺织品有限公司、江苏宝缦家纺科技有限公司3家单位荣获第一届消费者点赞江苏优质商品荣誉称号。　(陈　伟)

统　计

【概　况】 2018年，通州区统计局全面组织开展第四次全国经济普查，积极开展统计监测预警，强化统计服务，重点突出招商引资和项目建设工作任务，为建设"强富美高"新通州提供坚实的统计保障。

【统计职能】 在完善GDP变动趋势监测制度基础上，精心打造经济运行监测体系，积极开展季度GDP核算以及月度GDP支撑指标动态监测工作，实时测算指标增速变动对GDP的影响。围绕月度考核，做好考核数据的收集、整理、上报工作，及时与区发改委、商务、财政、人社、科技、供电等部门进行沟通，对考核数据存在的问题进行交流，确保考核工作顺利推进。开展重点工业企业统计监测，精心选取调查单位和调查指标，保证调查的代表性、全面性，设置灵活方便的报送网络，保证调查时效性。科技年报及时预警，夯实科技研发统计数据。深入分析全区文化产业发展情况和在全市的位次、文化产业增加值占地区生产总值比重偏低的症结、各镇(区、园、街道)文化产业发展的薄弱环节以及有效促进文化产业健康快速发展的建议，形成专报供区领导决策。积极开展高水平全面建成小康社会监测和高质量发展监测工作，定期召开部门会议，开展业务培训解读指标，实时进行跟踪监测，部门联动，及时形成监测分析材料，报送区委、区政府领导，为全区经济社会高质量发展提供统计决策依据。全面提升统计分析研判能力。紧紧聚焦供给侧结构性改革和新旧动能转换，注重深度挖掘好数据背后的文章，注重把经济形势、产业发展、结构优化、动能转换研究透彻清楚，进一步强化和完善预测预警职能，提高宏观经济分析的针对性、实用性和前瞻性。2018年，共发布统计信息410篇，撰写统计分析及调研报告56篇，统计专报12篇，报送主要指标快报60余次，1篇论文获通州区2018年度经济与社会发展重点应用课题研究成果三等奖，向社会、部门提供统计服务共计160余次。统计服务形式及产品日趋多元化。召开一季度和上半年经济运行新闻发布会，得到社会各界的认可。通过中国通州、通州统计、通州大众、统计微讯等传统媒体及新媒体发布各主要经济指标。首次通过H5方式在通州统计微讯平台中解读通州统计公报，增强统计公报的可视性和可读性。在中国通州网站设置数据发布页面，将主要经济指标通过中国通州网对外发布。根据月度考核及时调整《月度主要经济指标快报》手册的设置和编排，及时做好《统计月报》《两会统计宣传手册》《统计手册》等统计资料的编辑发行工作，并对《统计年鉴》进行改版。打造"数据通州"综合数据管理平台。为提高统计信息化水平，充分发挥统计监测预警功能，结合全市"四个全面"抓落实、"追赶超越"争标兵月度考核办法，区统计局着手打造统计数据可视化在线预警平台，将区、镇各级主要经济指标完成情况、完成质量及全市排名得分情况进行分级，用不同颜色进行预警标记。对主要经济指标的阶段性走势，通过图表形式直观反映。将上述可视化预警产品通过在线平台进行推送，实现web端、微信端的多渠道访问，为区委、区政府领导提供全面、准确、高效的决策参考，获得全区创新奖二等奖。

【经济普查】 组建普查工作机构。成立由全区近40个部门组成的全区第四次全国经济普查领导小组，组织协调经普重大问题，同时，成立普查领导小组办公室，承担领导小组日常工作，领导小组办公室内设8个工作组，为经济普查工作的顺利开展提供组织保障。落实普查经费和设备。区镇两级经济普查预算按照上级要求全面落实到位。在设备采购方面，本着充分利旧的原则，在利用第三次农业普查PAD设备基础上，新购置PAD设备360台，确保第四次全国经济普查顺利开展。积极开展"两员"选聘和培训。全区共选聘普查指导员和普查员共1415名，区经普办对所有普查"两员"分别开展清查阶段和登记阶段两次集中统一培训，创新培训方式方法，融入情景模拟培训、实例讲解测试等，理论与操作相结合，取得良好的培训效果。为进一步提高"两员"工作积极性，体现对"两员"的深切关怀，区经普办统一为所有参与此次普查工作的"两员"购买人身意外保险。全面开展经普宣传动员。召开全区第四次全国经济普查暨单位清查动员会，印发《告知书》，与区委宣传部联合下文布置宣传工作，召集电视台、电台、报社、移动、联通、电信、交运、住建等单位召开经普宣传会议，通过电视开机画面、电视流动字幕、宣传片、电子屏、广告牌、公交车站台、横幅、展板、"送戏下乡"、政府网站访谈等多种形式和途径开展经普宣传，有效扩大普查知晓率。扎实开展单位清查工作。先期进行市级专项试点和区级综合试点工作，为单位清查积累经验。9月中旬开始，全区开展"地毯式"单位清查工作，并组织查遗补漏，共清查法人和产业活动单位2.7万家，个体经营户9.5万个，集中对清查数据进行编码、审核和数据分析比对等工作，圆满完成单位清查各阶段工作，为正式普查登记打下坚实基础。

【统计法制】 加强基层指导。定期召开业务培训会议对镇级统计人员进行培训，各镇级统计机构对各定报企业进行培训，区局科室到各地进行督查指导，确保培训效果。平时定期不定期召开专业统计人员业务培训会议，及时发现解决统计工作中存在的业务问题，不断提高基层统计人员的业务能力和工作水平。同时，抓好村级统计规范化建设，召集村(居)集中互审、相互评分、实地走访的基础上进行验收督查，并对全区30%的镇(区、园、街道)开展镇级规范化建设“回头看”，抽查2%以上的“四上”企业进行企业规范化建设“回头看”。加强法治保障。制定《2018年通州区统计法治工作要点》《2018年通州区统计行政执法工作计划》和《2018年通州区统计法制宣传教育工作计划》，明确统计法治建设工作的重点和具体工作的实施步骤及各项工作的职责。坚持全年2次专题研究法治建设工作。积极利用各类统计年定报会议、专业培训会议以及“9·20”统计开放日等时机并结合第四次全国经济普查大力宣传统计法律法规。积极组织专职执法人员参加上级培训。在全区所有“四上”企业中开展守信践诺活动，进一步提升企业的统计诚信意识。对全区涉及农业、工业、能源、投资、贸易、服务业、劳动工资等专业“四上”单位开展统计数据质量检查和行政指导工作，不断夯实统计数据质量。 （张国峰）

审　计

【概　况】 2018年，通州区审计局坚持依法审计、固本强基、推动发展原则，充分履行审计监督、服务、防范和评价职能，完成财政同级审、领导干部经济责任和自然资源资产离任审计、扶贫资金审计、慈善基金审计、为民办实事工程建设情况审计以及村居财务收支审计等27个项目，查处问题金额46.99亿元。工程结算审计送审金额120.65亿元，为财政节约资金4.91亿元。

【预算资金审计】 围绕监督财政预算规范高效运行、提高财政资金使用绩效，以同级财政预算的编制与执行为主线，对低保金、计划生育家庭奖补资金、残疾人生活护理补贴发放是否规范以及区级土地出让管理、耕地力补贴、地税部门代征的政府性基金、商务发展专项资金的使用和管理等情况开展延伸审计。提高大数据比对水平，全面关注政府专项资金收支使用情况，客观反映区级预算执行及其效果，有效揭示政府资金运行中不安全因素或潜在风险，深挖数据背后的政策执行问题，为化解政府性债务提供决策依据。

【民生资金专项审计】 实施2015—2016年区级为民办实事工程建设情况专项审计调查，发现存在部分项目进度迟缓、管理不到位等问题并提出审计建议。区政府召开专题会议推动问题整改落实，区人大采纳审计建议对民生实事工程立项实行票决制。组织实施2012、2013、2016年旱涝保收高标准农田建设示范重点县工程竣工决算审计、南山湖公园工程竣工决算审计以及“四好”农路的审计调查等项目，连续十年对慈善资金的筹集、使用、管理情况进行跟踪审计调查，并对审计结果进行公告，有效推动基金的有序筹集和慈善活动的规范开展。

【领导干部经济责任审计】 实施领导干部经济责任审计16个，自然资源资产离任审计3个。修订完善《通州区领导干部经济责任审计操作手册》，将领导干部自然资源资产离任审计工作与经济责任审计工作有效结合，科学界定党政主要领导干部对自然资源资产管理和生态环境保护方面存在突出问题的责任。继续推行任前告知制度，前移经济责任审计监督关口，共发出审计预告单6份。连续七年开展村级财务收支情况专项审计调查，对张芝山镇天星村、兴仁镇横港社区等12个重点村(居)2015—2017年财务收支情况进行专项审计调查，加强整改落实，促进全区“三资”管理水平进一步提高。

【审计整改】 认真执行《关于加强审计查出问题整改工作的监督办法》，以清单形式对审计整改工作实行“挂账销号”，4月，区人大对审计发现问题整改结果进行“再审议”，相关问题的整改到位率达92.5%。加强对2017年财政“同级审”查出问题整改的跟踪督促工作，完全整改和基本整改到位率达98%。 （鲍炜璐）

安全生产监督管理

【概　况】 2018年度，通州区安监局严格履行监管职责，以风险管控为核心，以落实企业主体责任为主线，以“一图、两单、三卡、八必须”为抓手，突出责任落实、检查执法、能力建设，抓好各项举措落实，打击违法违规行为，化解工作难点，提高监管效能，着力构建安全风险管控与隐患排查治理双重预防机制，全区安全生产形势总体平稳可控。

【安全生产教育培训】 2018年，区安监局组织开展安全生产宣传教育“七进”和

6月1日，区安监局在万达广场门口开展安全生产月启动仪式暨安全生产综合咨询 （段水梅 摄）

"全民消防护佑乡村"大宣讲活动,组织宣讲620场次,约4.6万人现场接受安全生产知识和技能教育。开展"安全生产月""安康杯""119消防日"等活动,会同金沙街道组织"生命至上、安全发展"专题文艺晚会,有效宣传安全生产知识,普及安全生产常识。开展企业三类人员培训,6672名企业负责人和安管人员接受培训,3000多名特种作业人员参加培训考试,进一步推动全区安全生产人员素质提升。

【基层基础建设】 强化基层安监机构建设,全区基层安监机构人员专职,日常办公和监管执法装备配备到位,安全生产专项资金保障到位。持续加大基层安监机构建设力度,联合区政府督查室、区纪委、组织部组成督查组,对基层安监人员到位情况进行督查,采取听取汇报、逐个找谈、查阅个人笔记和工作台帐等方式,了解基层安监队伍建设真实状况,并将督查结果在《通州督查专报》上进行通报。以区委办、区政府办名义制定印发《关于加强基层安全生产监管机构建设的若干意见》,明确基层安监机构建设的具体要求。加强安全生产应急管理。组织对区级和行业(领域)应急预案进行重新修订评估,做到政府、部门和企业间预案有效衔接。积极推动安全生产标准化样板地区建设,2018年,达标工贸企业数2321家,其中二级标准化企业20家,三级标准化企业798家,小微企业达标数1503家。化工企业方面,二级标准化达标企业6家,三级达标企业43家。

【安全生产专项整治】 2018年,区安监局对道路交通、水上交通、危险化学品、建筑施工、消防安全、特种设备、港口码头、职业病危害、旅游安全、渔业10个方面开展专项整治。道路交通方面:严查酒驾、醉驾等严重交通违法行为,共查获酒驾520起,醉驾83起,"三超一疲"2200余起。水上交通方面:加强船舶动态管理,重点审查驶往上海等沿海港口城市的内河运输船舶,加强出港船舶的监管和审查。建筑施工方面:深入开展扬尘治理、预防高坠、火灾防控等专项整治和百日安全大检查,累计检查项目392个,发现隐患3500条,整改3452条,下达停工整改通知书47份,移交处罚项目10个。消防安全方面:开展大型商业综合体和商场市场消防安全整治专项检查、电动自行车消防安全综合治理,共检查单位1761家,发现并督促整改隐患1856处,临时查封81处,责令"三停"单位37家,罚款131.9万元,拘留4人。特种设备方面:加强对重点特种设备的监管,保障重点时段特种设备的安全,巩固特种设备安全主体责任落实,检查特种设备使用单位1008家次,立案查处违法行为56起。港口码头方面:组织各港口企业安全管理互查,检查企业265家次,整改存在问题77个。旅游方面:多次深入重点旅游景区开展现场监督检查,检查企业27家,下发检查记录25份。职业危害方面:三岗体检人数6600人,作业现场检测90家;职业危害新申报企业104家,累计达2553家;检查企业450多家,查出隐患900条。渔业方面:组织开展渔业安全知识宣传,对长江边渔船停泊点开展安全生产和执法检查,对检查发现的隐患责令即时整改。餐饮场所燃气安全专项整治取得成效,全区检查用气企业1863家,查出隐患1099个,隐患整改809个,停业整顿1家,处罚3万元。

区委书记陈永红(中)带队开展安全生产检查 (段水梅 摄)

【双重预防机制】 2018年,区安监局通过现场会、集中培训、分片包干、政策扶持等方式,全面推进以"一图、两单、三卡、八必须"为主要内容的安全风险辨识管控工作。全区2941家企业完成安全风险评估,总体完成率、评估率双100%。其中红色企业0家,橙色企业138家,黄色企业2363家,蓝色企业442家。区财政支付90多万元,用于全区所有规模以上企业、96家高危企业以及10%规模以下企业风险管控验收专家费。坚持重大隐患挂牌督办制度,全区共梳理出6个二级、31个三级重大隐患,除1个延期外,均按期完成整改销号。全区隐患排查治理信息系统运作正常,覆盖企业2998家,累计排查隐患7465条,整改7424条。

【安全生产执法】 2018年,区安监局建立安全生产大检查常态机制。9—12月,在全区所有地区、所有行业领域、所有生产经营企事业单位和人员密集场所开展安全生产大检查。检查企业(单位)7424家次,查出隐患14360条,整改14124条,责令停产整顿63家,处罚金额199.2万元,提请重大隐患政府挂牌督办10处。组织开展建筑施工安全生产百日大检查,全区285个项目(工地)开展排查,区级部门检查工地265家,查出隐患1499条,整改1417条。组织专家对12处四级重大危险源进行检查,其中工贸企业储存液氨2处,液化石油气罐区10处,加强危险化学品重大危险源管控,强化应急管理措施。结合"263"专项行动、"三河三行业"专项整治,关闭4家投入不到位整改无望的化工企业,对17家化工企业执法,处罚款60.1万元。查处非法运输、储存烟花爆竹案件8起、拘留8人、收缴非法烟花爆竹624箱,非法储存汽油、柴油案件2起,拘留2人、收缴汽油679.45公斤。加大事前执法检查力

5月30日，区安监局在亚振东方家具有限公司召开落实企业安全生产主体责任“巩固年”现场推进会 （章文文 摄）

度。全年全区安监系统办理事前执法案件444起，罚款489.18万元，其中基层安监所（局）委托执法立案366件，处罚金额311.9355万元。

【安全生产主体责任落实】 2018年，区安监局积极组织开展“落实企业主体责任巩固年”活动，督促企业依法依规制定完善企业全员安全生产责任制。5月、8月分别在南通亚振东方家具有限公司、南通国盛精密机械有限公司召开落实企业主体责任现场会，引导企业对标先进、对照规范提升安全生产水平。做严“三级复查复核工作机制”，全面开展“镇级普查、部门复查、区级抽查”，对责任制落实不到位的企业，列入重点监管名单，加大检查执法的频次和力度，倒逼企业主体责任落实。

【安全生产专业委员会】 2018年，通州区制定印发《通州区安全生产各专业委员会及其组成人员方案》，根据安全生产总体形势和行业领域安全生产工作特点，成立14个安全生产专业委员会，制订专委会工作规则，对每个行业领域安全生产监管范围、监管职责和工作任务进行细化明确，保证安全责任不断档。每两个月召开一次专委会、重点成员单位会议，行业部门轮流在会上发言和书面交流，强化行业领域单位安全生产监管责任落实。 （段水梅）

消防安全管理

【概　况】 2018年，按照中央党和国家机构改革方案部署，中国人民武装警察部队通州区消防大队不再列入武警序列，成建制划归应急管理部，成为国家应急救援主力军和国家队。是年，通州区消防大队紧紧围绕“平安通州”建设主线，全面推动消防工作责任落实，强化公共消防基础设施建设，深化消防安全隐患排查整治，努力做好各项重大活动消防安保工作，为经济社会发展创造良好的消防安全环境。

【消防队伍建设】 2018年，全区建成国家应急救援消防队1支，政府专职消防站7支，先锋执勤点1支，保安消防队4支，企业消防队2支。共有消防指战员178人，各类执勤车28辆，总载水量63吨，泡沫5.5吨。组织对兴仁消防站搬迁改造，区应急救援指挥中心完成土建封顶。区政府落实专项资金购置消防车9辆，并对通西、通海政府专职消防队和大队登高车辆进行更新升级。

【灭火救援训练】 2018年，全区共接处消防救援警1329起，出动车辆3018辆，出动警力1.5万人次，抢救疏散被困人员50余人，保护直接财产价值6000余万元，成功处置“8·28”南通晴艺元纺织有限公司、“3·22”世纪豪庭电动自行车火灾等灾害事故。全区综合性应急救援能力不断提升，开展实战化岗位练兵活动和“863”社会单位熟悉演练，对250家二级重点单位和2家不放心单位建立数字化预案。在重点单位和社区建立微型消防站，在商贸集中区建立区域联防组织，开展群防群治。

【消防执法监督】 2018年，认真抓好国务院办公厅、江苏省《消防责任制实施办法》宣传贯彻落实，部署开展电气火灾、高层建筑、“三合一”“群租房”、大型商业综合体消防安全综合整治，实施电动车集中充电点“蓝天工程”，在川姜家纺城区域、南通五洲国际车城、东大市场等不放心单位开展“拔刺行动”，全年督促整改火灾隐患1.1万余处。在老年人、儿童娱乐等人员密集场所推广安装点式报警和简易消防设施，在大型商业综合体安装电气火灾监控体统，以提高重点场所火灾预警防控能力。

【消防宣传培训】 2018年，启动通州区“全民消防护佑乡村振兴”和“全民参与、防治火灾”119宣传月活动，联合教育系统开展119宣传日活动启动仪式，推动消防宣传“七进”工作，开展消防宣讲618家次1200课时专项培训，培训人员4.5万余人次，推送微信336条，营造人人参与消防，人人关注消防良好氛围。是年，区消防大队被表彰为区“安全生产大宣讲”先进集体。

【服务经济发展】 2018年，积极融入和策应“放管服”改革，不断优化消防行政审批服务，在深化“6+1”便民利民措施基础上，建立推行可容缺审批、执法回访等工作机制，突出重大项目服务，组建重点项目服务队，制定消防监督员挂钩联系乡镇重大项目“一对一”服务制度，开展中间检查及预先服务提醒，提高重点项目消防验收合格率。是年，区政务服务中心消防窗口获“红旗窗口”。 （夏采饶）

教　育

Education

编辑　马　钰

综　述

【概　况】 2018年,通州教育深化教育综合改革,加大教育投入,教育质量不断攀升。对全区17所学校共3.17万份样本进行调查,学校满意或基本满意率达99.2%。先后创成全国中小学校责任督学督导创新县(市、区)、国家农村职业教育与成人教育示范区,获评学校艺术教育美育教育全国先进。

加强党风廉政建设。继续运用“五微管理法”,深入推动教育系统从严治党工作。以“微提醒”强化主体责任,全年发送各种提示信息64件次;以“微创新”培树特色品牌,形成“党建强教·筑魂提质”三年行动计划;以“微检查”改进工作作风,常态化实施明查暗访12次;以“微总结”巩固教育成效,《名师培养,擎起教育发展新未来》刊登在江苏省委主办的第17期《群众》思想理论版;以“微反馈”回应社会关切,及时提醒告知,打好预防针。2018年,区教育局被评为区优秀基层党组织,“优教为民”机关党建品牌被评为区优质服务品牌,实验小学和特教学校党建品牌被确定为省首批“一校一品”党建文化品牌项目。

提升质量管理质效。重新选聘8位政风行风监督员,通过明察暗访、专项检查、随机抽查等多种方式,对全区学校进行专项检查和暗访60余次,召开专题通报会3次,印发内部简报3次,制作播放内部通报视频4次,下发整改通知书1件、函询通知书1件,被通报问题全部限期整改到位。2018年,责任督学共提出整改意见1502条,其中,1315条已整改到位。开展突出问题专项治理,着力抓好校外培训机构集中整治。摸排学科类培训机构60家,其中证照齐全且办学规范的6家,整改完成后继续营业的21家,关停取缔33家,整改完成率100%,位居全市第一。全区安装高清视频监控探头近5500个,“一键式报警装置”全部安装到位,初步形成集人防、物防、技防为一体的治安防控体系。全年以来共开展各类安全演练589次,参加演练师生18余万人次,提高了师生避险逃生能力。强化学校内审工作,共完成审计项目27个,审计资金总额达15.65亿元,查出有问题资金204万元,提出审计建议135条。

推进重点工程建设。全区新建幼儿园6所,新增学前教育学位1350个,新增省优质园3所(张芝山星河幼儿园、兴东幼儿园、平潮幼儿园),省优质园占比达66.2%。新、改(扩)建中小学5所(南山湖小学、银河小学、杨港中学综合楼、川港中学教学楼、东社学校综合楼),新增义务教育阶段学位4770个,新增普通高中学位640个;“改薄”项目建设完成率100%;首批认定新优质学校5所(西亭小学、西亭初中、石港小学、石港初中、兴仁中学),其中乡村学校占比达100%。通州区教育现代化检测最新综合得分86.11分,68所义务教育学校中有59所学校达标,达标率为86.8%,列南通市第4名,其中小学达标率81.4%(43所小学有35所学校达标),位列全市第四,初中达标率96%(25所初中有24所学校达标),位居全市第一。

提升教育发展水平。大力推进“学的课堂”建设。全面组建小学教育集团,小、初学校实现教育集团全覆盖。加强“1+1+1”项目建设,成立小学、初中“研训指导站”。《江苏教育》以“成长:以美的方式”为题用11个版面介绍实验小学名师团队成长的经验;西亭初中“东桥瓢语”综合课程,融合9大学科及民俗、创客教学在内的多个维度;平潮高级中学生涯发展辅导课程基地被评为江苏省基础教育课程基地优秀建设项目;通州高级中学“以审美为价值取向的共生课程建设”被确定为省基础教育前瞻性教学改革实验项目,“普通高中英语‘模块教学’创新实践”项目先后被评为江苏省教学成果一等奖、国家教学成果二等奖。通州中专与富士康集团合作成立智能制造二级学院,创成省、市现代学徒制试点项目3个(其中与江华机械合作的现代学徒制项目被评为市最佳校企合作组合),新增专业7个(五年制2个:物联网应用技术、计算机网络技术;三年制5个:城市轨道交通运营管理3+3、城市轨道交通车辆运用与检修3+3、航空服务3+3、建筑装饰、农村经济综合管理),省现代专业群2个(工艺美术、汽车运用与维修),省现代实训基地2个(工艺美术、计算机应用),省级职业名师工作室1个;获市“职业体验课程包”建设立项11个,位列全市第一;“双场合一”教学模式改革获国家教学成果奖评比二等奖;在省技能大赛中,获4金4银19铜(其中,工业产品设计与创客实践项目、财经商贸类ERP沙盘项目、艺术类器乐项目均为一等奖第一名）。全区普通高中录取率提升10个百分点，中考总分、高考理科总分第一名花落通州，育才中学连续两年中考均分全市第一，育才、金郊、实验三所初中学校生均总分进入全市前十位，全区8位学生中考成绩进入全市前20位。刘桥中学吕晓伟成为南通市唯一被中国空军学校青少班录取的学生；西亭中学喻梓铭被录取为海军飞行学员；育才中学黄绮涵、平潮实验初中袁欣怡双双荣获江苏省第十八届中学生作文大赛（初中组）特等奖；实验小学陆梦来、通州小学徐安喆、平潮实验初中袁欣怡、通州高级中学何仲文均获得江苏省中小学生诗歌现场竞赛一等奖。通州幼儿园虹西分园开展美术特色教育，成为江苏省首批美术教育联盟园和南通市幼儿园美术领域研究基地；金余小学通过“每周一局”的象棋棋局，挖掘和发扬以和为贵以及讲仁、讲义、讲礼、讲智的中国传统文化；刘桥小学举办汉文化节，让学生体会“汉风、汉韵、汉情”的千年风雅和传统礼仪，开启学生对汉文化的追寻；兴仁中学开展“藕耕园”“百果园”的馨仁课程；金沙中学创建“谨丞书坊”微信公众号。新增3所全国中华优秀文化艺术传承学校（兴仁小学、实验中学、育才中学）；参加省艺术展演，获特等奖4个、一等奖5个、优秀创作奖1个，位列全省第一；石港中学学生丁雅文设计的生肖邮票获全国金奖。区教育局局长张进荣受邀参加国家教育部召开的全国学校美育改革发展调研座谈会并发言，“二元、三进、四全”的“通州美育”经验得到教育部领导称赞。在省级以上比赛中，通州区学生获国家级金牌5枚，省级金牌16枚，位列全市第一；新增全国青少年校园足球特色学校6所，平潮高级中学校女子足球队连续两年荣获“南通市高中校园足球阳光联赛”一等奖，高新区小学足球教练刘振宇赴法国留学，成为通州学校体育史上第一个走出国门的体育教师；持续推进向社会开放学校体育设施工作，新增开放学校15所，每天有近千人到45所开放学校进行体育锻炼。

加强师生德育和师资队伍建设。全区涌现出“江苏省最美中学生”朱天玺（金郊初中，同时获得“新时代江苏好少年”称号，全市唯一）、季聿（育才中学）、王艺（平潮高级中学）、高楚姗（通州高级中学）及“江苏省最美中职生”钱文烨（通州中专）等一批优秀学生。平东小学打造“习礼立德”品牌，学生把礼仪带进学校，带进家庭，带进社区；高新区小学的“成长训”将检阅与成长仪式相结合，培养孩子们成长的仪式感和责任感；理治小学充分发挥红色资源育人作用，红色德育文化建设被评为江苏省小学特色文化建设优秀项目；五接小学以主题教育引领学生成长，少先队大队被评为江苏省红旗大队；实验小学探索立德树人新举措，《中国教师》《中国教育报》分别以专版刊发学校以美育德的优秀经验，专题节目《教育，也可以很美》在江苏教育频道黄金时段播出；实验中学开设“初一新生少年军校课程”，为青少年“系好人生的第一粒扣子”；文山初中弘扬革命斗争精神，将陆文山烈士的红色基因注入学生血脉。评出第四批100名“通州好老师”，出版《力行近仁——身边的教育行者》，1人获感动南通教育人物，先后选派3名教师去西藏拉萨、2名教师赴新疆伊宁、5名教师赴陕西镇巴县开展教育援助工作。全区交流教师359人，占比16.7%，其中骨干教师占比28.6%。全年共有7人次参加6项国家级培训，349人次参加67项省级培训，4984人次参加48项市级培训，24320人次参加128项区级培训。新增名师工作室3个、组建第三批乡村骨干教师培育站4个，培育乡村骨干教师120名，乡村校（园）长114名；1名乡村教师入选部省优秀青年教师培养奖励计划。新增正高级教师1名，市级学科带头人47名、骨干教师54名、教坛新秀34名、市高层次人才20名。全区教师参加省以上竞赛获二等奖以上共16项，其中，获省一等奖12项。8名老师荣获省青年教师教学基本功大赛一等奖；4名教师被评为第十五批省特级教师，获奖获评人数全市第一。9所学校成功创建省首批教师发展示范基地校。

提升校长履职能力。全年新任校长11人，新任副校长34人，挂任副校长11人。所有校长分别在华师大、苏大开展封闭培训，组织23名校长参加北京世纪明德全国教育大会2018基础教育论坛；分4批组织10名校长赴陕西镇巴作学校管理经验交流。10月，对上学年学校目标管理完成情况和校长履职情况进行考核，区教育局主要领导对考核在三档、四档及退位明显的校长进行提醒约谈，敦促其找准原因，拟订措施，迎头追赶。

【国家级农村职成教育示范县（区）现场验收】 10月30日，国家级职业教育和成人教育示范区考核组专家到通州进行现场考核验收。考核组一行首先来到通州中专，对学校的校园校貌、设施设备进行现场观摩。随后，参观了通州区全民终身学习活动基地——忠孝文化园，并前往金沙街道天熹居民学校、金沙街道社区教育中心科普基地——鲜花小镇进行实地考察。

【张进荣在教育部召开的座谈会上发言】 10月11日，通州区教育局局长张进荣受邀参加国家教育部召开的“学校美育改革发展调研座谈会”并发言，通州美育改革得到教育部领导充分肯定。通州区大胆探索美育（聚美、立美、达美）教育，走出一条“二元”“三进”“四全”的通州教育之路。“二元”：培训促提升，搭建专职教师外搭平台。成立“金沙风”教师艺术团，建成4个名师工作室、8个区级艺术工坊；邀请市内外名师、研训员赴通州进行业务培训。“三进”：高雅艺术进校园、传统文化进校园、经典音乐进校园。全区学校共举办各类演出、作品展100场；成立区艺术教育校本课程研发组，编写《南通木偶》《南通仿真绣》等30多套校本教材；在20多所中小学开设“非遗”课程；编辑各学段音乐欣赏目录，要求学生每学期熟悉课本之外的10～15首中外经典名曲。“四全”：课程全覆盖、学校全组织、班级全参与、学生全体验。通过暑期通识培训，将美育渗透进不同学科已成为各个学科教师的共识和自觉；72所中小学连续13年参与“童声里的中国”童谣创作，校校唱响主旋律；全区1785个班级，班班有艺术兴趣小组，各类节庆活动班班有节目；全区每3年举办一届校园艺术节，班级社团艺术活动项目和校级艺术展演个个参加，人人体验。

【160名优秀师生获2018年度“理治奖”】 10月9日下午,南通理治教育发展基金会在通州中学举行2018年“理治奖”颁奖仪式,原中国社科院副院长、南通理治教育发展基金会管理委员会会长朱佳木为来自通州中学、实验小学、通州中专、南通理治红军小学等四所学校的20名老师和140名学生颁奖。截至年末,全市已有1800人次获奖,奖金总额累计达151.7万元。

【第四届“通州好老师”事迹展示活动】 9月8日下午,通州区举行庆祝第三十四个教师节暨第四届“通州好老师”事迹展示活动。活动展示了平潮高级中学周炎、张謇学校李晓军、兴仁中学郑燕燕等5位“通州好老师”的光荣事迹,并为此次评选出的100名“通州好老师”代表颁奖。2018年,全区新创3家省优质幼儿园,新增1家全国“地方传统文化传承特色学校”;义务教育学校标准化建设监测初中达标率96%。

【区教育局与66名乡村定向师范生签订就业协议】 8月8日,通州区教育局在区教师发展中心与66名通州户籍2018年乡村定向师范生及监护人举行就业协议签约仪式,其中,提前批次乡村教师定向培养计划录取46名,中招前批次乡村教师定向培养计划录取20名。此批乡村定向师范生如期毕业并取得教师资格证书后,区教育局和区编办将为其预留编制和岗位,并组织面向乡村定向师范生的招聘考试,同学段同专业的乡村定向师范生以招聘考试成绩占比40%、培养院校综合考核成绩占比30%和国家教师资格笔试成绩占比30%的方法计算综合成绩,按综合成绩从高到低顺序依次选择乡村学校教师岗位,并连续服务满5年以上。

【通州名师赴镇巴对口教育交流】 7月16日,通州区名师团队教育对口交流活动在陕西省镇巴县举行。区教育局高度重视此次教育对口交流活动,精心遴选11位名师团队赴镇巴开展交流活动。活动共有11个分会场,镇巴县近80%共1700余名教师参加,是镇巴县教育史上规模最大、级别最高、学科最丰富、专家实力最强的一次培训。全国名校长、江苏人民教育家培养对象王笑梅以“做教师成长路上的校长”为题,从构建教师成长文化、研究教师成长策略、探索教师成长路径、创新教师成长载体四个方面,介绍了通州实小“发展教师、提升学校、幸福儿童”的学校多赢发展策略。通州区育才中学校长张建围绕“如何办人民满意的学校”“如何做学生喜欢的老师”“如何做实课堂教学改革”三个话题,以点带面,介绍南通课改方针的内涵和具体做法。此外,班主任培训,初中语文、数学、英语培训,小学语文、数学、英语培训,幼儿园教师培训及教师心理健康教育培训等分会场,均是由通州区各校遴选出的专家型名师进行报告讲座。报告接地气、有深度,紧扣教改前沿,扎根课堂一线,理论结合实践,受到镇巴教师广泛好评。

【十六届江苏省“五四杯”教学研究论文评选活动】 5月上旬,十六届江苏省“五四杯”教学研究论文评选活动结果揭晓,通州区喜获佳绩。论文评选活动分高中组、初中组、小学组和幼教组四个组别进行,活动组委会根据论文参评比例,分别评选出各个组别的一、二、三等奖及组织奖若干名。通州区共向组委会提交855篇参赛论文。经省论文评选组委会认真评审,并经学术不端文献检测系统查询,有34篇获一等奖,89篇获二等奖,97篇获三等奖,获奖档次和获奖数量位列全省前茅。

【江苏省普通话基本普及县域验收】 4月26日,南通市语委组织验收组对通州区开展江苏省普通话基本普及县域验收工作。按照《江苏省普通话基本普及县域验收工作规范》要求,验收组对考察点使用国家通用语言文字的情况进行实地察看,详细询问了解相关学校的语言文字工作,查阅教师备课笔记和学生作业批改情况。验收组充分肯定通州区在语言文字工作中所取得成绩,希望通州区进一步加强统筹协调,不断完善语言文字工作长效管理机制,进一步加强业务知识培训,不断提高社会各界语言文字规范化、标准化的应用和管理水平。

【首届中国青少年人工智能及创客大赛南通区选拔赛】 3月17日上午,首届中国青少年人工智能及创客大赛南通区选拔赛在通州举行,来自全市60多所中小学的220名“小创客”从近2000名报名选手中脱颖而出。本次大赛共设小学、初中、高中三个组别,每组选手都要围绕保护环境、智慧家居、新农业新家园等七个主题,参加创客马拉松和创客挑战赛两个赛项的比拼,介绍作品的创意想法、设计理念,并进行功能演示。通州区共有16组选手在选拔赛中获一等奖,15组选手获二等奖。

【全国国防教育特色学校】 3月初,国家教育部公布2017年国防特色教育学校评比结果。经过学校自主申报,省级教育行政部门审核、评比、推荐,国家教育部综合认定,通州高级中学、通州中专荣获“国防教育特色学校”称号。2018年,通州高中常态化开展国防教育活动,广泛宣传国防知识,创设良好的学习氛围。利用班会、国旗下讲话,结合国内外重大时事,对学生进行有国必有防、落后就要挨打的教育;通过“八·一”“九·一八”等纪念日,举办演讲会、报告会、革命歌曲比赛,进行革命传统教育,树立建设强大祖国的信念;定期放映革命战争题材影片,提高国防教育吸引力,增强同学们对国防的感性认识;开展国防知识征文比赛、知识竞赛;抓好每年的新生军训、国防夏令营活动,专题开展国防教育,学校获南通市四星级重点中学军训展演一等奖。通州中专优化国防教育制度建设和学生军训工作,鼓励青年学生应征入伍,积极开展“双拥”工作;将国防教育融入学校的德育模式——“做人教育”实践;学校先后被评为“江苏省全民国防教育先进单位”“全省消防安全示范学校”“南通市国防教育示范学校”“拥军优属先进单位”。

【江苏省健康促进学校金奖】 2月中旬,省教育网公布江苏省健康促进学校金奖名单,通州区姜灶中学和兴仁中学2所学校获金奖。此次评估验收,省专家对每所学校分四个小组进行现场考核,第一小组查看校园环境、厕所卫生、健康宣传;第二小组查看医务室、心理咨询室、食品安全；第三组进行健康测试和查看教学卫生；第四组进行体育测试和查看体育器材。专家们听取学校领导创建工作汇报，审阅各自展示的近50本创建资料，对2所学校的创建成果表示充分肯定。通州区已有6所学校获金奖学校，24所学校获银奖学校，40所学校获铜奖学校。

【第14届省中小学国际交流与协作会议】 11月7—8日，第十四届江苏省中小学校长国际交流与协作会议在南通召开，通州区实验小学和育才中学为本次会议指定的前期考察交流活动参观点。自2005年起，江苏省每年举办一届"江苏中小学校长国际交流与协作会议"，2011年以后，改为一年在境内举办，一年在境外举办。该会议已经逐步成为江苏省基础教育国际合作与交流的重要平台和实施教育国际化战略的重要品牌，是江苏省扩大教育对外开放交流的重要举措。与会的部分来宾参观校园、部分艺术社团展示，与孩子们用英语进行交流，了解学校开设课程、学生数量、上学年龄、兴趣爱好等，在非遗研习所进行深度体验。

【拒绝有偿补课公开承诺活动】 11月24日，区教育局召开会议，专题部署全区教育系统拒绝有偿补课公开承诺活动。会议要求，各学校要全面组织全区教师认真学习文件精神，组织签署《江苏省中小学教师拒绝有偿补课公开承诺书》，确保公开承诺不漏一校、不掉一人。各学校签署的承诺书电子数据被输入省级信息监管平台。对治理有偿补课不力、不上报违规处理结果的学校，将对中小学校长或书记进行问责，并在各类考评中予以一票否决。

【省"金钥匙"科技竞赛团体决赛特等奖】 12月1日，第30届国际科学与和平周全国中小学生（江苏赛区）金钥匙科技竞赛团体总决赛在南京科技馆进行，活动由江苏省教育厅立项，省科协、省文明办、省科技厅主办。经过地区选拔和现场两轮比拼，24名小选手从参赛的35个团队中脱颖而出，参与最后角逐。由通州小学六（5）班的瞿俊哲、实验中学的吴乐涵和通州高级中学的王苳彬组成的通州区代表队，最终获得团体特等奖。此次活动参赛人数创历史新高，达140万人，是全国省级单项竞赛参与人数最多的活动。

学前教育

【概　况】 2018年，全区有幼儿园68所，比上年（下同）增加6所，设教学班701个，增加23个，在园幼儿2.66万人，增加1788人，幼儿园入园率97.9%。

区教育局召开拒绝有偿补课公司承诺活动布置会　　（区教育局 供图）

初等教育

【概　况】 2018年，全区有小学43所，设教学班1099个，增加37个，在校学生5.3万人，增加2375人；有特殊教育学校1所，设教学班14个，在校学生301人，增加50人。小学适龄儿童入学率为100%，年巩固率为100.4%，学生毕业率为100%，小学毕业生升学率为96%。

【梁亮喜获省运会网球比赛冠军】 在2018年江苏第十九届运动会青少年组网球比赛中，通州小学学生梁亮获男子单打比赛第一名，勇夺青少年组男子团体金牌，荣获"竞赛体育未来之星"称号。梁亮7岁开始接触网球，在2017江苏省网球锦标赛青少年组比赛中获第一名。

【江苏省中小学诗歌竞赛"诗歌之星"】 2月上旬，第十一届江苏省中小学诗歌竞赛在南京落下帷幕。区实验小学六（1）班瞿可集在300多名选手中脱颖而出，荣获一等奖并被授予省"诗歌之星"称号，是通州区首个省"诗歌之星"。此次比赛分为两大版块六个项目进行，其中，诗歌知识、诗歌默写、诗歌仿写、诗歌创作、诗歌作文为笔试，诗歌诵读为现场抽签当场背诵。

【"蕊春剪纸"社团亮相南通市少代会】 10月18日，中国少年先锋队南通市第六次代表大会在南通新区学校报告厅举行，实验小学"蕊春剪纸"社团参会。市委书记陆志鹏等领导参观丰富多彩的红领巾小社团活动。在实小"蕊春剪纸"社团展台前，陆志鹏饶有兴趣地聆听讲解和社团情况，和孩子们一起动手，体验趣味剪纸，并勉励学生们热爱学习、勤于思考，培养创新创造的精神。

【"南京理工大学儿童动商研究基地"授牌仪式】 11月5日，"南京理工大学儿童动商研究基地"授牌仪式在通州举行。南京理工大学继续教育学院党委书记、动商研究中心主任王宗平应邀参加活动并授予实验小学"南京理工大学儿童动商研究基地"牌匾。2012年5月14日，王宗平教授首次在《中国体育报》提出

"动商"概念,并于2014年4月在南京理工大学成立国内首个动商研究中心。智商、情商和动商相互支撑、相辅相成,构成人类发展的三个基本素质。

中等教育

【概　况】 2018年,全区有普通高中4所,教学班206个,减少2个,在校生9256人,增加143人;有初级中学25所,教学班505个,增加4个,在校生23233人,增加270人。初中教育年巩固率99.9%,毕业率100%;初中毕业生升学率99.8%。全区参加全市中等学校招生统一考试报名6867人,经南通市教育考试院统一组织,被高一级学校录取6180人,录取率90%。

【"苏教国际杯"省作文大赛(高中组)特等奖】 12月2日,"苏教国际杯"江苏省第十八届中学生作文大赛(高中组)现场决赛评选结果揭晓,平潮高级中学高二(1)班徐骥获特等奖。江苏省中学生作文大赛是经江苏省教育厅批准的十项中小学竞赛活动之一,分高中组和初中组。此次比赛在发布初赛题——《点击》之后,全省约有20万名高中生参加,经过各地评委的严格评审与推荐,选拔出319名决赛选手入围现场决赛。

【中国数学奥林匹克斩获银牌】 11月20日,第34届中国数学奥林匹克(CMO)成绩揭晓,通州高级中学高三(6)班丁家成斩获银牌。比赛于11月12—16日在四川省成都七中举行,来自31个省、市、自治区、中国香港及俄罗斯和新加坡的34个代表队共384名中学生参赛。

职业技术教育

【概　况】 2018年,全区有教育系统办的职业学校1所,行业办的成人中等专业学校2所,成人技术培训学校316所。全区职业学校在职教职工535人,其中专任教师448人,专任教师学历达标率100%。

【江苏省职业学校德育工作先进校】 3月中旬,2015—2017年度江苏省职业学校德育工作先进校评选结果揭晓,通州中专荣获"江苏省职业学校德育工作先进校"称号。通州中专坚持立德树人为根本,精心谋划德育工作,"做人教育"已成为德育特色品牌。

高等教育

【概　况】 2018年,全区参加全国普通高校招生统一考试报名3797人,经省市教育院组织,被高一级学校录取3711人,录取率97.7%。全区成人高校招生报名1039人,增加174人,其中报考高中起点升专科321人,占报名总数的31%;报考专科起点升本科714人,占报名总数67%。全区共有889人录取各类成人高校,录取率为86%。其中高中起点升专科274人,高中起点升本科3人,专科起点升本科612人。

社区教育

【概　况】 10月,通州区接受并通过国家级职业教育和成人教育示范区考核组现场考核验收,承办南通市暨通州区全民终身学习活动周启动仪式,2个全国社区教育课题立项,5个单位在"第六批全国农村优秀学习型组织"评选中获奖。全区有开放大学1所,镇(街道)社区教育中心15所,社区居民学校244个,全国社区教育示范镇(街道)5个,全国学习型乡镇1个,全国城乡社区教育特色学校2所,全国农村优秀学习型部门、企业5个,全国社区教育品牌项目1个,国家、省百姓学习之星各1名;省标准化社区教育中心15个,省标准化居民学校145个,省教育服务"三农"示范基地2个。

【东社镇社区教育中心获全国农村优秀学习型组织】 2月上旬,中国成人教育协会农村成人教育专业委员会、教育部社区教育研究培训中心联合发文《关于公布第五批全国农村优秀学习型组织及开展第六批学习型组织遴选工作的通知》,东社镇社区教育中心获全国农村优秀学习型部门。

2018年,东社镇社区教育中心围绕"发展社区教育,共建美丽东社"社区教育工作思路,坚持学习与执行两手齐抓,组织与阵地双轮驱动,重点与特色两者兼顾,坚守与创新双管齐下,着力践行学习理念,不断探索学习模式,有效构建学习常态,努力打造学习型组织。

教师队伍

【概　况】 2018年,全区中小学有在职教职工10391人,其中小学3143人,初中2775人,高中1316人,职业中学535人,特殊教育学校48人,幼儿园2574人。全年中小学共聘用新教师168名,其中高中师资11名,初中师资16名,职业中学师资2名,小学师资114名,幼儿园师资25名。

【"感动南通"教育人物】 9月,通州高级中学心理健康教育老师蔡志红被评为第九届感动南通教育人物。蔡志红充分发挥教书育人的积极性、创造性,以真心、爱心、责任心上好每一堂心理健康教育课,接待好每一个寻求心理帮助的学生及其家长,积累了许多心理辅导以及咨询的成功案例,赢得学生及家长的高度赞誉,不少学生称她为"改变自己人生"的老师。蔡志红累计开展个别心理咨询超过5000小时,面对学生、家长、社区居民开展心理健康教育宣讲200多场,受益听众超过5万人。

【省"杏坛杯"教学大赛一等奖】 10月23—25日,江苏省第13届"杏坛杯"苏派青年教师课堂教学展评总决赛(小学组)在淮安市实验小学举行。区实验小学黄伟慧获英语组特等奖第一名。此次比赛主题是"涵养基本素质,提升课堂品质",总决赛通过三种形式考察教师的教学水平:一篇主题论文、一份教学设计和一堂主题研究课。研究课禁止使用PPT等多媒体手段和板书贴条等形式。黄伟慧凭借扎实的教学基本功、丰厚的学科教学素养与良好的心态从17个赛区400余名老师中胜出。

【省小学美术青年教师基本功大赛一等奖】 10月16—18日,2018年江苏省小学美术青年教师基本功大赛在镇江举行。历经3天8个单项的激烈角逐，实验小学巫艳秋在众多实力强劲的对手中脱颖而出，荣获一等奖。巫艳秋热衷于书画教学，辅导儿童书画作品曾荣获全国、省、市、区各类奖项，并至英国伦敦、日本丰桥等展出。

【省小学综合实践活动青年教师教学基本功大赛一等奖】 10月17—19日，江苏省小学综合实践活动青年教师教学基本功大赛在常州举行，高新区小学吴林飞获一等奖。大赛自2011年起，每3年举办一轮，由江苏省教育厅主办，江苏省中小学教学研究室承办，是全省规格最高的教学类赛事。本届大赛共有来自全省13个大市的26名优秀选手参加，比赛项目分为理论考试、课例评析、教案设计、课件制作和现场课堂教学。

【省信息化教学能手大赛一等奖】 12月4—7日，2018年"领航杯"江苏省信息化教学能手比赛在镇江举行，通州高级中学袁源和育才中学龚婷婷参赛。两位老师充分利用信息技术辅助教学，课前通过微课视频让学生预习；课中，使用自行搭建的局域网平台，利用IPAD电子书包和纸笔直播平台、SEEWO交互一体机及互联网平台等信息化技术穿插教学全过程，以丰富、个性、多样化的教学特点实现信息技术与学科的深度融合，增强教学内容的趣味性与生动性，最终，袁源获高中数学组一等奖第一名，龚婷婷获初中化学组一等奖。

教育研究

【概　况】 2018年，全区举办"教育名家讲坛""特级教师论坛"、名校长讲坛等活动8场次；到26所学校开展"同研共进"活动，开课60节，讲座20场；全区各中小学幼儿园校长(园长)分两批赴华东师范大学、苏州大学开展研修活动。全区共上传一师一优课661节，其中市优203节、省优7节、部优6节。全区有7人次参加了7项国家级培训，349人次参加67项省级培训，4984人次参加48项市级培训，24320人次参加128项区级培训。此外，9043名中小学幼儿园教师还参加了暑期全员培训。

【区教师发展中心首个"研训指导站"】 4月13日，由通州区教师发展中心教育科研部率先筹建的"研训指导站"在通州区金乐小学成立。区教师发展中心主任陈汉兵要求，教育科研部的研训员要针对金乐小学发展的实际需求，力争用三年的时间，通过示范教学、课堂诊断、专题研讨等多种形式的活动，积极应答学校的各项需求，务求使金乐小学在课堂教学改革、教师队伍建设、德育品牌打造和办学特色彰显上有新的突破。

【第三十期"特级教师论坛"活动】 4月17日，通州区"名师之路"教育科研协会第三十期"特级教师论坛"活动在文山初中举行。"名师之路"教育科研协会会员沈健执教的《伟大的悲剧》教学设计环环相扣，教学节奏明快，充分体现了语文阅读教学的本真要义；李凤执教的《一颗小桃树》重在词语的品析和朗读，既着落于局部文字，又对文本融会贯通，既纵横捭阖，又收放自如。同时，李凤给参加活动的老师带来《文本解读、教学设计和教师专业发展》的精彩讲座。

依法治教

【概　况】 2018年，完成全区中小学章程审核、汇编工作，全区中小学真正做到一校一章程，依法治校工作全市领先。完成区教育局行政权力调整，行政权力由25项调整为23项；"双随机一公开"工作列南通各县(市、区)第一。做好3件次诉讼案件。全区74所中小学全部创建成南通市依法治校示范校，全区市级依法治校示范校创建达标率为100%。

教育督导

【概　况】 4—10月，区政府教育督导委员会组成人员12人次，深入5所学校

通州区召开创建全国中小学校责任督学挂牌督导创新县(市、区)工作汇报会　　(区教育局 供图)

(通州小学、十总中学、姜灶小学、实验小学、金沙小学银河校区)开展“四个一”(吃一顿学生餐,听一节任意课,开一次座谈会,出一张“诊断单”)督导调研活动,进一步加强和基层学校的沟通、联系,掌握教育一线工作动态,提高对教育工作管理的有效性和针对性。12月19日,召开区政府教育督导委员会第四次会议,就如何提高督导水平、提升工作质效进行讨论,并对下阶段工作进行研究部署。16位责任督学逐月开展经常性挂牌督导工作。8月,进行责任督学换届,从到龄离岗的中小学校长中,严格遴选35人聘为第三届责任督学,以确保督导队伍的专业化、执行力和权威性。9月,将责任督学挂牌督导范围延伸到全区各级各类幼儿园,确保所有学段责任督学挂牌督导全覆盖。开展对二甲中学、平潮实验初中、金北学校、川港中学、横港小学等10所学校的素质教育督导考核回访工作,并及时向社会发布回访意见。组织区级层面的《学校章程》建设和“十三五”规划中期达成情况等专项督导工作4次,责任督学开展课堂改革、体育锻炼、艺术教育和课业负担情况等项目的挂牌督导11项,协助对教育热点、难点问题的督导检查5次。2018年,责任督学共提出整改意见1502条。开展《基于地域特色的“若水”督导文化建设理论构建和实践探索》《质量提升,教育督导如何发力?》《以“若水”督导文化建设推动责任督学挂牌督导工作深入开展》等专题研讨活动,指导督学撰写论文及案例36篇,编辑、刊出《通州教育督导》内刊4期。《挂牌督导润教育》一文被教育部督导局编印的《教育督导决策参考》录用。

【“全国中小学校责任督学挂牌督导创新县(市、区)”国家级实地核查】 1月17日,通州区迎来创建“全国中小学校责任督学挂牌督导创新县(市、区)”国家级实地核查。核查组详细查看通州区责任督学挂牌督导工作信息系统,现场观看信息管理平台系统演示,重点查了通州区挂牌督导台账材料,对通州区教育督导工作予以充分肯定。核查组一行先后到金郊初中、石港小学和金沙中学以及区责任督学管理中心,就责任督学挂牌督导工作进行实地核查。 (王亚飞)

2018年通州区各级各类教育事业概况

表10 **单位:人**

项目		编号	学校数(所)	班数(个)	毕业生数	招生数	在校学生数	毕业班学生数	教职工数	
									计	其中:专任教师
基础教育学校	合计	1	141	2525	27335	30918	112333	28844	9856	7830
	高中	2	4	206	3322	3512	9256	2937	1316	1158
	初中	3	25	505	7125	7421	23233	8032	2775	2223
	小学	4	43	1099	7729	9894	52961	8197	3143	2957
	特殊教育学校	5	1	14	10	19	301	12	48	40
	幼儿园	6	68	701	9149	10072	26582	9666	2574	1452
中等职业学校	合计	7	3	95	1224	1106	3359	1172	535	448
	教育部门办职业学校	8	1	79	969	986	2677	905	443	388
	成人中等专业学校(建校、卫校)	9	2	16	255	120	682	267	92	60
成人技术培训学校		10	316	611	15070		13116		758	699

注:初中学校数中含九年一贯制学校2所;小学另有教学点2个。

2018年通州区各幼儿园基本情况一览表

表11 单位：人

单位	编号	学校数（所）	班级（个）合计	托班	小班	中班	大班	在校学生数合计	其中：女	托班	小班	中班	大班	招生数	离园数	教职工合计	其中园长	专任教师	保育员	校舍面积（平方米）	占地面积（平方米）	绿化面积（平方米）	运动场地（平方米）	图书（册）
全区总计	1	68	701	0	233	234	234	26582	12879	0	7956	8960	9666	10072	9149	2574	68	1452	611	251349	437111	104302	148554	330560
局直学校合计	2	4	66	0	25	22	19	2320	1118	0	814	818	688	846	679	184	4	145	14	24645	47988	11213	16170	35200
南通市通州区实验幼儿园	3	1	27	0	10	9	8	860	427	0	317	304	239	317	341	61	1	56	0	5120	9800	1500	5000	19500
南通市通州区通州幼儿园	4	1	15	0	5	5	5	602	304	0	175	200	227	191	210	39	1	31	2	7718	20462	5080	4200	8200
南通市通州区金桥幼儿园	5	1	13	0	5	4	4	508	233	0	180	185	143	180	114	34	1	32	0	5362	7848	2548	2227	3000
南通市通州区虹西幼儿园	6	1	11	0	5	4	2	350	154	0	142	129	79	158	14	50	1	26	12	6445	9878	2085	4743	4500
各镇学校合计	7	64	635	0	208	212	215	24262	11761	0	7142	8142	8978	9226	8470	2390	64	1307	597	226704	389123	93089	132384	295360
一、通中片	8	29	277	0	94	92	91	10296	5041	0	3110	3455	3731	3851	3487	1068	29	564	276	95726	165786	41021	57703	121827
1.金沙街道	9	8	74	0	25	23	26	2938	1444	0	917	920	1101	998	1164	284	8	152	78	19539	29199	4556	9100	28556
南通市通州区城区幼儿园	10	1	19	0	6	6	7	775	382	0	216	252	307	216	325	84	1	40	30	4188	5860	980	1700	6500
南通市通州区城北幼儿园	11	1	6	0	2	2	2	286	153	0	87	100	99	115	148	26	1	12	6	2325	3553	400	1200	3250
南通市通州区城东幼儿园	12	1	11	0	4	3	4	371	174	0	141	93	137	153	127	40	1	24	11	5661	9019	1472	3029	3646
南通市通州区金沙小学附属幼儿园	13	1	6	0	2	2	2	223	119	0	61	68	94	61	107	21	1	14	6	698	800	66	100	700
南通市通州区蓓蕾幼儿园	14	1	9	0	3	3	3	421	202	0	137	134	150	155	150	37	1	18	9	1850	3000	600	500	4500
南通市通州区金西幼儿园	15	1	11	0	4	3	4	477	231	0	163	142	172	168	175	34	1	20	7	1947	1998	294	791	5000
南通市通州区金余幼儿园	16	1	6	0	2	2	2	180	81	0	46	60	74	46	86	22	1	12	4	2158	2727	378	1280	4600
南通市通州区春晖幼儿园	17	1	6	0	2	2	2	205	102	0	66	71	68	84	46	20	1	12	5	712	2242	366	500	360
2.金新街道	18	11	103	0	37	35	31	3584	1735	0	1181	1200	1203	1498	1025	405	11	204	113	36885	65627	17581	20783	38415
南通高新区幼儿园	19	1	18	0	6	6	6	655	329	0	192	218	245	201	179	66	1	38	18	4860	9518	2400	3520	8050
南通市通州区育才幼儿园	20	1	15	0	5	5	5	588	271	0	208	178	202	208	168	59	1	32	15	6300	8900	1500	1100	8000
南通市通州区金泰幼儿园	21	1	14	0	5	4	5	510	259	0	166	163	181	166	232	56	1	31	14	6467	10340	4695	2948	6415
南通高新区城西幼儿园	22	1	6	0	3	2	1	195	79	0	101	61	33	195	0	29	1	11	7	6281	10688	2351	3647	2000
南通市通州区皇都宝贝幼儿园	23	1	13	0	4	4	5	408	185	0	103	130	175	177	175	49	1	25	14	2725	5200	800	1800	3500
南通市通州区艺术幼儿园	24	1	9	0	3	3	3	337	165	0	93	107	137	118	85	41	1	20	10	3287	6381	2995	2058	4550
南通市通州区阳光幼儿园	25	1	12	0	3	5	4	522	258	0	121	219	182	192	147	40	2	15	17	2414	3300	850	2000	3000

续表11

单位	编号	学校数(所)	班级(个)					在校学生数						招生数	离园数	教职工合计	其中			校舍面积(平方米)	占地面积(平方米)	绿化面积(平方米)	运动场地(平方米)	图书(册)
			合计	托班	小班	中班	大班	合计	其中:女	托班	小班	中班	大班				园长	专任教师	保育员					
南通市通州区正场幼儿园	26	1	0	0	0	0	0	0	0	0	0	0	0	0	29	0	0	0	0	820	2500	350	1330	100
南通市通州区东大幼儿园	27	1	6	0	3	2	1	118	57	0	51	38	29	57	10	27	1	14	7	2090	1800	320	800	1200
南通市通州区南山湖幼儿园	28	1	7	0	4	3	0	168	92	0	101	67	0	101	0	27	1	14	7	540	4000	720	980	1500
南通市通州区启迪幼儿园	29	1	3	0	1	1	1	83	40	0	45	19	19	83	0	11	1	4	4	1100	3000	600	600	100
3.西亭镇	30	2	18	0	6	6	6	683	397	0	179	250	254	322	192	62	2	39	12	7241	10620	2333	3460	9380
南通市通州区西亭幼儿园	31	1	12	0	4	4	4	523	268	0	131	198	194	274	159	46	1	24	12	5902	6000	1913	2260	6500
南通市通州区西亭镇童乐幼儿园	32	1	6	0	2	2	2	160	129	0	48	52	60	48	33	16	1	15	0	1339	4620	420	1200	2880
4.二甲镇	33	3	36	0	11	13	12	1355	623	0	334	491	530	449	468	141	3	72	36	16106	29342	7095	10254	21700
南通市通州区亚东幼儿园	34	1	11	0	3	4	4	403	162	0	88	140	175	88	114	39	1	21	10	5850	16702	5160	5060	8000
南通市通州区余北幼儿园	35	1	15	0	5	5	5	532	269	0	149	174	209	222	199	65	1	30	17	7084	7840	1035	3100	6500
南通市通州区袁灶幼儿园	36	1	10	0	3	4	3	420	192	0	97	177	146	139	155	37	1	21	9	3172	4800	900	2094	7200
5.东社镇	37	5	46	0	15	15	16	1736	842	0	499	594	643	584	638	176	5	97	37	15955	30998	9456	14106	23776
南通市通州区东社幼儿园	38	1	9	0	3	3	3	396	196	0	125	123	148	168	150	33	1	22	5	2790	2900	1220	700	3980
南通市通州区唐洪幼儿园	39	1	18	0	6	6	6	649	316	0	171	248	230	171	240	78	1	38	18	6709	15948	6026	8926	11300
南通市通州区忠义幼儿园	40	1	9	0	3	3	3	356	176	0	107	115	134	149	122	31	1	18	9	2300	4800	1080	1980	4180
南通市通州区五甲幼儿园	41	1	6	0	2	2	2	190	86	0	53	64	73	53	80	24	1	13	5	2580	3580	730	1500	4050
南通市通州区庆丰幼儿园	42	1	4	0	1	1	2	145	68	0	43	44	58	43	46	10	1	6	0	1576	3770	400	1000	266
二、通北片	43	13	101	0	36	32	33	3973	1918	0	1244	1327	1402	1345	1417	352	13	202	77	44194	92669	23415	32142	52110
6.石港镇	44	3	23	0	8	7	8	906	445	0	266	304	336	266	370	71	3	44	11	9342	22183	5151	9378	13000
南通市通州区石港幼儿园	45	1	16	0	5	5	6	709	352	0	191	246	272	191	307	50	1	30	11	6255	13300	3150	5383	8000
南通市通州区石港镇五窑幼儿园	46	1	3	0	1	1	1	72	31	0	19	28	25	19	24	9	1	6	0	1887	3883	1201	1995	3500
南通市通州区石港镇石南幼儿园	47	1	4	0	2	1	1	125	62	0	56	30	39	56	39	12	1	8	0	1200	5000	800	2000	1500
7.十总镇	48	4	28	0	10	9	9	993	467	0	298	344	351	301	401	116	4	58	29	12185	25398	4225	13365	18200
南通市通州区十总幼儿园	49	1	7	0	3	2	2	271	128	0	88	96	87	88	97	29	1	15	7	2905	4500	890	2000	5600
南通市通州区二窎幼儿园	50	1	6	0	2	2	2	210	102	0	60	70	80	60	81	26	1	13	6	2197	4646	1000	1500	4200
南通市通州区骑岸幼儿园	51	1	9	0	3	3	3	312	149	0	90	104	118	93	143	36	1	18	10	4943	12207	1860	8435	5100

续表11

单位	编号	学校数(所)	班级(个)					在校学生数						招生数	离园数	教职工合计	其中			校舍面积(平方米)	占地面积(平方米)	绿化面积(平方米)	运动场地(平方米)	图书(册)
			合计	托班	小班	中班	大班	合计	其中:女	托班	小班	中班	大班				园长	专任教师	保育员					
南通市通州区五总幼儿园	52	1	6	0	2	2	2	200	88	0	60	74	66	60	80	25	1	12	6	2140	4044	474	1430	3300
8.兴仁镇	53	5	37	0	13	12	12	1522	726	0	484	507	531	484	487	120	5	73	25	18887	35089	9140	6149	16130
南通市通州区兴仁镇中心幼儿园	54	1	16	0	4	6	6	698	316	0	157	265	276	157	204	50	1	28	12	5200	9900	1700	2960	8000
南通市通州区兴仁镇小花蕾幼儿园	55	1	6	0	2	2	2	204	104	0	66	70	68	66	86	18	1	10	6	2270	9400	5000	1200	5000
南通市通州区兴仁幼儿园	56	1	3	0	3	0	0	114	49	0	114	0	0	114	0	9	1	5	3	6930	8885	1710	300	500
南通市通州区四安幼儿园	57	1	9	0	3	3	3	419	208	0	127	143	149	127	171	33	1	24	3	2467	4056	600	1623	1630
南通市通州区韬奋幼儿园	58	1	3	0	1	1	1	87	49	0	20	29	38	20	26	10	1	6	1	2020	2848	130		1000
9.兴东街道	59	1	13	0	5	4	4	552	280	0	196	172	184	294	159	45	1	27	12	3780	10000	4900	3250	4780
南通市通州区兴东幼儿园	60	1	13	0	5	4	4	552	280	0	196	172	184	294	159	45	1	27	12	3780	10000	4900	3250	4780
三、通西片	61	10	101	0	33	34	34	3856	1863	0	1183	1284	1389	1399	1471	379	10	212	90	33312	64617	15261	18804	47489
10.平潮镇	62	4	52	0	17	17	18	1915	902	0	607	606	702	627	815	191	4	110	46	15411	32484	8029	7702	19369
南通市通州区平潮幼儿园	63	1	30	0	10	10	10	1072	537	0	351	330	391	351	429	106	1	63	27	9436	19318	5450	3316	12650
南通市通州区新坝幼儿园	64	1	9	0	3	3	3	332	156	0	88	113	131	88	159	36	1	18	9	2300	2811	190	821	1686
南通市通州区平东幼儿园	65	1	7	0	2	2	3	278	120	0	76	93	109	91	116	23	1	15	3	1700	2280	389	1165	2850
南通市通州区赵甸幼儿园	66	1	6	0	2	2	2	233	89	0	92	70	71	97	111	26	1	14	7	1975	8075	2000	2400	2183
11.五接镇	67	3	24	0	8	8	8	846	431	0	255	276	315	291	348	93	3	50	19	11155	18401	2720	6404	14180
南通市通州区五接幼儿园	68	1	13	0	4	4	5	505	259	0	150	160	195	150	224	43	1	26	8	2593	3500	570	1700	7100
南通市通州区五接镇李港幼儿园	69	1	8	0	2	3	3	280	144	0	65	95	120	80	124	34	1	17	8	3144	5016	650	1804	5080
南通市通州滨江新区幼儿园	70	1	3	0	2	1	0	61	28	0	40	21	0	61	0	16	1	7	3	5418	9885	1500	2900	2000
12.刘桥镇	71	3	25	0	8	9	8	1095	530	0	321	402	372	481	308	95	3	52	25	6746	13732	4512	4699	13940
南通市通州区刘桥幼儿园	72	1	11	0	4	4	3	510	236	0	166	194	150	326	131	41	1	22	11	2900	4919	1030	2000	6500
南通市通州区新联幼儿园	73	1	8	0	2	3	3	380	181	0	96	140	144	96	121	31	1	18	8	2402	5168	1670	1768	5000
南通市通州区英雄幼儿园	74	1	6	0	2	2	2	205	113	0	59	68	78	59	56	23	1	12	6	1444	3645	1812	931	2440
四、通南片	75	12	156	0	45	54	57	6137	2939	0	1605	2076	2456	2631	2095	591	12	329	154	53472	66051	13392	23735	73934
13.张芝山镇	76	5	54	0	16	18	20	2300	1131	0	642	752	906	937	772	194	5	110	53	15088	23710	3576	8835	21536
南通市通州区张芝山幼儿园	77	1	16	0	5	5	6	765	381	0	225	236	304	374	220	56	1	32	16	3253	5423	880	2174	5655

续表11

单位	编号	学校数(所)	班级(个)					在校学生数						招生数	离园数	教职工合计	其中			校舍面积(平方米)	占地面积(平方米)	绿化面积(平方米)	运动场地(平方米)	图书(册)
			合计	托班	小班	中班	大班	合计	其中:女	托班	小班	中班	大班				园长	专任教师	保育员					
南通市通州区张芝山镇星河幼儿园	78	1	6	0	2	2	2	194	93	0	60	65	69	72	84	29	1	14	7	3780	3700	460	1749	2821
南通市通州区红星幼儿园	79	1	14	0	4	5	5	656	316	0	189	222	245	245	228	41	1	27	12	3300	5956	1123	1533	6300
南通市通州区南兴幼儿园	80	1	8	0	2	3	3	330	162	0	78	124	128	127	119	30	1	16	8	1805	2801	403	1209	3200
南通市通州区高桥幼儿园	81	1	10	0	3	3	4	355	179	0	90	105	160	119	121	38	1	21	10	2950	5830	710	2170	3560
14.川姜镇	82	5	76	0	21	27	28	2916	1369	0	705	1014	1197	1400	1021	299	5	165	76	28156	29650	7100	9620	41296
南通市通州区川港幼儿园	83	1	20	0	4	8	8	728	337	0	120	279	329	120	399	70	1	43	20	7040	6320	1000	2820	13300
南通市通州区家纺城幼儿园	84	1	9	0	3	3	3	319	152	0	87	101	131	112	147	40	1	22	9	3240	3600	800	1600	5300
南通市通州区大地幼儿园	85	1	17	0	6	5	6	595	281	0	180	175	240	595	0	69	1	37	17	7900	7730	3300	3200	10696
南通市通州区姜灶幼儿园	86	1	17	0	5	6	6	818	390	0	231	287	300	396	475	68	1	36	17	4650	4500	1000	1000	6000
南通市通州区姜灶花苑幼儿园	87	1	13	0	3	5	5	456	209	0	87	172	197	177	0	52	1	27	13	5326	7500	1000	1000	6000
15.先锋街道	88	2	26	0	8	9	9	921	439	0	258	310	353	294	302	98	2	54	25	10228	12691	2716	5280	11102
南通市通州区先锋幼儿园	89	1	18	0	6	6	6	610	287	0	185	199	226	198	175	67	1	38	18	8728	9191	2116	4180	6102
南通市通州区志新幼儿园	90	1	8	0	2	3	3	311	152	0	73	111	127	96	127	31	1	16	7	1500	3500	600	1100	5000

2018年通州区各小学基本情况一览表

表12

单位:人

单位	编号	学校数(所)	班数(个)							在校学生数								毕业生数	招生数	教职工合计	专任教师		学校占地面积(平方米)	校舍建筑总面积(平方米)	图书(册)	教学用计算机(台)	固定资产总额(万元)	教学仪器值(万元)
			合计	一年级	二年级	三年级	四年级	五年级	六年级	合计	其中:女	一年级	二年级	三年级	四年级	五年级	六年级				小计	其中:女						
全区总计	1	43	1099	203	191	188	185	161	171	52961	25580	9894	9493	9207	8854	7316	8197	7729	9894	3143	2957	2213	1329540	518633	1584209	6900	52879	5969
局直学校合计	2	3	198	40	36	33	33	27	29	10420	5098	2052	1886	1814	1733	1348	1587	1509	2052	593	565	452	190278	101128	290665	1290	12714	2478
南通市通州区实验小学	3	1	90	20	16	13	15	13	13	4608	2226	996	822	729	780	592	689	722	996	272	263	210	91253	44833	148612	530	5431	1908
南通市通州区通州小学	4	1	64	12	12	12	10	8	10	3374	1662	601	634	657	543	405	534	641	601	196	186	154	54237	33293	99830	550	1399	318
南通高新区小学	5	1	44	8	8	8	8	6	6	2438	1210	455	430	428	410	351	364	146	455	125	116	88	44788	23002	42223	210	5883	251
各镇学校合计	6	40	901	163	155	155	152	134	142	42541	20482	7842	7607	7393	7121	5968	6610	6220	7842	2550	2392	1761	1139262	417505	1293544	5610	40165	3491
一、通中片	7	14	287	56	49	50	47	39	46	13102	6394	2579	2273	2332	2179	1664	2075	1972	2579	835	803	603	369498	143896	377283	2085	13690	1155

续表12

单　位	编号	学校数(所)	班数(个)							在校学生数								毕业生数	招生数	教职工合计	专任教师		学校占地面积(平方米)	校舍建筑总面积(平方米)	图书(册)	教学用计算机(台)	固定资产总额(万元)	教学仪器值(万元)
			合计	一年级	二年级	三年级	四年级	五年级	六年级	合计	其中:女	一年级	二年级	三年级	四年级	五年级	六年级				小计	其中:女						
1.金沙街道	8	3	83	18	13	15	14	10	13	3867	1809	832	624	683	663	446	619	571	832	258	260	201	113303	58120	97840	713	2602	311
南通市通州区金沙小学	9	1	47	11	7	8	8	6	7	2528	1221	538	384	458	446	293	409	409	538	172	163	129	88540	48920	76500	617	1862	240
南通市通州区金余小学	10	1	10	2	1	2	2	1	2	261	131	49	45	46	42	30	49	50	49	35	31	23	9445	4955	13840	58	556	41
南通市通州区金北学校(小学部)	11	0	15	3	3	3	2	2	2	734	337	153	156	126	114	90	95	72	153	0	38	27	0	0	0	0	0	0
南通市通州区英才小学(民办)	12	1	11	2	2	2	2	1	2	344	120	92	39	53	61	33	66	40	92	51	28	22	15318	4245	7500	38	184	30
2.金新街道	13	3	63	14	12	11	10	8	8	3450	1648	740	661	655	553	428	413	367	740	172	147	121	83126	32733	94681	434	4829	189
南通市通州区金乐小学	14	1	37	8	7	7	6	5	4	2131	1019	430	404	428	339	279	251	185	430	94	84	71	52732	22337	54936	247	3178	93
南通市通州区张謇学校	15	1	15	3	3	2	2	2	3	701	324	136	146	117	109	94	99	90	136	46	37	30	20749	7027	21100	106	993	71
南通市通州区正场小学	16	1	11	3	2	2	2	1	1	618	305	174	111	110	105	55	63	92	174	32	26	20	9645	3369	18645	81	658	25
3.西亭镇	17	1	27	5	5	5	4	3	5	996	504	177	181	185	161	112	180	165	177	92	76	55	40828	12413	44394	191	1652	141
南通市通州区西亭小学	18	1	19	3	3	3	4	3	3	826	427	139	142	136	161	112	136	117	139	60	51	38	23858	6803	33102	116	1203	104
南通市通州区纱场小学	19	0	4	1	1	1	0	0	1	58	24	16	17	10	0	0	15	19	16	19	13	9	10666	4250	4232	55	209	19
南通市通州区亭西小学	20	0	4	1	1	1	0	0	1	112	53	22	22	39	0	0	29	29	22	13	12	8	6304	1360	7060	20	241	18
4.二甲镇	21	3	54	9	9	9	9	9	9	2571	1326	430	440	441	429	364	467	453	430	172	159	117	67205	18395	84598	396	1817	329
南通市理治小学	22	1	24	4	4	4	4	4	4	1168	622	178	184	207	203	178	218	212	178	76	72	56	30015	8202	38480	185	725	142
南通市通州区余北小学	23	1	12	2	2	2	2	2	2	475	223	76	84	79	90	69	77	82	76	38	30	22	15800	4087	16470	61	423	103
南通市通州区袁灶小学	24	1	18	3	3	3	3	3	3	928	481	176	172	155	136	117	172	159	176	58	57	39	21390	6106	29648	150	670	84
5.东社镇	25	4	60	10	10	10	10	9	11	2218	1107	400	367	368	373	314	396	416	400	141	161	109	65036	22235	55770	351	2790	185
南通市通州区东社学校(小学部)	26	0	14	2	2	2	3	2	3	655	305	123	99	99	130	85	119	104	123	0	37	23	0	0	0	0	0	0
南通市通州区唐洪小学	27	1	12	2	2	2	2	2	2	451	229	83	87	80	67	59	75	77	83	38	33	26	12683	4868	13540	70	301	47
南通市通州区忠义小学	28	1	12	2	2	2	2	2	2	465	243	77	75	81	71	79	82	107	77	39	32	20	25346	7028	16866	92	610	40
南通市通州区五甲小学	29	1	12	2	2	2	2	2	2	427	222	83	70	58	70	69	77	74	83	34	32	20	11811	6017	16618	93	989	52
南通市通州区庆丰小学	30	1	10	2	2	2	1	1	2	220	108	34	36	50	35	22	43	54	34	30	27	20	15196	4322	8746	96	890	46
二、通北片	31	11	193	34	33	33	34	28	31	8166	3977	1534	1507	1434	1364	1061	1266	1240	1534	617	546	365	267708	93127	254727	1065	10899	850
6.石港镇	32	3	41	7	7	7	7	6	7	1531	772	258	287	269	268	201	248	280	258	149	126	78	57994	21656	61066	268	1875	317
南通市通州区石港小学	33	1	29	5	5	5	5	4	5	1251	628	227	232	224	219	161	188	206	227	95	83	56	35087	14232	46104	150	1043	251

续表12

单位	编号	学校数(所)	班数(个)							在校学生数								毕业生数	招生数	教职工合计	专任教师		学校占地面积(平方米)	校舍建筑总面积(平方米)	图书(册)	教学用计算机(台)	固定资产总额(万元)	教学仪器值(万元)
			合计	一年级	二年级	三年级	四年级	五年级	六年级	合计	其中:女	一年级	二年级	三年级	四年级	五年级	六年级				小计	其中:女						
南通市通州区五窑小学	34	1	6	1	1	1	1	1	1	133	72	10	26	13	26	23	35	35	10	26	20	11	12340	4438	8362	68	477	42
南通市通州区石南小学	35	1	6	1	1	1	1	1	1	147	72	21	29	32	23	17	25	39	21	28	23	11	10567	2986	6600	50	355	24
7.十总镇	36	4	47	8	8	8	8	7	8	1716	834	320	306	291	288	220	291	309	320	149	127	87	69561	22945	59240	272	2485	153
南通市通州区十总小学	37	1	18	3	3	3	3	3	3	708	347	127	122	119	110	102	128	128	127	47	40	28	20493	9362	22802	90	1066	35
南通市通州区二窎小学	38	1	11	2	2	2	2	1	2	387	175	74	72	69	74	40	58	67	74	28	24	16	15997	4175	11842	54	353	47
南通市通州区骑岸小学	39	1	12	2	2	2	2	2	2	410	199	73	81	70	61	49	76	79	73	47	39	31	20646	5708	17080	70	837	45
南通市通州区五总小学	40	1	6	1	1	1	1	1	1	211	113	46	31	33	43	29	29	35	46	27	24	12	12425	3700	7516	58	229	26
8.兴仁镇	41	3	82	15	14	14	15	12	12	4017	1926	790	755	711	653	524	584	507	790	255	233	161	107588	39372	102096	389	5153	278
南通市通州区兴仁小学	42	1	38	7	7	7	7	5	5	2130	993	425	427	387	334	278	279	246	425	118	115	84	37301	18922	38302	199	3414	108
南通市通州区横港小学	43	1	13	2	2	2	3	2	2	410	212	57	74	75	74	67	63	69	57	52	38	26	41296	11110	18940	52	551	70
南通市韬奋小学	44	1	31	6	5	5	5	5	5	1477	721	308	254	249	245	179	242	192	308	85	80	51	28991	9340	44854	138	1188	100
9.兴东街道	45	1	23	4	4	4	4	3	4	902	445	166	159	163	155	116	143	144	166	64	60	39	32565	9154	32325	136	1386	102
南通市通州区兴东小学	46	1	23	4	4	4	4	3	4	902	445	166	159	163	155	116	143	144	166	64	60	39	32565	9154	32325	136	1386	102
三、通西片	47	9	207	34	34	35	36	34	34	9011	4387	1606	1512	1513	1576	1328	1476	1487	1606	556	530	406	244043	79053	311335	1192	7580	782
10.平潮镇	48	4	110	18	18	19	19	18	18	5195	2544	914	877	880	893	748	883	849	914	302	288	231	143149	42613	167138	560	4183	447
南通市通州区平潮小学	49	1	52	8	8	9	9	9	9	2818	1371	466	466	481	466	417	522	452	466	154	149	125	66875	15235	94658	296	2229	224
南通市通州区新坝小学	50	1	24	4	4	4	4	4	4	1100	527	201	190	177	205	159	168	180	201	58	57	47	43418	14857	32160	108	603	89
南通市通州区平东小学	51	1	22	4	4	4	4	3	3	845	427	157	142	156	152	116	122	126	157	54	49	38	19463	6565	25670	100	580	90
南通市通州区赵甸小学	52	1	12	2	2	2	2	2	2	432	219	90	79	66	70	56	71	91	90	36	33	21	13393	5956	14650	56	771	43
11.五接镇	53	2	42	7	7	7	7	7	7	1563	744	280	258	249	265	255	256	288	280	88	83	62	40747	13827	60242	232	954	176
南通市通州区五接小学	54	1	24	4	4	4	4	4	4	913	453	160	158	147	163	144	141	150	160	51	48	36	22360	7480	32928	122	448	87
南通市通州区李港小学	55	1	18	3	3	3	3	3	3	650	291	120	100	102	102	111	115	138	120	37	35	26	18387	6347	27314	110	506	89
12.刘桥镇	56	3	55	9	9	9	10	9	9	2253	1099	412	377	384	418	325	337	350	412	166	159	113	60147	22613	83955	400	2443	159
南通市通州区刘桥小学	57	1	24	4	4	4	4	4	4	1164	573	233	199	190	212	157	173	164	233	74	73	57	25533	10259	41172	156	1022	10
南通市通州区英雄小学	58	1	13	2	2	2	3	2	2	409	193	70	63	80	90	51	55	62	70	40	36	24	18066	6146	15785	116	641	68
南通市通州区新联小学	59	1	18	3	3	3	3	3	3	680	333	109	115	114	116	117	109	124	109	52	50	32	16548	6208	26998	128	780	81
四、通南片	60	6	214	39	39	37	35	33	31	12262	5724	2123	2315	2114	2002	1915	1793	1521	2123	542	513	387	258013	101429	350199	1268	7996	703

续表12

单位	编号	学校数(所)	班数(个)							在校学生数								毕业生数	招生数	教职工合计	专任教师		学校占地面积(平方米)	校舍建筑总面积(平方米)	图书(册)	教学用计算机(台)	固定资产总额(万元)	教学仪器值(万元)
			合计	一年级	二年级	三年级	四年级	五年级	六年级	合计	其中:女	一年级	二年级	三年级	四年级	五年级	六年级				小计	其中:女						
13.张芝山镇	61	2	57	11	10	9	9	9	9	3106	1496	596	577	511	469	479	474	374	596	150	135	112	97026	34252	93939	329	1906	182
南通市锡通园区小学	62	1	41	7	7	6	7	7	7	2225	1049	353	400	343	359	382	388	277	353	113	104	90	76578	27251	67500	241	1177	128
南通市通州区南兴小学	63	1	16	4	3	3	2	2	2	881	447	243	177	168	110	97	86	97	243	37	31	22	20448	7001	26439	88	729	54
14.川姜镇	64	3	121	21	22	22	20	19	17	7163	3304	1133	1317	1273	1228	1150	1062	926	1133	289	279	200	121286	43263	196470	707	4944	404
南通市通州区川港小学	65	1	38	5	5	8	7	7	6	2309	1104	276	293	465	449	440	386	309	276	90	87	68	29591	19018	68670	247	1241	191
南通市通州区姜灶小学	66	1	40	7	7	7	7	6	6	2251	1072	339	397	397	392	363	363	336	339	108	104	76	53000	10853	69200	250	1548	128
南通市通州区家纺城小学	67	1	43	9	10	7	6	6	5	2603	1128	518	627	411	387	347	313	281	518	91	88	56	38695	13392	58600	210	2154	85
15.先锋街道	68	1	36	7	7	6	6	5	5	1993	924	394	421	330	305	286	257	221	394	103	99	75	39701	23914	59790	232	1147	117
南通市通州区先锋小学	69	1	36	7	7	6	6	5	5	1993	924	394	421	330	305	286	257	221	394	103	99	75	39701	23914	59790	232	1147	117

注:凡学校数中为“〇”的是教学点

2018年通州区各初中基本情况一览表

表13　　　　单位:人

单位	编号	学校数(所)	班数(个)				在校学生数					毕业生数	招生数	教职工合计	专任教师		学校占地面积(平方米)	校舍建筑总面积(平方米)	图书(册)	教学用计算机(台)	固定资产总额(万元)	教学仪器值(万元)
			合计	一年级	二年级	三年级	合计	其中:女	一年级	二年级	三年级				小计	其中:女						
全区总计	1	25	505	164	170	171	23233	11263	7421	7780	8032	7125	7421	2775	2223	1282	1174518	496751	1230384	4971	66687	6440
局直学校合计	2	10	284	89	97	98	13349	6445	4163	4480	4706	4141	4163	1557	1299	742	672599	271204	747205	2774	39739	4173
南通市通州区育才中学	3	1	51	17	17	17	2711	1331	832	873	1006	857	832	236	222	143	57482	38169	122000	472	2068	305
南通市通州区实验中学	4	1	53	15	18	20	2403	1187	749	789	865	711	749	273	242	150	91559	35947	119777	490	3137	1016
南通市通州区二甲中学	5	1	18	5	6	7	657	323	201	200	256	260	201	104	84	42	66793	33322	57912	114	3277	335
南通市通州区二窎中学	6	1	12	4	4	4	488	218	155	172	161	130	155	64	45	21	51753	17418	31294	99	2031	116
南通市通州区石港中学	7	1	15	5	5	5	675	340	252	204	219	206	252	129	91	35	82465	29733	49100	290	3310	325
南通市通州区刘桥中学	8	1	15	5	5	5	631	301	201	208	222	195	201	110	77	40	55621	27065	64630	310	3272	202
南通市通州区平潮实验初中	9	1	46	14	15	17	2318	1136	682	807	829	793	682	228	209	117	77036	24957	150000	388	15527	1001
南通市通州区兴仁中学	10	1	24	8	8	8	990	476	339	323	328	317	339	156	115	75	65700	20662	44390	222	2142	236
南通市通州区姜灶中学	11	1	25	8	10	7	1282	583	395	480	407	331	395	123	110	60	66800	24048	60000	220	3157	298

续表13

单位	编号	学校数(所)	班数(个)				在校学生数					毕业生数	招生数	教职工合计	专任教师		学校占地面积(平方米)	校舍建筑总面积(平方米)	图书(册)	教学用计算机(台)	固定资产总额(万元)	教学仪器值(万元)
			合计	一年级	二年级	三年级	合计	其中:女	一年级	二年级	三年级				小计	其中:女						
南通市通州区通海中学	12	1	25	8	9	8	1194	550	357	424	413	341	357	134	104	59	57390	19883	48102	169	1818	340
各镇学校合计	13	15	221	75	73	73	9884	4818	3258	3300	3326	2984	3258	1218	924	540	501919	225547	483179	2197	26948	2266
一、通中片	14	7	127	44	40	43	5832	2892	1907	1894	2031	1723	1907	688	526	310	288405	143924	283711	1379	18306	1617
1.金沙街道	15	2	66	23	20	23	3346	1663	1068	1066	1212	1006	1068	352	279	179	115911	66500	161402	805	13530	1030
南通市通州区金郊初级中学	16	1	54	19	16	19	2821	1420	905	871	1045	882	905	239	216	144	75000	43828	120000	665	12500	760
南通市通州区金北学校(中学部)	17	1	12	4	4	4	525	243	163	195	167	124	163	113	63	35	40911	22672	41402	140	1030	270
2.金新街道	18	1	21	7	7	7	1015	491	331	358	326	253	331	76	65	39	70447	32918	22046	130	738	154
南通市通州区文山初级中学	19	1	21	7	7	7	1015	491	331	358	326	253	331	76	65	39	70447	32918	22046	130	738	154
3.西亭镇	20	1	12	4	4	4	436	219	128	154	154	157	128	71	61	24	30580	16600	26484	100	1287	121
南通市通州区西亭初级中学	21	1	12	4	4	4	436	219	128	154	154	157	128	71	61	24	30579.69	16600	26484	100	1287	121
4.二甲镇	22	1	13	5	4	4	415	211	164	127	124	130	164	54	49	32	27028	7015	20502	114	822	83
南通市通州区袁灶初级中学	23	1	13	5	4	4	415	211	164	127	124	130	164	54	49	32	27028	7015	20502	114	822	83
5.东社镇	24	2	15	5	5	5	620	308	216	189	215	177	216	135	72	36	44439	20891	53277	230	1928	230
南通市通州区东社学校(中学部)	25	1	9	3	3	3	341	161	119	103	119	110	119	99	44	20	31364	14760	40394	160	1628	163
南通市通州区杨港初级中学	26	1	6	2	2	2	279	147	97	86	96	67	97	36	28	16	13075	6131	12883	70	301	67
二、通北片	27	3	34	11	12	11	1504	730	475	526	503	501	475	197	142	77	69586	31240	88279	320	3494	216
7.十总镇	28	2	11	4	4	3	432	202	150	151	131	147	150	86	51	25	38256	15358	34706	160	1270	88
南通市通州区十总中学	29	1	8	3	3	2	329	156	116	112	101	101	116	50	32	18	25672	10685	26686	106	845	31
南通市通州区骑岸初级中学	30	1	3	1	1	1	103	46	34	39	30	46	34	36	19	7	12584	4673	8020	54	425	57
8.兴仁镇	31	1	23	7	8	8	1072	528	325	375	372	354	325	111	91	52	31330	15882	53573	160	2224	128
南通市通州区四安中学	32	1	23	7	8	8	1072	528	325	375	372	354	325	111	91	52	31330	15882	53573	160	2224	128
三、通西片	33	3	33	11	12	10	1242	607	431	450	361	365	431	173	128	73	84288	32695	56469	203	2688	184
10.平潮镇	34	2	25	9	9	7	933	459	346	327	260	286	346	124	85	52	58876	23637	37191	146	2100	118
南通市通州区平潮初级中学	35	1	13	5	5	3	512	257	199	190	123	162	199	80	48	36	41493	11277	20496	76	1063	57
南通市通州区新坝初级中学	36	1	12	4	4	4	421	202	147	137	137	124	147	44	37	16	17383	12360	16695	70	1037	61
12.刘桥镇	37	1	8	2	3	3	309	148	85	123	101	79	85	49	43	21	25412	9058	19278	57	588	66

续表13

单　位	编号	学校数（所）	班数（个）				在校学生数					毕业生数	招生数	教职工合计	专任教师		学校占地面积（平方米）	校舍建筑总面积（平方米）	图书（册）	教学用计算机（台）	固定资产总额（万元）	教学仪器值（万元）
			合计	一年级	二年级	三年级	合计	其中：女	一年级	二年级	三年级				小计	其中：女						
南通市通州区新联中学	38	1	8	2	3	3	309	148	85	123	101	79	85	49	43	21	25412	9058	19278	57	588	66
四、通南片	39	2	27	9	9	9	1306	589	445	430	431	395	445	160	128	80	59640	17688	54720	295	2460	248
14.川姜镇	40	1	15	5	5	5	753	360	241	253	259	236	241	87	70	45	24012	11905	32560	205	1162	155
南通市通州区川港中学	41	1	15	5	5	5	753	360	241	253	259	236	241	87	70	45	24012	11905	32560	205	1162	155
15.先锋街道	42	1	12	4	4	4	553	229	204	177	172	159	204	73	58	35	35628	5783	22160	90	1298	93
南通市通州区先锋初级中学	43	1	12	4	4	4	553	229	204	177	172	159	204	73	58	35	35628	5783	22160	90	1298	93

2018年通州区各高中基本情况一览表

表14　　　　　　　　　　　　　　　　单位：人

单　位	编号	学校数（所）	班数（个）				在校学生数					毕业生数	招生数	教职工合计	专任教师		学校占地面积（平方米）	校舍建筑总面积（平方米）	图书（册）	教学用计算机（台）	固定资产总额（万元）	教学仪器值（万元）
			合计	一年级	二年级	三年级	合计	其中：女	一年级	二年级	三年级				小计	其中：女						
全区总计	1	4	206	72	65	69	9256	5061	3512	2807	2937	3322	3512	1316	1158	631	510150	331085	558645	2814	60371	7181
江苏省通州高级中学	2	1	56	18	18	20	2651	1401	953	813	885	910	953	340	299	168	129334	95193	116175	708	27121	3250
江苏省西亭高级中学	3	1	52	19	16	17	2263	1272	868	690	705	900	868	305	278	131	122384	83738	150000	580	10475	1270
江苏省平潮高级中学	4	1	48	17	15	16	2100	1155	828	623	649	881	828	331	300	165	127032	96361	150000	673	15527	1258
南通市通州区金沙中学	5	1	50	18	16	16	2242	1233	863	681	698	631	863	340	281	167	131400	55793	142470	853	7248	1403

2018年通州区中等职业学校基本情况一览表

表15　　　　　　　　　　　　　　　　单位：人

单　位	编号	学校数（所）	班级（个）					在校学生数					全校女学生数	上年毕业生数	招生数	教职工人数			学校占地面积（平方米）	备　注
			合计	一年级	二年级	三年级	四年级	合计	一年级	二年级	三年级	四年级				合计	专任教师	其中：女		
全区总计	1	3	95	31	28	32	4	3359	1106	940	1118	195	1485	1224	1106	535	448	229	346475	
江苏省通州中等专业学校(电大通州学院)	2	1	79	28	24	27	0	2677	986	786	905	0	1030	969	986	443	388	193	296130	职业中学
南通市通州区建筑职工中等专业学校	3	1	5	1	2	2	0	191	45	74	72	0	17	103	45	64	39	24	27000	成人中等专业学校
南通市通州区卫生职工中等专业学校	4	1	11	2	2	3	4	491	75	80	141	195	438	152	75	28	21	12	23345	成人中等专业学校

科学技术

Science and Technology

编辑 马钰

综述

【概 况】 2018年,通州区科技局紧紧围绕南通市高质量“四个全面”考核目标和通州建设“创新智谷”重点工作,践行“两聚一高”,凝心聚力,追赶超越,为全区高质量发展走在全市前列提供强有力的科技支撑。一是培育企业创新主体地位。加快新一代电子信息、智能装备等高新技术产业发展,着力优化产业结构,加快新旧动能持续转化。全区实现高新产值1038.10亿元;组织申报高新企业124家,其中102家企业获得认定,高企数量在南通市各县(市、区)继续保持领先。完成企业研发投入加计扣除备案669项,R&D投入占GDP的比重2.68%。组织企业申报省级以上科技计划项目50多项,其中列入省重点研发专项资金项目1项,“江海电容器创业团队”项目被列入省“双创计划”。各类项目累计到账7000多万元。进一步扩大“苏科贷”业务规模,深化与中国银行合作,全年为企业落实贷款总额2.45亿元。二是突出平台载体建设。帮助纺织、海工研究院拓展服务空间。纺织丝绸研究院与紫罗兰家纺、中山合成纤维等10家公司开展技术合作,孵化江苏环衍纺织科技有限公司,新申请发明专利69件、实用新型4件、PCT 31件,成功举办长三角科技论坛纺织分论坛活动;海工研究院研发人员120人,开展技术研究10项,科技成果转化8项,全年产值约2800万元。围绕高新区“一主一新”产业,推进IC设计平台建设,委托复旦大学进行方案论证。完成国家级小微企业创新创业示范基地建设和省级创业孵化基地申报工作,积极筹备江海智汇园申报国家级孵化器工作。全年新增省级企业工程技术研究中心2家、企业研究生工作站3家。三是突出双招双引,推进创新成果转化。围绕“全年举办10场产学研对接会、帮助企业对接100个产学研项目、组建1000名行业专家”目标任务,不定期、阶段性举办产学研活动,加快推进招商引资与招才引智的同频共振。5月,与锡通园区在上海联合开展智能装备产业专题推荐会;11月,与南通大学成功举办校地对接合作洽谈会。完成有效项目信息5个,签约领证项目1个,产学研合作项目备案93个。四是打造知识产权强县工程示范区。加强对重点镇(区、园)的调研和指导,深化企业对知识产权的认识,推动专利代理机构与各镇(区、园)、企业的联动与合作;积极宣传专利申请官费逐步减少减免的政策,提高企业主动申请专利的积极性。全区万人发明专利30件,专利申请量8286件,PCT专利申请206件。紫罗兰家纺承担省级知识产权战略推进重点计划。新增金太阳和紫罗兰2家公司为国家知识产权示范企业。开展“双打”“护航”“雷霆”执法专项行动,全年处理专利案件82起,结案率100%。紫罗兰家纺科技股份有限公司获省科学技术进步奖三等奖。

科技活动

【概 况】 2018年,区科技局以科技招商引智为抓手,推进科技与产业、人才、金融的融合,大力构建以企业为主体、市场为导向、产学研相结合的技术创新体系。

5月7日,通州科技人才暨智能装备产业招商推介会在上海举行 (区科技局 供图)

【通州科技人才暨智能装备产业招商推介会】 5月7日，通州区科技人才暨智能装备产业招商推介会在上海举行。16个项目达成合作意向。其中，医药固体制剂用自动化设备、压铸用高端模具钢的开发和应用、充电桩用铝电解电容器等8个科技人才合作项目现场签约。

【"银保企"科技金融对接会】 5月11日，在区行政中心第十会议室举办通州"银保企"科技金融对接会，全区20余家科技型中小微企业负责人参会。培训会上，江苏银行、中国银行及市科技创新担保公司等相关金融服务机构分别向企业进行金融产品推介，禾朗食品、宝利根精密模塑、准信自动化3个科技创新担保项目现场签约。

【南通大学—通州区校地合作洽谈会】 11月7日下午，全区举行南通大学—通州区校地合作洽谈会，正式签订校地合作协议。会上，南通大学校长施卫东从历史沿革与基本情况、发展现状与办学成效、校地合作与服务地方等方面介绍了学校情况，南通高新区作创新创业环境推介。南通大学机械工程学院、电气工程学院、电子信息学院、纺织服装学院分别作项目成果推介。8个产学研合作项目现场签约。

11月7日，通州区举行南通大学—通州区校地合作洽谈会　（区科技局 供图）

科技计划与实施

【概　况】 2018年，通州区全年列入省级以上科技计划项目13项。其中，省重点研发计划项目1项，省重点战推计划项目1项、省科技进步奖三等奖1个，省"双创"人才团队1个，省产学研项目4项，省级工程技术研究中心2家，省企业研究生工作站3家，国家专利优秀奖1项，各类项目累计争取市级以上资金7269.7万元。

【认定高新技术企业102家】 2018年，全区认定高新技术企业102家，年末高新技术企业保有量199家，在南通各县（市、区）中位居第一。

2018年通州区高企认定汇总表

表16

序号	所属镇区	企业名称	批　次	序号	所属镇区	企业名称	批　次
1	滨海园区	江苏华创检测技术服务有限公司	第三批	15	东社镇	南通乐尔环保科技有限公司	第三批
2		江苏新能动力科技股份有限公司	第三批	16		江苏乐泰能源科技有限公司	第三批
3		江苏道达风电设备科技有限公司	第三批	17	二甲镇	江苏华钡建设工程有限公司	第三批
4		中南建设（南通）建筑产业有限公司	第三批	18		南通顺裕包装材料有限公司	第三批
5		南通恒光大聚氨酯材料有限公司	第二批	19	高新区	江苏蒙哥马利电梯有限公司	第一批
6		奥王建筑材料科技有限公司	第三批	20		南通鸿劲金属铝业有限公司	第一批
7	川姜镇	江苏金太阳纺织科技股份有限公司	第一批	21		德尔福连接器系统（南通）有限公司	第一批
8		江苏凯瑞家纺科技有限公司	第三批	22		南通国盛精密机械有限公司	第一批
9		江苏惟妙纺织科技有限公司	第三批	23		沃太能源南通有限公司	第一批
10		南通优棉濠晨纺织品有限公司	第三批	24		南通通杰照明有限公司	第一批
11	东社镇	南通华新环保设备工程有限公司	第一批	25		江苏达海智能系统股份有限公司	第一批
12		南通剑烽机械有限公司	第二批	26		南通帕克医用材料有限公司	第二批
13		南通市海鸥救生防护用品有限公司	第三批	27		江苏德明新材料有限公司	第二批
14		南通惠得成包装材料有限公司	第三批	28		雄邦压铸（南通）有限公司	第二批

续表16

序号	所属镇区	企业名称	批　次	序号	所属镇区	企业名称	批　次
29	高新区	茵卡动力新能源江苏有限公司	第二批	66	平湖镇	南通创佳机电有限公司	第三批
30		南通东源新能源科技发展有限公司	第二批	67		南通环球光学仪器有限公司	第三批
31		南通威尔电机有限公司	第二批	68	十总镇	南通阿斯通电器制造有限公司	第一批
32		南通新江海动力电子有限公司	第二批	69		南通泰富电器制造有限公司	第三批
33		富加宜电子(南通)有限公司	第二批	70	石港镇	南通山剑防腐科技有限公司	第一批
34		南通福伦利新材料有限公司	第二批	71		南通百盛精密机械有限责任公司	第三批
35		南通杰夫电气有限公司	第二批	72		南通灵康医疗器械有限公司	第三批
36		南通新华幕墙装饰有限公司	第二批	73		南通华禄新材料科技有限公司	第三批
37		南通新华钢结构工程有限公司	第三批	74		南通新兴机械制造有限公司	第三批
38		南通市通州区三槐机械制造有限公司	第三批	75	五接镇	江苏鑫冶金属板业有限公司	第一批
39		江苏濠汉信息技术有限公司	第三批	76		江苏瑞友康电子科技有限公司	第三批
40		江苏罗化新材料有限公司	第三批	77		南通图海机械有限公司	第三批
41		丽智电子(南通)有限公司	第三批	78		南通华耐特石墨设备有限公司	第三批
42		江苏公爵新能源汽车有限公司	第三批	79	西亭镇	南通均元化工科技有限公司	第三批
43		南通品杰模塑科技有限公司	第三批	80		南通中奥车用新材料有限公司	第三批
44		鲜一汽配(南通)有限公司	第三批	81		南通贝特医药机械有限公司	第一批
45		江苏博沃汽车电子系统有限公司	第三批	82		江苏旭田环保机械有限公司	第一批
46		南通赛可特电子有限公司	第三批	83	先锋街道	江苏日安电气有限公司	第三批
47	金沙街道	南通通力油泵有限公司	第二批	84		南通苏禾车灯配件有限公司	第三批
48		南通宝田包装科技有限公司	第三批	85		南通晶鑫光学玻璃有限公司	第二批
49	刘桥镇	南通捷瑞阀门有限公司	第一批	86		南通昆仑空调有限公司	第三批
50		南通东方科技有限公司	第一批	87	兴东镇	南通瑞达电子材料有限公司	第二批
51		南通世发船舶机械有限公司	第一批	88		南通百源制冷设备有限公司	第二批
52		南通市红星空压机配件制造有限公司	第一批	89		南通骐骏机械有限公司	第三批
53		南通新联电子有限公司	第一批	90	兴仁镇	中航虹波风电设备有限公司	第一批
54		南通市通州区大达麻纺织有限公司	第二批	91		南通通达矽钢冲压科技有限公司	第一批
55		南通海狮船舶机械有限公司	第二批	92		江苏思维福特机械科技股份有限公司	第二批
56		江苏纳派电气科技有限公司	第三批	93		江苏宏德特种部件股份有限公司	第三批
57		南通一品机械电子有限公司	第三批	94		南通亚振东方家具有限公司	第三批
58	平湖镇	南通山口精工机电有限公司	第一批	95		南通奇呈印染机械有限公司	第三批
59		南通凯迪自动机械有限公司	第一批	96		南通小泉机电有限公司	第三批
60		江苏谷熠农业科技有限公司	第一批	97		南通四方罐式储运设备制造有限公司	第一批
61		江苏腾通包装机械有限公司	第一批	98	张芝山镇	宝利根南通精密模塑有限公司	第三批
62		南通四通林业机械制造安装有限公司	第一批	99		南通松诚实业有限公司	第三批
63		江苏格雷特起重机械有限公司	第二批	100		紫罗兰家纺科技股份有限公司	第三批
64		宇东箔材科技南通有限公司	第三批	101		南通华裕电子有限公司	第三批
65		南通德众科技发展有限公司	第三批	102		南通锐深环保科技有限公司	第三批

防震减灾

【概　况】 2018年，区地震局围绕地震监测预报、震害防御和应急救援三大体系，不断加强防震减灾能力建设，较好完成各项目标任务。抓好“三网一员”队伍建设，建有5个地震宏观观测点，落实地震宏微观异常“零报告”制度。定期对通州强震台、通州苏12井开展巡查，确保观测仪器正常运行，观测资料连续可靠。台站保护标志醒目，与区住建、规划和公安等部门密切配合，依法保护地震监测设施和地震观测环境。落实行政审批改革要求，由区行政审批局牵头，联合推进实施新一代地震动参数区划图和抗震设计相关标准。区教育部门实施校舍消险改造工程，涉及16所学校、23幢房屋，总投资1700万元。新增《地质灾害应急预案》《突发环境事件应急预案》《危险化学品事故应急救援预案》《突发公共卫生事件应急预案》。各级各类应急演练227次，参演总人数超12.2万人次。6月25日，在通州万达广场开展大型商业综合体综合性应急救援实战演练。利用“12322”平台开展灾情速报演练6次。完成公益性应急救护培训1万余人次。利用科技活动周、“5·12”防灾减灾日、“7·28”唐山地震纪念日和“10·13”国际减灾日等，在全区开展多形式的防震减灾法律法规宣传教育活动。购置108台“智慧科普”，实现社区全覆盖，景区、学校、部门部分进驻。苏12井水位、前兆数据管理与系统维护、强震台站在2017年度省级评比中获优秀。在省(市)2018年度防震减灾工作综合考核中，通州区被评为全省县级优秀、南通市第二。是年，区地震局被评为2018年度南通市抗震防灾先进集体。

【有感地震】 2018年，通州区未发生有感地震。　(秦晓慧)

5月15日，区地震局在金郊初中开展地震应急避险演练　(区科技局 供图)

气象事业

【概　况】 2018年，通州区气象局重点做好公共气象服务、气象灾害防御体系建设和气象为农服务体系建设工作，圆满完成年度目标。

【公共气象服务】 2018年，区气象局认真落实气象防灾减灾工作职责，做好高温、寒潮、暴雨、强对流、台风和雾霾等重大灾害性预报预警服务工作。全年向各级领导机关发送重要天气报告等专题服务材料40期，利用区党政信息网、微博、微信、电视、电台、报纸媒体，手机短信等各类气象信息发送平台，向各乡镇气象协理员和信息员及社会公众发布预警信息83次。围绕“重大节日、重要活动、重点工程”开展专题服务工作。认真开展元旦、春节、清明、“五一”和国庆等重大节日气象服务工作；圆满完成春运期间、中高考和元宵节文艺汇演等重要社会活动的气象服务。

【气象灾害防御体系建设】 2018年，区气象局认真落实农村气象灾害防御体系建设工作，与区文广新局继续深化合作，全区14个乡镇(街道)村间音柱喇叭正常稳定运行，每天定时给广大民众播送各类气象预警信息。全面更新气象信息员和协理员名单，全区共有气象协理员15名、气象信息员211名，覆盖全区大部分镇村。进一步在气象信息员中推广安装“钉钉”软件，用于接收交流各类预警信息，软件安装激活率达100%。

【气象为农服务体系建设】 2018年，区气象局继续推进全区13个区域自动气象站的社会化保障，不定期对维保情况进行巡检，下半年配合设备企业(无锡所)完成所有区域自动站通信模块的更新升级确保数据稳定传输。继续做好针对种养殖大户、农村合作社和规模性农业企业的“直通式”气象服务，即每天向137家种养殖大户和25家农业合作社及现代农业企业免费发送气象服务短信，重大天气过程前不定时发送气象服务短信，气象信息直接送到农户和农业企业主手中，为农业种养殖生产提供第一手的气象服务。全年共制作发布各类气象为农服务材料209期。与区农委开展深度合作，充分发挥气象为农服务专家联盟技术优势，不定期制作重要天气的气象为农服务信息，向全区4000多农户开展“直通式”气象服务，全年共发送服务短信4万多人次。　(印晓飞)

文化·体育

Culture · Sports

编 辑 陈 菊

文化艺术

【概　况】 2018年,区文广新局着力推进现代公共文化服务体系建设、繁荣文艺精品创作和文化产业发展,文物及非遗保护、文化市场管理井然有序。

艺术生产。张莉、葛豪参加中宣部、文化和旅游部主办的2019新年戏曲晚会,参演剧目《百戏贺岁》;说唱《散花》、小品《半夜鸡叫》、歌舞《踏青》参加中央电视台戏曲频道《一鸣惊人》栏目"梦想微剧场"第三季节目录制;参加第四届梁祝戏剧节·小型剧目展演(黄戏小戏《审舅舅》获一等奖,小品《二嫂争媳》获三等奖,何婷婷凭借《雷隆隆》获戏曲演唱"红梅金花"称号);小品《二嫂争媳》、鼓曲《老街坊》入围第十届中国曲艺牡丹奖决赛;小戏《审舅舅》入选中央广播电视总台主办的首届中国相声小品大赛决赛,获第六名;小戏《审舅舅》获第十三届江苏省"五星工程奖",入选中国·桐乡小戏艺术邀请展;顾吴迪凭借歌曲《老街坊》获2018中国·太原"一带一路"民歌邀请赛最佳歌手奖;通剧大戏《瓦匠女人》入选由省委宣传部、省文化厅、省文联主办的江苏紫金文化艺术节新创舞台剧目展演,文化和旅游部主办的全国优秀现实题材舞台艺术作品展演;通剧《陈英卖水·浇花水》参加文化和旅游部艺术司、江苏省文化和旅游厅主办的2018年戏曲百戏(昆山)盛典开幕式演出及江苏省紫金文化艺术节江苏戏曲名家名段音乐会;通剧《范老爷判婚》入选文化和旅游部2018戏曲百戏(昆山)盛典;小戏《桑树村头》获"中华颂"全国戏曲邀请展暨深圳罗湖戏曲文化周金奖;小品《拆迁变奏曲》入选中国曲协主办的首届嘉定法宝杯全国法制曲艺作品展演;小品《小米的故事》获首届"花开沃土"全省群文女干部才艺大赛金奖;版画《挡不住的喜悦》入选庆祝改革开放40周年全省群众美术书法摄影优秀作品展,入选省文化馆主办的"影响—巨变"庆祝改革开放40周年全省群众美术书法摄影优秀作品展;版画《天光下的劳作》入选省委宣传部、省文化厅、省文联主办的"向时代致敬"江苏省庆祝改革开放40周年主题美术作品展;油画《金水滩》入围第七届全国中青年油画展。

群众文化。精心组织开展"通江达海　州立潮头—奋进吧,2018!"贺新春全区群众大联欢、第十一届乒乓球邀请赛、第十届古沙灯谜节、第八届"非遗文化周"系列活动、百场艺术精品惠民工程暨"欢乐江海行"送戏下乡、古沙舞台周周演、古沙读书节等。组织"通州之夜""欢乐江海行"送戏下乡等精品文艺演出120场,举办文体活动1300余场,播放公益电影2500余场。

公共图书馆。区图书馆购新书3.06万册,图书外借流通29.30万册次,接待读者43万余人次。新办理借书证2.88万余份,持证读者5.58万人。开展通州区第七届古沙读书节系列活动、"知识银行""约读留痕""领读者"讲师团系列讲座、通州"美诗文"吟诵社"进乡村、进学校、进企业"等活动50余场。新建图书分馆5个。

新闻出版(版权管理)工作。加强印刷企业和出版物市场的管理,先后组织119家出版物企业和152家印刷企业进行年检,组织检查80多家印刷企业和50多家出版物经营单位。12月18日,通州印刷包装行业协会成立,90多家印刷企业成为首批会员单位。全区所有村居实现通借通还,80%以上村居农家书屋藏书量达到1500册以上。成功创建新三园村等5个市级农家书屋,建成村级综合性文化服务中心241个。共登记版权作品8000多份,受理版权纠纷112件,其中调解66件,移交司法43件,未结3件,挽回损失45万元。

文物和非遗保护。配合南通市文广新局做好市级以上文物保护单位的两线(保护范围及建设控制地带)划定及公布工作。做好区级以上文物保护的"四有工作",即:文保单位由各级政府设定保护范围、作出标志说明、建立记录档案、设置专门机构或专人负责管理。加强文物消防安全工作,联合公安部门、消防大队开展安全大检查,督促有消防隐患单位必须整改到位,所有文保单位管理部门签定文物消防安全承诺书和自查表。曹用平艺术馆新馆建成,并正常对外开放。配合区政协进行调研,加强市级文保单位张氏宗祠和张氏墓祠的修缮保护。分别在正场小学、四安中学举办国家级非遗项目童子戏专场演出。6月8日,区非遗保护中心联合如东非遗保护中心在区文博中心剧场举办通州·如东民间歌舞交流展演。区非遗保护中心和通州中专合作，共推荐13个非遗项目作为学校“文化传承类”公共选修课程。组织食品类非遗项目参加南通旅游推荐会走进上海活动，组织《荷花盘子舞》、童子戏《陈英卖水》参加首届长三角非物质文化遗产节，推荐6人参加第五批省级代表性传承人评选。

文化产业。强化“宣传部牵头抓总，文广新局主体推进，统计局协同配合”的核心工作机制，镇（区、园、街道）明确文化产业工作的分管领导，建立区文化产业工作微信群。全区有10个文化产业项目列入市级重点项目。每季度由宣传部牵头，文广新局、统计局等文化产业发展核心部门组成调研小组，结合季度文化产业工作考核，对各镇区园的文化产业项目进行现场考察，及时掌握项目进展情况。年初和年中，由宣传部牵头，统计局配合，对全区各镇区园文化产业的分管领导和负责二、三产业的统计人员进行业务培训。制定出台2018年区文化产业考核办法和指标任务，并组织开展季度考核。全区增加规模以上文化企业22家，新落户文化产业项目23个，文化企业主营业务收入增幅达16%，文化企业新增投资额11.20亿元。赴北京、深圳等地开展文化创意产业招商活动，与中国儿童少年基金会洽谈的“国际儿童少年友好城市”项目在深圳（南通）文化产业推介会签订战略合作协议，组织金鼎龙家居定制产业园在推介会上进行招商推介。

【通州区成功创建“中国曲艺之乡”】 12月，通州区通过中国曲艺家协会专家组考察评估，被授予“中国曲艺之乡”称号。近年来，通州区围绕文化强区目标，着力推动文化建设高质量发展，大力推进“中国曲艺之乡”创建工作。通过积极搭建全国曲艺活动平台、拓展曲艺活动阵地、开展品牌性群众曲艺活动等一系列措施，逐渐形成以曲艺小品、通州方言说唱创作为龙头，其他艺术门类齐头并进的地方曲艺良好发展态势。

【苏陕协作通州区、镇巴县文化旅游交流】 3月1日，苏陕协作通州区、镇巴县文化旅游交流座谈会在区文博中心举行，双方签订文化对口支援协议书，并互赠物品。随后，镇巴县代表团一行参观城市展览馆、忠孝文化园、石港文化站、洲际绿博园、文博中心及图书馆。

【省文化馆女干部通州展才艺】 6月21日下午，全省文化馆女干部才艺展示颁奖仪式暨惠民专场演出在区文博中心举行。本次活动以“向真向美，向上向善，花开沃土，艺献人民”为主题，弘扬真善美、传播正能量，通过才艺展示、理论知识问答和演讲，展现江苏省文化馆站广大女职工、女干部的才艺和精神风采。全省近90位群文女干部参与，最终评出金奖10个、银奖15个、优秀组织奖12个。区文化馆选送的儿童剧《小米的故事》获得金奖。

【首届诗歌朗诵比赛】 7月12日，通州区首届诗歌朗诵比赛在区文博中心进行。比赛分为古诗词和现代诗歌（散文）两个类别，来自全区15个镇（街道）和区全民阅读领导小组成员单位的50多位朗诵爱好者参赛，最终分别评出金奖6个，银奖12个，优秀奖20个。

【省“弘扬忠孝文化、聚集精忠报国、培育时代新人”座谈会举行】 9月17日上午，以“弘扬忠孝文化、聚焦精忠报国、培育时代新人”为主题的通州忠孝文化园建设座谈会在忠孝文化园内举行。南京军区原政委方祖岐上将、南京军区原司令员朱文泉上将、南京军区原副政委兰保景中将、福建省军区原政委陆凤彬少将等，以及省市区（县）级宣传部领导出席活动。园区配备专业讲解员，设有流动放映室，累计接访60多万人次。近年来，该园承办“中华文化（南通）论坛”、忠孝廉文化艺术节等大型活动，并在十九大胜利召开、纪念世界反法西斯战争胜利70周年等重要节点上开展文化展演等，累计上百场。

【《瓦匠女人》亮相“紫金文化艺术节”】 10月22日，现代通剧《瓦匠女人》作为新创舞台剧目亮相“2018紫金文化艺术节”。该剧由通州本土作家黎化编剧，区文化产业引导资金资助，区委宣传部、区文广新局出品，南通市通剧团、通州歌舞团演出，以南通话讲南通的故事，是继《范老爷判婚》后，南通通剧团创作的又一部大型原创通剧。

【中国曲协主题实践活动走进通州】 11月4日，“崇德尚艺　潜心耕耘——中国曲协‘深入生活　扎根人民’主题实践活动”走进通州，来自全国11个地区的近50名曲艺家、作家在通州区进行为期5天的创作采风。与会人员参观全国曲艺小剧场艺术指导委员会通州基地、“童声里的中国”少儿艺术创研活动基地等，深入石港、兴仁、东社、平潮等镇开展创作采风活动。

【“通州杯”全国曲艺小剧场新作展演】 11月4—7日，由中国曲协、江苏省文联主办的第二届“通州杯”全国曲艺小剧场新作展演在通州区举行。三场展演荟萃从全国22个省区市和香港特别行政区遴选出的27个优秀节目，包括相声、小品、快板、山东快书、长子鼓书、格萨尔说唱、乌力格尔、南音表演唱、绍兴莲花落等，形式多样、观照现实，具有浓厚的生活气息。

【中国曲协调研组调研通州区】 11月7—8日，中国曲协调研组专家调研通州区“中国曲艺之乡”创建工作。7日，中国曲协副主席闫淑平与副区长樊小燕在区实验小学蕊春大剧院为“少儿曲艺创研基地”授牌。专家们还先后考察全国曲艺小剧场艺术指导委员会通州基地、东社忠孝文化园等地，观看通州区曲艺进校园优秀原创作品汇报演出、群众性曲艺作品展示等。当晚，调研组还前往通州高级中学，观看通州区优秀原创获奖曲艺作品展演。8日，在通州区“中国曲艺之乡”创建工作调研座谈会上，副区长樊小燕介绍通州区“中国曲艺之乡”创建工作情况。专家们对通州区曲艺发展情况表示高度肯定。　（徐晓毅）

文化市场管理

【概　况】 2018年，区文广新局深入开展“扫黄打非”专项行动和进基层活动，共检查出版物经营市场、印刷企业750家次，收缴盗版音像制品1.2万余张、非法出版物2000多册。强化制度规范、执法人员培训和硬件投入,加强文化执法队伍建设。加大对业主的法律法规培训力度,共举办专题培训班6期,培训人员800多人次。完善网吧长效管理机制,扎实做好全国文明城市复审迎查和月度考核工作。通州区文化市场管理工作受到省委宣传部、省文化厅、省新闻出版广电局的联合表彰,1人被推荐为省新闻出版广电系统先进个人、劳动模范。

(徐晓毅)

广播电视

【概　况】 2018年,区广播电视台牢牢把握正确舆论导向,围绕全区中心工作,加强宣传策划,突出创新创优,推进媒体融合,推动宣传质量跃上新台阶。"南通州"微信公众号粉丝数量达10万人,日均点击量过万,被评为江苏省县级广电媒体融合创新案例评选优秀单项案例。报业中心获评全省县市新闻中心系统先进单位。

【中心工作宣传】 突出宣传"十九大精神",开设"新时代、新担当、新作为"栏目。持续宣传"263"专项,在电视、报纸、广播上开辟"污染防治在攻坚"专栏。策划"改革开放四十年"宣传,开设"改革参与者说"栏目,组织"家国四十年"征文及"光影通州话巨变"老照片征集活动等。组织"解放思想、追赶超越"交流,将村(社区)党组织书记工作讲坛上的发言编辑成册。

【对外宣传】 2018年,电视在南通电视台用稿近300篇,省级以上电视媒体用稿200多篇,中央台用稿8篇。《通州日报》在《南通日报》发稿417篇,其中头版稿件103篇,头版头条14篇,位列南通各县市区第一;在《新华日报》发稿6篇,其中头版3篇,头版头条1篇。广播在南通台用稿82篇,在省台用稿21篇。新媒体5篇稿件被"交汇点""今日头条""江苏大走访"等转载。

【节目创优】 电视方面:《通州建筑:"泥腿子"闯出千亿级富民产业》在南通市2018年度市县媒体"庆祝改革开放四十周年宣传报道"大比武中荣获优秀新闻奖二等奖,《女子凌晨坠河险! 民警跳河施救 暖!》《为中国"芯"添彩 通州企业造出国内首颗EMMC存储主控芯片》《"童声里的中国"系列报道》《"世纪大桥"的"铁军"印迹——南通四建集团承建港珠澳大桥珠海、澳门口岸项目纪实》分别获南通市电视新闻奖短消息、长消息、系列报道、专题二等奖,《山东农业博士的通州创业梦》《二爻居:安居乐业的美丽家园》在2018年度全市新闻界"新春走基层"活动中获得三等奖。广播方面:《核"爆"人生——追记著名核科学家、中国科学院院士陈达》获2018年度江苏广播社教节目奖公众性节目三等奖,《紫砂"宫壶"江苏造 入藏俄罗斯国家博物馆》获2018年度南通市广播电视彩虹奖二等奖,《96岁老人800元真钱被调包青年吴小冬智"骗"假钞扬美德》获2018年度南通市广播新闻奖短消息一等奖,《江苏华存:打造中国存储"第一芯"》获2018年度南通市广播新闻奖长消息二等奖,《打好"乡村振兴"生态牌》获2018年度南通市广播新闻奖评论二等奖,《鑫手相连 情暖江海》获2018年度南通市广播社教奖对象性节目二等奖,《三块银元》获2018年度南通市广播剧、广播文艺奖连续剧一等奖,《周末朗读》获2018年度南通市广播电视播音与主持作品奖广播播音文艺一等奖,《"世纪大桥"的"铁军"印迹》获2018年度南通市广播电视播音与主持作品奖广播播音社教二等奖。报纸方面:《三块银圆见证两家跨世情缘》获2018年度江苏省县市(区)新闻中心通讯类一等奖,《小小票证见证生活质变》《通州:"小升高"源头培育激活创新"细胞"》《华存电子造出中商阶存储第一颗"中国芯"》获2018年度江苏省县市(区)新闻中心通讯类、消息类二等奖,《绿色发展让新建特阔"强筋壮骨",到今年底企业有望实现印染废水近零排放》《鸿图压铸科技创新突围智能制造,去年实现产值超10亿元,同比增长40%以上》《重技改强品质销售年均增三成,达成包装跑出发展"加速度"》获2018年度江苏省县市(区)新闻中心系列报道二等奖,《"王保长"的"时间表"》《一个薄弱村的"美丽密码"》《新中腐乳时代变迁中换发新生机——"老字号"的传承与创新》《国内首个病虫智能监测系统在我区试制成功》《凡人善举亦是人间大爱》《乐跑开沙岛》《回忆杀|虹桥头、北洋桥、五交化商城+人民路步行街……这些上世纪90年代的老照片能勾起你多少回忆》分别获2018年度江苏省县市(区)新闻中心通讯类、消息类、言论类、摄影类三等奖,《记者观察》获评2018年度江苏省县市(区)新闻中心好栏目,《高温下的通州——除了"炎值"爆表,更有"颜值"担当》获评2018年度江苏省县市(区)新闻中心好标题,

区广播电视台记者在开沙岛采访运动员　　(广播电视台 供图)

《通州家纺崛起转型步步为“赢”》获2018年度南通市报纸优秀作品二等奖，“通州侨商谱”系列报道获得市县媒体“庆祝改革开放40周年宣传报道”大比武“创意奖”。新媒体方面：《他有故事和您分享》获得江苏省县市新闻中心工作委员会微信短视频竞赛二等奖。

（冯丽华）

记者站

【概　况】 2018年，通州记者站在《南通日报》用稿300多篇，其中头版头条12篇，主要围绕通州区委的中心工作重点工作。写加强党的全面领导的有《通州干部争当新时代干事先锋》《通州农村基层组织亮了起来》《拼抢意识　带来项目建设争先进位》等，写产业腹地建设的有《通州制造装上智能“翅膀”》《通州：“跑争抢”聚焦项目建设》《通州“一主一新”做强产业腹地》等，写创新智谷建设的有《通州围绕创新链布局产业链》《通州“创新智谷”加快新旧动能转换》等，写绿色通州建设的有《高质量为江海大地添绿》《通州创建国家森林城市“绿”意浓》等，写幸福家园建设的有《通州织牢托保障网助民安居》《通州“兴文化”提升供给质量》等。

【川姜生态环境整治报道】 从1月开始，川姜地区开展生态环境整治大会战，记者深入采访，撰写系列报道。5月14—18日，《南通日报》分别以《解放思想，铁石决心治理生态》《正视问题，系统思维啃硬骨头》《顺应自然，全民共治破解困局》《砥砺担当，党员干部冲在前头》《真抓实干，一子落下满盘皆活》为题做深度报道。

（赵勇进）

体　育

【概　况】 2018年，通州区体育局坚持体育惠民，大力推进公共体育场地建设，广泛开展全民健身活动，体育事业社会影响力不断提升。新建并投入使用2个镇级体育公园、4个村级多功能运动场，启动老体育馆维修民生项目，新建住宅小区公共体育设施“三同时”有效落实。组织承办全国乒乓球后备人才基地决赛、全国中学生乒乓球锦标赛、中国乒乓球俱乐部比赛乙B总决赛，江苏省第十九届运动会群众项目门球比赛、青少年儿童乒乓球冠军赛等国家、省、市级比赛近20场次。推动开沙岛国家运动休闲特色小镇创建，推动体育旅游产业创新发展。争取国家级扶持资金300万元、省体育产业扶持资金150万元。推动“事企分开，管办分离”体制改革，区体育中心新馆交由国企南通丰宏体育文化传媒有限公司经营。持续推进“互联网+体育”，搭建全民健身服务平台、微信公众号、手机APP等载体。开展国民体质监测工作，义务测试全区不同人群对象3000名。全年体育彩票销售额首次突破2亿元大关。区体育局被评为省群众体育先进单位。

【群众体育】 以品牌赛事为引领。成功举办2018南通·通州第二届体育旅游“梦幻之春”系列赛事、全民健身月启动仪式暨健身三项赛、江苏省第十九届运动会群众项目门球比赛。广泛开展群众性体育活动，组织开展江苏省第十三届“长江经济带”全民健身大联动系列活动，“体彩贺岁杯”系列赛事，太极拳、棋类、木兰拳等健身培训，提高群众参与健身的积极性。拓展协会联赛项目，成功举办2018通州区羽毛球俱乐部联赛，2018通州区篮球联谊赛，2018中国乒乓球协会会员联赛，2018羽商联EMBA羽毛球明星大师赛，“我要上省运”2018年通州足球超级联赛等体育赛事。

【学校体育】 全年共组织中小学生阳光体育系列竞赛6项次，共有366支队伍、2000多名学生参赛。3月30日至4月1日，举办小学生田径运动会，来自全区45支代表队共360名运动员参赛，比赛分团体和综合团体两项总分排定名次，金乐小学和锡通园区分别获得第一名。5月25—27日，举办中小学生女子毽球比赛，共有来自全区各中小学、各星级学校的75支代表队375名运动员参赛。9月28—30日，举办中小学生乒乓球比赛，共有来自全区各中小学、各星级学校的65支代表队325名运动员参赛。10月19—21日，举办中学生田径运动会，本次运动会分星级学校组及初中组，共设10个田径单项、5个阳光体育运动项目和4个集体项目，来自全区31所初中及星级学校共计276名中学生参赛。11月16—18日，举办中小学男子三人制篮球赛。比赛分为小学、中学、星级学校组，共有75支代表队375名运动员参赛。各组别获得前2名的参赛队代表通州区参加南通市校园篮球联赛总决赛并取得好成绩。12月14—16日，举办中小学男子毽球比赛，共有来自全区各中小学、各星级学校的75支代表队375名运动员参赛。

【第二届体育旅游“梦幻之春”活动】 4月，第二届南通通州体育旅游“梦幻之春”系列活动在通州开沙岛旅游度假区举行，活动共分为两大部分：主体活动为跨江半程马拉松和5公里迷你马拉松，近5000名运动员参赛；配套活动包括中国乒乓球协会会员（开沙岛站）联赛、户外露营拓展赛、洲际梦幻岛风筝大赛等系列活动。本次开沙岛半程马拉松为南通首次举办的半马赛事。

2018年通州籍运动员参加省级比赛成绩统计表

表17

名　称	姓　名	性别	项　目	小　项	年龄组	名次
江苏省第十九届运动会	袁濠杰	男	自行车	场地1圈原地启动计时赛	17~18岁组	1
	吴梦洁	女	排　球	排　球	15~16岁组	1
	秦培燕　严　旭	女	排　球	排　球	13~14岁组	1

续表17

名　　称	姓　名	性别	项　目	小　项	年龄组	名次
江苏省 第十九届运动会	沈鑫尧	男	足　球	足　球	12~13岁组	1
	梁　亮	男	网　球	单打　团体	12~13岁组	1
	张子俊	男	田　径	110米栏全能	13~14岁组	1
	张志钦	男	田　径	铁　饼	16岁组	2
	樊施丽	女	击　剑	女子花剑个人	16~17岁组	2
	樊施丽　张奕甜	女	击　剑	花剑团体	16~17岁组	2
	曹　维	女	田　径	垒球全能	13~14岁组	2
	钱浩然	男	田　径	垒球全能	13~14岁组	3
	曹琳琳	女	田　径	链　球	15~16岁组	3
	吴梦洁	女	沙　排	沙滩排球	15~16岁组	3
	曹金鑫	男	散　打	56公斤级	15~16岁组	3
	曹季华	男	柔　道	+100公斤级	16~17岁组	3

2018年通州籍运动员参加国家级比赛成绩统计表

表18

名　　称	姓　名	性别	名次
全国青少年U15古典式摔跤锦标赛	崔景乐	男	1
全国青少年U20排球冠军赛	吴梦洁	女	1

(邱蓓蓓)

城乡建设

Urban and Rural Construction

编 辑 杨王军

城镇规划

【概　况】 2018年，通州区城乡规划围绕"品质规划　零距服务"目标，大力提档规划编制品质，提升项目服务水平，准确把握城乡规划目标任务，充分发挥规划龙头引领作用，立足区位优势和资源禀赋，探索引导城市建设和城乡风貌、生态特色塑造，突出城镇品位和生态环境保护，引导和推动城乡一体化发展。全年共核发建设项目选址意见书29份（总用地面积101.95公顷）、建设用地规划许可证182份（总用地面积710.10公顷）、建设工程规划许可证245份（总建筑面积770.54万平方米）、乡村建设规划许可证279份。

【城区规划编制】 2018年，抢抓长三角一体化发展国家战略和区域交通设施调整机遇，按照全区部署，秉承土地利用最大化原则，完成东南片区概念规划，从区域角度梳理与分析推动片区发展机遇与动力，明确目标定位，制定规划目标、基本原则与思路，确定城市功能结构。研判片区功能要素及特色内涵，突出生态理念，完善功能配套，引导适度开发。明确规划片区在城市中的风貌特色和景观特色，奠定城市设计的思路，深入研究规划地区的功能构成、交通组织和土地使用，细化城市功能布局，优化城市空间结构。进一步提高城区控规适应性与应变能力，对牡丹江路东、金桥路南侧地块，崇德路西、杏园路南侧地块，希望路东、行根路南侧地块等14处地块控规调整，切实做到对不符合实际建设需求内容及时修正与完善。

【村镇规划编制】 2018年，进一步优化《南通市通州区乡村建设规划》，着重围绕乡村风貌、村庄环境、生态环保等方面开展研究。围绕南通交通枢纽建设，完成平潮等镇总规的编制及法定化工作，明确城镇发展方向、发展模式和用地布局，促进协同发展。完成刘桥控规的编制及法定化工作，推进十总、川姜、兴仁等镇重点发展区域控制性详细规划编制，完善城镇功能，规范城镇建设。在镇村布局规划基础上，组织完成14个镇（街道）的村庄规划编制成果验收，建设打造产业特色村、文化特色村、旅游特色村，实现村庄规划全覆盖。

（夏轶丽）

城市建设

【概　况】 2018年，区住建局紧扣"四大定位"目标和"高质量发展"要求，高起点谋划、高质量建设、高标准管理。是年，获南通市文明城市创建集体二等功、省住建系统重点工程劳动竞赛有功单位；参与川姜环境综合整治大会战，获区"重点工作类"特别贡献奖，"保姆式服务，护航重大项目建设"被评为区"创新奖"二等奖；区园林中心选送的室外主题菊花造型及展台分别获"南通第29届菊花展"金、银奖。

城区绿化养护　（何晋苏 摄）

【市政道路建设】 2018年,区财政总投资约4680万元,进行道路、桥梁、停车场新建和改造。新建、改造市政道路3条,总长1620米。其中双皮桥路长约350米、宽22米、含1座桥梁;盐河北路总长约920米、宽25米,新建桥梁两座;完成翠园路改造约350米。完成城区21个点停车收费场地建设。完成碧玉桥改造施工。

【城区绿化建设】 2018年,城区园林绿化工程投资近6000万元,实施景观绿化面积约26万平方米。先后建设完成希望路与通掘公路交叉口周边景观绿化、竖石河镇西大桥段景观绿化、中心横河(扬子江路至牡丹江路)景观绿化、一河两岸通灵桥段生态绿化、霞中公园及育才中学停车场绿化、通州高级中学附属绿化,以及零星地块景观绿化等工程项目。做好城区公园游园、道路河道等各类绿地长效养护管理工作,全年投入绿化养护经费约3200万元,实施城区各类绿地长效管养面积达650万平方米。

【城区水环境建设】 2018年,推进污染防治攻坚和"263"专项行动,区财政投资1068.5万元,完成西头总港、八角亭河黑臭水体整治。采用生物—生态净化处理工艺,实施南山湖周边水系综合整治工程,水域面积约59.34万平方米。

【老旧小区改造】 2018年,区财政投入1270万元,实施完成万达75和76号楼、金霞北苑、金南新村东区、佳乐花苑、军粮供应站、金点小区等6个老小区改造整治工程,新增雨水管765米、污水管道1999米、停车位583个,浇筑场地34940平方米。

【亮化工程】 2018年,全区路灯亮化工程总投入约1000万元,其中,大交通、市政干线及市政路网投资约720万元,主要是路灯专用变压器、控制箱、路灯安装与施工等。完成成贤路、效贤路、正德路、翠园路(大庆路至银河路)改造工程、石新公路、洋海线(镇南路—骑石公路)、二甲光明路(北二线至环镇东路)、南通市工农路北延工程(南起工农路北延工程起点至城北大道)等照明工程,新增路灯1687盏。完成东社忠孝文化园孔子像亮化优化提升改造项目等工程建设任务。继续推进LED改造应用工作,全年实施钟秀东路、青年东路、通富路等38条道路的节能改造,完成8579盏路灯LED灯具更换改造任务。全年新增、改造安装LED灯共计10266盏,年节电量约70万千瓦时,年节电效益约达61.74万元。

【村镇建设】 2018年,各镇、区、园(街道)实施城镇污水收集管网工程22.7公里,16座城镇污水处理厂(站)污水处理量3487万吨,同比增长6.8%。以EPC(设计施工采购)模式牵头,实施20个村居生活污水处理设施建设,完成40个村(集居点)生活污水治理。完成省下达区农村危房改造任务164户。推进城镇60公顷一般公共绿地和100公顷公园绿地建设,至年底,城镇一般公共绿地(含续建)竣工87.76公顷、城镇公园绿地(含续建)竣工49.12公顷。东社镇东平村被列为省级"特色田园乡村"建设试点项目,石港镇睹史院村被列为市级"特色田园乡村"建设试点项目。

西头总港整治后 (何晋苏 摄)

【供 水】 2018年,完成通明路、金鼎路、金正路、金渡路自来水管道改造。完成双皮桥路、兴东机场大道给水工程自来水管道施工。完成佳乐花苑、金霞北苑自来水部分改造配套施工。完成天香苑东区、文化翡翠园(高层部分)、万和九里、金缘C小区、佳源都市小区自来水总管及水表安装施工。完成富力院士庭、中梁望府、中南君悦沁园、万科大都会一期、华德天和郡府小区、鑫茂府、融创小区等部分薄壁不锈钢管及球管安装施工。完成零星接水施工310户。完成师范桥新村9号楼、八角亭52号楼和28号楼、虹南小区9号楼、金余农民街、金苑公寓5号楼等改表出户施工281户。完成金沙、金新、兴东街道等农村自来水管网改造。完成DN500以上球墨铸铁管5.5公里、DN300-100球墨铸铁管21.5公里、DN63PE管11.2公里、钢塑管19.5公里、薄壁不锈钢管14.5公里施工任务。完成江海皇都、中瑾世纪城二次供水泵房改造。全年售水量8321万吨,饮用水水质合格率达100%。

【燃 气】 2018年,全区完成天然气销售约8358万立方米,新增签约收款接驳户数1.8万余户,累计用户数121305户(其中,民用户120862户、商业用户306户、工业用户137户)。天然气运行管网总长度约753公里,运行中压管网约432公里、低压管网约307公里、高压管网约36公里。发展"煤改气"用户,全年通气约30户,完成老小区用户开发1200余户。推进管道天然气全覆盖工程建设,实施12个镇(区、园)53条市政道路中压管道建设,共计82.3公里,实施94个工商用户、28个新老小区燃气管道配套建设，共计1.2万余户。拆除石港镇凤凰首座、阳光花苑、凤凰华庭和川姜镇联邦花苑、名都豪庭、金太阳、新天地及三余和美世家等8个点供站。开展各类燃气安全宣传，组织对场站、点供站、工地、管网、工商用户、商业综合体等安全大检查，排除安全隐患97起。全年安检33011户，安检成功率85%，并完成280余户餐饮用户安检工作，进行表具标定。

【城区污水处理】 2018年，区益民水处理公司完成实验室CNAS（中国合格评定国家认可委员会实验室认可证书）标准认证，临时排口经审批转为永久性排口。共处理污水1595.55万立方米，处置污泥9447.27吨，削减CODcr（化学需氧量，下同）4158吨，出水达标率100%。益民水处理二分厂一期建设规模2.5万吨/日，采用CASS（循环活性污泥法）处理工艺，出水达一级B标准。全年共处理污水712.90万立方米，处置污泥18816.84吨，削减CODcr4158吨。

【建设市场管理】 2018年，办理农民工工资保证金退款申请120份，退款金额3347万元。在监工程401项，面积1066.25万平方米，其中新报监工程215项，面积593.43万平米，监督抽查385次，签发整改通知书84份，停工通知书21份，不良行为记录35份，监督抽测325次，签发抽检通知书56份。监督竣工验收85个项目，面积212.6万平方米，并对91家原材料登记备案。完成全区地材价格信息采集，测定与发布12期450项，征订发放《南通建设工程造价信息》12期2400本、《南通建设工程造价信息市场信息》6期1200本。完成工程安全文明施工措施费标准核定工程项目936项。完成新建工程施工图设计及抗震、防雷专项审查项目223项，建筑面积310万平方米。完成岩土工程前置性审查172项，幕墙及装饰专项审查42项，设计变更审查50项，公建配套设施审查19项。全年接收建设项目资料174个，资料案卷5000余卷，审核工程档案竣工资料186个，签证竣工验收证明112份，竣工工程接收证明书174份，竣工工程档案备案报告112份，档案资料整理、装订、编制、著录、上架5000卷。

区益民污水处理厂人工生态湿地 （庄学雷 摄）

【绿色建筑示范区推进】 2018年，推进省级绿色建筑示范区创建工作，列入绿色建筑示范项目建筑总面积约320万平方米，25个示范项目全部开工，24个取得绿色建筑设计标识，建成面积247万平方米，分别是：市民服务中心、社会福利中心、高标准中学、国际棉业交易中心、万达广场、先锋金融街、碧桂园天玺湾、翰林御花园、星源名苑、国际棉业交易中心（住宅）、万和润园一期、新瑞文化翡翠园、湖滨华庭、书香华府、天香苑西区、天香苑东区、君悦沁园、学府嘉苑、富力项目、万科大都会、中梁望府、佳源都市、湖畔天下、德庆苑。其中，10个项目取得二星级绿色建筑设计标识，面积约170万平方米。 （王 莹）

城市管理

【概　况】 2018年，区城市管理局（行政执法局）以“提升城市综合品质”为目标，创建“精细城管”服务品牌，把精细化贯穿到城市治理各个环节。是年，区市容环境卫生管理处生活垃圾分类办公室被评为省住房和城乡建设系统“安康杯”竞赛优胜班组。

【环境整治】 2018年，协同配合川姜镇开展环境综合整治，完成33户外地经营户清运搬离工作，累计清运各类经营物资、各种垃圾3539吨，拆除违建8350平方米。推进高新区7号地块环境提升改造工程，15户征迁任务完成签约9户，其中拆除5户，确保拆迁工作稳步推进。美食广场正式投入运营。采取“12345”工作法全力推进城乡生活垃圾分类管理，完成41个小区和50家单位宣传设施、投放设施设置，成立设施设备管护所，确保各类设施完好率、整洁率。开展垃圾分类宣传20余场，收集各类可回收物4万余吨，减少财政支出900余万元，全区生活垃圾处置实现减量化、无害化、资源化。

【镇村环境管理】 2018年，以南通市将13个农村乡镇列入文明城市长效管理考核为契机，加大集镇环境提升，与金沙街道结对开展城乡共建，开展集镇管理示范户、示范路和示范小区“三创”工作。累计服务乡镇洒水降尘冲洗道路313公里、机械吸粪317吨，业务培训420人次，镇区容貌焕然一新，农村环境进一步巩固提升。在南通市组织的农村环境长效管理考核中名列第二，区城管局被表彰为市“五位一体”长效管理十佳单位。

【执法体制改革】 2018年，深入推进综合执法体制改革，成立区城市建设管理综合执法大队，推进执法大中队规范化建设。全年办理各类行政处罚案件1711件，建立健全综合执法部门协作制度，承办并办结相关部门移送案件31

起。充分发挥数字城管“数据库、侦察兵、好帮手”作用,共结案48307件,结案率99.71%。深化环卫体制改革,环卫作业服务实现市场化、社会化、专业化。推进城市管理高质量发展,组织课题专题研究。

【城市治理】 2018年,结合文明城市、卫生城市复审迎查,开展城市环境综合整治。完成“微治理”整治项目46个,完成率100%。依法清理、拆除各类破损、违章广告牌795块,面积11.1万平方米。清理乱堆放3253处,规范店外占道经营6617家,流动摊点1.2万余次,非机动车停放25.9万辆次,清理小广告14.78万次。采用巡查、检查、严控等管理措施,及时纠正违法建设行为,拆除、处置违法建设879起,面积7.96万平方米。清理建筑垃圾5.18万立方米,收缴城区建筑垃圾处置费208万余元,在全市“四个全面”考核中获第一名,实现城区土堆变小、弃土变少、空气变好目标。(何海涛)

房地产业

【概　况】 2018年,深入贯彻国务院和省、市供给侧结构性改革房地产去库存工作部署,推进全区房地产市场促消费、去库存、稳房价工作。进一步加大物业企业检查考核力度,完善城区住宅小区“421”常态化检查,提升物业企业服务水平。加强住房保障和房产管理工作,推进保障性住房建设,积极拓宽保障性住房房源渠道,完成省各项住房保障目标任务。

【房地产行业管理】 2018年,全区注册登记从事房地产开发建设企业有38家,其中一级资质企业2家,二级资质(含暂定二级)企业27家,三级资质(含暂定三级)企业9家,全国二十强房企有16家进驻通州。

【房地产市场】 2018年,加强房地产行业管理,小区配套不断完善,人居环境进一步优化,商品房销售量逐年上升,销售价格基本稳定。全区商品房(含商业、办公)销售套数12813套,面积151.84万平方米,均价10141.89元/平方米,销售金额155.64亿元,分别上年(下同)增长8.1%、-4.4%、21.2%、19.2%。其中城区商品住宅销售6888套,面积88.06万平方米,均价10481.61元/平方米,销售金额89.63亿元,分别增长-6.8%、-15.2%、17.3%、1.6%,销售均价增速略快。全区商品住宅库存7657套、面积102.94万平方米,商办用房库存8902套、面积62.89万平方米。至年底,全区商品房库存去化周期12个月,其中商品住宅去化周期为8.5个月,提前完成去化任务。国庆节期间,举办通州区第十四届房产交易会,有效拉动房地产销售增长。

【住房保障】 2018年,全区保障性安居工程新开工棚户区改造项目2个,安置房1982套。城区6户住房困难家庭迁入新居。扩大保障范围,将稳定就业外来务工人员、新就业大中专毕业生、青年医务人员、环卫工人和老师等群体纳入公租房保障范围,以缓解外来务工中等偏下收入群体住房压力。全年共审核92套房改房上市交易,房改房标准价补差9户,补交房改基金5万余元。职工申领购房补贴456人,补贴金额300万元。至年底,全区城镇常住人口住房保障覆盖率和住房保障体系健全率均实现100%。

【物业管理】 2018年,强化全区物业项目接管备案,规范前期物业招投标。加强住宅专项维修资金监管,归集18个新建小区住宅专项维修资金8439万元,累计归集住宅维修资金5.4亿元,核准支出住宅小区专项维修资金222万元。强化前期物业承接查验备案制度,共办理新建小区承接查验备案22个。做好物业管理全覆盖基础工作,联合区财政、审计等部门,对城区134家老旧小区、29家拆迁安置小区、29家业主自治小区进行考核,发放物业管理补贴2400万元。至年底,有138家、总建筑面积约850万平方米的商品房小区及135万平方米的商业办公楼实现市场化物业管理服务,239个零散小区实现基础物业服务。

【征迁安置】 2018年,全区启动城建、交通等重点工程搬迁项目13个,自拆项目7个,共计搬迁面积144.64万平方米。其中,平潮镇高铁城西站配套工程(一期)B2地块、火车东站站台区、中央创新区、盐通铁路工程等13个市、区城建、交通等重点搬迁项目启动签约工作,搬迁面积约95.53万平方米,涉及民居1328户、非居155家,完成签约民居1201户、非居66家。积极推动安置房开工建设,计划开工项目18个,建筑面积293万平方米,已开工项目10个,计181万平方米,其余项目均在办理前期审批手续中。完成竣工面积68万平方米,安置2000余户。(王　莹)

交　通

【概　况】 2018,通州区(含滨海新区,下同)境内公路总里程3600公里,公路密度约为229.4公里/百平方公里,其中高速公路97公里,一级公路274公里,二级公路342公里,三级公路201公里,四级公路2686公里。公路桥梁1460座64520公里。公路客运站场13个,其中二级站1个,三级站5个,公交回车场7个。航道总里程570公里,其中三级航道38公里,五级航道75公里,六级航道53公里,七级航道2公里,等外30吨级航道277公里,等外10吨级航道125公里。可通航水利闸5个。港口码头98座(其中沿江港口码头11座,内河港口码头87座),泊位141个(其中沿江港口泊位14个,内河港口泊位127个),码头岸线总延长10250米。铁路里程17公里,车站1个(坐落在先锋街道)。机场1个(坐落在兴东街道)。区交通运输局获2015—2017年度建设全国文明城市突出贡献集体,区地方海事处被表彰为全省交通运输行业“两聚一高”行动队。

【基础设施建设】 实施345国道东绕城北段、江海大道东延等工程,畅通城市外循环;对接南通主城道路工农路北延建成通车,城市路网布局进一步优化;机场大道、沪通铁路、盐通铁路、宁通高速、锡通高速等重大工程项目服务保障工作积极推进,确保时序进度,宁启铁路二期建成通车;稳步推进通扬运河改造工程;完成横港沙新世界码头改造前期工作,江海河联运、“公、铁、水、空”联通综合交通运输体系格局初显。

【绿色交通建设】 以“两减六治三提升”专项行动和交通干线沿线环境综合整治“五项行动”为契机，加强交通运输节能减排和生态环保建设，完成S79高速公路沿线两侧绿化、江平路景观绿化工程，实施国省干线及跨线桥下环境整治绿化8.12万平方米；完成204国道南通段美丽公路创建前期排查工作；开展汽修行业精准治污，全区26家一、二类汽修企业挥发性有机物污染整治达标；大力整治港口码头环境，5家港口码头完成水污染防治建设任务，砂石码头扬尘治理卓有成效；加强船舶污染防治，拆除辖区长江水上过驳浮吊2台；开展船舶修造船厂水污染环境专项整治，关停不达标修造船厂2家，港口码头环境得到持续改善。

【工程建设管理】 严把施工单位质量保证体系审核关，严格监督程序，突出关键工序，强化试验检测，所有受监项目委聘专业试验检测机构负责试验检测，确保工程质量监管全覆盖。以创建“平安交通”“七个专项整治”等活动为载体，全年组织专项检查、月度巡查、标后监管等各类检查41次，派出各种检查组20多个，及时查纠限期整改问题及隐患300个，促进交通工程质量和施工安全上新台阶。

【公路管理】 养护管理。开展三年一次乡村道桥梁定期检测工作，建立危桥库，落实“一桥一对策”；加强标志标线维护，上报标志标线巡查报告276份，对305处标志缺陷进行整改，及时更新磨损标线，共清除(洗)标线302平方米，漆划标线2.51万平方米。维护路产路权。开展县乡道路肩整治，出动人员40余人，车辆10多辆次，清理种植面积2万平方米；办理新增国省道许可19份，延续许可49份，收取公路赔补偿费82.9万元；新增县乡道许可41份，延续许可31份，收取公路赔补偿费87.5万元；国省道处理案件51件，收取公路赔补偿费19.8万元；县乡道处理案件47件，收取公路赔补偿费13.1万元；办理路面污染处罚案件360件，罚款6.1万元；其他类处罚128件，罚款1.75万元。路域洁化绿化美化。推进国省干线沿线环境整治，清理堆积1572起、清除摊点6810个、拆除违章建筑59起、清除非标2696个、清除十边种植1.76万平方米、整治路面污染1750起3.03万平方米，提化升级垃圾箱215处，确保路域环境长效管理。积极开展整治公路货车违法超限超载行为专项行动，联合公安交警部门完善整治方案，加大路面执法力度，联合检查车辆364辆，其中超限车12辆，卸驳载132.31吨。

【航道管理】 加大航政执法力度。全年巡航120天，上航600人次，累计巡航里程4800公里。发现纠正违反航道法规行为14起，行政许可5件，收取航道赔(补)偿费113.52万元。干线航道通航保证率100%，航标正常率100%。对辖区通启河、通吕河、九圩港等主要干、支232.96公里航道进行清障扫床，合计扫床里程391.11公里，其中干线航道158.15公里(全年2次)。对辖区六级以上航道进行断面测量，测量航道里程149.09公里，断面数579个，航道护岸步查128公里。实施通吕运河通州金余段、通启河新江海河河口段航道疏浚清障工程，实施通扬运河平潮大桥段水下碍航物清除工程，完成市级骨干河道通吕河通州航段绿化提升工程12公里。

【海事管理】 加强辖区水域安全管理。全年累计上航检查3312人天，现场监督船舶2015艘，查纠各类违章932起，开展船舶安全检查316起，纠正缺陷2012个。办理危化品运输船舶进出港申报243艘次65677载货吨。实施船舶进出港电子报告，共受理船舶进出港电子报告13352艘次。办理海事行政处罚案件932起，罚款128.84万元。开展船舶防污染检查122艘次，燃油检测12艘次，对3艘使用不符合标准船用燃油船舶进行行政处罚。开展绿色船舶专项行动，推进运输船舶身份识别与轨迹传感装置配备及使用，完成7艘船舶VITS船载终端安装任务。全年接到报警电话7起，开展水上应急抢险7次，未发生重大损失事故。辖区水上交通形势持续稳定，通航环境良好，无因管理不善而发生航道堵塞。

【运输管理】 完成公路客运量394万人(不包含公交和出租车)，比上年(下同)下降6.9%，公路旅客周转量33137万人公里(不包含公交和出租车)，下降4.1%；公路货运量1264万吨，增长8.6%，公路货物周转量199424万吨公里，增长7.7%；水路货运量162万吨，增长3.8%，水路货运周转量127032万吨公里，增长5.7%。全区客运班车69辆、旅游包车26辆(共95辆)，其中中级以上客车100%，高级客车96.8%(LNG清洁能源客车21辆)，公营班线客车60辆，客运班线公营比例达73%。优化运力结构。全区营运货车4300辆55656吨，厢式车、罐式车、特殊结构车、危货车辆、专项作业车等车辆数量2307辆19039吨，占全部营业货车53%。强化运输市场监管，共受理行政许可362件，新增车辆744辆，车辆年审4395辆，业户年审2148户，从业人员换证、补证691起，发放行政警示书149份。推进交通物流业有序发展，整合农村物流资源，新增村邮站70个(累计171个)，实现“最后一公里”投递全覆盖。核查驾校资质，对全区17家驾培机构教练场地、教练员、教练车、教学设施设备、安全管理、组织管理、制度落实情况全面清查。6家驾培企业许可证到期换证，共增加教学场地4.2万平方米。协调公安等部门做好网约车许可、管理组织实施工作，稳妥推进传统巡游车和网约车融合发展，构建多样化、差异化出行服务体系，共收到申请34条，办理网约车道路运输证20件。4月15日，实现市、区两级出租车经营区域一体化，9月16日，实现主城区、通州区巡游出租汽车运价统一。

【港口管理】 积极推进横港沙现代化散货港区建设，完成改造工程项目备案，节能报告备案、安全条件、安全预评价、职业卫生报告编制和专家评审，初步设计和施工图设计审批。督促新世界液化码头完成防洪许可批复，开工条件核查，启动工程建设。海事雷达站施工图报咨询单位审核，完成环评单位招标。规范港口码头经营，开展非法码头专项整治，拆除内河干线航道非法码头9座，纳规20家；开展港口码头环境整治专项行动，完成2家码头企业扬尘治理年度工作任务，75%港口码头完成水污染防治建设任务。

【安全管理】 安全监管，在重要节日和上海进口博览会等重大活动期间，提前成立领导小组，明确安全工作重点，精心制定工作方案，领导带队分组督查安全工作落实情况，圆满完成重要时段应急保障运输任务。“进博会”期间，化工(危险化学品)企业禁止装置开车或重大工艺调整，禁止新、改、扩项目试运行投产，确保重要时段安全态势。以构建安全风险分级管控和隐患排查治理双重体系为重点，落实企业“一图两单三卡八必须”。对危货运输、危货港口码头、沿江港口企业、重点普货企业复查率达到100%，对发现问题及时整改，确保活动取得实效。组织“安全生产月”“夏季百日安全竞赛”等重大安全生产专项活动，开展“解放思想、追赶超越，推动安全发展”主题征文竞赛活动、“六个一”活动，掀起学安全、讲安全、抓安全新高潮。成立监管中心，进一步规范“两客一危”车辆动态监管。充分利用“两客一危”第三方安全监测平台，做到分类流转、分工协作、限时调处、形成闭环。电子查岗2300次，抽查车辆6000辆次，网上推送整改通知书40份。稳步推进“两客一危”车辆安装安全智能防控系统，安装率100%。

【交通惠民】 2018年，全力推进“四好农村路”省级示范区建设，积极探索交通与旅游、文化、产业深度融合发展，助推乡村振兴、脱贫攻坚进程，完成35公里农路提档升级，获得省级验收组肯定。推进县道大中修及危桥改造，二甲镇光明路东段大修建成通车，海五线支线、迎宾路完成路基施工，完成280公里农村公路生命安全防护工程，交通出行环境安全畅通。公交线网优化，新开辟胜利桥公交回车场至南通机场211路，拉近与主城区距离；优调公交线路8条，分别为调整382路线走向，延伸调整201路为循环线路，延伸208路至通州农批市场，针对性优化调整206、275、281、291、391路班次。全区有公交车辆297辆(小型镇村公交车辆20辆，LNG清洁能源公交车116辆，新能源车54辆)，日发1023个班次，折合公交标台数为324标台，万人拥有公交标台数约15.4。15个镇(街道)、181个村实现“村村通公交”目标，行政村公交通达率100%。运力结构优化，清洁能源公交车占39%，新能源公交车占18%，完成21辆公交车更新上牌工作，其中纯电动公交车15辆，在更新公交车中占70%以上，逐步实现公共交通向绿色生态转型。金东新城公交回车场建成，公交智能调度安全监控中心二期工程建设中，交通基础设施保障增强。（曹　曜）

水　利

【概　况】 2018年，全区水利工作紧紧围绕高质量发展目标定位，以全面推进河长制为统领，统筹推进水资源保护和水生态文明建设，提升治水管理能力，各项工作实现新进展。全区完成水利投资2.56亿元，建设水利工程27项，向上争取水利项目建设补助资金6629万元。河长制工作顺利接棒农村河道整治三年行动，在南通市考核中名列第一。是年，通州区创成第一批国家节水型社会达标县(区)；区水利局被评为全省水利新闻宣传工作先进集体，名列南通市2017年度实行最严格水资源管理制度考核第一。

【农村河道整治】 2018年，按照深入推动河长制从“有名”到“有实”转变工作思路，不断压实责任，水生态治理得到进一步巩固提升，顺利接棒通州农村河道三年整治行动。健全优化工作机制。优化完善河长制会议制度、工作督察制度、河长巡河等6项制度，出台《通州区河长制工作2018年度考核细则》等纲领性文件46个，编发工作动态简报24期。各级河长认真履职尽责，广泛使用手机APP开展“智慧化”巡河，区级河长巡河293次，镇级河长巡河12929次，发现问题4869处，解决问题4206个，问题处理率86%。精准编制“一河一策”。以河道管护和治理突出问题为导向，有序开展“一河一策”编制。6条市管骨干河道“一河一策”印发实施，长江及区管23条河道的“一河一策”编制完成。统筹推进专项整治。以清理整顿和提质增效为目标路径，将水生态治理与农村环境“五位一体”长效管理有机结合，开展沿江水域船舶治理行动，共登记沿江船民115户，就地拆除非法船只221艘。开展内河水域非法船舶专项整治及长效管理行动，拆解非法船只506艘。加强骨干河道岸线整治，制定长江通州段及6条市管骨干河道的岸线整治方案，集中整治无审批手续建筑物、构筑物268处。打造3条市级、1条区级、15条镇级、140条村级样本河道，推动区域水生态环境质量持续改善。

团结河整治　　(区水利局 供图)

【农村河道疏浚】 高标准推进农村河道轮浚，全年疏浚乡级河道4条(段)6.05

生态通吕运河　　（区水利局 供图）

公里，疏浚整治村级河道41条（段）沟塘209处，总土方量约97万立方米。继续推进水美乡村建设，投资1800万元，打造6个“水美村庄”（西亭镇亭东村、西亭社区，石港镇马道村，东社镇福利村，兴仁镇太阳殿村、横港居），围绕河道综合整治进行提档升级，打造优美水环境。

【农田水利建设】 持续推进灌区改造全覆盖工程，完成2018年中央财政小农水重点县工程建设，项目区位于十总、五接、石港镇，新（拆）建泵站35座，新建防渗渠道41.8公里及渠系配套建筑物，铺设高效节水灌溉管道，建成高效节水灌溉306.67公顷。完成2016年新增千亿斤粮食项目二期工程建设，项目区位于刘桥镇北部徐园、极孝、长岸、尹家园、新联、米三桥等6个村（居），建成高标准农田2386.67公顷，项目总投资5371万元。新（拆）建泵站39座，建成各类防渗渠道98公里，铺设UPVC管道4.78公里，建设3米宽水泥路42公里、机耕桥2座。完成2017年新增千亿斤粮食项目建设，项目区位于平潮、石港、兴仁镇，建成高标准农田1333.33公顷，总投资3000万元。新（拆）建泵站28座，建成各类防渗渠道60.8公里，铺设UPVC管道2.6公里，建设水泥路19.3公里、机耕桥1座。完成2018年新增千亿斤粮食项目建设，项目区位于石港、兴仁、东社、金新4个镇（街道），建成高标准农田946.67公顷，总投资2130万元。新（拆）建泵站14座，建成各类防渗渠道22公里，铺设UPVC管道7.5公里，建设水泥路17公里、机耕桥5座。

【防汛防旱抗台】 坚持“安全第一，长备不懈，以防为主，全力抢险”防汛工作方针，从早、从严、从实做好防汛防旱各项工作。在汛期来临前，及时组织召开全区防汛防旱工作会议，下发《关于做好2018年度汛准备工作的通知》。明确要求各镇（街道）、各防指成员单位及沿江各企业，汛期务必高度重视防汛、抗旱和抗台风工作，严格执行领导带班和24小时防汛值班制度，认真落实责任和措施。5—9月，先后受第10号台风“安比”、第12号台风“云雀”、第18号台风“温比亚”、第19号台风“苏力”等影响，全力做好防台抗台各项部署、检查、灾情核实工作。5月24日夜里至25日，通州出现大暴雨天气，受第22号强台风“山竹”外围影响，9月16日遭遇强降雨，全区积极采取多种应对措施，加强防范，减少强降雨带来不利影响。

【水资源管理】 全面开展入河排污口规范整治，全区一级及以上河道非法设置入河排污口整改到位279个，完成率100%。通过南通市2017年度实行最严格水资源管理制度考核，实现“五连冠”。加大水资源费和水利工程水费征缴力度，全年征收水资源费1437.8万元。协助推进南美白对虾养殖户取用地下水专项整治，封堵浅层地下水井303眼，促使全区养殖户退出咸水养殖或者转型转产。加强水功能达标建设，对26个水功能区27个水质监测断面全面监测，水功能区水质达标率达75%以上。强化节水型社会建设目标管理，进一步提高用水效率。下达全区节水型社会建设目标任务，落实责任单位，组织对10家企业、单位开展水平衡测试，创建省级节水载体企业、单位3家。

【水利改革】 在2017年农业水价改革试点基础上，加大改革力度，健全农业水价形成机制，逐步建立农业灌溉用水总量控制和定额管理制度。围绕“管理到位、水价核定到位、水费收缴到位、政府监管到位”要求，投资320万元，建设镇级农民用水协会和农业用水计量设施，完成改革区域水量水权分配、水价核定管理等工作，完成（东社、石港、十总、刘桥镇）改革面积24666.67公顷。深化水利工程建设项目标后管理改革，加强工程招标投流程管理，推动水利工程招投标活动有序、规范开展。

【依法治水】 2018年，受理各类水行政许可申请事项19件（次），按规定即时办结，无行政复议及行政诉讼事项。接待咨询70余次，依规定和程序审批，无越权许可，无超范围许可。组织开展长江采砂执法禁采、河道清障执法巡查、国际商城地下水专项整治和河道非法网具清理专项执法活动。办理1起省厅指定管辖的非法采砂案，保障本辖区内长江采砂管理秩序正常。对2起违法占用河道行为依法严肃查处，依法采取封填取水井15眼，清除渔网拆除占用河道建设渔棚40多处，办理环保回头看和省环保交办事项共计20件。立案查处水事案件23起，罚没款145万元。推进“双随机一公开”工作，建立27人执法人员库，实施随机检查事项共6项（次），随机抽查涉水单位13家。加大水利工程质量与安全监督力度，监督在建项目8处，查出安全质量隐患55条，发出书面整改令16份。接受施工单位工程报检8项，竣工工程报检率100%，受监工程竣工验收合格率100%。全区各工程均处于受控状态，没有发生任何重大工程质量安全事故。（*汤宇杰*）

供　　电

【概　况】 2018年，全区社会用电量59.54亿千瓦时，比上年（下同）增长4.7%；完成售电量57.97亿千瓦时，增长

6.3%。调度最高用电负荷110.18万千瓦，增长7.6%。线损率2.9%，下降0.62百分点。累计业扩申请高压用户471户，申请容量231650千瓦，增长21.7%；完成业扩报装高压用户497户，报装容量245440千瓦，增长7.1%。城市配变关口电压合格率99.3%，农村配变关口电压合格率98%；城市D类用户电压合格率99.9%，农村D类用户电压合格率99.8%。

【电网建设】 投资1542万元，完成110千伏平南变整体改造、主变增容工程；建设银河—庆丰35千伏线路工程，线路全长11.52公里，建设资金1363万元；建设刘桥—新联35千伏线路工程，线路全长8.5公里，建设资金1211万元。110千伏川港、桥南输变电工程总投资1.68亿元，均在进行征地工作。年内配网投资1.42亿元，维修10千伏线路135.1公里；维修柱上开关14台，新建与改造10千伏线路46.9公里；新建与改造配变195台、容量59000千伏安，柱上开关33台，户外环网柜8台。年内农网投资1.77亿元，维修配电设备238台；改造农村线路1054.57公里，电缆14.56公里，接户线37192户。推动配农网从“好用电”向“用好电”转变。

【节能减排】 推进电源侧清洁替代。加大配网柔性化、智能测控等新技术应用力度，确保全区清洁能源全额消纳。全年新能源发电装机容量达到1.63万千伏安，减少2.48万千伏安(受取消光伏补贴政策影响)，累计发电量2749.25万千瓦时，增长25.8%。推进用电侧电能替代。全区新建城市快充站2座，直流充电桩8个，共有城市快充站5座，高速快充站2座，公交充电站1座，直流分散桩群2个，合计直流充电桩57个。新建港口岸电系统2套；推广粮食电烘干设备4台；完成电锅炉、电蓄能等电能替代项目17项。全年实现替代电量1.61亿千瓦时，可减排二氧化碳7.42万吨、二氧化硫0.18万吨。推进263整治行动。组织精干力量对200余家散乱污企业在规定时间内进行停、复电。针对复杂现场情况，组织临时供电方案，保证后续处理用电需求，切实保证环保整治工作有效推进。

【电力服务】 2018年，梳理全区重大建设项目，跟踪服务，超前对高新区、锡通科技园等园区的规划与项目申报，新增电源布点，以满足川姜、先锋等局部地区负荷快速增长需求。主动承担沪通大桥、盐通铁路、机场大道和南通轨道交通等重点项目杆线迁移任务。深入开展“优质服务提质转型年”活动，确保项目用电又快又省，做到流程最简、时间最短、费用最省。不断减轻企业负担，释放电力改革红利，是年，全区一般工商业共下调电价4次，受惠客户近7万户，减少电费成本支出近6000万元。同时，工、商业企业扩外线配套工程实行免费接入，对160千瓦及以下的小微企业开放低压接入，以降低接电成本。深入企业开展“AAAAA级电力客户创建”和“电力体检”，为客户提供定制化能效诊断分析，为1139家企业整改用电安全隐患5961条，对565家企业进行电力体检，为客户节降成本近500万元，受到客户好评。

【用电保障】 全力提升应急抢修效率。在全区建成高低压抢修点26个，抢修半径由原5公里缩减至3公里。加大带电作业力度，7月，通州带电作业基地投入使用，全年实施带电作业932次，减少平均停电时间5.3小时，确保少停电、多供电。确保电网安全供电，供电部门结合迎峰度夏、春节，开展保供电等专项护网行动。加强对老旧、重载线路以及环网柜、配变及密集型小区和南通机场等重点区域巡视力度，利用红外测温等手段，消除接头发热、瓷瓶烧坏等故障缺陷。加强对重要客户、重要区域定期安巡和检查，定期组织反事故演习，强化应急值班、车辆、备品备件管理，圆满完成中高考保电、开沙岛半程马拉松、全国质量大会、江海国际旅游节、童声里的中国等重大保电任务。 (吴庆华)

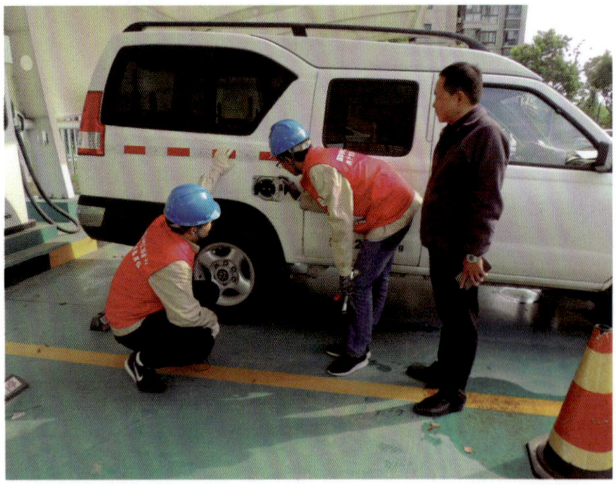

① 通州供电营业部工作人员帮助客户排查充电汽车故障
② 供电抢修人员奋力抢修线路
③ 通州供电营业部为高考精心保电

(吴庆华 摄)

卫　生

Health

编　辑　张晓芹

综　述

【概　况】 2018年，通州区紧紧围绕健康中国战略，坚持以人民健康为中心，探索建立优质高效的医疗卫生服务体系，圆满完成全年目标任务。

深化医药卫生体制改革。市政府将建设独立指挥型急救中心列入2018年为民办实事项目，在完成办公地点选址、机构编制核定、人员遴选招聘、办公用房改造等一系列工作后，区120急救指挥中心如期建成。家庭医生签约服务有序推进，至12月底，全区常住人群签约覆盖率达60.75%，重点人群签约覆盖率达75.7%。继续推进区域五大救治中心建设，全面提高区域医疗救治能力。

加强医疗人才队伍建设。招聘医疗卫生类岗位急需紧缺专业人才61名。继续实施农村订单定向医学生免费培养工作。组织乡村医生参加全省乡村医生初级急救知识培训，选派优秀乡村医生参加市、区两级实用技能脱产进修。

提升医疗卫生服务能力。区第三人民医院神经内科被确认为第三批江苏省基层医疗卫生机构特色科室。启动村卫生室"中医阁"建设试点工作，24家村卫生室建成"中医阁"。顺利通过江苏省慢性病综合防控示范区复审。

优化公共卫生服务管理。新增计划生育卫生监督职能，全面推进南通市校园饮水健康保障工程，认真实施通州区学校传染病防控卫生监督项目，健全学校传染病防控工作机制。开展以民营医疗机构整治为重点的卫生监督综合检查，实施美容美发、住宿业、沐浴业及游泳场所等公共场所卫生专项整治，组织生活饮用水、消毒产品、放射防护规范等专项检查，高标准、高质量落实文明和卫生城市迎复查与长效管理。

完善卫生计生惠民举措。区委、区政府继续将"两癌"筛查工作列入为民办实事项目，实现筛查对象镇级全覆盖。以妇幼计生机构整合为契机，有机整合免费婚孕检项目，打造全数字化的婚孕前优生保健"一站式"服务。开展重点人群健康体检21.23万人，发现疑似肿瘤601例，确诊65例。全区新建健康自助检测点6个。　（顾晓虎）

卫生改革

【概　况】 2018年，通州区通过区级公立医院建设方案，区120急救指挥中心如期建成，家庭医生签约服务有序推进，医养结合全面推开，卫生重点项目顺利推进。区域健康信息平台覆盖区、镇、村三级医疗卫生机构，初步建立6大类业务系统，12月21日，接受省健康信息平台功能应用分级评价标准四级测评。

【医疗卫生单位建设】 9月30日，区委、区政府召开党政专题会议，讨论通过区级公立医院建设方案，明确三级中医医院的建设定位和城市东南片区的选址方向。5月，刘桥镇卫生院新联分院改建的新联护理院取得养老机构设立许可证，设置床位50张。10月，南通悦慈护理院建成运行，设置床位110张，一期开放52张。

【家庭医生签约服务】 家庭医生签约服务有序推进，至12月底，全区常住人群签约629341人，覆盖率达60.75%；重点人群签约397872人，覆盖率达75.7%，其中建档立卡低收入人口签约11566人，覆盖率达99.34%。

【卫生重点项目建设】 川姜镇卫生院异地新建项目完工。十总卫生院异地新建工程进入室内外配套施工阶段。先锋街道社区卫生服务中心异地新建工程内装及配套工程施工。兴仁镇卫生院异地新建项目完成内装初步验收。骑岸卫生院异地新建工程通过内装设计图审。兴东街道社区卫生服务中心改造工程（二期）土建工程完工。

【区域健康信息平台】 区域健康信息平台覆盖全区2家区级医院、5家中心卫生院、21家镇卫生院（社区卫生服务中心）及14家分支机构、209家村级医疗机构和2家民营医院。至2018年，通过区域健康信息平台及相关业务系统门诊挂号518.6万人次，住院病人6.46万人次，体检登记量41.77万人次，检验139.67万人次，影像检查87.38万人次；电子健康档案建档数981105份，电子建档率95.99%，超过省卫健委的80%电子建档率要求。

【120急救指挥中心设立】 8月7日,区编委印发《关于同意设立区120急救指挥中心的批复》(通编〔2018〕15号),同意设立通州区120急救指挥中心,隶属通州区卫计委,为公益一类事业单位,相当股级建制。经费类型为区财政全额拨款。

【所属部分事业单位人员编制调整】 8月7日,区编委《关于同意区卫计委调整所属部分事业单位人员编制的批复》(通编〔2018〕16号)明确,同意区卫计委所属部分事业单位人员编制调整如下:区人民医院人员编制从610名调整为600名;区第二人民医院人员编制从158名调整为153名;区第三人民医院人员编制从185名调整为180名;区先锋街道社区卫生服务中心人员编制从47名调整为67名。

【卫生人才队伍建设】 实施医疗卫生类岗位2018年公开招聘工作,组织招聘团队参加省公开招聘基层医疗单位急需紧缺专业人才活动,共招聘卫技人员61名。实施区120急救指挥中心人员配备,遴选编内人员6名,招聘劳务派遣人员12名。继续实施农村订单定向医学生免费培养工作,培养本科生20名、大专生14名、中职生25名。遴选并确认省优秀基层卫生骨干人才34名。举办区卫生计生管理干部能力提升培训班。

2018年通州区8家医院编制(编内人员编制数)核定情况表

表19 单位:个

序号	单位名称	编制数	编内人员控制数
1	通州区人民医院	600	1035
2	通州区中医院	430	575
3	通州区第二人民医院	153	190
4	通州区第三人民医院	180	290
5	通州区二甲人民医院	103	135
6	通州区第六人民医院	114	155
7	通州区第七人民医院	100	105
8	通州区第八人民医院	115	230
合计		1795	2715

(冯 霞 范 玲 武国胜)

农村卫生

【概 况】 2018年,通州区以筑牢农村医疗卫生服务网底为目标,强化村级医疗卫生机构运行管理和乡村医生队伍建设,建成省示范村卫生室15家。开展多轮次专项督查,提升村卫生室内涵建设。完成省卫计委下达的乡村医生初级急救知识培训、实用技能进修等培训任务。

【15家单位获“江苏省示范村卫生室”称号】 12月9日,省卫生健康委员会办公室印发《关于确认江苏省示范村卫生室名单的通知》(苏卫办基层〔2018〕36号),确认金新街道金乐佳苑、金沙街道金北村、西亭镇西禅寺村、二甲镇宝云山村、东社镇平和村、十总镇迎阳村、石港镇花市街村、石港镇马道村、刘桥镇刘桥社区闻桥、平潮镇赵坊村、平潮镇花坝村、五接镇袁三圩村、兴东街道永庆村、张芝山镇南兴村、川姜镇姜川村15家卫生室为江苏省示范村卫生室。全区累计建成江苏省示范村卫生室40家。

【第二批38名农村医学毕业生上岗】 7月,区卫计委制定2018年通州区农村医学生就业安排意见,经过资格审核、健康体检、岗位选择、委党组讨论等程序,确定38名毕业生的就业安排岗位。8月31日,区卫计委围绕村卫生室行政管理、监督管理、医疗服务、公卫服务等内容,对农村医学毕业生开展岗前培训。9月1日,全部毕业生走上乡村医生岗位。

【乡村医生人才队伍建设】 9月,组织乡村医生参加全省乡村医生初级急救知识培训,97名学员通过实践操作考试和全省理论统考。选派6名优秀乡村医生参加为期3个月的市级实用技能脱产进修,50名乡村医生参加在通州区中医院和3家中心医院为期1个月的区级实用技能脱产进修。

【村卫生室基本药物增补】 10月,针对新一轮基药采购使用现状,组织基层医疗机构初筛申报、专家评审等程序,从省增补目录中为全区34个基药代购点累计遴选309个品规,作为村卫生室基药增补目录,满足农村居民临床用药需求。

(彭益峰)

预防保健

【概 况】 2018年,通州区切实做好以霍乱、肝炎、手足口病、艾滋病、结核病、血吸虫病和人禽流感为重点的传染病防控工作。全年共报告甲乙丙类法定传染病17种4222例，甲乙类传染病发病率98.98/10万。常住儿童基础免疫接种率卡介苗99.77%，乙肝疫苗99.36%。累计建立居民电子健康档案962118份，建档率92.88%。开展重点人群健康体检21.23万人，发现疑似肿瘤601例，确诊65例。全区共上报35周岁以上病人首诊测血压1263183人次，发现高血压202481人次，阳性率16.03%。高血压患者管理97977人，规范管理67791人，规范管理率69.19%；2型糖尿病患者管理32150人，规范管理20899人，规范管理率65%。新登记结核病人331例，其中传染性肺结核病人92例。新增严重精神障碍患者108例，累计检出6345例，在册管理5283例。

【全省首起霍乱疫情】 9月，刘桥镇发生全省年度首例霍乱病例。疫情发生后，相关领导和专业人员在第一时间赶赴现场，采取了病例隔离治疗、流行病学调查、密切接触者及共同聚餐者追踪、疫点疫区消毒、主动查治腹泻病人、健康教育等一系列防控措施。省、市专家相继莅临疫情现场指导防控工作。经调查，本起疫情病例有在张家港市某工地工作史、聚餐者家有在如皋市某市场采购食品原材料史，通州区与张家港市、如皋市两地密切联系，协同作战，疫情被消灭在萌芽状态，未造成扩散，病人经治疗痊愈出院，未发生二代病例。

【霍乱疫情应急处置演练】 6月，区卫计委组织开展霍乱疫情防控应急处置演练。演练分两个阶段，第一阶段为实战演练，包括接诊病例、疫情报告、医疗救治、流行病学调查、病例检索及环境采样、疫点疫区消毒、卫生监督等7个环节。第二阶段为桌面演练，在实战演练的基础上，召集全区各医疗卫生机构霍乱疫情处置人员观看实战演练视频，查找实战演练过程中存在的问题，并就霍乱疫情处置各个环节开展有奖问答。区卫生监督所、区疾控中心、区第六人民医院、石港镇卫生所、石港镇渔湾村卫生室参加实战演练，全区各镇（街道）卫生所、卫生院（社区卫生服务中心）参加桌面演练。本次演练贴近实战、讲求实效，为及时发现及有力处置全省年度首起霍乱疫情起到技术支撑和保障作用。

【疾控机构卫生应急规范化建设】 区疾控中心落实专人牵头负责，认真学习并对照规范化建设标准和要求开展创建工作，进一步修订完善卫生应急各项制度、预案和技术方案，充实卫生应急物资和装备，开展卫生应急培训和演练，强化风险评估和预警监测，及时响应，规范处置突发公共卫生事件。通过努力，区疾控中心卫生应急规范化建设各项工作均达到标准要求，并在全市率先通过市级评估。

【通过江苏省慢性病综合防控示范区复审】 2018年是通州区建成江苏省慢性病综合防控示范区5年周期复审年。区政府专题召开复审迎查工作会议，印发实施方案，详细解读指标，细化责任分解。建立部门联络员制度，定期召开会议，交流工作进展，研究解决问题，推进重点工作。区卫计委作为牵头单位，积极主动作为。全区上下紧紧围绕“政策完善、环境支持、体系整合、管理先进、全民参与”5项具体目标，大力落实各项慢性病防控措施，慢性病防控水平进一步提升。11月19日，接受省级专家组现场复评审；12月28日，省卫生健康委发文确认通州区通过复审。

【国家城癌项目推进】 继续承担国家城市癌症早诊早治第五期项目，该项目在平潮和刘桥两个镇既往未进行过调查的12个村（居）中进行，任务数为危险因素问卷调查和高危人群评估12500人，实际完成12798份调查问卷，高危人群“五癌”筛查2500人次，发现确诊病例28人。

【中国老年健康影响因素跟踪调查】 按照国家和省统一部署要求，7月11日，通州区在平潮镇正式启动2018年老年健康影响因素跟踪调查工作，历经一个月，对通州区纳入项目的63名65周岁以上老年人进行上门进行调查和体格检测，并采集样本。

【北京大学双生子专项调查】 承担北京大学双生子专项调查的项目工作，对通州区2012和2015年入组的双生子开展调查随访。4月，区疾控中心完成21对（42人）双生子的专项调查工作；8月底前，组织卫生所完成269对双生子的随访调查和信息平台上传录入。

【“十三五”国家重点研发计划启动】 11月12日，“十三五”国家重点研发计划“环境和生活方式对我国心脑血管等慢性病的健康影响”在通州区启动。作为“健康中国”战略部署的重要内容，项目确定通州区石港镇、刘桥镇为研究基地，预计用1年时间，在两镇组织2万余人的问卷调查、体格检查、血液标本采集以及发病和死亡信息的收集上报等工作。该项目将环境作为影响群众身体健康的重要因素，努力揭示大气污染物对中国成人心脑血管疾病、呼吸系统疾病和肿瘤等慢性病发病和死亡的影响。

【学生常见病和健康影响因素监测项目实施】 10—11月，通州区作为江苏省监测点之一，选定城区实验小学、通州小学、育才中学、实验中学、金沙中学、通州高级中学、通州中专7所学校，涵盖小学、初中、普通高中、职业中学4种类型，对650名学生开展散瞳后屈光度监测，2800名学生开展健康体检，并围绕中小学生近视开展危害因素调查。

【国家人体生物监测项目开展】 国家人体生物监测是国家重大公共卫生服务项目，旨在通过开展人群现场流行病学调查和人体生物组织中环境污染物监测，获得代表性的环境有毒有害物质人体暴露负荷的数据，进而评估人群环境有毒化合物暴露健康风险。通州区作为江苏省8个监测点之一，分别选择兴仁镇酒店居、石港镇金庄居、平潮镇九圩港村3个村（居），12月3—18日，全面完成现场监测工作。该监测项目监测对象为3～79周岁当地常住居民，按照男女性别各分成6个年龄段，每年龄段监测4人，每个村（居）有选择性的各监测48人，3个村（居）共监测144人。

（张国彬）

妇幼卫生

【概　况】 2018年,通州区以贯彻落实省、市"十三五"妇女儿童发展规划为主线,以巩固省妇幼健康优质服务示范区长效管理为重点,全力推进妇幼健康民生服务实施项目,依法规范母婴健康服务监管,扎实开展妇幼健康服务重点工作,努力为全区妇女儿童提供安全、有效、便捷、优质的卫生保健服务。

【农村妇女两癌检查项目】 2018年,区委、区政府继续将城乡适龄妇女"两癌"筛查工作列入为民办实事项目,并实现筛查对象镇级全覆盖。全区共完成宫颈疾病检查25440人,确诊宫颈癌19例;乳腺疾病检查25594人,确诊乳腺癌12例。所有检出"两癌"阳性病例均得到及时随访与治疗,切实提高广大农村妇女的健康水平。

【免费婚孕检一站式服务】 2018年,区委、区政府再次将免费婚检、免费孕前优生健康检查工作列为民生实事工程,并作为区级机关部门特色重点工作加以推进,区"两办"和区"效能办"每月跟踪督查项目进展情况。区妇幼保健计划生育服务中心有机整合免费婚孕检项目,打造全数字化的婚孕前优生保健"一站式"服务,给广大服务对象营造整洁、舒适的服务环境。同时,开发应用婚孕检数字化信息系统,打造婚孕前优生保健"一站式"数字化服务平台,从登记到各项检查,所有数据即时生成,自动分类,实时上传,流程规范,方便快捷。全年共完成婚前检查7381人次,婚检率为97.5%;共完成孕前优生检查3061对,检查率达107.40%,对所有检出异常者及筛查出风险因素的对象均予以一对一咨询指导和后续跟踪服务,受到服务对象的广泛好评。

【新生儿疾病免费筛查】 新生儿疾病筛查工作作为为民办实事项目,通州区按照上级要求,积极配合南通市妇幼保健院做好新生儿苯丙酮尿症和甲低症筛查的标本采样和数据采集、信息登录、资料收集与整理上报工作。区妇计中心严格执行工作流程与操作规范,扎实做好新生儿免费听力筛查服务,创新推出告知预约式服务。2018年,共完成新生儿听力筛查7909名,筛查率99.92%;共完成新生儿苯丙酮尿症及甲低症筛查7909名,筛查率达99.92%,对筛查出异常的新生儿进行转诊治疗与随访。(王玉琴)

卫生执法

【概　况】 2018年,通州区启动计划生育卫生监督职能,推进校园饮水健康保障工程,开展民营医疗机构整治为重点的医疗卫生监督,实施美容美发、住宿业、沐浴业及游泳场所等公共场所卫生专项整治,组织生活饮用水、消毒产品、放射防护规范等专项检查,高标准、高质量落实文明和卫生城市迎复查与长效管理,有效保证人民群众健康权益。2018年,共完成日常监督5956户次,行政处罚74起,受理投诉举报53起,完成国家卫生监督双随机监督检查170家。抽检样品621份,合格590份,合格率95.01%。

【计划生育卫生监督】 2018年新增计划生育卫生监督职能,充实相应专业监管力量。以现场观摩的形式,组织各卫生计生单位分管院长、妇产科负责人,在区第六人民医院进行业务培训,邀请南通市专家进行专题法律法规宣贯。先后开展孕妇外周血胎儿游离DNA产前筛查与诊断技术专项监督检查和人类辅助生殖技术专项监督检查,对全区24家母婴保健、计划生育服务单位进行全覆盖监督检查,未发现违法违规行为。

【民营医疗机构专项整治】 5月,对民营医疗机构负责人进行相关法律法规宣贯培训;6—7月,各民营医疗单位进行自查自纠,8月区卫生监督所邀请院感专家组成三个检查组,对全区101家民营医疗机构进行拉网式监督检查;11月,对重点单位进行复查。本次整治共约谈5家,立案查处11家。

【学校卫生监督管理】 会同区教育局,组织学校负责人、校医、保健老师卫生知识培训,分别在春、秋两季开展学校卫生专项监督检查。全面推进南通市校园饮水健康保障工程,全区各中小学校配备安全卫生的净化直饮水设备,针对部分学校饮水机位置设置不合理、数量不足、管理不到位等问题,联合教育部门逐一指导、督促落实。2018年,学校直饮水的抽检合格率100%,取得显著成效。认真实施通州区学校传染病防控卫生监督项目,健全学校传染病防控工作机制,深入校园开展结核病、艾滋病等执法宣传活动。(张国彬)

医院管理

【概　况】 2018年,通州区医政工作坚持以人民群众更满意为目标,紧紧围绕省、市卫计委统一部署,加强基层医疗卫生机构服务能力建设,建立健全医疗服务监管机制,改善服务质量,促进医疗安全,努力提升群众对基层医疗卫生机构的利用率和获得感,为进一步建设分级诊疗制度打好基础。

【省级基层特色科室建设】 10月18日,省卫计委印发《关于确认第三批江苏省基层医疗卫生机构特色科室名单的通知》(苏卫办基层〔2018〕27号),确认区张芝山中心卫生院(区第三人民医院)神经内科为第三批江苏省基层医疗卫生机构特色科室。

【基层中医馆(阁)建设】 为扩大基层中医馆覆盖面,努力提高基层医疗机构中医药服务能力,区第六人民医院、区第七人民医院对照中医综合服务区(中医馆)建设标准,整合中医药服务资源,调整科室布局,中医馆建成启用。启动村卫生室"中医阁"建设试点工作,全区24家村卫生室建成"中医阁"。

【全国基层中医药工作先进单位通过复审】 3月,区卫计委印发《南通市通州区迎接全国基层中医药工作先进单位复审工作方案》,按照方案,精心组织、分工协作,8月初,接受全国基层中医药先进单位省级复审。12月26日,国家中医药管理局办公室(国中医药办医政函

〔2018〕270号）发文确认通州区达到合格标准，继续为先进单位。

【区域五大救治中心建设】 为提高区域医疗救治能力，依托区人民医院，开展区域五大救治中心建设工作。胸痛中心、卒中中心、创伤中心和孕产妇、新生儿危急重症救治中心先后通过上级考核验收，创伤中心建设进入推进阶段。

【健康扶贫工作】 实施低收入人口大病专项救治，为352名大病患者建立救治台账，为9名低收入白内障患者提供免费手术，建档立卡白内障患者免费救治率达到100%。为低收入人口提供家庭医生签约服务，全区建档立卡低收入人口11643人，家庭医生签约11566人，覆盖率99.34%，为建档立卡低收入人口提供免费健康体检，实际体检5772人。实施“先诊疗后付费”政策，全区28家医疗机构实行“先诊疗后付费”，全年有277人次在区内享受到“先诊疗后付费”政策。　（顾东烨）

医教科研

【概　况】 2018年，通州区深入贯彻新时期卫生与健康工作方针，坚持高质量发展，务实作为，在人才培养、学科专科建设、科技创新、住院医师规范化培养、继续医学教育等方面着手，不断提升卫生健康服务能力。

【卫生技术人员培养】 1人被确定为南通市第五期“226高层次人才培养工程”第二层次中青年科技领军人才，4人被确定为第三层次中青年科技领军人才。加强医务人员进修工作，全年选派51人至省级以上医院进修，34人至市级医院进修，8人至区级医院进修。

【重点学科专科管理】 区人民医院重症医学科、耳鼻咽喉科被确认为南通市医学重点学科，骨外科学被确认为南通市医学重点建设学科；12个专业科室被确认为南通市级临床重点专科，4个专业科室被确认为南通市级临床重点建设专科，1个专业科室被确认为南通市临床特色专科；6个中医专业科室被确认为南通市级中医重点专科；4个护理临床科室被确认为南通市首批市级护理重点专科，1个专业科室被确认为南通市级护理重点建设专科。

【卫生科技引领能力提升】 区人民医院依托吴阶平医学基金会申报心内科、ICU国家级课题2项；申报2018年南通市科技计划（指导性）23项；南通市青年医学人才科研基金项目10项，立项7项；通州区民生和社会事业类科技计划申报项目19项。加强医学新技术推广应用。申报南通市卫生计生新技术引进奖15项。

【全科医生队伍建设】 全区拥有全科医学专业执业（助理）医师635名，每万常住人口拥有全科医生数6.21人，超额完成高质量发展考核指标要求。强化住院医师管理，4人在通大附院进行全科医师规范化培养，2人进入协同基地通州区人民医院进行全科助理培养。积极参加省卫计委组织的全科医学师资培训，取得带教资格，确保带教质量。继续开展基层医疗机构全科转岗培训，有2人经审核合格进入培训。

【医学培训教育】 加强住院医师规范化培训工作，全区共有29人接受住院医师规范化培养。职业后教育持续加强，参加研究生学习3人，研究生课程进修班50人，业余本科244人，业余大专115人。全年共组织各类培训班22期，参加培训人员3458人次。做好省市级医学继续教育项目的组织申报工作，承办省级继续教育项目1项，市级继续教育项目8项，受众1500余人，区内医学继续教育项目备案13个，培训人员1196人。

【医学教育学分审验】 严格执行继续医学教育制度，重视和规范学分的登记、审验工作，杜绝继续医学教育学分审验流于形式。对于基层人员少，外出学习少的实际，鼓励他们通过好医生等继续教育网站进行网络学习，年度学分达标。全年完成继续教育学分审验1100余人。　（卜晓燕）

爱国卫生

【概　况】 2018年，通州区紧紧围绕爱国卫生年度工作目标，农村改厕、健康教育和健康促进、烟草烟雾危害控制、病媒生物防制、卫生和健康创建等各项工作有序推进。顺利通过国家卫生城市复审，创成“国家卫生镇”1个、“江苏省卫生镇”1个、“江苏省健康镇”1个、“江苏省卫生村”16个、“江苏省健康（村）社区”10个、“江苏省健康单位”4个。

【卫生创建】 为认真做好国卫复审迎查工作，区卫计委组建爱国卫生及病媒生物防制、健康教育和健康促进、重点场所卫生，公共卫生与医疗服务4个专项工作组和综合督查组，开展城区300余家公共场所卫生监督专项督导，制作禁烟标志2万余贴。抽调工作人员组成工作小分队，每周一轮对城区包括社区、农贸市场、餐饮单位等在内的所有重点行业和单位开展健康教育、控烟和除四害技术现场技术指导。8月18日，市区一体顺利通过国家卫生城市复审国家暗访。指导推进石港镇创建国家卫生镇，西亭镇创建江苏省卫生镇，10月24日，两个镇顺利接受并通过省级考评。12月，东社等5个镇的16个村（居）建成江苏省卫生村。

【健康城市建设】 推进江苏省健康镇和江苏省健康村（社区）创建工作。石港镇建成江苏省健康镇。全区新增10个江苏省健康村（社区）、4个江苏省健康单位和4个江苏省健康促进医院。

【全民健康生活方式行动】 以国家卫生城市和省级慢性病综合防控示范区复评审为契机，在城区设置6条“中国公民健康素养66条”大型健康知识长廊，张贴1260块六角形“健康四大基石”知识展板，向市民宣传健康生活方式知识技能。开展健康餐厅创建活动，打造南山湖餐饮示范区一条街，在南山湖畔设置户外健康元素造型、展板、漫画等。全区新建健康自助检测点6个，其中“健康小屋”1个，配备自动血压计、身高体重秤、健康大转盘、健康大礼包等健康支持性工具。

通过多种措施,努力提升居民健康营养水平。

【农村改厕】 全年完成项目改厕2600座,11月23—24日,接受并通过市级考核。11月,区委、区政府出台《南通市通州区农村户厕改造提升工程三年行动计划(2018—2020年)》,对3年目标任务进行细化分解,明确时间节点要求,各镇区园街道在组织农村户厕现状调查的基础上,制订工作方案,有序推进实施。

【病媒生物防制】 在城区新建毒饵站4204只,采购灭蟑、灭鼠、灭蚊蝇药物制剂和诱蝇笼、陶瓷毒饵站等设施投放到公园绿地、农贸市场、小区等重点场所。组织城区灭鼠、蚊、蝇、蟑等专项行动5轮,投放雷公藤甲素灭鼠剂1000余公斤、杀他仗200余公斤、高效氯氰菊酯悬浮剂100余公斤;组织主城区呆沟呆河、内河流域及居民区的小型景观水体灭蚊蚴专项行动3轮,投放安备灭蚴剂280余公斤,球形芽孢杆菌1000余公斤。免费发放灭蟑胶饵、颗粒剂,灭鼠毒饵、粘鼠板等除四害药物2万余袋(张),有效降低四害密度。11月5日,通州区作为南通市组成部分,接受并顺利通过南通市病媒生物防制单项达标先进市省级复评审。

【公共场所控烟管理】 5月,区爱卫办联合区卫生监督所相关人员组成督查组,对全区40余家医疗卫生机构的控烟长效管理工作进行突击检查,对存在问题以卫生监督意见书的形式进行交办。组织公安、文化、教育、市场监管等部门开展公共场所和室内工作场所控烟专项检查。全区各部门累计出动执法人员100余人次、车辆50余台次,共检查公共场所700余家。 (张雪梅)

2018年通州区主要医疗卫生单位基本情况表

表20

序号	单位	年末在职职工人数(人)	其中:卫技人数(人)	占地面积(平方米)	建筑面积(平方米)	年末固定资产原值(万元)	平均开放床位(张)	门急诊人次数(人次)	出院人数(人)	备注
1	人民医院	705	633	39803	108374	62530	1390	644755	55607	
2	中医院	508	421	23000	37796	17696	650	455990	21465	
3	第二人民医院	138	121	16000	11987	3893	320	62195	1879	不含城北
4	第三人民医院	242	231	13700	19324	6145	200	243659	9859	
5	二甲人民医院	114	101	19343	15605	4830	110	53840	3603	
6	第六人民医院	135	122	20003	24057	3052	152	71335	3701	
7	第七人民医院	95	87	23649	15293	1771	158	73153	2118	
8	第八人民医院	213	198	18000	22373	8333	240	149674	7931	
	合计	2150	1914	173498	254809	108250	3220	1754601	106163	

社 会 生 活

Social Life

编 辑 陈 菊

人 口

【户籍人口】 2018年末，全区户籍人口125.70万人，比上年（下同）减少3634人，人口自然增长率为-2.18‰，连续21年负增长。主要特点：一是女性人口多于男性。总人口中，男性61.30万人，减少2190人，女性64.40万人，减少1444人，女性比男性多3.10万人，男女性别比为95.19（女=100），下降0.13。二是死亡人口多于出生人口。全年出生8889人，出生率7.06‰；全年死亡11627人，死亡率9.24‰，死亡比出生人口多2738人，多788人。三是迁出人口多于迁入人口。全年迁出5618人，迁入4738人，迁出比迁入人口多880人，少748人。

【常住人口】 2018年末，全区常住人口114.17万人，与上年末减少0.03万人。其中，城镇人口71.12万人，增加1.12万人，农村人口43.05万人，减少1.15万人。城镇人口占全区常住人口的比重为62.3%，提高1.0个百分点。 （张国峰）

人 民 生 活

【城乡居民收入】 2018年，通州区全体居民人均可支配收入37425元，比上年（下同）增长9.5%。其中，城镇居民人均可支配收入48138元，增长8.5%；农村居民人均可支配收入23830元，增长9.3%。居民四项收入全面增长，主要表现为：（一）工资性收入是主动力。居民人均工资性收入22167元，增长9.4%，占人均可支配收入的比重为59.2%，对可支配收入增长的贡献率达58.9%，拉动居民可支配收入增长5.6个百分点。城镇居民人均工资性收入28732元，增长8.4%，占人均可支配收入比重为59.7%；农村居民人均工资性收入13836元，增长9.2%，占人均可支配收入的比重为58.1%。（二）经营净收入增速放缓。居民人均经营净收入6878元，增长7.5%，回落2.4个百分点。城镇居民人均经营净收入7120元，增长6.7%，回落3.8个百分点；农村居民人均经营净收入6571元，增长8.2%，回落1.0个百分点。（三）财产净收入明显增加。居民人均财产净收入2427元，增长14.2%，提高3.1个百分点，拉动可支配收入增长0.9个百分点。城镇居民人均财产净收入3704元，增长12.5%，提高3.1个百分点；农村居民人均财产净收入806元，增长14.2%，提高4.1个百分点。（四）转移净收入增速加快。居民人均转移净收入5953元，增长10.3%，提高0.1个百分点。城镇居民人均转移净收入8582元，增长8.6%；农村居民人均转移净收入2617元，增长11.3%，提高1.8个百分点。

【城乡居民消费】 2018年，通州城乡居民人均生活消费支出22575元，增加2276元，增长7.9%。城镇居民人均生活消费支出26769元，增长7.4%；农村居民人均生活消费支出17252元，增长7.4%。（一）食品烟酒消费支出占比下降。居民人均食品烟酒消费支出6529元，增长7.1%，占消费支出的28.9%，下降0.2个百分点。城镇居民人均食品烟酒消费支出7684元，增长6.6%，占消费支出的28.7%，下降0.2个百分点；农村居民人均食品烟酒消费支出5063元，增长6.8%，占消费支出的29.3%，下降0.2个百分点。（二）衣着消费更加突出个性化。随着居民对生活品质追求的提高，服装消费个性化、时尚化和品牌化趋势更加明显。全体居民人均衣着消费支出1416元，增长8.6%，提高7.4个百分点，占消费支出比重6.3%。城镇居民人均衣着消费支出1754元，增长7.8%；农村居民人均衣着消费支出987元，增长8.3%。（三）更加注重生活用品及服务品质提升。居民人均生活用品及服务消费支出1300元，增长17.6%，提高12.2个百分点。城镇居民热衷于追逐现代化、高性能的家庭设备，空调器、电冰箱、洗衣机等耐用消费品更新节奏加快，洗碗机、消毒碗柜等新式家电受到青睐，同时城镇居民对家政服务的需求越来越大。城镇居民人均生活用品及服务消费支出1568元，增长23.7%，提高28.8个百分点；农村居民人均生活用品及服务消费支出960元，增长5.7%。（四）交通通信消费支出持续高增长。随着收入的不断增加、交通和网络条件的改善，城乡居民都倾向于添置家用汽车，手机更新换代及流量支出较大。人均交通通信支出3623元，增长16.7%，提高0.3个百分点。城镇居民人均交通通信支出4144元，增长18.9%;农村居民人均交通通信支出2961元,增长12.1%。(五)医疗保健支出明显增加。随着收入的增加和生活质量的提高,居民的健康意识普遍增强,医疗保健支出不断增加。居民人均医疗保健消费支出1473元,增长17.4%,提高5.4个百分点。城镇居民人均医疗保健支出1886元,增长17.5%;农村居民人均医疗保健支出950元,增长14.5%。(六)居住消费支出有所回落。居民人均居住消费支出3977元,增长10.6%,回落5.3个百分点,占消费支出比重17.6%。城镇居民人均居住消费支出4706元,增长7.6%;农村居民人均居住消费支出3051元,增长15.1%,提高3.1个百分点,农村居民人均居住消费支出增速快于城镇居民7.5个百分点。主要原因在于:一是农村房屋装修装潢处在繁盛阶段,在居住方面的支出增长明显高于城镇;二是城区部分小区管道天然气改造,水电燃料及其他支出较少。 (张国峰)

计划生育

【概　况】 2018年,通州区认真做好国家流动人口动态监测、计生特殊困难家庭扶助和计划生育系列保险工作。

【计划生育奖励扶助】 全年符合奖励扶助条件人数101112人,按每人每月80元的奖励扶助金标准,共发放奖励扶助金9415.17万元。全年符合特别扶助条件人数3969人,独生子女伤残家庭扶助对象每人每月400元,年满60周岁的独生子女伤残对象,每人每月600元;独生子女死亡家庭扶助对象每人每月500元,年满60周岁的独生子女死亡对象,每人每月700元;共发放特别扶助金2751.11万元。符合条件领取一次性奖励金的对象为3864人,兑付一次性奖励金1216.07万元。

【流动人口计生服务】 开展全员流动人口个案信息协查,全年协查反馈省内省外信息共3878条。认真做好2018年度国家流动人口动态监测工作,积极开展流动人口健康促进示范企业、示范学校、示范社区、健康家庭先进创建工作,南通江海电容器股份有限公司获得2018年流动人口健康促进示范企业,北山社区被评为流动人口示范社区。

【计生保险】 以简化理赔程序、降低理赔门槛、扩大理赔面、提高理赔率和参保对象满意度为工作中心,组织实施向全区符合特扶条件的独生子女死亡家庭父母赠送意外伤害综合保险,保费每人每年160元。

【关怀帮扶】 对全区困难计生工作者、基层计生重点维稳对象、独生子女伤残死亡家庭及并发症人员进行调查摸底、信息核对,2018年春节前发放慰问金46万元。向14户无彩电的失独家庭各赠送32寸液晶彩电1台。向7户失独家庭赠送28只山羊、饲料和草籽,随时跟踪了解羊羔生长情况,协调解决养羊户在繁殖、疾病防治等方面遇到的难题。为西亭镇失独家庭徐祥群实施危房改造并通过南通市计生协的验收,市计生协补助2.5万元,区计生协拨付配套资金2.5万元。 (曹　周　于国庆)

人　　事

【概　况】 2018年,通州区紧紧围绕经济社会发展大局,以"重人才、稳就业、惠民生、促和谐"为工作目标,坚持人才队伍高端引领,就业形势持续稳定,社保惠民力度不断提高,劳动关系总体和谐稳定,各项业务稳中有进。全面推进"互联网+人社"服务,在全省率先实现基层社保卡便民服务终端全覆盖、村民缴费不出村。深入接轨南通城乡居民养老,医疗补助标准和报销比例进一步提高,企业职工养老保险净增人数全市第一,人才培养、人才引进等多项工作在全市保持领先。

【人才载体建设】 海星电子成功申报国家级博士后工作站,国家级工作站设站总数与正常运转率全市第一。组织指导高新区成功申报2018年度国家级专家服务基地,成为江苏省第三家、苏北第一家国家级专家服务基地。江苏碧护双创农业科技有限公司入选第三批"江苏省外国专家工作室"名单。全年共引进留学回国人员45人。蝉联全市博士后创新大赛一等奖。华宇印涂姚建南获中国博士后科学基金面上项目一等资助,全市唯一。指导思维福特机械科技有限公司日本籍专家成功入选江苏"外专百人",全市唯一。通达矽钢总工程师王岳获评江苏省有突出贡献中青年专家。江苏罗化的罗雪方入选江苏省第十五批六大人才高峰选拔培养资助计划。南通沃德彭怡婷等3人获省留学回国人员创新创业计划资助。

【人才技能培养】 全面落实区委、区政府《通州区高技能人才七年倍增计划》,全年新增专业技术人才1.45万人,完成职业技能鉴定取证6062人、高技能人才3665人、技师高级技师449人。申报并发放高技能人才补助资金、省紧缺型工种补助资金449.89万元。通州建校被评为世界技能大赛江苏省集训基地,第45届世界技能大赛江苏选拔赛砌筑项目、抹灰与隔墙项目、瓷砖贴面项目比赛在通州建校举办。南通亚振东方家具有限公司傅泽勋被评为省企业首席技师。指导申报南通市毛金芝雕刻技能大师工作室和南通市刘志锋焊接技能大师工作室。指导南通四建、通州建总组织开展企业自主评价认定试点工作,约700人参加企业初、中级自主评价认定,组织开展建设工程副高职称评审114人,专技工作继续名列全市第一。

【人事管理】 出台《2018年镇(区、园、街道)落实"四个全面"战略布局推动高质量发展综合考核办法(暂行)》和《2018年区级机关部门综合绩效考核办法》。2018年,区级政府口机关及参公管理事业单位招录计划为34人,网上资格审核通过的有2203名考生。先后会同区卫计委、教育局组织实施五个批次事业单位工作人员的招聘工作,其中区属事业单位招录115人,教育系统公开招聘130人,卫生系统公开招聘62人。配合区委组织部从省聘大学生村官中考核招聘事业单位工作人员5人,从市聘、区聘大学生村官中集中招聘事业单位工作人员6人,公开选调青年后备人才14人。完成25家岗位设置变更方案的审批及岗位聘用情况的验收认定，完成1130名人员聘用岗位变动核准工作。安置转业军官41人，随调家属2人。完成军人信息登记第一阶段工作。调整企业退休军转干部地方性生活补助，在原标准上每人每月增加300元。

【人才招聘】 推进通籍英才归雁计划，全年引进人才2643人、高校毕业生5596人。成功举办2018年人力资源暨高校毕业生双选春季招聘会、夏季网上人才交流招聘会。通州人才网新注册企业255家，提供岗位2853个，3000多人登记求职。先后组织23批次234家单位赴全国知名高校开展校园招聘活动。开展通州籍返乡学子寒假社会实践活动、通州籍学子看家乡等活动，组织企业赴上海参加多场高校毕业生择业招聘会，并与上海交通大学合作举办全区企业家高级研修班。发放2017年度引进高层次人才的生活津贴和购房补贴230.8万元。组织第十六批大学生创业评审，共扶持9个项目，发放大学生创业资金110万元。招募“三支一扶”高校毕业生5名。

（孙妍彦）

通州区成功举办2018年人力资源暨高校毕业生双选春季招聘会　（沈　婷摄）

2018被评为高级专业技术职称人员名录

正高：

正高级工程师（研究员级）：

南通通博设备安装工程有限公司：李红军

南通四建集团有限公司：沈笑非

江苏韩通船舶重工有限公司：张　华

主任医师：

区第八人民医院：张卫东　李志铎

区第六人民医院：严　林

区第三人民医院：吴雪娟　王　勇　祁　霞

二甲人民医院：宋卫斌

区人民医院：曹桂珍　邱晓华　吴木军　王红芳

区中医院：张启锋　卫建莲　瞿艳新　葛青松　刘淑云　邵晓东　沈卫华

主任中医师：

区中医院：蔡惠标

主任护师：

区第八人民医院：钱美兰

区第三人民医院：周小玉

区人民医院：杨翠萍　秦淑琴

社区主任医师：

城西社区卫生服务中心：杨红娟

平潮镇平东卫生院：顾红波

石港镇卫生所：薛红军

兴东街道社区卫生服务中心：秦红图　朱　勤

兴仁镇兴仁卫生院：马晓冬

社区主任护师：

兴东街道社区卫生服务中心：张美萍

副高：

副研究员：

刘桥镇卫生所：陆建新

副研究馆员：

区图书馆：王彦芳

区财政局：秦顺华

高级工程师：

区防汛防旱指挥部办公室：肖　燕

区生产力促进中心：顾大炜

南通江海海洋工程产业研究院有限公司：肖先刚

区综合检验检测中心：赵晓华

通州建总集团有限公司：

王从安　陈秀荣　于建华　朱红军　马建兵　周　轼　金雪峰　戴　伟　沈大德　杨晓锋　张建辉　潘晓东　吴　荣　金　华　张启华　吴志海　吴浩华　丁国华　居雅楠　李卫忠　瞿　超　王卫国　曹卫荣

南通通博设备安装工程有限公司：

卢卫兵　于建峰　顾晓娟　刘鹏飞　吴顶周　邱姜波

南通四建集团有限公司：

范建安　顾小冬　张　军　董海涛　张炳华　马晓荣　陈学军　程　新　施陈冬　许一峰　王德玉　曹国军　孙登松　倪祥强　沈建国　吴进容　张前进　邱建军　孙世燕　邱小卫　吴水芳　余洪民　王海锋　季　威　沈　波　丁　伟　张　明　黄宏军　胡　荣　倪建国　邱建清　谌建谋　王炎平　曹　勇　张卫东　季志勇　吴中华　成卫国　姜照新　季　锋

南通四建电梯工程有限公司：

季　钒　耿建忠

区威胜混凝土有限公司：张　琨

区建设工程质量监督站：陈宇航

南通市江海公路工程有限公司：邢广慧

南通金通市政工程有限公司：王　辉

南通高新技术产业开发区总公司：
周振林
南通承悦装饰集团有限公司：
邱源源　陆　辉　高洪梅
江苏瀚天智能科技股份有限公司：
杨志荣　陈建林
江苏永诚工程监理咨询有限公司：
张学彬
通州四建集团有限公司：
花昊杰　吴云山　张志华
余跃进　林　建　秦卫军
张　锋　邵海亮　丁建荣
邵智清　葛　建　周志华
江苏达海智能系统股份有限公司：
李爱祥　陈　辉
江苏蒙哥马利电梯有限公司：
葛余林　张　瑶
茵卡动力新能源江苏有限公司：
聂卫果
南通海狮船舶机械有限公司：
毛伟华
江苏华宇印涂设备集团有限公司：
丁梓森
南通苏禾车灯配件有限公司：
王玉忠
南通通达矽钢冲压科技有限公司：
陈吴荣
区广播电视台：吴丽娟
紫罗兰家纺科技股份有限公司：
刘金抗
区环境监测站：曹　炜
区铁路服务中心：徐邱彬
南通市江海公路工程有限公司：
葛小冲　卞树华
南通市高新区投资建设服务中心：
张尹炎

高级经济师：
通州建总集团有限公司：蒋燕远
南通农村商业银行：佘　俊
区劳动就业管理中心：袁卫华

高级统计师：
十总镇企业服务中心：闻爱霞
平潮镇企业服务中心：金凌云

高级会计师：
区发展和改革委员会(事业编制)：
马　燕
南通市高新区人才服务中心：
卞良成
南通农村商业银行：徐星新
李林林
江苏帝奥控股集团股份有限公司：
倪振宇
江苏综艺股份有限公司：张志军
南通市江海公路工程有限公司：
邢广洪
中国供销集团南通供销产业公司：
顾　慰
江苏通达动力科技股份有限公司：
卢应伶
南通新三能电子有限公司：杜建彬
南通江海电容器股份有限公司：
许　敏
江苏宏德特种部件股份有限公司：
李　荣
南通华新环保设备工程有限公司：
陈小军

高级人力资源师：
区机关事业单位职工社会保险基金管理中心：丁慧杰

高级讲师：
通州卫生职业中等专业学校：
刘建荣
通州中等专业学校：曹小平　张文君
卢晓明　沈志军
袁　霞

高级教练：
区人民体育场：陈　克

高级农艺师：
平潮镇农业服务中心：王　智
区耕地质量保护站：郭玉荣
金　霞
十总镇农业服务中心：花小红

高级农经师：
先锋街道农业服务中心：吴晓萍

高级兽医师：
区畜牧兽医站：杨爱娟

主任播音员：
区广播电视台：张雪松

副主任技师：
区第八人民医院：李树林
区疾病预防控制中心：赵小冬

社区副主任技师：
兴仁镇四安卫生院：袁迪梅

副主任医师：
区第八人民医院：李　峰　金小云
蒋志进　高　维
区第二人民医院：杨红伟
区第六人民医院：王志华
区第七人民医院：蒋　薇
区第三人民医院：周晓红　张迎庆
区第三人民医院：袁桂英
平潮镇卫生所：孙喜焱　王　英
任燕平
区人民医院：成　炜　蒋　锋
金圆圆　张小松
顾建建　保中伟
倪建锋　宋蓉蓉
陆袁洲　王　娟
杨卫丹　陆　斌
陈扬锋　李晓浩
黄　平　张新华
张亦男
区中医院：陆　娟　葛伟明
曹春梅　张建钢
赵葛林

社区副主任医师：
城区社区卫生服务中心：
王晓云　司建平
川姜镇卫生院：陈　刚
东社镇东社卫生院：曹叶峰
二甲镇卫生所：陈晓艳
二甲镇卫生院：于　霞
刘桥镇卫生院：刘　毅
平潮镇平潮卫生院：刘晓锋　顾卫红
李水孙
平潮镇平东卫生院：杨孙华
十总镇骑岸卫生院：蔡春霞　张竞飞
十总镇十总卫生院：易杰阳
十总镇卫生所：葛　芳
石港镇卫生所：丁红梅
石港镇卫生院：陆建新
五接镇卫生院：谭桂英
西亭镇卫生院：高　艳
先锋街道社区卫生服务中心：
周长清　陈敬东　黄　卫
兴仁镇四安卫生院：王进新　袁　丽
兴仁镇兴仁卫生院：邢　烽　钱燕霞
顾建新　宋　燕
张芝山镇卫生院：金新忠
西亭高级中学：张靖萍

副主任药师：
区第三人民医院：张祁平　黄建华
区人民医院：杨礼超
区中医院：杨志坚

社区副主任药师：
城南社区卫生服务中心：王国彬
王春梅

城区社区卫生服务中心：夏　燕
川姜镇卫生院：朱海英
兴东街道社区卫生服务中心：
成　霞
兴仁镇兴仁卫生院：夏美芳
副主任中医师：
区中医院：邱建烽　吴北军
副主任护师：
区第八人民医院：尤宁宁　徐　浩
徐成裕　吴　云
彭　云
区第七人民医院：管云芳　曹广霞
区第三人民医院：薛建美　瞿　丽
秦　娜　凌　平
蔡永红
区人民医院：周红芳　邢素琴
曹　美
区中医院：李　晔　许　敏
张　旭　吴　燕
顾雪萍　张建秀
周晓丽
社区副主任护师：
城区社区卫生服务中心：赵敏霞
东社镇东社卫生院：陈红琴
平潮镇平潮卫生院：沈小红
兴仁镇四安卫生院：单晓霞
社区副主任中医师：
城南社区卫生服务中心：马云峰
平潮镇平东卫生院：吴进锋
社区副主任中药师：
兴仁镇四安卫生院：朱冬梅
高级教师：
金沙中学：曹　忠　尹赵钱
周林聪　陆　榕
陆玲红　钱建伟
区教师发展中心：易　建
忠义初级中学：成　英
袁灶初级中学：王葛军
十总中学：张启锋
西亭高级中学：周亚梅　秦　云
张翠霞　王小亮
王　进　戴黄亮
陆忠华　杨淑琴
李思娟　王春建
何汉勇　杨　波
平潮高级中学：姚春祥　陈小雨
李志新　张栋云
魏　燕　刘焱峰
丁志荣　王　雷
龚晓燕

（孙妍彦）

劳动就业

【概　况】　2018年，全区城镇新增就业9698人，失业人员再就业7279人，就业困难人员再就业1313人，转移农村劳动力3900人，新增发放创业担保贷款2232万元，新增支持成功自主创业2610人，城镇登记失业率为1.74%。全年组织各类就业培训、技能提升培训3.65万人次。

【创业载体建设】　围绕“创业带动就业，创业增收富民”目标，以推进省级创业型乡镇（街道）、社区（村居）、园区和省市创业示范基地创建为抓手，举办“一带一路·网上丝路”高峰论坛（暨）南通家纺城首届互联网高峰论坛营销峰会。7月，高新区江海圆梦谷一举通过专家验收创成市级创业示范基地，并代表南通参加省级创建评审。11月，该孵化器被省人社厅公示为2018年江苏省创业孵化示范基地。12月，金新街道、先锋街道、十总镇、二甲镇余西村、五接镇天后宫村等5个街道（镇）、60个社区（村）被省人社厅认定为2017年度省级创业型街道（乡镇）、社区（村）和园区，通过率位于南通市前列。

【援企稳岗】　严格执行失业保险降费率政策，实时实施降低失业保险费率、扩大稳岗补贴享受范围等措施，切实为企业减负。全年为131家企业兑付稳岗补贴243.28万元，实现稳岗1.25万人，发放工作位居全市前列。直接减少企业失业保险费支出计2800多万元。

【和谐劳动关系】　按“双随机一公开”要求，主动巡查601家用人单位，书面审查用人单位1680家，受理投诉举报案件358件，及时妥善处理劳动关系群体性事件148起，移送公安欠薪案件5件，向社会公布劳动保障违法行为12起，进一步畅通维权渠道。全年立案审理劳动人事争议案件570件，案件按期结案率100%，调解率64%。开展“仲裁开放月”活动，组织仲裁庭审观摩活动5次，以案例分析、专题讲座、庭审观摩等方式让更多的人了解劳动仲裁、信任劳动仲裁。积极参与蛟龙重工等企业破产、高新区地块优化整治、“三行业”治理等全区重点工作，维护社会和谐稳定。南通亚振东方家具有限公司被评为全国模范劳动关系和谐企业，兴仁镇被评为省级和谐劳动关系示范园区。　（孙妍彦）

区人社局工作组进驻破产企业接待职工咨询并当场办理失业登记、社保转移等手续
（孙妍彦 摄）

社会保障

【概　况】 2018年，全区参加企业职工养老保险15.73万人，基金征缴17.18亿元，新增参保人数2.56万人，企业职工离、退休人员6.69万人，人均月退休金为2333.7元，人均月增资139.4元，增幅6.35%。全区450家单位参加机关事业单位养老保险，参保人数2.92万人，其中在职参保人员1.70万人，退休人员1.22万人，并完成改革准备期清算数据核对工作。全区城乡居保基本养老保险参保人数(缴费状态)20.5万人，缴费人数20万人，收取保费2.38亿元，续保率达96.3%，领取养老金人数28.79万人，基金支出6.43亿元，参保率和基础养老金发放率均达100%。新增被征地保障人员12156人，累计保障人员89003人。全区城镇职工基本医疗保险、工伤保险、生育保险参保人数分别达18.83万人、14.02万人、12.43万人。受理工伤认定申请1836件，完成工伤认定1581件，开展4次劳动能力鉴定工作，完成工伤鉴定人数915人，调解工伤案件38件。76.5万名人员参加城乡居民基本医疗保险，参保率达到99%以上。

【经办服务】 通过“预审批、先供地”“先进保，后核查”等措施，保障被征地农民“刚性进保”和项目建设顺利推进，此举乃全国首创。切实做好“互联网+人社”服务工作，大力推行社保网上经办服务，累计开通网上申报单位2544户，网上业务办理量约占整个业务量的50%。实施社会保障涉企“五险”信息系统与南通市级大系统并轨，政策、待遇标准、业务管理等完成全面统一，依托社保业务一体化系统，实现五险人员同步参保、停保、退工，为企业和职工参保提供便捷服务。

【社保卡发放应用】 全年共完成数据采集110万人，累计完成制卡105万人次，累计发卡达100万张。为切实解决老百姓补、换卡和新办卡时间周期较长的问题，投入使用两台自助制卡机，真正做到立等可取，全年补、换卡和自助制卡达5万多人次。为进一步发挥社会保障卡便民惠民作用，在全区各人力资源和社会保障所、镇(街道)、村(社区)等共布设264个社保卡便民服务终端，基本实现全覆盖。

全区镇村布设264个社保卡便民服务终端，实现社保缴费查询不出村

(孙妍彦 摄)

【政策惠民】 2018年1月起，全区城乡居民基础养老金标准提高到141元/人，惠及全区28.34万人。从2018年7月开始，执行省政府93号令的被征地农民养老补助金标准提高到704元/月，惠及全区4499人。城乡居民基本医疗保险实现原新农合和原城城镇居民医疗保险的制度整合，出台《南通市通州区居民基本医疗保险实施细则(试行)》，实现覆盖范围、筹资政策、保障待遇、医保目录、定点管理、基金管理的“六个统一”，人均筹资标准调整为980元，其中财政补助680元。

(孙妍彦)

民　政

【概　况】 2018年，区民政局以建设高质量现代民政为目标，抓重点、抢先机、树品牌、补短板、守底线，较好完成区委、区政府和上级业务部门交办的各项任务。通州区被省人民政府授予“双拥工作模范城”称号，创建省社会社区治理创新实验区通过省民政厅验收。

【基本救助】 7月1日起，通州区城镇低保由每人每月640元提高到660元，农村低保由每人每月600元提高到640元，农村分散五保由每人每月750元提高到817元，城市分散三无老人由每人每月1530元提高到1660元。至12月，全区列入城镇低保745户、991人，农村低保6702户、9300人，农村五保3459人(其中集中供养906人)，城镇三无人员49人。全年发放生活救助金1.09亿元，物价补贴共356.34万元，切实保障困难群众的基本生活。

【医疗救助】 年初，区政府出台关于印发《南通市通州区城乡医疗救助实施办法》的通知，进一步明确七类救助对象，提高救助标准，取消住院封顶线。2018年，为全区22423名城乡低保、特困供养人员、重点优抚对象(含涉核参战人员)、60年代精减退职职工、特困职工等医疗救助对象免费参合参保支出705.8万元；为建档立卡低收入农户免费参合参保支出299.01万元，1795名困难群众享受医疗救助即时结报，定点医院垫付医疗救助金606.08万元；医保平台为161725人次困难群众实施医疗救助2842.95万元，对850名不能即时结报困难对象在实施医保报支后医疗救助手工结报422.3万元。全年共计医疗救助185057人次，支出4577.16万元。

【临时救助】 按照《市政府办公室关于印发南通市市区城乡困难居民临时求助实施办法的通知》(通政办发〔2016〕176号)文件要求，在核定救助对象上，突出支出型贫困人群；在救助功能上，区别于最低生活保障“济贫”功能，发挥救助“摆渡”作用，主要是解决城乡群众遇到暂时性、突发性困难；在救助程序上，充分体现“救急难”，区分轻重缓急，实行严格审批程序的同时，对急难对象实施先救助后补充材料。2018年，全区累计救助911户，发放临时救助资金136.01万元。

【敬老院达标升级】 积极督促敬老院加强日常管理，联合区消防大队、安监部门对消防、食品等进行检查验收，未发现违规问题。结合三有三能六达标及南通市为民办实事项目，为乡镇敬老院配备120台空调。为先锋、兴仁、金新街道敬老院配备电视机、洗衣机、热水器等，合计23.22万元。利用市财政补助通州区中央福彩公益金为敬老院达标建设配备1098张床(配套床头柜、床垫)、衣柜549张，8家敬老院安装监控系统和呼叫系统，合计资金210万元。

【居家养老服务】 全年完成15个城市社区、30个农村社区居家养老服务站标准化建设，1个托老所建设和1个老年人日间照料建设任务。主城区有600名政府兜底的困难老年人享受足不出户、触手可及的居家养老呼叫服务，有1286名农村困难老年人享受政府购买“一助一”服务。宣传和推动“安康关爱行动”，全年老年人意外伤害综合保险参保率达到18%以上，其中所有经济困难的“三无”“五保”、低保及低收入家庭的人群镇级财政出资80万元。落实老年人优待政策，全区享受高龄补贴56865人，发放尊老金4416.63万元。办理老年卡1200余份，把原设在政府政务中心集中办理制作老年卡改成由镇(街道)办理，局统一汇总。

【困境儿童保障】 持续推进困境儿童和未成年人社会保障体系。根据《关于落实困境儿童分类保障制度有关问题的补充意见》(苏民事〔2018〕11号)，为3名孤儿办理儿童福利证，核减19名孤儿。全年共发放困境未成年人分类保障资金98.11万元。依托省未成年人社会保护系统，落实“五位一体”联动反应机制，探索落实早发现、早介入、早帮扶工作机制，全方位保障困境未成年人。构建“网格化”关爱保护体系，建立区、镇(街道)、社区(村居)三级工作体制，搭建农村留守儿童和困境儿童保障总框架，引导社会力量参与，实现专业性关爱服务。

【困难残疾人补贴】 全面落实残疾人“两项补贴”发放工作，全年共发放低保内残疾人补贴195.23万元，受益2603人，发放低保外残疾人补贴9683.37万元，受益14010人，发放护理补贴1467.44万元，受益14975人。全区共有16765名残疾人纳入残疾人两项补贴政策保障范围。

【慈善事业】 全年新增慈善基金1739.32万元，慈善基金总额达1.32亿元，其中村(居)慈善工作站慈善基金5138.77万元，平均每个村(居)达21.23万元。积极实施慈善扶贫、助学、助医、助孤、助残、助老、助困等救助项目，救助各类困难群众9475人次，发放慈善救助金929万元。

【双拥工作】 春节、八一建军节期间做好各类优抚对象的普惠性慰问和生活困难的下岗志愿兵发放一次性慰问金。为全区351名优抚对象配发康复器具。为全区10819名优抚对象按300元/人的标准组织体检。安排7个镇(街道)90名重点优抚对象到南通市紫琅医院进行短期疗养。组织16名残疾军人到常州东方盐湖城进行短期疗养。全年救助各镇、街道生活困难的优抚对象285人次，发放临时救助金11.7万元。

【优抚工作】 及时会商并联合区财政局下发指标文件，调整部分优抚对象人员抚恤和生活补助标准。全年共为10819名优抚对象发放抚恤补助金7680.6万元，为1421名老复员军人、老残疾军人遗孀发放补助金1108.4万元。落实优抚金按时足额发放制度，调整发放时间，审核台账资料，确保每月10号按时发放。

【退役安置】 会同区人社局、通州中专联合组织2018年秋季退役士兵集中报到、教育培训和专场招聘活动，82名退役士兵和用人单位达成初步意向，有效拓展就业渠道。对524名义务兵发放优待金；对9月接收的冬季退役士兵303人，进行分类登记，并对档案逐一进行审查。

【社区建设】 推进镇村便民服务中心建设，将东社镇、平潮镇镇级便民服务中心，以及先锋街道十六里墩村、金沙街道太山村列入公共服务中心改扩建工程。持续开展社区减负，对城乡社区台账资料、挂牌、印章管理进行“回头看”，社区减负提效工作取得实效。开展城乡和谐社区创建工作，确定7个城乡社区申报省级和谐达标社区，5个城乡社区申报省级和谐示范社区，确保全区年内97%的城市和95%的农村社区创建成省级和谐社区。

【村务治理】 深化村务公开和民主管理，修订完善《通州区村务公开目录》。逐步推广“四型”协商民主，即建设型协商民主、服务型协商民主、管理型协商民主和监督型协商民主，健全民情恳谈、社区听证、社区论坛、社区评议等沟通协商机制，加快推进基层群众民主实践制度化进程。继续实施“政社互动”，全区所有镇(街道)完成2018年度双向评估和2019年度签约工作。修订完善《村(居)民委员会依法履行职责事项》和《村(居)民委员会协助政府工作事项》“两份清单”，研究制定本年度评估工作的相关细则。开展村民小组“微自治”扩面工作，与政法委综治办加强联系，做好网格化和小组“微自治”工作的融合，指导修订完善村民小组长选举制度、村民代表推选制度、村民小组长职责、村民小组会议制度等，积极发挥村民小组长“五大员”基本职责，做好小组服务处建设工作。

【社会组织】 新成立登记社会组织30家,办理变更登记39家,办理注销登记18家,依法撤销登记5家。开展社会组织年检和等级评估工作,146家民办非企业单位和85家社会团体、1家基金会通过年检,24家社会组织通过等级评估。积极推进区级公益园建设。

【社会事务】 全年福利彩票完成销售额9500万元。婚姻登记处完成结婚登记5926对,离婚登记1680对,补发结婚登记1800对,补发离婚登记74份,登记合格率达100%。依规办理收养登记117例。金沙和平潮殡仪馆分别火化尸体5002具和2800具。机关、团体、学校等各类单位34个、1.7万人,烈士家属42批次、210人次到区烈士陵园缅怀先烈;到公墓祭扫群众3.6万余人次。完成《标准地名词典》编撰工作。核定地名批复28个小区。 (陆治平)

老龄工作

【概　况】 2018年,通州区60周岁及以上老年人35.14万人,约占全区户籍总人数的30.98%,老龄化程度高于全省8.98个百分点。全区80~89周岁高龄老年人45852人,90~99周岁长寿老年人8288人,100周岁及以上长寿老年人181人(其中男性31人,女性150人)。全年80周岁及以上老年人发放尊老金4416.63万元。全区共有15个居家养老服务中心,242个社区(村、居)居家养老服务站,其中标准化居家养老服务站106个,金沙、兴东和先锋三个城镇街道建成标准化老年人日间照料中心。

【政府购买居家养老服务制度落实】 全区有1200多名60周岁及以上分散供养的城镇"三无"、农村"五保"且丧失生活自理能力的老人、80周岁以上的空巢老人(子女户籍均不在本区、家庭生活困难且生活不能自理)、低保家庭和低收入家庭中80周岁以上独居且丧失生活自理能力的老人以及80周岁以上无固定收入且丧失生活自理能力的重点优抚对象全部纳入政府购买服务范围。充分发挥镇(街道)老年协会在居家养老服务中的引领作用,有1500多名志愿者参与涉老服务。

【居家呼叫服务】 推进"互联网+居家养老服务",充分利用现代信息手段和互联网技术,完善老年人数据信息系统,金沙街道、金新街道有500名特殊困难老年人享受"一键通"居家呼叫服务。

(马桂林)

住房公积金管理

【概　况】 2018年,通州住房公积金管理部归集住房公积金11.11亿元(含转通州湾),比上年(下同)增加9847.05万元,增长9.7%,完成年度目标的100.27%;新增开户单位260家,新建人数15959人,实缴人数增长7822人,欠缴单位4家,欠缴率为0.17%,新开单位和新建人数列南通市六个管理部第一。完成基数调整1496家单位74017人次,月缴额增加685.35万元,现月应缴额达9012.84万元。至年底,归集余额27.30亿元,增加2.11亿元,增长8.4%,累计归集78.16亿元。归集劳动竞赛排名十个参赛部门第三。全年共有175014人次(其中柜台审批提取13728人次,逐月还贷161286人次)提取住房公积金8.88亿元(其中柜台审批提取6.22亿元,逐月还贷2.66亿元),提取额占同期归集额的80.0%,提取人次增加19551人次,增长12.6%。至年底,全区住房公积金累计提取总额50.86亿元,占累计归集总额的65.1%。全年有2246户家庭申请贷款9.30亿元,发放2504户10.60亿元。年发放额首次突破10亿元大关。至年底,累计向20474户家庭发放住房公积金贷款59.41亿元,贷款余额35.11亿元,个贷比率为128.60%,并实现连续15年年末无一户一次逾期的零逾期。全年实现业务收入1.04亿元,增加1497万元,增幅16.7%;委托贷款利息收入1.04亿元,增加1907.66万元,增幅22.5%。业务支出4510.59万元,增加130.46万元,增长3.0%。实现增值收益5478.61万元,增加917.85万元,增幅20.1%,增幅较大的原因是住房公积金贷款发放增多。全年计提廉租房建设补充资金1687.14万元,累计提供9965.35万元。 (邱云霞)

生态环境

Ecological Environment

编辑 陈 菊

环境管理

【概 况】 2018年，通州区环保局坚持生态优先、绿色发展，树立“绩效环保共筑碧水蓝天”工作理念，认真履行生态环境保护责任，突出“263”专项行动和打好污染防治攻坚战，统筹协调解决突出环境问题，生态环境保护工作稳中有进。

【环境质量】 2018年，通州城区空气质量持续改善，空气质量优良天数比例(AQI)为78.1%，达到南通市考核力争目标，同比上升2.9个百分点，优良天数同比增加11天；细颗粒物($PM_{2.5}$)年均值40微克/立方米，同比下降3.6%，达到南通市考核确保目标；可吸入颗粒物(PM_{10})年均值65微克/立方米，二氧化硫年均值18微克/立方米，二氧化氮年均值27微克/立方米，酸雨出现频率4.2%。水环境质量较上年有提升，全区12个市级以上考核断面达标比例75%，同比上升41.7个百分点，优Ⅲ比例为50%，实现消除劣Ⅴ类目标；通扬运河、九圩港、通启运河、团结河、通吕运河、城区竖石河、运盐河、金沙横河水质与上年相比有不同程度好转。噪声环境质量总体良好，各功能区噪声监测结果符合相应功能区噪声标准；城区区域声环境昼间处于“一般”水平；道路交通噪声昼间处于“较好”水平。土壤环境质量总体保持稳定。 （林 菁）

【法制宣教】 2018年，在完善通州区非国控企业环境信用评价评分细则的基础上，完成对全区542家非国控污染源环境行为的评定工作，其中绿色等级11家，蓝色等级306家，黄色等级146家，红色等级64家，黑色等级15家，并在中国通州门户网站进行公布。推行环保总监制度，全区52家重点排污(监控)单位设立环保总监。严格把关行政处罚案卷，通过年末的法治、综治平安等考核；全年环保立案287件，处罚金额度8341万元。联合教育部门，组织江苏省绿色学校以及南通市绿色学校、绿色园丁、绿色小卫士申报工作，对创建学校进行实地考察和指导，组织申报单位参加培训，通州幼儿园虹西分园、金桥幼儿园、正场小学、金余小学、庆丰小学、忠义小学6所学校(幼儿园)被授予“南通市绿色学校”荣誉称号；通州小学王玉苓6名老师被授予“市绿色园丁”荣誉称号；通州小学杜禹锜等15名学生被授予“市绿色小卫士”荣誉称号。加强新出台、新修改法律法规普法宣传，在通州区政府网站解读新的水污染防治法、环境保护税法、土壤污染防治法；组织各镇(街道、区、园)环保办人员执法业务培训；召集全区印染企业负责人集中授课，进一步增强环保法制意识和守法自觉性，促进社会可持续发展。“六五”前夕，区环保局组织64名《通州日报》小记者参加“美丽中国通州行”环保采风活动。6月5日上午，在城区大润发超市门前，区环保局联合百威英博大富豪(江苏)啤酒有限公司组织主题为“美丽中国，我是行动者”的环保公益宣传咨询，活动当天8块展板巡回宣传，制作横幅4块，发放各类环保宣传资料3600余份，接受过往市民咨询200多人次；下午，区环保局在区行政中心召开新闻发布会，区环保局局长陶洋通报2017年度环境质量状况，并回答中国通州网、通州发布、《通州日报》、通州电视台、通州广播电台五家媒体记者的提问。区环保局在《通州日报》开设环保专版，刊载区环保局“12345”工作路径。 （崔祝进）

【污染防治】 2018年，持续推进大气污染防治行动计划，完成挥发性有机物排放源清单系统核算，实施大气污染防治重点工程项目，关停10～20蒸吨/小时燃煤锅炉8台，提前淘汰30蒸吨/小时燃煤锅炉2台；完成化工、表面涂装等重点行业挥发性有机物综合治理项目44个，印刷包装行业清洁原料替代项目15个，汽车维修行业挥发性有机物治理项目9个，餐饮油烟治理项目7个；加强联防联控，及时按省市要求发布污染天气预警预报，组织落实管控措施。深入开展水污染防治，制定全区流域水环境区域生态补偿和重点河流断面考核办法，滚动编制不达标断面达标方案，重点推进通启运河、九圩港河、通扬运河流域断面达标攻坚项目；实施城镇污染治理、农业农村污染治理、水生态保护等水污染防治重点工程项目13项85个。严格减控危险废物库存，实现全区钢丝绳企业库存危险废物处置率100%，其他行业危险废物库存量较上年底削减75%。完成重点行业企业和化工遗留地块基础信息采集工作，与全区104家土壤环境重点行业企业签订土壤污染防治责任书。

（赵丽媛　朱妍妍）

【环境监察】 局领导带队夜查成常态，全年开展夜查54次，检查企业284家次，发现环境问题175个。"绿盾2018"环境执法亮剑行动成效显著，全年立案287件，处罚金额8341万元，列南通前茅；实施查封扣押12起，停产限产13起，涉嫌环境犯罪移送公安8起，行政拘留5人、刑事拘留30人，环保执法力度位于全市前列。区环境监察大队被推荐为2018年度全国环境执法大练兵先进集体候选单位。推进重点行业专项整治。开展砖瓦行业整治，51家新型墙体材料企业中8家手续基本齐全予以保留，37家已全部断水断电，6家停产整治。开展散乱污企业专项整治。列入关停取缔类的94家"散乱污"企业全部关停，并做到"两断三清"。开展印染行业治理，提升废气收集、在线监控水平，关停印染、漂整企业12家。开展钢丝绳企业专项整治，25家钢丝绳企业污染工段全部停产，并拆除所用设备，"三废"清理完毕。开展固体废物专项整治，启动固废大排查，生态环境部"清废行动2018"督查组检查发现的25个存在问题按时完成整改。

【环境信访】 2018年，全区共受理环境信访3263件(省级以上越级环境信访152件，市、区级环境信访3111件)，同比上升46.3%。其中反映水污染问题637件，占19.5%；大气污染1753件，占53.7%；噪声污染565件，占17.3%；固废污染117件，占3.6%；粉尘污染109件，占3.3%；辐射污染7件，占0.2%；违法建设项目35件，占1.1%；土壤污染2件，占0.1%，其他污染问题38件，占1.2%。印发环保信访通报12期，强化信访调处的考核评比工作，每月对信访调处情况进行排名通报。启动污染源"大排查大整治"，全面深入排查环境风险，从源头入手，消除环境信访隐患，共排查摸清各类污染源1696个。开展环境信访化解百日攻坚专项行动，对140个重点信访实行局领导包案负责制，化解环境信访积案。从严从速整改中央环保督察、省环保督察、中央环保督查"回头看"交办的信访问题，中央环保督察交办24个信访问题全部完成整改，省环保督察交办66件信访，完成整改64件。从严从速办理中央环保督察"回头看"交办的问题，89件信访件完成整改80件，查处违法案件92起，处罚2288万元。（解银洁）

【网格监管】 为加强基层生态环境保护工作，落实地方政府属地管理责任，健全环境监管网格化体系，根据区委、区政府统一部署，各镇(区、园、街道)全部设立镇级环境保护办公室并正式运行，明确配备人员不少于6人，规定镇(区、园、街道)分管领导兼任环保办主任，属地派出所一名副所长兼任环保办副主任。同时对全区环境监管网格化管理加强检查考核，构建起"全面覆盖、层层履职、网格到底、责任到人"的环境监管体系，为全区生态环境建设夯实坚实基础。(吴东强)

环境监测

【概　况】 2018年共出具监测数据15.05万个，发放各类检测报告共981份。按照要求开展水、气、声、土壤等环境要素监测，污染源监督监测和应急监测。区环境监测站共投入资金586.77万元用于能力建设，先后添置大气自动监测设备、离子色谱仪、流动注射分析仪、全自动测汞仪、电位滴定仪、总有机碳自动分析仪、超纯水机等仪器，大大提升监测业务水平。（林　菁）

生态文明建设

【概　况】 2018年，通州区全面贯彻落实省、市关于生态文明建设的系列要求，围绕改善生态环境质量总体目标，以"263"专项行动和打好污染防治攻坚战为抓手，着力解决突出环境问题，生态文明建设取得新成效。

【生态红线管控】 严格执行生态红线区域保护规划，牢固树立红线意识，切实把保护责任落到实处。对全区生态红线区域按照一、二级管控区要求实行严格管控，不同类型级别的红线区域制定有针对性的保护与管控措施。加大对红线区域的环境监察和执法力度，依法查处逾越生态红线和破坏生态环境的违法行为。生态红线保护监督管理工作顺利通过省级核查。委托南京大学环境规划设计研究院股份公司对全区开展生态红线区域现状调查，形成调查成果。开展生态红线区域专项执法行动，对沿江，沿通启河、通吕运河、九圩港、遥望港及石港风景区、特殊物种保护区内的工业企业开展专项执法检查工作，重点检查生态红线一、二级管控区及长江沿岸工业企业环评及"三同时"制度执行，生产及污染防治设施运行，污染物排放及工业固废、危险废物暂存、处置情况，对发现的违反环保法律法规、生态红线区管控要求的违法行为，依法严肃查处，立案查处16件，处罚金额413万元。

【清洁生产审核】 2018年，省下达清洁生产审核任务为百威英博大富豪(江苏)啤酒有限公司等5家企业，共投入1623.92万元，实施中高费清洁生产方案11个、无低费方案62个。区环保局会同区发改委，分别于10月、12月组织企业清洁生产审核评估和验收工作。

【生态细胞工程】 组织开展第二批省生态文明建设示范镇、村评选工作。金沙、西亭等两个镇、五个村(社区)扎实开展生态文明建设示范镇、村创建工作，通过原省环保厅组织的考核验收，分别获得"江苏省生态文明建设示范镇(街道)""江苏省生态文明建设示范村(社区)"命名。南通市各县(市、区)镇村生态文明建设规划(方案)评审会在通州召开，规划(方案)成果通过省有关专家的评审。覆盖拉网式农村环境综合整治工作收官，出台《南通市通州区覆盖拉网式农村环境综合整治项目长效管理暂行规定》，各年度整治工作通过市级复核。（倪　敏）

镇·街道概况

The Survey of Towns And Streets

编　辑　杨王军

金沙街道

2018年金沙街道主要经济社会指标

表21

项　目	单　位	数　量	项　目	单　位	数　量
行政村	个	9	油料总产量	吨	2386
社区居委会	个	14	农机总动力	千瓦	22413
年末人口	人	121968	规模工业企业	家	13
一般地方预算收入	万元	35723	主营业务收入	万元	246409
农业总产值	万元	33150	利税总额	万元	29516
粮食总产量	吨	17920	固定资产投资	万元	353857
棉花总产量	吨	0	注册外资到账	万美元	800

【项目建设】 2018年，金沙街道总投资3.2亿元的鲜花小镇项目一期基本完成11个景点建设，累计接待游客约60万人次。总投资1.8亿元美食广场项目实现应税销售超1.08亿元。投资2.21亿元烁金商业街项目，开始对外招商；投资4.69亿元金东新城商业街项目完成竣工验收。加强对高新企业管理和培育，全年新增申报2家。完成新增发明专利拥有量15件，专利申请量260件，PCT专利申请量1件，完成高新技术产值11.45亿元。加大招才引智工作力度，促成产学研项目2项，招引省外高层次人才3人。加快推进文化产业发展，新注册文化企业5家。积极推进项目农业建设，全年新建扩建农业项目16个，新增项目投入量2.6亿元。

【生态环保】 2018年，认真开展秸秆禁烧工作，实现“火点零通报”。加强环境整治，创建成南通市农村环境五位一体“十佳示范乡镇”。全域推行区

金北农民集中区　　（金沙街道 供图）

农村生活垃圾试点工作，有机易腐处置中心在建设中。深入推进河长制，全年共清除河坡431处，疏浚河道4条，打造样板河道8条，清理、打捞住家船、废弃船32只。完成新增绿化面积112.96公顷，超额完成区下达任务2.5倍，成功创建城东、港北、金余、新三园4个省“三化”示范村。加强城乡环境综合治理，成功创建省生态文明建设示范街道，4个村被评为省生态文明建设示范村，22个小区被评为区级示范小区。

【公共服务】 2018年，扎实推进民生工程建设，银河小学项目投入使用，金沙幼儿园在建设中，城东幼儿园在全区率先实现实验幼儿园托管模式。完成老小区改造任务。开展施工工地事故隐患排查，全年无重大安全生产事故。组织16个村(社区)创建省级综合文化站点，新三园村和虹西村通过南通市四星级农家书屋验收。持续实施“百场文化惠民”工程，全年共演出40余场，受益群众万余人次。街道文化站自编自导的快板、打鼓说唱、小品、诗朗诵等节目参加市、区级演出，获得赞赏。在区首届朗诵比赛中获金奖，全区历史遗产文化普查工作中获先进集体。完成城乡居民养老保险续保工作，续保率达96.3%。积极开展国家食品安全城市创建工作，全面开展食品安全隐患风险摸底排查。创办“残疾人之家”，15名残疾人在“残疾人之家”找到工作。

金沙街道举办“德耀金沙 幸福家园”专场文艺演出　　(金沙街道 供图)

2018年金沙街道行政村(社区)基本情况

表22

村(社区)名称	人口(人)	党组织书记	村(社区)委会主任	村(社区)名称	人口(人)	党组织书记	村(社区)委会主任
东市社区	4387	周　纯	周　纯	天晖社区		沈汉国	沈汉国
南山社区	4036	姜抒峰	姜抒峰	天虹社区		单正国	涂孝建
新村社区	3635	王　芳	王　芳	进鲜港村	6151	何鑫鑫	单思海
虹西社区	4629	杨　琳	杨　琳	虹西村	8275	张乃均	张乃均
北山社区	7524	张志娟	张志娟	城东村	10186	涂孝建	单正国
朝阳社区	4777	陈晓霞	陈晓霞	新三园村	8872	张　云	张　云
新市社区	4589	李云英	李云英	金北村	12335	张慎建	张　军
安康社区	3870	季　艳	季　艳	太山村	5932	单进飞	吴振达
育才社区	4928	王冬梅	王冬梅	平桥镇村	6887	邱卫国	张圣凤
虹南社区	6067	陈　霞	陈　霞	港北村	6508	刘　峰	朱成红
天霞社区		郁伯珍	郁伯珍	金余村	8380	朱建军	王　斌
天熹社区		王丽丽	王丽丽				

(陆　啸)

金新街道

2018年金新街道主要经济社会指标

表23

项　目	单　位	数　量	项　目	单　位	数　量
行政村	个	21	油料总产量	吨	4726
社区居委会	个	10	农机总动力	千瓦	16099
年末人口	人	159752	规模工业企业	家	105
一般地方预算收入	万元	166804	主营业务收入	万元	4549749
农业总产值	万元	25288	利税总额	万元	489193
粮食总产量	吨	14292	固定资产投资	万元	1728528
棉花总产量	吨	0	注册外资到账	万美元	12801

【民生实事】 2018年，在17个村全面展开失地农民进保工作，完成进保人数32642人。同时，为提高失地农民生活水平，对4个纳入社会保障居，进行二次补差测算，上年补差人数为8402人，补差金额1368.75万元。对失地农民未纳入社会保障体制的男性60周岁、女性55周岁以上老人，采用农业收益补偿分配收入加补差的办法解决老年失地农民生活问题，涉及16个村6606位老人，发放补差金额299.2万元。建成全区首家“残疾人之家”——油榨社区“残疾人之家”，开展残疾人康复训练，日间照料等。

2018年金新街道行政村(社区)基本情况

表24

村(社区)名称	人口(人)	党组织书记	村委会主任	村(社区)名称	人口(人)	党组织书记	村委会主任
金南社区	7546	汤清华	汤清华	通灵桥村	5034	邢光荣	瞿建国
镇南社区	8632	耿晓燕	耿晓燕	双池头村	3865	单志洪	单小辉
八角亭社区	6626	徐　冬	徐　冬	复兴村	4560	姜　忠	朱华平
碧堂庙社区	4102	翁晓卫	许　燕	花家渡村	8785	季佩华	季佩华
金桥社区	10622	顾　伟	徐　莉	三姓街村	7866	徐小红	张琴
果园社区	5781	姜　新	徐友军	狮子桥村	4593	张新忠	王春峰
华山社区	3998	白丽娟	白丽娟	朝东圩村	4432	马新平	马新平
金霞社区	6582	瞿邵华	姜　锐	夏四店村	3093	郑　美	吴益锋
碧华社区	4132	姜　婧	姜　婧	大石桥村	2721	李　忠	张志兵
金乐社区	130			金普村	2536	俞成明	张　丽
界北村	4109	黄培国	葛　新	民平村	5983	袁新涛	季顺高
文山村	4237	陈建国	陈建国	利民村	6678	盛金峰	徐高飞
油榨村	5169	李　华	戴　峰	正场村	5418	王建林	洪中华
张门村	3174	张　清	张新鑫	进东村	6927	徐卫星	徐卫星
邢园村	3364	陈永华	唐卫国	麒麟桥村	5255	俞洪和	董林冲
元帅庙村	3802	张　建	张　建				

（钱亚琴）

兴东街道

2018年兴东街道主要经济社会指标

表25

项　目	单　位	数　量	项　目	单　位	数　量
行政村	个	9	油料总产量	吨	739
社区居委会	个	1	农机总动力	千瓦	10614
年末人口	人	32794	规模工业企业	家	26
一般地方预算收入	万元	14211	主营业务收入	万元	151904
农业总产值	万元	10008	利税总额	万元	22388
粮食总产量	吨	7842	固定资产投资	万元	286250
棉花总产量	吨	0	注册外资到账	万美元	1301

【项目建设】 2018年，进一步明确“临空产业＋跨境电商”产业定位，引进新项目。临空产业方面，重点发展飞机零部件生产，通用飞机制造，飞机维修、改装、拆解等综合服务，航空物流，通用航空运营保障等绿色高新产业，打造通州航空产业特色。跨境电商方面，做大出口业务。重点骨干企业运行质态良好。推进跨境电商试点工作。由于海关对场所验收，困难中求突破，协调好商务、海关、国检、邮政速递等部门和企业，通过“9610”模式出口合计30万单，总货值1380万美元，同比增长80.6%。至年底，在建工业项目29个，服务业项目20个，其中技改项目26个。200万元以上设备投入项目9个，完成全年任务指标。新开工亿元以上产业项目2个（江苏凯富物流有限公司、江苏守轩国际物流有限公司），新竣工亿元项目2个（空港商务酒店、尊翔公务航空飞机购置），成功转化项目2个（兴东商贸一条街、跨境电商建管中心）。

【招商引资】 高度重视招商引资工作，成功对接重特大项目。京东全球货运项目，由市政府牵头对接。东海航空分公司项目在洽谈中。中国商飞正式在园区开展飞机交付业务，南通是中国商飞唯一的异地交付场所。顺丰集团计划在园区投资第三个项目——总投资10亿元的顺丰智慧产业园项目正式签约。通过积极“走出去”“请进来”“多接洽”，共获得有效项目信息300余条，有超过30个亿元以上项目进入实质性谈判阶段，成功签约项目10个，其中，10亿元以上项目4个，3000万美元以上项目1个，8个项目领证。

【民生建设】 民生工程有序推进。机场大道拆迁安置房工程进展顺利，加强工程质量监管，确保建成质量放心工程。完成敬老院环境提升工程，加强内部管理工作，办院水平得到进一步提升。卫生院二期工程顺利进行，周边配套工程同步推进。不断优化幼儿园办学水平，提高群众满意度。城乡功能不断完善。实施东翔路西延、兴富路提档升级工程，镇区西拓北延框架形成。按照污水管网“十必接”要求，铺设污水管网0.8公里，新建农路0.62公里，农桥2座，路灯2.6公里，以提升公共服务水平。严控违章违法建设，早发现，早制止。常态化开展镇村环境“五位一体”整治工作，镇区3座老旧公厕提档升级改造，镇区交通标志标线设置在招投标阶段。深化社会治理创新，注重矛盾纠纷排查化解工作，做好重点对象稳控化解，街道信访维稳工作在全区名列前茅。加大社会治安防范打击力度，严格落实“党政同责，一岗双责”规定，常态化开展安全生产大检查，整个社会面大局保持稳定。

2018年兴东街道行政村（社区）基本情况

表26

村（社区）名称	人口（人）	党组织书记	村（社区）委会主任	村（社区）名称	人口（人）	党组织书记	村（社区）委会主任
陆扶桥村	3341	葛小龙	顾桂萍	黄金村	1782	葛　军	葛周峰
永庆村	3514	李进新	葛卫忠	双楼村	4331	顾红玉	李春峰

续表26

村(社区)名称	人口(人)	党组织书记	村(社区)委会主任	村(社区)名称	人口(人)	党组织书记	村(社区)委会主任
土山村	3615	徐　华	葛跃进	紫星村	4477	保让剑	陈晓锋
孙李桥村	3053	张采平	顾　俊	永护村	3009	吴建光	秦　玉
杨世桥村	4517	刘建国	葛　彬	机场居	1155	张金龙	王雨晴

(兰　迪)

先锋街道

2018年先锋街道主要经济社会指标

表27

项　目	单　位	数　量	项　目	单　位	数　量
行政村	个	8	油料总产量	吨	746
社区居委会	个		农机总动力	千瓦	3161
年末人口	人	37271	规模工业企业	家	47
一般地方预算收入	万元	18698	主营业务收入	万元	642119
农业总产值	万元	9053	利税总额	万元	62981
粮食总产量	吨	2907	固定资产投资	万元	202778
棉花总产量	吨	0	注册外资到账	万美元	820

【现代旅游发展】 2018年,先锋街道全面拓展绿博园景区特色品牌,加快建设灵峰禅文化园,成功举办多肉植物国际学术交流会、南通市创建国家森林城市宣传演出通州专场、世界旅游小组走进绿博园等活动。完成紫藤生态停车场、创意旅游厕所、游客中心、游步道等旅游基础设施建设,对导示系统、安全系统、智慧旅游系统等实现全面升级,新增七星梦幻、科普精致、停车场洗手间旅游厕所3座,古生物化石科普馆1座,多肉培植基地1处。全园水域和植物覆盖高达95%以上,形成"花、草、林、鸟"绿色生态环境,具有稀、奇、古、怪四大植物特色和"奇、多、美、聚"四大旅游特色,拥有雨林仙境、沙漠绿洲、梯田花海、草原、海岛、樱花谷等数十个景观景点和植物展销中心、丛林木屋、古生物科普馆、梦幻丛林儿童乐园四大休闲娱乐区。年均接待游客高达80万人次,年均营业额达1500万元。是年,获评通州首个国家AAAA级旅游景区。

【中创区东扩】 2018年,中央创新区东扩首期拆迁地块通大附院地块启动,即青年路、沈海高速、先锋竖河、二号横河围合区域,共需拆迁民居161户、非居11家,拆迁30万平方米。区成立中创区东扩(先锋)拆迁推进指挥部,采用"1+1+N"工作推进机制,创造拆迁推进"通州速度"。同期,先锋街道加大基础设施投入力度,先后完成通甲路下穿宁启铁路工程、枫林路,建成小游园1座、雨污分流管网0.8公里,新增造林面积56.67公顷,保障宁启铁路站前广场、地铁2号线开工建设。

2018年先锋街道行政村(社区)基本情况

表28

村(社区)名称	人口(人)	党组织书记	村委会主任	村(社区)名称	人口(人)	党组织书记	村委会主任
三圩头村	3102	钱建生	王　飞	花园村	2877	周继忠	葛卫东
苏家埭村	2317	王　娟	李　瑛	十六里墩村	4032	葛光华	盛　东
永安村	6073	吴亚菊	杨士兵	秦家埭村	6184	蔡银华	张红兵
周圩村	6353	陈　兵	金　冲	双盟村	6333	陆新忠	赵　彤

(葛建林)

西　亭　镇

2018年西亭镇主要经济社会指标

表29

项　目	单　位	数　量	项　目	单　位	数　量
行政村	个	9	油料总产量	吨	1741
社区居委会	个	2	农机总动力	千瓦	28752
年末人口	人	50652	规模工业企业	家	27
一般地方预算收入	万元	9160	主营业务收入	万元	378122
农业总产值	万元	32915	利税总额	万元	29602
粮食总产量	吨	30025	固定资产投资	万元	199641
棉花总产量	吨	0	注册外资到账	万美元	879

【省级卫生镇创建考核通过】 10月,省考核组到西亭镇,考核评估省级卫生镇创建工作。通过现场走访、查阅台账资料、观看创卫宣传片、听取汇报等方式,分别就环境保护、环境卫生、卫生监督、健康教育与传染病防治、爱国卫生管理与社区等方面进行考核评估。省考核评估组认为,西亭镇基础设施持续完善,健康教育有序推进,认真贯彻环保政策,卫生监督更加强化,社区村庄环境整洁,卫生条件显著改观,各项指标达到江苏省卫生镇要求,建议上报省爱卫会予以命名。

【朱鑫涛入选“中国好人榜”】 西亭镇西亭社区党总支书记朱鑫涛建立的鑫手相连协会成立3年多,志愿者发展到700多人,重点针对通州地区困难学生、留守儿童、孤寡老人、残障人士等社会弱势群体,开展帮扶、助学等公益慈善活动。至此,协会捐助、帮扶近千人,募集社会资金和物资逾百万元。朱鑫涛发起的“关爱成长、携手‘童’行”活动被评为省志愿服务优秀项目。是年,中央文明办发布11月“中国好人榜”,朱鑫涛当选“助人为乐”好人。

2018年西亭镇行政村(社区)基本情况

表30

村(社区)名称	人口(人)	党组织书记	村委会主任	村(社区)名称	人口(人)	党组织书记	村委会主任
西亭社区	6028	朱鑫涛	朱鑫涛	八总桥村	4201	卞新华	
纱场社区	3319	王瑞军		同乐村	4744	张　凤	周　新
草庙村	6038	顾先念		华芦村	4443	朱　进	赵宏梅
西禅寺村	5708	姜建均	马建忠	九总渡村	3707	张曹娟	曹华均
亭东村	5910	王　建	孙　东	龙坝村	3701	朱勇均	陈　吕
李庄村	2853	邵锦明	邵锦明				

（俞　菲）

二　甲　镇

2018年二甲镇主要经济社会指标

表31

项　目	单　位	数　量	项　目	单　位	数　量
行政村	个	8	油料总产量	吨	3694
社区居委会	个	4	农机总动力	千瓦	8168
年末人口	人	69665	规模工业企业	家	37
一般地方预算收入	万元	9079	主营业务收入	万元	891411
农业总产值	万元	41416	利税总额	万元	77407
粮食总产量	吨	10238	固定资产投资	万元	131009
棉花总产量	吨	5	注册外资到账	万美元	1000

【项目建设】 2018年，二甲镇坚持以经济发展和项目建设为中心，全力扩大经济总量，提升发展质量。全年实现一般公共预算收入9279万元，比上年(下同)增长42.2%，实现规模工业产值89.7亿元，增长12.3%；固定资产投资13.3亿元，增长11%；工业应税销售26.8亿元，增长22.4%。坚持把做强实体经济作为重要取向，全力以赴抓招商、攻项目、强企业。洽谈重点项目17个，签约项目6个，领证项目6个。坚持“项目为王”理念，加强组织领导、配备精干力量，紧盯项目注册、征地、开工、竣工、投产、转化等关键环节，强化服务保障。是年，博尔富连接线、旭诺精密模具、万秋装饰等项目先后开工建设；旭多科创园、文顺金属、顺裕包装等项目通过竣工考核；绿萌食品、旭多科创园转化达产。实施人才强企和科技兴企战略，2个项目入选南通江海英才创新项目，1个项目申报省双创人才项目，引进省外人才4名，签约产学研项目4个。

【镇村建设】 2018年，加快镇区开发步伐，地纬金樽花园项目破土动工。光明路镇区段大修工程全线通车。实施农村交通提档升级工程，新建桥梁9座，新建农路3条。龙城路接受省“四好农村路”检查。龙潭路实现简易通车。实施水环境综合整治，全年疏浚河道17条(段)、8.5公里，整坡5.5公里。推进余西古镇历史文化保护开发，大明艺苑一期建成开园。积极推进生态样板河道建设，大力推行“以河养河”，“河长制”工作保持全区前列。推进“绿色乡村”工程，通运桥村建成绿化示范村，香光寺、光明花苑、二甲中学建成“三化”示范单位。狠抓秸秆综合利用和禁烧禁抛工作，空气质量进一步提升。持续深化农村环境“五位一体”长效管理，积极探索垃圾分类收集处置管理办法。扎实推进“263”专项行动，全力整改中央省市交办问题，全面完成年度关停整治任务。积极推动全国第二次污染源普查工作。持续完善农村污水收集治理项目，完成年度“十必接”污水管网建设任务。

2018年二甲镇行政村(社区)基本情况

表32

村(社区)名称	人口(人)	党组织书记	村(社区)委会主任	村(社区)名称	人口(人)	党组织书记	村(社区)委会主任
定兴桥村	5006		周洪兵(主持工作)	北潭村	5241	陈汉忠	陈汉忠
六甲镇村	5315	汪小荣	吴　兵	三甲社区	5896	丁雪冬	季　平
通运桥村	9411	曹建江	曹勇军	袁南社区	7635	陆志平	倪剑风
路中村	5071	曹国新	曹国新	余西村	4521	曹惠英	曹晓军
宝云山村	5080	朱长英		余北社区	3938	夏　华	顾震玉
坨墩村	5995	戴松华	徐加兵	新市居	6556	季　强	邓丽君

(张　燕)

东　社　镇

2018年东社镇主要经济社会指标

表33

项　目	单　位	数　量	项　目	单　位	数　量
行政村	个	16	油料总产量	吨	6003
社区居委会	个	5	农机总动力	千瓦	35900
年末人口	人	90669	规模工业企业	家	32
一般地方预算收入	万元	8434	主营业务收入	万元	649983
农业总产值	万元	66900	利税总额	万元	75856
粮食总产量	吨	31722	固定资产投资	万元	123985
棉花总产量	吨	31	注册外资到账	万美元	843

【民生生态建设】 2018年,加快路、桥、河、渠、泵站等农村基础设施建设,完成建设用地复垦整理38.7公顷、占补平衡38.5公顷。实施政合路、唐杨路、忠义中心路拓宽改造工程,进一步改善群众出行条件。加强文化阵地和群众文艺团队建设,全年送戏下乡13场、送电影下乡210场。完成第四次全国经济普查工作任务,扎实推进城乡居民养老保险扩面工作,及时落实被征地农民社会保障,扎实推进精准扶贫,常态化开展"阳光扶贫"工作。镇村环境显著提升。全年完成河道疏浚44.6公里、护岸4.9公里、河道景观绿化7.9公里,完成租地造林57.7公顷,新增公共绿地3公顷,新建污水管网650米。深入开展农村环境综合整治,从严管控违法用地和违章建设,以全国文明城市创建迎查为契机,开展集镇综合整治,镇区秩序、环境面貌明显提升。扎实开展"263"专项行动,打好污染防治攻坚战。落实中央和省环保督查整改要求,在全区率先打响南美白对虾养殖整治攻坚战。成功举办"忠孝杯·发现东社美"摄影大赛等活动,"生态东社"品牌影响力进一步提升。

2018年东社镇行政村(社区)基本情况

表34

村(社区)名称	人口(人)	党组织书记	村委会主任	村(社区)名称	人口(人)	党组织书记	村委会主任
东社社区	4210	曹宏进	曹宏进	新桥村	2860	张　妤	季淑娟
杨港社区	6418	单镏均	邱新军	河东村	3264	潘跃进	丁小玉
五甲苴社区	5237	张海峰	曹益华	苴西村	3104	吴　泉	赵剑平
庆丰社区	3793	王云龙	陈　云	东平村	5316	曹　仪	曹国玉
白龙庙社区	4776	张　聪	包晓红	福利村	2881	张文飞	李建鹏
唐洪村	4342	邱　建	张晓林	滥港桥村	2902	张灵灵	赵　明
严北村	7437	瞿丽华	张宏建	兴隆灶村	4584	季国锋	
横马村	5211	邱小飞	邱小飞	平和村	4552	成锡锋	张学荣
五马路村	4359	曹小康	喻惠萍	中和村	5197	曹建明	李　健
香台村	3078	吴卫军	曹晓林	陈墩村	2974	王顾鑫	朱锋锋
新街村	4174	顾　永	陆丽华				

(王丽华)

十 总 镇

2018年十总镇主要经济社会指标

表35

项　目	单　位	数　量	项　目	单　位	数　量
行政村	个	15	油料总产量	吨	1636
社区居委会	个	5	农机总动力	千瓦	77038
年末人口	人	80700	规模工业企业	家	22
一般地方预算收入	万元	9430	主营业务收入	万元	211568
农业总产值	万元	58380	利税总额	万元	10922
粮食总产量	吨	61145	固定资产投资	万元	204277
棉花总产量	吨	5	注册外资到账	万美元	880

【项目建设】 2018年,十总镇完成地区生产总值57亿元,比上年(下同)增长10%;完成一般公共预算收入9314万元,新增规模以上工业企业3家,完成社会固定资产投资20.4亿元,完成规模工业总产值25.2亿元,完成工业应税销售29亿元,完成服务业应税销售9.7亿元,完成注册外资实际到账882万美元。全镇新签约亿元以上重大项目6个,新领证重大投资项目4个。全镇在建亿元以上项目7个,其中新开工亿元以上项目5个。新实施土地占补平衡50.4公顷,实施建设用地增减挂钩复垦39.87公顷。新调整规划建设用地13.33公顷,为后续项目落户拓展空间。

【民生建设】 2018年,十总镇扎实开展"三个全覆盖"试点工作,快速推进新增1000公顷高标准农田建设项目,新流转土地600公顷,先行试点组建新型合作农场12家,累计发展新型规模经营主体210家,新增家庭农场9家,累计规模经营面积4733.3公顷,规模经营面积占高标准农田面积的77.4%。大力开展农业招商，完成42个规模农业项目建设工作，投资额达4亿元。完成7家散乱污企业整治，淘汰冲天炉11座。骑岸清林奶牛场彻底关停并完成拆除，253.3公顷南美白对虾养殖区全部实现关停或转型。大力开展生猪养殖管理“百日整治”行动，关停生猪养殖户123家，整治提升239家。

2018年十总镇行政村(社区)基本情况

表36

村(社区)名称	人口(人)	党组织书记	村委会主任	村(社区)名称	人口(人)	党组织书记	村委会主任
十总社区	4107	易杰兵	周艳梅	志新村	4967	陈卫民	曹桂芬
二爻社区	4920	蒋　兵	曹秀春	渡海亭村	4610	吴坤兵	王　杰
骑岸社区	4245	王　磊		上雁村	4814	刁进国	丁志祥
沧南社区	3653	陈晓建	于志刚	爱民村	2692	徐美芳	张晓燕
五总社区	5075	丁　建	张红霞	骑北村	2908	张乃琴	姚士霞
双墩村	3343	张　明	张翊翡	张沙村	4704	陈　华	张宏霞
新雁村	4030	曹晓峰		岸西村	3083	华雪峰	耿丽华
于家坝村	4575	吴建新	范永祥	季家庄村	2860	汤亿友	许宏飞
柏树墩村	4408	季文华	吴丽华	育民村	3607	刘国新	王秋燕
迎阳村	4458	纪育和	曹　均	东场村	3641	葛建华	高卫华

(丁一倩)

石 港 镇

2018年石港镇主要经济社会指标

表37

项　目	单　位	数　量	项　目	单　位	数　量
行政村	个	10	油料总产量	吨	1232
社区居委会	个	5	农机总动力	千瓦	90795
年末人口	人	65835	规模工业企业	家	51
一般地方预算收入	万元	12326	主营业务收入	万元	1116908
农业总产值	万元	53641	利税总额	万元	118202
粮食总产量	吨	67586	固定资产投资	万元	249280
棉花总产量	吨	1	注册外资到账	万美元	1044

【镇村品质提升】 2018年，石港镇以镇村品质提升为导向，持续优化区域发展布局，完成镇域总体规划局部修编。镇区5.6公顷商住地块挂牌出让，颐港家园二期公寓楼加快推进，完成石江公路拓宽改造工程拆迁扫尾。对老镇区部分道路、自来水、污水管网等基础设施进行提档升级，推进镇污水处理厂扩容提标设计，镇区品质不断提升。持续巩固集镇环境整治成效，实施安置小区管理物业全覆盖。深化农村环境长效管理，推进村居垃圾分类处理试点。稳步推进景区建设，完成景区门禁系统、标识标牌等升级维修改造，渔湾水乡生态旅游品牌持续提升。是年，通过省新型城镇化标准化示范项目验收。

【农村发展】 统筹推进高标准农田建设、省投土地整治、新增千亿斤粮食项目和小农水重点县工程。新建农村道路31公里，新建、改造农村危桥4座，建成高标准农田1533.33公顷，新建烘干中心10个、烘干点1个，拥有烘干机达104台套，产地烘干能力超80%以上。农业基础不断夯实。大力度扶持特色养殖、稻田共养生态农业，新、扩建农业项目8个，总投资超2.9亿元，建成省级现代农业项目1个。完成全托管340公顷，创成国家级、省级示范合作社各1家，省级示范家庭农场2家，生态农业释放活力。全镇13个村居村级集体收入均达100万元以上，其中5个村居达200万元以上，村居收入总额突破2000万元。

【民生保障】 积极促成石港高中恢复办学。凝聚合力提升全镇卫生环境和健康水平，成功创建国家卫生镇、省级健康镇。石港小学、石港中学获南通市首批“新优质学校”称号。成功举办“石港戏剧曲艺艺术节”“石港镇第十九届花木盆景展”“纪念改革开放40周年——文明石港、幸福家园”摄影征文大赛等活动，实现全镇基层综合文化服务中心全覆盖。扎实开展“阳光扶贫”工作，全镇建档立卡低收入人口脱贫率达88%。持续推进城乡居民养老保险、合作医疗征收工作，城乡居民养老保险续保率达94%以上。深入推进平安法治石港建设，扎实开展扫黑除恶专项斗争，群众安全感、满意度显著提升，顺利通过区“七五”普法中期考核验收，是年，被评为南通法治示范镇。

2018年石港镇行政村（社区）基本情况

表38

村(社区)名称	人口(人)	党组织书记	村委会主任	村(社区)名称	人口(人)	党组织书记	村委会主任
草市桥社区	3549	任佳倩	任佳倩	睹史院村	4187	镇永忠	邵锦华
广济桥社区	3769	费光耀	费光耀	北渡村	3980	时甫怀	杨建新
金庄社区	4353	李海亮	刘海军	石东村	3705	张　尉	顾铁军
渔湾社区	2672	吴建华	何晓春	马道村	5158	王　兵	张建华
石西社区	3009	孙志娟	葛　峰	新貌村	5300	卞智东	单　波
四港村	5567	郭建东	陈　建	乐观村	4441	吴建则	马杰均
江海村	5403	蒋汉荣	顾金海	花市街村	4687	蒋洪华	吴红军
志田村	6055	方志清	曹　兴				

（周广林）

刘 桥 镇

2018年刘桥镇主要经济社会指标

表39

项　目	单　位	数　量	项　目	单　位	数　量
行政村	个	10	油料总产量	吨	1504
社区居委会	个	2	农机总动力	千瓦	70450
年末人口	人	74902	规模工业企业	家	38
一般地方预算收入	万元	11527	主营业务收入	万元	1072157
农业总产值	万元	48388	利税总额	万元	145733
粮食总产量	吨	65054	固定资产投资	万元	233443
棉花总产量	吨	20	注册外资到账	万美元	160

【城乡发展】 2018年，成立刘桥镇环境保护办公室，完成中央、省环保督察及中央环保回头看交办的问题整改6件，区“263”交办件18件，区污染防治攻坚办交办年度工作任务9件。提升污水处理能力，镇污水处理厂安装在线监测设备，新建创业路及秀水路648米污水主管网。全面推进“河长制”，整改各级河长巡河交办问题785个，封堵一、二级河道排污口90个，整治非法船舶147条，疏浚河道25条段。投入1100余万元高标准实施刘新河、英雄竖河生态河道建设，打造村级样板河道10条，扎实推进长岸村水美乡村建设。镇村建设有序推进。启动第七人民医院北侧地块征地搬迁工作。扎实推进秀水华庭安置区建设。投资4950万元的秀水华庭二期安置房有序施工。东环路维修改造顺利推进，持续实施教育路拓宽及安置地块搬迁工程。镇区绿化养护工作有序推进，新增一般公共绿地5.33公顷，镇区功能日趋完备。重点工程保障有力，完成锡通高速北接线工程沿线自来水迁改及二期16户民居搬迁，完成桥南110千伏变电站红线内让地和35千伏刘新线塔基建设。江通路拓宽改造全线通车。

【农业农村发展】 加大项目农业招引力度，狠抓新型经营主体培育。全年新扩建项目农业21个，完成项目投入量1.4亿元，流转土地453.33公顷。积极创建粮食生产全程机械化示范镇，新增粮食全托管主体12家，服务规模1400余亩。新增粮食烘干中心8个，烘干点1个，新增烘干机36台套。完善农村基础设施，投资7104万元实施各类高标准农田建设工程，新建泵站44座，渠道122公里，道路59公里，桥梁6座，平整土地40.67公顷。投资2148万元实施千亿斤粮食项目二期追加工程。投资2000余万元完成刘江路拓宽改造及东纵路、极米路、西南横路提档升级工程。投资240余万元完成14条一事一议财政奖补道路建设。全年农桥工程有序施工14座。成立农民用水协会，安装水流量计220个。严格规范三资管理，完成农村集体资产清产核资工作。全年实现村营收入总额896万元。

【惠民事业】 启动镇南幼儿园建设，规划刘桥小学食堂异地新建。3所小学成功与南京市第二师范学院附属小学结为友好学校。全面实施校外培训机构排查摸底和综合执法。开展各类群众文体活动30余场次，成功举办刘桥镇第22届风筝节、“通州之夜”刘桥专场演出等活动。英雄村顺利通过南通市四星级农家书屋验收。刘桥社区、新联社区、徐园村被评为省卫生村。区第七人民医院新院全面启用，医疗卫生服务体系更加完善。多举措开展国家食品安全示范城市创建工作，全年未发生一起重特大食品药品安全事故。社会大局保持稳定。加强法治文化宣传教育，组织开展“扫黑除恶”、防范和打击非法集资等法律宣传活动，新建秀水园法治文化广场及长岸村法治小游园，顺利通过区“七五”普法中期验收。深入推进“三提升”工作，切实增强人民群众的安全感和满意度。扎实推进“雪亮工程”，新增监控点143个。抓好安全生产，大力推进落实企业主体责任巩固年活动，认真做好企业安全生产标准化和风险辩识管控推广工作，全年未发生较大以上和有影响的安全生产事故。

2018年刘桥镇行政村（社区）基本情况

表40

村（社区）名称	人口（人）	党组织书记	村委会主任	村（社区）名称	人口（人）	党组织书记	村委会主任
刘桥社区	12683	羌峰鑫	倪　峰	新中村	5150	袁高鑫	朱燕平
慎修村	5788	钱春付	孙晓燕	新联社区	6747	郭振军	丁汉林
徐园村	8805	羌志明	王　峰	长岸村	5665	杨海澄	季苏红
英雄村	5326	刘锦标	纪海军	尹家园村	5473	陈亚飞	丁海峰
蒋一村	5330	帅　斌	刘建华	米三桥村	3300	朱建国	于广炎
苏池村	5295	宋金才	宋卫民	极孝村	5340	司明东	丁海平

（胡　舒）

平 潮 镇

2018年平潮镇主要经济社会指标

表41

项　目	单　位	数　量	项　目	单　位	数　量
行政村	个	20	农机总动力	千瓦	54008
社区居委会	个	6	规模工业企业	家	71

续表41

项　目	单　位	数　量	项　目	单　位	数　量
年末人口	人	122844	油料总产量	吨	2113
一般地方预算收入	万元	33701	主营业务收入	万元	2595611
农业总产值	万元	46200	利税总额	万元	347019
粮食总产量	吨	47325	固定资产投资	万元	568329
棉花总产量	吨	20	注册外资到账	万美元	1300

【镇村环境优化】 2018年，积极对接南通2035版城市总规修编，开展城镇远景规划和重点片区研究，镇区控规加快实现全覆盖。合力推进平潮高铁综合交通枢纽、海通一期、盐通高铁、海通二期、西站大道、通张铁路等搬迁工作，累计超80万平方米。完成锡通高速北接线、轨道交通1号线、城东佳苑、平潮工业园区北区等搬迁工程遗留户签约工作，保障国家及省市重点工程顺利施工。沪通家园一期工程、栖凤花苑四期、滨江花苑三期、栖凤五期、文峰花苑一期、城东佳苑等工程顺利进行施工和设计。加大对城乡环境综合整治力度，深化美丽乡村建设，推动农村环境“五位一体”长效管理，集中整治脏乱差。认真落实“河长制”“断面长制”，巡河、治河、护河工作统筹推进。完成60家生猪规模养殖场整改关停签约工作。深入开展“散乱污”企业、砖瓦行业、新型墙体材料企业等专项整治行动，依法严厉打击各类环境违法违规行为。完成平潮栖凤污水处理厂和汇晟建材市场整改。加大生态环保基础设施投入，新建污水管网9.72公里，区乡镇污水处理厂规范化建设现场会在平潮召开，建成农村小型污水处理设施4座，改造公厕16座。实施省级“四好农村路”创建工程，新建农村道路16.6公里，改造农桥6座。深化河道环境综合整治，疏浚河道12.5公里。加快完善镇区功能配套，改造镇区停车场1个。安泰路、文峰路西延实现通车。

2018年平潮镇行政村（社区）基本情况

表42

村（社区）名称	人口（人）	党组织书记	村委会主任	村（社区）名称	人口（人）	党组织书记	村委会主任
团结社区	3360	魏竹芳	高　波	花坝村	3031	吴绪华	葛建飞
民主社区	2972	邵建均	胡苏湘	湾子头村	4864	王益明	马跃云
栖凤社区	4078	沈燕霞	吴红丽	四十里村	4154	司　泽	韩　丽
桃邨社区	3101	朱　俊	邵红玉	吉坝村	5465	刘　宁	杨志刚
新三十里社区	5800	周国新	张　亮	颜港村	5059	孙造明	戴姝云
赵甸社区	6495	程剑锋	姚　刚	新坝村	4474	陈　飞	王锦秀
九圩港村	4492	陆丰云	王建英	三港村	4041	高建华	刘国祥
云台山村	5424	朱鸿霞	李震宇	任口村	3342	陈　建	陆洪兵
老墩村	3125	丁加芳	钱淑娟	平东村	7458	陈亚明	蒋忠明
赵坊村	4286	陈燕翔	邵金余	国道村	6374	杨　亮	殷桂明
平西村	6809	王美云	方永华	新生村	5568	杨　勇	孙　玉
三官殿村	3508	吴绪华	葛建飞	金桥村	6361	王志义	孙国辉
团圆村	2704	徐德生	王美清	甸北村	6523	康汉进	顾　霞

（高　燕）

五 接 镇

2018年五接镇主要经济社会指标

表43

项 目	单 位	数 量	项 目	单 位	数 量
行政村	个	8	油料总产量	吨	508
社区居委会	个	2	农机总动力	千瓦	25440
年末人口	人	38780	规模工业企业	家	24
一般地方预算收入	万元	24379	主营业务收入	万元	825894
农业总产值	万元	8261	利税总额	万元	34356
粮食总产量	吨	17842	固定资产投资	万元	437716
棉花总产量	吨	0	注册外资到账	万美元	135

【农村集体产权制度改革】 5月，五接镇被确定为南通市8个农村集体产权制度改革试点镇之一。围绕农村集体产权制度高质量的改革目标，镇成立农村集体产权制度改革领导小组。各村由党总支部书记牵头组成各村领导组和工作组。每周召开交流会，每旬召开专题会，每月召开推进会。镇级清产核资建立每周“一集中、一汇报、一推进”制度。依托五接镇村村通网和QQ群、微信群等信息网站，采取公开栏、粘贴公示榜、印发宣传手册、致农民一封信等形式，广泛进行宣讲。清产核资通过“三保证”(保证量准、保证核准、保证确准)。股权设置环节坚持因地、因人、因事制宜原则，做到科学设置、合理分配。各村成立成员股东选举委员会，负责村股份经济合作社成立大会和理事会、监事选举等相关工作。股份合作社权责清晰，管理规范，集体“三资”由村委会代管转变为集体股份经济组织自管，保护集体成员的经济权利和民主权利。经村民投票选举，复成村、李港村股份经济合作社成立，至此，五接镇8个村全部完成股权改革各环节工作，组建股份经济合作社。

五接镇完成农村集体产权制度改革 (五接镇 供图)

2018年五接镇行政村(社区)基本情况

表44

村(社区)名称	人口(人)	党组织书记	村(社区)委会主任	村(社区)名称	人口(人)	党组织书记	村(社区)委会主任
五接社区	812	佘华丽	佘华丽	李港村	5151	陆志森	徐李想
李港社区	5151	佘华丽	佘华丽	复成村	7859	康 军	朱 远
桃园村	5858	刘永新	徐振东	开沙村	1595	刘红云	刘春辉

续表 44

村(社区)名称	人口(人)	党组织书记	村(社区)委会主任	村(社区)名称	人口(人)	党组织书记	村(社区)委会主任
张大圩村	4116	陈　美	钱晓云	天后宫村	6212	李　钢	邵　锋
袁三圩村	4062	仇　华	陈建华	老木厂村	3115	余建军	金小红

（马正祥）

兴 仁 镇

2018年兴仁镇主要经济社会指标

表 45

项　目	单　位	数　量	项　目	单　位	数　量
行政村	个	16	油料总产量	吨	1854
社区居委会	个	3	农机总动力	千瓦	27976
年末人口	人	75936	规模工业企业	家	77
一般地方预算收入	万元	24779	主营业务收入	万元	1985944
农业总产值	万元	24970	利税总额	万元	254569
粮食总产量	吨	31028	固定资产投资	万元	470821
棉花总产量	吨	4	注册外资到账	万美元	1300

【项目建设】 2108年，签约项目11个，注册项目9个，新开工项目7个，完成外资到账1300万美元。四方罐式冷藏集装箱续建项目一期正式投产，二期主体厂房竣工。精密数控设备及金属铸件制造、电子商务物流中心、麦蒂酥特色糕点、新材料旅行箱包、云岚新材料汽车零部件加工生产等5个亿元项目已通过南通市认定。睿博太阳能灯具、通球机电通过南通市竣工验收。东帝纺织、睿博太阳能灯具、莱鑫运动和宏安金属实现转化达产。

【镇村建设】 通富佳苑三期、兴仁幼儿园交付使用。兴港佳苑主体工程、兴仁卫生院竣工验收。四安幼儿园新建工程全面启动。实施阚家庵村、温桥村新增千亿斤粮食项目，推进横港社区、太阳殿村水美乡村建设。建成兴发花苑、横港社区跃进河、长林桥村胜利河等小型污水处理设施3座。投入80余万元，改造提升兴仁、四安污水处理厂，增设在线监测仪，确保达标排放。

【污染治理】 成立环境保护办公室，统筹整治“散乱污”企业19家。以“分类施策，联动执法，全面清理”为原则，集中整治芦花港村废品集散中心。推动整改中央、省环保督察交办、中央环保督察“回头看”交办问题21件，均整改到位。关停生态红线范围内印染企业1家，小家具企业5家，南美白对虾养殖场2家。实施全面消除黑臭水体两年整治计划，投入1000万元，重点推进整治兴仁横河、运盐河等18条主要交通干线沿线、村(社区)主要道路沿线、社会关注度高、群众反映强烈的河道沟塘，完成整治任务80%。深入开展畜禽养殖“百日整治”专项行动，完成辖区内61家畜禽养殖场粪污治理工作，控减生猪4600头，全面关停、清理占用基本农田、占用河道及水利设施、使用餐厨废弃物生猪养殖场。

2018年兴仁镇行政村(社区)基本情况

表 46

村(社区)名称	人口(人)	党组织书记	村委会主任	村(社区)名称	人口(人)	党组织书记	村委会主任
兴仁社区	5695	冯　杰	吴晓建	太阳殿村	4006	王振明	刘振华
横港社区	4143	马　苏	陈云清	长林桥村	3606	顾　娴	申均章
酒店社区	5028	纪　燕	黄　季	丁涧店村	4157	吴　平	王　添

续表47

村(社区)名称	人口(人)	党组织书记	村委会主任	村(社区)名称	人口(人)	党组织书记	村委会主任
兴仁村	2272	吴龙坤		徐家桥村	3340	杨　彬	孙相香
芦花港村	2953	李　峰	陈何飞	戚家桥村	3580	王肖飞	徐宏雪
蒿长路村	2715	王　剑	包兴涛	阚庵东村	4860	陆树彬	陈　祥
三庙村	4090	胡加明	张卫国	阚家庵村	5730	陈　忠	羌栋灿
孙家桥村	4682	冯忠明	冯国华	温桥村	4378	陈　华	
徐庄村	3472	徐志盘	吴春华	韩家坝村	4881	王克果	高步华
李家楼村	2348	王汉明	周建滨				

张芝山镇

2018年张芝山镇主要经济社会指标

表47

项　目	单　位	数　量	项　目	单　位	数　量
行政村	个	9	油料总产量	吨	2336
社区居委会	个	1	农机总动力	千瓦	4509
年末人口	人	54477	规模工业企业	家	37
一般地方预算收入	万元	19446	主营业务收入	万元	316482
农业总产值	万元	26615	利税总额	万元	14941
粮食总产量	吨	7878	固定资产投资	万元	753993
棉花总产量	吨	0	注册外资到账	万美元	5061

【城镇建设】 2018年，张芝山镇进一步畅通路网交通，完成文旦路道路工程，彩林路、张江路绿化工程等4个项目验收，完成常春藤路道路工程设计并编标。加快完善配套功能，全年完成张川路给水工程、技防村等项目建设，完成北部片区污水接管工程初步设计和农村环境综合整治污水管网工程。同步改善农村环境，提升城乡发展水平，按照农村环境“五位一体”长效管理要求，启动农村环境“美丽提升”工程，实施各类项目24个，扎实推进8.2公里的农村公路提档升级工程，完成覆盖全镇60多公里农村公路安保工程。深入推进精神文明建设，新建通海新村法治文化游园、张芝山镇法治文化游园，利用八字桥村文化游园、培德村文化广场、居委会法治游园等基层文化平台，加强文化阵地建设，丰富群众文娱生活。

2018年张芝山镇行政村(社区)基本情况

表48

村(社区)名称	人口(人)	党组织书记	村委会主任	村(社区)名称	人口(人)	党组织书记	村委会主任
张芝山社区	7199	施　健	顾　杰	通启桥村	5405	陆　健	马　伟
塘坊村	5622	姚　平	沈　标	通海村	4501	周海兵	徐　超
决心村	3873	张　冲	钱新华	八字桥村	5251	李永亮	樊海健
天星村	7156	黄卫标	黄建华	南兴村	5163	徐笑地	徐　明
银洋河村	5703	陶胜昔	陈洪健	培德村	4604	张　荣	俞　伟

(曹昆昆)

川 姜 镇

2018年川姜镇主要经济社会指标

表49

项 目	单 位	数 量	项 目	单 位	数 量
行政村	个	14	油料总产量	吨	1437
社区居委会	个	2	农机总动力	千瓦	6902
年末人口	人	58202	规模工业企业	家	79
一般地方预算收入	万元	35131	主营业务收入	万元	2097615
农业总产值	万元	18110	利税总额	万元	228969
粮食总产量	吨	7963	固定资产投资	万元	527235
棉花总产量	吨	0	注册外资到账	万美元	1312

【经济建设】 2018年，全年引进亿元以上项目13个，实现项目领证13个，总投资10亿元水星家纺项目正式签约，京东物流、中通快递等重大项目开工建设有序推进。全镇近20家企业实施技术改造，获区技改补贴资金占比达30%。注重“双招双引”，引进创新创业人才5名，入选南通市“江海英才”计划1名。微供市场集聚商户500多家，年成交额近百亿元，入选省电子商务特色产业园区。新增“淘宝村”3个，总数达12个，连续五年被评为“淘宝镇”。

【生态攻坚】 围绕区污染防治攻坚任务，结合全国第二次污染源普查，开展大排查，打响蓝天、碧水、净土三大保卫战。深入开展“263”生态保护和环境治理专项行动，着力解决水环境、固体废物等突出问题，关停化工印染企业3家，取缔“散乱污”企业11家。投入3000万元，完成7.5公里污水管网改造，新增污水处理设施3座、提升泵站1座。主动打响“川姜地区生态环境整治大会战”，拆除违章建筑9.6万平方米，清理住家船83条。全面整治通启河和新江海河（川姜段），拆除控制线范围内违章建筑7.5万平方米。落实“河长制”，加强河岸共治，清淤疏浚10公里，整治河坡20公里，关停畜禽养殖场13家。疏浚通启河省考断面，水质达Ⅳ类考核标准。

2018年川姜镇行政村（社区）基本情况

表50

村（社区）名称	人口（人）	党组织书记	村委会主任	村（社区）名称	人口（人）	党组织书记	村委会主任
川港社区	6327	李小辉	包晓东	启江村	3875	张亚标	陆　健
姜灶社区	6424	曾晓焱	王小军	双桥村	2398	杨建峰	朱卫星
志浩村	2345	沙　杰	黄　勇	三合口村	2957	周　超	祁耀伟
志南村	3742	刘中兵	刘中兵	磨框镇村	4199	黄海嵩	吴春平
川北村	2810	翁　瑾	翁　瑾	义成村	2877	马云平	马云平
川南村	4895	周卫建	黄　玲	姜川村	4199	季　华	陆水香
保障村	1904	戴末新	陈海松	望海台村	3069	黄建林	蔡水湘
斜桥村	2980	陈　辕	王理平	三圩埭村	3201	仇陆叶	薛　平

（杨　燚）

人　物

Figures

编　辑　陈　菊

领导人物

凌　屹

中共通州区委副书记，通州区人民政府区长、党组书记。

凌屹，江苏南通人，1970年7月出生，2000年1月加入中国共产党，大学文化程度。1991年8月任南通市统计局农调队办事员。1994年10月起，历任南通市统计局科员、法规制度科副科长、办公室副主任、工业交通统计科副科长、投资统计科科长、投资统计处处长。2002年11月任南通市统计局副局长、党组成员、投资统计处处长，2003年8月不再兼任南通市统计局投资统计处处长(2006年12月取得南京大学公共管理硕士学位)。2012年2月任南通市统计局局长、党组书记(2011年4月至2012年4月参加省高级管理人才经济研究班赴美国培训)。2017年2月任南通市经济和信息化委员会主任、党组书记。2017年8月任通州区委副书记、通州区人民政府副区长、代理区长、党组书记。2018年1月任通州区委副书记、通州区人民政府区长、党组书记。(2018年1月19日通州区第十六届人民代表大会第二次会议选举)。　(徐　钰)

先进人物

沙　剑

南通江海电容器股份有限公司第三制造科设备主管。2018年4月被中华全国总工会授予全国五一劳动奖章。

沙剑，男，1974年3月生，大学本科，助理工程师，中共党员。他勤奋刻苦，处处争做业务骨干。在设备维修班组管理上，他十分注重加强团队建设；在现场工作中，他精益求精，在创新研发的第一线奋力攻关，推动企业技术优化升级。他先后获国家知识产权局颁发的发明型专利1项，实用型专利11项，2016年获江苏省五一劳动奖章。　(高　燕)

徐淑华

通州区人民法院速裁庭庭长。2018年5月被最高人民法院授予全国法院知识产权审判工作先进个人。

徐淑华，女，1977年9月生，法律硕士，中共党员。1998年，她从南京师范大学法学院毕业后进入通州法院，先后在三个基层法庭、民一庭等部门工作。自2014年以来，徐淑华带领知识产权庭全体干警，围绕通州地方特色产业，积极开展工作，知识产权审判经验做法获得省法院高度认可。在建庭十周年之际，她组织全庭干警拍摄《创新之路》专题片，编写《耕耘》书籍，扩大知识产权审判影响力。其本人执笔撰写的《家纺产业知识产权多维司法保护之构建》获区法学会2016年课题调研二等奖、南通法院2016年度重点调研课题一等奖。在任法官期间，她每年的办案数均名列前茅，先后被省高院记二等功一次、被南通中院记三等功一次，获得南通市劳动模范、南通市优秀共产党员、南通法院系统调解能手，通州十大和谐卫士、十佳青年公务员、十佳青年、十佳女性等荣誉称号。　(龚海涛)

王蔚敏

南通家纺城版权办主任。2018年11月被国家版权局表彰为2017年度查

处侵权盗版重大案件有功个人三等奖。

王蔚敏，男，1979年10月生，大学本科，知识产权工程师，中共党员。自2009年5月从事家纺城版权管理工作以来，他受理版权投诉2765起，版权纠纷调处1272起，作品鉴定697件，查封印花布156.68万米，权利人获得经济赔偿716万元，挽回权利人经济损失11.6亿元。他参与历届中国家纺画稿交易会，并做好资料整理归档。2017年，他所制定的系列知识产权管理制度被纳入"江苏省家纺产品知识产权服务标准化试点"。在他的带领下，南通家纺城版权办先后被评为全国版权保护示范单位、全国查处侵权盗版案件有功单位、全省知识产权工作先进单位等。　（王蔚敏）

通州特色农产品选介

东社香芋

通州区东社镇南依长江、东临黄海，气候宜人、土壤肥沃。种植香芋已有上百年的历史，成片种植香芋始于上世纪九十年代，现拥有连片种植面积400亩，农户种植近千亩，取得良好的经济和社会效益。

东社香芋是一种集营养、保健及药膳为一体的上等佳肴，富含人体所需的多种微量元素和矿物质，尤其富含硒，对提高免疫力和预防癌症非常重要。研究表明，低硒或缺硒人群通过适量补硒不但能够预防肿瘤、肝病等的发生，而且可以提高机体免疫能力，维护心、肝、肺、胃等重要器官正常功能，预防老年性心、脑血管疾病的发生。

荣 誉 栏

Honor Roll

编 辑 陈 菊

通州区受南通市以上党政军群机关表彰的先进集体一览表

(2018年4月至2019年3月)

表51

单 位	荣 誉	表彰机关	表彰时间
南通高新区	国家级专家服务基地	人力资源和社会保障部	2018年5月
南通四建集团有限公司	2017年度中国建筑钢结构行业诚信企业	中国建筑金属结构协会	2018年5月
南通四建集团有限公司	2017年度中国建筑钢结构行业竞争力榜单前百名企业	中国建筑金属结构协会	2018年5月
金沙街道	全国优秀学习型乡镇(街道)	中国成人教育协会成教专委会、教育部社区教育研究中心	2018年6月
刘桥镇英雄村	全国农村优秀学习型村居	中国成人教育协会成教专委会、教育部社区教育研究中心	2018年6月
五接镇老干部党总支	全国农村优秀学习型部门	中国成人教育协会成教专委会、教育部社区教育研究中心	2018年6月
南通江海电容器股份有限公司	全国农村优秀学习型乡镇企业	中国成人教育协会成教专委会、教育部社区教育研究中心	2018年6月
区国信孔雀养殖专业合作社	全国农村优秀学习型家庭农场(专业合作社)	中国成人教育协会成教专委会、教育部社区教育研究中心	2018年6月
区人民法院	通报表扬	最高人民法院政治部、人民法院新闻传媒总社	2018年8月
南通江海电容器股份有限公司新江海动力电子公司工会	全国模范职工小家	中华全国总工会	2018年9月
川姜镇	2017—2018年度纺织行业创新示范集群	中国纺织工业联合会	2018年9月
民进南通市通州区支部	民进全国宣传思想工作先进集体	中国民主促进会中央委员会	2018年10月
南通四建集团有限公司	2018年度中国工程建设诚信典型企业	中国施工企业管理协会	2018年11月
川姜镇知识产权管理办公室	2017年度查处侵权盗版重大案件有功单位三等奖	国家版权局	2018年11月
南通高新区	2017年度火炬统计工作先进单位	科学技术部火炬高技术产业开发中心	2018年11月

续表50

单位	荣誉	表彰机关	表彰时间
南通海星电子股份有限公司	全国工会职工书屋示范点	全国工会职工书屋建设领导小组办公室、全国总工会宣传教育部	2018年11月
川姜镇	改革开放40周年中国领航创新产业集群	中国纺织品商业协会	2018年12月
江苏永达电力电信安装工程有限公司	江苏省五一劳动奖状	江苏省总工会	2018年4月
通州地方税务局第四税务分局 江苏东源电器集团股份公司中压电器二次线组	工人先锋号	江苏省总工会	2018年4月
南通江海公路工程有限公司工会委员会 江苏银行股份有限公司南通通州支行工会委员会 通州润泰商业有限公司工会委员会 通州新华书店有限责任公司工会委员会 中国移动通信江苏有限公司通州分公司工会委员会 中国电信股份有限公司通州分公司维护安装部分工会 南通江海电容器股份有限公司新江海动力电子分工会 中国农业银行股份有限公司通州支行刘桥支行分工会 区人民医院产科三病区工会小组 区中医院十病区工会小组	江苏省模范职工之家	江苏省总工会	2018年4月
区农业普查办公室 西亭镇农业普查办公室 平潮镇农业普查办公室 兴仁镇农业普查办公室	江苏省第三次全国农业普查先进集体	江苏省第三次全国农业普查领导小组办公室、省统计局、国家统计局江苏调查总队	2018年4月
南通高新区	实施创新驱动发展战略、推进自主创新和发展高新技术产业成效明显的高新区	江苏省人民办公厅	2018年5月
区人民法院执行局	通报表扬	江苏省高级人民法院	2018年5月
区公安局开发区派出所	2018年全国“两会”安保维稳成绩突出集体	江苏省公安厅	2018年6月
石港镇	2017年度全省基层党员冬训工作示范镇	中共江苏省委组织部、省委宣传部	2018年6月
石港镇“栖凤园”法治文化公园	省级法治文化建设示范点	中共江苏省委宣传部、江苏省依法治省领导小组办公室、省法治宣传教育工作领导小组办公室、省司法厅、省文化厅、省新闻出版广电局	2018年6月
南通四建集团有限公司	先进基层党组织	中共江苏省住房和城乡建设行业委员会	2018年6月
区地方海事处党支部	全省交通运输行业“两聚一高”行动队	中共江苏省交通运输厅党组	2018年6月
区科学技术协会	全国科技活动周暨江苏省第三十届科普宣传周活动优秀组织单位	江苏省科学技术协会	2018年6月
区委组织部	全省党员电教制片重点县（市、区）	中共江苏省委组织部	2018年7月
南通四建集团有限公司 通州建总集团有限公司 南通新华建筑集团有限公司	2017年度江苏建筑业百强企业	江苏省住房和城乡建设厅、省统计局、省商务厅	2018年7月
区人民法院执行局	通报表扬	江苏省高级人民法院	2018年8月
金沙街道育才社区	全省校外教育辅导站先进电子阅览室	江苏省关心一下代工作委员会	2018年8月

续表50

单　位	荣　誉	表彰机关	表彰时间
区总工会	2017年度县以上工会财务会计工作竞赛评比一等奖	江苏省总工会	2018年9月
区公安局	执法办案管理中心示范点	江苏省公安厅	2018年9月
川姜镇	江苏纺织服装百亿名镇贡献奖	江苏省纺织工业协会	2018年9月
忠孝文化园	江苏省国防教育示范基地	江苏省全民国防教育委员会	2018年9月
南通家纺城	江苏省乡镇电子商务特色产业园(街)区	江苏省商务厅	2018年10月
川姜镇知识产权管理办公室	江苏省打击侵权盗版十大案件办案单位	江苏省版权局	2018年10月
区人民法院知识产权庭	全省法院知识产权审判工作先进集体	江苏省高级人民法院	2018年11月
金沙街道御润家庭农场科普示范基地 区国信孔雀繁育养殖基地	江苏省农村科普先进单位	江苏省科学技术协会、省财政厅	2018年11月
金沙街道朝阳社区	江苏省农村科普示范社区	江苏省科学技术协会、省财政厅	2018年11月
川姜镇	2015—2018年度全省社会治安综合治理先进集体	中共江苏省委、省人民政府	2018年12月
区委宣传部	2017年度全省基层党员冬训工作示范县(市、区)	中共江苏省委组织部、省委宣传部	2018年12月
西亭镇 石港镇	2017年度全省党员冬训工作示范乡(镇、街道)	中共江苏省委组织部、省委宣传部	2018年12月
区审计局	全省政府债务审计先进集体	江苏省审计厅	2018年12月
金沙街道 西亭镇	第二批江苏省生态文明建设示范镇	江苏省生态环境厅	2018年12月
区公安局政治处	民警的“好娘家”(集体三等功)	江苏省公安厅	2018年12月
通州新闻信息传播中心	全省县市新闻中心系统先进单位	江苏省县市报研究会、县市新闻中心工作委员会	2018年12月
区科学技术协会	江苏省“全国科普日”优秀组织单位	江苏省科学技术协会	2018年12月
区机关事务管理局	全省机关事务管理系统先进集体	江苏省人力资源和社会保障厅、省机关事务管理局	2018年12月
金沙街道金北村 金沙街道新三园村 金沙街道城东村 金沙街道虹西村 西亭镇西亭居	第二批江苏省生态文明建设示范村(社区)	江苏省生态环境厅	2018年12月
十总镇	2017年度江苏省和谐社区建设示范乡镇(街道)	江苏省民政厅	2018年12月
先锋街道周圩村 金沙街道虹西村 金新街道利民村 五接镇开沙村 十总镇张沙村 张芝山镇糖坊村 二甲镇六甲镇村	2017年度江苏省和谐社区建设示范社区(村)	江苏省民政厅	2018年12月

续表50

单　位	荣　誉	表彰机关	表彰时间
金新街道 先锋街道 二甲镇 十总镇 五接镇	第二批省级创业型街道(乡镇)	江苏省人力资源和社会保障厅	2018年12月
金新街道八角亭居 金新街道金南居 金新街道元帅庙村 金新街道华山居 二甲镇余西村 二甲镇新市居 二甲镇三甲居 二甲镇北潭村 川姜镇义成村 川姜镇姜川村 川姜镇保障村 兴仁镇三庙村 兴仁镇兴仁居 兴仁镇酒店居 兴仁镇李家楼 兴东街道永庆村 兴东街道永护村 兴东街道土山村 兴东街道双楼村 兴东街道陆扶村 兴东街道杨世桥 兴东街道黄金村 先锋街道十六里墩村 先锋街道周圩村 先锋街道永安村 先锋街道苏家埭村 先锋街道三圩头村 先锋街道花园村 五接镇天后宫村 五接镇袁三圩村 五接镇李港村 五接镇开沙村 西亭镇龙坝村 西亭镇李庄村 西亭镇同乐村 西亭镇草庙村 石港镇石东村 石港镇金庄村 石港镇花市街村 石港镇草市桥居 金沙街道新村居 金沙街道虹南居 金沙街道南山居 金沙街道东市居 东社镇五甲苴居 东社镇东平村 东社镇新桥村 东社镇白龙庙居 张芝山镇银洋河村 张芝山镇培德村 张芝山镇决心村	第二批省级创业型村(社区)	江苏省人力资源和社会保障厅	2018年12月

续表50

单　　位	荣　　誉	表彰机关	表彰时间
张芝山镇通海村 平潮镇团结居 平潮镇桃邨社区 平潮镇栖凤社区 平潮镇民主居 十总镇双墩村 十总镇岸西村 十总镇骑岸居 十总镇新雁村	第二批省级创业型村(社区)	江苏省人力资源和社会保障厅	2018年12月
石港镇	江苏省健康镇	江苏省卫生健康委员会、省爱国卫生运动委员会办公室	2019年1月
金沙街道新三园村 兴仁镇太阳殿村 兴仁镇徐家桥村 石港镇睹史院村	江苏省健康村	江苏省卫生健康委员会、省爱国卫生运动委员会办公室	2019年1月
金沙街道虹南社区 金沙街道朝阳社区 金沙街道天熹社区 金沙街道安康社区 石港镇草市桥社区 石港镇渔湾社区	江苏省健康社区	江苏省卫生健康委员会、省爱国卫生运动委员会办公室	2019年1月
金沙街道办事处	江苏省健康机关	江苏省卫生健康委员会、省爱国卫生运动委员会办公室	2019年1月
区中医院 区第二人民医院 区第六人民医院	江苏省健康医院	江苏省卫生健康委员会、省爱国卫生运动委员会办公室	2019年1月
区中医院 区第二人民医院 区第六人民医院 五接镇卫生院	江苏省健康促进医院	江苏省卫生健康委员会、省爱国卫生运动委员会办公室	2019年1月
金新街道界北村 金新街道狮子桥村 金新街道夏四店村 金新街道金善村 金新街道麒麟桥村 东社镇唐洪村 东社镇横马村 东社镇苴西村 东社镇平和村 东社镇滥港桥村 石港镇新貌村 石港镇马道村 刘桥镇徐园村 刘桥镇新联社区 刘桥镇刘桥社区 兴仁镇阚家庵村	江苏省卫生村	江苏省爱国卫生运动委员会办公室	2019年1月
区水产技术指导站	江苏省渔业技术推广系统先进集体	江苏省渔业技术推广中心	2019年1月
区科学技术协会	实施"县级科协创新发展能力提升计划"优秀单位	江苏省科学技术协会	2019年1月
南通四建集团有限公司	全省"安康杯"竞赛先进集体	江苏省总工会、省应急管理厅	2019年2月
区植物保护指导站	十佳植保植检站	江苏省植物保护植物检疫站	2019年2月

续表50

单　位	荣　誉	表彰机关	表彰时间
南通四建集团有限公司	安装百强企业	江苏省安装行业协会	2019年3月
南通四建集团有限公司 通州建总集团有限公司 南通新华建筑集团有限公司 通州四建集团有限公司	江苏省建筑业竞争力百强企业	江苏省建筑行业协会	2019年3月
十总镇 五接镇	高标准农田建设先进单位	中共南通市委、南通市人民政府	2018年4月
区纪律检查委员会 区委农村工作办公室 区财政局	实施脱贫致富奔小康工程先进单位	中共南通市委、南通市人民政府	2018年4月
兴仁镇 平潮镇 西亭镇	绿色南通建设先进单位	中共南通市委、南通市人民政府	2018年4月
二甲镇	国家现代农业示范区建设先进单位	中共南通市委、南通市人民政府	2018年4月
金沙街道	农业接轨上海先进单位	中共南通市委、南通市人民政府	2018年4月
区油脂化工厂有限公司	农业龙头企业争先创优先进单位	中共南通市委、南通市人民政府	2018年4月
区国信孔雀养殖专业合作社 区骑盛蔬菜农地专业合作社 区双带农产品农民专业合作社	新型农民合作组织建设先进单位	中共南通市委、南通市人民政府	2018年4月
区中心镇办公室	服务市级中心镇发展先进单位	中共南通市委、南通市人民政府	2018年4月
刘桥镇	农村水利建设“十佳”单位	中共南通市委、南通市人民政府	2018年4月
区俊宇观赏鱼养殖场	现代渔业建设和安全监管先进单位	中共南通市委、南通市人民政府	2018年4月
石港镇	农村综合服务社建设先进单位	中共南通市委、南通市人民政府	2018年4月
二甲镇 五接镇	耕地保护“十佳”乡镇	中共南通市委、南通市人民政府	2018年4月
五接镇天后宫村 二甲镇坨墩村 兴仁镇韩家坝村	美丽乡村建设工作先进单位	中共南通市委、南通市人民政府	2018年4月
区粮食购销公司	粮食购销工作先进单位	中共南通市委、南通市人民政府	2018年4月
十总镇	农机化工作先进单位	中共南通市委、南通市人民政府	2018年4月
金沙街道	畜禽养殖污染治理先进单位	中共南通市委、南通市人民政府	2018年4月
区住房和城乡建设局 区委宣传部 区公安局 区市场监督管理局 区交通运输局 金沙街道办事处 金新街道办事处	2015—2017年度南通市建设全国文明城市突出贡献集体	中共南通市委、南通市人民政府	2018年7月

续表50

单　位	荣　誉	表彰机关	表彰时间
金沙街道 兴东街道 先锋街道 刘桥镇 十总镇 石港镇 二甲镇 西亭镇 五接镇 东社镇 川姜镇 兴仁镇 金新街道 张芝山镇	南通市平安法治镇(街道、园区)	中共南通市委、南通市人民政府	2019年1月
石港镇 五接镇	农村综合服务社建设先进单位	中共南通市委、南通市人民政府	2019年2月
区水利局 石港镇	农村水利建设“十佳”单位	中共南通市委、南通市人民政府	2019年2月
石港镇	高标准农田建设先进单位	中共南通市委、南通市人民政府	2019年2月
区委农村工作办公室 区纪律检查委员会 区卫生和计划生育委员会 区残疾人联合会 川姜镇保障村	打好精准脱贫攻坚战先进单位	中共南通市委、南通市人民政府	2019年2月
东社镇	国家现代农业示范区建设先进单位	中共南通市委、南通市人民政府	2019年2月
十总镇于家坝家庭农场联合体	“三个全覆盖”试点镇建设先进单位	中共南通市委、南通市人民政府	2019年2月
二甲镇	农业接轨上海先进单位	中共南通市委、南通市人民政府	2019年2月
区农业委员会 东社镇	规模农(渔)业项目建设先进单位	中共南通市委、南通市人民政府	2019年2月
五接镇	农村集体产权制度改革工作先进单位	中共南通市委、南通市人民政府	2019年2月
西亭伟可粮食种植农地专业合作社	农民合作社综合社试点创建先进单位	中共南通市委、南通市人民政府	2019年2月
区委农村工作办公室 石港镇经管站	农民合作社示范教育基地试点创建先进单位	中共南通市委、南通市人民政府	2019年2月
区海洋与渔业局	现代渔业建设先进单位	中共南通市委、南通市人民政府	2019年2月
区农业委员会 金沙街道 五接镇	绿色南通建设先进单位	中共南通市委、南通市人民政府	2019年2月
二甲镇 十总镇十总居 兴仁镇徐庄村 五接镇开沙村 兴东街道土山村	美丽乡村建设暨农村人居环境整治工作先进单位	中共南通市委、南通市人民政府	2019年2月
区农业委员会 东社镇	畜禽养殖污染治理先进单位	中共南通市委、南通市人民政府	2019年2月

续表50

单　位	荣　誉	表彰机关	表彰时间
区城管局 兴东街道	农村环境"五位一体"长效管理"十佳"单位	中共南通市委、南通市人民政府	2019年2月
二甲镇	"四好农村路"示范市创建先进单位	中共南通市委、南通市人民政府	2019年2月
十总镇	农机化工作先进单位	中共南通市委、南通市人民政府	2019年2月
二甲镇 五接镇	耕地保护"十佳"乡镇	中共南通市委、南通市人民政府	2019年2月
区人民政府征兵办公室 五接镇人民武装部 川姜镇人民武装部	全市征兵工作先进单位	南通市人民政府、南通军分区	2018年7月
区民兵应急连	军事训练先进单位	南通军分区	2019年1月
平潮镇人民武装部 张芝山镇人民武装部	基层武装工作先进单位	南通军分区	2019年1月

通州区受南通市以上党政军群机关表彰的先进人物一览表
（2018年4月至2019年3月）

表52

单　位	姓　名	荣　誉	表彰机关	表彰时间
南通江海电容器股份有限公司	沙　剑	全国五一劳动奖章	中华全国总工会	2018年4月
区人民法院	徐淑华	全国法院知识产权审判工作先进个人	最高人民法院	2018年5月
区公安局西亭派出所 区公安局东社派出所	王　鹏 陆　缘	全国青少年毒品预防教育"6·27"工程优秀校外辅导员	国家禁毒委员会办公室、中国禁毒基金会	2018年6月
南通四建集团有限公司	张峥峰	2018年度安装行业优秀主编	中国安装协会	2018年7月
川姜镇	邵爱军	2017—2018年度纺织产业集群工作先进个人	中国纺织工业联合会	2018年9月
金沙街道新市社区	朱红旗	全国无偿献血奉献奖铜奖	国家卫生健康委员会、中国红十字总会、中央军委后勤保障部卫生局	2018年10月
川姜镇综合执法局	王蔚敏	2017年度查处侵权盗版重大案件有功个人三等奖	国家版权局	2018年11月
区公安局	瞿海燕	中国公安诗歌年度诗人奖	全国公安文学艺术联合会	2018年11月
区区级机关工会工作委员会 金沙街道 刘桥镇 先锋街道 区总工会	季　煜 严芳梅 张小平 朱　丽 孙清建	江苏省优秀工会工作者	江苏省总工会	2018年4月
区委 区人力资源和社会保障局	沈旭东 张剑冰	江苏省优秀工会之友	江苏省总工会	2018年4月
南通四建集团有限公司 紫罗兰家纺科技股份有限公司 南通江华热动力机械有限公司 南通海星电子股份有限公司 通州地方税务局第四税务分局	张　艳 陈永兵 张九新 黄银建 樊莉莉	江苏省优秀工会积极分子	江苏省总工会	2018年4月

续表52

单　位	姓　名	荣　　誉	表彰机关	表彰时间
平潮镇 平潮镇 平潮镇 金沙街道 金沙街道 刘桥镇 刘桥镇 区统计局 区统计局 区统计局 区统计局 区统计局 区统计局	浦晓东 周金胜 陈　烨 夏海棠 张晓华 何少华 曹春玉 张颖倩 曹　剑 葛文钰 施　磊 陆鑫鑫 季晓红	江苏省第三次全国农业普查先进个人	江苏省第三次全国农业普查领导小组办公室、省统计局、国家统计局江苏调查总队	2018年4月
区人民法院	季　忠	全省法院联络工作先进个人	江苏省高级人民法院	2018年5月
区公安局	曹　明	全省公安机关优秀共产党员	中共江苏省公安厅委员会	2018年6月
区公安局川港派出所	顾云程	2018年全国“两会”安保维稳成绩突出个人	江苏省公安厅	2018年6月
西亭镇西亭社区	朱金涛	江苏好人榜	江苏省文明办	2018年6月
通州四建集团有限公司	邵亚新	省科技企业家	中共江苏省委组织部、省人才工作领导小组办公室、省经济和信息化委员会、省科学技术厅	2018年7月
南通四建集团有限公司	耿裕华	改革开放40年最受尊敬的苏商功勋人物	江苏省苏商发展促进会	2018年8月
区公安局刘桥派出所	叶鹏程	2018年度全省“春雷行动”成绩突出个人	江苏省公安厅	2018年9月
平潮镇 平潮镇	何晓亚 丁　云	全国流动人口动态监测调查省级优秀调查员	江苏省卫生和计划生育委员会办公室	2018年10月
区人民法院	纪建华	全省法院知识产权审判工作先进个人	江苏省高级人民法院	2018年11月
区人民法院	李振南	江苏最美法官	江苏省高级人民法院、省委宣传部、省总工会、共青团江苏省委员会、省妇女联合会、新华报业传媒集团、省广播电视总台	2018年11月
刘桥镇社区教育中心 刘桥镇社区教育中心	杨景春 朱拥军	江苏省成人教育突出贡献奖	江苏省成人教育协会	2018年11月
区委政法委	陈卫红	社会治安综合治理记个人二等功	中共江苏省委、省人民政府	2018年12月
刘桥镇	赵冬梅	江苏省人口抽样调查先进个人	江苏省统计局办公室	2018年12月
区公安局	陈斐华	2018年江苏省“扫黄打非”先进个人	江苏省公安厅	2019年1月
区水产技术指导站	曹　华	江苏省渔业技术推广系统先进个人	江苏省渔业技术推广中心	2019年1月
区统计局	沈洪清	基层统计岗位标兵	江苏省统计局	2019年1月
区司法局	亢志成	全省信息工作先进个人	江苏省司法厅	2019年1月
区公安局张芝山派出所	卑春峰	全省公安机关警体工作先进个人	江苏省公安厅	2019年2月
南通四建集团有限公司 通州建总集团有限公司 通州四建集团有限公司 南通新华建筑集团有限公司	瞿羌军 张晓华 邵亚新 易杰祥	江苏省建筑业优秀企业家	江苏省建筑行业协会	2019年3月
南通四建集团有限公司	张　昕	江苏省安装行业“金牌企业家”	江苏省安装行业协会	2019年3月

续表52

单位	姓名	荣誉	表彰机关	表彰时间
南通四建集团有限公司 宜家环保木业制造(南通)有限公司	季　豪 马　杰	江苏省五一劳动奖章	江苏省总工会	2018年4月
区人民武装部	邹　辉	优秀带队干部	中共江苏省委组织部、省人力资源和社会保障厅、省军区动员局、省军区政治工作局	2018年6月
南通汽运实业集团通州分公司	顾勇新	2015—2017年度全省交通运输行业文明职工标兵	江苏省交通运输厅	2018年6月
金沙街道	张卫华	江苏省社区教育先进工作者	江苏省成人教育协会	2018年9月
南通新华建筑集团有限公司 南通四建集团有限公司 南通四建集团有限公司 南通四建集团有限公司 南通新华建筑集团有限公司 南通新华建筑集团有限公司 南通四建集团有限公司	张维国 赵玉明 顾　斐 王建国 刘　江 徐　东 许一峰	江苏省优秀建造师	江苏省建筑行业协会	2018年10月
区人民法院	吴晓萍	全省优秀人民法庭庭长	江苏省高级人民法院	2018年12月
区人民武装部	曹永平	基层武装工作先进个人	江苏省军区	2019年1月
区委 区人民政府 区政府办 区城市管理局 区城市管理局 区交通运输局 区建筑安全生产监督站 区住房和城乡建设局 区文化市场综合执法大队 金沙街道 区委宣传部 区教育局	胡卫东 刘学军 彭道新 周　冲 王玉华 张　明 瞿晓彤 张　东 陈咏东 张小伟 龚晓梅 钱国华	2015—2017年度南通市建设全国文明城市突出贡献个人	中共南通市委、南通市人民政府	2018年7月
南通四建集团有限公司	耿裕华	改革开放40年南通优秀民营企业家	中共南通市委、南通市人民政府	2018年12月
区人民武装部 平潮镇人民武装部 先锋街道人民武装部	邱　义 黄国祥 张乃胜	全市征兵工作先进个人	南通市人民政府、南通军分区	2018年7月
区人民武装部 金新街道人民武装部 平潮镇人民武装部 区民兵应急连 区民兵应急连	邹　辉 刘建国 朱慎清 李　伟 王　鑫	军事训练先进个人	南通军分区	2019年1月
张芝山镇人民武装部 兴东街道人民武装部	陈志新 张豪华	基层武装工作先进个人	南通军分区	2019年1月
区人民武装部	曹永平	嘉奖	南通军分区	2019年1月

《通州年鉴(2018)》补遗

通州区受南通市以上党政军群机关表彰的先进集体一览表

单　　位	荣　　誉	表彰机关	表彰时间
川姜镇	国家级外贸转型升级基地	商务部外贸司	2018年2月
南通四建集团有限公司	2017年度全国优秀施工企业	中国施工企业管理协会	2018年3月
南通高新区知识产权局	2017年度江苏省知识产权试点示范园区工作成绩突出单位	江苏省知识产权局	2018年1月
平潮镇	中国农业普查先进集体	江苏省第三次全国农业普查领导小组办公室	2018年3月

通州区受南通市以上党政军群机关表彰的先进个人一览表

单　　位	姓　名	荣　　誉	表彰机关	表彰时间
区人大常委会	曹红军	全省人大机关系统先进工作者	江苏省人大常委会办公厅、省人力资源和社会保障厅	2018年1月
南通新华建筑集团有限公司	易杰祥	省"首届退役军人创业之星"	中共江苏省委宣传部、中国人民解放军江苏省军区政治工作局、省经济和信息化委员会、省民政厅、省人力资源和社会保障厅、省工商业联合会、省全民国防教育委员会办公室	2018年3月
金沙街道育才社区	王冬梅	江苏省"三八"红旗手	江苏省妇女联合会	2018年3月

附　录

Appendix

编　辑　陈　菊

组织机构和领导人员名录

中共南通市通州区委员会

书　　记:陈永红
副 书 记:凌　屹　虞越嵩
常　　委:陈永红　凌　屹　虞越嵩
　　韩菊芳(女)　成小红(女)
　　葛卫民(12月免)　胡卫东
　　李学义　张兴国　沈旭东
　　徐林锋
　　王　任(12月挂职期满,女)
　　高　康(12月任)

南通市通州区人大常委会

主　　任:陈　斌
副 主 任:瞿云峰　葛　涛　朱卫民
　　顾祖林
党组书记:陈　斌
党组副书记:瞿云峰

南通市通州区人民政府

区　　长:凌　屹(1月当选)
代理区长:凌　屹
副 区 长:凌　屹
　　成小红(常务,女)
　　王　任(12月挂职期满,女)
　　陈伟平　曹建新　刘学军
　　樊小燕(女)　杨　彬
　　陈　曦(9月挂职期满)
　　施益斌(挂职)
党组书记:凌　屹
党组副书记:成小红(女)

政协南通市通州区委员会

主　　席:陈艳梅(女)
副 主 席:季　平　顾建军　李均华
　　吴建均　张　勤(女)
党组书记:陈艳梅(女)
秘 书 长:陈益明
副秘书长:邵　菊(女)

中共南通市通州区纪律检查委员会

书　　记:韩菊芳(兼,女)
副 书 记:包良均　张刘华(6月逝世)
常　　委:韩菊芳(女)　包良均
　　张刘华(6月逝世)
　　张为民　王　强　吴佳佳

南通市通州区监察委员会

1月,根据《南通市通州区深化国家监察体制改革试点工作实施方案》(通办发〔2018〕9号)文件精神,成立南通市通州区监察委员会。

主　　任:韩菊芳(1月当选,女)
副 主 任:包良均(1月任)
　　张刘华(1月任,6月逝世)
委　　员:韩菊芳(1月任,女)
　　包良均(1月任)
　　张刘华(1月任,6月逝世)
　　张为民(1月任)
　　王　强(1月任)
　　张徐华(1月任)

区委工作部门及直属机构

办公室

主　　任:徐林锋(兼)
副 主 任:沈智慧(7月免)
　　陈国祥　吴　昊
　　刘　俊

区纪委派驻第一纪检组

组　　长:金云霞(女)

研究室

主　　任:沈智慧(7月免)
副 主 任:蒋建军　昝智强

督查室

主　　任:章灵芝(7月任,女)

改革办

专职副主任:江鑫鑫(7月任)

组织部

部　　长:沈旭东(兼)
副 部 长:姜卫国　陈　超
部务委员:曹邢彬(7月任)
　　顾慧辉(7月任,女)

区纪委派驻第五纪检组

组　　长:朱剑锋

组织员办公室

主　　任:

区级机关工作委员会

书　　记:姜卫国(兼)
副 书 记:季　煜(主持日常工作)
　　施晓灵(女)

纪工委书记:杨金华

新经济新社会组织工作委员会

书　　记:姜卫国(兼)
副 书 记:顾慧辉(7月免,女)

人才工作办公室

主　　任:陈　超(兼)
副 主 任:曹邢彬(7月免)
　　　　　葛　锋(7月主持日常工作)
　　　　　徐裕来(9月挂职期满)
　　　　　居　俊(9月任,挂职)

宣传部

部　　长:胡卫东(兼)
副 部 长:曹荣琪　陈建华
　　　　　姜卫军

区纪委派驻第六纪检组

组　　长:袁卫东

精神文明建设指导委员会办公室

主　　任:
副 主 任:丁　莉(2月任,女)

统战部

部　　长:沈旭东(兼)
副 部 长:樊　珂　曹莉萍(女)

政法委员会

书　　记:李学义(兼)
副 书 记:杨　彬(兼)　何新华
　　　　　张　显　朱晓明

区纪委派驻第七纪检组

组　　长:葛　俊
政治处主任:杜爱华(女)

社会信息管理办公室

主　　任:陈晓峰(2月任)

社会管理综合治理委员会办公室

主　　任:张　显(兼)
副 主 任:邱建华
　　　　　周晓兵(2月任)

依法治区领导小组办公室

主　　任:李学义(兼)
副 主 任:杨　慧(2月任,女)

国家安全办公室

主　　任:何新华(兼)
副 主 任:朱永宁

巡察工作办公室

主　　任:张刘华(6月逝世)
副 主 任:姜美娟(女)

第一巡察组

组　　长:曹永新
副 组 长:崔　平　季甫荣

第二巡察组

组　　长:莫建娥(11月免,女)
副 组 长:季　然(女)　丁明体

第三巡察组

组　　长:胡祝平
副 组 长:马秀荣　吕志坚

第四巡察组

组　　长:
副 组 长:徐茂忠　陆　辉

610办公室

主　　任:夏季兵(兼)
副 主 任:陆卫东　王晓梅(女)

机构编制委员会办公室

主　　任:姜卫国(兼)
副 主 任:邱天擎　陆卫华

农村工作办公室

主　　任:林　峰
副 主 任:严卫华(女)　季水华
　　　　　袁国林

区人民政府农村工作办公室

主　　任:林　峰(兼)

机要局(国家密码管理局)

局　　长:蒋建伟
副 局 长:顾晓明　康建锋

保密委员会办公室(国家保密工作局)

主任(局长):蒋建伟(兼)

台湾工作办公室(区人民政府台湾事务办公室)

主　　任:
副 主 任:

老干部局

局　　长:陈　超
副 局 长:曹江梅(女)　施向东

离退休干部工作委员会

书　　记:陈　超(兼)

党校

校　　长:虞越嵩(兼)
副 校 长:朱国兴(常务,12月免)
　　　　　耿　燕(女)　胡永洲

行政学校

校　　长:成小红(兼,女)
副 校 长:朱国兴(12月免)
　　　　　耿　燕(女)　胡永洲

机关事务管理局

局　　长:崔红星
副 局 长:江　毅　曹　军
　　　　　丁华周　张晓军
党组书记:崔红星

接待办公室

主　　任:高宏彬
副 主 任:朱朝霞(女)

党史工作办公室

主　　任:王　飞
副 主 任:阚新华(2月免)
　　　　　卫　清

区地方志编纂委员会办公室

主　　任:王　飞(兼)

档案局(档案馆)

局长(馆长):张新丽(女)
副 局 长:张　强　谢国志

人大工作部门

办公室

主　　任:张建平
副 主 任:徐茂军　易卫东

区纪委派驻第二纪检组

组　　长:张慧超

研究室

主　　任:
副 主 任:

老干部服务科

科　　长:王祝达(2月免)

信访督办科

科　　长:

财政经济工作委员会

主　　任:曹红军
副 主 任:徐建锋

内务司法工作委员会

主　　任:石裕超
副 主 任:朱亚琴(女)

人事代表工作委员会

主　　任:姜子国
副 主 任:王晓霞(女)

环境资源城乡建设工作委员会

主　　任:丁俊荣(3月任)
副 主 任:丁俊荣

农业和农村工作委员会

主　　任:张菊兰(女)
副 主 任:徐雪松

教科文卫工作委员会

主　　任:许煜曦
副 主 任:吴伯军(8月免)

民宗侨台工作委员会

主　　任:徐　雷
副 主 任:

区政府工作部门及直属机构

办公室

主　　任:包云祥
副 主 任:钱晓新　施晓辉
　　　　季　良　彭道新
　　　　吴志祥　薛小玉(女)
党组书记:包云祥
党组成员:陆　锋

区纪委派驻第三纪检组

组　　长:陆　锋

法制办公室

主　　任:李　锐

外事侨务办公室

主　　任:包云祥(兼)

人民防空办公室

主　　任:包云祥(兼)

督查室

主　　任:施金花(女)

研究室

主　　任:刘　俊(2月免)
　　　　李晓东(8月任)

应急办公室

主　　任:单晓琛

发展和改革委员会

2017年12月,根据《关于调整区人民政府部分工作部门机构设置的实施意见》(通发〔2017〕21号)文件精神,撤销原区发展和改革委员会、区经济和信息化委员会、区服务业发展局,组建新的区发展和改革委员会。

主　　任:龚　卫
副 主 任:徐琳琳(1月任)
　　　　施卫东
　　　　顾圣亮(1月任)
　　　　季玉华(女)
　　　　冯建军(1月免)
　　　　高　燕(1月任,女)
　　　　王　燕(1月任,女)
　　　　张国强(1月任)
党委书记:龚　卫

经济和信息化委员会

主　　任:龚　卫(1月兼任)

物价局

局　　长:龚　卫(兼)
副 局 长:张乃文　严　斌

旅游局

局　　长:龚　卫(1月兼任)

金融工作办公室

主　　任:龚　卫(1月免,兼)

重点项目管理建设办公室

主　　任:吴晓涛

经济和信息化委员会

主　　任:黄春玉(1月免)
副 主 任:花建山(1月免)
　　　　徐琳琳(1月免)
　　　　顾圣亮(1月免)
　　　　王　燕(1月免,女)
党组书记:
纪检组长:

中小企业局

局　　长:黄春玉(1月免,兼)

教育局

局　　长:张进荣
副 局 长:钱国华　刘　新
　　　　胡清华
　　　　葛红玲(3月任,女)
　　　　吴伯军(8月任)
党委书记:张进荣
党委委员:严蔚民

区纪委派驻第十纪检组

组　　长:严蔚民

科学技术局

局　　长:王钰华(女)
副 局 长:黄东晓　姚晓兰(女)
　　　　吴鹏云
　　　　刁　海(9月挂职期满)
　　　　顾顺超(9月任,挂职)
党组书记:王钰华(女)

知识产权局

局　　长:王钰华(兼,女)

公安局

局　　长:杨　彬(兼)
副 局 长:夏季兵
　　　　王荣华(8月免)
　　　　葛秀清(3月免)
　　　　王志清
　　　　曹群英(2月任,女)
　　　　王　东
　　　　谢　杨(3月任,挂职)
　　　　葛伟峰(8月任)
督 察 长:杨　彬(兼)
政　　委:倪　军
副 政 委:曹群英(2月免,女)
党委书记:杨　彬(兼)
党委副书记:倪　军　夏季兵
党委委员:严卫星

区纪委派驻第十七纪检组

组　　长:严卫星

监察局

局　　长:包良均(1月免)
副 局 长:章　婷(2月免,女)
　　　　张为民(1月免)

民政局

局　　长:季　亚
副 局 长:施锦荣　周玉君
　　　　徐建国
　　　　金小红(8月免,女)
　　　　卞晓娟(2月任,女)
党组书记:季　亚

司法局

局　　长:刘玉贤
副 局 长:曹茂龙　姜　平
　　　　姜志亮
　　　　章　婷(2月任,女)
党组书记:刘玉贤
党组副书记:曹茂龙(7月任)

财政局

局　　长:周　鉴
副 局 长:吴雪华　吴巧俏(女)
　　　　蒋惠珍(女)
　　　　徐　静(女)
党组书记:周　鉴
党组副书记:张　芳(女)
党组成员:王佳蓓(女)
区纪委派驻第十一纪检组
组　　长:王佳蓓(女)

人力资源和社会保障局

局　　长:张剑冰
副 局 长:曹　玮　吴卫东
　　　　徐　华　季　成
　　　　何　静(女)
　　　　曹文田(9月挂职期满)
　　　　宗　原(9月任,挂职)
党委书记:张剑冰

环境保护局

局　　长:陶　洋
副 局 长:蒋　军　邱少波
　　　　曹锡江　袁晓娟(女)
党组书记:陶　洋

住房和城乡建设局

局　　长:丁亚军
副 局 长:李晓东(1月免)
　　　　俞政权　蔡世杰
　　　　徐志宏(3月任)
总工程师:丁舜锋
党委书记:丁亚军

城市管理局

局　　长:周建清
副 局 长:顾军峰　王玉华
　　　　周　冲
党组书记:周建清
城市管理行政执法局
局　　长:周建清(兼)

交通运输局

局　　长:丁明新
副 局 长:张　明
　　　　金志锋(1月免)
　　　　宋国彬
　　　　花云霞(女)
　　　　陆志方(8月任)
党委书记:丁明新
党委副书记:张　明
港口管理局
局　　长:丁明新(兼)
铁路办公室
主　　任:丁明新(兼)

农业委员会

主　　任:曹　辉
副 主 任:季国军　张宏杰
　　　　王国强　周东生
党组书记:曹　辉
党组成员:戴剑锋
区纪委派驻第八纪检组
组　　长:戴剑锋
海洋与渔业局
局　　长:曹　辉

水利局

局　　长:丁　华
副 局 长:胡栋林(8月免)
　　　　朱德礼
党组书记:丁　华
党组副书记:陈晓飞
党组成员:张　帆
区纪委派驻第十三纪检组
组　　长:张　帆

商务局

局　　长:金泽林
副 局 长:朱德胜　李向阳
　　　　叶佳佳(8月任,女)
　　　　顾彬斌　张启军
党委书记:金泽林
党委委员:顾　华
区纪委派驻第九纪检组
组　　长:顾　华
粮食局
局　　长:金泽林(兼)

文化广电新闻出版局

局　　长:许易峰
副 局 长:张贺林　丁　燕(女)
　　　　吴兴林
党组书记:许易峰

卫生和计划生育委员会

主　　任:张武军
副 主 任:王颖麒　张　毅
　　　　刘伟圣　钱素兵
　　　　刘永杰
党组书记:张武军
党组成员:卞玉梅(女)
区纪委派驻第十四纪检组
组　　长:卞玉梅(女)

审计局

局　　长:沈凯军
副 局 长:顾　霞(女)　蔡玉新
　　　　顾建荣
党组书记:沈凯军

体育局

局　　长:陈国华
副 局 长:曹　劼　季拥军

统计局

局　　长:张颖倩(女)
副 局 长:曹　剑(女)　于海燕
党组书记:张颖倩(女)

安全生产监督管理局

局　　长:姚　忠
副 局 长:陈　飞
　　　　杨　进(8月免)
　　　　宋红军　杨　峰
　　　　施永兵(2月任)
党组书记:姚　忠

市场监督管理局

局　　长:曹　勇
副 局 长:沈　豪　易　建
　　　　彭德新　曹　夔
　　　　刘笑峰
党组书记:曹　勇
党组成员:丁义刚(8月免)
　　　　许志锋(8月任)
区纪委派驻第十六纪检组
组　　长:丁义刚(8月免)
　　　　许志锋(8月任)
食品安全委员会办公室
专职副主任:孙　昱(女)

服务业发展局

局　　长:秦瑞作(1月免)
副 局 长:周宇春(1月免)
　　　　高　燕(1月免,女)
旅游局
局　　长:秦瑞作(1月免)

信访局

局　　长:丁华斌
副 局 长:朱向陌　孙建新
　　　　卑圣君(2月任)
党组书记:丁华斌

民族宗教局

局　　长:瞿　勇
副 局 长:龚伟杰(3月免)
党组书记:瞿　勇

行政审批局

局　　长:李　忠
副 局 长:陈　卓(女)　葛振军
　　　　王铁峰　张志林
党组书记:李　忠

政务服务中心

主　　任:李　忠
副 主 任:陈　卓(女)　葛振军
　　　　王铁峰　张志林

广播电视台

台　　长:陈建华
副 台 长:陈　杰　丁晓峰
　　　　王云峰　曹　军
党组书记:陈建华

新闻信息传播中心

主　　任:
副 主 任:丁晓峰(兼)

地震局

局　　长:
副 局 长:顾志聪

人民政府金融工作办公室

2017年12月,根据《关于调整通州区人民政府金融工作办公室机构设置的批复》(通编发〔2017〕33号)文件精神,通州区人民政府金融工作办公室由在通州区发展和改革委员会挂牌调整为独立设置。

主　　任:秦瑞作(1月任)
副 局 任:冯建军(1月任)
　　　　周宇春(1月任)

公共资源交易管理办公室

主　　任:赵建峰
副 主 任:丛春明　司红林
党组书记:赵建峰

中国乒乓球通州训练基地

主　　任:
副 主 任:徐建伟

政府投资项目工程建设中心

主　　任:张友奎(8月免)
　　　　丁亚军(8月兼任)
副 主 任:张蔚华　姜　健
总工程师:吴晓东(1月免)
　　　　季克锋(9月任)

社会矛盾纠纷调处中心

主　　任:刘玉贤
副 主 任:冯跃如
　　　　姜　莉(10月免,女)

教育督导室

主　　任:钱国华
副 主 任:

沿江开发办公室

主　　任:陈晓飞
副 主 任:王林源　葛江华

数字化城管监督指挥中心

主　　任:

建筑工程管理局

局　　长:陆建兵
副 局 长:季　杰　曹云峰
　　　　姜铮莉(3月任,女)
党委书记:陆建兵
党委委员:张东华

区纪委派驻第十二纪检组

组　　长:张东华

农业机械管理局

局　　长:吴建均(兼)
副 局 长:王红琴(1月任,女)
　　　　张达世　姚　冰(女)
党组书记:王红琴(女)

农业资源开发局

局 局 长:倪建东
副 局 长:花继东
　　　　赵　坚(3月任)
党组书记:倪建东

电子政务管理中心

主　　任:张晓飞
副 主 任:包晓炜

政府网站管理中心

主　　任:张晓飞(兼)

省政府远程通信网通州工作站

站　　长:张晓飞(兼)

招商局

局　　长:金泽林(兼)
副 局 长:曹顾涌(主持日常工作,8月免)
　　　　秦　锋

国有资本管理中心

主　　任:张　芳(女)
副 主 任:

企业公有资产管理办公室

主　　任:徐琳琳(兼)
副 主 任:于建华

市政公用事业管理中心

主　　任:丁舜锋
副 主 任:陆　明

城区水环境建设管理处

副 主 任:黄宝乐

房屋动迁管理办公室

主　　任:姚　斌
副 主 任:王　昕　方伶俐(女)
　　　　姜铮莉(3月免,女)

园林绿化管理中心

主　　任:金建峰(3月免)

事业单位登记管理局

局　　长:

公共资源交易中心

主　　任:王建兵

教师发展中心

主　　任:陈汉兵

政协工作部门

区政协

党组成员:张友奎(7月任)

办公室
主　　任:邵　菊(女)
副 主 任:陈　凯(8月免)
葛红玲(3月免,女)
沈　杰(8月任)
区纪委派驻第四纪检组
组　　长:金俊杰
老干部服务科
科　　长:沈　杰

提案委员会
主　　任:赵国明
副 主 任:沈　杰

委员工作会
主　　任:易天明
副 主 任:姜卫国(不驻会)
樊　珂(不驻会)

学习、文史委员会
主　　任:姜　华
副 主 任:王　飞(不驻会)
曹荣琪(不驻会)

经济科技委员会
主　　任:丁建荣
副 主 任:王海峰
姚晓兰(不驻会,女)
冯建军(不驻会)

文教卫体委员会
主　　任:严鼎生
副 主 任:瞿宝祥(3月任)
王颖麒(不驻会)
陈汉兵(不驻会)

城乡建设、社会法制委员会
主　　任:严　勇
副 主 任:张　显(不驻会)
丁舜锋(不驻会)

人口资源环境委员会
主　　任:花建山
副 主 任:王　琳(女)
邱少波(不驻会)

南通高新技术产业开发区

党工委书记:
党工委副书记:周跃华　张兴国
钱国宾
管委会主任:周跃华
管委会副主任:张兴国(负责管委会日常工作,明确正处职)
叶　辉　徐　健
高锦陈　张连清
包云祥(7月任)
纪工委书记:刁玉芬(女)
办公室
主　　任:李焱明
副 主 任:王　斐
党群工作局
局　　长:袁利忠
副 局 长:周　毅(3月任)
经济发展局
局　　长:孙振坚
副 局 长:季晓飞(3月任,挂职)
季胜忠(9月任)
科学技术局
局　　长:邱　智
副 局 长:吴小昊　姜一春(女)
刘开振(10月挂职期满)
吴日铭(9月任,挂职)
招商局
局　　长:陈东兵
副 局 长:昝建斌　李　仲(女)
徐敬国(1月免)
顾春峰　蒋林华
建设局
局　　长:
副 局 长:张新林　华　璇(女)
综合执法局
局　　长:
副 局 长:吴成梓(1月免)
安全生产监督管理局
局　　长:费　平(3月任)
副 局 长:费　平
政法和社会建设局
局　　长:王霄峰
副 局 长:葛建华
行政审批局
局　　长:蔡劲松
副 主 任:管宏页(女)
行政服务中心
主　　任:蔡劲松
副 主 任:
财政局
局　　长:倪燕飞(女)
副 局 长:季　彬
蔡　娟(3月任,女)
公有资产管理办公室
局　　长:倪燕飞(女)
监察室
主　　任:于季华
副 主 任:刘　瑾(女)
审计室
主　　任:于季华
人大工委主任:于　燕(7月免,女)
张永琪(7月任)
人大工委副主任:谢冬梅(7月任,女)
政协工委副主任:于　燕(8月免,女)
人武部
部　　长:
副 部 长:陈　炎
科技新城管委会
主　　任:姜小国
副 主 任:张永琪(8月免)
姜锦华(女)
顾顺超(挂职)
李志杰(8月任)
房屋征收管理办公室
主　　任:葛震宇
副 主 任:王　建(8月任)
投资建设服务中心
主　　任:张永琪(8月免)
华　璇(8月任,女)
副 主 任:
人才服务中心
主　　任:张建新
副 主 任:

锡通科技产业园

党工委书记:瞿云峰
管委会副书记:
管委会副主任:诸培国　顾永林
蔡新明　陈泽华
曹　锐
纪工委书记:陈泽华
办公室
主　　任:叶佳佳(7月免,女)
副 主 任:许建春　李菊梅(女)
经济科技发展局
局　　长:周国栋
副 局 长:杨建华(2月免)
成燕华(2月任)
李永亮(2月任)

吴日铭(10月挂职期满)

建设局

局　　长:

副 局 长:

社会建设管理局

局　　长:叶天竹

副 局 长:赵春慧　曹　敏(女)　顾　冲

财政局

局　　长:陈　刚

副 局 长:夏　云(女)

招商局

局　　长:

副 局 长:陈　冰(女)　钱金国

综合执法局

局　　长:成建荣

副 局 长:张海峰

安全生产监督管理局

局　　长:丁志岗

副 局 长:

便民服务中心

主　　任:葛坚强

副 主 任:顾学德

房屋征收管理办公室

主　　任:

副 主 任:张继华　倪梓程

监察审计室

主　　任:

副 主 任:郭志坚

招商中心主任:

国土分局锡通科技产业园办事处主任:王翕金(2月免)　徐建峰(3月任)

通州区环境保护局锡通科技产业园分局局长:邵勇军

石港科技产业园

党工委书记:沈旭东(兼)

党工委副书记:陈　兵　季新建

管委会主任:陈　兵

管委会常务副主任:季新建

管委会副主任:曹文田(10月挂职期满)

纪工委书记:吴德水

党工委委员:季小雄　陆雪峰

通州滨江新区

党工委书记:徐林锋(兼)

党工委副书记:孙伟俊　王　勇　李　斌

管委会主任:孙伟俊

管委会常务副主任:王　勇　徐美云(女)　张洪源(10月挂职期满)

纪工委书记:朱小祥

党工委委员:赵　楠　黄亚南　孙志凤　吴锦云(女)　李　钢　沈小锋

开沙岛旅游度假区

党工委书记:徐林锋(兼)

管委会主任:孙伟俊

南通家纺城

党工委书记:胡卫东(3月任,兼)

党工委副书记:邵爱军　张卫忠

管委会主任:邵爱军

管委会副主任:张卫忠　吴红星　王建南(9月挂职期满)　龚　利(10月任,挂职)

党工委委员:吴红星　张新荣　周　丹(女)　郭志坚

管委会委员:张卫华

家纺知识产权快速维权中心

副 主 任:周　英(女)　蒋　跃

空港产业园管委会

主　　任:曹建新

副 主 任:王晓亮(常务)　张茂华(10月挂职期满)

通州区人民法院

院　　长:陈　炎

副 院 长:施为民　张月淑(女)　陈宗林(3月任)　喻峰新(3月任)　杜开林(3月挂职)

专职委员:姜　华　季　忠

党组书记:陈　炎

党组副书记:施为民

政治处主任:陈宗林(3月免)

执行局局长:喻峰新

通州区人民检察院

检 察 长:黄凯东

副检察长:王　栋　曹卫星　袁国明　左仰东

专职委员:张建兵　潘杏杏(女)

党组书记:黄凯东

党组副书记:王　栋(2月任)　曹卫星(2月任)

党组成员:丁建国　王立新

区纪委派驻第十八纪检组

组　　长:丁建国

反贪污贿赂局局长:王益锋(3月免)

反渎职侵权局局长:张徐华(1月免)

政治处主任:陆　斌

通州区人民武装部

部　　长:高　康(6月免)　张小忠(6月任)

政　　委:葛卫民(6月免)　高　康(6月任)

副 部 长:曹永平

党委第一书记:陈永红

党委书记:葛卫民(6月免)　高　康(6月任)

党委副书记:张小忠(6月任)

纪委书记:曹永平

人民团体

总工会

3月28日,召开南通市通州区工会第十五次代表大会,并进行换届选举。

主　　席:张淑萍(1月免,女)　黄春玉(3月当选)

副 主 席:徐　飞　孙清建　高　颖(3月当选,挂职,女)　赵勇前(3月当选,兼职)　施水红(3月当选,兼职,女)

党组书记:黄春玉

党组成员:王　飞

区纪委派驻第十五纪检组

组　　长:王　飞

团委

书　　记:曹　铖

副 主 记:冯　楠(女)　顾马煜

朱怡颖(挂职,女)
金丹丹(兼职,女)
党组书记:曹　铖

妇联

主　　席:卫志云(女)
副 主 席:陈爱华(女)
王　霏(2月任,女)
党组书记:卫志云(女)

科协

主　　席:王晓燕(女)
副 主 席:李国新　李　锋
黄东晓(兼)
陈　卓(兼,女)
张宏杰(兼)
刘永杰(兼)
党组书记:王晓燕(女)

社科联

主　　席:曹荣琪
副 主 席:陈泉江
沈智慧(8月免,兼)
胡永洲(兼)
季玉华(兼,女)
吴雪华(兼)
钱国华(兼)
姜　华(兼)
易卫东(兼)
薛小玉(兼,女)
顾圣亮(兼)

文联

主　　席:许　君(女)

侨联

主　　席:许　斌(兼)
副 主 席:赵莉玲(主持日常工作,女)
黄　荣(兼)
蒋　忠(兼)
杨晓婷(兼,女)

工商联

主　　席:张　勤(兼,女)
副 主 席:曹莉萍(常务,女)
成　军
耿裕华(不驻会)
陆　军(不驻会)
俞建辉(不驻会)
姜煜峰(不驻会)
沙明军(不驻会)
赵　峰(不驻会)
林志勇(不驻会)
卢立铛(不驻会)
周　觅(不驻会)
秘 书 长:成　军(兼)
党组书记:曹莉萍(女)

总商会

会　　长:张　勤(兼,女)
副 会 长:曹莉萍(常务,女)
成　军
耿裕华(不驻会)
陆　军(不驻会)
俞建辉(不驻会)
姜煜峰(不驻会)
沙明军(不驻会)
赵　峰(不驻会)
林志勇(不驻会)
卢立铛(不驻会)
周　觅(不驻会)
魏　进(不驻会)
易杰祥(不驻会)
袁洪兵(不驻会)
严季新(不驻会)
张春华(不驻会)
朱国清(不驻会)
周　健(不驻会)
丁　健(不驻会)
王建春(不驻会)
范平一(不驻会)
秘 书 长:成　军(兼)

红十字会

名誉会长:陈永红(兼)
会　　长:樊小燕(兼,女)
副 会 长:钱　兵(常务)
陈建芳(女)
姜卫国(兼)
姜卫军(兼)
张进荣(兼)
倪　军(兼)
季　亚(兼)
张武军(兼)
周　鉴(兼)
党组书记:钱　兵

残联

理 事 长:徐　蔚
副理事长:吕　英(女)
党组书记:徐　蔚

法学会

会　　长:李学义(兼)
副 会 长:何新华(兼)
陈锦新(兼)
包良均(兼)
陆建兵(兼)
张建平(兼)
王　栋(兼)
王荣华(8月免,兼)
李　锐(兼)
包　坚(兼)
胡永洲(兼)
刘玉贤(兼)
石裕超(兼)
施为民(兼)
严　勇(8月兼任)
专职副会长:季海华

垂直及双重管理单位

中国人民银行通州支行(国家外汇管理局会通州支局)

行长、局长:季步高(1月免)
刘　琴(1月任,女)
副 行 长:李锡芳
季　芳(4月任,女)
党组书记:季步高(1月免)
刘　琴(1月任,女)
纪检组长:季　芳(4月免,女)
李锡芳(4月兼任)

中国工商银行股份有限公司南通通州支行

行　　长:周治平
副 行 长:姚嘉宁
季　英(5月免,女)
黄继前
夏晓黎(5月任)
顾晓晖(5月任)
党委书记:周治平
党委副书记:姚嘉宁
纪委书记:姚嘉宁

中国农业银行股份有限公司南通通州支行

行　　长:宋曙明(1月免)
曹佳玲(1月任,女)
副 行 长:金鸿均
邱晓勇(1月免)
季任春

陈亦飞(9月免)
包向荣(8月任)
黄晨曦(8月任,女)
党委书记:宋曙明(1月免)
曹佳玲(1月任,女)
纪委书记:季任春

中国建设银行股份有限公司南通通州支行

行　　长:赵启山
副 行 长:马　军
张　奕(5月免,女)
殷鲁宁(5月任,女)
党委书记:赵启山
纪委书记:羌　霆

中国银行股份有限公司南通通州支行

行　　长:张金国(10月免)
谭　甬(10月任)
副 行 长:喻新安(12月免)
朱　炜
朱　亮(12月任)
王春林
副 书 记:季　强

中国农业发展银行南通市通州支行

行　　长:赵　雨(12月免)
焦　龙(12月任)
副 行 长:毛　展(1月免)
茅　丹(1月免,女)
黄　琪(12月任,女)
支　　书:赵　雨(12月免)
焦　龙(12月任)

中国人民财产保险股份有限公司通州支公司

经　　理:曹星宇
副 经 理:王建南　李劲松
支　　书:曹星宇

中国人寿保险股份有限公司通州支公司

总 经 理:朱　煜(5月免)
胡海明(5月任)
副总经理:庄建新　施赛枫(女)
支　　书:朱　煜(5月免)
胡海明(5月任)

南通农村商业银行

董 事 长:佘　俊
行　　长:钱伟东
监 事 长:陈卫兵
副 行 长:严德明(8月任)
刘海山(8月免)
邵伟俊(8月免)
黄　倩(女)
缪钰辰(8月任,女)
陆建飞(8月任)
党委书记:佘　俊
纪委书记:吴　斌

南通市国土资源局通州分局

局　　长:俞　华
副 局 长:卢　俊　顾为民
张卫东
党组书记:俞　华
纪检组长:季云忠

南通市规划管理局通州分局

局　　长:陆　成(1月免)
章　平(1月任)
副 局 长:朱雪平(4月免,女)
黄建明　邹秦川
总规划师:
党组书记:陆　成(1月免)
章　平(1月任)

税务局

7月,根据党中央、国务院《深化党和国家机构改革方案》的要求,合并成立南通市通州区税务局。

局　　长:钱　宏(12月任)
副 局 长:尤小辉(12月任)
秦丽华(12月任)
张圣军(12月任)
周国均(12月任)
姚筱煜(10月任)
杨贤琳((12月任,女)
周志均(12月任)
盛雅彬(10月任)
党委书记:钱　宏(12月任)
党委副书记:尤小辉(12月任)
纪检组长:孙志华(10月任)

国家税务局

局　　长:钱　宏(12月免)
副 局 长:张圣军(12月免)
周国均(12月免)
陆　琰(3月免,女)
党组书记:钱　宏(12月免)
纪检组长:黄聚奇(8月免)

地方税务局

局　　长:袁利兵(1月免)
尤小辉(1月任,12月免)
副 局 长:秦丽华(12月免)
杨贤琳(12月免,女)
周志均(12月免)
党组书记:袁利兵(1月免)
尤小辉(1月任,12月免)
纪检组长:顾　辉(6月免)

邮政局

总 经 理:施　卫
副总经理:韩玉梅(5月免,女)
冯建松
丁志红(7月任,女)
党委书记:施　卫
纪委书记:韩玉梅(5月免,女)
冯建松(7月兼任)

中国电信股份有限公司通州分公司(电信局)

总经理(局长):李智标
副总经理(副局长):李云中
潘　海(8月任)
张　俊(12月任)
党委书记:李智标
纪委书记:李云中

南通市供电公司通州营业部

总 经 理:朱富云
副总经理:周燕翀　袁志杰
谢宏杰(4月免)
洪　叶
李　楠(5月任)
王　震(3月任)
徐　冰(4月任)
党委书记:周燕翀
党委副书记:朱富云
纪委书记、工会主席:
汤　剑(12月任)

气象局

局　　长:顾录泉
副 局 长:吉慧明

南通市烟草公司通州分公司(烟草专卖局)

经理、局长:张志斐(3月免)
潘文龙(3月任)
副 局 长:朱卫东(3月免)
姚建华(3月任)
副 经 理:李铁强(3月免)

罗雪松(3月任)

盐务管理局(盐业公司)

局长、经理:
副局长、副经理:陈　杰(主持日常工作)
周庙新
党组书记:张卫利

新华书店

经　　理:成煜林
副 经 理:钱　华　陈　枭

区经济实体单位

供销合作总社

主　　任:胡劲武
副 主 任:陈志军
金建峰(3月任)
党委书记:胡劲武

镇(街道)党(工)委、人大、政府(办事处)、纪(工)委

金沙街道

书　　记:葛红俊(女)
副 书 记:严　巍　杨洪杰
王翕金(2月任)
凌　健(挂职)
刁　海(10月挂职期满)
人大工委主任:杨洪杰
主　　任:严　巍
副 主 任:何　俊　季　华
蔡小芳(女)
陈　亮(2月任)
吴　杨(2月任)
纪工委书记:王　展
组织委员:陈晓红(女)
宣传委员:曹　鹏
统战委员:管海燕(女)
政法委员:陈　亮
党工委委员、人武部长:陆云华
党工委委员:邓星林(8月免,挂职,城中派出所所长)
王述新(8月任,挂职,城中派出所所长)
周澜涛(7月任,挂职)

金新街道

党工委书记:张连清
主　　任:王霄峰
副 书 记:王霄峰　顾亚明
徐敬国
顾　保(2月任,挂职)
王荣华(8月任,挂职,城南派出所所长)
办事处副主任:吴成梓　金　健
张晓维　徐刘波
葛建华
纪工委书记:赵晓云(女)
组织委员:王鲁苏(7月任)
政法委员:倪晓峰(7月任)
党工委委员:陈　炎(7月任)
人武部长:陈　炎
党工委委员:樊朝伟
邱　兵(挂职,开发区派出所所长)

兴东街道

书　　记:王晓亮
副 书 记:陈　雨　陈　前
人大工委主任:邢建均
主　　任:陈　雨
副 主 任:娄　光　张可嘉
顾　峰(女)　丁宏林
吴向晖
米皓坤(9月任,挂职)
纪工委书记:喻晓康
组织委员:姜益南(女)
宣传委员:徐玉红(女)
统战委员:王秉坤
政法委员:陈永东
党工委委员、人武部长:张豪华
党工委委员:黄敏捷(8月免,挂职,兴东派出所所长)
张小平(8月任,挂职,兴东派出所所长,女)
丁光南(7月任,挂职)

先锋街道

书　　记:张加华
副 书 记:钱道锋
葛　昊(2月任)
徐新兵(12月挂职期满)
吴日铭(挂职)
人大工委主任:马迎霞(女)
主　　任:钱道锋
副 主 任:李昕辉　施晓健(女)
丁金澄　顾云海
徐晓峰
邹启红(9月,挂职,女)
纪工委书记:葛　昊
组织委员:吴　尉(女)
宣传委员:朱　勇(女)
统战委员:马秦芳(女)
政法委员:江　敏(2月任)
党工委委员、人武部长:张乃胜
党工委委员:解林见(挂职,先锋派出所所长)

西亭镇

书　　记:邱志珺(女)
副 书 记:唐　锋
徐浩兵(2月任)
徐裕来(10月挂职期满)
苏　敏(2月任,挂职)
常湛源(9月任,挂职)
人大主席:道宗明
镇　　长:唐　锋(1月当选)
副 镇 长:黄继华　陈　华
王冬明
徐浩兵(2月免)
黄　军(2月提名,7月当选)
纪委书记:徐　健
组织委员:吴　熠
宣传委员:顾　婷(女)
统战委员:朱泽华
政法委员:邱伟佳(2月任)
党委委员、人武部长:
黄　军(2月免)
党委委员:许文祥(7月任,挂职)

二甲镇

书　　记:倪健忠
副 书 记:曹顾涌(7月任)
钱　亮(女)
龚　利(10月挂职期满)
沈　微(9月任,挂职)
人大主席:曹　康
镇　　长:倪健忠(7月免)
曹顾涌(7月提名,7月当选)
副 镇 长:高　峰
徐林冲(2月免)
季　琳(女)　吴其春
刘少华(2月提名,7月当选)
纪委书记:张　琴(女)
组织委员:蒋　波
宣传委员:郭　攀
统战委员:顾红燕(女)
政法委员:王桂英(女)

党委委员、人武部部长:瞿　杰
党委委员:周亦张(2月任,挂职,二甲派出所所长)

东社镇

书　　记:吴进华
副 书 记:匡咏梅(女)
　　刘开振(10月挂职期满)
人大主席:曹锡刚(1月当选)
镇　　长:匡咏梅(女)
副 镇 长:高　荣　瞿仪晨
　　王　冬(2月免)
　　张晓伟(2月提名,7月当选)
　　张启国(2月提名,7月当选)
　　宗　原(9月任,挂职,女)
纪委书记:曹　锋
组织委员:陈　熹
宣传委员:袁　飞
统战委员:张启国
政法委员:王志伟(2月任)
党委委员、人武部长:朱汉斌
党委委员:徐卫国(2月任,挂职,东社派出所所长)

十总镇

书　　记:陈亚铭
副 书 记:陈建烽(7月免)
　　龚志军
　　顾顺超(10月挂职期满)
　　吴日铭(9月任,挂职)
人大主席:王淑平(女)
镇　　长:陈建烽(7月免)
　　龚志军(7月提名,7月当选)
副 镇 长:殷跃飞　张树新
　　张元鸿　朱异玲(女)
纪委书记:李西丰
组织委员:吴卫荣
宣传委员:徐　建
统战委员:卫庆玉(女)
政法委员:朱徐峰
党委委员:邵建军(8月免,挂职,十总派出所所长)
　　施海飞(8月任,挂职,十总派出所所长)
　　黄双花(7月任,挂职,女)
人武部长:陈一峰

石港镇

书　　记:陈　兵
副 书 记:季新建
　　王　冬(2月任)
　　常湛源(9月任,挂职)
人大主席:吴广进
镇　　长:季新建
副 镇 长:李国强　陈海林
　　沈裕龙　杨　磊
纪委书记:吴德水
组织委员:范燚燚(女)
宣传委员:郭　杰
统战委员:季小雄
政法委员:李楼进
党委委员、人武部长:陆雪峰
党委委员:吴季新(挂职,石港派出所所长)
　　陈海明(挂职)
　　陆鑫鑫(7月任,挂职,女)

刘桥镇

书　　记:顾　灏
副 书 记:陈建烽(7月任)
　　陆志方(2月任,7月免)
　　张林毅(12月挂职期满)
　　徐裕来(10月挂职期满)
人大主席:高建华(9月立案调查)
镇　　长:陈建烽(7月提名,8月当选)
副 镇 长:高　健　陈巧云(女)
　　曹春玉(女)
　　陆　建(1月当选)
纪委书记:姜春雷
组织委员:王　霏(2月免,女)
宣传委员:刘淑芬(女)
统战委员:高　丽(女)
政法委员:陆　建(兼)
党委委员、人武部长:刘　新
党委委员:施　峻(8月免,挂职,刘桥派出所所长)
　　严百灵(8月任,挂职,刘桥派出所所长)
　　冯冬华(7月任,挂职)

平潮镇

书　　记:李卫华(7月立案调查)
副 书 记:马　锋　冯志娟(女)
　　夏　伟
　　张洪源(10月挂职期满)
人大主席:刘　焱(女)
人大副主席:帅剑锋
镇　　长:马　锋(1月当选)
副 镇 长:夏育华　程金锋
　　浦晓东　葛鉴洲
　　黄　炜(女)　祁昌海
纪委书记:任红云(女)
组织委员:黄建锋
宣传委员:施晨飞
统战委员:李国建
政法委员:孟镇勋
党委委员、人武部长:黄国祥
党委委员:李　太
　　陶婷婷(12月挂职期满,女)
　　成鹤银(挂职,平潮派出所所长)

五接镇

书　　记:孙伟俊
副 书 记:王　勇
　　李　斌(2月免)
　　纪建峰(2月任)
人大主席:李　斌
镇　　长:王　勇
副 镇 长:徐美云(女)　孙志凤
　　赵　楠　丁　杨
纪委书记:朱小祥
组织委员:黄亚南
宣传委员:魏佳喜
统战委员:张晓伟(2月免)
　　张振兵(2月任)
政法委员:吴锦云(女)
党委委员、人武部长:李　钢

兴仁镇

书　　记:沈新宇
副 书 记:顾本勇
　　徐林冲(2月任)
　　曹　飞(2月任,挂职)
　　张茂华(10月挂职期满)
人大主席:蔡卫中
镇　　长:顾本勇(1月当选)
副 镇 长:郭　华　马建芳(女)
　　何　莹　陈小兵
　　米皓坤(9月任,挂职)
纪委书记:姜美娟(2月免,女)
　　杨　霞(7月任,女)
组织委员:杨　霞(7月免,女)
　　张国民(7月任,兼)
宣传委员:曹元元
统战委员:张国民
政法委员:吴　佐
党委委员、人武部长:钱建军
党委委员:王述新(8月免,挂职,兴仁派出所所长)

陈　发(8月任,挂职,
兴仁派出所所长)
陈季卫(7月任,挂职)

张芝山镇

书　　记:曹　锐
人大主席:吴建国
镇　　长:曹　锐
副 镇 长:倪梓程　曹　敏(女)
纪建峰(2月免)
陈永刚
纪委书记:郭志坚
组织委员:李菊梅(女)
宣传委员:许建春
统战委员:蔡　亮
政法委员:顾　冲(2月免,兼)
杨建华(2月任)
党委委员、人武部长:顾　冲
党委委员:范　权(2月任,挂职,
张芝山派出所所长)

川姜镇

书　　记:邵爱军
副 书 记:张卫忠　吴红星
顾建峰(挂职)
石海云(12月挂职期满)
沈　微(9月任,挂职)
人大主席:陈超平
镇　　长:张卫忠
副 镇 长:沙　宁　张卫华
张新荣　周　丹
纪委书记:郭志坚
组织委员:季　鹏
宣传委员:施亚兴(女)
统战委员:陆迎辉(女)
政法委员:戴晓晨
党委委员、人武部长:李小辉
党委委员:魏晓雷(挂职,川港派出所
所长)
黄金宇(7月任,挂职,女)

部分事业单位

江苏省通州高级中学

校　　长:季仲平
副 校 长:许　斌　秦志强
张圣兵
党委书记:许　斌(7月任)
党委副书记:季仲平　许　斌
纪委书记:翟新民

江苏省通州中等专业学校(江苏广播电视大学通州学院)

校　　长:姜汉荣
副 校 长:张劲松　顾　强
党委书记:姜汉荣(8月任)
张　建(8月免)
党委副书记:胡栋均
纪委书记:胡栋均

江苏省西亭高级中学

校　　长:周　岗(8月任)
瞿国华(8月免)
副 校 长:朱新星　缪国林
任益南
季志锋(8月任)
党委书记:周　岗(8月任)
瞿国华(8月免)
党委副书记:朱新星
纪委书记:任益南(8月任)
周　岗(8月免)

江苏省平潮高级中学

校　　长:孙　钢
副 校 长:朱学锋(8月免)
孙振建　邵　良
张　杨(8月任)
吴　军(8月任)
党委书记:孙　钢
党委副书记:朱学锋(8月免)
纪委书记:夏永明

金沙中学

校　　长:李　达
副 校 长:羌达勋　薛　军
顾锋杰
刘新军(8月任)
党委书记:李　达
党委副书记:羌达勋
纪委书记:蔡国锋

二甲中学

校　　长:季洁华(局任,副科)
副 校 长:徐东林(局任,8月免)
王　军(局任)
吴卫军(局任,8月任)
党总支书记:季洁华

二爻中学

校　　长:徐东林(局任,8月任)
姜建军(局任,8月免)
副 校 长:张永峰(局任)
李　健(局任)
党总支书记:徐东林(局任,8月任)
姜建军(8月免)

石港中学

校　　长:顾海明(局任)
副 校 长:金郁峰(8月免)
黄　新
党总支书记:顾海明(局任)

刘桥中学

校　　长:王新彦
副 校 长:高　峰
陈　炎(8月免)
张燕飞(局任)
党总支书记:王新彦

兴仁中学

校　　长:陈春雷(局任,8月任)
包春华(局任,8月免)
副 校 长:戴红玲(女)
李文彬(局任)
杨小峰(局任)
党支部书记:陈春雷(局任,8月任)
包春华(局任,8月免)

姜灶中学

校　　长:柴淑艳(女,局任)
副 校 长:张剑峰(8月免)
薛新华(8月免)
王能龙　顾宪斌(局任)
成洪华(局任,8月任)
党总支书记:柴淑艳(女,局任)

通海中学

校　　长:孙　鹏(局任,8月任)
刘　谨(8月免)
副 校 长:黄惠超　胡晓飞(局任)
黄　忠(局任,8月任)
党支部书记:孙　鹏(局任,8月任)
刘　谨(8月免)

农业综合技术学校

校　　长:李发新(2月免)
副 校 长:戴　锋　季春雷

党支部书记：李发新(2月免)

南通市通州卫生职工中等专业学校

校　　长：李发新(2月任)
　　　　　瞿宝祥(2月免)
副 校 长：李　建
党支部书记：李发新(2月任)
党支部副书记：瞿宝祥(2月免)

乒乓球运动学校

校　　长：王寿兵
副 校 长：蒋兴锐　吕晓飞

人民医院

董 事 长：易　昕
院　　长：陈　建
副 院 长：施　庆　徐　洪
　　　　　赵　云　郭　云(女)
党委书记：陈　建
党委副书记：施　庆
纪委书记：施　庆

中医院

董事长、院长：秦晓纲
副 院 长：曹亦军
　　　　　李春芳(8月任，女)
　　　　　王传兰(8月任，女)
党委书记：曹亦军
党委副书记：秦晓纲
纪委书记：李春芳(7月免，女)
　　　　　黄　金(7月任)

疾病预防控制中心

主　　任：仇星煜

卫生监督所

所　　长：王国清

国家统计局通州调查队

队　　长：严春燕(女)
副 队 长：王能标(挂职)

地产发展中心

主　　任：

土地储备中心

主　　任：刘旭峰

生产力促进中心

主　　任：

国库集中支付中心

主　　任：陈汝军

地方海事处

主　　任：王新全(8月免)

运输管理处

主　　任：张宏勋

党员干部现代化远程教育办公室

主　　任：

人才服务中心

主　　任：顾建华

干部信息中心

主　　任：吴　健

对外交流服务中心

主　　任：于　红(女)

城管执法大队

大 队 长：顾　斌
教 导 员：程圣军

互联网新闻中心

主　　任：韩立新

安全生产督查大队

大 队 长：施洪春

综合检验检测中心

主　　任：赵　辉

文化市场综合执法大队

2月，根据《南通市通州区文化综合执法大队主要职责内设机构和人员编制规定》(通编〔2018〕9号)文件精神，组建南通市通州区文化市场综合执法大队。

大 队 长：曹智锋(9月任)

部分国有企业

2017年8月，区政府出台《关于进一步深化区级国有企业改革的实施意见》(通政发〔2017〕14号)，将原有区属国有企业按功能属性进行整合，重组为南通市通州区惠通投资集团有限公司、南通市通州区城市建设集团有限公司、南通市通州区交通建设集团有限公司。根据业务及发展需要，2017年12月，南通市通州区城市建设集团有限公司更名为南通圆宏控股集团有限公司，南通市通州区交通建设集团有限公司更名为南通融通控股集团有限公司；2018年1月，南通市通州区惠通投资集团有限公司更名为南通市鑫汇控股集团有限公司。

南通市鑫汇控股集团有限公司

董 事 长：沈　杰
总 经 理：沈　杰
副总经理：赵春涛
财务总监：周　沐
党委书记：沈　杰

南通圆宏控股集团有限公司

董 事 长：李晓东
副总经理：张　勇　吴尤宏
财务总监：周　伟
党委书记：李晓东

南通融通控股集团有限公司

董 事 长：季　平
总 经 理：金志锋
副总经理：司晓峰
党委书记：季　平

南通高新技术产业开发区总公司

总 经 理：张单华
副总经理：吴晓东
财务总监：丁志伟

南通佳润控股集团有限公司

根据业务及发展需要，2018年4月，南通锡通控股集团有限公司更名为南通佳润控股集团有限公司。

董 事 长：朱雪平
副总经理：勇　飞
党总支书记：朱雪平

南通一诺城镇建设开发有限公司

2017年5月，根据区政府办公室印发《南通一诺城镇建设开发有限公司实体化运行改革方案的通知》(通政办发〔2017〕36号)，成立南通一诺城镇建设开发有限公司。

执行董事、总经理：陈　杰

(徐　钰)

区委、区政府重要会议报告

在区委十二届六次全会上的讲话

(2018年8月3日)

陈永红

同志们:

这次会议的主要任务是,深入学习贯彻习近平新时代中国特色社会主义思想,落实省委十三届四次全会和市委十二届六次全会部署要求,总结上半年工作,研究安排下一阶段工作,动员全区上下解放思想、追赶超越、争当先锋,推动高质量发展走在全市前列,加快建设"强富美高"新通州。

下面,我根据区委常委会讨论的精神,讲三个方面意见。

一、聚焦发展定位,奋力开拓创新,经济社会发展迈上新台阶

今年以来,全区上下按照省委、市委部署要求,紧紧围绕"产业腹地、创新智谷、城市绿洲、幸福家园"四大发展定位,扎实做好稳增长、促改革、调结构、惠民生、防风险各项工作,迈向高质量发展起步良好,新一轮追赶超越全面起势。上半年,全区实现地区生产总值654.3亿元,同比(下同)增长8%,一般公共预算收入37.1亿元,增长5.4%,在全市"四个全面"抓落实、"追赶超越"争标兵考核中位列第二。主要抓了以下四个方面工作:

*一是在项目突破中提升经济发展质态。*二季度我区产业项目综合考核跃居全市第二,得益于我们把项目建设作为"一号工程",坚持不懈,狠抓不放。构建"1+1+3+N"招商组织体系,整合招商力量资源,上半年签约重大项目19个,百亿级、千亿级项目加快推进。探索建立区领导全挂钩和捆绑考核机制,严格落实项目建设任务书交办制度,积极推进"模拟审批"、"模拟核查",推动项目建设提速增效,新开工亿元以上产业项目70个,其中重大项目13个,超过去年全年总和,总投资150亿元的恒科二期为全市单体投资最大的新开工制造业项目。新一代信息技术、智能装备、汽车及零部件三大重点产业加快集聚,应税销售均实现两位数增长。高新产业产值和新兴产业产值分别增长18%和13.5%。现代家纺、船舶海工等传统产业稳步发展,建筑业施工产值增长13.9%。旅游业项目加快投入,洲际绿博园创成我区首个国家4A级景区,鲜花小镇一期顺利开园,全区接待游客总人数增长15%。江海智汇园创成省小微企业创业创新示范基地。

*二是在生态攻坚中提升城乡环境品质。*上半年,全区生态环保工作面临前所未有的压力,我们把打好污染防治攻坚战作为当前一项政治任务,直面问题,全力突破。落实区领导包案督办和任务书交办制度,坚持高标准、严要求,抓好中央、省环保督察交办问题整改。扎实开展"263"专项行动,继续淘汰化工、印染等行业落后产能,完成25家钢丝绳企业的污染工段整治;深入落实"散乱污"企业治理任务,完成率达84.5%;燃煤锅炉淘汰任务基本完成;积极推进农业面源污染防治,整治涉污养殖场446家,南美白对虾专项整治有序推进。保持环境执法高压态势,启动"绿盾2018"环保执法亮剑行动,查处环境违法案件184起。"河长制"、"断面长制"全面落实,巡河活动常态化开展,有效解决各类问题3000多个。主动打响川姜环境综合整治大会战,运用"1+1+N"组织模式,成功攻克了重点环境问题,树立了农村环境综合整治新样板。坚持系统提升,老小区改造、黑臭河道治理有序推进,竖石河及通灵桥片区等生态绿化工程加快建设,城区新增绿化面积21万平方米。高新区环境提升工程正式启动,运盐河城区段综合整治研究取得阶段性成果。

*三是在强村富民中提升共建共享水平。*针对"三农"发展的薄弱环节,我们全面实施强村富民奔小康工程。着力提升农业现代化水平,"三个全覆盖"试点建设扎实推进,完成高标准农田3.3万亩,全区覆盖率达89.7%,新(扩)建规模农业项目125个。新型农业经营主体不断壮大,76家农民合作社进入省政府优先扶持名录,新增家庭农场22家,培训新型职业农民4090人。全面启动农村集体产权制度改革,土地承包经营权确权登记颁证工作通过省级验收。富民进程持续加快,新增就业创业8347人,城乡居民人均可支配收入分别增长8.6%和9.3%。同时,教育、医疗、养老等群众"隐性财富"不断增加,特别是普通高中录取率提升了10个百分点、高考本科上线率达96%。各类基本社会保险参保率均保持在98%以上,超额完成省级保障性安居工程任务。深入开展精准扶贫,健康扶贫政策进一步完善。着力防范金融风险,社会治安、安全生产、食药安全、信访维稳等工作有效开展,社会大局保持和谐稳定。

*四是在管党治党中提升干事创业能力。*落实新时代党的建设总要求,探索"完善组织抓融合、压实责任抓融合、优化路径抓融合、彰显效果抓融合"的融合党建四步法,相关经验被《人民日报》宣传推广。强化党对意识形态工作的领导,互联网等新兴媒体舆论引导能力明显提升。深入学习贯彻党的创新理论,常态化制度化开展"两学一做"学习教育活动。全面推动解放思想大讨论,创新组织"大学习大调研大讨论"、"四问通州干部大讲坛"和"村(社区)党组织书记工作讲坛"。认真开展"寻找老支书精神"活动,弘扬扎根基层、担当奉献的优秀品质。深入推进基层党组织标准化建设,13个村(社区)被评为市"五星级"村(社

区)党组织。树牢“重人品重实干重实绩”的选人用人导向,探索党政领导干部综合分析研判方式,强化优秀年轻干部培养选拔。健全完善“三位一体”干部管理机制,规范改任非领导职务干部管理。压实“两个责任”,构建区镇村三级责任体系。推进监察体制改革,探索“多轮驱动”巡察模式,实现镇(街道)党组织巡察全覆盖。科学运用“四种形态”,以零容忍态度惩治腐败,努力构建风清气正的政治生态。

同时,我们也清醒地看到工作中存在的矛盾和问题:思想解放的症结还需进一步破除,追赶超越的目标和路径还有待明晰;重特大项目支撑力还不足,经济增长的新动能尚需加快培育;城乡发展还存在诸多短板,打好“三大攻坚战”的任务仍然艰巨;基层党组织的组织力还不够强,党员干部干事创业、担当作为的精气神有待进一步提升。对此,我们要在今后工作中,系统研究,有效解决。

二、坚持解放思想,加快追赶超越,推动高质量发展取得新突破

省委娄书记在南通调研时,勉励南通“努力成为江苏沿海崛起的龙头,争当全省解放思想跨越赶超的先锋、全省高质量发展的先锋、新时代全省干事创业的先锋”。我们要按照省委赋予南通的新定位、新使命,对标高质量发展监测评价指标体系,坚决破除等待观望、路径依赖思想,紧盯“全面发展学江阴、产业发展学吴江、城乡发展学宜兴”目标追求,努力打造具有区域影响力的产业腹地、创新智谷、城市绿洲、幸福家园,推动高质量发展走在全市前列。做好下一阶段工作,要把握好三个方面:一要以解放思想为先导。习近平新时代中国特色社会主义思想,是解放思想的根本遵循,我们学习贯彻得越深入、越彻底,干事创业就越有底气、越有成效。全区上下要深刻领会省委、市委关于开展解放思想大讨论活动的精神实质和丰富内涵,进一步强化抢占先机、主动作为的进取意识,超前谋划,前瞻布局,为高质量发展激发动力、释放活力。二要以追赶超越为抓手。市委号召,要提高目标站位,把自身工作放到全省全国范围找位次、比贡献、争标兵。结合通州当前发展实际,区委经过深入研究和常委会讨论,确定了“全面发展学江阴、产业发展学吴江、城乡发展学宜兴”的工作目标,主要学习江阴在抢抓机遇、加快集成改革、提升综合实力等方面的经验,学习吴江在产业培育、创新发展、转型升级等方面的经验,学习宜兴坚持绿色发展、打造优美城乡环境等方面的经验。全区上下要进一步强化对标意识,精准分析把握机遇、优势和短板,找到同频共振的契合点、优势转化的发力点、制约发展的症结点。三要以争当先锋为追求。区委十二届五次全会提出的打造“彰显高质量发展新要求、立足扬子江城市群、具有区域影响力的产业腹地、创新智谷、城市绿洲、幸福家园”的奋斗目标,与省委和市委的新要求、新部署一脉相承、高度契合。全区上下要进一步聚焦目标定位,从最有基础、最具优势、最能突破的领域入手,精准发力,攻坚突破,在全市乃至全省争当跨越发展的先锋模范。

下一阶段,重点要做好以下四个方面工作:

(一)*以高质量项目为支撑,深入推进产业腹地建设。*高质量的项目是打造产业腹地的“生命线”,必须始终坚持“项目为王”,深入开展“招商质量提升年”和“项目建设提速年”活动,努力在招引百亿级大项目、集聚千亿级大产业方面加快突破。

全面提高招商水平。紧盯重点产业板块,扎实推进产业链招商,加快招引上下游产业项目,确保全年新签约重大项目47个。新一代信息技术产业要全力推进集成电路重大项目落户,积极打造国家级电子信息产业基地;智能装备产业要重点招引高端数码打印、电子专用设备、工业机器人等产业项目,培育行业龙头板块;汽车及零部件产业要顺应新能源汽车发展趋势,力争在整车制造项目引进上实现突破。突出“以亩产论英雄”,围绕项目落户“产业规划、环保要求和产投效益”,健全完善“三关联审”制度,坚持算好富民账、资金平衡账和对产业集聚、产业链完善的贡献账。园区要发挥招商主力军作用,特别是高新区、锡通园要立足“一主一新”产业,紧盯重大项目、重点区域,全力推进百亿级、千亿级特大项目签约落户。要进一步优化招商工作机制,充分发挥区领导带队招商作用,提升招商实效。

高效推进项目建设。严格执行项目任务书制度,按季度精准下达项目建设任务,高频次开展区领导现场巡查和“一对一”协调推进活动,促进深南电路、四方冷链等重大项目加快竣工转化。同步抓好服务业项目,加快推进南山湖风情水街、宝湾国际物流中心等重大项目,确保全年固定资产投资增长8%。强化项目推进全流程跟踪服务,深入落实“代办帮办”、“模拟审批”、“模拟核查”等有效制度,及时跟进项目考核细则变化、补齐短板不足,确保在全市产业项目综合考核中继续保持领先。以新转化项目为重点,延伸优化项目服务,深入实施大企业培育计划,全面落实“一企一策”,助推企业进一步壮大规模,确保全年新增规模以上企业60家。

着力优化发展环境。持续深化“放管服”改革,扎实推进“不见面审批”,不断提升项目审批时效。积极推进增减挂钩和占补平衡年度计划,鼓励实施同一乡镇范围内村庄建设用地布局调整,确保全年完成增减挂钩5500亩、占补平衡3311亩。强化建设用地批后动态监管,加大“征而未供、供而未用、用而不足”等三类土地处置力度,积极探索存量土地、闲置资产盘活路径,全年盘活低效用地不少于1700亩。主动争取重大项目独立选址和点供指标。精心组织政银企对接活动,帮助企业解决融资问题,支持海星电子、金太阳、达海智能等在轨企业实现上市直接融资。

(二)*以高效益产出为导向,深入推进创新智谷建设。*主动策应中央创新区建设,围绕产业链布局创新链,提高创新资源的整合能力和产出效益,加快构建适应产业发展的创新体系。

突出企业创新主体。对标学习深圳科技创新经验,加大高新技术企业扶持力度,确保全年认定高新技术企业50家以上,高新产值占比达52%。把握省综合性科技云平台建设机遇,发挥各类政策、基金的撬动作用,引导企业加大研发投入,确保全社会研发投入占比达2.7%。深化产学研合作,鼓励企业与科研院校建立重点实验室、企业技术中心,确保大中型工业企业和规上高新技术企业研发机构建有率95%以上。要加大企业技改支持力度，确保全年实施重点技改项目100个以上，创成省市级智能车间5家。鼓励企业发明创造，完善专利托管、交易等服务，力争全年实现万人发明专利拥有量29件以上。

提升创新平台效益。坚持分类施策，全面提升江海智汇园、江海圆梦谷、创纺E站三大创新平台运营水平。江海智汇园要积极创新合作模式，探索引进专业运营管理团队。针对新一代信息技术产业，特别是集成电路产业发展需要，着力搭建设计、测试等技术服务平台，提升专业化、特色化水平。江海圆梦谷要以市场化为导向，重点引进培育科技、媒体、通信等创新创业团队项目，努力提高单位面积产出效益。创纺E站要聚焦家纺创意设计、电子商务、检测认证及技术转化等领域，确保入驻企业年销售5亿元以上。各类平台要建立完善滚动淘汰机制，对入驻满三年未实现产业化的项目，坚决予以清退，提高运营效率。积极构建多元化金融支撑体系，发挥产业基金、担保基金催化作用，形成各类金融资本协同支持创新发展的良好局面。

集聚各类创新人才。人才是创新的第一资源。要按照“引进一个人才，带来一个项目”的目标，积极落实“21条”人才政策，精心组织招才引智活动，确保全年引进高层次创新创业人才50名、项目30个以上。要围绕产业需求，与各类高职院校开展“订单式”合作培养，打造高技能专业人才队伍。要做好结构性紧缺型人才引进工作，广泛招募城市规划、公共管理、教育医疗等方面人才，推动全区人才队伍健康发展。要更加关心人才的工作和生活，在购房租房、子女入学等方面提供优质服务，特别是对符合通州产业发展方向的特殊贡献、稀缺人才，要不拘一格、精准服务，营造全社会尊重人才的良好氛围。

（三）以高品质环境为保障，深入推进城市绿洲建设。牢固树立绿色发展理念，推动城市功能、生态融合发展，以生态环境高质量支撑经济社会发展高质量，展现新时代通州“最靓颜值”。

优化城市发展布局。主动对接南通城市总体规划修编，以提升内涵品质为目标，加强城市片区发展研究。高新区东南片区要围绕建设公园社区目标，尽快完成规划研究、明确功能定位。家纺城北部片区要结合产业特色，加快开发建设，推动与高新区相向融合发展。先锋片区要抢抓轨道二号线建设机遇，主动对接中央创新区扩容，高起点改造提升区域环境，打造市区东部高品质宜居片区。平潮西站片区要加大拆迁攻坚力度，全力保障沪通铁路、盐通铁路、轨道交通等重点工程建设。城区方面要扎实推进高新区环境提升工程和运盐河城区段综合整治，不断优化人居环境。同时，加快G345东绕城北段、希望路北延等工程建设，提升区域互联互通水平。

全力消除环境痛点。下决心向污染问题宣战，全面开展污染源“拉网式大排查大整治”，摸清底数、建立台账、分类施策，有序消除环境问题隐患。坚决打好污染防治攻坚战，深化“263”专项行动，高标准完成中央、省市环保督察交办问题整改销号，确保实现“国标”“民标”双达标。水环境质量仍是我区环境的突出短板，要严格落实“河长制”“断面长制”，强化日常巡查，聚焦问题整改，扎实推进农村河道品质提升，加大畜禽养殖污染及黑臭水体治理力度，全面消除省考以上劣V类断面。水的问题根子在岸上，要坚持河岸共治、标本兼治，加快推进“散乱污”及“三行业”企业综合整治，加强动态管理，健全长效机制，确保135家企业全面整改到位。要打好净土、蓝天保卫战，扎实开展土壤污染防治，启动重金属重点防控区专项整治。突出抓好挥发性有机物治理，提升扬尘污染整治水平，统筹做好秸秆禁烧和综合利用等工作，确保全年空气质量优良率达75.7%。

夯实生态发展基础。要按照“点线面”生态发展格局，全力推进生态环境提升工程，实质性启动东部生态涵养区建设。加大环保基础设施投入，加快益民污水二分厂、石港污水处理厂提标扩建，确保20个农村小型生活污水处理设施建成启用。积极探索城乡水务一体化改革，提高生活污水收集率、处理率和达标排放率。加快固废危废处置项目规划建设。要深化美丽乡村建设，全力推进新一轮厕所革命，确保高标准完成省市下达任务。加强环保执法体制改革，健全完善基层环保机构，深入开展“绿盾2018”环境执法亮剑行动，精准打击各类违法行为。启动生态文明大宣讲活动，促进公民意识由“生态觉醒”走向“生态自觉”。

（四）以高水平民生为根本，深入推进幸福家园建设。坚持以人民为中心的发展理念，统筹做好各领域民生工作，让发展更有温度、幸福更有质感。

加快乡村振兴步伐。创新村集体经济发展路径，努力消除市级经济薄弱村，力争全区村集体平均收入超百万元。加快高标准农田建设，提高土地流转质效，确保全年流转率60%以上。实施农业品牌建设战略，发挥金土地、开心农场等品牌效应，加快建设“一村一品一店”，促进农业发展提质增效。积极发展适度规模经营，全年培育家庭农场、农民合作社等新型经营主体80家。支持景瑞农业、嘉安食品等龙头企业做大规模，有条件的企业在省股权交易中心“农业板”挂牌上市。鼓励引导在外能人、大学生等群体返乡从事现代农业，培育一批爱农村、懂技术、善经营的农业专家，带动农村发展。

切实办好民生实事。民生实事是党委政府对百姓的承诺，要聚焦“不平衡、不充分”环节，进一步“补短补缺补软”。教育方面，要加快推进金东新城学校、通州中专二期等重点工程。进一步强化校长队伍建设，注重名师梯队培养，严厉打击违规家教，规范社会机构办学，促进教育水平整体迈上新台阶。医疗养老方面，要加快建成独立“指挥型”急救中心，进一步改善中医院就医条件。积极构建“嵌入式”综合性养老服务平台，全面完成45家居家养老服务站标准化建设。创业保障方面，要加强政策扶持引导，做大做强省级创业示范基地，确保全年新增就业创业12750人。深入实施“全民参保登记计划”，切实做好被征地农民保障工作。精准推进阳光扶贫工程，完善病残孤老等重点群体兜底救助政策，真正让高质量发展的成果全民共享。

打造法治安民环境。压实法治建设领导责任制，充分发挥法律顾问和公职律师、公司律师作用，提高依法行政水平。全面落实司法责任制，深化以审判为中心的诉讼制度改革。积极开展行政执法检察监督，打造检察公益诉讼品牌。紧扣“七五”普法中期迎查重点，全面落实“谁执法谁普法”责任制，争创省市“法治文化建设示范点”。加强社会矛盾防范化解管控，全面落实“五包”责任制，提升信访积案化解实效。强化城乡社区网格化服务管理，确保省级城乡和谐社区建设达标率分别达98%、95%。深入推进扫黑除恶专项斗争，加快区应急联动大数据指挥服务中心和“雪亮工程”建设，坚决震慑打击违法犯罪行为。切实提升安全生产、食药安全、公共卫生等重点领域实战应急能力，确保全区社会大局和谐稳定。

三、强化政治引领，提高党建质量，深入落实全面从严治党新要求

全区各级党委（党组）要认真落实新时代党的建设总要求，扛起主责、抓好主业、当好主角，强化系统思维，坚持问题导向，实现协同用力，深入推进融合党建，切实把各领域党建工作抓具体、抓深入，推动党的建设质量整体提升。

*狠抓政治建设。*认真践行“两个维护”根本政治任务，恪守“四个服从”根本组织原则，用行动诠释忠诚、用担当彰显信仰。坚持用习近平新时代中国特色社会主义思想武装头脑，推进党的创新理论传播行动，精心开展“不忘初心、牢记使命”主题教育，推动党员干部增强“四个意识”、坚定“四个自信”。严格落实意识形态工作责任制，扎实做好思想宣传工作，深化运用解放思想大讨论活动成果，发挥好思想引领、舆论推动、精神支撑作用。严明党的政治纪律和规矩，严防“七个有之”，严格执行重大事项请示报告等制度。坚持和完善民主集中制，严肃党内政治生活，认真落实“三会一课”、民主评议党员和领导干部双重组织生活等制度，发展积极健康的党内政治文化。

*狠抓强基固本。*围绕发挥基层党组织战斗堡垒作用，深入开展组织力和党建质量“双提升”行动，扩大党的组织覆盖和工作覆盖。设立基层党建综合评价指数，严格落实党建工作清单，优化基层党建质量管理体系。分层分类加强各领域党建工作，抓好城市基层党建和中小学校党建，积极开展区级机关党组织“惠民助企服务品牌”创评活动。强化支部标准化、规范化建设，精准帮扶、动态整顿软弱涣散党支部，促进基层党组织全面进步、全面过硬。进一步加强带头人队伍建设，落实“一轴四轮”职责要求，弘扬“老支书精神”，办好“村（社区）党组织书记工作讲坛”，通过晒工作、比思路、亮成绩，促进基层党组织书记综合素质和履职水平全面提高。

*狠抓队伍锻造。*贯彻落实新时代党的组织路线，坚持好干部标准，突出以德为先、任人唯贤、人事相宜，建立日常考核、分类考核、近距离考核的知事识人体系。鼓励优秀年轻干部到艰苦岗位、一线阵地磨炼深造，打造一支品质优良、充满活力的年轻干部队伍。精心组织“四问通州干部大讲坛”，精准落实“能上能下、容错纠错、鼓励激励”三项机制，健全完善崇尚实干、敢于负责、加油鼓劲的正向激励体系。加强干部全方位管理，深化领导干部“三责联审”机制，落实谈心谈话制度，用好提醒、函询、诫勉等手段，让咬耳扯袖成为常态。健全干部待遇激励保障制度体系，落实走访慰问、帮扶服务、心理疏导等关爱措施，真正关心干部成长。

*狠抓正风肃纪。*刚性落实“两个责任”，健全责任体系，严肃开展党风廉政建设责任制检查考核。从严贯彻中央八项规定及其实施细则精神，深入开展作风问题专项治理，加大反面典型曝光力度，有效防范“四风”反弹回潮。围绕打好“三大攻坚战”，深化扶贫领域专项治理，推进环境保护专项巡察、防范金融风险专项监督检查，加大问责力度，确保政令畅通。深入推进纪律检查和监察体制改革，探索合署办公新机制下依规治党与依法反腐的有效路径。严格落实区委巡察工作规划，结合省委巡视反馈意见，及时组织开展“回头看”，确保整改真到位、全到位。用好监督执纪“四种形态”，坚持挺纪于前、抓早抓小抓苗头，不断巩固反腐败斗争的高压态势。

同志们，全年工作进入“下半场”，全面完成目标任务，需要我们付出更为艰辛的努力。让我们高举习近平新时代中国特色社会主义思想伟大旗帜，在省委、市委的坚强领导下，团结带领全区广大干部群众，解放思想再出发、追赶超越当先锋，推动高质量发展走在全市前列，为建设“强富美高”新通州而不懈奋斗！

政府工作报告

——2019年1月23日在通州区第十六届人民代表大会第三次会议上

区 长 凌 屹

2018年工作回顾

过去的一年,我们坚持以习近平新时代中国特色社会主义思想和党的十九大精神为指引,在市委、市政府和区委的正确领导下,坚持稳中求进工作总基调,扎实推进"产业腹地、创新智谷、城市绿洲、幸福家园"四大定位建设,较好完成全年目标任务,"三大攻坚战"开局良好,高质量发展迈出坚实步伐。预计(下同)全年实现地区生产总值1265亿元,同比(下同)增长8%;一般公共预算收入69亿元,其中税收收入增长11.7%;城乡居民人均可支配收入分别达48270元、23850元,分别增长8.8%、9.4%;综合实力跃居全国百强区第22位,苏中苏北第一。

一、经济运行稳中有进。聚焦实体经济,强化政策落实,保持了平稳健康发展态势。发展环境不断优化。坚持减税费、降成本、优服务多措并举,设立产业发展引导基金,完善企业挂钩联系制度,全年兑付各类扶持资金3亿元。精心组织政银企对接活动,新增制造业贷款占比提高5个百分点,帮助企业融资12.6亿元。实施股改上市三年行动计划,优化奖励扶持政策,后备梯队不断壮大,在轨及上市企业总数全市领先,双和食品、盛夏农业登陆省股权交易中心"农业板"。产业层次逐步升级。积极培育先进制造业,新一代信息技术、智能装备、汽车及零部件三大特色产业产值占比达33%。现代家纺等传统产业稳步发展,成功举办中国家纺质量大会,3家企业入选国家重点跟踪培育自主品牌。实施建筑业高质量发展扶持新政,施工产值超1800亿元,新增特级资质企业1家、国优奖2项。服务业增加值占GDP比重达46.4%。社会消费品零售总额407亿元,增幅全市领先。南通家纺城微供市场入选省电子商务特色产业园(街)区,科技新城获评省服务外包示范区,省级农村电子商务示范村总数全市领先。鲜花小镇一期建成开放,洲际绿博园创成我区首家国家4A级景区。以乡村振兴战略为引领,大力发展高效特色农业,新增高标准农田3.3万亩,创成省市级示范家庭农场12家,新增省市级农业产业化龙头企业3家,培育省级"一村一品一店"[1]示范村4个、市级休闲农业精品景点8个,骑岸大方柿通过国家地理标志商标审核。企业质效稳步提升。强化梯度培育,新增规模工业企业65家、50亿级企业1家,2家企业获评省"隐形冠军"。全年实现工业应税销售1195亿元,增长15.3%。支持企业技术更新、装备升级,新增国家级"两化融合"贯标评定企业9家、省市级示范智能车间7家。探索工业企业资源利用绩效评价,退出落后产能,淘汰印染、化工等行业低端低效企业234家。质量强区稳步推进,设立区政府质量奖,新成立全国专业标准化工作组3个,中国驰名商标、省市质量奖总数均列全市第一。

二、项目建设高效突破。扎实开展"招商质量提升年""项目建设提速年"活动,产业项目综合考评跃升全市第一方阵,打赢全年项目建设"翻身仗"。项目招引成效明显。构建"1+1+3+N"组织架构[2],强化领导挂钩和资源统筹,组建京津冀、珠三角、长三角三大联络处。紧扣园区"一主一新"[3]产业定位,组织系列产业推介活动,招商组织水平不断提高。围绕产业导向、环保要求和产投效益,严把准入门槛。新引进亿元以上项目165个,总投资590亿元,其中10亿元以上项目15个。宜家精密部件、及成电子、晶与科技等优质项目成功注册,新签项目注册率达77%。项目推进扎实有力。实行任务书交办制度,定期调度、动态督查,跑出了项目建设"加速度"。新开工亿元以上项目94个,其中四方节能科技、未来岛产业园、展华电子、达成包装等10亿元以上项目14个。24个省市重大项目完成投资150亿元,超时序13个百分点,总投资123亿元的恒科二期项目土建加快推进、设备同步调试。亿元以上产业项目竣工率达69.1%,丽智电子、鸿劲二期等项目顺利达产,新增长点破茧而出。项目保障不断加强。落实模拟审批、并联审批、代办帮办等机制,一般工业建设项目审批环节、时限分别压缩45.8%和40%。强化用地保障,新增土地规划流量指标2万亩,出让工业用地4846亩,争取点供、独立选址指标686亩。盘活存量闲置土地3864亩,获评省国土资源节约集约利用综合评价考核进步奖。加强能源要素协调,天然气覆盖范围不断扩大,供电"业扩报装"[4]服务全省领先。

三、发展动能加快转换。坚持改革推动、创新驱动、开放带动,为发展注入了更强动能。各项改革有序推进。不见面审批(服务)事项占比达96.8%,简政放权创业创新环境评价全省第二,建成全市首个便民政务自助服务区。高新区全链审批工作、川姜镇经济发达镇行政管理体制改革稳步推进。调优区镇财政分配体制,统筹发展能力得到提升。国有公司法人治理结构不断完善,市场化转型加快推进。清理盘活国有存量资产,强化政府投资项目财政承受能力论证,有效防控政府性债务风险。深化投融资体制、金融创新等改革,组建南通中投融资担保公司,获评省金融生态优秀县。农村集体产权制度改革稳步推进,完成村(居)集体资产清产核资。创新能力不断增强。全社会研发投入占比达2.68%,万人发明专利拥有量29.7件。南通高新区通过国家知识产权试点园区验收,江海圆梦谷获评省级创业示范基地。企业创新主体地位更加凸显,认定高新技术企业103家,总数蝉联全市第一；新增省级企业研发机构13家、国家知识产权示范企业2家，海星电子建成全区首家国家级企业技术中心。全省首发县级人才环境导航地图，新引进高层次"双创"人才58名，总数全市领先。入选省"双创计划"17名，省"双创团队"连续两年实现突破，"人才+金融"模式获评全省人才工作改革创新案例。开放合作持续深化。着力打造高水平开发开放平台，南通高新区在国家高新区综合排名中晋升2位。新批千万美元以上外资项目16个，实际到账外资3.2亿美元。对外贸易难中求进，进出口总额增长3.2%，南通家纺城获批国家级家纺外贸转型升级基地。扎实推进跨境贸易电子商务试点，监管场所通过南京海关验收，"9610"模式[5]出口货值增长80.6%。丰富接轨上海内涵，在项目招引、园区共建、智力合作等方面取得积极进展。

四、城乡面貌不断改善。强化规划引领，坚持精建细管，狠抓生态治理，城乡品质不断提升。功能布局更加优化。积极对接南通2035版城市总规修编，开展城区远景规划和重点片区规划研究。实施区域供电、燃气、污水等专项规划修编，城市发展整体性、协调性不断增强。稳步推进高新区环境提升工程，老城区拆迁扫尾成效明显，银河新区动迁全面展开。长江北路、机场大道高架、工农路北延建成通车，G345东绕城北段、金川大道等道路加快建设，骨干路网更趋完善。沪通铁路、盐通高铁等工程顺利实施，全力保障轨道交通1、2号线建设，迎来拥抱高铁、坐享地铁的"双铁"时代。建管水平持续提高。打造"点线面"结合的绿色空间，实施竖石河公园、通灵桥片区生态绿化等工程，新增造林1.3万亩、城区公共绿地27.2万平方米。加快改善城市品质，完成"八整治八提升"[6]项目46个，改造提升老旧小区6个。新建金东新城回车场，优化新辟公交线路6条，改造城区停车场22个，群众出行更加便捷。疏导治理流动摊点，美食广场交付运营，市容与繁荣相得益彰。推进城乡垃圾分类处理和资源化利用，城区生活垃圾分类设施覆盖率达53.6%。实施省"四好农村路"示范区创建工程，提档升级农路64.5公里，新建、改造农桥103座。开展"厕所革命"，新建城区公厕8座，完成省定农村户厕改造任务2600座。生态环境质量好转。实行领导包案督办制度，认真抓好中央环保督察"回头看"反馈问题整改。主动打响川姜地区环境综合整治大会战，树立了农村环境整治新样板。加强大气污染防治，优良天数比例达78.1%，超额完成市下达目标。持续开展"清废行动"，建立固废管理长效机制，土壤风险管控力度不断加大。启动水务一体化改革，完成平潮污水处理厂提标改造，新建污水管网22.2公里、村庄小型污水处理设施40个。强化"河长制""断面长制"工作，全面消除市考以上断面劣V类水体，创建省"水美村庄"6个。建立生态环境损害赔偿磋商机制，企业主体责任得到强化。坚持"铁腕治污"，全年立案查处282件。西亭镇、金沙街道入选省生态文明建设示范镇。

五、民生福祉持续增进。顺应群众对美好生活的向往，增加供给，兜牢底线，财政民生支出占比达79.7%。社会保障更为有力。以创业促就业，扶持创业2610人，新增城镇就业近万人，城镇登记失业率1.74%。开展"互联网+人社"服务，在全省率先实现基层社保卡便民服务终端全覆盖、村民缴费不出村。推进社保提标扩面，城乡居民医保补助标准和报销比例进一步提高，企业职工养老保险净增人数全市第一。探索基本照护保险试点。加大住房保障力度，改造农村危房163户，新开工棚改安置房3556套，超额完成省级保障性安居工程任务。出台困难精神障碍患者救助等制度，社会救助精准度不断提高。扎实开展健康扶贫和"阳光扶贫"监管工作，建档立卡低收入人口脱贫率达91.3%。社会事业协调发展。扩大优质教育资源供给，通州中专二期主体完工，南山湖小学、银河小学建成启用，新增幼儿园6所，创成省优质园3所。推进义务教育学校标准化建设，深化教育领域改革，普通高中增加招生计划640个，创成全国中小学校责任督学挂牌督导创新区。健全医疗卫生服务体系，区级独立指挥型急救中心投入运行，通过"全国基层中医药工作先进单位"复核。完善养老服务体系，建成标准化居家养老服务站45家。文体事业蓬勃发展，基层综合性文化服务中心全覆盖，更多原创文艺精品登上全省全国舞台，荣获"中国曲艺之乡"称号。大力涵育文明新风，顺利通过国家卫生城市复审和全国文明城市年度考评，石港镇创成国家级卫生镇。社会大局和谐稳定。深化领导包案、项目管理、专班化解，一批信访积案和突出问题得到解决。三级公共法律服务体系标准化建设列入国家试点，获评全国法治县（市）区创建先进单位。推行网格化治理，实施"雪亮工程"[7]，开展扫黑除恶专项斗争，社会公众安全感测评全省第一。狠抓基层安监队伍建设，强化企业安全风险辨识管控和隐患排查治理，安全生产形势总体稳定。食品药品监管信息化惠民工程获省表彰。国防动员、双拥共建等工作不断加强，实现省双拥模范城"八连冠"。

同时，积极支持群团组织发挥作用，扎实开展对口扶贫协作。民族宗教、对台侨务、应急管理、档案、气象、地方志等工作进一步加强，慈善、红十字、关心下一代等工作取得长足进步，第四次全国经济普查深入实施，汇聚起高质量发展的强大合力。

过去的一年，我们把坚持和加强党的全面领导贯穿政府工作各方面、全过程，不断加强自身建设。始终突出政治建设。积极开展解放思想大讨论活动，自觉用习近平新时代中国特色社会主义思想武装头脑，用新发展理念指导实践。健全区政府党组工作制度，认真落实上级决策部署和区委要求。深入推进法治建设。坚持政府常务会议学纪学法，完善法律顾问、法律审查等制度，履职用权更加依法规范。政务公开不断深化，区政府门户网站建设全省领先。严格执行政府工作向人大报告、政协通报制度，高效办理议案、建议、提案586件。持续深化效能建设。面对重大项目推进、污染防治攻坚、环境提升工程等一场场硬仗，精准运用"1+1+N"协同机制，攻克了一座座堡垒，干出了战斗力，赢得了主动权。认真办理区长信箱、"12345"政府服务热线，群众关切得到及时回应和妥善解决。着力强化廉政建设。自觉履行党风廉政建设主体责任和"一岗双责"，从严落实中央、省委巡视和市委巡察整改意见。公共资源交易平台规范高效运行,行政监察和审计监督全面加强,营造了良好的政治生态和干事创业氛围。

各位代表,回顾过去的一年,成绩来之不易,倾注了全区上下的心血和汗水,凝聚着广大干部群众的智慧和勇气。一年来,区委总揽全局、科学决策,发挥了坚强的领导核心作用;区人大、区政协围绕大局、积极履职,促进了政府工作的有效开展。在此,我代表区人民政府,向全区人民,向各位人大代表、政协委员和老同志,向各民主党派、工商联、无党派人士和各人民团体,向驻通部队、武警官兵,向所有关心支持通州发展的各界人士、海内外朋友,致以崇高的敬意和衷心的感谢!

立足新的历史方位,以新时代坐标审视我们的工作,更要清醒认识到,发展还面临许多挑战,工作仍存在一些不足。主要表现在:经济发展质效有待提升,重大项目支撑作用不强的问题依然突出;实体经济发展存在一定困难,支持企业发展的政策措施需进一步完善落实;民生领域还有不少短板,优质公共服务供给与群众期盼仍有差距;防范化解重大风险、精准脱贫、污染防治的任务依然艰巨;政府自身建设有待持续深化,公职人员推动高质量发展的能力水平还要进一步增强,干事创业的精气神仍需进一步提振。对此,我们将以系统的思维、改革的办法,以"滚钉板""脱层皮"的决心和狠劲,切实加以解决。

2019年工作安排

今年是新中国成立70周年,也是决胜高水平全面建成小康社会的关键之年。政府工作的总体要求是,高举习近平新时代中国特色社会主义思想伟大旗帜,深入贯彻党的十九大和十九届二中、三中全会精神,按照中央经济工作会议、省市区委全会部署要求,继续坚持稳中求进工作总基调,坚持新发展理念,围绕"1+4"工作体系[8],统筹推进稳增长、促改革、调结构、惠民生、防风险工作,全力打造彰显高质量发展新要求、立足扬子江城市群、具有区域影响力的产业腹地、创新智谷、城市绿洲、幸福家园,为决战决胜全面建成小康社会打下坚实基础,加快展现"强富美高"新通州的现实模样,用高质量发展的新变化新成绩庆祝新中国70华诞。

做好当前和今后一个时期的政府工作,我们要注重把握好以下四个方面:

*一是坚持把解放思想、改革创新作为核心动力。*抢抓长三角一体化发展等国家战略机遇,围绕南通建设长江经济带战略支点和上海大都市北翼门户城市,把通州改革发展置于更大格局和未来维度中审视,做到解放思想再深化、改革开放再出发。着力在增长动能转换、市场活力激发、发展空间拓展等方面,超前谋划、加快突破,以永不满足、永争一流的昂扬之气开创工作新局面。

*二是坚持把推动高质量发展作为根本要求。*对标高质量发展指标体系,紧盯"三学"目标[9],坚定不移推进"四大定位"建设,不断提升经济密度、创新浓度、民生温度和生态建设满意度。继续打好"三大攻坚战",抓重点、强弱项、促提升,在守住底线下又好又快、追赶超越,在补齐短板中扬长避短、增创优势,努力当好南通高质量发展的主力军、先行军。

*三是坚持把融合发展、区域协调作为路径追求。*强化"主城意识",找准与南通提升"三个能级"[10]同频共振的契合点,深度融入当前南通前所未有的大格局、大发展之中,以奋进姿态在南通争当全省"一个龙头、三个先锋"[11]中扛起主城责任、彰显通州作为。大力实施区域协调发展战略和乡村振兴战略,以系统性思维统筹规划布局、资源配置、建设管理,推动城乡共同繁荣。

*四是坚持把人民群众对美好生活的向往作为奋斗目标。*始终站在群众立场想问题、做决策、办事情,从"民声"中找准群众"盼点",确立政府工作"重点"。坚持实事求是、量力而行,与发展阶段相适应,与财政能力相匹配,从当前条件最具备、群众最期盼的事情做起,精准发力,精细落实,努力在解决一桩桩实际问题中让百万通州人民共享高品质生活。

建议今年全区发展的主要预期目标为:地区生产总值增长7.5%左右,一般公共预算收入增长5%左右,全社会研发投入占GDP比重2.71%;固定资产投资增长8%以上,社会消费品零售总额增长9%,进出口总额保持增长;城乡居民收入增长与经济增长同步,城镇登记失业率控制在3%以内;节能减排完成市下达目标任务,生态环境质量持续改善。

对此,我们将统筹推动六个方面的工作:

一、推动产业强区再突破,不断厚植实体经济新优势

*更大力度攻坚项目建设。*始终把项目建设作为高质量发展的"牛鼻子"、产业强区的主抓手,以"拼抢"姿态全力开展"重大项目突破年"活动。优化方式"招"项目,坚持招商引资"一把手"工程不动摇,强化镇(区园街道)主体责任,发挥招商联络处统筹调度职能,严格过程性量化考核,形成招商引资新攻势。突出以企引商、以商引商等有效手段,吸引关联项目落户。精准出击"盯"项目,立足产业视角、资源视角、产出视角,科学编制产业招商地图,系统组织投资促进活动,建立完善咨询论证和评价决策机制,不断提高项目招引的精准度和成功率。全年新签约超10亿元项目20个以上,其中超50亿元项目4个,形成以亿元项目为基础、10亿元项目为支撑、50亿元项目抓落地、百亿级项目求突破的良好格局。高效组织"推"项目,深化区领导挂钩、任务书交办等制度,实行"三项督查、三色预警"[12],落实定时、定量、定人要求,全年新开工亿元以上项目100个,其中10亿元以上重大项目15个以上。狠抓项目竣工与转化达产,切实提高新开工项目竣工达产率。全力以赴"争"项目,积极向上对接,争取4个项目列入省级重大项目计划,27个项目列入市级"双百工程"。

*更大力度推动产业转型。*围绕构建现代产业体系,推动制造业向高端攀升,制造业投资占固定资产投资比重超62%。坚持抓龙头、筑链条、建集群,完善三大特色产业"六个一"[13]推进机制,全力突破龙头型、基地型项目,补全延伸产业链条,确保产值占比提升5个百分点。新一代信息技术产业加快引进智能芯片、集成电路等领域领军型企业、高精尖项目,努力建设国家级电子信息产业基地。智能装备产业加快培育冷链装备、节能环保、高端数码打印等板块。汽车及零部件产业加快集聚上下游项目,推动向系统总成、整车方向发展。推动传统产业改造提升,加快家纺产业技术

升级、设备更新，壮大创意设计、定制生产、电子商务等业态，打造家纺时尚之都、制造名城。支持建筑企业拓展市场、提升资质、创建品牌，全年施工产值超1900亿元，创建省级绿色建筑示范区。推广工业互联网应用试点，积极推进企业“上云”[14]。加大智能设备投资扶持力度，提高智能制造普及率，全年实施重点技改项目100个，建成省市级示范智能车间5家。推动现代服务业和先进制造业深度融合，拓展智慧物流、科技服务、服务外包等业态。把握居民消费升级趋势，优化提升现代商贸、文体旅游、健康养老等生活性服务业，服务业增加值占比达47%。

更大力度支持民营经济。抓政策落地，落实好促进民营经济高质量发展的各项措施，立足区情优化政策供给，坚决清理违反公平、开放市场规则的制度行为，让企业尽享红利、轻装上阵、做大做强。抓环境优化，进一步畅通政企沟通渠道，深入开展挂钩联系企业工作，发挥商会和行业协会作用，强化定点帮服、分类指导，提高涉企服务针对性、有效性。常态开展政银企对接活动，支持金融机构创新金融产品供给，协助企业拓宽直接融资渠道，不断增强金融服务实体经济能力。加快海星电子、金太阳等企业上市步伐，新增挂牌上市企业3家。深入推进大企业和“专精特新”企业培育计划[15]，全面落实“一企一策”，助推企业发展壮大，打造一批“单打冠军”和行业“小巨人”，全年新增规模企业50家以上，工业应税销售增长12%。支持行业龙头企业瞄准产业链关键环节和核心技术，通过收购、联合、参股等形式，推进产业链垂直整合。抓队伍培育，高扬“坚苦自立、创新致远”的通州企业家精神，深入开展“企业家日”等活动，加快新生代企业家培养，持续浓厚尊重企业家价值、鼓励企业家创新、关心企业家健康成长的氛围。

二、推动创新驱动再发力，不断汇聚转型发展新动能

着力突出创新主体培育。强化技术创新以企业为主体的理念，实施梯度培育工程，构建从科技型中小微企业、高新技术企业到创新型领军企业的成长机制，新认定高新技术企业100家。落实高新技术企业扶持奖励政策，提高企业研发投入比重。扶持企业与高校院所共建高水平研发机构，推进电子信息产业院士工作站建设，培育各类企业研究院、重点实验室、研发中心10家以上。开展质量提升行动，新增中国驰名商标、省市质量奖各1个。支持企业主导或参与制(修)订各级标准，增强行业话语权。

着力建强创新载体平台。发挥高新区科技创新主阵地作用，完善科技管理体制机制，形成集聚区域创新资源的“强磁场”，积极创建省级以上创新型特色园区。管好用好江海智汇园、江海圆梦谷等创新创业载体，依托专业力量，优化运营模式，健全动态退出机制，切实提升管理水平、产出效益。围绕三大特色产业，推动创新链与产业链深度融合，加快布局一批产业研发及公共服务平台，打通科技与产业之间的转化通道。发挥科技镇长团作用，完善协同创新体系，推进大院大所技术转移中心建设，实施科技成果转化项目100个、产学研合作项目100个以上。

着力完善创新创业生态。建立科技服务信息平台和科技辅导员制度，引进科技咨询、技术评估、专利代理等服务机构，为企业创新提供全周期、全链条服务。发挥科技金融撬动作用，扩大“苏科贷”覆盖范围，鼓励和服务科技企业挂牌上市、发展壮大。强化知识产权创造、保护与运用，推动知识产权快速维权中心向保护中心升级，实现万人有效发明专利拥有量30件以上。坚持产才融合，大力实施“510英才计划”，发挥企业引才用才主体作用，引进高层次“双创”人才60名。落实“21条”人才政策，在创业扶持、教育医疗、住房保障等方面提供更优服务，形成引得进、留得住、用得好的人才工作格局。促进人才队伍协调发展，新增高技能人才2100名，培育更多匹配产业发展的“通州工匠”。

三、推动改革开放再深化，不断激发区域竞争新活力

在激活微观主体上求突破。深化“放管服”改革，推进“证照分离”“照后减证”[16]，全面塑造一流营商环境。推进投融资体制改革，在基础设施、生态环保等领域推进政府和社会资本合作。完善国资监管体系，进一步健全国有企业法人治理结构，探索职业经理人制度，发展混合所有制经济。推动国有企业提升信用等级、壮大主营业务，促进国有资本向优势领域集中，实现国有资产保值增值。完善工业企业资源利用综合评价机制，细化评价内容、强化结果应用，推动企业转型和低效产能退出，切实提升资源产出效益。深化川姜镇经济发达镇行政管理体制改革，全面实现“四个一”[17]。加快推进高新区全链审批工作，不断提高涉企投资审批扁平化、标准化、便利化水平。

在提升开发水平上求突破。牢固树立全区“一盘棋”思想，建立全域统筹机制，推动项目共建、资源共用、效益共享。突出六大平台主力军作用，立足“一主一新”产业定位，构建特色鲜明的园区产业体系，不断提高在全区经济中的贡献份额。积极培育“区中园”“园中园”，推动智能装备、电商物流、汽车及零部件等产业集聚集群发展，推进半导体集成电路产业园规划建设。积极开展工业企业循环化改造，规划建设印染循环经济产业园，引导有条件的印染企业搬迁入园、工艺革新，实现经济效益与环境效益双提升。支持建设多层标准厂房、定制厂房，因地制宜推进都市工业综合体[18]试点，向立体空间要效益。做强主题楼宇，强化商办载体运营招商和服务管理，提高总部和楼宇经济集聚度、贡献率。实施土地节约集约利用攻坚行动，开展“征而未供、供而未用、用而不足”土地专项清理，全年盘活存量建设用地6000亩。

在拓展开放合作上求突破。落实外贸稳增长措施，推动外贸企业转型，一般贸易出口占比达78%。推进跨境电商“直购进”业务[19]，壮大市场采购贸易、飞机部件保税维修再制造等新业态。以境外优质制造业项目为重点，力争引进超千万美元外资项目15个以上，实际利用外资超3亿美元。引导建筑、家纺等优势产业到“一带一路”沿线国家和地区布局，支持和服务企业开展海外并购、联合投资，对外工程承包营业额增长10%。巩固发展国际友城关系，推进各领域交流合作。积极融入上海大都市圈空间协同规划，加大在产业、科技、公共服务等方面的对接力度。放大在外通商资源优势，既加强“走出去”服务，又鼓励回归创

业,支持在扩大双向开放中发挥更大作用。

四、推动品质能级再提升,不断彰显宜居宜业新魅力

*以主城视角优化空间格局。*围绕提升城市能级,积极融入长三角一体化,主动对接南通新机场、北沿江高铁等重大基础设施规划,立足南通主城视角深入开展通州远景规划研究,科学谋划功能定位、资源布局。持续做大做优中心城区,加快重点片区规划设计、联动开发,构筑城市发展新引擎,开创融入主城新格局。东南片区秉持"公园城市"理念,深化完善城市设计,有序推进征迁安置,同步谋划项目实施,努力打造城市绿洲的样板区;银河新区推进金洲路以西片区发展,完善基础设施,丰富城市业态,提升功能品质;加快推进高新区环境提升工程,有序实施城中村、棚户区改造,推动城市有机更新。先锋片区抢抓轨道交通建设机遇,积极对接中创区扩容,高起点提升区域环境,建设南通市区东部高品质宜居片区。高铁西站片区加大拆迁力度,不断完善水系路网,全面拉开开发框架,打造南通城市副中心和沪通产业协同发展的门户枢纽。围绕提升交通能级,加快实施机场大道互通连接段、G345东绕城北段、金川大道等道路建设,做好通张高铁、绕城高速、宁通高速扩容、西站大道、通扬运河改线等工程保障工作,不断增强区域互联互通水平。

*以精建细管完善城市功能。*持续抓好城市建设管理,推动城市"颜值"与品质同步提升。完善"城市公园+小游园+微绿地"体系,提高公共绿地供给,新增城区绿化面积17.6万平方米,让群众"开门见绿、推窗见景、临园而居"。畅通城市"微循环",启动拖桥路、金富路南延、希望路北延等工程建设。深化城市环境"微治理",着力解决物业管理、违法建设、交通秩序等问题。完善垃圾分类分拣和转运处置体系,推进餐厨废弃物收集处置和建筑垃圾资源化利用,城区生活垃圾分类处理设施覆盖率达80%。优化文明城市、卫生城市建设工作机制,健全分级负责、协同联动的长效运行模式,切实提高网格化、标准化、信息化管理水平,让城市更精致、生活更宜居。

*以系统治理深化生态建设。*继续打好污染防治攻坚战,实施73项重点攻坚项目,巩固提升环保督察交办问题整改成果,加快从末端治理、集中攻坚向源头防控、常态管控跃升,擦亮通州高质量发展的生态底色。开展全流域治污行动,统筹落实"河长制""断面长制",坚持上下游、左右岸协同治理,健全水环境生态补偿机制,推进市考以上断面水质全面达标;实施中心城区水质提升工程,全面消除城区黑臭水体。开展全方位除尘行动,强化挥发性有机物等专项整治,做好秸秆禁烧和综合利用等工作,确保优良天数比例、PM2.5平均浓度"一升一降"。开展全区域清废行动,加快固废处置项目建设,抓好农业面源污染防治,保障土壤环境安全。深化污染源大排查大整治,继续开展"三行业""散乱污"企业治理,指导企业制定环境治理解决方案,提升源头防控水平。推动绿化扩面提标,实施宁启铁路二期通州段绿化、长江森林生态屏障、交通干道景观等工程,新增造林绿化面积4000亩。从严落实生态环境保护责任制,健全网格化监管体系。深化"亮剑执法""利剑斩污"行动,开展"环保与法"大宣讲活动,让生态优先、绿色发展成为全区上下的广泛共识和自觉行动。

五、推动乡村振兴再提速,不断构筑城乡融合新格局

*加快提升农业质效。*坚持质量兴农、效益优先,打造具有竞争力的现代农业产业体系。落实粮食安全责任制,完善粮食生产功能区和重要农产品保护区划定。积极发展新型经营主体,推进多种形式适度规模经营,启动金东现代农业产业园规划建设。深化"三个全覆盖"[20]试点,新建高标准农田1.7万亩。加大农业龙头企业引培力度,发展农产品精深加工。培育"互联网+现代农业"等业态,加快"一村一品一店"示范村建设,推动农业"接二连三"融合发展。推广标准化生产和全程化监管,绿色优质农产品占比达40%。整合特色农业资源,打造"通字头"区域公用品牌,不断提高通州农产品市场美誉度和占有率。

*加快改善镇村面貌。*紧扣"生态环境、宜居城镇、现代农业"三大要素,完善东部生态涵养区总体规划、实施计划,打造乡村振兴的示范区。推动城乡基础设施互联互通,全面推进"四好农村路"建设,新建天然气管网80公里、供水管网19公里,实施应急水源和天然气应急储备站建设。加快水务一体化改革[21],提标改造益民污水处理二分厂和石港污水处理厂,新建污水管网35公里、村庄小型污水处理设施40个,完成"十个必接"[22]工程总任务70%以上。统筹开展"厕所革命",新建城区公厕5座,改造提升农村户厕2.8万座。全面推开农村人居环境整治三年行动,抓好特色田园乡村试点,疏浚农村等级河道89公里,创建省"水美村庄"3个,省生态文明建设示范镇4个、示范村10个。

*加快释放发展活力。*继续推进城乡产业布局、基础设施、公共服务等一体化,引导资本、技术、人才等要素向农村流动。深化农村土地制度改革,健全土地流转价格调节机制,加强土地流转风险防控。拓展土地承包经营权确权登记成果应用,探索宅基地"三权分置"[23]有效实现形式。深化农村集体产权制度改革,因地制宜创新村集体经济发展路径,全面建立股份经济合作社。鼓励村集体领办新型合作农场,建好富民强村载体,确保村集体收入均达45万元以上。坚持一手抓精准脱贫、一手抓巩固提升,强化产业扶贫、结对帮扶,力争建档立卡低收入人口全部脱贫,着力减少和防止脱贫人口返贫现象。继续做好对口扶贫协作工作,推动优势互补、共同发展。

六、推动民生福祉再增进,不断满足人民群众新期待

*进一步织密民生保障网络。*健全稳就业、促创业、防失业的政策体系,落实援企稳岗等措施,抓好高校毕业生、返乡农民工、退役军人等群体就业,全年新增创业就业1.1万人。深入落实全民参保计划,实施社保费征管体制改革,五大保险参保率稳定在98%以上。稳步推动同城化,推进困难群体、城乡居民养老和医疗保险等民生保障标准接轨主城区,企业职工养老保险、医疗保险、失业保险纳入市级统筹。健全住房保障体系,持续推进农村危房改造和棚改安置房建设。积极发展社会福利和慈善事业,健全助残救孤等工作机制,让广大群众有更多获得感、共享感。

*进一步优化公共服务供给。*完善教

育资源布局，推进一批学校新建迁建和改建续建工程。深化义务教育集团化办学和高中教育联盟建设，大力培树学校品牌特色。创新教育人才和名师引培机制，逐步解决结构性缺编问题，打造高素质校长及师资队伍。深化医药卫生体制改革，加快城乡紧密型医联体建设，启动区中医院、三院迁建和二院扩建工程，提升家庭医生签约服务水平。完善医疗卫生人才引育政策，深入实施农村订单定向医学生培养计划。丰富养老服务供给，推进“医养结合”“社区养老”，拓展智慧居家养老服务，提高护理型床位占比，新增标准化居家养老服务站55家。完善城乡体育健身设施，巩固公共体育服务示范区建设成果。常态推进文化惠民工程，提高基层公共文化服务设施使用效率，推动文化资源、文艺创作向文化产品转化，不断提升通州文化品牌标识度。

进一步增强社会治理能力。坚持“清、规、控、降、防”[24]多管齐下，有效防范化解政府隐性债务风险，加大非法集资等金融风险防控力度，坚决守住不发生系统性金融风险的底线。加强社区共治和村民自治，规范发展社会组织，做好新一届村（居）委会换届选举工作。加强公共法律服务体系建设，强化矛盾纠纷排查、信访积案化解、网格化服务管理，把不稳定因素控制在萌芽、化解在源头。加快构建覆盖全区的公共安全视频监控体系，纵深开展扫黑除恶专项斗争，依法严惩违法犯罪活动，全面巩固提高“平安通州”建设水平。狠抓安全生产责任制落实，推进企业安全生产标准化创建，提质扩面“食安通州”联创区建设，防范和遏制安全事故，全力维护社会和谐稳定。

各位代表，为民办实事是我们长期坚持的一项制度性安排。从今年开始，实行民生实事项目人大代表票决制。对此，我们在前期广泛征求意见、充分研究论证的基础上，梳理形成了12个候选项目，提请各位代表审议票决。项目确定后，我们将以高度负责的态度，实实在在的成效兑现承诺、造福于民。

文件选编

关于统筹推进城乡义务教育一体化 促进优质均衡发展的意见

(2018年4月18日)

义务教育是教育工作的重中之重,是必须优先发展的基本公共事业。近年来,我区义务教育改革发展取得显著成绩,通过全国义务教育基本均衡改革发展示范县(市、区)验收,但与人民群众期盼相比仍有差距,特别是随着新型城镇化和城乡发展一体化推进、人口及学生流动、计划生育政策调整等形势变化,义务教育发展面临不少新情况、新问题。为深入贯彻习近平总书记关于教育工作的重要指示精神,认真落实《国务院关于统筹推进县域内城乡义务教育一体化改革发展的若干意见》(国发〔2016〕40号)、江苏省人民政府《省政府关于统筹推进城乡义务教育一体化促进优质均衡发展的若干意见》(苏政发〔2017〕1号)精神,切实解决当前城乡义务教育一体化进程中存在的突出问题,促进义务教育从基本均衡向优质均衡迈进,现提出如下意见。

一、合理规划义务教育学校布局

1.修编义务教育学校发展规划。按照新型城镇化发展和常住人口规模、学龄人口变化趋势以及省定办学标准,及时修订编制义务教育学校布局规划,并纳入城镇规划严格实施。依法落实城镇新建居住区配套规划学校。老城区现有学校未达到省定办学标准的,要通过规划优化、新建、改扩建等措施拓展办学空间,确保足够的学位供给。严格落实“十三五”义务教育学校布局规划,新建义务教育学校8所(银河新区小学、南山湖小学、东城区小学、平潮第二小学、川姜第四小学、先锋第二小学、东城区初中、五接学校),迁建义务教育学校2所(金北学校、平潮实验初中),扩建义务教育学校7所(正场小学、忠义小学、刘桥小学、新坝小学、姜灶小学、杨港初中、东社学校),解决中心城区和重点镇义务教育资源不足问题。〔责任单位:区教育局、发展改革委、财政局、住房城乡建设局、国土分局、规划分局、行政审批局、环保局、政府投资项目工程建设中心,相关镇(区、园、街道)〕

2.保障义务教育用地供应。根据江苏省义务教育学校办学标准和通州区“十三五”教育事业发展规划要求,盘活存量、用好增量,落实新增义务教育用地。实行教育用地联审联批制度,新建配套学校建设方案,相关部门应征得同级教育行政部门同意。严格用地环评程序,不得将污染及其他不宜作为学校的用地作为教育用地。闲置校园校舍要优先用于义务教育事业。〔责任单位:国土分局、区教育局、环保局、住房城乡建设局、规划分局,相关镇(区、园、街道)〕

3.建立义务教育学校建设协同机制。实施义务教育学校“交钥匙”工程,确保配套学校与城镇建设同步规划。新建学校设计、建设、竣工验收,现有学校实施改扩建(包括运动场地建设)等,均应安排学校和教育行政部门人员全程参与,保证其体现现代教育理念,满足内涵发展需要,符合环保等相关标准。〔责任单位:区教育局、环保局、住房城乡建设局,相关镇(区、园、街道)〕

4.办好必要的村小和教学点。保留纱场小学和亭西小学教学点,推进校舍安全工程、操场达标工程等建设,确保达到省定标准要求。〔责任单位:区教育局,相关镇(区、园、街道)〕

二、着力推进学校标准化建设

5.实施义务教育标准化建设工程。所有新建学校按照省定办学标准设计、建设。对现有学校组织全面核查,逐一建立台账,坚持一校一策、综合施策,使其尽快达标。统筹经费安排,加强校舍场地、教育装备、教学资源等项目建设,配齐实验室、卫生(保健)室、心理咨询室(心理活动室)、录播教室和各类专用功能室,加大力度改善薄弱学校基本办学条件,逐步缩小校际差距。办好特殊教育学校,加强随班就读专用资源教室建设。到2018年,90%以上义务教育学校基本达到省定办学标准;到2020年,所有义务教育学校达到省定办学标准。健全义务教育学校标准化监测制度,动态掌握每一所义务教育学校的校园建设、教育装备、教师队伍、教育教学等状态信息,及时分析并补齐短板。〔责任单位:区教育局、财政局、人力资源社会保障局、编办、国土分局、规划分局、住房城乡建设局、行政审批局、政府投资项目工程建设中心,相关镇(区、园、街道)〕

6.规范义务教育学校招生行为。完善义务教育入学制度,科学划定学校施教区,保证施教区生源数量与学校招生规模基本适应,继续推行城区热点学校招生报名网上审核,有空余学额时采取公开报名和摇号的方式确定。公办学校坚持免试免费就近入学,严禁以各类等级考试证书、社会培训证书为依据录取学生;坚持均衡编班,强化社会监督,杜绝以各种形式设重点班。民办学校要严格执行法律法规和国家、省有关规定,进一步规范招生行为。〔责任单位:区教育局、发展改革委,相关镇(区、园、街道)〕

7.解决大班额等突出问题。实施消除大班额计划,按照消除大班额专项规划,统筹推进义务教育学校建设项目,扩大增量、用好存量、合理分流,加快消除现有大班额。严格执行城乡施教区招生政策,避免因择校产生的大班额现象。建立消除大班额工作台账,实行销号管理。开展专项督导检查,及时向社会公开督导检查结果,对班额严重超标的学校要责令限期整改,并从严限制其招生人数。到2018年,消除66人以上超大班额现象,新入学年级没有56人以上的大班额;到2020年,基本消除56人以上大班额现象。〔责任单位:区教育局、编办、财政局、人力资源社会保障局,相关镇(区、园、街道)〕

三、深入实施素质教育

8.培养学生社会责任感、创新精神和实践能力。坚持立德树人，把社会主义核心价值观贯穿到教育教学全过程，提升学生核心素养。推进分层走班教学、小班化教学、全面提升中小学生阅读与表达素养。深化中考改革，实施初中毕业升学艺术考试，推动信息技术与教育教学深度融合。加快建设区级青少年素质教育基地，实施小学特色文化建设工程，建好用好课程基地、校外综合实践基地。深入开展诚信教育、法治教育、文明礼仪教育、环保教育、科学教育、国防教育等专题教育活动，推进实施青少年科学素养提升工程。〔责任单位：区教育局、文明办、财政局、环保局、人武部、团区委、科协，相关镇（区、园、街道）〕

9.加强体育和艺术教育。深入推进“全国农村学校艺术教育试验区”和“全省青少年学校足球示范区”建设，深化学校体育、美育改革，促进学生身心健康、全面发展。按照要求开齐上好音乐、体育、美术等课程，配备满足课程实施需求的教育资源。加快落实每天一节体育课，创新课外体育活动载体方式，保证学生每天在校锻炼一小时，定期开展学生体质健康监测。引导学生了解和学习艺术知识、技能与方法，培养学生审美素养。开展体育、艺术类特色学校创建，力争每个学校都有一个以上的特色项目。〔责任单位：区教育局、文广新局、体育局，相关镇（区、园、街道）〕

10.减轻学生过重课业负担。严格执行国家和省规范义务教育学校办学行为的规定要求，严格控制学生在校时间，统筹控制学生每天书面作业总量。落实国家课程标准，不拔高教学要求，不加快教学进度，考试内容不得超出课程标准。实行等级加评语的评价方式，不公开成绩，不对学生排名。教育、行政审批、市场监管、民政、文广新等部门要按照“谁审批、谁监管，谁主管、谁监管”的原则，加强对教育培训机构的监督管理。重视家庭教育，办好家长学校，引导家长用正确的思想、方法、行动教育培养孩子，减轻课外学习负担。〔责任单位：区教育局、行政审批局、市场监管局、民政局、文广新局、团区委、妇联，相关镇（区、园、街道）〕

11.深化教育教学改革。实施薄弱初中和小学质量提升工程。建立义务教育学校校长、教师柔性流动机制，确保年流动率达15%以上。利用中青年名师工作室、骨干教师培育站、特级教师工作坊等平台，促进名师流动，鼓励名师到基层挂职支教，促进城乡教师共同发展。鼓励名校长到薄弱学校任职。统筹本地区教科研力量，采取定点定人联系挂钩等办法，帮助薄弱学校提升教育教学和管理水平。重视区内外优质教育资源的示范辐射作用，深入推进实验小学集团、6个初中教学集团办学体制改革，不断扩大优质教育资源的覆盖率和共享度。〔责任单位：区教育局〕

四、切实加强随迁子女和留守儿童义务教育工作

12.强化随迁子女义务教育的流入地政府责任。加强研判，统筹解决随迁子女义务教育所需增加的教育用地、教师编制、财政经费等。坚持以公办学校为主安排随迁子女就学，保证随迁子女同等享受免费和资助政策，不得收取有别于本地户籍学生的任何费用。〔责任单位：区教育局、编办、发展改革委、公安局、财政局、国土分局、住房城乡建设局，相关镇（区、园、街道）〕

13.关爱保护留守儿童。落实政府属地责任，各镇（区、园、街道）人民政府负责建立翔实完备的留守儿童信息台账，实行一人一档、动态管理。提高镇（区、园、街道）寄宿制学校管理服务水平，通过政府购买服务等方式为镇（区、园、街道）寄宿制学校提供工勤和教学辅助服务。支持经批准的学校和社会机构为留守儿童提供学习辅导。学校要加强与家长、受委托监护人的交流联系。强化家庭监护主体责任，支持适龄儿童随同已取得居住证的父母在工作地就近入学。〔责任单位：区教育局、公安局、民政局、财政局、妇联，相关镇（区、园、街道）〕

五、深化教育人事制度改革

14.注重师德师风建设。重视教师职业理想和职业道德教育，提升教师的师德、人文素养，增强教师教书育人的责任感和使命感。完善师德监督考核实施办法，将师德考核结果作为教师资格定期注册、绩效考核、职称评审、岗位聘用、评优评先的首要内容，对师德考核不合格的教师实行一票否决制。试行师德舆情搜集、监督、研判、干预制度，落实分级警示性谈话制度。全面实施涵盖社区代表、家长、学生以及教职工等对象的师德师风满意度多元测评制度。深入开展“通州好老师”评选活动。严禁在职教师有偿补课，严禁在职教师私自到社会培训机构授课，严禁教师体罚和变相体罚学生。对违规现象，发现一起、查处一起。〔责任单位：区教育局、人力资源社会保障局〕

15.增强教师业务能力。规范教师招聘，把好教师“入口关”，强化实习实践环节和教学能力训练。完善分层分类培训体系，建立教师培训档案，实施5年一周期不少于360学时的教师全员培训制度，确保培训完成率100%。探索实施名教师、名校长培养工程，建设一批名师工作室（培育站、工作坊），扩大名师工作室（培育站、工作坊）成员的覆盖面，充分发挥名师的示范引领作用，不断提升教师队伍，尤其是镇村教师队伍的整体水平。〔责任单位：区教育局、人力资源社会保障局〕

16.深化“县管校聘”管理体制改革。区教育局在核定的编制总额内，统筹分配各校教职工编制，并报区编办和财政局备案。编制调配向小规模、寄宿制等学校倾斜，对村小、教学点按照生师比和班师比相结合的方式调配编制。区编办会同财政局、教育局根据生源变化和教育教学改革需要，每2年核定一次教职工编制总量。区教育局在核定的岗位设置总量内，根据学校教师人员结构、教育教学改革需要等情况，编制各学校岗位设置方案，报人力资源社会保障局备案。教师自然减员指标要确保用于新增教师，严禁在有合格教师来源的情况下“有编不补”、长期聘用临时代课人员。对学科结构性缺员或教师因重病、生育、脱产培训等短期缺员严重，随迁子女激增造成编制紧缺等问题，可通过区内统筹调剂教职工编制、清理回收编制优先保障义务教育、安排经费按岗位购买服务等方式予以解决。〔责任单位：区教育局、编办、财政局、人力资源社会保障局〕

17.均衡配置城乡义务教育学校教师。按照国家课程设置需要，综合考虑教职工编制、自然减员情况，科学制定

教师补充计划,优先解决紧缺学科教师短缺问题。全面推进教师交流轮岗常态化、制度化、公开化,教师按照每年不低于符合交流条件15%的比例进行交流,其中骨干教师交流轮岗不低于交流总数的15%。区内同学段学校岗位结构应大体相当并逐步向农村适当倾斜,实现职称评审与岗位聘用制度的有效衔接。城区教师评聘高级职务(职称)时,须有在农村学校或薄弱学校任教两年以上的经历。落实《南通市通州区乡村教师支持计划实施方案(2016—2020年)》,优先统筹配置乡村教师,探索培养小学全科乡村教师。鼓励学校外聘高水平兼职教师,解决音体美等学科教师短缺问题。保障乡村教师待遇,落实乡村教师的乡镇补贴政策。〔责任单位:区教育局、编办、财政局、人力资源社会保障局〕

18.推动校长队伍专业化职业化建设。坚持教育家办学,实施定期轮训制度,分类分批组织校长、教育管理人员参加学习培训,加大境外研修力度,引导校长端正办学思想、更新教育理念、提升治校能力。开展义务教育学校校长职级制试点,健全校长选聘制度和后备人才培养选拔机制。〔责任单位:区教育局、财政局、人力资源社会保障局〕

19.完善绩效工资制度。健全中小学教师工资长效联动机制,核定绩效工资总量时统筹考虑当地公务员实际收入水平,并向农村学校教师倾斜,使农村学校教师实际工资收入水平高于同职级城镇教师工资收入水平。在严格执行国家和省有关乡镇工作人员补贴政策时,适当提高村小、教学点教师的补贴发放标准。义务教育学校要根据教学、管理、工勤技能等岗位不同特点实施分类考核,优化绩效考核办法,做到多劳多得、优绩优酬。进一步提高课时工作量在绩效工资分配中的权重,重点向一线教师、骨干教师、班主任和特殊教育教师倾斜,班主任工作量按当地教师标准课时工作量一半计算。〔责任单位:区人力资源社会保障局、教育局、财政局〕

六、加强组织领导,依法落实财政保障

20.加强组织领导。区政府建立以主要领导担任组长、分管领导为副组长,教育、财政、人社、编制、发展改革、公安、民政、国土、规划、司法、环保、住建、交通运输、文广新、行政审批、卫生计生、体育、市场监管、妇联等部门和单位负责同志为成员的领导小组,统筹指导、协调推进城乡义务教育一体化、促进优质均衡发展工作。各相关部门要根据职责全面落实各项举措,支持城乡义务教育一体化、促进优质均衡发展。切实履行主体责任,把义务教育摆在优先发展的突出位置,纳入本区域城镇发展规划,完善城乡一体化的义务教育发展机制。

21.健全"城乡统一、重在农村、以区为主"的义务教育经费保障机制。政府要切实履行主体责任,加大对义务教育的投入,完善城乡一体化的义务教育发展机制。围绕提高质量和促进公平,经费投入重点向农村和薄弱学校倾斜,向科研一线倾斜,向教育资源紧缺学段和地区倾斜,逐步提高生均公用经费水平,使镇(区)学校经费投入增幅总体高于城区学校经费投入增幅。〔责任单位:区财政局、教育局,相关镇(区、园、街道)〕

七、全力保障校园和学生安全

22.重视校园及其周边安全管理。全面落实"党政同责、一岗双责、失职追责"工作要求,加强学校安全保障和风险防控体系建设,确保学校安全长效管理制度化。巩固扩大"江苏省平安校园建设示范县(市、区)"成果,深入推进国家级学校安全教育示范区建设,充分利用"南通市安全教育平台"加强学生安全教育,积极开展各类应急疏散演练,提高学生安全意识和自救自护能力。完善校园意外伤害矛盾纠纷调处援助机制,建立政府购买中小学生意外伤害补充保险制度。推进校园安防巡查监管系统建设,常态化开展校园及周边治安、环境综合排查整治,提升校园安全信息化、智能化、立体化综合管理水平。加强校园保安队伍建设,提升应急处置和防范、保护能力。严格落实学校安全稳定责任制,深入开展平安校园创建活动,依法严厉打击涉校涉生违法犯罪。加强学校食品安全、消防安全、交通安全、传染病防控等工作,保障学生身体健康。〔责任单位:区教育局、综治办、安监局、公安局、卫生计生委、市场监管局、交通运输局、消防大队,相关镇(区、园、街道)〕

23.严格校车安全管理。大力发展镇村公交,妥善解决学生上下学交通安全突出问题。各校要加强交通安全宣传教育,提高师生遵守交通法规意识。依法履行校车安全管理职责,严格校车准入机制和日常管理机制,切实保障校车正常运营。公安、交通等部门要加大力度打击违法接送学生车辆,切实维护师生交通安全。〔责任单位:区教育局、公安局、交通运输局、发展改革委,相关镇(区、园、街道)〕

24.防治学生欺凌和暴力。全面开展法治教育、安全教育、心理健康教育,促进学生身心健康发展。各学校要严格日常管理,密切家校沟通,及早发现欺凌和暴力事件苗头。依法依规处置欺凌和暴力事件,强化教育惩戒威慑作用,科学有效地实施追踪辅导。〔责任单位:区教育局、综治办、公安局、司法局、团区委,相关镇(区、园、街道)〕

(通政发〔2018〕6号)

通州区深入推进"263"专项行动　打好污染防治攻坚战行动方案

（2018年4月2日）

为贯彻落实党的十九大精神，切实解决好群众身边的突出环境问题，坚决打好污染防治攻坚战，决胜全面建成小康社会，结合中央环保督察整改成果巩固提升及省环保督察反馈意见、交办问题整改落实，根据《南通市污染防治攻坚战行动方案》，结合我区实际，特制定本方案。

一、指导思想

以党的十九大精神为指导，严格遵循人与自然和谐共生基本方略，牢固树立和践行绿水青山就是金山银山的理念，把握长江经济带建设和上海"北大门"建设重大机遇，以改善环境质量为核心，大力推进绿色发展，深化"263"专项行动、"三河三行业"整治、河岸共治及"散乱污"企业整治，全面组织，全域覆盖，全员行动，综合治理、标本兼治，着力解决突出环境问题，打好蓝天碧水净土保卫战，建设美丽通州。

二、总体目标

到2020年，城乡生态环境质量明显改善，主要污染物排放总量大幅下降，突出环境问题有效化解，环境风险得到管控，环境基础设施保障能力显著提升，为人民群众提供更多优质的"生态产品"，群众对生态环境满意度显著提升。

（一）主要污染物排放总量进一步削减。化学需氧量（COD）、氨氮、总氮、总磷、二氧化硫、氮氧化物、挥发性有机物（VOCs）分别比2015年削减10.93%、10.97%、7.66%、7.85%、15%、10%、21%，完成市下达减排约束性指标。

（二）主要水体水质得到改善。地表水环境质量进一步得到改善，确保市考以上断面水质优良比例达到75%，力争达到80%以上；消除劣Ⅴ类断面；地下水水质保持稳定。

（三）大气环境质量持续改善。细颗粒物（PM2.5）浓度确保40微克/立方米以下，力争达到37微克/立方米以下；空气污染指数（AQI）达标率确保达到75.7%，力争达到78%。

（四）环保基础设施进一步完善。城区生活污水处理率达到95%以上，乡镇污水处理厂运行负荷达70%以上。固体废物资源化利用水平大幅提高，危险固废处置能力大幅提升，城镇生活垃圾无害化处理率100%，危险废物处置利用率98%以上。

（五）环境监管能力显著提高。地表水重点断面水质自动监测覆盖率达到50%以上；城市工地扬尘监控覆盖率100%；重点排污单位污染物排放在线监控联网率100%。

三、工作原则

（一）坚持条块结合、属地负责。污染防治攻坚行动在区委、区政府的领导下，统一指挥，强力推进。区各职能部门负责牵头协调，靠前指导督促。各镇（区、园、街道）党委（工）委、人民政府（管委会、办事处）是工作主体，负责全面组织落实属地各项工作任务。

（二）坚持系统化治理、项目化管理。各镇（区、园、街道）、区各职能部门按照标本兼治原则，突出问题导向，制定科学系统的治理方案，并逐年排出具体工程项目，明确工作要求、时间节点、责任主体，强化过程管理，实现精准治污。

（三）坚持政府主导、社会参与。加快构建政府为主导、企业为主体、社会组织和公众共同参与的环境治理体系，切实发挥政府组织、引导、示范作用，大力强化企业排污治理责任，充分调动社会力量和资源参与生态工程建设、环境治理保护的积极性。

四、主要任务

围绕中央、省环保督察反馈意见和交办问题整改，聚焦重点领域、重点区域、重点行业突出环境问题和薄弱短板，以最大决心、最高标准、最严举措、最强力度全力推进十大专项治理，实现最优绩效。

（一）"三行业"专项治理。制定实施"三行业"整治工作方案，用三年时间对化工、钢丝绳、印染企业实施关停、升级、转产、拆除，基本杜绝违法排污现象，推动"三行业"产业转型升级。生态红线区域、城市规划区、环境敏感区内污染企业一律关停，至2020年，计划关停"三行业"污染企业43家，其中2018年关停30家。一是依法处置。按照"三行业"整治标准，对全区化工、钢丝绳、印染企业依法进行分类处置。对安全生产不达标，环保不能持续稳定达标排放，存在重大安全隐患的企业，一律先停后治；对整改不到位的，一律依法关闭取缔。二是引导转型。鼓励"三行业"企业调整产品结构，向先进制造领域跨界转型。支持引导"三行业"企业开展技术改造、清洁生产，或通过资产重组、异地搬迁，进驻区内外专业载体功能区发展。〔责任单位：区发改委、环保局、安监局，各镇（区、园、街道）。排名第一位的责任单位为牵头单位，下同〕

（二）"散乱污"企业专项治理。制定全区"散乱污"企业整治工作方案，扎实推进整治工作，确保2018年6月30日前完成整治任务。一是建立动态档案。围绕城郊结合部、镇域交界、群众反映强烈及信访投诉频繁的小型企业集中区、小作坊集聚区，对铸造、印刷、家具、塑料造粒、水泥砖、酿造等行业企业，围绕是否符合规划、手续是否齐全、污染物排放是否达标，建立清理类、整顿类企业清单，分类建立管理台账，做到全覆盖、无遗漏。二是整治到位。对照整治要求和标准，一厂一策，有序组织实施，按期整治到位。对排查梳理出的清理类企业，严格落实"两断三清"。对整顿类企业，先停后治，组织实施综合治理改造，限期改造到位。三是长效管理到位。制定常态化监管措施，坚决防止清理类企业死灰复燃、整顿类企业擅自恢复生产。〔责任单位：区环保局、发改委、安监局、市场监管局、公安局、住建局、供电营业部，各镇（区、园、街道）〕

（三）区域水环境专项治理。进一步落实"河长制""断面长制"，以"三河"整治为重点,实施"拆、封、建、转、清、畅、管、绿"八大工程,深入推进河岸共治。一是实行沿河"五乱"重点整治。对河道管理范围内乱设排口、乱搭违章、乱养畜禽、乱停船舶、乱倒垃圾等问题开展专项整治行动,强化水环境质量目标管理。二是推进重点流域的专项整治。对长江、通启、通吕、九圩港等流域通州段河道,提升整治标准,开展绿色水岸建设,固土护坡、涵养水源、净化水质,深入推进水生态环境建设。三是实施生态河湖行动计划。开展生态河湖治理活动示范样板工程,实行项目化推进、清单式管理,实现全区河长制治理能力和治理体系全面提升。加强河道疏浚,2018年疏浚乡级河道4条(段)、村级河道41条(段)、沟塘208处、疏浚总土方量97万方。四是突出抓好重点断面整治。按照流域治理理念,滚动编制水质未达标断面的达标整治方案,实施一批重点工程,落实责任,强化措施,明确达标时限,全区市考以上断面水质达到目标要求。五是强化水资源管理。加快重点示范水生态工程建设,强化水系连通、水生态环境综合整治、节水减排等任务落实。抓好水功能区水质监测和纳污总量的控制,加快推进水功能区达标建设。规范入河排污口设置,强化过程监管,2018年实现规模以上入河排污口监测全覆盖。加强港口码头和船舶污染防治,防止污水污物直接排河排江。六是加大生态补水力度。科学实施引江调水,增强内河的水体流动性,提升水体自净能力。七是加大河道保洁力度。完善长效管理制度,对6条一级河道,23条二级河道,16条(段)通航三级河道,实行市场化、机械化全覆盖长效保洁。〔责任单位:区水利局、环保局、交通运输局、住建局,各镇(区、园、街道)〕

(四)*养殖业专项治理*。调整优化养殖产业区域布局,构建养殖污染治理长效管理机制。一是源头管控。落实"种养结合、以地定畜"要求,科学规划布局畜禽养殖与水产养殖业,合理确定养殖区域、养殖种类、养殖规模及总量。二是推进畜禽养殖粪污资源化利用。巩固禁养区养殖整治成果,确保做到应关尽关、应拆尽拆。推进规模化畜禽养殖场(小区)配套污染防治设施建设,打通畜禽粪污还田利用通道,畜禽养殖粪污资源化利用2018年治理率达到75%,2020年治理率提升到90%。2018年重点开展小型分散养殖扩面整治,将省定治理规模标准由200头(猪当量)向100头延伸,坚决杜绝畜禽粪污直排河道。推进非规模养殖场(户)污染治理212家。2018年底前,建成骑岸非规模畜禽粪便处置中心。建设面向小散养殖场(户)畜禽粪污专业化收运体系、畜禽粪便资源化利用与集中处理中心。三是加强水产养殖污染治理。鼓励发展工厂化循环水养殖、池塘工业化养殖等生态健康养殖方式,探索建立水产养殖污水排放标准,实现养殖尾水达标排放。开展水产健康养殖示范场(示范区)创建活动。开展南美白对虾养殖污染专项整治,取缔占用基本农田进行海水养殖的养殖场(户)。〔责任单位:区农委、环保局、国土分局,各镇(区、园、街道)〕

(五)*煤炭减控专项治理*。大力压减煤炭消耗总量,确保完成市下达控制目标。一是加强禁燃区建设。按照高污染燃料禁燃区管理要求,分类推进燃煤锅炉整治。高污染燃料禁燃区不得新建、改建、扩建燃煤设施。已有的燃用高污染燃料的设施,在规定期限内改用清洁能源或可再生能源,达不到整改要求的将依法予以淘汰。2018年淘汰20蒸吨/时及以下燃煤锅炉,2019年淘汰35蒸吨/时及以下燃煤锅炉。二是有序推进新能源与清洁能源替代。推进华电热电蒸汽管道建设,加快实施天然气管道建设。到2019年,全区基本实现天然气管道全覆盖,天然气利用规模达到1.3亿立方米。每年完成太阳能光热利用面积40万平方米。到2020年,全区光伏发电装机容量达到5万千瓦。〔责任单位:区发改委、环保局、住建局、市场监管局、行政审批局,各镇(区、园、街道)〕

(六)*扬尘污染专项治理*。建立覆盖重点生产建设场所的扬尘在线监控体系,全面加强建筑工地、市政工程、物料堆场、道路交通、港口码头的扬尘治理。一是推行"绿色施工"。完善扬尘控制责任制度,强化企业主体责任,严格落实建筑工程硬质围挡、裸土覆盖、施工路面硬化、道路洒水、车辆冲洗、场地绿化等6个100%抑尘措施。二是加强道路交通及重点地块扬尘污染防治。加大道路运输扬尘控制,增加机扫车辆、洒水车等设备投入,提升道路清洁能力。强化监管责任,对收储地块、征拆地块、渣土临时堆存地块落实防尘措施。三是强化"三场一站"扬尘治理。强化交通、水利工程及码头扬尘污染防治。大型煤堆、料堆实现封闭储存或建设防风抑尘设施。〔责任单位:区城管局、住建局、建管局、交通运输局、环保局、国土分局、动迁办,各镇(区、园、街道)〕

(七)*挥发性有机物污染专项治理*。建立健全挥发性有机物(VOCs)污染防治管理体系,实施重点地区、重点行业挥发性有机物(VOCs)污染减排,2020年排放总量较"十二五"期末下降21%以上。一是加强动态监测。以重点行业和重点污染物为主要控制对象,认真开展涉挥发性有机物(VOCs)排放的企业排查、分类和清理,建立排放动态清单,深化源头解析,实施源头防控、分业施策。二是推进分类治理。加快推进化工、包装印刷、家具制造、工业涂装等重点行业综合治理,有序开展机动车维修业、建筑装饰、干洗等生活源挥发性有机物(VOCs)污染防治,全面推行清洁原料替代。提高准入门槛,严格控制新增挥发性有机物(VOCs)排放量。三是发展绿色交通。统筹推进机动车挥发性有机物(VOCs)综合治理,全面推广新能源汽车,城市建成区非道路移动机械使用燃油达到国Ⅲ及以上标准。加强船舶大气污染防治,全面开展码头油气回收工作,推进岸电设施建设。四是强化餐饮油烟治理。餐饮企业开展油烟净化治理,配套建设治理设施。严控餐饮业准入,不符合规划选址要求的,一律不得新扩改建,不得露天烧烤,到2020年餐饮业油烟排放量大幅降低。〔责任单位:区环保局、城管局、住建局、发改委、交通运输局、商务局、行政审批局、市场监管局、供电营业部,各镇(区、园、街道)〕

(八)*垃圾专项治理*。以垃圾分类管理和综合治理为主线,全面提升垃圾减量化、资源化、无害化处置水平。一是加快城乡生活垃圾分类管理。按照"3+5+X"分类模式,巩固城区试点工作成效,扩大分类试点范围。新扩改建的住宅工程配套建设居民生活垃圾分类收集设施。引入第三方企业参与城市生活垃圾分类。建立完善镇村生活垃圾分类收运处理体系，强化农村生活垃圾分类设施配套，合理配备保洁员。对蔬菜大棚等设施农业产生的有机易腐垃圾就地生态化处置。二是全面提升垃圾收运管理水平。按需增加垃圾分类收运设施、设备。加强运输车辆规范化改造，增配生活垃圾分类运输车辆。加强装潢垃圾、建筑渣土等各类建筑垃圾运输管理。加强餐厨垃圾处理与资源化利用，完善餐厨废弃物管理机制，健全餐厨废弃物规范化管理制度标准体系，建立餐厨废弃物专管体系和专管队伍。三是提高可回收物回收利用水平。推进城市再生资源回收体系建设，促进可回收垃圾收运处理与再生资源利用"两网融合"。规范汽车拆解等城市大件垃圾可回收物分拣中心建设和运营。推进电子垃圾专项分流处置。规范处置有害垃圾、电子垃圾和废旧织物。〔责任单位：区城管局、住建局、水利局、商务局、农委、区委农工办，各镇(区、园、街道)〕

(九)固废及污染场地专项治理。深化固废规范化管理，工业固废综合利用率99%以上，危废处置利用率98%以上；加快土壤污染治理，建设用地土壤环境安全得到基本保障，污染地块安全利用率达到90%以上。一是规范处置固体废物。削减存量，2018年基本完成历史库存危废消减，2019年实现产废、处废基本平衡，危废产生量500吨/年以上企业强制性开展清洁生产审核。严控增量，落实固体废物产生量限制性指标要求。指导企业做好固废跨省、市转移，督促现有企业固废产生量只降不增。强化进口固废监管，坚决防止洋垃圾入境。二是有序开展污染场地修复。以化工、电镀、钢丝绳、印染等退出地块为重点，开展土壤污染状况详查，2018年底前建立污染地块清单，加强风险管控。稳步实施治理修复，确保土壤环境质量达到开发利用要求。〔责任单位：区环保局、国土分局、规划分局、公管办，各镇(区、园、街道)〕

(十)环境基础设施建设专项治理。坚持政府主导，在加大财政投入的同时，积极引导社会资本参与环境基础设施建设。一是加大城区生活污水管网建设力度。加快实施城区老小区雨污分流改造工程建设，实施西头总港、八角亭、运盐河城区段沿线生活污水收集管网建设工程。对于建成区内无法接管的污水排放单元，强制建设污水处理设施，消除污水接管盲点，实现全收集、全处理。二是加快推进建制镇污水收集管网建设，做到"十个必接"(机关、学校、医院、集中居住小区、工业集中区、农贸市场、垃圾中转站、宾馆、饭店和浴室)，提高生活污水收集率，2020年，乡镇污水处理厂运行负荷达70%以上。推进镇级污水处理厂提标改造，"三河"流域建制镇污水处理厂尾水排放达到一级A排放标准。鼓励实施深度处理，通过建设人工湿地处理系统，提高尾水出水水质。三是强化村庄生活小型污水治理设施建设。专业化管护、一体化推进，提高村庄生活污水处理设施覆盖率，2020年，行政村村部所在地村庄生活污水治理覆盖率达到90%以上，村庄污水处理设施运转良好率100%。四是加强固废处置设施建设。建设全区工业固体废物处置中心，提升区域固废处置能力。进一步规范印染污泥处置行为，积极发挥南通欣源污泥集中处置项目作用。开展电极箔废酸处置利用试点，推进综合利用处置项目建设。南通高新区、石港科技产业园、锡通科技产业园等工业园区结合规划定位和产业需求，配套建设园区工业固体废物处置项目。建设建筑垃圾调配场，建设可回收物分解(分拣)中心。〔责任单位：区住建局、环保局、城管局、发改委、财政局，各镇(区、园、街道)〕

(十一)加快中央、省、市督察反馈问题整改。一是高站位，高标准。进一步增强"四个意识"，把深入推进中央、省、市督查反馈问题整改作为贯彻落实党的十九大精神的重要抓手和具体行动，转化为推进污染防治的强大动力，建立标准高、措施细、考核严的整改体系。二是快整改，快销号。认真对照整改要求，迅速成立工作班子，扎实采取整改措施，倒排时序，挂图作战，一条一条整改，一项一项销号，问题不彻底解决绝不收兵，确保进度有形象、整改有实效。三是严纪律，严责任。认真落实"党政同责、一岗双责、失责追责、终身问责"的要求，严明生态环保责任制。各镇(区、园、街道)主要负责人为第一责任人，亲自研究部署，组织推进。区有关部门对整改工作牵头负责，要强化执法监督，深入一线，定期督促。要举一反三，挖掘环境问题背后的深层次原因，建立完善环保长效机制，杜绝整改问题回潮。对工作落实不力、整改效果达不到要求的，责任一追到底。〔责任单位：区整治小组成员单位，各镇(区、园、街道)〕

五、保障措施

(一)加强组织领导。成立南通市通州区污染防治攻坚指挥部，由区委、区政府主要领导担任总指挥长，区政协主要领导任督察长。同时设立5个工作组(综合协调组、考核督查组、刑事司法组、行政执法组、宣传监督组)，明确牵头部门和协同部门，并负责具体组织推进。各责任单位根据方案，抓紧制定具体实施计划，按年度排出项目工程，细化分解目标任务，明确时间要求、工作标准。各镇(区、园、街道)均成立相应工作机构，按照目标任务要求，强化工作措施，将责任、压力层层传导至村(社区)，确保各项政策措施落到实处。

(二)严格督查考核。强化过程管控，以环境质量改善、突出环境问题整治、污染防治工作任务、群众满意度等为重点，开展污染防治攻坚考核，每月对各镇(区、园、街道)进行跟踪督查，每季度进行考核打分。强化对镇(区、园、街道)、村(社区)的考核，由区考核办组织考核，考核排名最后的镇(街道)、村(社区)其考核结果由区委、区政府统一公开发布。对督查考核中发现的失职渎职行为及生态环境损害线索，移交纪检监察部门处理，严肃追究责任。

(三)从严执法监管。每年的上、下半年，分别集中开展为期一个月的执法"亮剑"行动，保持执法监管高压态势，为打好污染防治攻坚战保驾护航。强化刑事司法。公安部门强化力量配备和精力倾斜，提前介入重点环境违法案件，直接查处重要环保刑事案件。强化行政执法。深入推进环境监察监测执法垂直管理体制改革，加强执法力量的调配整合，推行突击执法、点穴执法、驻点执法、交叉执法，加密执法频次，严查重处环境违法行为。强化综合执法。加强环保与相关部门的执法联动，完善司法衔接机制，增强打击合力。把与城市管理密切相关、与群众生产生活密切相关、专业技术要求适宜的环境问题统筹纳入城市综合执法范畴,提高执法效率。

(四)强化社会监督。建好用好环境教育馆平台,发挥电视、报纸、网络等媒体作用,加强生态环保法律法规和污染防治攻坚宣传,办好曝光台,更大力度曝光突出环境问题。强化环境信息公开,全面主动公开环境质量、环境监管、行政处罚等方面信息;督促企业环境自测信息公开。加大环境污染线索举报奖励力度,鼓励公众、社会公益组织积极参与环境保护监督管理,构建生态环保共治共建共享新格局。

(通办发〔2018〕29号)

通州区加强和创新城乡社区网格化服务管理的实施意见

(2018年7月9日)

为认真贯彻党的十九大精神,全面落实省、市关于创新基层社会治理、深化平安建设的部署要求,进一步健全基层综合服务管理体系,按照《省委办公厅省政府办公厅印发〈关于创新网格化社会治理机制的意见〉的通知》(苏办发〔2017〕57号)和《市委办公室市政府办公室印发〈关于进一步加强和创新城乡社区网格化服务管理的指导意见〉的通知》(通办发〔2018〕11号)文件要求,结合我区实际,现就加强和创新城乡社区网格化服务管理提出如下意见。

一、指导思想

加强和创新城乡社区网格化服务管理,是贯彻落实党的十九大关于加强和创新社会治理的一项重要举措,是坚持以人民为中心的发展思想、满足人民群众对美好生活新期待的客观要求,是推进社会治理创新、提升社会治理体系和治理能力现代化水平的一项重要决策部署,是深化平安通州、法治通州、和谐通州建设,促进社会长治久安的有效抓手,是健全基层综合服务管理体系、服务城乡社区居民的有效途径。我区贯彻落实加强和创新城乡社区网格化服务管理工作的指导思想是:认真贯彻党的十九大和十九届二中、三中全会精神,以习近平新时代中国特色社会主义思想为指引,牢牢把握推进社会治理体系和治理能力现代化的总要求,以社区"网格"为基础,以信息化为手段,以打造共建共治共享社会治理格局为导向,全力推动社会治理重心向基层下移、服务管理资源向一线倾斜,不断增强基层防范各类社会风险能力,着力提升基层社会治理水平,为新时代通州经济社会高质量发展创造安全的政治环境、稳定的社会环境、公正的法治环境、优质的服务环境。

二、工作目标

我区网格化服务管理工作要以党建为引领、突出共治共享、注重联动融合、坚持分类指导、强化科技支撑、推进能力建设为基本原则,达到四项主要工作目标。

1.服务管理网络全面覆盖。社区网格划分切合实际、科学合理。网格管理员队伍职责明确,与基层党政组织、群团组织、群众自治组织、非公有制经济组织、社会组织等有效衔接、优势互补,全面建成覆盖城乡、条块结合、横向到边、纵向到底的服务管理网格体系。

2.服务管理能力全面提高。基层政府行政资源、公共服务资源、社会资源、市场资源等服务管理资源在网格内得到最大限度整合,相关基层力量在网格内得到最有效整合发力,实现网格基础信息准确、民意反映顺畅、遇事处置快速。

3.基层基础工作全面夯实。通过提升网格化服务管理水平,矛盾纠纷、个人极端行为、群体性事件、刑事治安案件、公共安全、金融风险、城乡服务管理等案事件得到有效预防,流动人口、特殊人群、重点人员得到有效管控,基层平安建设成效明显。

4.群众满意度全面提升。网格体系及时有效地反映群众诉求,帮助维护群众合法权益、解决群众关心的问题,人民群众获得感、幸福感、安全感明显增强。

三、网格划分

网格是在城乡社区、行政村及其他特定空间区划之内划分、介于社区(村)与村(居)民小组之间,由若干个村(居)民小组或特定主体组合而成的基层服务管理单元。

各镇(街道)要按照构建全区基层社会治理"一张网"的要求,根据"人口规模适度、服务管理方便、资源配置有效、功能相对齐全"的原则,会同综治、组织、民政、公安、司法、住建、城管、安监、金融等部门及镇(街道),在社区(村)现行行政区划框架内科学划分网格,并报区网格办审定,做到不留空白、不留盲区。

网格分为"一般网格"和"专属网格"。"一般网格"中,城市社区和农村集镇社区以居民小区、楼栋等(大体按300户左右,独立封闭式商品房小区、大型拆迁安置小区可适当放宽)为基本单元。农村村居以自然村落、村民小组(3~5个)或一定数量住户(大体按200~300户,大型拆迁安置小区可适当放宽)为基本单元。流动人口数量较少或分散居住的,可纳入当地常住人口服务管理网格。城乡社区内的行政中心、各类园区、商务楼宇和商圈市场、学校、景区、医疗卫生机构及企事业单位等划为"专属网格"。

划分后的网格长期固定,其他任何单位不得另行划分网格,每个网格设定唯一编码,由省统一编制确定。

四、人员配备

全区所有网格均配备网格长和网格管理员,确保每个网格配备1名网格长。

(一)一般网格

1.城市社区(金沙14个、金新4个):网格长即网格管理员,由现有社区干部(社区党组织书记除外)担任,根据核定的网格划分数配备。现有社区干部数少于网格划分数,通过新招录社区工作者(管理办法另行制定)予以充实。

2.农村集镇社区(金沙1个、金新19个、平潮3个、张芝山2个):网格长及网格管理员配备参照城市社区模式执行。

3.农村村居：网格长由现有村干部（村党组织书记除外）担任，兼职网格管理员优先从党小组长（党员中心户、群众示范户）、村民小组长、社区（村）专职调解员中挑选产生，一员多岗，统筹使用。

以上“一般网格”要组织发动党小组长、党员中心户、群众示范户、老干部、老教师、楼栋长等热心市民、志愿者等社会力量积极参加社区网格化服务管理工作。

（二）专属网格

网格长由单位分管领导兼任，网格管理员由职能科室负责人兼任。

五、工作职责

按照“全要素网格”的要求，网格主要承担以下服务管理职责：

1.信息采报。做好网格内各类服务管理基础信息采集及社情民意收集工作，实时上报网格内动态信息、及时反映群众诉求。网格长、专职网格管理员应配备“全要素网格通”移动终端，采集上报信息。

2.便民服务。组织网格内单位、社会组织和居民开展自助、互助、志愿服务，积极为居民排忧解难。对网格内有需求的居民特别是困难群体，通过公共服务代办、法律服务、法律援助等方式，提供多样化、便捷式服务。

3.矛盾化解。及时了解和掌握网格内各类社会矛盾纠纷，第一时间进行调处或配合镇（街道）、社区（村）专职调解人员化解矛盾纠纷，引导群众以理性合法方式表达诉求、维护权益。

4.隐患排查。定期对网格内社会治安、串联上访、非法集资、金融诈骗、安全生产、交通安全、环境安全、消防安全、食品药品安全、饮水安全、出租房屋安全、老楼危楼安全等隐患开展排查，督促有关方面对存在问题抓好处置整改，坚决遏制重特大安全事故，提升防灾减灾救灾能力。

5.治安防范。积极组织网格内专兼职巡防力量，广泛开展形式多样的群防群治活动，加强治安巡逻守护，及时发布治安动态信息，督促落实治安防范措施，有效维护网格内治安秩序。

6.人口管理。实时了解掌握网格内流动人口和出租屋租户、涉稳重点人员、吸毒人员、闲散青少年、刑满释放人员、社区矫正人员、参与邪教人员、易肇事肇祸严重精神障碍患者、易感染艾滋病高危人群等群体的情况，主动报告相关主管部门，协助做好服务管理工作。

7.环境保护。巡查网格内发生的影响水质、空气、土壤的环境污染行为，先期制止和说服违法主体自行纠正并取证上传，协助上级部门依法处置上述违法行为，做到早发现、早处置。

8.违建整治。巡查网格内发生的违法建设等行为，及时劝阻违法主体停止违法行为并取证上传，配合执法部门依法拆除违章建筑、恢复原状。

9.心理疏导。及时掌握网格内居民的心理健康情况，对村（居）民开展心理健康安全教育，对矛盾突出、生活失意、心态失衡、行为失常人群及性格偏执可能以极端方式报复社会人员加强人文关怀和跟踪帮服，并协同有关部门依靠专业力量开展心理服务、疏导和危机干预。

10.法治宣传。通过与群众零距离、面对面接触，向网格内居民、单位宣传党的路线方针政策、党委政府重要决策，以及国家法律法规等。

11.“四风”监督。巡查网格内违反中央八项规定实施细则、省委具体办法和市委、区委实施办法，以及形式主义、官僚主义等“四风”问题线索。

12.其他工作。经党委政府批准，可承担其他服务管理工作。

根据社区（村）及网格工作职责，网格长负责牵头并组织协调网格内的服务管理工作，重点做好网格内基础信息采集、社情民意收集、政策法规宣传、城乡环境保护、违章建筑查处、便民服务提供、矛盾纠纷化解、安全隐患排查以及人口服务管理等权限范围内的相关工作；网格管理员协助网格长开展工作，主要负责信息采集、上报等工作；社区网格办工作人员主要负责网格日常管理和“城乡社区网格化服务管理智能应用平台”操作工作；区级各联动部门根据“城乡社区网格化服务管理智能应用平台”交办的事项第一时间进行办理处置。

六、工作制度

1.上岗公示制度。设置公示栏，将网格长、网格管理员姓名、照片、联系电话、工作职责、监督电话、服务管理范围等基本信息，在社区公共服务中心和服务管理区域的醒目位置进行公示。社区网格办统一制作发放民情联系卡，佩带统一标识，方便群众联系，接受社会监督。

2.工作例会制度。社区（村）每周至少召开一次网格长和网格管理员参加的民情分析会或工作碰头会，对收集的社情民意进行梳理，讨论、协商解决相关问题并落实人员限期办理。

3.巡查走访制度。实行“日走访、周分析、月汇总”制度。根据上级要求，城市社区网格长（网格管理员）原则上每日上午、下午各巡查1次，每次不少于2个小时；农村村居网格长（网格管理员）每日巡查不少于1次，每次不少于2个小时，每半月进行一次全面排查走访，每季对出租屋、流动人口租住户、重点人员、特殊人群、生活困难家庭、空巢老人家庭等登门走访，并将走访情况登记入册、第一时间上传相关信息系统。要合理安排入户调查时间，注意方式方法，严格保护个人隐私。

4.情况报告制度。实时梳理分析网格内动态信息，能够处理的事项及时处理。不能够处理的，属于社区（村）依法依规履行的工作事项，及时上报村（居）委会或镇（街道）网格办牵头协调处理；属于依法协助党委政府工作事项，社区（村）一级无法协调处理的，上报镇（街道）网格办和相关职能部门，社区（村）积极协助做好相关工作。发生群体性事件、重大案事件、自然灾害事故、火灾事故等突发事件时，网格长应第一时间上报区、镇两级网格办和相关职能部门，上级有关部门应及时处置并向网格管理员和当事人反馈结果。

5.定期培训制度。对网格服务管理标准、网格事项清单、信息采集目录、事项流转程序及职责履行、考评要求等方面，全面进行培训。实际工作中可采用集中培训、分批轮训、以会代训、专题讲座等方式进行。

6.考核奖惩制度。区网格办制定全区网格化服务管理考核办法，对各镇（街道）和相关部门网格化服务管理工作进行考核。各社区（村）网格长、网格管理员的考核由镇（街道）网格办牵头实施，考核内容主要包括工作任务完成情况和村（居）民满意度。

七、运行体系

1.建强三级网格化服务管理办公室。为统一管理全区城乡社区网格化服务管理工作,成立区、镇、社区(村)三级网格办,与同级综治办一体运行,主要履行牵头协调、任务指派、指挥调度、督查考核、人员培训等职责。区网格办主任由区综治办主任兼任,设副主任1名,配备2名专门工作人员,专门负责网格化日常协调指导、信息数据管理、分析研判等工作。镇(街道)网格办主任由1名分管政法副书记兼任,配备2名专门工作人员。社区(村)网格办主任由党组织书记兼任,配备1名专门工作人员。各相关联动部门要安排1名分管领导和1名责任科室负责人具体负责此项工作。

2.用好智能化应用终端和平台。区网格办要充分利用好现有网络平台和数据资源,充分融入南通市统一研发的"城乡社区网格化服务管理智能应用平台",引导部门数据相互推送、关联融合、共享应用,依托多网互联、数据交换、安全管理、标准规范等四项支撑,逐步做到一个平台联动、一个中心共享,实现社会治理事项联动处置。区各联动部门要根据全市创新网格化服务管理机制需求,积极做好条线专业信息系统对接改造,按照统一接口标准,实现资源交换、数据共享、对接联动,并协同做好信息安全保障工作。区、镇、社区(村)网格办及相关联动部门要配置专用电脑终端,配备工作人员具体负责并开通"全要素网格通"帐号。各级网格办人员及网格长配备"全要素网格通"移动终端,及时准确采集网格内各类服务管理基础信息和社情民意,实时上报网格内动态信息、群众诉求和各类事件。

3.明确信息事件报送处置流程。网格管理员根据工作职责在网格内采集各类社会治理信息,报送给网格长,由网格长依托"全要素网格通"移动终端,每天第一时间处置并上报至"城乡社区网格化服务管理智能应用平台",社区(村)网格办及时作出回应,并协调处置。对社区(村)难以处理的事项要按层级上报至镇(街道)网格办,镇(街道)网格办及时作出协调处置,对于需区相关部门牵头处理的事项,要及时按层级上报至区网格办。区网格办依托区级联动响应机制及时分转相关责任联动部门处理、反馈,确保件件有回音、事事有交待。

4.建立健全相关配套制度和机制。一是各级网格办要建立健全分析研判机制,通过信息数据的分析研判,提升社会矛盾隐患预测预警预防能力。二是要建立健全牵头协调、分流交办、处置调度机制,根据受理的事件类型,及时发出处置指令,实行分级处置、分流处理,对涉及多个部门的事项,责任明确的在"城乡社区网格化服务管理智能应用平台"内直接分流交办;其它事件由区网格办通过"城乡社区网格化服务管理智能应用平台",转交政府12345热线平台,进行分流交办和督办,承办单位承担事件办理和监督反馈、跟踪落实的最终责任。三是要建立情况反馈机制,事件处置完成后,承办单位及时通过"城乡社区网格化服务管理智能应用平台"反馈工作情况。四是要建立健全网络安全管理制度,强化日常安全检查,制定应急处置预案和措施,确保不发生网络信息安全事件。做好各部门数据的保密、防盗工作,工作人员对全要素网格通手机帐号和密码等信息履行保密义务。五是要健全考核机制,按照逐级考核的原则,每年对各镇(街道)、各相关部门履职尽责情况进行考评,与区"四个全面"战略综合考核挂钩,并作为对各镇(街道)、各部门综治绩效和领导干部履行综治领导责任制考核的重要依据。

八、强化保障

1.加强组织领导。各镇(街道)、各相关部门要把推进城乡社区网格化服务管理作为创新基层社会治理,密切联系和服务群众的一项重要工作摆上重要位置,努力构建"党委政府统一领导、网格办牵头协调、部门协作配合、社会各方参与"的工作格局。为强化组织领导,区委、区政府建立全区网格化服务管理工作领导小组,由区委、区政府主要领导担任组长,区委副书记、区政府常务副区长、区委政法委书记、区政府分管副区长担任副组长,由区相关部门主要负责同志为领导小组成员,领导小组办公室设在区综治办。各镇(街道)要参照建立相应组织领导机构。区直联动部门主要领导要亲自抓,对"城乡社区网格化服务管理智能应用平台"分流交办的事项,第一时间闭环办理。

2.强化部门协同。各联动部门要充分发挥职能作用,综治部门要依托网格办,切实履行牵头协调职能,认真抓好统筹规划、组织协调、督查考核、人员选聘、业务培训和信息共享等工作;组织部门要发挥组织优势,强化党建引领,以提升组织力为重点,突出政治引领和服务功能,全面加强基层党组织建设;民政部门要积极推进群众自治、社会组织参与和民生服务;要科学建立网格事务准入机制,公安、民政、司法、人社、国土、环保、住建、城管、农委、水利、文化、教育、卫计、市场监管、金融、安监、交运、消防等部门不得以网格化服务管理工作替代或削弱部门法定职能,要进一步强化行业主管责任,积极主动将本条线工作融入网格化服务管理工作之中,加强工作指导和业务培训,努力形成部门协作配合,社会多方参与的工作格局。

3.强化工作保障。每年区、镇(街道)两级要将网格化服务管理所需经费列入年度财政预算,专款专用,并实行年度专项审计。新招录的社区工作者(含区镇两级网格办工作人员)参照区劳务派遣人员待遇标准执行,并作同步调整;农村兼职网格管理员工作补贴,按照每人每月不少于200元的标准列入预算,按考核计发;城市社区每个"一般网格"每年配套2000元工作经费,按考核计发;"城乡社区网格化服务管理智能应用平台"维护和网格通帐号、移动终端信息化建设经费等纳入预算,以上所需经费由区、镇两级财政共同承担,区财政实行以奖代补(具体办法另行制定)。镇(街道)网格化服务管理工作实绩与奖补经费实行挂钩,并纳入区"四个全面"综合考核结果(具体考核办法另行制定)。各镇(街道)要为网格服务管理人员履行职责提供必要的工作场所、装备设备等条件。相关联动部门要科学安排与"城乡社区网格化服务管理智能应用平台"端口对接、专线设置等的保障经费。

4.营造良好氛围。广泛开展宣传发动工作,努力提高全社会对开展网格化服务管理工作重要性、必要性的认识,充分调动广大干部群众支持参与网格化社会治理的积极性,积极引导机关、企事业单位、城乡居民主动承担维护和谐稳定的社会责任。及时总结、宣传、推广典型经验和成功做法，推动面上工作开展。大力宣传网格管理员中表现突出的先进人物和先进事迹，营造比学赶超的浓厚氛围。

（通办发〔2018〕66号）

通州区乡村振兴十项重点工程实施方案（2018—2022年）

（2018年8月28日）

为全面落实中央关于推动乡村振兴的各项决策部署，按照《省委办公厅、省政府办公厅关于印发〈江苏省乡村振兴十项重点工程实施方案（2018—2022年）〉的通知》（苏办发〔2018〕17号）、《市委办公室、市政府办公室关于印发〈南通市乡村振兴十项重点工程实施方案（2018—2022年）〉的通知》（通办发〔2018〕53号）和《中共南通市通州区委、南通市通州区人民政府关于实施乡村振兴战略推动新时代"三农"高质量发展的意见》（通发〔2018〕15号）等文件精神，2018年至2022年，我区组织实施现代农业提质增效、富民强村、美丽宜居乡村建设、乡风文明提升、乡村治理推进、镇级功能提升、农村基础设施和公共服务建设、脱贫致富奔小康、农村改革创新、农村基层党建创新提质等10项工程。现制定如下实施方案。

一、现代农业提质增效工程

围绕构建功能多样、高效生态、产业融合的都市现代农业新格局，深入推进农业供给侧结构性改革，加快农村一二三产业融合发展，全面提高农业质量效益和竞争力。到2022年，优质粮油和蔬菜园艺产值均达到25亿元，规模农产品加工企业加工产值达到400亿元，农业科技进步贡献率力争达到72%。（区农委牵头，区委农工办、区发改委、科技局、财政局、水利局、商务局、市场监管局、供销总社、农机局、农发局等参与）

（一）加快构建现代农业产业体系。落实"藏粮于地"战略，研究制订全区农业生产主体功能区布局规划，建立粮食生产功能区、重要农产品保护区，优化调整种植结构。制订实施优质蔬菜、应时鲜果、休闲观光农业等优势特色农业产业发展规划，实施产业兴村强镇计划，以"一村一品一店"示范村为抓手，按照区域区位优势和资源优势，大力推进特色产业扩面，确保2020年实现"一村一品一店"全覆盖，每个镇（区、园、街道）重点培育1～2个农业主导产品。研究制订质量兴农战略规划，实施知名品牌培育工程，培育地方特色农产品品牌，引入现代要素改造提升传统名优品牌，着力打造区域公用品牌。到2022年，力争培育年销售额超亿元的区域公用品牌1个、超5000万元产品品牌3个。

（二）加快构建现代农业生产体系。全面推进高标准农田建设，实施农业综合生产能力提升工程。将项目区建成地平整、田成方、路相通、林成网、沟相连、渠通畅的高产稳产农田。有效整合水利、农路、农桥、农田绿化、耕地占补平衡等资金，加大对空白区及其他基础设施亟待提高区域的投入。2018—2022年全区新建高标准农田10万亩，高标准农田占地面积的比重达90%以上。实施设施农业"机器换人"、绿色环保农机装备提升、粮食生产全程机械化工程，推进高效节水灌溉，因地制宜实施喷滴灌、管道输水灌溉等高效节水灌溉工程。推进农业智能化发展，建设智慧农业服务管理平台，加快农业物联网技术普及应用。制定和实施农业重大技术推广计划，提高农业重大技术推广覆盖面，建设一批科技水平高、示范效果好的农业科技综合示范基地。

（三）加快构建现代农业经营体系。深入实施新型职业农民培育整区推进工程，加快培养知识型、技能型、创新型新型职业农民大军，每年培育新型职业农民3500人。到2022年，基本建立一支适应农业农村现代化发展需要的新型职业农民队伍。全面推进"三个全覆盖"示范村建设。以村集体或社会化服务组织为主体，扶持建设社会化服务联盟，大幅提升全区农业社会化服务水平。积极培育50亩以上的种植大户及各类家庭农场、农民合作社、龙头企业、集体（合作）农场、社会化服务组织和农业产业化联合体。到2022年，推动15个村建成农民合作社综合社。鼓励新型经营主体通过多种形式扩大经营规模，支持各类服务组织开展土地托管、联耕联种、代耕代种、统防统治等直接面向农户的农业生产托管服务。

（四）加快推进农业绿色发展。大力推广农业绿色生产方式，全面推进农业标准化建设，提高绿色优质农产品占比。到2020年，全区种植业"三品"产品产量占食用农产品产量达55%以上。加快"一区一岛两园"建设。实质性启动东部生态涵养区建设，围绕生态打造产业链，推进产业模式生态化、绿色化。开沙岛、进鲜港湿地公园和先锋绿博园要着力打造绿色生态新亮点。构建畜禽养殖污染治理长效机制。探索区域生态循环农业发展模式，实施有机肥替代化肥计划，全面推广节肥、节药生产技术。深入推进农资农药专项打假行动。开展农业废弃物资源化利用试点，推进秸秆机械化还田，建立秸秆收储利用体系。探索耕地轮作休耕制度。

（五）促进农村一二三产业深度融合。积极争取国家一二三产业融合发展试点项目，建设省级农村一二三产融合发展的先导区。实施农产品加工业转型升级行动，落实农产品精深加工和综合利用创新计划。重点建设好省级农产品加工集中区，加强规划统筹，优化空间布局，促进农产品加工集聚集约发展。切实提高外向型农业发展水平，到2022年，全区农产品出口总额达2500万美元。实施农产品电子商务"万人培训"工程，深化农村电商三级示范体系建设，开展省级乡镇电子商务特色产业园（街）区建设活动，发挥"益农信息社"作用，推进农产品线上线下同步销售。到2022年，全区建成10个省级"电商村"。大力发展休闲观光农业和乡村旅游业，加快培育一批主题创意农园、旅游风情小镇。

积极推进国家级休闲农业和乡村旅游星级示范项目建设。到2022年,全区培育休闲农(渔)业精品景点8个,其中主题创意农业园5个,休闲观光农(渔)业精品村3个。

二、富民强村工程

深入推进产业富民、就业富民、创业富民、改革富民,加快构建农民增收长效机制。到2022年,全区农村居民人均可支配收入比2017年新增1万元左右,力争达到3.2万元。(区委农工办、区人社局牵头,区农委、财政局、国土分局、税务局、发改委、商务局、总工会、供销总社等参与)

(一)发展壮大村级集体经济。村强才能带动民富。围绕"潜力挖掘""保值增值""互利共赢""拓展服务""资本运作",坚持一村一策、一村多策,利用资源优势、产业优势、区位优势,发展"资源开发型""资产经营型""合作共享型""服务创收型""投资收益型"集体经济,拓展村级集体经济发展新路径。到2022年所有村集体收入超60万元、村均收入超120万元。健全财务公开制度,规范村级财务管理,完善村务公开和农村集体"三资"信息公开、监督管理等制度,确保村级集体经济管理走上正轨。

(二)提升农民就业质量。深入实施新生代农民工职业技能提升行动,进一步落实城乡一体的就业技能培训补贴政策,以同类工种、同一等级、同等补贴为原则,为城乡劳动者提供普惠均等的培训补贴。5年开展新生代农民工职业技能培训1.5万人。积极引导农村劳动力转移就业,到2022年转移率达到75%以上,其中,就地就近转移就业占比提高到60%以上。完善最低工资增长和工资集体协商机制,适时适度提高最低工资标准。健全技能劳动者收入分配政策,提高农民工技能人才待遇水平和社会地位。建立农民工欠薪预警防控机制,强化行政执法与刑事司法联系,严厉打击欠薪违法行为,依法维护农民工工资报酬权益。

(三)提升农民创业能力。以创业带动就业,实施乡村创业促进行动,将各类财政创业补贴和税费减免政策全面覆盖到符合条件的返乡创业农民工。强化农民工等人员返乡创业培训,扩大培训资源、改进培训模式、增加培训内容,提升农民工等人员创业能力,3年内力争使有创业要求和培训愿望、具备一定创业条件或已创业的农民工等人员参加1次培训。引导农民发展设施园艺、现代渔业和林下经济等特色农业,每年实施现代种养、农产品精深加工、休闲观光农业、农产品电子商务等规模农业项目25亿元以上。深入推进创业型镇村建设,重点打造一批集创业孵化、政策咨询、开业指导、融资服务、跟踪扶持于一体的新型农民创业载体。积极扶持农民创业,鼓励农村人才返乡创业,培树农民创业典型,5年扶持农民成功创业3000人,带动就业1万人。

(四)提升农村改革效能。加强农村承包地确权登记颁证成果应用,探索建立土地承包经营权登记制度,探索确权成果在推进土地流转、抵押融资、承包地有偿退出等方面的转化应用,持续释放确权红利。完善农村承包地"三权分置"办法,落实"第二轮承包期到期后再延长三十年"政策,因地制宜推进农村土地经营权流转,促进土地资源优化配置,保障农民土地财产权益。深化农村集体产权制度改革,全面完成农村集体资产清产核资工作,扎实开展农村集体经营性资产股份合作制改革,加快将村级经营性资产折股量化到集体经济组织成员,保障农民的集体收益分配权。扎实推进房地一体的农村集体建设用地和宅基地使用权登记颁证,促进农民土地权益的显化和落实,保障农民合理分享土地增值收益。完善集体林权制度,稳定集体林地承包关系,放活生产经营自主权。

三、美丽宜居乡村建设工程

统筹城乡发展,统筹农村生产生活生态,持续改善和提升乡村人居环境。到2022年,培育6个省、市级特色田园试点村,保护2个以上国家级、省级传统村落,建成40个美丽宜居村庄,农村人居环境明显改善。(区住建局牵头,区委农工办、区发改委、财政局、国土分局、环保局、规划分局、城管局、农委、水利局、文广新局、卫计委等参与)

(一)强化规划引领。结合镇村布局规划优化,完成乡村建设规划编制,鼓励推行多规合一,将公共服务改善、基础设施配置以及其他建设发展要求落实到区域空间。推进实用性村庄规划编制实施,确保乡村建设依据规划实施。其中,历史文化名村、传统村落、特色田园乡村应编制详细规划设计方案,切实落实特色风貌塑造提升和历史文化遗存保护等内容要求。

(二)改善人居环境。深入推进美丽宜居村庄建设,持续改善提升乡村人居环境。继续实施农村危房改造,加快完成四类重点对象危房改造任务。深入推进农村生活垃圾治理,到2022年至少有1个镇开展全域垃圾分类、收运、处置的试点示范,逐步形成系统的分类收运处置方式,全面建立完善户投放、组保洁、村收集、镇清运、区处理的收集处理体系。推进村庄生活污水治理,到2022年实现行政村村部所在地和农民集中居住区生活污水处理设施全覆盖。实施农村厕所革命,5年内新改农村无害化卫生户厕9.63万座,整改提升16.79万座。按照"十个必接"原则推进乡镇污水管网建设,建制镇污水处理设施运行负荷率达75%以上。完善建设和管护机制,鼓励专业化、市场化建设和运行管护,推行环境治理依效付费制度。持续推进绿色通州建设,充分挖掘造林绿化潜力,因地制宜地组织开展绿化美化乡村建设活动。继续开展农村河道轮浚,大力推进生态河道建设,积极建设省水美乡镇、水美村庄。深入开展农村生态建设活动,到2022年,建设12个省级以上生态文明建设示范镇、12个生态文明建设示范村。

(三)提升乡村风貌。根据不同地区和乡村的个性特色,注重保护乡村传统肌理、空间形态和传统建筑,做好重要空间、建筑和环境设计,深挖历史古韵,传承乡土文脉,形成特色风貌。新的建设既要符合农村特点,传承乡村传统肌理,又要体现绿色生态要求和时代特征。按照《区政府办公室关于印发通州区特色田园乡村建设实施方案的通知》(通政办发〔2018〕32号)要求,扎实推进特色田园乡村建设。坚持"多规合一",高起点做好空间、生态、基础设施、公共服务和特色产业规划,制定建设标准,实行财政奖补,分别建设省、市级特色田园乡村试点8~10个。加强农业结构调整,发展壮大有优势、有潜力、能成长的特色产业和特色品牌,着力形成"一村一品"。推进公共服务标准化建设，构建功能齐全、资源共享、持续完善、全面覆盖的乡村公共服务体系，建成一批立足乡土社会、富有地域特色、承载田园乡愁、体现现代文明的特色田园乡村。

四、乡风文明提升工程

以培育和践行社会主义核心价值观为根本，大力加强农民思想道德和农村公共文化建设，持续开展精神文明建设活动，提振农村精气神，培育社会好风尚。到2022年，镇村综合性文化服务中心实现全覆盖，区级以上文明村比例达到65%。（区文明办牵头，区民政局、文广新局、体育局、水利局、妇联等参与）

（一）推动社会主义核心价值观进村入户。在乡村道路、人口密集场所醒目位置，设置公益广告、宣传栏等，使其成为宣传社会主义核心价值观、优秀传统文化、文明礼仪知识的重要载体。紧扣改革开放40周年、新中国成立70周年、中国共产党成立100周年等重要时间节点，充分利用道德讲堂、市民学校等精神文明阵地和载体，通过组织宣讲团、举办报告会、道德讲堂、图片展等形式，加强理想信念教育和社会主义形势教育。把核心价值观宣传融入地方戏曲、民间文化、民俗活动、道德讲堂、网络文化作品，让农民群众潜移默化受到教育熏陶。

（二）深化文明村镇建设。以美丽乡村建设为主题，持续开展群众性精神文明建设活动。运用综合性文化服务中心、农村党员远程教育网络、科普惠农服务站等阵地开展各类培训，持续提升农民思想政治素质、道德素质、科学素质、法治意识和产业技能。健全农村公共文化服务体系，保护和传承乡土文化，持续开展文化科技卫生"三下乡"活动。持续开展"江苏最美乡村"、生态文明建设示范镇（社区、村）、美丽乡村建设示范村、水美乡村、农村幸福社区示范、美丽农家等建设活动，夯实文明村镇建设基础，力争到2022年区级以上文明村和文明镇占比达到65%。扎实推进家庭、家教、家风建设，广泛开展五好家庭、星级文明户、绿色家庭建设和好母亲、好媳妇、好公婆、好妯娌等推选活动，持续开展寻找"最美家庭"活动，推动文明家庭建设工作科学化、规范化、常态化，建设一批区级以上文明家庭。开展"科学家教进万家"、书香家庭建设活动，构建覆盖城乡的家庭教育指导服务体系。组织开展健康公益、才艺展示、体育健身等活动，引导人们走出"小"家、融入"大"家。

（三）深入推进乡村移风易俗。坚持标本兼治，依法打击非法宗教、封建迷信、黄赌毒，着力解决厚葬薄养、比阔炫富等问题，有效抵制腐朽落后文化侵蚀。充分发挥村（居）民议事会、道德评议会、禁赌禁毒会、红白理事会等协商议事机构的作用，积极搭建贴近群众需求的实践载体，引导群众在自我教育、自我管理、自我服务中敦风化俗。利用文化墙等载体推动核心价值观进村入户，综合运用村规民约、家规家训、牌匾楹联、俗语格言等资源，潜移默化影响农民群众的价值取向和行为规范，在全社会大力倡导喜事新办、丧事简办。制定惠民殡葬政策，加大节地生态安葬引导。

（四）丰富农民群众文化生活。推进基层综合性文化服务中心建设，全区镇（街道）综合文化站（文化中心）、村（社区）综合文化服务中心建设全面达到标准。推进区级文化馆、图书馆总分馆制建设，明确功能定位、服务标准、推进时序。支持乡村民间艺术团队和家庭文化室发展和建设，以区为单位，积极探索政府购买文化服务的形式，向本地区或外地文艺表演团队购买引进群众喜闻乐见、内容雅俗共赏、主题健康向上的文艺演出，进乡入村为农民群众免费演出。注重农村优秀传统文化传承，在"文化和自然遗产日"、传统节日等重要时间节点，举办庙会、非遗展演等传统文化展示活动。推进"非遗"进镇、进校园、进课堂，开展"乡村记忆影像志"工程，使其成为留住乡愁、传播文化的载体。推进农家书屋数字化建设，农村阅读资源稳步增长，推动农家书屋纳入村级综合文化服务中心建设管理，优化农家书屋资源配置，采取地区差异化选书配书模式，精准对接农民的阅读需求。加快农家书屋与区级图书馆通借通还建设和数字化建设步伐，提高农家书屋使用效率，到2020年实现全区农家书屋与区图书馆通借通还覆盖率达到90%。

（五）开展农村全民健身活动。加强农村体育设施建设，推动"10分钟体育健身圈"建设，推动镇（街道）建设5个运动项目以上的全民健身中心和多功能运动场。推动行政村建设体育活动室和多功能运动场。积极向农民集中居住区和较大自然村延伸体育设施，将农民体育运动项目优先纳入各级综合性群众运动会。发展农民健身组织，推动镇（街道）成立体育总会、社会体育指导员协会、老年人体育协会、农民体育协会。行政村建有1个以上群众健身组织，并配备社会体育指导员。利用"全民健身日"、节假日等时间节点，开展丰富多彩的农民体育健身活动。到2022年，农村经常参加体育锻炼人数增速高于全市平均水平，农村居民体质合格率达到93%以上。

五、乡村治理推进工程

着眼于加快推进乡村治理体系和治理能力现代化，坚持自治、法治、德治相结合，加强和创新乡村治理。到2022年，实现农村社区网格化治理全覆盖，群众安全感保持在95%左右。（区委政法委牵头，区文明办、公安局、民政局、司法局、民族宗教局、安监局、环保局、市场监管局、金融办、法制办等参与）

（一）着力推进村民自治实践。加强农村群众性自治组织建设，发挥农村自治章程、村规民约的积极作用。深化"政社互动"机制，建立社区"减负增效"长效机制。继续开展以村民自治小组为基本单元的村民自治工作。完善村务监督委员会，加强和规范村务监督工作。积极培育服务型、公益性、互助性农村社会组织，探索农村社区协商的有效形式。加强农村综合服务设施建设，拓展服务功能，2022年"一站式"综合服务平台建成率达到100%，全面实行村级公共服务事项全程委托代办机制，力争实现农民办事不出村。

（二）切实加强乡村法治建设。规范镇（街道）相对集中行政处罚权工作，深化镇（街道）综合执法体制改革。增强基层干部法治观念、法治为民意识，健全落实科学民主依法决策规则制度，将政府各项工作纳入法治化轨道。创新监管方式，推动执法队伍整合、执法力量下沉，提高执法能力和水平。加大农村普法力度，提高农民法治素养，引导农民增强尊法学法守法用法意识。健全农村公共法律服务体系，全面落实平安法治指导员制度,基层社区、村法治文化阵地、法律服务网络实现全覆盖。加强对农民的法律援助,开通困难人员法律援助绿色通道。到2022年,农村干部群众对乡村法治建设满意率保持在92%以上。

(三)开展群众性道德教育实践活动。深入挖掘中华优秀传统道德教育资源,采用群众喜闻乐见的形式,广泛开展社会公德、职业道德、家庭美德、个人品德教育。加强农民身边道德典型选树和宣传,发动群众积极参与时代楷模、道德模范、身边好人等推荐评议,讲好美德故事,传播美德力量。充分发挥农村优秀基层干部、乡村教师、退伍军人、文化能人、返乡创业人士等新乡贤示范带动作用,用富有地方特色和时代精神的新乡贤文化,激发人们形成善良的道德意愿、道德情感。设立乡风文明志愿服务岗,针对孤寡老人、留守老人、留守儿童、残疾人等困难群体,组织开展邻里守望志愿服务。镇(街道)和有条件的行政村建立志愿服务站,形成志愿服务网络,吸引农民群众积极参与。

(四)深入开展平安乡村建设行动。创新乡村治安防控体系建设,推动社会治安防控力量下沉,配齐配强村(居)治安辅助人员,推进农村"雪亮工程"建设。扎实开展新一轮扫黑除恶专项斗争,坚决铲除农村黑恶势力及其"保护伞",依法严厉打击农村地区黄赌毒、盗拐骗、传销、电信网络诈骗、非法金融、污染环境、危害食品安全等违法犯罪活动。持续开展农村安全隐患治理,加强农村安全生产工作。创新乡村网格化服务管理机制,综治中心、网格化服务管理中心、警务室全部达到规范化建设标准,农村社区网格化社会治理实现全覆盖。强化网格化智能应用平台支撑,提升农村网格化社会治理信息化智能化水平。加强预测预警预防工作,强化农村调解组织建设,分类防范化解农村重点突出矛盾风险,切实将矛盾化解在萌芽状态。到2020年,镇村两级人民调解委员会规范化建设实现全覆盖。健全社会心理服务体系和疏导机制、危机干预机制,推进人口服务管理工作科学化、精细化。依法整治农村非法宗教活动和境外宗教渗透活动,严厉打击农村地区邪教活动。到2022年,平安法治乡村建设达到标准率力争达到98%以上,95%以上的矛盾纠纷在镇以下得到化解,在农村不发生有重大影响的治安刑事案件、公共安全事故、政治案(事)件、群体性事件和个人极端事件。

六、镇级功能提升工程

充分发挥镇在乡村振兴中的重要作用。到2022年,重点培育打造5个以产城融合为主要内容的特色小镇、3个旅游风情小镇、1个省级重点镇及特色镇,实现被撤并乡镇集镇区整治提升全覆盖。统筹整合支持镇建设发展的各类财政专项资金,用好政府债券资金,鼓励发起设立各类基金,引导金融和社会资本投入,建立支持乡镇功能提升的多元化投入机制。(区发改委、住建局牵头,区编办、财政局、国土分局、环保局、交通运输局、农委、水利局、卫计委、金融办等参与)

(一)高质量培育产城融合特色小镇。坚持政府引导、市场运作、民众参与,以产业为基础、创新为核心、改革为动力,打造创新创业新高地、产业升级新样板、城乡统筹新平台。重点聚焦高端制造、新一代信息技术、创意创业、体育健康等产业,培育建设产业特色鲜明、体制机制灵活、人文气息浓厚、生态环境优美、多种功能叠加、宜业宜居宜游的特色小镇,彰显通州产业特色,凸显江海人文底蕴,引领全区创新发展。集聚一批龙头企业、中小企业、创投企业和创业孵化器等创新创业载体,吸引一批"国千省千"人才、大企业高管、工艺大师、科技人员等创新创业人才,努力建设在长三角地区乃至全国具有竞争力、影响力的特色产业和自主品牌。注重农业特色定位,优化生产、生活、生态空间布局,突出农耕文化、非物质文化遗产保护、创意休闲农业等有机统一,推动种植、养殖、加工、流通等产业协调发展,促进农业与旅游、健康、教育等产业深度融合,打造农业特色小镇。突出地域、文化、建筑等特色,积极建设市级旅游风情小镇,注重生态环境和文化原真性保护,挖掘历史文化内涵,强化旅游功能,展现时代风情。优化创业环境,吸引各行业人才到各类特色小镇创新创业,鼓励企业、社会组织和市民参与小镇投资建设和管理,构建市场化的利益分配机制,促进农民共享小镇发展成果。

(二)深化和扩大经济发达镇行政管理体制改革。全面落实省深化经济发达镇行政管理体制改革工作意见,到2020年实现符合条件的经济发达镇全覆盖,带动全区基层管理体制改革创新。加强督促指导,抓好组织实施,学习江阴市徐霞客镇改革经验,按照"便民服务一窗口、综合执法一队伍、镇村治理一张网、管理服务一中心"要求,深化"前台+后台""网格+网络""技术+参与"等服务管理模式,川姜镇2019年要基本完成改革任务,形成"集中高效审批、强化监管服务、综合行政执法"的基层政府治理体系。总结经验扩大改革范围,适时向其他镇复制推广川姜镇改革经验。

(三)加强重点中心镇和特色小城镇建设。着力发展重点中心镇,以区城供水覆盖延伸、道路硬化、生活污水处理、绿化美化、环卫服务功能完善等为重点,加快完善小城镇基础设施,加强具有一定区域服务功能的公共服务设施建设,不断提高重点中心镇对周边城镇及农村的辐射带动能力。支持有条件的重点中心镇建设成为具有较强人口、产业集聚能力的现代新型小城市。择优培育特色小城镇,突出特色化发展导向,提高规划建设水平,强化特色风貌塑造,提升城镇空间品质,合理保护和利用各类文化遗存、传统街巷、自然基底、空间景观等特色资源,塑造特色风貌,彰显产业特色、文化特色、建筑特色和生态特色。

(四)提升被撤并乡镇集镇区整体面貌。组织编制专项规划,准确定位被撤并乡镇集镇区功能,因地制宜确定产业发展方向,重点调整居住区布局,完善生产生活功能。整治生活垃圾,推行分类管理,积极推行市场化保洁,加快更新改造落后的垃圾中转站,按标准配齐处置设施。合理配置保洁员队伍,落实保洁员工作职责,基本实现被撤并乡镇集镇区生活垃圾处置的全域化、长效化、一体化。提升基础设施水平,完善道路、路灯、供排水、污水处理、公共厕所等配套设施,优化公共交通路网,满足群众基本需求。鼓励利用闲置地、边角地等建设小游园,强化道路、河道两侧绿化,加强单位和小区庭院绿化,形成层次丰富的绿化景观。提升公共服务水平,落实"十三五”时期基本公共服务清单和基层基本公共服务功能配置标准，提供教育、医疗卫生、文化体育、社会服务等基本公共服务，方便群众生产生活。引导广大居民积极参与环境整治及长效维护管理，健全长效管理制度，保障被撤并乡镇集镇区日常管理规范化。

七、农村基础设施和公共服务建设工程

坚持统筹城乡发展，推动城镇基础设施向农村延伸，公共服务向农村覆盖，促进城乡基础设施共建共享、社会事业均衡发展。到2022年，农村基础设施条件明显改善，基层基本公共服务功能配置功能全面落实。（区发改委牵头，区住建局、交通运输局、水利局、卫计委、教育局、民政局、财政局、人社局、国土分局、环保局、文广新局、供电营业部等参与）

（一）加快农村公路提档升级。今年全区行政村双车道四级公路要实现全覆盖，到2020年，基本消除农村公路危桥，公路管养率达到100%。到2022年，农村公路标志标线设置率达95%。科学编制农村公路网规划。有序指导农村公路建设，重点建设通行政村双车道公路和特色田园乡村、新增景区、农业产业园区、规划发展村庄的等级公路，全面形成“成网成环”的农村公路网络。扎实推进农村公路提档升级。开展农村公路品质工程建设，改造现有农村公路危桥，实施安全生命防护工程，完善标志标线设置。积极开展路域环境整治，完善绿化等配套设施，打造一批特色致富路、平安放心路、美丽乡村路、美好生活路。完善农村公路养护体制，提升养护生产效率和专业化水平。健全区、镇、村三级组织管理体系，建立镇农村公路专门管理机构，组织协调村民委员会配合做好农村公路的建设、养护和管理工作。因地制宜推进城乡公交服务的均等化，实现镇村公交全覆盖。完善城乡物流配送服务体系，构建覆盖区、镇、村三级农村物流网络。

（二）深入实施农村饮水安全巩固提升工程。优化供水格局，完善出台饮用水安全保障规划，加强饮用水水源地保护，完成区集中式饮用水水源地达标建设和隐患问题整治。优化水源地布局，建设应急备用水源地，完善应急预案。保障城镇供水安全，实施现有水厂深度处理改造，实现自来水厂深度处理“全覆盖”，构建“水源达标、备用水源、深度处理、严密检测、预警应急”的供水安全保障体系，确保饮用水安全。巩固提升农村饮水安全保障水平，按照城乡供水一体化要求，实现城乡居民“同源、同网、同质、同服务”、区域供水全覆盖。

（三）推动农村信息和电网设施建设。到2022年全区农村地区光网乡村全面建成，光纤到户实现全覆盖，宽带接入能力千兆进村，百兆到户，家庭宽带普及率达到85%以上。农村4G网络全面深度覆盖，推动5G网络在农村地区试商用和建设部署。加快推进“互联网+政务服务”向基层延伸，不断扩大政务服务惠及范围。根据“节约资源、共建共享”的原则，合理安排信息基础设施布局，支持农村地区信息基础设施建设工程和应用推广项目，对三网融合相关建设应用在农村地区的给予政策支持。推进农村电力设施提档升级，2020年，农村低压线路应达成全绝缘化的目标，相关技术指标达到省一流配电台区的评价标准。“整村整镇”规划农村地区电网，促进农村地区电力基础设施提档升级。优化农村电网结构，村级配电网改造升级与110千伏高压配电网协调发展，满足村级经济发展对电力供应的需求，加快农村地区中压配电网主干网架建设，在确保供电能力和供电可靠性质量的前提下，不断提高配电网的运行效率和资产利用效率。系统规划村级配电网，实行差异化原则，以满足各层级间的协调配合、空间上的优化布局和时间上的合理过渡。按照设备全寿命周期管理要求，逐步更换老旧设备，消除安全隐患，提高配电网安全性和经济性。

（四）优先发展农村教育事业。到2022年，全区学前3年教育毛入园率达99%以上，义务教育巩固率达100%，高中阶段教育毛入学率达到100%。实施学前教育五年行动计划，优先新建、改扩建12所镇区幼儿园，全面清理农村无证幼儿园，全面改善农村幼儿园办学条件。推进农村义务教育学校标准化建设，普遍建立城乡中小学结对帮扶制度，小学特色文化建设、初中质量提升工程向乡村学校倾斜，开展农村中小学小班化教学专题研究。健全特殊教育支持保障体系，到2020年每个镇至少设置学前、小学和初中融合教育资源中心各1个，方便残疾儿童少年就近入学。扩大农村职业教育资源，加强农村职业学校建设，推动农村社区教育建设提升。进一步落实乡村教师支持计划，做好乡村教师定向培养工作，“十三五”期间全区定向培养288名左右乡村教师；实施乡村教师素质提升领雁工程，培育300名左右乡村骨干教师；推动城乡教师常态化交流，全面提升乡村教师整体素质。完善绩效工资制度，将绩效工资分配向地处偏远、条件艰苦的乡村教师倾斜，切实提高乡村教师生活待遇。

（五）实施健康乡村建设。到2022年，重点人群签约服务覆盖率达到80%，力争建成省级健康镇5个、健康村16个，省级以上卫生镇全覆盖。合理规划基层医疗卫生机构布局设置，加快基层医疗卫生机构提档升级，推进“15分钟健康服务圈”建设，累计建成示范村卫生室50个、镇卫生院（社区卫生服务中心）特色科室6个、镇区域医疗卫生中心3个。实施卫生人才强基工程，通过招引一批、培养一批、培训一批、下沉一批、提升一批等措施，扩大基层卫生人才队伍规模，遴选农村基层卫生骨干人才60名。强化农村公共卫生服务，倡导健康文明生活方式，加强慢性病防控，大力推进农村地区严重精神障碍管理、重大传染病防治，加强农民工职业健康监护，有效预防和控制疾病危害。

（六）加快实施统一的城乡居民基本医疗保险制度。到2022年，逐步统一城乡居民医疗保险筹资标准和报销水平，城乡居民医保政策范围内住院费用报销比例稳定在70%左右，努力降低农民个人实际医疗费用负担比例。巩固城乡居民大病保险制度，努力减轻农村重特大疾病患者政策范围内的医疗费用负担。严格落实对困难群体个人缴费的补助政策，对重点医疗救助对象参加城乡居民基本医疗保险个人缴费部分全额资助，对农村建档立卡低收入人口参加城乡居民基本医疗保险个人缴费部分由财政给予适当补贴，确保困难人员应保尽保。扩大基本照护保险试点，将失能人员纳入保障范围。加快实现城乡居民医保经办一体化，加大信息系统、办事流程、定点管理等方面的融合力度,继续推进省内异地就医门诊、住院"一单式"直接结算,简化备案手续,实现异地就医无障碍、不见面备案。落实经费保障,提高城乡居民基本医疗保险财政补助标准,健全基本医疗保险稳定可持续筹资和待遇调整机制。

(七)健全城乡居民基本养老保险制度。逐步提高城乡居民养老待遇水平,按照省规定不低于8%的增幅调整城乡居民基本养老保险基础养老金。建立健全城乡居民基本养老保险待遇确定机制和基础养老金正常调整机制,鼓励参保居民选择更高的缴费档次。落实社会保险扶贫政策,支持特困群体参加城乡居民养老保险。严格落实被征地农民社会保障制度,做到"刚性进保、即征即保、应保尽保"。提升农村养老服务能力,到2020年,全区基本建成广覆盖、保基本、多层次的农村养老服务体系,广大农村老年人尤其是经济困难老年人的养老服务需求基本得到满足。统筹推进农村五保供养服务机构发展,提升机构服务质量,延伸服务范围,在保障五保对象供养的基础上,床位面向社会老人开放,农村敬老院全部转型升级为区域性养老服务中心。农村社区居家养老服务实现全覆盖,标准化社区居家养老服务中心(站)建成率达到60%以上,社会化运营率达100%。健全农村老年人"一助一"关爱服务制度,通过政府购买服务方式,为农村分散供养的五保老人,经济困难的高龄独居、空巢、失能、失智、失独老年人签订关爱服务协议,确保将关爱服务落到实处。

八、脱贫致富奔小康工程

深入贯彻精准扶贫、精准脱贫方略,全力实施脱贫致富奔小康工程,坚决打好精准脱贫攻坚战。到2020年,全区农村建档立卡低收入人口人均年收入达到7000元以上,生活水平明显提高,义务教育、基本医疗和公共服务得到有效保障,经济薄弱村集体经济年收入达到50万元,基本建立缓解相对贫困的创新机制。(区扶贫办牵头,区委组织部、区教育局、民政局、卫计委、财政局、人社局、国土分局、交通运输局、农委、金融办、工商联等参与)

(一)加强重点经济薄弱村和低收入群体脱贫攻坚。坚持党委统揽、政府主导、全社会参与的工作机制,聚集重点人群和经济薄弱村,确保到2020年全区农村11995名低收入人口和13个经济薄弱村全面脱贫。加强经济薄弱村村级班子建设,推进改革创新,培育特色产业,着力增强内生动力。区镇联动选派优秀中青年干部驻村担任"第一书记"。对因病、因灾等基本生活暂时陷入困境的低收入群体、65岁以上孤寡失独老人、生活困难儿童、重度残疾人等按照有关政策文件规定纳入相关救助政策予以兜底,做到"应扶尽扶、应保尽保"。

(二)着力解决因病致贫返贫问题。将农村建档立卡低收入人群全部纳入基本医疗保险范围,其个人缴费部分由各级财政给予全额补助。对建档立卡低收入农户中恶性肿瘤、尿毒症、白血病、器官移植、血友病、失代偿期肝硬化、骨结核、红斑狼疮、艾滋病、再生障碍贫血等重大疾病患者,因病致瘫(截瘫)丧失劳动能力者,80岁以上老年人,未成年人,持一、二级精神残疾证患者等,纳入医疗救助范围,在基本医疗保险(大病保险)支付后,给予不低于医保范围内自付费用70%的医疗救助,年度封顶线不低于当地基本医保封顶线的50%。对基本医疗保险、大病保险和医疗救助支付后自付费用仍有困难,导致基本生活陷入困境的患者,由区慈善总会、红十字会优先安排慈善人道救助。为建档立卡低收入农户购买意外伤害和重大疾病等商业保险,有效遏制因病致贫、返贫现象。对建档立卡低收入农户在区域住院实行"先诊疗后付费"制度,畅通入院治疗、费用结算通道。在建档立卡低收入农户家庭医生签约服务全面覆盖的基础上,依托基层医疗卫生机构信息化平台,及时更新低收入农户健康档案信息,建立健康卡,作为精准治疗的重要依据。依托全区确定的28家对建档立卡低收入农户患病救治定点医院,确保救治率达到100%。落实因病致贫未建档立卡农户的救助措施,加强低收入残疾人医疗和康复工作,切实缓解支出型贫困家庭的经济压力,逐步提高低收入户家庭生活水平。

(三)深入推进精准扶贫行动。强化政策落实和责任落实,细化年度工作计划,扎实推进产业引领、就业创业、教育助力、健康援助、金融助推、基础支撑、国土支持、企业帮村八项脱贫致富行动。加大对扶贫工作的巡查督查,对发现的问题及时跟踪整改。发挥好"阳光扶贫"监管系统作用,加强对扶贫对象、扶贫项目、扶贫资金、帮扶责任人以及帮扶绩效的监管,确保精准扶贫、精准脱贫各项政策措施真正落到实处。

(四)推进农村最低生活保障制度与扶贫开发政策有效衔接。强化农村低保对象与扶贫开发对象的认定工作,健全完善入户调查、民主评议、公开公示等常态工作机制,将所有符合低保条件的建档立卡低收入家庭按程序纳入保障范围。落实农村低保标准动态增长机制,确保到2020年实现城乡低保一体化。

九、农村改革创新工程

深入推进农村改革和制度创新,着力构建农业农村发展新机制,激活农村资源要素,为乡村振兴提供制度性供给。到2022年,城乡经济社会发展一体化体制机制基本健全,农村资源要素市场化配置机制基本建立,农业农村发展活力持续增强。(区委农工办牵头,区农委、发改委、财政局、国土分局、环保局、水利局、金融办、供销总社等参与)

(一)深化农村土地制度改革。深化农村承包土地"三权分置"改革,逐步完善农村承包土地"三权分置"办法,研究探索"第二轮承包期到期后再延长三十年"的具体实施办法。加快推进承包地确权登记颁证成果应用,推进确权登记成果数据汇交,探索开展土地承包经营权有偿退出试点,支持土地经营权抵押担保试点。强化农村产权交易市场的信息发布、政策咨询、合同备案、价格评估、纠纷仲裁等服务机制,引导土地经营权更多地进场交易、规范流转、优化配置。加强土地流转风险防控,建立土地流转履约保证保险制度。扎实推进房地一体的农村集体建设用地和宅基地使用权登记颁证,完善土地收益分配机制和多元化保障机制。贯彻落实盘活农民闲置宅基地和闲置农房政策,探索宅基地所有权、资格权、使用权"三权分置",鼓励各地探索农村宅基地有偿退出机制。支持有条件的地区编制和实施村级土地利用规划。在农村建设用地减量化基础上,注重支持农村基础设施建设和农村新产业、新业态的发展。鼓励农业生产和村庄建设等用地的复合利用。

（二）深入推进农村集体产权制度改革。全面启动农村集体产权制度改革，全面开展农村集体资产清产核资工作。到2018年底，全区基本完成农村集体资产清产核资工作，到2020年底，有经营性资产的村（居）基本完成农村社区股份制改革。不断拓宽村级集体经济发展路径，引导支持农村集体经济组织根据区位条件、资源禀赋以及经济社会发展状况，积极开辟资产租赁、企业股份、农业开发、生产服务、联合发展等多种发展路径。

（三）深化农村金融改革。鼓励地方法人银行提供特色化、差异化的“三农”金融服务。鼓励符合条件的村镇银行按照可持续发展原则，向基层延伸服务网点和设施。稳步推进农村“两权”抵押贷款试点，探索建立多层次抵押物流转处置机制。规范发展农村小额贷款公司，深化“政银担”合作，加快全区政策性农业信贷担保体系建设，着力解决农业适度规模经营主体融资难、融资贵问题。调整完善扶贫小额信贷政策，精准对接建档立卡低收入农户融资需求。稳步推进多层次资本市场建设，进一步提高涉农企业利用资本市场的能力和水平。推动完善农业保险承保、理赔操作流程，持续开展农业保险“提标、扩面、增品”工作。鼓励开展小额贷款保证保险、农业保险保单质押等保险增信服务，引导信贷资源投放乡村。开展农村信用体系建设试点，建立完善农村经济主体综合信息管理系统。

（四）全面推进农业水价综合改革。以建立农业水价形成机制和精准补贴为核心，加快完善灌排工程体系和计量设施，建立农业水权分配机制，加强农业供水计划管理和用水终端管理，加快实现管护服务、水价核定、水费收缴、政府监管“四个到位”。建立健全以镇水利站为纽带，农村集体经济组织为主体，农民用水者协会、抗旱排涝服务队、专业化服务公司和村级水管员共同构成的基层水利管理服务网络，加快水利站“四有”标准化建设，推动农民用水协会规范化运行，切实提升基层水利服务能力。

（五）深入推进供销合作社综合改革。发挥供销合作社综合服务优势，加快完善以土地流转、全托管、半托管、定制订单式服务为主要形式的农业社会化服务体系。加快完善农村电子商务经营服务体系，大力培育农村电商企业，到2022年全区供销系统基层经营服务网点信息化改造比例70%以上。因地制宜在集散地建设一批农产品批发市场和交易中心，在产地建设农产品收集市场和仓储设施，在城镇社区建设农贸市场、社区菜店、生鲜超市、平价商店等零售终端，积极参与公益性农产品批发市场、农贸市场建设。加快农资物联网建设，扩大高效、环保、新型农资配送服务体系。积极推进以农民为主体的“农综社”建设。

十、农村基层党建创新提质工程

创新农村基层党组织建设理念、方法、载体，以高质量的党建工作促乡村振兴。到2022年，全区每个村设立2个兴村特聘岗位，每个党群服务中心面积达到400平方米。（区委组织部牵头，区委农工办、区财政局、人社局、农委等参与）

（一）强化政治功能。坚持党的全面领导，健全完善“一核三体”工作机制，认真落实“四议两公开”工作制度，强化村党组织对同级各类组织的有力领导，着力构建自治、法治、德治相结合的乡村治理体系，确保农村重大事项、重要问题、重要工作由党组织讨论决定，确保党的路线方针政策在农村落地见效。深入开展“不忘初心、牢记使命”主题教育，持续推进“党课名师”工程，以广大党员群众喜闻乐见的方式，进行党性教育。

（二）不断提升农村基层组织力。构建基层党建工作标准化质量管理体系，重点推进组织体系设置、班子队伍建设、党员教育管理、党内组织生活、工作载体建设、工作运行机制、基本工作保障等7个方面的标准化建设。坚持一切工作到支部的鲜明导向，认真落实“三会一课”、谈心谈话、民主评议党员、“主题党日”等制度。深入推进农村基层党组织“五有一化”建设，建强“江海先锋”领航服务站党建阵地，把村党组织建设成为团结群众的核心、教育党员的学校、攻坚克难的堡垒。坚持服务群众和教育群众“两手抓、两手硬”，持续深化“三讲三理”工作法，推行“兴家风、淳民风、正村风”主题活动，教育引导广大群众积极投身乡村振兴伟大实践。运用互联网技术和信息化手段推动活动载体创新、机制创新，大力推行“风筝”“磁铁”工作法，增强农村党员队伍生机活力。

（三）深化农村骨干队伍建设。明确村党组织书记“一轴四轮”主要职责，开展村党组织及其书记“双星”考评，区镇联动开展村党组织书记示范培训，举办“村（社区）党组织书记工作大讲坛”，提升村党组织书记整体素质。深化大学生村官培养工程，按照省委组织部统一部署，实施好“定制村官”培育工程，将健全完善大学生村官退出机制与培养高素质村党组织书记结合起来，促进大学生村官成长。按1:1比例配备村党组织书记后备人才队伍，建立基层干部后备人才库。从“源头、待遇、出口”三方面抓实村干部队伍建设，建立健全从体制内外选拔村党组织书记制度，落实好村干部的报酬待遇，推动村干部“选得出、干得好、流得动”。发挥农村优秀基层干部、乡村教师、退伍军人、文化能人、返乡创业人士等新乡贤作用。

（四）压实基层党建政治责任。充分发挥农村基层党组织的组织优势、组织力量，认真落实各项惠民富民政策，让农村农民共享改革发展成果，提升群众幸福感、获得感。严格落实基层党组织书记述职评议机制，继续深化问题清单、任务清单、责任清单“三张清单”和“书记项目”制度，层层压实管党治党责任。深入推行经济社会发展和党建工作“双百分制”考核办法，实施自我评价、组织评价、群众评价、网络评价“四位一体”评价方式，以科学考评把责任落细落实落到位，推动基层党建质量进一步提升。

（通办发〔2018〕80号）

关于加快推进区镇村三级“互联网+政务服务”体系建设的实施意见

（2018年6月4日）

为贯彻落实《省政府关于加快江苏政务服务网建设的实施意见》(苏政发〔2017〕53号)、《省政府办公厅关于建立完善基层“互联网+政务服务”体系的指导意见》(苏政办发〔2018〕37号,以下简称《指导意见》)和《市政府关于加快推进全市“互联网+政务服务”的实施意见》(通政发〔2017〕30号)等文件精神,深化“放管服”改革,现就我区加快推进区镇村三级“互联网+政务服务”体系建设提出如下实施意见。

一、总体要求

认真贯彻党的十九大精神,全面落实习近平新时代中国特色社会主义思想,按照中央、省、市对“互联网+政务服务”体系建设的各项决策部署,紧紧围绕政府治理和公共服务的改革需要,以“解放思想、追赶超越,推动高质量发展”的精神,深入推进“不见面审批(服务)”改革,努力打造区、镇(街道)、村(社区)三级一体化新型政务服务模式,进一步激发市场活力和发展动力,增强人民群众改革获得感,努力为通州建设具有区域影响力的产业腹地、创新智谷、城市绿洲、幸福家园营造优质的政务服务环境。

二、工作目标

2018年6月底前,依托江苏政务服务网,开通镇(街道)政务服务统一门户和村(社区)网上服务站点,全面公开镇(街道)、村(社区)政务服务事项和办事指南。2018年底前,实现适宜网上运行的事项网上申报、网上办理,打造规范、透明、便捷的基层网上服务体系,“互联网+政务服务”基层全覆盖。加强镇(街道)、村(社区)为民(便民)服务中心规范化建设,推进基层行政审批服务职能部门向镇(街道)为民服务中心集中,加快基本公共服务事项进驻村(社区)便民服务中心,通过线上政务服务平台和线下实体政务大厅融合发展,建成我区覆盖区、镇、村的三级政务服务体系。

三、工作任务

(一)推动江苏政务服务网向基层延伸。

1.梳理基层政务服务事项清单。各镇(街道)、村(社区)要按照省机构编制(审改)部门提供或确认的行政权力事项清单、省政务服务管理办公室组织提供的公共服务事项清单,梳理编制出镇(街道)政务服务事项清单、村(社区)公共服务事项清单,结合实际编制出每个事项详细的、标准化办事指南。

2.规范基层政务服务事项办事指南。各镇(街道)、村(社区)根据公布的事项清单,结合江苏政务服务网事项指南要素要求,在区人社、民政、卫计、农委等相关业务部门指导下,对照区政务服务管理办公室提供的办事指南样本,逐一规范、完善每个服务事项的基本信息和办事指南,进一步优化办事流程、明确办事标准。

3.维护基层政务服务网上站点。各镇(街道)根据实际情况在江苏政务服务网维护、完善镇(街道)服务频道内容,在江苏政务服务网公开镇(街道)、村(社区)政务服务事项清单,录入已规范编制的事项基本信息和办事指南的各项要素内容。

(二)推进基层政务服务事项网上运行。

4.覆盖网络对接系统。充分利用已有资源设施,以我区已建的政务服务管理平台为基础,推动审批、服务系统向镇(街道)、村(社区)延伸,实现网上申报、网上办理,打造规范、透明、便捷的基层网上服务体系。加强各业务审批系统与网上办事大厅的数据交换与业务共享,避免基层窗口多系统操作及重复录入问题。积极推进镇(街道)、村(社区)政务服务向移动端、自助终端、热线电话延伸,提供多样便捷的办事渠道。

5.组织业务人员培训。要加强面向镇(街道)、村(社区)的业务培训,区政务服务管理办公室要加强对政务服务管理平台及江苏政务服务网使用的培训、指导,区人社、民政、卫计、农委等相关业务部门负责对本部门延伸到镇(街道)、村(社区)的政务服务事项及专用业务系统的使用进行培训、指导。

6.积极宣传推广应用。充分运用广播、电视、报纸、微信、微博等媒体,宣传镇(街道)、村(社区)网上办事、家门口办事的方式和途径,推广江苏政务服务网和江苏政务服务APP,提高基层“互联网+政务服务”的知晓度。

(三)进一步完善线下实体服务大厅标准化建设。

7.规范服务场所名称。根据《中共江苏省委江苏省人民政府关于印发〈江苏省“十三五”时期基层基本公共服务功能配置标准(试行)的通知》(苏发〔2017〕14号),充分利用现有各类服务场所,进一步完善大厅基层配置建设。按照《指导意见》要求统一规范名称,镇(街道)为“为民服务中心”,村(社区)为“便民服务中心”。

8.完善服务中心职能。对照《指导意见》要求,将综治、信访、司法、民政、卫计、农委、市场监管、税务、国土、城建、人社等涉及到基层政务服务的职能,按要求纳入实体服务大厅集中统一管理,推广“集中办理、一站式办结”模式。镇(街道)各站所工作人员全部集中办公,事项全部进驻窗口办理。

9.设置全科服务窗口。各镇(街道)为民服务中心、村(社区)便民服务中心设置要全科窗口,区人力资源社会保障局、民政局、卫生计生委、农委等相关职能部门对全科窗口要合理授权,对全科社工要进行规范化培训指导;全科社工由区政务服务管理办公室统一考核上岗,实现“一口清”导办、“一窗式”受理、“一条龙”服务。

10.构建分级管理机制。区、镇(街道)、村(社区)三级政务管理机构对进驻服务大厅的人员进行统一管理、考核,统筹进驻政务服务事项的标准化、规范化管理;上级政务服务管理机构对下级政务服务管理机构加强业务指导和监督考核；逐步将镇(街道)为民服务中心作为区政务服务中心的分中心，形成上下联动、横向协调、运转高效的区、镇、村政务服务管理机制。

四、工作要求

(一)强化组织领导。区成立“互联网+政务服务”体系向基层延伸工作推进领导小组，由常务副区长成小红任组长，各镇(街道)、相关部门主要负责人为成员，统筹协调工作推进。各镇(街道)要建立主要领导牵头的工作领导小组，明确领导责任，完善工作制度，健全决策机制。区级机关各相关部门要把建立完善基层“互联网+政务服务”体系作为创新基层社会治理，密切联系和服务群众的一项重要工作，切实落实主体责任，统一思想，提高认识，精心组织推进。

(二)强化协作配合。加强协作配合和工作联动，明确责任分工，实现跨地区、跨层级、跨部门整体推进，做好制度衔接，为“互联网+政务服务”向基层延伸提供制度和机制保障。区政府办公室负责统筹推进、监督协调“互联网+政务服务”体系向基层延伸工作；区政务服务管理办公室负责三级政务服务体系建设的日常推进工作，组织梳理并公布镇(街道)、村(社区)公共服务事项清单；区编办组织梳理并公布镇(街道)权力事项；区政府法制办负责镇(街道)权力事项的合法性审查；区电子政务管理中心负责“互联网+政务服务”向基层延伸的网络总体规划和开发建设；区人力资源社会保障局、民政局、卫生计生委、农委等相关业务部门负责具体事项向基层延伸的业务指导；镇(街道)、村(社区)是“互联网+政务服务”体系向基层延伸工作落实的责任主体。

(三)强化督查考核。建立完善基层“互联网+政务服务”工作绩效考核制度，列入区政府重点督查事项，纳入政府绩效考核体系。区政府督查室、区政务服务管理办公室要定期通报工作进展和成效，并向社会公开。对组织不力、不按时完成目标任务、网上事项维护不力，以及网上办件数量过少、质量不高等情况，要启动问责、约谈机制，确保改革顺利推进。

(通政办发〔2018〕84号)

重要文件目录索引

中共南通市通州区委

1月2日　关于印发《中共南通市通州区委常委会议事决策规则》的通知

1月2日　关于印发《中共南通市通州区委统一战线工作领导小组工作规则》《中共南通市通州区委统一战线工作领导小组成员单位职责分工》的通知

1月5日　关于印发《招商引资质量提升年主题活动实施意见》的通知

1月5日　关于成立区招商引资指挥部的通知

1月5日　关于印发《南通市通州区生态环境保护工作责任规定(试行)》的通知

1月19日　关于印发《2018年通州区民生实事项目任务分解表》的通知

2月3日　关于恳请审批《南通市通州区川姜镇行政管理体制改革方案》的请示

2月14日　关于印发《南通市通州区深化区管企业负责人薪酬制度改革实施意见》的通知

2月23日　关于转发政协南通市通州区委员会2018年工作要点的通知

2月27日　关于转发南通市通州区人大常委会2018年工作要点的通知

3月28日　印发《关于在政府投资工程建设领域构建阳光防范体系的实施意见》的通知

3月28日　关于印发《2018年全区重点工作目标任务分解表》的通知

4月18日　关于印发《2018年镇(区、园、街道)落实“四个全面”战略布局推动高质量发展综合考核办法(暂行)》和《2018年区级机关部门综合绩效考核办法》的通知

4月19日　关于印发《中共南通市通州区委常委会2018年工作要点》的通知

4月23日　关于印发《2018年区级机关部门“强执行抓落实”督查考核办法(试行)》《2018年通州区“特别贡献奖”评选办法(试行)》《2018年区级机关部门“创新奖”评选办法(试行)》的通知

4月27日　关于实施乡村振兴战略推动新时代“三农”高质量发展的意见

5月28日　关于全面加强行政执法检察监督工作的实施意见

7月18日　关于调整区委全面深化改革领导小组的通知

7月19日　印发《2017—2021年南通市通州区委巡察工作规划(修订)》的通知

7月30日　转发《区人大常委会党组关于实施政府民生实事项目人大代表票决制的指导意见》的通知

7月30日　印发《关于深入开展扫黑除恶专项斗争的实施方案》的通知

8月4日　关于印发王建国同志《在巡视南通市通州区工作动员会上的讲话》、陆志鹏同志《在省委第三巡视组巡视南通市通州区工作动员会上的讲话》和陈永红同志《在省委第三巡视组巡视南通市通州区工作动员会上的表态发言》的通知

8月15日　关于调整区委巡察工作领导小组成员的通知

8月16日　关于印发《中共南通市通州区委关于健全人大讨论决定重大事项制度、区政府重大决策出台前向本级人大报告的实施方案》的通知

9月4日　关于成立中央第七巡视组巡视江苏省反馈意见整改落实工作领导小组的通知

9月14日　关于同意成立中共国家税务总局南通市通州区税务局委员会的批复

9月26日　关于印发《南通市通州区贯彻落实〈县以上党和国家机关党员领导干部民主生活会若干规定〉实施办法》的通知

10月22日　关于深入推进全区农村集体产权制度改革的实施意见

11月1日　关于推进安全生产领域改革发展的实施意见

11月16日　关于加强和改进人民政协工作的意见

12月19日　批转区科协党组《关于

筹备召开南通市通州区科学技术协会第十次代表大会的请示》的通知

12月25日　关于印发《通州区打赢打好脱贫攻坚战三年行动计划》的通知

（钱　湘）

通州区人民政府

1月16日　关于南通市通州区工矿废弃地复垦利用专项规划(2015—2020年)的批复

1月30日　关于明确区级安全生产监督管理部门为行政执法机构的批复

3月22日　关于区国有资本管理中心与中国投融资担保股份有限公司合作成立担保公司的批复

3月24日　关于进一步加强金融工作的意见的通知

3月24日　关于加快企业股改上市的若干意见

4月4日　关于承接企业投资项目省级部门不再审批事项(第二批)的通知

4月18日　关于统筹推进城乡义务教育一体化促进优质均衡发展的意见

4月18日　关于印发通州区推进企业股改挂牌上市和并购重组三年行动计划(2018—2020)的通知

5月2日　关于《南通市通州区土地整治规划(2016—2020年)》的批复

5月15日　关于印发通州区"证照分离"改革试点实施方案的通知

5月26日　关于全区城市执法体制改革职能调整衔接落实工作的通知

5月31日　关于通州区通吕运河金沙应急水源地达标建设方案的批复

6月1日　关于印发通州区产业基金构建方案的通知

6月8日　关于印发通州区行政执法检察监督工作实施办法(试行)的通知

7月17日　关于加强综合行政执法协作配合的意见

7月25日　关于同意南通高新区技术产业开发区成立金新街道工业园的批复

8月7日　关于印发《通州区政府投资建设项目审计监督办法》的通知

8月31日　关于印发通州区政府质量奖管理办法的通知

9月30日　关于进一步推进建筑业高质量发展的实施意见

10月27日　关于取消一批行政许可等事项的通知

11月13日　关于公布南通高新技术产业开发区全链审批赋权清单(第一批)的通知

11月14日　关于同意通州区农业水价综合改革2019年度实施计划的批复

12月30日　关于调整完善区镇财政管理体制的通知

（顾　鹏）

中共南通市通州区委办公室

1月2日　关于区委办(研究室、改革办)负责同志工作分工的通知

1月5日　关于印发《"家乡情、招商行"百日大会战主题活动实施方案》的通知

1月5日　关于认真落实省环保督察反馈意见切实抓好整改工作的通知

1月5日　关于印发《通州区钢丝绳行业整治方案》的通知

1月5日　关于印发《南通市通州区印染行业整治方案》的通知

1月7日　关于转发区委党史工作办公室区地方志编纂委员会办公室《〈通州年鉴(2018)〉》编纂实施方案的通知

1月12日　关于调整区信访工作联席会议组成人员的通知

1月12日　关于印发《南通市通州区深化国家监察体制改革试点工作实施方案》的通知

1月31日　关于成立全区信访突出问题大化解大突破专项行动领导小组的通知

2月2日　关于调整通州区区级公立医院改革领导小组的通知

2月5日　关于成立南通市通州区经济发达镇行政管理体制改革工作领导小组的通知

2月6日　关于印发《招商引资质量提升年主题活动实施意见任务分解表》的通知

2月24日　关于转发区老区开发促进会区扶贫开发协会《通州区2018年老区开发和扶贫工作要点》的通知

2月24日　关于印发南通市通州区科协系统深化改革实施方案的通知

3月8日　关于开展2018年通州区城建大会战立功竞赛活动的通知

3月8日　关于调整区城市建设指挥部和区"三城同创"指挥部机构设置和人员的通知

3月8日　关于成立"三个全覆盖"试点镇建设工作领导小组的通知

3月8日　关于区纪委派驻纪检组更名及相关事宜的通知

3月12日　印发《通州区委关于贯彻落实〈中央八项规定实施细则〉的实施办法》的通知

3月19日　关于印发《区委常委、区人大主任、区政协主席、党员副区长党建工作联系点》的通知

3月20日　关于印发《2018年全区作风效能建设考核办法》的通知

3月23日　关于印发《通州区党委(党组)理论学习中心组学习实施细则》的通知

4月2日　关于印发《通州区深入推进"263"专项行动打好污染防治攻坚战行动方案》的通知

4月8日　关于成立南通市通州区国有资产清查盘活工作领导小组的通知

4月10日　关于组织开展"大学习、大调研、大讨论"活动的通知

4月17日　关于印发《2018年全区落实党风廉政建设责任制督查考核办法》的通知

4月18日　关于印发《区领导包案督办重点环境问题实施方案》的通知

4月19日　关于印发《关于进一步深化全区富民强企奔小康"走帮服"活动的意见》的通知

4月20日　关于印发《通州区2018年污染防治攻坚考核办法》的通知

4月23日　关于印发《2018年区级机关部门综合绩效考核细则》的通知

4月23日　关于印发《2018年镇(区、园、街道)落实"四个全面"战略布局推动高质量发展综合考核细则》的通知

4月24日　印发《关于加强区管国有企业人员招聘和任免工作的意见(试行)》的通知

4月27日　关于印发《通州区"四个全面"抓落实"追赶超越"争标兵月度考核办法》的通知

5月15日　关于在全区开展“解放思想、追赶超越、争当先锋，推动高质量发展”大讨论活动的通知

5月15日　关于转发区委宣传部2018年全区宣传思想文化工作要点的通知

5月16日　关于印发《2018年全区主要经济指标任务分解表》的通知

5月16日　关于印发《2018年度镇（区、园、街道）招商引资考核办法》和《2018年度区级机关部门招商引资考核办法》等考核文件的通知

5月16日　印发《通州区妇联改革实施方案》的通知

5月24日　关于深化“两个讲坛”效应进一步激发干部担当作为、推动工作创先争优的通知

5月24日　关于印发《通州区2018年“全民消防护佑乡村振兴”大宣讲活动实施方案》的通知

5月25日　关于印发《关于2018年在全区继续开展信访积案化解项目化管理的实施方案》的通知

5月31日　关于印发《中共南通市通州区委党的建设工作领导小组2018年工作要点》的通知

5月29日　关于印发《南通市通州区总工会改革实施方案》的通知

6月4日　关于贯彻落实《党委（党组）网络意识形态工作责任制实施细则》的通知

6月5日　关于做好2018年普通高考组织工作的通知

6月8日　关于印发《2018年度全区产业项目建设综合考评办法》和《2018年度区级机关部门产业项目建设考核办法》的通知

6月2日　关于成立通州区农村集体产权制度改革工作领导小组的通知

6月11日　关于印发《2018年度全区民主评议党风政风行风工作实施意见》的通知

6月22日　关于印发《通州区2018年突出环境问题整治方案》的通知

6月21日　关于进一步加强全区关工委组织建设和“五老”队伍建设的意见

7月9日　印发《关于进一步加强和创新城乡社区网格化服务管理的实施意见》的通知

7月10日　关于印发《南通建设上海大都市北翼门户城市通州区2018年度重点工作考核办法》的通知

7月13日　关于成立区国税地税征管体制改革专项小组的通知

7月13日　关于印发《中共南通市通州区委全面深化改革领导小组2018年工作要点》的通知

7月16　日　关于建立南通市通州区扫黑除恶专项斗争领导小组的通知

7月18　日　关于调整区有关议事机构相关负责人的通知

8月3日　印发《中共南通市通州区委关于推进巡察工作向纵深发展的实施办法》的通知

8月8日　关于印发《南通市国家卫生城市通州区复审迎查工作方案》的通知

8月9日　关于印发《共青团南通市通州区委改革实施方案》的通知

8月15日　关于印发《关于加强基层环境保护机构建设的方案》的通知

8月27日　关于印发《全区镇（区、园、街道）科协换届工作实施方案》的通知

8月27日　印发关于加强基层安全生产监管机构建设的若干意见的通知

8月28日　关于印发《通州区乡村振兴十项重点工程实施方案（2018—2022年）》的通知

9月4日　印发《中共南通市通州区委关于中央第七巡视组巡视江苏省反馈意见的整改落实方案》的通知

9月4日　印发《中共南通市通州区委关于〈十三届省委第四轮巡视18个县（市、区）发现的共性问题〉整改落实方案》的通知

9月25日　印发《关于进一步加强区发巡察整改和成果运用工作的实施办法》的通知

10月11日　关于开展2018年慈善募捐活动的通知

10月19日　关于印发《全区实施乡村振兴战略工作要点及任务分解表》的通知

10月21日　印发《南通市通州区2018年“扫黄打非”行动方案》的通知

11月5日　印发《中共南通市通州区委关于深入开展“五大专项整改”的实施方案》的通知

11月13日　印发《关于深入推进审批服务便民化的实施方案》的通知

11月19日　关于印发《南通市通州区川姜镇行政管理体制改革实施意见》的通知

11月19日　关于印发《通州区领导挂钩重点工业重点骨干企业工作方案》的通知

11月19日　关于印发《通州区农村人居环境整治三年行动实施方案（2018—2020年）》的通知

11月19日　关于发展村集体新型合作农场推进集体规模经营的指导意见（试行）

11月23日　关于印发《南通市通州区实施农村户厕所改造提升工程三年行动计划（2018—2020年）》的通知

12月10日　关于切实做好《十二届市委第五轮环保专项市县联动巡察通州区问题清单》整改工作的通知

12月10日　关于印发《南通市通州区食品安全工作责任规定（试行）》的通知

12月22日　关于成立成立区机构改革领导小组的通知

12月24日　关于转发区委党史工作办公室区地方志编纂委员会办公室《〈通州年鉴（2019）〉编纂实施方案》的通知

12月29日　关于做好全区2019年度重点党报党刊发行工作严格规范报刊发行秩序的通知

（钱　湘）

通州区人民政府办公室

1月2日　关于印发2018年度通州区城建重点工程计划的通知

1月2日　关于印发通州区高标准农田建设追加资金项目管理实施办法（试行）的通知

1月5日　关于印发通州区“散乱污”企业整治专项行动工作方案的通知

1月8日　关于印发通州区船舶修造企业污染防治专项执法检查实施方案的通知

1月8日　关于印发通州区危险化学品事故应急救援预案的通知

1月10日　关于印发南通市通州区重污染天气应急预案的通知

1月12日　关于印发南通市通州区土地储备资金管理办法(试行)的通知

1月13日　关于印发2018年通州区造林绿化工作实施方案的通知

1月17日　关于印发2018年通州区水利建设与管理意见的通知

1月30日　关于建立通州区城镇燃气安全监管联席会议制度的通知

1月30日　关于印发通州区城区排涝应急预案的通知

1月30日　关于印发通州区供水应急预案的通知

2月2日　关于印发通州区防范和处置非法集资应急预案的通知

2月2日　关于印发通州区突发地质灾害应急预案的通知

2月5日　关于印发通州区辐射事故应急预案的通知

2月5日　关于印发通州区处置重特大火灾事故应急预案的通知

2月8日　关于印发通州区突发环境事件应急预案的通知

2月8日　关于印发通州区雨雪冰冻灾害应急预案的通知

2月9日　关于建立"双随机、一公开"部门联席会议制度的通知

2月11日　关于印发通州区突发金融风险应急预案的通知

2月22日　关于印发通州区2018—2020年城镇园林绿化建设任务的通知

2月23日　关于印发通州区特色田园乡村建设实施方案的通知

2月27日　关于印发2018年全区规模农业项目建设综合考评意见的通知

2月28日　关于印发通州区内河水上交通突发事件应急预案的通知

3月9日　关于开展全区长江经济带固体废物大排查行动的通知

3月13日　关于印发通州区公路突发事件应急预案的通知

3月14日　关于印发通州区保障农民工工资支付工作考核办法的通知

3月14日　关于进一步做好被征地农民社会保障相关工作的通知

3月14日　关于成立通州区政务信息系统整合共享工作领导小组的通知

3月14日　关于实施2018年度耕地占补平衡和建设用地复垦项目有关事项的通知

3月14日　关于印发通州区人民政府法律顾问工作规则的通知

3月15日　关于印发通州区非法集资举报奖励暂行办法的通知的通知

3月20日　关于进一步加强政府投资项目集中代建工作的实施意见

3月21日　关于印发通州区推进税收协同共治工作实施方案的通知

3月26日　关于印发通州区重特大道路交通事故应急预案的通知

3月28日　关于南美白对虾养殖污染整治的意见

3月28日　关于印发全区大力发展农业农村电子商务全面推进"一村一品一店"建设实施方案(2018—2020年)的通知

3月28日　关于印发通州区2018年发展村级集体经济考核奖励办法的通知

4月2日　关于成立通州区盐通铁路建设服务指挥部的通知

4月5日　关于印发通州区2018年燃煤锅炉整治工作方案的通知

4月8日　关于建立通州区治理货车非法改装和车辆超限超载工作领导小组的通知

4月8日　关于印发通州区2018年公益性应急救护培训实施方案的通知

4月10日　关于明确区减灾委员会成员单位任务分工的通知

4月10日　关于加快推进粮食生产全程机械化的意见

4月15日　关于印发通州区区级国有资产清查盘活工作方案的通知

4月17日　关于印发通州区困难家庭精神障碍患者医疗救助实施办法的通知

4月18日　关于印发通州2018年土壤污治工作计划的通知

4月19日　关于印发通州区区管国有企业"三重一大"事项报告备案办法(试行)的通知

4月24日　关于成立通州区第二次全国污染源普查领导小组的通知

4月24日　关于成立通州区防汛防旱抢险队的通知

4月27日　关于成立通州区省级粮食生产全程机械化示范区建设工作领导小组的通知

5月2日　关于印发通州区2018年大气污染防治工作计划的通知

5月2日　关于印发通州区2018年水污染防治工作计划的通知

5月2日　关于印发南通市通州区迎接全国基层中医药工作先进单位复审工作方案的通知

5月4日　关于印发通州区第二次全国污染源普查实施方案的通知

5月5日　关于印发通州区安全生产各专业委员会及其组成人员方案的通知

5月7日　关于利用综合标准依法依规推动落后产能退出的实施意见

5月10日　关于印发秸秆综合利用和禁烧禁抛工作考核办法的通知

5月10日　关于印发通州区哲学社会科学优秀成果奖励办法的通知

5月11日　关于印发通州区中央环保督察整改自查自纠及迎接省专项督察工作方案的通知

5月14日　关于印发通州区青少年科技创新政府奖实施方案(试行)的通知

5月17日　印发关于继续开展创建"无访"村(居)、"无访"镇(区、园、街道)活动的实施方案的通知

5月17日　关于印发通吕运河金沙备用水源地环境问题专项整治方案的通知

5月20日　关于印发2018年金融工作考核激励办法(试行)的通知

5月20日　关于印发学习调研制度的通知

5月21日　关于印发市国有资产租赁及临时建筑管理专项巡查交办问题整改工作方案的通知

5月22日　关于印发通州区工业企业资源利用绩效综合评价办法(试行)的通知

5月28日　关于印发2018年全区农村改厕(实事项目)工作方案的通知

6月1日　关于聘任区政府法律顾问的通知

6月1日　关于做好2018年度水利工程水费征缴工作的通知

6月1日　关于坚决打击和遏制全区固体废物环境违法行为的通知

6月4日　关于加快推进区镇村三级“互联网+政务服务”体系建设的实施意见

6月6日　关于成立城区停车设施建设和管理工作领导小组的通知

6月11日　关于印发通州区2018年创建江苏省“四好农村路”示范区实施方案的通知

6月12日　关于分解落实2018年度保障性安居工程目标任务的通知

6月14日　印发关于开展农村土地流转履约保证保险实施办法(试行)的通知

6月15日　关于成立通州区推动长江经济带发展领导小组的通知

6月25日　关于印发通州区第十六届人民代表大会第二次会议《关于高质量推进产业项目建设的议案》办理工作方案的通知

6月26日　关于建立通州区社会科学普及工作联席会议制度的通知

6月29日　关于通州区2018年价格调控目标责任制的实施意见

7月5日　关于印发通州区粮食生产功能区和重要农产品生产保护区划定工作方案的通知

7月9日　关于建立通州区第三次土地调查领导小组的通知

7月16日　关于规范化整治规模以上入河排污口的通知

7月17日　关于印发2018年全区建筑节能、墙体材料革新与发展散装水泥工作目标任务分解表的通知

7月24日　关于印发通州区南美白对虾养殖整治推进工作实施方案的通知

7月27日　关于成立通州区长江经济带战略环评及“三线一单”划定项目协调小组的通知

8月2日　关于成立通州区殡葬改革工作联席会议的通知

8月6日　关于印发通州区河长制工作2018年度区级考核细则的通知

8月8日　关于建立通州区水污染防治联席会议的通知

8月14日　关于成立江苏蛟龙重工集团有限公司等关联企业清算工作组的通知

8月17日　关于印发通州区迎接江苏省慢性病综合防控示范区复审工作方案的通知

8月20日　关于印发2018年通州区政务公开工作实施方案的通知

8月23日　关于成立通州区农机购置补贴工作领导小组的通知

8月24日　关于成立通州区第四次全国经济普查领导小组的通知

8月27日　关于印发通州区烟花爆竹重大事故应急救援预案的通知

9月28日　关于追加2018年度耕地占补平衡和建设用地复垦任务指标及提高补助资金标准的通知

9月6日　关于加强生猪养殖管理优化生态环境的实施意见

9月10日　关于印发通州区环境监管网格化考核办法的通知

9月10日　关于印发通州区覆盖拉网式农村环境综合整治项目长效管理暂行规定的通知

9月10日　关于印发通州区2018年农村危房改造工作实施方案的通知

9月18日　关于建立通州区土壤污染防治工作联席会议制度的通知

9月18日　关于进一步完善集体土地上多层及多层以上农村居民住宅用地审批和不动产登记的通知

9月18日　关于建立网格政务舆情回应交办督办制度的通知

9月20日　关于印发通州区区级征迁安置专项资金包干使用结算办法的通知

9月20日　关于印发通州区冶金等工贸行业企业安全生产标准化样板地区建设实施方案的通知

9月20日　关于印发通州区冶金等工贸行业企业安全生产标准化样板地区建设实施方案的通知

9月30日　关于印发通州区化工生产企业专项整治工作方案的通知

10月15日　关于印发通州区政务信息资源共享管理办法的通知

10月19日　关于印发通州区畜禽养殖废弃物资源化利用工作方案的通知

10月19日　关于印发通州区固体废弃物管理暂行规定的通知

10月22日　关于印发通州区加强生猪养殖管理优化生态环境“百日整治”专项行动考评奖补办法的通知

10月24日　关于进一步加强和完善内部审计工作的意见

10月31日　关于印发通州区公安机关警务辅助人员管理办法的通知

11月1日　关于印发南通市通州区镇村污水治理实施方案的通知

11月5日　关于做好基层气象灾害预警传播功能配置工作的通知

11月10日　关于印发通州区电子政务工程建设项目管理暂行办法的通知

11月12日　关于成立通州区防控非洲猪瘟应急指挥部的通知

11月13日　关于成立通州区开展“大棚房”问题专项清理整治行动领导小组的通知

11月15日　关于建立通州区标准化工作联席会议制度的通知

11月17日　关于印发通州区保护发展森林资源目标责任制实施方案的通知

11月23日　关于印发通州国家一般气象站气象探测环境保护规划的通知

11月24日　关于印发通州区水环境区域生态补偿、重点河流考核暂行办法的通知

12月5日　关于印发南通市通州区区级政府投资建设项目财政承受能力评估论证暂行办法的通知

12月12日　关于印发通州区畜禽养殖废弃物资源化利用工作考核办法(试行)的通知

12月13日　关于印发通州区2017年度冬季退役士兵安置实施方案的通知

12月14日　关于印发通州区农村股份经济合作社成员身份确认指导意见的通知

12月25日　关于印发通州区国有企业违规经营投资责任追究办法的通知

12月25日　关于印发南通市通州区区管企业负责人履职待遇、业务支出管理暂行办法的通知

12月29日　关于印发通州区防范化解政府性债务风险督查考评工作办法和通州区防范化解政府性债务风险定期会办制度的通知

(顾　鹏)

通州区人大常委会

1月2日　关于表彰区第十六届人

大一次会议优秀建议的决定

1月12日　关于表彰2017年度代表建议办理工作先进单位和先进个人的决定

2月23日　关于印发南通市通州区人大常委会2018年度四项重点工作实施意见的通知

2月23日　关于印发南通市通州区人大常委会2018年监督工作计划的通知

2月23日　关于印发通州区人大工作创新评选暂行办法的通知

3月27日　印发关于区人大代表和常委会组成人员履职考评的暂行办法的通知

4月9日　印发《南通市通州区人民代表大会常务委员会关于“一府两院”专项工作报告审议意见形成和办理暂行办法》的通知

6月4日　关于加强行政执法检察监督工作的决议

6月12日　关于印发《南通市通州区人大常委会关于对政府部门开展工作评议的方案》的通知

6月29日　印发关于全区科技孵化器运行情况报告的审议意见的通知

7月14日　印发关于全区现代农业建设情况报告的审议意见的通知

7月31日　关于批准通州区2017年区级财政决算的决议

8月23日　印发关于通州区2018年上半年财政预算执行情况(草案)的报告的审议意见的通知

8月23日　关于印发《南通市通州区人民代表大会常务委员会关于讨论、决定重大事项的规定》的通知

8月23日　印发关于环保年度报告和专题询问的审议意见的通知

8月30日　印发关于通州区2018年上半年国民经济和社会发展计划执行情况(草案)的报告的审议意见的通知

10月9日　关于印发《关于政府民生实事项目人大代表票决制的实施办法》的通知

10月23日　关于开展2018年度基层人大工作考核的意见

10月23日　印发关于南通市通州区国民经济和社会发展第十三个五年规划纲要实施情况中期评估报告的审议意见的通知

10月23日　印发关于高质量推进产业项目建设的议案办理情况报告的审议意见的通知

12月6日　关于印发南通市通州区人大常委会工作评议暂行办法的通知

12月6日　关于批准南通市通州区人民政府调整2018年财政收支预算的决议

12月14日　关于印发通州区人大常委会满意度测评暂行办法的通知

12月27日　印发关于2017年区级预算执行和其他财政收支审计中发现的主要问题整改情况的报告的审议意见的通知

12月28日　关于表彰通州区2018年度星级人大代表之家和星级人大代表联络站的决定

(曹奕伟)

政协通州区委员会

1月2日　关于召开政协南通市通州区第十三届委员会第二次会议的通知

1月12日　关于表彰2017年度区政协工作先进集体和优秀个人的决定

4月3日　中国人民政治协商会议南通市通州区委员会委员履职考核细则(试行)

4月3日　中国人民政治协商会议南通市通州区委员会委员联络组工作考核细则(试行)

5月4日　关于印发《区政协“委员之家”创建试点工作意见》的通知

4月30日　关于调整区政协党风廉政建设工作领导小组及职责分工的通知

6月29日　通州区政协组织开展学习研讨习近平总书记关于加强和改进人民政协工作的重要思想活动方案

11月21日　通州区“十佳政协委员”评选办法

(孙崇兰)

统计资料

2018年通州区国民经济和社会发展基本情况

表53

指　　标	计量单位	2018年	2017年
一、行政区划			
行政区划			
镇人民政府	个	12	12
街道	个	4	4
国家级高新技术产业开发区	个	1	1
村民委员会	个	208	208
社区居民委员会	个	68	68
二、人口			
1.年末户籍总户数	户	509432	504961
2.年末户籍总人口	人	1256957	1260591
#男性	人	612988	615178
女性	人	643969	645413
年平均户籍人口	人	1258774	1262393
出生人口	人	8889	11095
#男性	人	4484	5685
女性	人	4405	5410
人口出生率	‰	7.06	8.79
死亡人口	人	11627	13045
#男性	人	6173	7082
女性	人	5454	5963
人口死亡率	‰	9.24	10.33
人口自然增长率	‰	-2.18	-1.54
性别比(女=100)	%	95.19	95.32
3.年末常住人口	万人	114.17	114.20
年平均常住人口	万人	114.19	114.20
4.人口城镇化率	%	62.3	61.30
三、地区生产总值			
地区生产总值	亿元	1269.00	1169.41
1.第一产业	亿元	58.35	58.25
2.第二产业	亿元	622.47	574.46
其中:工业	亿元	518.35	481.12
3.第三产业	亿元	588.18	536.70
四、农业			
1.农林牧渔业总产值	亿元	103.46	102.09
2.主要农副产品产量			

续表53

指　　标	计量单位	2018年	2017年
粮食产量	吨	493613	505935
棉花产量(皮棉)	吨	353	479
油料产量	吨	42641	49663
蚕茧	吨	207	209
淡水产品	吨	33110	34620
肉类	吨	41509	55882
生猪出栏数	万头	40.03	44.76
生猪年末存栏数	万头	18.35	23.18
注:2017年农产品产量为三农普修订数。			
五、工业			
1.规模以上工业主要经济指标			
工业总产值	万元	—	—
企业个数	个	707	726
#亏损企业个数	个	50	44
亏损企业亏损额	万元	33714	20050
主营业务收入	万元	17897120	18354554
成本费用总额	万元	16659721	17021699
流动资产合计	万元	4508105	4325736
年末资产总计	万元	9141416	8981801
所有者权益	万元	4687428	4994649
利息支出	万元	103827	115570
利税总额	万元	1954819	2007325
#利润	万元	1164863	1218403
应收帐款净额	万元	1528662	1366607
产成品存货	万元	256906	220638
工业产品销售率	%	99.2	99.7
工业成本费用利润率	%	6.9	7.2
全部流动资产周转次数	次	4.0	4.3
全部流动资产周转天数	天	90	85
资产负债率	%	48.7	47.4
2.规模工业主要产品产量			
发电量	万千瓦时	205971	206860
小麦粉	万吨	67.47	67.05
精制食用植物油	吨	2410	3368
纱	吨	143296	134847
布	万米	66602	63382
印染布	万米	42557	48297
服装	万件	15008	14708

续表53

指　标	计量单位	2018年	2017年
家具	件	2411871	2211385
纸制品	吨	68296	78037
塑料制品	吨	213124	193799
日用玻璃制品	吨	15508	9305
钢丝绳	吨	80211	91565
民用钢质船舶	载重吨	445203	454334
高压开关板	面	5122	5646
低压开关板	面	3647	4266
电力电缆	千米	60240	71080
六、用电			
全社会用电总计	万千瓦时	595398	568822
一、全行业用电合计	万千瓦时	485369	467681
第一产业	万千瓦时	6903	6647
第二产业	万千瓦时	415989	406822
第三产业	万千瓦时	62477	54212
二、城乡居民生活用电合计	万千瓦时	110029	101141
城镇居民	万千瓦时	22388	19929
农村居民	万千瓦时	87641	81212
七、建筑业			
1.企业个数	个	158	154
#总承包和专业承包	个	145	131
2.建筑业总产值	万元	16836215	15518177
#建筑工程产值	万元	16047934	14862831
安装工程产值	万元	761430	617728
3.竣工产值	万元	14390656	9712765
4.房屋施工面积	万平方米	16941.69	15037.00
#新开工面积	万平方米	5608.62	4534.57
房屋竣工面积	万平方米	5040.28	4174.73
#住宅面积	万平方米	3448.35	2985.05
5.全年平均人数	人	351527	335114
6.全员劳动生产率	万元/人	47.89	46.31
7.固定资产原价	万元	448958	449775
8.营业收入	万元	12122325	11632518
9.利润总额	万元	551557	520485
八、固定资产投资(为上年%			
1.固定资产投资项目个数	%	129.8	110.7
#工业	%	156.5	119.8
投资完成额	%	108.2	110.0

续表53

指　　标	计量单位	2018年	2017年
#工业	%	108.4	107.9
#设备	%	101.3	75.0
2.固定资产投资分组			
按产业分			
第一产业	%	32.6	55.8
第二产业	%	108.4	107.9
#工业	%	108.4	107.9
第三产业	%	108.8	113.5
注:因统计方法制度改革,2018起固定资产投资统计数据不公布总量。			
九、交通、邮电			
(一)交通设施基本情况			
1.公路总里程	公里	3600	3551
按技术等级分			
高速	公里	97	88
一级	公里	274	276
二级	公里	342	319
三级	公里	201	201
四级	公里	2686	2667
按干线、县乡道分			
国道	公里	153	175
省道	公里	137	106
县道	公里	419	398
乡道	公里	976	962
村道	公里	1915	1909
2.公路桥梁	座	1460	1313
公路桥梁长度	米	64520	43704
3.内河航道总里程	公里	570	570
(二)运输设备及运量			
1.私人汽车拥有量	辆	247772	224526
2.营业性机动车年末实有数			
(1)载客汽车年末实有数	辆	90	97
客位	座	4030	4096
(2)载货汽车年末实有数	辆	4595	4528
吨位	吨	41214	38295
3.全社会公路旅客运输			
旅客运输量	万人	394	423
旅客周转量	万人公里	33137	34547
4.全社会货物运输			

续表53

指　　标	计量单位	2018年	2017年
货物运输量	万吨	1426	1320
水路	万吨	162	156
公路	万吨	1264	1164
货物周转量	万吨公里	326456	305378
水路	万吨公里	127032	120201
公路	万吨公里	199424	185177
(三)邮电业务收量	万元		
邮政业务收入	万元	122638	111687
固定电话用户	万户	20.95	24.75
#乡村电话用户	万户	14.48	13.14
移动电话年末用户	万户	125.09	125.63
固定宽带接入用户	万户	40.12	40.74
十、国内、外贸易			
(一)社会消费品零售总额	万元	4050390	3700338
1.按地区分组			
城镇	万元	2792730	2552155
农村	万元	1257660	1148183
2.按行业分组			
批发业	万元	699704	646676
零售业	万元	3042059	2765924
住宿业	万元	20547	19013
餐饮业	万元	288079	268725
(二)对外贸易			
自营进出口总额	万美元	377061	350594
自营出口总额	万美元	310141	308339
自营进口总额	万美元	66920	42255
(三)利用外资			
新办"三资"企业数	个	40	50
注册外资实际到帐	万美元	31667	37407
(四)外经合作			
对外承包劳务合同额	万美元	4617	1647
对外承包劳务营业额	万美元	4394	3336
当年新派劳务人数	人	706	429
年末累计在外人数	人	275	179
十一、财政、金融			
一般公共预算收入合计(不含滨海)	万元	690126	700866
1.增值税(50%	万元	256636	219576
#免抵调增	万元	47500	52950

续表53

指　　标	计量单位	2018年	2017年
3.企业所得税(40%)	万元	80639	64831
4.个人所得税(40%)	万元	24408	31815
基金预算收入	万元	865008	703428
上划中央收入	万元	420134	378611
消费税	万元	4773	5070
增值税(50%)	万元	256636	219576
企业所得税(60%)	万元	120959	97247
个人所得税(60%)	万元	36612	47723
一般公共预算支出(不含滨海)	万元	1050014	915680
基金预算收入支出	万元	916256	834812
金融机构存贷款余额			
金融机构存款余额(本外币)	亿元	1564.29	1516.87
#住户存款	亿元	973.18	899.46
金融机构贷款余额(本外币)	亿元	1011.45	863.92
#住户贷款	亿元	232.15	184.01
金融机构存款余额(人民币)	亿元	1551.71	1501.98
#住户存款	亿元	970.77	896.86
金融机构贷款余额(人民币)	亿元	1010.27	863.22
#住户贷款	亿元	232.13	184.00
十二、科教文卫			
(一)科技事业			
普通专业技术人员	人	161988	145892
#高级	人	7084	6771
中级	人	30106	28860
初级	人	81921	68931
大中专毕业生	人	42877	41330
(二)科技成果			
1.申请专利	件	8286	7103
#发明专利	件	898	824
2.授权	件	3585	2724
(三)教育事业			
1.学校数	所	75	75
普通中学	所	29	29
高中	所	4	4
初中	所	25	25
小学	所	43	43
特殊教育学校	所	1	1
普通中等专业学校	所	1	1

续表53

指　标	计量单位	2018年	2017年
技工学校	所	1	1
2.在校学生数	人	89110	85673
普通中学	人	32489	32076
高中	人	9256	9113
初中	人	23233	22963
小学	人	52961	50586
特殊教育学校	人	301	251
普通中等专业学校	人	3359	2760
技工学校	人		
3.招生数	人	30918	20930
普通中学	人	10933	10603
高中	人	3512	2829
初中	人	7421	7774
小学	人	9894	9426
特殊教育学校	人	19	57
普通中等专业学校	人	10072	844
技工学校	人		
4.毕业生数	人	19410	20907
普通中学	人	10447	11140
高中	人	3322	3936
初中	人	7125	7204
小学	人	7729	8178
特殊教育学校	人	10	6
普通中等专业学校	人	1224	1311
技工学校	人		272
5.教职工人数	人	7891	7815
普通中学	人	4091	4152
小学	人	3143	3078
特殊教育学校	人	48	50
普通中等专业学校	人	535	463
技工学校	人	74	72
6.专任教师	人	6873	6759
普通中学	人	3381	3379
高中	人	1158	1161
初中	人	2223	2218
小学	人	2957	2896
特殊教育学校	人	40	41
普通中等专业学校	人	448	402

续表53

指　　标	计量单位	2018年	2017年
技工学校	人	47	41
7.幼儿园数	所	68	62
在园幼儿数	人	26582	24794
教职工人数	人	2574	2489
#专任教师	人	1452	1423
幼儿园入园率	%	97.9	97.7
8.小学适龄儿童入学率	%	100.0	100.0
小学毕业生升学率	%	96.0	95.0
初中毕业生升学率	%	99.8	99.7
小学、初中学生毕业率	%	100.0	100.0
九年义务教育普及率	%	100.0	100.0
(四)广播事业			
有线电视用户	万户	31.26	30.62
有线电视入户率	%	98.20	98.20
数字电视用户	万户	27.39	27.70
数字电视转换率	%	94.09	94.10
(五)公共图书			
机构数	个	1	1
职工人数	人	15	12
图书总藏量	册	697343	633811
#古书	册	3656	3656
图书	册	624622	563207
报刊	册	63254	61137
发放借书证数	个	55785	48746
总流通人次	千人次	369	337
书刊外借册次	千册次	469	452
公用房屋建筑面积	平方米	12107	12107
#书库	平方米	851	851
阅览室	平方米	2995	2995
阅览室座席数	个	382	382
#少儿阅览室座席数	个	80	80
(六)卫生事业			
医疗卫生机构数	个	450	446
1.医院	个	12	8
2.社区卫生服务中心	个	16	15
3.卫生院(镇、中心)	个	25	25
4.村卫生室	个	245	247
5.门诊部	个	11	4

续表53

指　标	计量单位	2018年	2017年
6.诊所、卫生室、医务室	个	134	140
7.疾病预防控制中心	个	1	1
8.卫生监督所	个	1	1
9.妇幼保健站	个	1	1
10.血站	个	1	1
11.卫生学校	个	1	1
12.其它	个	2	2
医疗床位数	张	6440	6008
医院	张	4022	3650
社区卫生服务中心(站)	张	250	248
卫生院(镇、中心)	张	2168	2110
卫生工作人员	人	7682	7382
1.卫生技术人员	人	6158	5827
2.其他技术人员	人	199	170
3.管理人员	人	291	297
4.工勤技能人员	人	324	302
5.乡村医生	人	710	786
计划生育			
1.育龄妇女人数	人	313801	322690
已婚育龄妇女人数	人	253867	263097
现家庭仅一孩数	人	157175	168372
2.有效领证人数	人	87111	94326
有效领证率	%	34.31	35.85
3.当年出生人数	人	6505	7178
#女性	人	3178	3418
计划内	人	6492	7175
计划外	人	13	3
计划生育率	%	99.80	99.96
#一孩人数	人	3893	4412
#二孩人数	人	2500	2677
4.女性初婚人数	人	4275	5394
#19周岁及以下	人	27	34
23周岁以上	人	3369	4150
5.应落实措施人数	人	232221	240393
采取各种节育措施的人数	人	230114	239354
节育率	%	90.64	90.98
落实率	%	99.09	99.57
十三、城建、环保			

续表53

指　　标	计量单位	2018年	2017年
城区设施水平			
1.人均日生活用水量	升	132.30	84.85
2.城区人口用水普及率	%	100.0	100.0
3.燃气普及率	%	100.0	100.0
4.人均拥有道路面积	平方米	20.35	20.22
5.排水管道密度	km/k㎡	11.49	11.35
城区市政工程			
1.道路长度	公里	241.63	239.49
2.道路面积	万平方米	628.06	624.13
3.桥梁数	座	142	142
4.路灯盏数	盏	91259	89449
5.排水管道长度	公里	436.15	430.55
6.污水排放量	万吨	1705	2100
7.污水处理厂	个	1	1
#污水日处理能力	万吨	5.0	4.8
污水年处理量	万吨	1595	1437
公共交通			
1.公交运营车辆	辆	297	297
2.运营线路条数	条	51	50
3.运营线路网长度	公里	846	846
4.运营线路总长度	公里	1139	1109
5.客运总量	万人次	2349	2432
6.出租汽车	辆	191	191
7.客运总量	万人次	264	205
城区供水情况			
1.年末供水管道长度	公里	1437	1230
2.全年供水总量	万吨	2896	3372
3.售水量	万吨	2132	2723
#生产用水	万吨	581	758
公共服务用水	万吨	291	406
城区供气情况			
1.储气能力			
#液化石油气	吨	1460	1460
天然气	万立方米	28.3	28.3
2.供气管道长度	公里	642	642
3.供气总量			
#液化石油气	吨	233.40	259.21
天然气	万立方米	8441	6484

续表53

指　标	计量单位	2018年	2017年
城区环境卫生			
1.实际清扫保洁面积	万平方米	1160	1120
#机械清扫	万平方米	1067	824
2.生活垃圾处理量	万吨	35.8	34.2
3.公共厕所	座	68	63
环境监测站	个	1	1
化学需氧量排放量	万吨	0.99	1.17
二氧化硫排放量	万吨	0.18	0.35
十四、其他社会事业			
(一)社会治安			
1.火灾事故			
火灾事故发生数	起	595	587
火灾事故受损失折金额	万元	900	769
2.交通事故			
交通事故发生数	起	872	968
交通事故死亡人数	人	198	216
交通事故受伤人数	人	935	1019
交通事故损失金额	万元	284	315
3.立案的刑事案件数	起	4551	4540
#杀人	起	4	3
抢劫	起	4	10
强奸	起	21	13
盗窃	起	3035	3439
诈骗	起	1093	698
4.受理的治安案件数	起	8895	6498
(二)社会保险			
1.失业保险			
参加失业保险人数	人	112006	97426
失业保险基金总收入	万元	9190	6276
#利息收入	万元	1382	392
失业保险基金总支出	万元	9045	7425
年末城镇登记失业人员数	人	3639	3644
城镇登记失业率	%	1.74	1.83
2.养老保险			
参加养老保险人数	人	362361	358312
国有	人	20378	19642
集体	人	61620	59393
其他	人	75328	69454

续表53

指　　标	计量单位	2018年	2017年
城乡	人	205035	209823
养老保险基金收入	万元	261360	199763
国有	万元	23258	18759
集体	万元	69774	56276
其他	万元	72260	56810
城乡	人	96068	67918
(三)社会福利			
1.社会福利院	个	1	1
年末职工人数	人	6	6
2.敬老院	个	17	18
年末职工人数	人	158	166
3.民政登记农村养老服务机构	个	10	10
年末职工人数	人	64	64
4.军队离退休干部休养所	个	1	1
年末职工人数	人	5	5
年末休养(含分散休养)人数	人	34	35
(四)社会优抚安置			
抚恤、补助优抚对象	人	10727	12080
1.定期抚恤人数	人	205	243
烈属	人	100	133
因公牺牲军人家属	人	32	27
病故军人家属	人	73	83
2.定期补助人数	人	9874	11072
在乡复员军人	人	544	734
#抗日	人	23	33
带病回乡退伍军人	人	688	887
参战退役人员	人	761	745
3.伤残人员	人	648	765
革命伤残军人	人	611	725
伤残国家机关人员	人	21	23
伤残人民警察	人	14	14
伤残民兵民工	人	2	3
优待优抚对象户数	户	3714	3624
(五)社会低保与救济			
城市居民最低生活保障人数	人	1057	1256
#女性	人	365	517
在职人员	人	2	8
登记失业人员	人	14	29

续表53

指　标	计量单位	2018年	2017年
无就业条件人员	人	442	588
农村居民最低生活保障人数	人	10744	15391
#女性	人	3382	5599
老年人	人	6071	7909
未成年人	人	431	647
残疾人	人	1803	2126
农村居民最低生活保障家庭数	户	7678	10067
农村五保供养	人	3647	3457
#女性	人	396	425
老年人	人	3406	3196
未成年人	人	1	1
残疾人	人	504	491
十五、住户调查			
全体居民家庭基本情况及人均收支情况			
(一)家庭基本情况			
调查户数	户	200	200
户均家庭常住人口数	人	2.9	3.0
户均常住就业人口数	人	1.97	1.97
人均住房建筑面积	平方米	60.5	59.3
(二)人均全年总收入	元	47053	42655
#人均全年可支配收入	元	37425	34175
1.工资性收入	元	22167	20254
2.经营净收入	元	6878	6400
3.财产净收入	元	2427	2124
4.转移净收入	元	5953	5396
#养老金或离退休金	元	4874	4453
(三)人均全年总支出	元	38966	35982
#生活消费支出	元	22575	20924
1.食品烟酒消费支出	元	6529	6096
#饮食服务消费支出	元	971	864
2.衣着消费支出	元	1416	1304
3.居住消费支出	元	3977	3595
4.生活用品及服务消费支出	元	1300	1105
5.交通通信消费支出	元	3623	3103
#交通消费支出	元	2711	2316
#通信消费支出	元	912	788
6.教育文化娱乐消费支出	元	3411	3853
#教育消费支出	元	1989	2330

续表53

指　　标	计量单位	2018年	2017年
#文化娱乐消费支出	元	1422	1523
7.医疗保健消费支出	元	1473	1255
8.其他用品和服务消费支出	元	846	613
城镇居民人均收入及支出情况			
(一)人均全年总收入	元	56508	51480
#人均全年可支配收入	元	48138	44366
1.工资性收入	元	28732	26501
2.经营净收入	元	7120	6671
3.财产净收入	元	3704	3292
4.转移净收入	元	8582	7902
#养老金或离退休金	元	7459	6917
(二)人均全年总支出	元	46581	43173
#生活消费支出	元	26769	24922
1.食品烟酒消费支出	元	7684	7209
#饮食服务消费支出	元	1235	1092
2.衣着消费支出	元	1754	1627
3.居住消费支出	元	4706	4372
4.生活用品及服务消费支出	元	1568	1268
5.交通通信消费支出	元	4144	3484
#交通消费支出	元	3026	2497
#通信消费支出	元	1118	987
6.教育文化娱乐消费支出	元	3998	4631
#教育消费支出	元	2133	2600
#文化娱乐消费支出	元	1865	2031
7.医疗保健消费支出	元	1886	1605
8.其他用品和服务消费支出	元	1029	726
平均每百户城镇居民家庭主要消费品拥有量			
摩托车	辆	10	19
助力车	辆	168	158
家用汽车	辆	69	66
洗衣机	台	115	105
电冰箱	台	136	118
彩色电视机	台	221	219
家用电脑	台	98	95
空气净化器	台	5	—
吸尘器	台	28	—
照相机	架	17	26
中高档乐器	架	4	9

续表53

指　　标	计量单位	2018年	2017年
微波炉	台	100	100
空调器	台	246	221
淋浴热水器	台	127	112
排油烟机	台	80	—
健身器材	套	6	5
固定电话	部	40	53
移动电话	部	277	256
城镇居民人均年末住房面积	平方米	53.8	52.7
城镇居民恩格尔系数	%	28.7	28.9
农村居民人均收入及支出情况			
(一)人均全年总收入	元	35055	31932
#人均全年可支配收入	元	23830	21794
1.工资性收入	元	13836	12665
2.经营净收入	元	6571	6071
3.财产净收入	元	806	706
4.转移净收入	元	2617	2352
#养老金或离退休金	元	1594	1459
(二)人均全年总支出	元	29302	27244
#生活消费支出	元	17252	16067
1.食品烟酒消费支出	元	5063	4743
#饮食服务消费支出	元	636	586
2.衣着消费支出	元	987	911
3.居住消费支出	元	3051	2651
4.生活用品及服务消费支出	元	960	908
5.交通通信消费支出	元	2961	2641
#交通消费支出	元	2311	2095
#通信消费支出	元	650	546
6.教育文化娱乐消费支出	元	2666	2908
#教育消费支出	元	1807	2003
#文化娱乐消费支出	元	859	905
7.医疗保健消费支出	元	950	830
8.其他用品和服务消费支出	元	614	475
平均每百户农村居民家庭主要消费品拥有量			
洗衣机	台	101	99
电冰箱	台	120	110
空调机	台	185	178
抽油烟机	台	86	79
微波炉	台	90	92

续表53

指　　标	计量单位	2018年	2017年
热水器	台	110	101
助力车	辆	168	194
摩托车	辆	13	32
家用汽车	部	48	37
固定电话	部	40	62
移动电话	台	280	253
彩色电视机	台	194	188
照相机	架	11	14
家用电脑	台	65	52
吸尘器	台	13	—
农村居民人均年末住房面积	平方米	69.1	67.4
农村居民恩格尔系数	%	29.3	29.5

2018年通州区各镇(街道)主要经济指标

表54

地　区	社区居民委员会(个)	村民委员会(个)	年末户籍总人口(人)	农作物产量(吨)			农林牧渔业总产值(万元)	全社会用电量(万千瓦时)		注册外资实际到账(万美元)	一般公共预算收入(万元)
				粮食	棉花	油料			#工业用电量		
金沙街道	14	9	121968	17920		2386	47789	40592	12017	800	35723
兴东街道	1	9	32794	7842		739	20216	9012	4805	1301	14211
先锋街道		8	37271	2907		746	13442	56099	47175	820	18698
金新街道	10	21	159752	14292		4726	39457	78119	60717	12801	166804
西亭镇	2	9	50652	30025		1741	56498	14319	9595	879	9160
二甲镇	4	8	69665	10238	5	3694	66817	15220	9360	1000	9079
东社镇	5	16	90669	31722	31	6003	126958	13369	6153	843	8434
十总镇	5	15	80700	61145	5	1636	137345	14996	7512	880	9430
石港镇	5	10	65835	67586	1	1232	111024	23177	17032	1044	12326
刘桥镇	2	10	74902	65054	20	1504	99581	22666	14947	160	11527
平潮镇	6	20	122844	47325	20	2113	76123	41837	26362	1300	33701
五接镇	2	8	38780	17842		508	20951	47567	43278	135	24379
兴仁镇	3	16	75936	31028	4	1854	48411	39083	29134	1300	24779
张芝山镇	1	9	54477	7878		2336	34713	51116	42263	5061	19446
川姜镇	2	14	58202	7963		1437	25773	59589	42269	1312	35131

索　　引

Index

说　　明

一、本索引采用主题分析法编制，按汉语拼音顺序排列，同音字按声调排列，音调相同按笔画排列，音调形相同则按下一字的音序排列。

二、大事记、附录未作索引。

三、本索引标引词一般采用中心词(关键词)或简称，区直机关、企事业单位和社会团体名称前一般不冠以“通州区”“通州”“区”字样。栏目(篇目)、分目标题用黑体字标示，表格、图分别注明“(表)”“(图)”。

四、索引词后的数字表示内容所在页码，数字后的字母a、b、c分别表示该页版面从左到右的栏别。

五、本索引编有附见系统和参见系统，附见款目在主款目下行空2个字排列；标引词后除第一个页码外，其它均为参见页码，部分款目在索引中重复出现。

A

B

C

D

E

F

G

H

J

K

L

M

N

P

Q

R

S

T